U0077270

【臺灣現當代作家研究資料彙編】43

白先勇

國立台灣文學館
出版

部長序

文學既是社會縮影也是靈魂核心，累積研究論述及文獻史料，不僅可厚實文學發展根基，觀照當代人文的思想脈絡，更能指引未來的社會發展。臺灣文學歷經數百年的綿延與沉澱，蓄積豐沛的能量，也呈現生氣盎然的多元創作面貌。近一甲子的臺灣現當代文學發展，就是華文世界人文心靈最溫暖的寫照。

緣此，國立臺灣文學館自 2010 年啟動《臺灣現當代作家研究資料彙編》，鉅細靡遺進行珍貴的文學史料蒐集研究，意義深遠。這項計畫歷時三年多，由文學館結合學界、出版社、作家一同參與，組成陣容浩大的編輯群與顧問團隊，梳理臺灣文學長河裡的各方涓流，共匯集 50 位臺灣現當代重要作家的生平、年表與作品評論資料，選錄其代表性的評論文章，彙編成冊，完整呈現作家的人文映記、文學成就及相關研究，成果豐碩。

由於內容浩瀚、需多所佐證，本套叢書共分三階段陸續出版，先是 2011 年推出以臺灣新文學之父賴和為首的 15 位作家研究資料彙編，接著於 2012 年完成張我軍、潘人木等 12 位作家的研究資料彙編；及至 2013 年 12 月，適逢國立臺灣文學館十周年館慶之際，更纂輯了姜貴、張秀亞、陳秀喜、艾雯、王鼎鈞、洛夫、余光中、羅門、商禽、瘂弦、司馬中原、林文月、鄭愁予、陳冠學、黃春明、白先勇、白萩、陳若曦、郭松棻、七等生、王文興、王禎和、楊牧共 23 位作家的研究資料，皇皇巨著，為臺灣文學之巍巍巨觀留下具里程碑的文字見證。這套選粹體現了臺灣文學研究總體成果中，極為優質的論述著作，有助於臺灣文學發展的擴展化與深刻化，質量兼具。在此，特別對參與編輯、撰寫、諮詢的文學界朋友們表達謝意，也向全世界愛好文學的讀者，推介此一深具人文啟發且實用的臺灣現當代文學工具書，彼此激勵，為更美好的臺灣人文環境共同努力。

文化部部長　龍應台

館長序

所有一切有關文學的討論，最終都得回歸到創作主體（作家）及其創作文本（作品）。文本以文字書寫，刊載在媒體上（報紙、雜誌、網站等），或以印刷方式形成紙本圖書；從接受端來看，當然以後者為要，原因是經過編輯過程，作者或其代理人以最佳的方式選編，常會考慮讀者的接受狀況，亦以美術方式集中呈現，其形貌也必然會有可觀者。

從研究的角度來看，它正是核心文獻。研究生在寫論文的時候，每在緒論中以一節篇幅作「文獻探討」，一般都只探討研究文獻，仍在周邊，而非核心。所以作家之研究資料，包括他這個人和他所寫的作品，如何鉅細靡遺彙編一處，是研究最基礎的工作；其次才是他作品的活動場域以及別人如何看待他的相關資料。前者指的是發表他作品的報刊及其他再傳播的方式或媒介，後者指的是有關作家及其作品的訪問、報導、著作目錄、年表、文評、書評、專論、綜述、專書、選編等，有系統蒐輯、編目，擇其要者結集，從中發現作家及其作品被接受的狀況，清理其發展，這其實是文學經典化**真正的**過程；也必須在這種情況下，作家研究才有可能進一步開展。

針對個別作家所進行的資料工作隨時都在發生，但那是屬於個人的事，做得好或不好，關鍵在他的資料能力；將一群有資料能力的學者組織起來，通過某種有效的制度性運作，想必能完成有關作家研究資料彙編的人文工程，可以全面展示某個歷史時期有關作家研究的集體成就，這是國立臺灣文學館從 2010 年啟動「臺灣現當代作家研究資料彙編」（50 冊）的一些基本想法，和另外兩個大計畫：「臺灣文學史長編」（33 冊）、「臺灣古典作家精選集」（38 冊），相互呼應，期能將臺灣文學的豐富性展示出來，將「臺灣文學」這個學科挖深識廣；作為文化部的附屬機構，我們在國家文化建設的整體工程中，在「文學」作為一個公共事務的理念之下，我們紮紮實實做了有利文化發展的事，這是我們所能提供給社會大眾的另類服務，也是我們朝向臺灣文學研究中心理想前進的努力。

我們在四年間分三批出版的這 50 本臺灣現當代作家研究資料彙編，從賴和（1894～1943）到楊牧（1940～），從割臺之際出生、活躍於日據下的作家，到日據之末出生、活躍於戰後臺灣文壇的作家；當然也包含 1949 年左右離開大陸，而在臺灣文壇發光發熱的作家。他們只是臺灣作家的一小部分，由承辦單位組成的專業顧問群多次會商議決；這個計畫，我們希望能夠在精細檢討之後，持續推動下去。

顧問群基本上是臺灣文學史專業的組合，每位作家重要評論文章選刊及研究綜述的撰寫者，都是對於該作家有長期研究的專家。這是學界人力的大動員，承辦本計畫的臺灣文學發展基金會長期致力臺灣文學史料的蒐輯整理，具有強大的學術及社會力量，本計畫能夠順利推動且如期完成，必須感謝他們組成的編輯團隊，以及眾多參與其事的學界朋友。

國立臺灣文學館館長　李瑞騰

編序

◎封德屏

緣起

1995 年 10 月 25 日，在臺灣師範大學教育大樓的 201 室，一場以「面對臺灣文學」爲題的座談會，在座諸位學者分別就臺灣文學的定義、發展、研究，以及文學史的寫法等，提出宏文高論，而時任國家圖書館編纂張錦郎的「臺灣文學需要什麼樣的工具書」，輕鬆幽默的言詞，鞭辟入裡的思維，更贏得在座者的共鳴。

張先生以一個圖書館工作人員自謙，認真專業地爲臺灣這幾十年來究竟出版了多少有關臺灣文學的工具書，做地毯式的調查和多方面的訪問。同時條理分明地針對研究者、學生，列出了十項工具書的類型，哪些是現在亟需的，哪些是現在就可以做的，哪些是未來一步一步累積可以達成的，分別做了專業的建議及討論。

當時的文建會二處科長游淑靜，參與了整個座談會，會後她劍及履及的開始了文學工具書的委託工作，從 1996 年的《臺灣文學年鑑》起始，一年一本的編下去，一直到現在，保存延續了臺灣文學發展的基本樣貌。接著是《中華民國作家作品目錄》的新編，《臺灣文壇大事紀要》的續編，補助國家圖書館「當代文學史料影像全文系統」的建置，這些工具書、資料庫的接續完成，至少在當時對臺灣文學的研究，做到一些輔助的功能。

2003 年 10 月，籌備多年的「台灣文學館」正式開幕運轉。同年五月《文訊》改隸「財團法人台灣文學發展基金會」，爲了發揮更大的動能，開始更積極、更有效率地將過去累積至今持續在做的文學史料整理出來，讓豐厚的文藝資源與更多人共享。

於是再次的請教張錦郎先生，張先生認爲文學書目、作家作品目錄、文學年鑑、文學辭典皆已完成或正在進行，現在重點應該放在有關「臺灣現當代作家評論資料目錄」的編輯工作上。

很幸運的，這個計畫的發想得到當時臺灣文學館林瑞明館長的支持，於是緊鑼密鼓的展開一切準備工作：籌組編輯團隊、召開顧問會議、擬定工作手冊、撰寫計畫書等等。

張錦郎先生花了許多時間編訂工作手冊，每一位作家的評論資料目錄分爲：

（一）生平資料：可分作者自述，旁人論述及訪談，文學獎的紀錄。

（二）作品評論資料：可分作品綜論，單行本作品評論，其他作品（包括單篇作品）評論，與其他作家比較等。

此外，對重要評論加以摘要解說，譬如專書、專輯、學術會議論文集或學位論文等，凡臺灣以外地區之報刊及出版社，於書名或報刊後加註，如中國大陸、香港、新加坡等。此外，資料蒐集範圍除臺灣外，也兼及中國大陸、香港、新加坡、日本、韓國及歐美等地資料，除利用國內蒐集管道外，同時委託當地學者或研究者，擔任資料蒐集工作。

清楚記得，時任顧問的學者專家們，都十分高興這個專案的啓動，但確定收錄哪些作家名單時，也有不同的思考及看法。經過充分的討論後，終於取得基本的共識：除以一般的「文學成就」爲觀察及考量作家的標準外，並以研究的迫切性與資料獲得之難易度爲綜合考量。譬如說，在第一階段時，作家的選擇除文學成就外，先考量迫切性及研究性，迫切性是指已故又是日治時期臺籍作家爲優先，研究性是指作品已出土或已譯成中文爲優先。若是作品不少而評論少，或作品評論皆少，可暫時不考慮。此外，還要稍微顧及文類的均衡等等。基本的共識達成後，顧問群共同挑選出 310 位作家，從鄭坤五、賴和、陳虛谷以降，一直到吳錦發、陳黎、蘇偉貞，共分三個階段進行。

張錦郎先生修訂的編輯體例，從事學術研究的顧問們，一方面讚嘆「此目錄必然能成爲類似文獻工作的範例」，但又深恐「費力耗時，恐拖延了結案時間」，要如何克服「有限時間，高度理想」的編輯方式，對工作團隊確實是一大挑戰。於是顧問們群策群力，除了每人依研究領域、研究專長認領部分作家外（可交叉認領），每個顧問亦推薦或召集研究生襄助，以期能在教學研究工作外，爲此目錄盡一份心力。

「臺灣現當代作家評論資料目錄」專案計畫，自 2004 年 4 月開始，至 2009 年 10 月結束，分三個階段歷時五年六個月，共發現、搜尋、記錄了十餘萬筆作家評論資料。共經歷了三位專職研究助理，近三十位兼任研究助理。這些研究助理從開始熟悉體例，到學習如何尋找資料，是一條漫長卻實用的學習過程。

接續

「臺灣現當代作家評論資料目錄」的專案完成，當代重要作家的研究，更可以在這個基礎上，開出亮麗的花朵。於是就有了「臺灣現當代作家研究資料彙編暨資料庫建置計畫」的誕生。爲了便於查詢與應用，資料庫的完成勢在必行，而除了資料庫的建置外，這個計畫再從 310 位作家中精選 50 位，每人彙編一本研究資料，內容有作家圖片集，包括生平重要影像、文學活動照片、手稿及文物，小傳、作品目錄及提要、文學年表。另外每本書分別聘請一位最適當的學者或研究者負責編選，除了負責撰寫八千至一萬字的作家研究綜述外，再從龐雜的評論資料中挑選具有代表性的評論文章，平均 12～14 萬字，最後再附該作家的評論資料目錄，以期完整呈現該作家的生平、創作、研究概況，其歷史地位與影響。

由於經費及時間因素，除了資料庫的建置，資料彙編方面，50 位作家分三個階段完成。第一階段出版了 15 位作家，第二階段出版了 12 位作家，此次第三階段則出版了 23 位作家資料彙編。雖然已有過前兩階段的實務經驗，但相較於前兩階段，此次幾乎多出版將近一倍的數量，使工作小組在編輯過程中，仍然面臨了相當大的困難與挑戰。

首先，必須掌握每位編選者進度這件事，就是極大的挑戰。於是編輯小組在等待編選者閱讀選文的同時，開始蒐集整理作家生平照片、手稿，重編作家年表，重寫作家小傳，尋找作家出版品的正確版本、版次，重新撰寫提要。這是一個極其複雜的工程。還好有認真負責的雅嫻、逮婷、欣怡，以及編輯老手秀卿幫忙，讓整個專案延續了一貫的品質及進度。

在智慧權威、老練成熟的學者專家面前，這些初生之犢的年輕助理展現了大無畏的精神，施展了編輯教戰手冊中的第一招——緊迫盯人。看他們如此生吞活剝地貫徹我所傳授的編輯要法，心裡確實七上八下，但礙於工作繁雜，實在無法事必躬親，也只好讓他們各顯身手了。

縱使這些新手使出了全部力氣，無奈工作的難度指數仍然偏高，雖有前兩階段的經驗，但面對不同的編選者，不同的編選風格，進度仍然不很順利，再加上此次同時進行 23 位作家的編纂作業，在與各編選者及各冊傳主往來聯繫的過程中，更是有許多龐雜而繁瑣的細節。此時就得靠意志力及精神鼓舞了。我對著年輕的同仁曉以大義，告訴他們正在光榮地參與一個重要的文學工程，絕對不可輕言放棄。

成果

雖然過程是如此艱辛，如此一言難盡，可是終究看到豐美的成果。每位編選者雖然忙碌，但面對自己負責的作家資料彙編，卻是一貫地認真堅持。他們每人必須面對上千或數百筆作家評論資料，挑選重要或關鍵性的評論文章，全面閱讀，然後依照編選原則，挑選評論文章。助理們此時不僅提供老師們所需要的支援，統計字數，最重要的是得找到各篇選文作者，取得同意轉載的授權。在第一階段進度流程初估時，我們錯估了此項工作的難度，因為許多評論文章，發表至今已有數十年的光景，部分作者行蹤難查，還得輾轉透過出版社、學校、服務單位，尋得蛛絲馬跡，再鍥而不捨地追蹤。有了第一階段的血淚教訓，第二階段關於授權方面，我們更是如臨深淵、如履薄冰，希望不要重蹈覆轍，第三階段也遵循前兩階段的經驗，在面對授權作業時更是戰戰兢兢，不敢懈怠。

除了挑選評論文章煞費苦心外，每個作家生平重要照片，我們也是採高標準的方式去蒐集，過世作家家屬、友人、研究者或是當初出版著作的出版社，都是我們徵詢的對象。認真誠懇而禮貌的態度，讓我們獲得許多從未出土的資料及照片，也贏得了許多珍貴的友誼。許多作家都協助提供照片手稿等相關資料，如王鼎鈞、洛夫、余光中、羅門、瘂弦、司馬中原、林文月、鄭愁予、黃春明及其子黃國珍、白先勇及與其合作多年的攝影師許培鴻、白萩及其夫人、陳若曦、七等生、王文興、楊牧及其夫人夏盈盈。已不在世的作家，其家屬及友人在編輯過程中，也給予我們許多協助及鼓勵，如姜貴的長子王爲鏞、張秀亞的女兒于德蘭、艾雯的女兒朱恬恬、陳秀喜的女兒張瑛瑛、商禽的女兒羅珊珊、陳冠學的後輩友人陳文銓與郭漢辰、郭松棻的夫人李渝、王禎和的夫人林碧燕，藉由這個機會，與他們一起回憶、欣賞他們親人或父祖、前輩，可敬可愛的文學人生。此外，還有張默、岩上、閻純德、李高雄、丘彥明、朱雙一、吳姍姍、鄭穎、舊香居書店吳雅慧等作家及研究者，熱心地幫忙我們尋找難以聯繫的授權者，辨識因年代久遠而難以記錄年代、地點、事件的作家照片，釐清文學年表資料及作家作品的版本問題，我們從他們身上學習到更多史料研究可貴的精神及經驗。

但如何在規定的時間內，完成第三階段 23 本資料彙編的編輯出版工作，對工作小組來說，確實是一大考驗。每一冊的主編老師，都是目前國內現當代台灣文學教學及研究的重要人物，因此每位主編都十分忙碌。有鑑於前兩階段的經驗，以及現有工作小組的人力，決定分批完稿，每個人負責 2～4 本，三位組長的責任額甚至超過 4～5 本。每一本的責任編輯，必須在這一年多的時間內，與他們所負責資料彙編的主角——傳主及主編老師，共生共榮。從作家作品的收集及整理開始，必須要掌握該作家一生作品的每一次的出版，以及盡量收集不同的版本；整理作家年表，除了作家、研究者已撰述好的年表外，也必須再從訪談、自傳、評論目錄，從作品出版等線索，再做比對及增刪。再來就是緊盯每位把「研究綜述」放在所有進度最後一關的主編們，每隔一段時間提醒他們，或順便把新增的評論目錄寄給他們（每隔一段時間就有新的相關論文或學位論文出現），讓他們隨時與他們所主編的這本書，產生聯想，希望有助於「研究綜述」撰寫的進度。

以上的工作說起來，好像並不十分困難，身爲總策劃的我起初心裡也十分篤定的認爲，事情儘管艱困，最後還是應該順利完成。然而，這句雲淡風輕的話，聽在此次身歷其境參與工作的同仁耳中，一定會恨得牙癢癢的。「夜長夢多」這個形容詞拿來形容這件工作，真是太恰當也沒有了。因爲整個工作期程超過一年，在這段漫長的歲月中，因等待、因其他人力無法抗拒的因素，衍伸出來的問題，層出不窮，更有許多是始料未及的。譬如，每本書的的選文，主編老師本來已經選好了，也經過授權了，爲了抓緊時間，負責編輯的助理們甚至連順序、頁碼都排好了，就等主編老師的大作了，這時主編突然發現有新的文章、新的資料產生：再增加兩三篇選文吧！爲了達到更好更完備的目標，工作小組當然全力以赴，聯絡，授權，打字，校對，重編順序等等工作，再度展開。

此次第三階段共需完成 23 位作家研究資料彙編，年齡層較上兩個階段已年輕許多，因此到最後的疑難雜症，還有連主編或研究者都不太清楚的部分，譬如年表中的某一件事、某一個年代、某一篇文章、某一個得獎記錄，作家本人絕對是一個最好的諮詢對象，於是幾乎我們每本書都找到了作家本人，對解決某些問題來說，這是一個好的線索，但既然看了，關心了，參與了，就可能有不同的看法，選文、年表、照片，甚至是我們整本書的體例。於是又是一場翻天覆地的大更動，對整本書的品質來說，應該是好的，但對經過一年多琢磨、修改已近入完稿階段的編輯團隊來說，這不啻是一大挑戰。

1990 年開始，各地縣市文化中心（文化局），對在地作家作品集的整理出版，以及台灣文學館成立後對日治時期作家以迄當代重要作家全集的編纂，對臺灣文學之作家研究，也有了很好的促進作用。如《楊逵全集》、《林亨泰全集》、《鍾肇政全集》、《張文環全集》、《呂赫若日記》、《張秀亞全集》、《葉石濤全集》、《龍瑛宗全集》、《葉笛全集》、《鍾理和全集》、《錦連全集》、《楊雲萍全集》、《鍾鐵民全集》等，如雨後春筍般持續展開。

經過近二十年的努力，臺灣文學的研究與出版，也到了可以驗收或檢討成果的階段。這個說法，當然不是要停下腳步，而是可以從「臺灣現當代作家評論資料目錄」所呈現的 310 位作家、10 萬筆資料中去檢視。檢視的標的，除了從作家作品的質量、時代意義及代表性去衡量外、也可以從作家的世代、性別、文類中，去挖掘還有待開墾及努力之處。因此在這樣的堅實基礎上，這套「臺灣現當代作家研究資料彙編」，每位編選者除了概述作家的研究面向外，均有些觀察與建議。希望就已然的研究成果中，去發現不足與缺憾，研究者可以在這些不足與缺憾之處下功夫，而盡量避免在相同議題上重複。當然這都需要經過一段時間去發現、去彌補、去重建，因此，有關臺灣文學研究的調查與研究，就格外顯得重要了。

期待

感謝臺灣文學館持續支持推動這兩個專案的進行。「臺灣現當代作家評論資料目錄」的完成，呈現的是臺灣文學研究的總體成果；「臺灣現當代作家研究資料彙編」套書的出版，則是呈現成果中最精華最優質的一面，同時對未來的研究面向與路徑，做最好的建議。我們可以很清楚的體會，這是一條綿長優美的臺灣文學接力賽，我們十分榮幸能參與其中，我們更珍惜在傳承接力的過程，與我們相遇的每一個人，每一件讓我們真心感動的事。我們更期待這個接力賽，能有更多人加入。誠如張恆豪所說「從高音獨唱到多元交響」，這是每一個人所期待的。

編輯體例

一、本書編選之目的，為呈現白先勇生平、著作及研究成果，以作為臺灣文學相關研究、教學之參考資料。

二、全書共五輯，各輯內容及體例說明如下：

輯一：圖片集。選刊作家各個時期的生活或參與文學活動的照片、著作書影、手稿（包括創作、日記、書信）、文物。

輯二：生平及作品，包括三部分：

1.小傳：主要內容包括作家本名、重要筆名，生卒年月日，籍貫，及創作風格、文學成就等。

2.作品目錄及提要：依照作品文類（論述、詩、散文、小說、劇本、報導文學、傳記、日記、書信、兒童文學、合集）及出版順序，並撰寫提要。不收錄作家翻譯或編選之作品。

3.文學年表：考訂作家生平所進行的文學創作、文學活動相關之記要，依年月順序繫之。

輯三：研究綜述。綜論作家作品研究的概況，並展現研究成果與價值的論文。

輯四：重要文章選刊。選收國內外具代表性的相關研究論文及報導。

輯五：研究評論資料目錄。收錄至 2013 年 6 月底止，有關研究、論述臺灣現當代作家生平和作品評論文獻。語文以中文為主，兼及日文和英文資料。所收文獻資料，以臺灣出版為主，酌收中國大陸、香港、日本和歐美國家的出版品。內容包含三部分：

1.「作家生平、作品評論專書與學位論文」下分為專書與學位論文。

2.「作家生平資料篇目」下分為「自述」、「他述」、「訪談」、「年表」、「其他」。

3.「作品評論篇目」下分為「綜論」、「分論」、「作品評論目錄、索引」、「其他」。

目次

【輯五】研究評論資料目錄

輯一◎圖片集

影像◎手稿◎文物

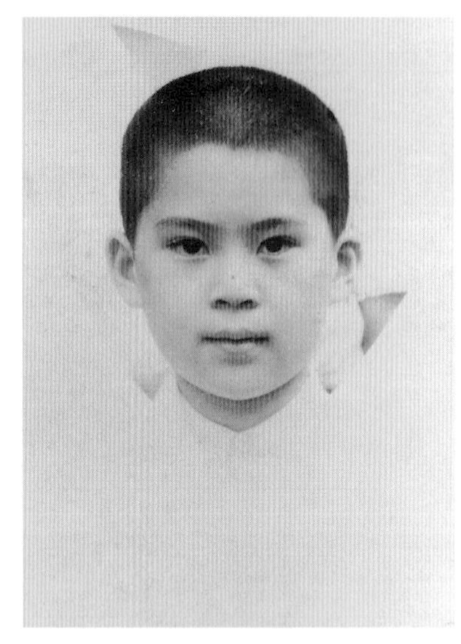

1946年，九歲的白先勇攝於上海。（臺灣大學圖書館提供）

1946年7月9日，白先勇全家福，攝於南京大方巷寓所。前排左起：白先敬、白先剛；中排左起：白先勇、馬佩璋、白崇禧、白先忠；後排左起：白先明、白先慧、白先智、白先道、白先德、白先誠。（臺灣大學圖書館提供）

1952年，白先勇隨家人從香港移居臺灣，攝於臺北。前排左起：白先剛、白先敬；後排左起：白先道、馬佩璋、白崇禧、白先勇。（臺灣大學圖書館提供）

1952年，就讀建國中學時的白先勇。（翻攝自《悲憫情懷》，爾雅出版社）

1955年，白崇禧夫婦結婚30周年紀念日，攝於臺北。前排左起：馬佩璋、白先敬、白崇禧；後排左起：白先剛、白先勇。（翻攝自《第六隻手指》，天下遠見出版公司）

1957年，就讀臺灣大學外國文學系時的白先勇。（翻攝自《悲憫情懷》，爾雅出版社）

1957年，大學一年級的白先勇與摯友王國祥（右）。（臺灣大學圖書館提供）

1958年，白先勇與父親白崇禧（左），攝於松江路寓所。（臺灣大學圖書館提供）

1960年5月，《現代文學》創刊時編輯委員合影。前排左起：陳若曦、歐陽子、劉紹銘、白先勇、張先緒；後排左起：戴天、方蔚華、林耀福、李歐梵、葉維廉、王文興、陳次雲。（文訊文藝資料中心）

1961年，白先勇與《現代文學》編輯同仁出遊野餐，攝於臺北碧潭。前排左起：鄭恆雄、楊美惠；後排左起：杜國清、王禎和、陳若曦、白先勇、王國祥、王文興、沈華、歐陽子。（臺灣大學圖書館提供）

1963年2月，白先勇（右）赴美國愛荷華大學留學，在松山機場留下與父親的最後合影。（臺灣大學圖書館提供）

1963年，就讀愛荷華大學「作家工作坊」時的白先勇。（臺灣大學圖書館提供）

1965年，白先勇自愛荷華大學畢業，獲藝術創作碩士。（臺灣大學圖書館提供）

1966年，父親白崇禧病逝，兄弟姊妹返家奔喪。左起：白先智、白先道、白先德、白先誠、白先明、白先忠、白先勇、白先剛、白先敬。（臺灣大學圖書館提供）

1966年，白先勇於聖塔芭芭拉公寓寫作《臺北人》。（臺灣大學圖書館提供）

1960年代末，白先勇與李歐梵（左）攝於聖塔芭芭拉海灘。（翻攝自《現文因緣》，天下遠見出版公司）

1976年，與文友合影。左起：高信疆、隱地、白先勇、沈登恩。（翻攝自《白先勇書話》，爾雅出版社）

1979年，與文友合影於西雅圖。左起：楊牧、劉紹銘、白先勇、陳若曦、張系國、殷張蘭熙、李歐梵。（臺灣大學圖書館提供）

約1980年代，白先勇與黃凡（右）合影。（文訊文藝資料中心）

約1980年代，白先勇與文友雅集，攝於林海音寓所。前排左起：林海音、江玲、季季、張橋橋、瘂弦、齊邦媛、隱地；後排左起：Lawrence McDonald、殷允芃、殷張蘭熙、何凡、白先勇、羅青、粘碧華。（爾雅出版社提供）

1980年，於聖塔芭芭拉家中創作長篇小說《孽子》的白先勇。（謝春德拍攝）

1982年8月，《遊園驚夢》舞臺劇公演，與演員歸亞蕾（左）、盧燕（右）合影於臺北國父紀念館。（翻攝自《遊園驚夢》，天下遠見出版公司）

1984年，白先勇（左二）與《金大班的最後一夜》電影劇組。（臺灣大學圖書館提供）

1992年3月21日，應邀出席誠品書店「現代文學與六〇年代」系列活動，並主持「現文重刊」酒會。（文訊文藝資料中心）

1994年，白先勇與歐陽子（中）、奚淞（右），攝於臺北。（臺灣大學圖書館提供）

2001年，柯錫杰於淡水工作室為白先勇攝影，作品後於「藏鏡——人物攝影大展」攝影個展展出，並收入攝影集《家鄉人》。（柯錫杰拍攝）

2001年1月2日，白先勇應邀擔任《聯合報》「讀書人版2000年最佳書獎贈獎典禮暨酒會」頒獎人。左起：隱地、白先勇。（翻攝自《白先勇書話》，爾雅出版社）

2003年3月1日，《聯合報》副刊與允晨文化公司舉辦「白先勇名著《孽子》研討會」。左起：馬森、鄭樹森、白先勇、彭鏡禧、盧勘平、曹瑞原、吳文思。（文訊文藝資料中心）

2004年4月，青春版《牡丹亭》舞臺劇於臺北國家戲劇院首演，
白先勇於演出前致詞。（許培鴻拍攝）

2006年4月，青春版《牡丹亭》於北京大學百周年紀念講堂演出。
左起：俞玖林、沈豐英。（許培鴻拍攝）

2006年9月23日，青春版《牡丹亭》舞臺劇於加州爾灣Barclay Theatre公演，白先勇帶領演員向觀眾謝幕。前排左起：沈豐英、張繼青、白先勇、汪世瑜、俞玖林。（許培鴻拍攝）

2007年10月，白先勇應邀出席「面對世界——崑曲與《牡丹亭》國際學術研討會」，攝於北京國家大劇院。左起：余志明、陳麗娥、劉夢溪、李林德、于丹、白先勇、曾永義、金聖華、廖奔、汪世瑜、華瑋。（許培鴻拍攝）

2007年11月4日，應邀赴紐約華文作家協會演講，於「歡迎白先勇先生餐會」與文友合影。左起：白先勇、趙淑俠、趙淑敏、夏志清。（文訊文藝資料中心）

2008年6月，青春版《牡丹亭》於倫敦Sadler's Wells演出，演出後與紅樓夢英譯者David Hawkes（中）、倫敦「中國研究中心」主任Timothy Brook（右）會談。（許培鴻拍攝）

2008年9月18日，趨勢教育基金會主辦的「《白先勇作品集》新書發表會」，於國家圖書館舉行。左起：張毅、楊惠姍、白先勇、陳怡蓁、李嗣涔。（臺灣大學圖書館提供）

2008年9月18日，應邀出席九歌出版社與藝文界人士於中山堂共同舉辦的白先勇71歲生日宴會「白先勇新書發表會及青春版白先勇PARTY」。左起：辛意雲、白先勇、奚淞、黃銘昌、楊惠姍、張毅。（許培鴻拍攝）

2008年9月21日，應邀出席「白先勇的藝文世界」研討會，與文友合影於國家圖書館。左起：柯慶明、白先勇、李歐梵、鄭恆雄、王文興。（翻攝自《白先勇的藝文世界》DVD（演講手冊）頁189圖，臺灣大學出版中心）

2008年12月，青春版《牡丹亭》於希臘雅典藝術節演出的海報。（許培鴻拍攝）

2009年5月21日，新版《玉簪記》於臺北國家戲劇院首演，白先勇於謝幕時致辭。（許培鴻拍攝）

2011年12月10日，青春版《牡丹亭》演出第兩百場慶功宴，於北京國家大劇院舉行。左起：陳怡蓁、白先勇、沈豐英、許培鴻、俞玖林。（許培鴻提供）

2011年12月31日，青春版《牡丹亭》製作團隊新春聚會，攝於臺北董陽孜寓所。前排左起：白先勇、董陽孜、曾詠霓、張淑香；後排左起：王童、柯慶明、許培鴻。（許培鴻提供）

2012年4月24日，應邀擔任廣西師大出版社理想國與先鋒書店共同舉辦的「白先勇、章詒和——他們眼中的父親與民國」講座主講人，與章詒和（左）於對談結束後合影。（許培鴻拍攝）

2012年5月8日，應邀出席趨勢教育基金會、時報出版、國家圖書館、國史館共同舉辦的「《父親與民國——白崇禧將軍身影集》新書發表會暨『白崇禧將軍身影照片展』開幕式」，於會中演講。（許培鴻拍攝）

2012年11月11日，應邀出席中國社會科學院舉辦的「白先勇的文學與文化實踐暨兩岸藝文合作學術研討會」，攝於北京香山飯店。左起：陳怡蓁、華瑋、吳素君、葉朗、白先勇、辛意雲、向勇。（許培鴻拍攝）

2013年3月7日，出席臺北市政府舉辦的白崇禧將軍夫婦陵墓「白榕蔭園」修整動土典禮。（許培鴻拍攝）

2013年3月9日，應邀出席時報文化、趨勢教育基金會、臺北市文化局，於中山堂共同舉辦的「白崇禧將軍一百二十歲冥誕追念會及影像展開幕」典禮，於會中致辭。（許培鴻拍攝）

2013年4月23日，應邀出席國立中正文化中心第六屆TIFA國際藝術節舉辦的《孽子》改編舞臺劇宣告記者會，攝於臺北國家戲劇院。左起：白先勇、曹瑞原。（許培鴻拍攝）

2013年5月4日，《永遠的尹雪豔》舞臺劇於上海文化廣場首演，白先勇於謝幕致辭。左起：胡歌、白先勇、黃麗婭。（白先勇提供）

樹猶如此

——紀念亡友王國祥君

白先勇

我家後院西隅近籬笆處曾經種有一排三株義大利柏樹。這種義大利柏樹（Italian Cypress）原本生長於南歐地中海畔，與其他松柏皆不相類。樹的主幹筆直上伸，標高至六七十呎，但橫枝並不恣意擴張，兩人合抱，便把樹身圍住了，說是參天一柱，平地拔起，碧森森像座鐵塔

1999年1月24日，白先勇〈樹猶如此——紀念亡友王國祥君〉手稿。（臺灣大學圖書館提供）

等

白先勇

（一）

時間：一九四九年五月五日

地點：上海

這天下着大雨，而且風勢猛勁，黃浦江滾滾濁浪好像一鍋煮開了的水，正在沸騰。北京路口的外灘碼頭上擠滿了人，開往臺灣的復興輪即將啟碇，人們都爭先恐後的搶着登船。人群中一對青年男女正擁抱在一起說道別。工程師王宝華是交通大學的高材生，他的未婚妻李玉潔在中西女中教英文。宝華與玉潔自小是鄰居，一同住在思園路的梅邨裡。李家媽媽到王家去打麻將，總帶着玉潔一起去，王家媽媽便對玉潔說道：「叫王家阿哥帶你出去買東西吃。」於是宝華便拉着玉潔（大囡）的手，帶她到街口老大房買陳皮梅給她吃。宝華從小就會照顧玉潔，有好東西，一定先給大囡。玉潔對王家阿哥也只有佩服的份，她在學校裡解不出的算術難題，宝華瞄一眼就知道答案了。還是很小的時候，宝華八歲吧，玉潔才五歲，有一天，兩個小人蹲在梅邨院子裡的薔薇花架下，玩泥巴。宝華對玉潔說道：「大囡，你以後要做我的家主婆？」玉潔搖着一

1999年10月，白先勇〈等〉手稿。（臺灣大學圖書館提供）

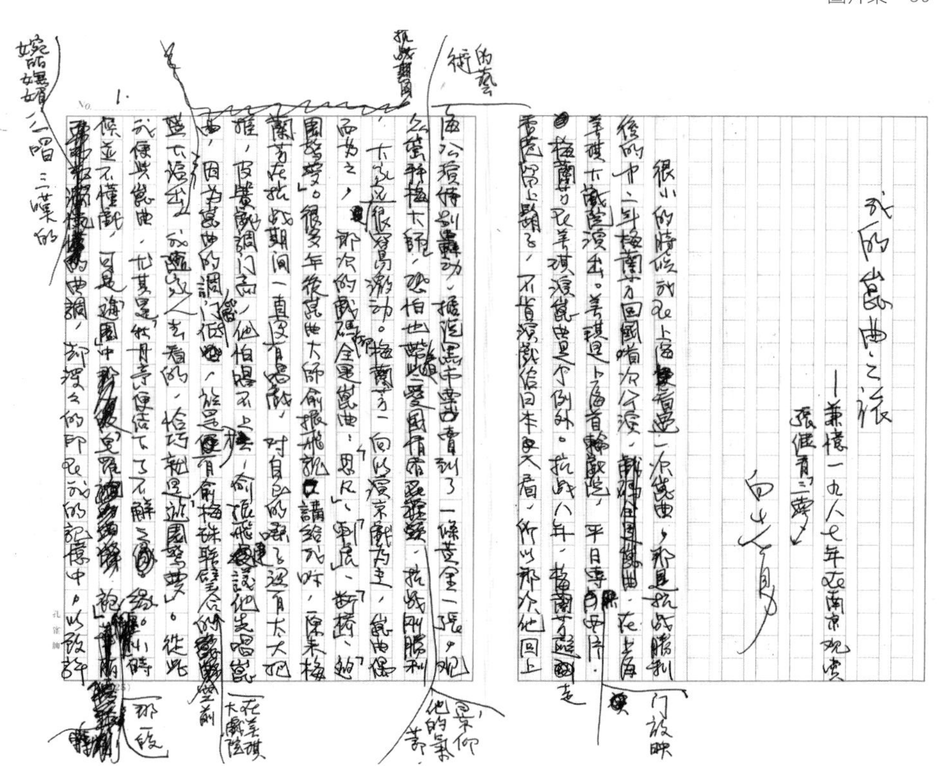

我的崑曲之旅

—兼憶一九八七年在南京觀賞張繼青「三夢」

白先勇

很小的時候我在上海看過一次崑曲，那是抗戰勝利後的中、上年，梅蘭芳回國後首次公演，就在上海美琪大戲院演出。美琪是上海首輪戲院，平日專門放映西片，梅蘭芳在美琪演崑曲是個例外。抗戰八年，梅蘭芳蓄鬚明志，不肯演戲給日本人看，所以那次他回上海公演特別轟動，據說黑市票賣到了一條黃金一張戲票。觀眾的熱情，恐怕也帶著愛國情緒，抗戰勝利，梅蘭芳又復出了，難免激動。梅蘭芳一向以演京戲為主，崑曲偶爾為之，那次的戲碼全是崑曲：〈思凡〉、〈刺虎〉、〈斷橋〉、〈遊園驚夢〉。很多年後崑曲大師俞振飛講給我聽，原來梅蘭芳在抗戰期間一直沒有唱戲，對自己的嗓子還沒有太大把握，皮黃戲調門高，他怕唱不上去，俞振飛便建議他先唱崑曲，因為崑曲的調門低些，於是才有俞梅珠聯璧合在美琪大戲院那次的盛大演出。我看的那一場，恰巧就是〈遊園驚夢〉。從此，我便與崑曲，尤其是〈牡丹亭〉，結下了不解之緣。那時我並不懂戲，可是〈遊園〉中〈皂羅袍〉那一段婉麗嫵媚、一唱三嘆的曲調，卻從此深深的印在我的記憶中，以致許

克難歲月

—隱地的「少年追想曲」

白先勇

隱地在一篇文章中感嘆，近二十年來，台灣人過慣了豐裕生活，把從前物質匱乏的窮苦日子都忘得一乾二淨。現在台灣的新人類e世代恐怕連「克難」這兩個字的真正涵義，都不甚了了。說真話，要不是最近讀到隱地的文章，我也很久沒有在台灣的報章雜誌上看到「克難」這個詞兒了。台灣人大概真的把當年那段克難歲月早已淡忘。

1999年11月21日，白先勇〈我的崑曲之旅——兼憶1987年在南京觀賞張繼青《三夢》〉手稿。（臺灣大學圖書館提供）

2000年8月，白先勇〈克難歲月——隱地的「少年追想曲」〉手稿。（臺灣大學圖書館提供）

No. 1

Tea for Two

白先勇

從前我和安弟約會的時候，我們經常約在 Tea for Two。Tea for Two 在十八街上，靠近四八大道，當年是曼哈頓上雀喜區 Chelsea 十分走紅的一家歡樂吧。酒吧不算大，可是後面卻連着個小餐廳，餐廳名曰：「Fairyland」。酒吧和餐廳其室內設計都經過大偉和東尼一番精心設計，是下過真工夫的。東尼自己掌管 Fairyland，大小事務一把抓，連

No. 1

餐桌上每天的鮮花也由他親自挑選。每張餐桌上的小水晶瓶裡都插着一莖玫瑰花，從殷紅、嫣紅、粉紅到嬌黃、嫩白，每朵顏色各異，配着同色的蠟燭，燭光花朵交相輝映，這樣才夠羅曼蒂克——東尼如是說。的確，Fairyland 一週七天天天滿座，排隊都要排上個把小時，但一些「歡樂男」、歡樂女們的約會總喜歡約在這裡。由於東尼本人是華人，引來不少亞裔的「歡樂族」，日裔、韓裔、泰國幫、菲律賓幫都有。[illegible]，也有來自世界各地的歡樂炎黃子孫。因此，約會的情侶，東西配特別多，東尼說 Tea for Two 是東方遇見西方的最佳歡樂地。

東尼經營餐廳，的確有他一套，規格甚高。他本人每天穿戴得整整齊齊，緞子翻領的黑西裝，打着得畢挺的白襯

(24×25)

在台大的歲月

白先勇

回想起來，台大四年（民國四十六至五十年）可能是我一生中最有意義的日子。進入外文系後，有幸遇到良師益友，啟發我對文學創作的追求，並創辦《現代文學》雜誌，由此走上終身從事寫作的道路。

當時台大文學院的師長，多為飽學之士。影響我最深的，首推夏濟安先生。夏先生主編的《文學雜誌》其實是引導我走進文學世界的源頭。這是一本高水準、高品味的文學雜誌，創作與評論並重，撰稿者以台大外文及中文兩系師生為骨幹，當然也有不少外稿。我本來在成功

2003年3月，白先勇〈Tea for Two〉手稿。（臺灣大學圖書館提供）

2008年11月，白先勇〈在臺大的歲月〉手稿。（臺灣大學圖書館提供）

輯二◎生平及作品

小傳◎作品◎年表

小傳

白先勇（1937～）

白先勇，男，籍貫廣西桂林，1937 年 8 月 16 日生，爲北伐抗戰名將白崇禧之子。1949 年遷居香港，1952 年來臺，就讀建國中學。先以第一志願考取成功大學水利系。後來因閱讀夏濟安主編之《文學雜誌》，發現自己的志願在文學，因而重考進入臺灣大學外國語文學系，師事夏濟安先生，並旁聽中國文學系臺靜農先生「中國文學史」、葉嘉瑩「詩選」等課程。1958 年 9 月發表第一篇小說〈金大奶奶〉於《文學雜誌》第 5 卷第 1 期，爲其創作起點。1960 年就讀外文系大三時與同學王文興、歐陽子、陳若曦等人創辦《現代文學》雜誌，一方面以主題人物的方式，每期有計畫的譯介評述西洋現代文學的大師與其作品；一方面努力創作具實驗性質的現代小說，遂蔚爲風潮。

臺灣大學外文學系畢業後，於憲兵單位服役；1963 年役畢，前往美國愛荷華大學「國際作家工作坊」進修，獲藝術創作碩士。此後，他的小說創作一改前期的感傷與青澀，逐漸走向文筆整鍊，描述客觀，顯現節制精確、含蓄深刻的風格；此時的題材漸漸轉向以播遷來臺人士之精神困境的《臺北人》系列；與以赴美留學生的認同困境爲主的《紐約客》系列爲創作主軸。深獲專家與一般讀者激賞。

其後任美國加州大學聖塔芭芭拉分校東亞語言文化學系教授，講授中國語言文學課程，並創辦晨鐘出版社，除支援《現代文學》雜誌發行，同時出版眾多的現代文學專書。後以財力不繼，《現代文學》雜誌停刊。後得遠景出版社之助《現代文學》雜誌復刊，這段期間發表了以同性戀社會爲題材的長篇力作《孽子》。

他的許多小說作品，自〈遊園驚夢〉改編爲舞臺劇演出起，如〈玉卿嫂〉,〈金大班〉,〈孽子〉,〈孤戀花〉等皆前後改爲電影演出；後二者亦更有電視連續劇的演出。1994 年自加州大學退休後，投入愛滋病防治的公益活動與崑曲的改編與演出工作，製作有膾炙人口的《青春版牡丹亭》與《新版玉簪記》；更致力於撰寫其父親白崇禧將軍的傳記，已出版《父親與民國》一書。並應母校之聘，現任國立臺灣大學文學院講座教授。曾先後獲國家文藝獎、元智大學桂冠文學家獎、太極傳統音樂獎。

白先勇創作雖以小說爲主，但另有數量可觀的散文、評論、劇本等，趨勢文教基金會曾集結而出版有《白先勇文集》，甚便閱覽。

國家文藝獎對其文學藝術成就給予如下的肯定：「白先勇的文學創作，對戰後臺灣社會特殊階層人物，充滿人性關懷，作品融入古典小說與西方現代小說的精髓，具有原創性與藝術性，允爲臺灣現代文學的典範。另外，與文學同儕創辦的《現代文學》雜誌，引介西方現代思潮，鼓勵文學創作，對臺灣文學發展有一定的影響」。

作品目錄及提要

【論述】

白先勇說崑曲

臺北：聯經出版公司
2004 年 4 月，17×22 公分，248 頁

桂林：廣西師範大學出版社
2004 年 6 月，16.5×22 公分，231 頁

聯經出版公司 2004

廣西師範大學 2004

本書爲白先勇撰寫的崑曲介紹、訪談、對談紀錄，另有崑曲專家介紹崑曲的變革與淵源，搭配劇照、紀念照，用精緻的整體設計來呈現崑曲的多元與華美。全書收錄〈驚變——記上海崑劇團《長生殿》的演出〉、〈崑曲的魅力・演藝的絕活——與崑曲名旦華文漪對談〉、〈認識崑曲在文化上的深層意義——白先勇訪「傳」字輩老藝人〉等 12 篇。正文前有劉俊〈賞心樂事——白先勇的崑曲情緣〉，正文後附錄白先勇口述；紀慧玲整理〈讓《牡丹亭》重現崑曲風華〉、姚白芳〈〈遊園驚夢〉與崑曲〈驚夢〉及《牡丹亭》的關係〉、姚白芳〈水磨一曲風流存〉、符立中〈爲逝去的美造像——白先勇要做唯美版《牡丹亭》〉、楊佳嫻〈崑曲傳承・拜師行古禮〉、王怡棻〈白先勇的《牡丹亭》青春夢〉。
2004 年廣西師範大學版：內容與聯經版相同。

白先勇書話／隱地編

臺北：爾雅出版社
2008 年 7 月，25 開，292 頁

北京：文化藝術出版社
2009 年 8 月，32 開，192 頁

爾雅出版社 2008

本書集結白先勇的書評及友人回憶相處過往的敘述文章，書評正文後附被評作者的出版書目，分爲「白先勇書話」、「書話白先勇」二部分。全書收錄〈棄婦吟——琦君〈橘子紅

文化藝術 2009

了〉〉、〈花蓮風土人物誌——高全之的《王禎和的小說世界》〉、隱地〈回憶二三事——白先勇和我〉等 22 篇。正文前有〈白先勇傳、評傳書影〉、〈白先勇傳有多少？〉、〈白先勇手跡〉、〈白先勇十句話〉、〈白先勇文集〉、〈白先勇「心的掙扎」〉、劉俊〈白先勇與臺北人〉，正文後附錄〈白先勇書目〉、〈白先勇小說改編成的電影〉、〈白先勇大事紀〉、〈白先勇作品外譯〉。
2009 年文化藝術版：正文後新增〈作家來函〉。

【散文】

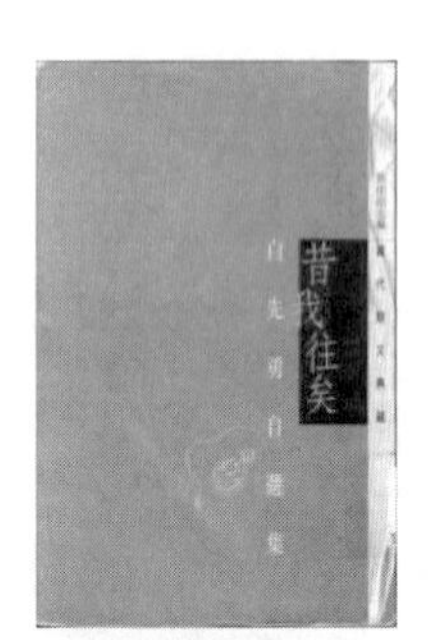

天地圖書 2001

龍門書店 2013

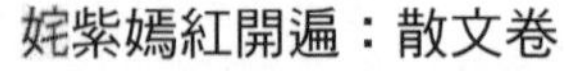

昔我往矣——白先勇自選集／劉紹銘主編

香港：天地圖書公司
2001 年 12 月，14x21 公分，228 頁
當代散文典藏

北京：龍門書店
2013 年 1 月，32 開，214 頁
名家散文典藏系列 5

本書爲懷人憶舊的散文集，兼有書評和創辦《現代文學》的回顧。全書收錄〈少小離家老大回——我的尋根記〉、〈樹猶如此——紀念亡友王國祥君〉、〈寫給阿青的一封信〉等 16 篇。正文前有天地圖書編輯部〈編輯緣起〉、劉紹銘〈導言：白先勇就是這樣長大的〉，正文後附錄白先勇〈後記〉。
2013 年龍門書店版：內容與天地圖書版相同。

姹紫嫣紅開遍：散文卷

北京：作家出版社
2011 年 5 月，新 25 開，286 頁

本書爲白先勇散文選集。全書收錄〈上海童年〉、〈臺北 Pastoral〉、〈驀然回首〉、〈《現代文學》的回顧與前瞻〉等 33 篇。

【小說】

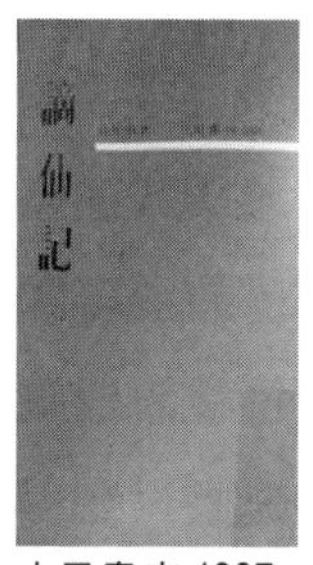

文星書店 1967

大林出版社 1969

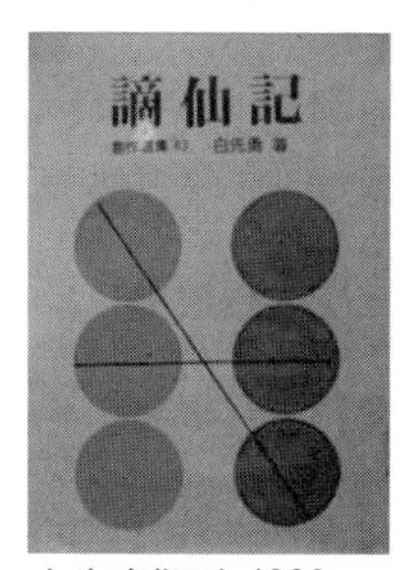

水牛出版社 1986

謫仙記

臺北：文星書店
1967 年 6 月，40 開，210 頁
文星叢刊 258

臺北：大林出版社
1969 年 6 月，32 開，272 頁
大林文庫 43

臺北：水牛出版社
1986 年 11 月，32 開，272 頁
創作選集 43

短篇小說集。本書爲作者第一本小說集，甫一出版，即因文星書店觸犯當局而遭查禁。全書收錄〈我們看菊花去〉、〈玉卿嫂〉、〈寂寞的十七歲〉、〈那晚的月光〉、〈上摩天樓去〉、〈香港——一九六〇〉、〈安樂鄉的一日〉、〈火島之行〉、〈永遠的尹雪豔〉、〈謫仙記〉共十篇。正文前有歐陽子〈序〉，正文後附錄王文興〈後記〉。
1969 年大林版、1986 年水牛版：內容與文星版相同。

仙人掌出版社 1968

晨鐘出版社 1970

遊園驚夢

臺北：仙人掌出版社
1968 年 9 月，40 開，155 頁
仙人掌文庫 6

臺北：晨鐘出版社
1970 年 9 月，40 開，155 頁
向日葵文叢 21

短篇小說集。本書作品爲白先勇 1964～1968 年間的作品。全書收錄〈永遠的尹雪豔〉、〈一把青〉、〈遊園驚夢〉、〈歲除〉、〈梁父吟〉、〈金大班的最後一夜〉、〈謫仙記〉、〈香港——一九六〇〉共八篇。正文前有葉維廉〈激流怎能爲倒影造像（代序）——論白先勇的小說〉、〈作者簡介〉。
1970 年晨鐘版：內容與仙人掌版相同。

晨鐘出版社 1971

Indiana University Press1982

爾雅出版社 1983

Flammarion1996

上海文藝出版社
1999

Picquier poche
2000

時代文藝出版社
2000

中文大學出版社
2000

臺北人

臺北：晨鐘出版社
1971年4月，32開，312頁
晨鐘文叢27

臺北：晨鐘出版社
1971年11月，32開，280頁
向日葵文叢27

Bloomington, USA：Indiana University Press
1982年9月，15×23.2公分，199頁
Chinese literature in translation
Wandering in the Garden,Waking from a dream:Tales of Taipei Characters
喬志高主編；白先勇、Patia Yasin譯

臺北：爾雅出版社
1983年5月，32開，296頁
爾雅叢書128

Paris, France：Flammarion
1996年，13.5×21公分，274頁
Lettres d'Extréme-Orient
Gens de Taipei:nouvelles
André Lévy譯

上海：上海文藝出版社
1999年1月，25開，213頁
臺港暨海外華語作家自選文庫・白先勇自選集

Paris, France：Picquier poche
2000年，13×24公分，280頁
Picquier Poche, numéro
Gens de Taipei
André Lévy譯

長春：時代文藝出版社
2000年1月，32開，243頁
二十世紀中文小說一百強

香港：中文大學出版社
2000年7月，18開，448頁
白先勇、葉佩霞譯，中英對照版

北京：作家出版社
2000年7月，25開，203頁
百年百種優秀中國文學圖書

臺北：長宥文化公司
2000年10月，15×18公分，584頁

作家出版社 2000

長宥文化公司 2000

爾雅出版社 2002

爾雅出版社 2008

國書刊行會 2008

Recall 系列 9
白先勇、葉佩霞譯，中英對照

臺北：爾雅出版社
2002 年 2 月，25 開，346 頁

臺北：爾雅出版社
2008 年，32 開，359 頁
爾雅叢書 128

東京：國書刊行會
2008 年 3 月，32 開，277 頁
新しい臺湾の文学──現代臺灣文學系列
山口守譯

短篇小說集。本書描寫一群遷居至臺灣，卻留戀過去青春榮光的「臺北人」，通篇流露對這些「沒落貴族」的同情與悲憫。全書收錄〈永遠的尹雪豔〉、〈一把青〉、〈歲除〉、〈金大班的最後一夜〉、〈那片血一般紅的杜鵑花〉、〈思舊賦〉、〈梁父吟〉、〈孤戀花〉、〈花橋榮記〉、〈秋思〉、〈滿天裡亮晶晶的星星〉、〈遊園驚夢〉、〈冬夜〉、〈國葬〉共 14 篇。正文前有歐陽子〈白先勇的小說世界──《臺北人》之主題探討〉，正文後附錄夏志清〈白先勇論〉。

1971 年 11 月晨鐘版：正文後新增歐陽子〈《謫仙記》序〉、顏元叔〈白先勇的語言〉、於梨華〈白先勇筆下的女人〉。

1982 年 Indiana University Press 版：以晨鐘版爲基礎，由白先勇、葉佩霞譯爲英文，正文前新增 Patrick Huang“Foreword”、George Kao “Editor’s Preface”、Pai Hsien-yung、Patia Yasin “Acknowledgments”。

1983 年爾雅出版社版：正文前有〈白先勇的信〉、歐陽子〈白先勇的小說世界──《臺北人》之主題探討〉，正文後有喬志高原著；黃碧端翻譯〈「世界性的口語」──《臺北人》英譯本編者序〉。

1996 年 Flammarion 版：以晨鐘版爲基礎，由 André Lévy 譯爲法文。

1999 年上海文藝版：正文前有歐陽子〈白先勇的小說世界〉、余秋雨〈世界性的文化鄉愁〉，正文後附錄〈作者年表〉。

2000 年 Flammrion 版：內容與 1996 年 Flammarion 版相同。

2000 年時代文藝出版社版：正文前有編者〈十大小說號召新時代〉、歐陽子〈白先勇的小說世界〉、余秋雨〈世紀性的文化鄉愁〉。

2000 年中文大學出版社中英對照版：正文前有〈中英對照版弁言〉、喬志高編；

黃碧端譯〈編者序〉、葉佩霞〈合譯者的話〉、白先勇、葉佩霞〈鳴謝〉，正文後附錄〈附錄：韓南撰印第安那英譯版前言（英文）〉。
2000 年作家出版社版：正文後附錄歐陽子〈《謫仙記》序〉、夏志清〈白先勇論〉、於梨華〈白先勇筆下的女人〉。
2000 年長宥文化版：內容與中文大學版相同。
2002 年爾雅典藏版：正文前有余秋雨〈世紀性的文化鄉愁〉，正文後附錄喬志高著；黃碧端譯〈「世紀性的口語」──《臺北人》英譯本編者序〉、〈《臺北人》版本系列〉、〈《臺北人》研究著作〉、〈論文目錄〉、〈作者年表〉。
2008 年國書刊行會版：正文後附錄山口守〈解說〉。

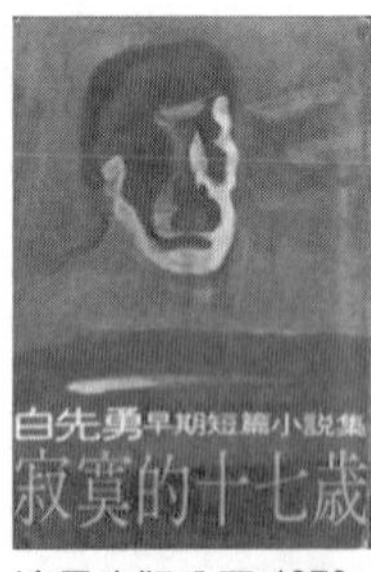

遠景出版公司 1976

Diederichs1986

允晨文化公司 1989

風雲時代 1989

允晨文化公司 1990

上海文藝出版社
1999

寂寞的十七歲

臺北：遠景出版公司
1976 年 12 月，32 開，327 頁
遠景叢刊 58

臺北：遠景出版公司
1977 年，32 開，340 頁
遠景叢刊 58

München, Germany：Diederichs
1986 年，13x21 公分，208 頁
Einsam Mit Siebzehn
Wolf Baus、Susanne Ettl 譯

臺北：允晨文化公司
1989 年 9 月，25 開，298 頁
允晨文選 7

臺北：風雲時代出版公司
1989 年 11 月，新 25 開，327 頁
風雲文學叢書

臺北：允晨文化公司
1990 年 2 月，25 開，346 頁
當代名家 1

上海：上海文藝出版社
1999 年 1 月，14x20 公分，353 頁
臺港暨海外華語作家自選文庫・白先勇自選集

短篇小說集。本書集結白先勇發表「臺北人系列」前作品。全書收錄〈金大奶奶〉、〈我們看菊花去〉、〈悶雷〉、〈月夢〉、〈玉卿嫂〉、〈黑虹〉、〈小陽春〉、〈青春〉、〈寂寞的十七歲〉、〈那晚的月光〉、〈芝加哥之死〉、〈上摩天樓去〉、

〈香港——一九六〇〉、〈安樂鄉的一日〉、〈火島之行〉、〈謫仙記〉、〈謫仙怨〉共17篇。正文前有夏志清〈白先勇早期的短篇小說——《寂寞的十七歲》代序〉。
1977年遠景版：正文前新增歐陽子〈歐陽子序〉，正文後新增白先勇〈驀然回首——《寂寞的十七歲》後記〉。
1986年Diederichs德文版：正文後附錄"Nachwort"、"Quellenverzeichnis und Literaturhiweise"。
1989年允晨文化版：正文前有夏志清〈白先勇早期的短篇小說——《寂寞的十七歲》代序〉，正文後附錄白先勇〈驀然回首——《寂寞的十七歲》後記〉。
1989年風雲時代版：內容與1976年遠景版相同。
1990年允晨文化增訂一版：新增小說〈藏在褲袋裡的手〉。正文前有歐陽子〈歐陽子序〉、夏志清〈白先勇早期的短篇小說——《寂寞的十七歲》代序〉，正文後附錄白先勇〈驀然回首——《寂寞的十七歲》後記〉、〈白先勇　〉。
1999年上海文藝版：新增小說〈藏在褲袋裡的手〉、〈夜曲〉、〈骨灰〉。正文前有歐陽子〈歐陽子序〉、夏志清〈白先勇早期的短篇小說——《寂寞的十七歲》代序〉，正文後附錄白先勇〈驀然回首——《寂寞的十七歲》後記〉。

白先勇小說選／王晉民編

南寧：廣西人民出版社
1980年9月，25開，291頁
臺灣當代作家

短篇小說集。本書內容選輯《臺北人》、《寂寞的十七歲》的部分篇章。全書收錄〈國葬〉、〈梁父吟〉、〈思舊賦〉、〈遊園驚夢〉、〈歲除〉、〈一把青〉、〈冬夜〉、〈永遠的尹雪豔〉、〈金大班的最後一夜〉、〈孤戀花〉、〈秋思〉、〈那片血一般紅的杜鵑花〉、〈花橋榮記〉、〈芝加哥之死〉、〈上摩天樓去〉、〈安樂鄉的一日〉、〈火島之行〉、〈謫仙記〉、〈金大奶奶〉、〈玉卿嫂〉共20篇。正文前有王晉民〈序〉。

白先勇小說選

香港：女神出版社
1981年，32開，417頁

短篇小說集。全書共分「寂寞的十七歲」、「紐約客」、「臺北人」三輯，收錄〈金大奶奶〉、〈我們看菊花去〉、〈寂寞的十七歲〉、〈芝加哥之死〉、〈上摩天樓去〉、〈安樂鄉的一日〉、〈火島之行〉、〈謫仙記〉、〈永遠的尹雪豔〉、〈一把青〉、〈遊園驚夢〉、〈歲除〉、〈梁父吟〉、〈金大班的最後一夜〉、〈那片血一般紅的杜鵑花〉、〈思舊賦〉、〈孤戀花〉、〈冬夜〉、〈花橋榮記〉、〈國葬〉共23篇。

白先勇短篇小說選

福州：福建人民出版社
1982 年 12 月，32 開，341 頁
臺灣文學叢書

短篇小說集。全書收錄〈永遠的尹雪豔〉、〈一把青〉、〈遊園驚夢〉、〈歲除〉、〈梁父吟〉、〈金大班的最後一夜〉、〈那片血一般紅的杜鵑花〉、〈思舊賦〉、〈孤戀花〉、〈花橋榮記〉、〈秋思〉、〈國葬〉、〈我們看菊花去〉、〈寂寞的十七歲〉、〈那晚的月光〉、〈金大奶奶〉、〈玉卿嫂〉、〈芝加哥之死〉、〈上摩天樓去〉、〈安樂鄉的一日〉、〈火島之行〉、〈謫仙記〉共 22 篇。正文後附錄曉立〈白先勇短篇小說的認識價值〉、清明〈白先勇的小說技巧〉。

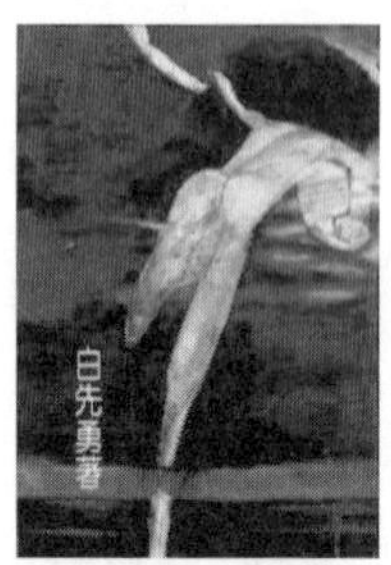

遠景出版公司 1983

北方文藝 1987

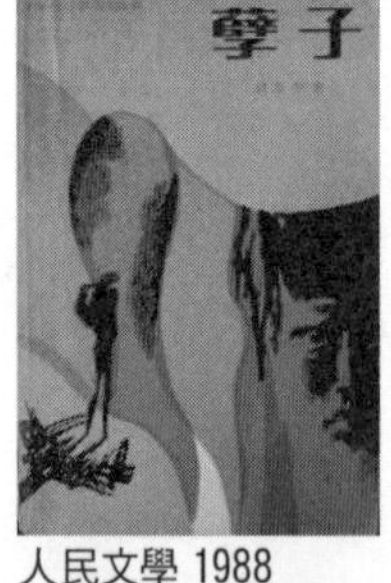

人民文學 1988

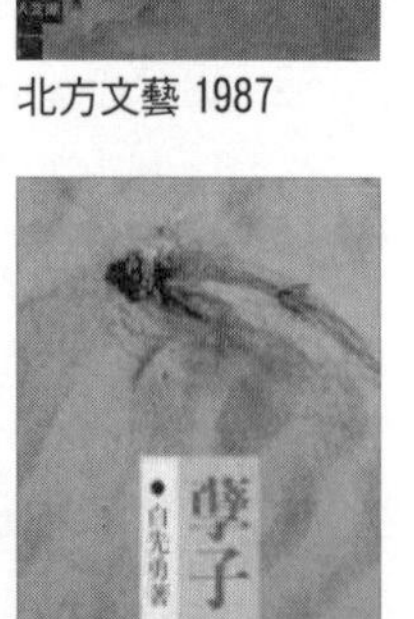

華漢文化公司 1988

允晨文化公司 1989

風雲時代 1989

孽子

臺北：遠景出版公司
1983 年 3 月，32 開，397 頁
遠景叢刊 250

哈爾濱：北方文藝出版社
1987 年 5 月，13x18.4 公分，377 頁
臺灣文學叢書

北京：人民文學出版社
1988 年 2 月，14x20.3 公分，351 頁
海內外文學叢書

香港：華漢文化公司
1988 年 12 月，14x21 公分，347 頁
名家系列

臺北：允晨文化公司
1989 年 9 月，25 開，409 頁
允晨文選 8

臺北：風雲時代出版公司
1989 年 11 月，新 25 開，397 頁
風雲文學叢書

San Francisco, USA：Gay Sunshine Press
1989 年 11 月，14x21.7 公分，330 頁
Crystal Boys
Howard Goldblatt 譯

Paris, France：Flammarion
1993 年 7 月，15.4x24 公分，372 頁
Garçons de cristal
André Lévy 譯

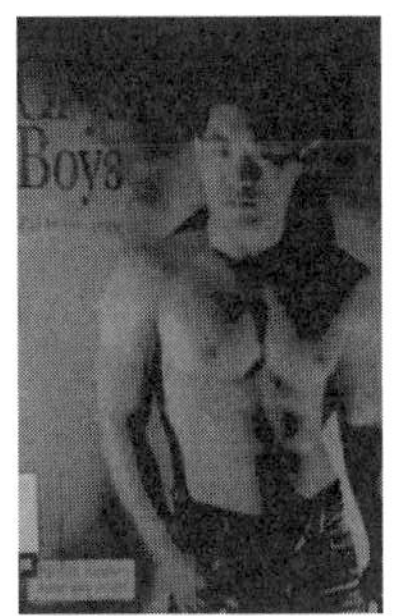

Gay Sunshine Press1989

Flammarion1993

Bruno Gmünder1995

上海文藝出版社 1999

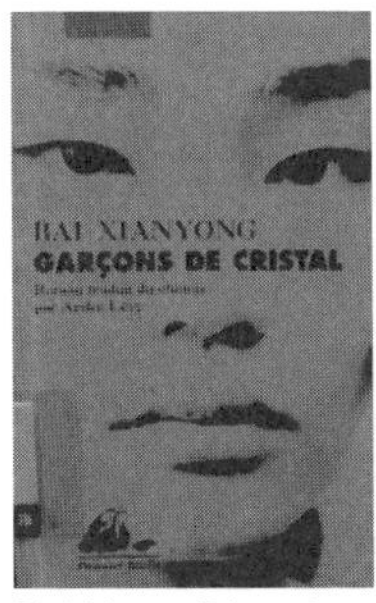

Philippe Picquier 2003

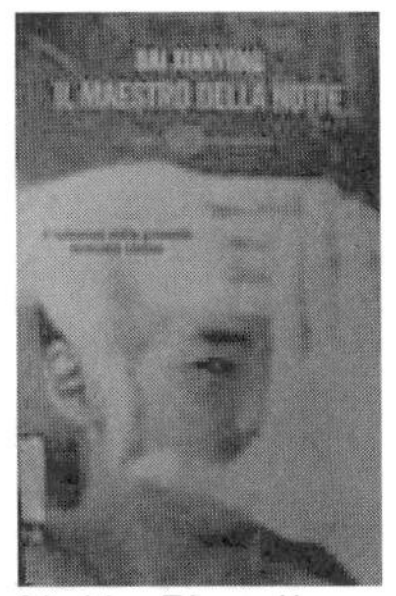

Giulio Einaudi editore2005

國書刊行會 2006

De Geus2006

Berlin, Germany：Bruno Gmünder
1995 年，11.8x20 公分，320 頁
Treffpunkt Lotossee
Astrid Ehlert 譯

上海：上海文藝出版社
1999 年 8 月，14x20 公分，392 頁
臺港暨海外華語作家自選文庫・白先勇自選集

Paris, France：Philippe Picquier
2003 年 1 月，11×17 公分，385 頁
Picquier Poche, numéro 182
Garçons de cristal
André Lévy 譯

Torino, Italy：Giulio Einaudi editore
2005 年，新 25 開，373 頁
Il maestro della note
Maria Rita Masci 譯

東京：國書刊行會
2006 年 4 月，32 開，526 頁
新しい臺湾の文学——現代臺灣文學系列
陳正醍譯

Breda, Netherlands：De Geus
2006 年 8 月，12.9x20.5 公分，412 頁
Jongens van glas
Mark Leenhouts 譯

南京：江蘇文藝出版社
2010 年 10 月，32 開，327 頁
港臺暨海外華人作家經典叢書

重慶：重慶出版社
2011 年 1 月，32 開，320 頁

本書爲白先勇第一部長篇小說，藉描寫1970 年代一群臺北無所依歸的男同性戀，探討臺灣社會的同志處境、父子倫理與家庭關係。全書分爲「放逐」、「在我們的王國裡」、「安樂鄉」、「那些青春鳥的行旅」四部分。
1987 年北方文藝版：正文前新增葛浩文〈總序〉。

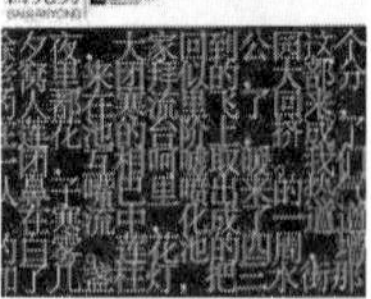

江蘇文藝出版社 2010

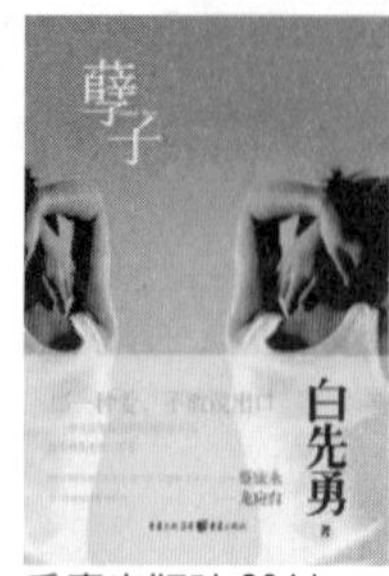

重慶出版社 2011

1988 年人民文學版：正文前新增〈出版說明〉。
1988 年華漢文化版：正文後新增白先勇〈《孽子》香港華漢版後記〉。
1989 年 Gay Sunshine Press 版：正文前有“Translator's Note”、“List of Principal Character”，正文後附錄“Biographical Note”。
1993 年 Flammarion 版：內容爲《孽子》（遠景出版社）法文譯本。
1999 年上海文藝版：正文後附錄尹玲〈研悲情爲金粉的歌劇——白先勇小說在歐洲〉。
2000 年允晨文化版：正文後附錄尹玲〈研悲情爲金粉的歌劇——白先勇小說在歐洲〉、〈白先勇年表〉。
2006 年國書刊行會版：正文前有白先勇〈日本語版に寄せて〉，正文後附錄〈地図〉、〈主要登場人物一覧〉、陳正醍〈解題〉。
2010 年江蘇文藝版：正文後附錄尹玲〈研悲情爲金粉的歌劇——白先勇小說在歐洲。
2011 年重慶版：正文後附錄〈白先勇寫作年表〉。

Enfance à Guiline／Francis Marche、Rao Yu Kong 譯
（法國）普羅旺斯：Alinea
1987 年 6 月，12x19 公分，163 頁

本書爲短篇小說〈玉卿嫂〉法譯。透過兒童容哥兒的視角，描寫舊社會底下的女性玉卿嫂追求愛情奮不顧身，卻也因過於執著，使得故事走向悲劇性的結局。

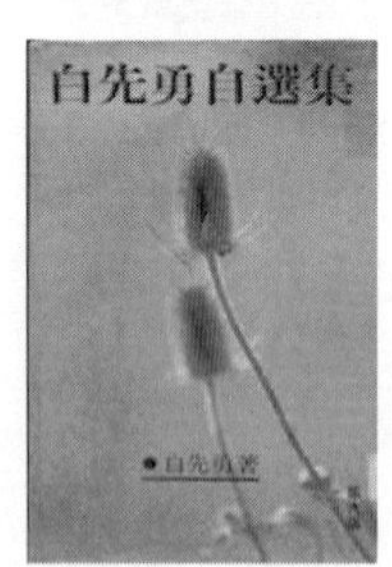

白先勇自選集
香港：華漢文化公司
1987 年，14x21 公分，263 頁
名家系列

短篇小說集。全書收錄〈玉卿嫂〉、〈寂寞的十七歲〉、〈芝加哥之死〉、〈謫仙記〉、〈謫仙怨〉、〈永遠的尹雪豔〉、〈一把青〉、〈遊園驚夢〉、〈梁父吟〉、〈金大班的最後一夜〉、〈那片血一般紅的杜鵑花〉、〈孤戀花〉、〈冬夜〉、〈花橋榮記〉、〈國葬〉共 15 篇。正文前有黃維樑〈寫實如史，象徵若詩——讀白先勇小說的一些體會〉。

骨灰

香港：華漢文化公司
1987 年 11 月，14x21 公分，210 頁
名家系列

短篇小說集。全書收錄〈金大奶奶〉、〈我們看菊花去〉、〈悶雷〉、〈月夢〉、〈黑虹〉、〈小陽春〉、〈青春〉、〈那晚的月光〉、〈香港——一九六〇〉、〈上摩天樓去〉、〈安樂鄉的一日〉、〈歲除〉、〈思舊賦〉、〈秋思〉、〈滿天裡亮晶晶的星星〉、〈夜曲〉、〈骨灰〉共 17 篇。正文前有胡菊人〈對時代及文化的控訴——論白先勇新作〈骨灰〉(代序)〉，正文後附錄戴天〈代跋：白先勇的《骨灰》〉。

最後の貴族／中村ふじゑ譯

東京：德間書店
1990 年 9 月，11×14.6 公分，215 頁
德間文庫

短篇小說集。本書爲白先勇小說日譯選輯。全書收錄〈玉卿嫂の恋〉、〈寂しき十七歳〉、〈花橋よう記〉、〈最後の貴族〉共四篇。正文前有謝晋〈小説《最後の貴族》について〉、中村ふじゑ〈訳者あとがき〉。

孤戀花／王晉民編選

北京：中國文聯出版公司
1991 年 6 月，32 開，440 頁
香港臺灣與海外華文文學叢書

短篇小說集。全書分爲「寂寞的十七歲」、「紐約客」、「臺北人」三輯，收錄〈金大奶奶〉、〈我們看菊花去〉、〈悶雷〉、〈月夢〉、〈玉卿嫂〉、〈黑虹〉、〈小陽春〉、〈青春〉、〈寂寞的十七歲〉、〈那晚的月光〉、〈芝加哥之死〉、〈上摩天樓去〉、〈香港——一九六〇〉、〈安樂鄉的一日〉、〈火島之行〉、〈謫仙記〉、〈謫仙怨〉、〈永遠的尹雪艷〉、〈一把青〉、〈遊園驚夢〉、〈歲除〉、〈梁父吟〉、〈金大班的最後一夜〉、〈那片血一般紅的杜鵑花〉、〈思舊賦〉、〈滿天裡亮晶晶的星星〉、〈孤戀花〉、〈冬夜〉、〈花橋榮記〉、〈秋思〉、〈國葬〉共 31 篇。正文前有白先勇〈自序〉，正文後附錄王晉民〈編後記〉。

遊園驚夢／芳珂瓦圖

臺北：格林文化公司
2005 年 12 月，28×28 公分，59 頁

本書爲捷克插畫家芳珂瓦以〈遊園驚夢〉情節所作繪本。

燕山出版社 2006

燕山出版社 2011

白先勇精選集

北京：燕山出版社
2006 年 2 月，17x23.4 公分，329 頁
世紀文學 60 家

北京：燕山出版社
2011 年 3 月，32 開，329 頁
世紀文學 60 家

短篇、長篇小說集。全書分爲「中短篇小說」、「長篇小說」二部，收錄〈玉卿嫂〉、〈謫仙記〉、〈永遠的尹雪豔〉、〈金大班的最後一夜〉、〈遊園驚夢〉、〈孽子〉共六篇。正文前有劉俊〈爲逝去的「情」與「美」造像〉，正文後附錄〈創作要目〉。2011 年燕山版：內容與 2004 年燕山版相同。

紐約客

臺北：爾雅出版社
2007 年 7 月，25 開，258 頁
爾雅叢書 471

短篇小說集。本書描寫一群由臺灣來到紐約的中國人，標誌著白先勇不同時期的寫作模式與國族認同，也透露後期作品世界主義的轉向。全書收錄〈謫仙記〉、〈謫仙怨〉、〈夜曲〉、〈骨灰〉、〈Danny Boy〉、〈Tea for Two〉共六篇。正文前有劉俊〈從國族立場到世界主義（代序）〉，正文後附錄白先勇〈後記〉、胡菊人〈對時代及文化的控訴——論白先勇新作〈骨灰〉〉、劉俊〈跨越與救贖——論白先勇的〈Danny Boy〉〉。

一把青／劉俊編

南京：江蘇文藝出版社
2009 年 5 月，15×23 公分，290 頁

短篇小說集。全書收錄〈我們看菊花去〉、〈悶雷〉、〈月夢〉、〈玉卿嫂〉、〈小陽春〉、〈青春〉、〈那晚的月光〉、〈上摩天樓去〉、〈火島之行〉、〈謫仙記〉、〈永遠的尹雪豔〉、〈一把青〉、〈歲除〉、〈金大班的最後一夜〉、〈思舊賦〉、〈梁父吟〉、〈花橋榮記〉、〈遊園驚夢〉、〈冬夜〉、〈夜曲〉、〈骨灰〉共 21 篇。正文後附錄劉俊〈編後記〉。

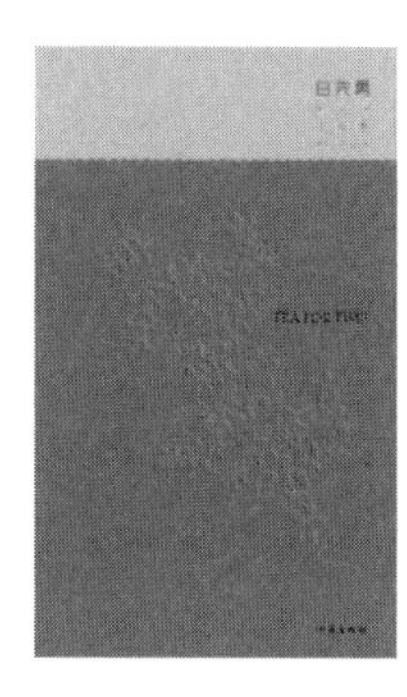

Tea for Two：小說卷

北京：作家出版社
2011 年，新 25 開，374 頁

短篇小說集。全書收錄〈玉卿嫂〉、〈寂寞的十七歲〉、〈我們看菊花去〉、〈芝加哥之死〉、〈香港——一九六〇〉、〈永遠的尹雪豔〉、〈一把青〉、〈遊園驚夢〉、〈歲除〉、〈梁父吟〉、〈金大班的最後一夜〉、〈那片血一般紅的杜鵑花〉、〈思舊賦〉、〈滿天裡亮晶晶的星星〉、〈孤戀花〉、〈冬夜〉、〈花橋榮記〉、〈秋思〉、〈國葬〉、〈夜曲〉、〈骨灰〉、〈Danny Boy〉、〈Tea for Two〉共 23 篇。

【傳記】

時報文化（上冊）
2012

時報文化（下冊）
2012

父親與民國：白崇禧將軍身影集

臺北：時報文化出版公司
2012 年 4 月，17×23 公分，656 頁
BC 歷史與現場

香港：天地圖書公司
2012 年 6 月，17×23 公分，656 頁

本部傳記為白先勇紀念父親白崇禧將軍所作，分為上冊《戎馬生涯》、下冊《臺灣歲月》。以白崇禧戎馬生涯為主線，涵蓋北伐、蔣桂戰爭、建設廣西、抗日、國共內戰、228 事件後赴臺等事件，記錄白崇禧的軍政與家庭生活，在書中穿

天地圖書（上冊）
2012

天地圖書（下冊）
2012

插大量照片，反映白崇禧身影，作為民國的見證。上冊分為「北伐」、「蔣桂戰爭・建設廣西」、「抗戰」、「抗戰勝利・國共內戰」四部，正文前有白先勇〈上冊序——父親與民國〉；下冊分為「臺灣歲月」、「家庭親情」二部，正文前有白先勇〈下冊序——臺灣歲月〉，正文後附錄白先勇〈白崇禧將軍年表〉、白先勇〈白崇禧將軍勳章〉、白先勇〈後記〉。

2012 年天地圖書版：內容與時報文化版相同。

廣西師範大學
（上冊）2012

廣西師範大學
（下冊）2012

廣西師範大學
（修訂版）2013

白崇禧將軍身影集

桂林：廣西師範大學出版社
2012 年 5 月，17×24 公分，652 頁
理想國叢書

桂林：廣西師範大學出版社
2013 年 3 月，25 開，671 頁
理想國叢書

本書為《父親與民國》更名，修訂出版。分為上卷《父親與民國 1893—1949》、下卷《臺灣歲月 1949—1966》。上卷分為「北伐」、「蔣桂戰爭・建設廣西」、「抗戰」、「勝利與內戰」四部，正文前有白先勇〈序言〉；下冊分為「臺灣歲月」、「家族親情」二部，正文前有白先勇〈序言〉，正文後附錄白先勇〈大事記——白崇禧將軍年表〉、白先勇〈父親的身影〉、廣西師範大學出版社〈出版說明〉。

2013 年廣西師範大學修訂版：以 2012 年廣西師範大學版為基礎修訂，上下冊合併為單行本，並新增 19 張照片、謝冰瑩〈白崇禧將軍印象記〉。正文後新增〈附錄——白崇禧將軍勳章〉。

【合集】

驀然回首

臺北：爾雅出版社
1978 年 9 月，32 開，184 頁
爾雅叢書 43

本書集結白先勇的文學評論、文學生涯的回顧，關於小說藝術創作的對談，從中多面向的呈現出白先勇的文學觀。全書收錄〈與白先勇論小說藝術——胡菊人白先勇談話錄〉等九篇。正文前有白先勇〈自序〉，正文後附錄林懷民〈附錄：白先勇回家〉、〈白先勇寫作年表〉。

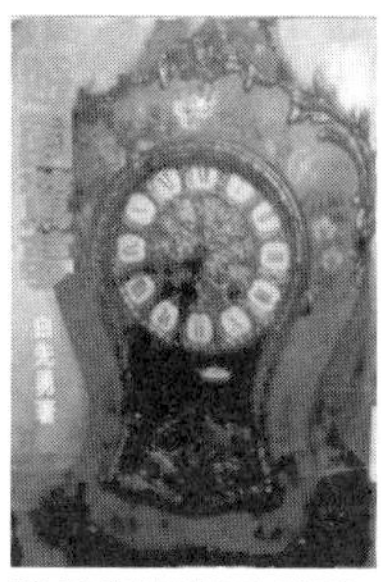

遠景出版公司 1982

遠景出版公司 1985

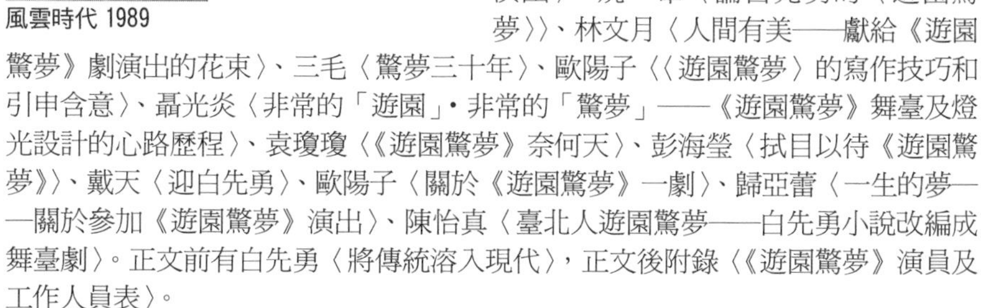

風雲時代 1989

遊園驚夢

臺北：遠景出版公司
1982 年 8 月，32 開，270 頁
遠景叢刊 275

臺北：遠景出版公司
1985 年 5 月，32 開，353 頁
遠景叢刊 275

臺北：風雲時代出版公司
1989 年 11 月，新 25 開，353 頁
風雲文學叢書

本書爲因應短篇小說〈遊園驚夢〉改編爲舞臺劇，所出版之小說、劇本、評論合集。全書收錄〈遊園驚夢（劇本）〉、〈遊園驚夢（小說）〉、白先勇〈遊園驚夢——戲劇與小說〉、白先勇〈爲逝去的美造像——談《遊園驚夢》的小說與演出〉、姚一葦〈挑戰——談《遊園驚夢》的改編與演出〉、姚一葦〈論白先勇的〈遊園驚夢〉〉、林文月〈人間有美——獻給《遊園驚夢》劇演出的花束〉、三毛〈驚夢三十年〉、歐陽子〈〈遊園驚夢〉的寫作技巧和引申含意〉、聶光炎〈非常的「遊園」‧非常的「驚夢」——《遊園驚夢》舞臺及燈光設計的心路歷程〉、袁瓊瓊〈《遊園驚夢》奈何天〉、彭海瑩〈拭目以待《遊園驚夢》〉、戴天〈迎白先勇〉、歐陽子〈關於《遊園驚夢》一劇〉、歸亞蕾〈一生的夢——關於參加《遊園驚夢》演出〉、陳怡真〈臺北人遊園驚夢——白先勇小說改編成舞臺劇〉。正文前有白先勇〈將傳統溶入現代〉，正文後附錄〈《遊園驚夢》演員及工作人員表〉。

1985 年遠景再版：新增盧燕〈舞臺，我的故鄉〉、楊月蓀〈「遊園」中懷舊，「驚夢」裡捕捉青春〉、張佛千〈《遊園驚夢》本事詞——調寄《減字木蘭花》〉、鄭樹森〈白先勇〈遊園驚夢〉的結構與語碼——一個批評方法的介紹〉、叢甦〈「海外驚夢」——「遊」劇錄影帶觀後隨想〉、劉大任〈在紐約看《遊園驚夢》〉、金恆煒〈座談白先勇的《遊園驚夢》——從小說到舞臺劇〉、鄭樹森訪問；黎海華紀錄〈白先勇與《遊園驚夢》〉。
1989 年風雲時代版：內容與 1985 年遠景版相同。

迪志文化 2001

迪志文化 2007

遊園驚夢二十年

香港：迪志文化出版公司
2001 年 7 月，15×23 公分，336 頁
迪志 e 系列

香港：迪志文化出版公司
2007 年 5 月，15×23 公分，328 頁

本書爲紀念《遊園驚夢》演出 20 周年文集，以 1985 年《遊園驚夢》（遠景出版社）再版爲基礎，新增姚白方紀錄整理〈白先勇與余秋雨論《遊園驚夢》·文化·美學〉、徐朔方〈驚夢廿載憶藍田〉、余秋雨〈風霜行旅〉、姚白芳〈《遊園驚夢》與崑曲〈驚夢〉及《牡丹亭》的關係〉、白先勇〈三度驚夢——在廣州觀《遊園驚夢》首演〉、白先勇〈遊園上海，驚夢廣州〉，刪去姚一葦〈挑戰——談《遊園驚夢》的改編與演出〉、姚一葦〈論白先勇的〈遊園驚夢〉〉、袁瓊瓊〈《遊園驚夢》奈何天〉、彭海瑩〈拭目以待《遊園驚夢》〉、陳怡真〈臺北人——白先勇小說改編成舞臺劇〉、楊月蓀〈「遊園」中懷舊，「驚夢」裡捕捉青春〉、張佛千〈《遊園驚夢》本事詞——調寄《減字木蘭花》〉、叢甦〈「海外驚夢」——「遊」劇錄影帶觀後隨想〉。正文前新增〈四度驚夢——代序〉、彭泓基〈出版人語〉。
2007 年迪志文化修訂版：以 2001 年迪志文化版爲基礎，全書分爲「劇本與演出」、「小說與評論」、「座談與訪問」三部分，正文前新增白先勇〈懷念一起「遊園」、一起「驚夢」的朋友們〉，刪去彭泓基〈出版人語〉，正文後新增余志明〈再版後記〉。

明星咖啡館——白先勇論文雜文集

臺北：皇冠雜誌社
1984 年 6 月，32 開，348 頁
皇冠叢書第 980 種·皇冠 30 年特選文集 18

本書分爲「論文部分」、「雜文部分」、「座談部分」、「戲劇部分」四部分。全書收錄〈社會意識與小說藝術——五四以來中國小說的幾個問題〉、〈明星咖啡館〉、〈文學的主題及其表現〉等 30 篇。

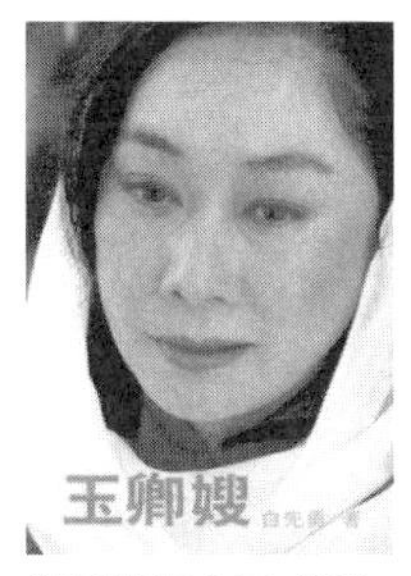

遠景出版公司 1985

風雲時代 1990

玉卿嫂

臺北：遠景出版公司
1985 年 5 月，32 開，163 頁
遠景叢刊 264

臺北：風雲時代出版公司
1990 年 1 月，新 25 開，163 頁
風雲文學叢書

本書爲因應短篇小說〈玉卿嫂〉改編拍攝成電影，所出版之小說、劇本合集。全書收錄〈主要人物表〉、〈劇本〉、〈小說〉。正文前有白先勇〈〈玉卿嫂〉改編電影劇本的歷程與構思——自序〉、謝家孝〈苦命玉卿嫂「難產」十四年〉。
1990 年風雲時代版：內容與遠景版相同。

遠景出版公司 1985

風雲時代 1989

金大班的最後一夜

臺北：遠景出版公司
1985 年 5 月，32 開，128 頁
遠景叢刊 265

臺北：風雲時代出版公司
1989 年 11 月，新 25 開，128 頁
風雲文學叢書

本書爲因應短篇小說〈金大班的最後一夜〉改編拍攝成電影，所出版之小說、劇本、評論合集。全書收錄第一影片公司〈主要人物表〉、「金」片編劇小組〈劇本〉、白先勇〈小說〉、謝家孝〈《金大班的最後一夜》攝製內幕〉、張佛千，梁實秋〈遲來的采聲〉、白先勇，白景瑞等〈「金大班」下片後的話題〉。正文前有〈劇照〉。
1989 年風雲時代版：內容與遠景版相同。

第六隻手指

香港：華漢文化公司
1988 年 12 月，14×21 公分，290 頁
名家系列

本書分爲「雜文・論文」、「書評」、「座談、對談」三部分。全書收錄〈三度驚夢——在廣州觀《遊園驚夢》首演〉、〈被斲傷的脊樑——讀翟志成《起來啊，中國的脊樑》有感〉、〈白先勇看中共與中國前途——與《百姓》主編胡菊人的談話紀錄〉等 27 篇。

永遠的尹雪豔

武漢：長江文藝出版社
1993 年 10 月，32 開，263 頁
臺灣當代著名作家代表作大系

全書收錄小說〈玉卿嫂〉、〈青春〉、〈芝加哥之死〉、〈香港——一九六〇〉、〈永遠的尹雪豔〉、〈謫仙記〉、〈一把青〉、〈遊園驚夢〉、〈歲除〉、〈金大班的最後一夜〉、〈孤戀花〉、〈冬夜〉、〈花橋榮記〉、〈骨灰〉、〈孽子（長篇節選）〉共 15 篇；散文〈驀然回首〉共一篇。正文前有吳福輝〈序：悲負歷史記憶而流離的中國人〉、〈白先勇小傳〉，正文後附錄〈著作目錄〉。

第六隻手指

臺北：爾雅出版社
1995 年 11 月，32 開，480 頁
爾雅叢書 306

本書分爲「散文・論文」、「書評」、「現代文學」、「《遊園驚夢》舞臺劇在大陸演出之經過及迴響」、「專訪」五輯。全書收錄〈第六隻手指——紀念三姐先明以及我們的童年〉、〈秉燭夜遊——簡介馬森的長篇小說《夜遊》〉、〈《現代文學》創立的時代背景及其精神風貌——寫在《現代文學》重刊之前〉、〈三度驚夢——在廣州觀《遊園驚夢》首演〉等 36 篇。正文前有白先勇三姊白先明的照片，正文後附錄〈關於本書作者〉、〈白先勇書目〉。

白先勇自選集

廣州：花城出版社
1996 年 6 月，32 開，456 頁
臺灣經典作家自選集叢書

本書爲白先勇自選的散文、小說、評論合集，分爲「序」、「小說」、「散文雜文」、「論文書評」、「對談訪問」五部。全書收錄小說〈我們看菊花去〉、〈玉卿嫂〉、〈月夢〉、〈青春〉、〈寂寞的十七歲〉、〈芝加哥之死〉、〈香港——一九六〇〉、〈謫仙記〉、〈永遠的尹雪豔〉、〈一把青〉、〈歲除〉、〈金大班的最後一夜〉、〈那片血一般紅的杜鵑花〉、〈思舊賦〉、〈梁父吟〉、〈孤戀花〉、〈花橋榮記〉、〈秋思〉、〈滿天裡亮晶晶的星星〉、〈遊園驚夢〉、〈冬夜〉、〈國葬〉共 22 篇；散文〈驀然回

首〉等八篇；評論〈談小說批評的標準——讀唐吉松《歐陽子的〈秋葉〉》有感〉等五篇。正文前有王晉民〈論白先勇的小說——《白先勇自選集》代序〉。

文匯出版社 1999

文匯出版社 2004

驀然回首——白先勇散文集（上）／蕭關鴻主編

上海：文匯出版社
1999 年 10 月，14x19.5 公分，323 頁

上海：文匯出版社
2004 年 7 月，14x19.5 公分，323 頁

全書分爲「散文」、「文論」、「說戲」三輯，收錄〈樹猶如此〉、〈邊陲人的自由〉、〈看自己小說上舞臺〉等 26 篇。正文前有白先勇〈上海童年——代序〉，正文後附錄金恆煒〈從小說到舞臺劇〉、鄭樹森〈白先勇與《遊園驚夢》、白先勇〈遊園上海·驚夢廣州〉、余秋雨〈風霜行旅〉。
2004 年文匯版：內容與 1999 年文匯版相同。

文匯出版社 1999

文匯出版社 2004

第六隻手指——白先勇散文集（下）／蕭關鴻主編

上海：文匯出版社
1999 年 10 月，14x19.5 公分，397 頁

上海：文匯出版社
2004 年 7 月，14x19.5 公分，397 頁

全書分爲「散文·論文」、「書評」、「現代文學」、「附錄」、「訪談」五輯，收錄〈第六隻手指〉、〈秉燭夜遊〉、〈《現代文學》的回顧與前瞻〉、夏志清〈《現代文學》的努力與成就〉等 34 篇。正文後附錄〈作者年表〉。
2004 年文匯版：內容與 1999 年文匯版相同。

白先勇文集

廣州：花城出版社
2000 年 4 月，32 開

《白先勇文集》共六冊。第一～三、六冊爲小說集，第四～五冊爲散文集，第六冊爲小說選集。每冊正文前有白先勇〈自序〉。2009 年再版改爲 16 開，每冊正文前新增白先勇〈再版幾句話〉。

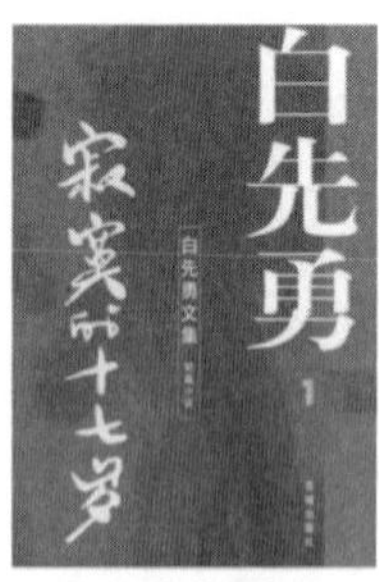

花城出版社 2000

花城出版社 2009

寂寞的十七歲

廣州：花城出版社
2000 年 4 月，32 開，344 頁
白先勇文集 1

廣州：花城出版社
2009 年 1 月，16 開，229 頁。
白先勇文集 1

短篇小說集。本書分爲「寂寞的十七歲」、「紐約客」二輯。全書收錄〈金大奶奶〉、〈我們看菊花去〉、〈悶雷〉、〈月夢〉、〈玉卿嫂〉、〈黑虹〉、〈小陽春〉、〈青春〉、〈藏在褲袋裡的手〉、〈寂寞的十七歲〉、〈那晚的月光〉、〈芝加哥之死〉、〈上摩天樓去〉、〈香港——一九六〇〉、〈安樂鄉的一日〉、〈火島之行〉、〈謫仙記〉、〈謫仙怨〉、〈夜曲〉、〈骨灰〉共 20 篇。正文前有歐陽子〈序〉、王晉民〈序〉，正文後附錄白先勇〈驀然回首〉、〈白先勇寫作年表〉。

花城出版社 2000

花城出版社 2009

臺北人

廣州：花城出版社
2000 年 4 月，32 開，457 頁
白先勇文集 2

廣州：花城出版社
2009 年 1 月，16 開，314 頁
白先勇文集 2

本書收錄《臺北人》（晨鐘出版社）與歐陽子著《王謝堂前的燕子》二書。

花城出版社 2000

花城出版社 2009

孽子

廣州：花城出版社
2000 年 4 月，32 開，368 頁
白先勇文集 3

廣州：花城出版社
2009 年 1 月，16 開，248 頁
白先勇文集 3

長篇小說。本書收錄《孽子》（遠景出版公司）一書。

花城出版社 2000

花城出版社 2009

第六隻手指

廣州：花城出版社
2000 年 4 月，32 開，622 頁
白先勇文集 4

本書分爲「散文」、「文藝評論」、「對談訪問」三部。全書收錄〈驀然回首〉、〈明星咖啡館〉、〈秋霧中的迷惘——《秋霧》序〉、〈歸來的「臺北人」——白先勇訪問記〉、〈回顧六十年代——從我們這一班談起〉等 58 篇，正文後附錄余秋雨〈風霜行旅〉、余光中〈一時多少豪傑——淺述我與《現文》之緣〉、林懷民〈白先勇回家〉、〈白先勇寫作年表〉。

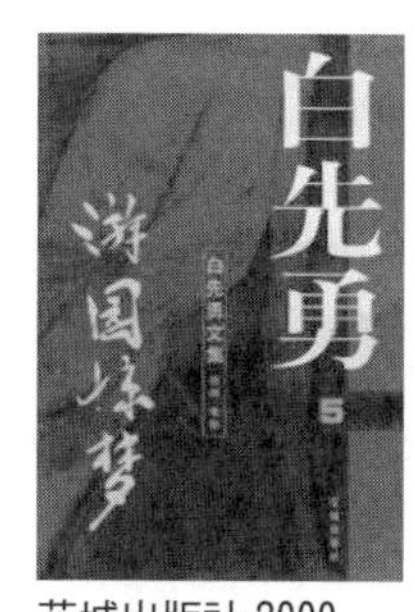

花城出版社 2000

花城出版社 2009

遊園驚夢

廣州：花城出版社
2000 年 4 月，32 開，410 頁
白先勇文集 5

廣州：花城出版社
2009 年 1 月，16 開，290 頁
白先勇文集 5

本書分爲「劇本」、「劇論」二部。全書收錄劇本〈遊園驚夢（話劇劇本）〉、〈玉卿嫂〉、〈金大班的最後一夜〉、〈孤戀花〉、〈最後的貴族（電影文學劇本）〉最後的貴族（電影劇本改編提綱）〉共六篇；戲劇評論〈〈玉卿嫂〉改編電影劇本

的歷程與構思〉、〈香港電臺文化組訪問白先勇——談舞劇《玉卿嫂》及其改編〉、〈《金大班》下片後的話題〉等 12 篇，正文後附錄〈白先勇寫作年表〉。

花城出版社 2000

花城出版社 2009

白先勇自選集

廣州：花城出版社
2000 年 4 月，32 開，456 頁
白先勇文集

廣州：花城出版社
2009 年 3 月，16 開，345 頁
白先勇文集

本書收錄《白先勇自選集》（1996 年花城出版社）一書。

樹猶如此

臺北：聯合文學出版社
2002 年 2 月，25 開，383 頁
聯合文學 269・聯合文叢 241

本書爲論述與散文合集，分爲「散文、論文」、「演講、訪問、對談」、「關懷愛滋」三輯，內容爲寫於 1990 年後的感事懷人文章、文學評論、演講、訪談，表達了白先勇對愛滋病的重視與關注。全書收錄〈樹猶如此〉、〈經典之作——推介夏志清教授的《中國古典小說》〉、〈文學經典的保存與流傳〉、〈醞釀中的風暴——愛滋病（AIDS）在臺灣的蔓延〉等 33 篇。

青春・念想——白先勇自選集

桂林：廣西師範大學出版社
2004 年 5 月，25 開，255 頁

本書分爲「桂林」、「臺北」、「異鄉」、「念想」四輯。全書收錄小說〈玉卿嫂〉、〈花橋榮記〉、〈寂寞的十七歲〉、〈那晚的月光〉、〈永遠的尹雪豔〉、〈Danny Boy〉、〈Tea for Two〉共七篇；散文〈驀然回首〉等六篇。正文前有傅月庵〈與白先勇一起工作（編輯緣起）〉。

白先勇經典作品

北京：當代世界出版社
2004 年 9 月，14.7x23 公分，312 頁
港臺名家名作

全書收錄散文〈樹猶如此〉、〈驀然回首〉、〈明星咖啡館〉等 15 篇；小說〈永遠的尹雪豔〉、〈金大班的最後一夜〉、〈那片血一般紅的杜鵑花〉、〈思舊賦〉、〈梁父吟〉、〈孤戀花〉、〈秋思〉、〈遊園驚夢〉、〈冬夜〉、〈玉卿嫂〉、〈小陽春〉、〈藏在褲袋裡的手〉、〈寂寞的十七歲〉、〈謫仙記〉、〈謫仙怨〉共 15 篇。

第六隻手指——白先勇散文精編

上海：文匯出版社
2004 年 11 月，18 開，232 頁
文匯原創叢書

本書分爲「輯一」、「輯二」、「輯三」、「輯四」四部分。全書收錄〈第六隻手指——紀念三姐先明以及我們的童年〉、〈人生如戲——田納西・威廉斯懺悔錄〉、〈《現代文學》的回顧與前瞻〉等 21 篇。正文前有白先勇生活照、〈上海童年（代序）〉。

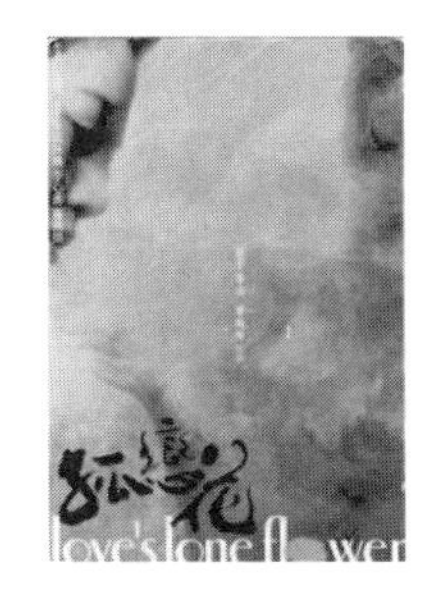

青春蝴蝶孤戀花

臺北：遠流出版公司
2005 年 4 月，大 8 開，120 頁

本書爲因應短篇小說〈孤戀花〉改編拍攝成電視劇，所出版之劇照書。全書收錄座談紀錄〈青春欉誰人害，變成落葉相思栽〉等五篇；小說〈孤戀花〉共一篇。

首屆北京文學節獲獎作家作品精選集・白先勇卷

北京：同心出版社
2005 年 5 月，17x25 公分，301 頁

全書收錄小說〈永遠的尹雪豔〉、〈國葬〉、〈梁父吟〉、〈思舊賦〉、〈遊園驚夢〉、〈秋思〉、〈歲除〉、〈花橋榮記〉、〈一把青〉、〈那片血一般紅的杜鵑花〉、〈玉卿嫂〉、〈孤戀花〉、〈金大班的最後一夜〉、〈金大奶奶〉、〈寂寞的十七歲〉、〈芝加哥之死〉、〈謫仙記〉、〈上摩天樓去〉、〈安樂鄉的一日〉、〈月夢〉、〈青春〉、〈滿天裡亮晶晶的星星〉、〈冬夜〉、〈夜曲〉、〈骨灰〉共 25 篇；散文〈驀然回首〉等四篇。正文前有白先勇〈獲獎感言〉，正文後附錄〈白先勇小傳〉、〈白先勇寫作〉。

白先勇作品集

臺北：天下遠見出版公司
2008 年 9 月，18 開

《白先勇作品集》共九冊。第一～四冊爲小說集，第五～六冊爲散文、論述合集，第七～九冊爲劇本集。本作品集涵括白先勇小說、散文、論文，以及改編劇本，並收錄對於白先勇作品及主編之《現代文學》的論述文章。

寂寞的十七歲

臺北：天下遠見出版公司
2008 年 9 月，18 開，445 頁
文化趨勢 101・白先勇作品集 I

短篇小說集。全書收錄〈金大奶奶〉、〈我們看菊花去〉、〈悶雷〉、〈月夢〉、〈玉卿嫂〉、〈黑虹〉、〈小陽春〉、〈青春〉、〈藏在褲袋裡的手〉、〈寂寞的十七歲〉、〈那晚的月光〉、〈芝加哥之死〉、〈上摩天樓去〉、〈香港——一九六〇〉、〈安樂鄉的一日〉、〈火島之行〉、〈等〉共 17 篇。正文前有陳怡蓁〈出版者的話——全方位的白先勇〉、白先勇〈代序——全家福〉、陳怡蓁〈專訪白先勇：創造新的文化方向——三件大事一種精神〉、歐陽子〈序〉、夏志清〈白先勇早期的短篇小說〉，正文後附錄白先勇〈後記——驀然回首〉。

臺北人

臺北：天下遠見出版公司
2008 年 9 月，18 開，306 頁
文化趨勢 102・白先勇作品集 II

本書收錄《臺北人》（晨鐘出版社）。正文前新增余秋雨〈世紀性的文化鄉愁——《臺北人》出版二十年重新評價〉，正文後新增白先勇〈翻譯苦、翻譯樂——《臺北人》中英對照本的來龍去脈〉、喬治高著；黃碧端譯〈世界性的口語——《臺北人》英譯本編者序〉。

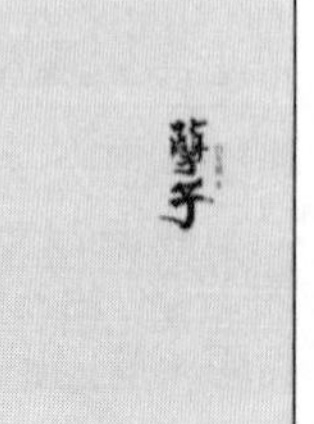

孽子

臺北：天下遠見出版公司
2008 年 9 月，18 開，487 頁
文化趨勢 103・白先勇作品集 III

本書收錄《孽子》（遠景出版公司）。正文後新增尹玲〈研悲情爲金粉的歌劇——白先勇小說在歐洲〉。

紐約客

臺北：天下遠見出版公司
2008 年 9 月，18 開，220 頁
文化趨勢 104・白先勇作品集 IV

本書收錄《紐約客》（爾雅出版社）。

第六隻手指

臺北：天下遠見出版公司
2008 年 9 月，18 開，581 頁
文化趨勢 105・白先勇作品集 V

本書爲白先勇過去已出版散文、雜文、演講、訪問等文集，重新按照文類及主題編排，並收進近年新作，呈現白先勇文學評論與近年來著重的民國史書寫，分「散文」、「史述」、「雜文」、「演講」、「座談」五部。全書收錄〈少小離家老大回——我的尋根記〉、〈廣西精神——白崇禧的「新斯巴達」〉、〈流浪的中國人——臺灣小說的放逐主題〉、〈社會意識與小說藝術——「五四」以來中國小說的幾個問題〉等 30 篇。

樹猶如此

臺北：天下遠見出版公司
2008 年 9 月，18 開，479 頁
文化趨勢 106・白先勇作品集 VI

本書收錄白先勇感懷師友、爲友人寫的序言與評論、對於文學現象的觀察、關於愛滋病的散文，呈現白先勇較爲感性的面向，分爲「師友」、「讀書」、「書序與評論」、「關懷愛滋」四部。全書收錄〈樹猶如此〉、〈賈寶玉的俗緣：蔣玉函與花襲人——兼論《紅樓夢》的結局意義〉、〈中國大陸的臺灣文學研究——《臺灣當代文學史》代序〉、〈世紀末最大的挑戰——愛滋病（AIDS）對人類的襲擊〉等 50 篇。

遊園驚夢

臺北：天下遠見出版公司
2008 年 9 月，18 開，351 頁
文化趨勢 107・白先勇作品集 VII

本書為《遊園驚夢》舞臺劇劇本，和六次海內外巡迴演出的紀錄與迴響，分為「《遊園驚夢》舞臺劇劇本」、「《遊園驚夢》舞臺劇演出全紀錄」、「演講」三部。

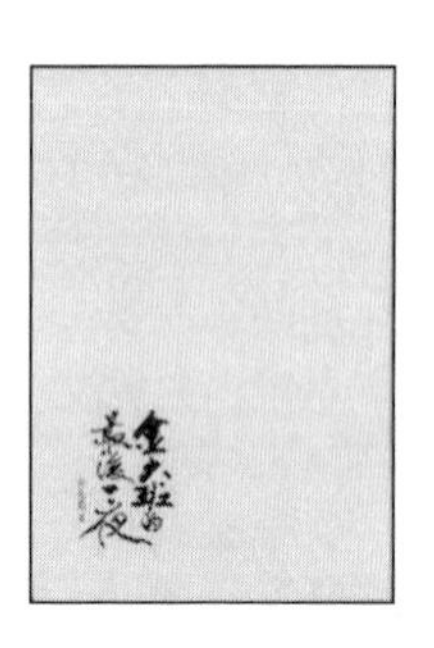

金大班的最後一夜及其他

臺北：天下遠見出版公司
2008 年 9 月，18 開，410 頁
文化趨勢 108・白先勇作品集 VIII

本書為白先勇小說改編而成的電影劇本集，各電影劇本之後，皆附有主要人物表與評論文章，分為「金大班的最後一夜」、「玉卿嫂」、「孤戀花」、「最後的貴族」四部，全書收錄劇本白先勇、章君穀、孫正國〈《金大班的最後一夜》電影文學劇本〉、白先勇、孫正國〈《玉卿嫂》電影文學劇本〉、白先勇、孫正國〈《孤戀花》電影文學劇本〉、白先勇、孫正國〈《最後的貴族》電影文學劇本〉共 4 篇；戲劇評論謝家孝〈《金大班的最後一夜》攝製內幕〉等 12 篇。正文後附錄謝晉〈我與白先勇的電影緣〉。

青春版牡丹亭

臺北：天下遠見出版公司
2008 年 9 月，18 開，455 頁
文化趨勢 109・白先勇作品集 IX

本書內容為白先勇談論、記述有關崑曲的種種、青春版《牡丹亭》的劇本以及演出紀錄，分為「白先勇說崑曲」、「青春版《牡丹亭》」、「座談與演講」三部。全書收錄〈我的崑曲之旅——兼憶一九八七年在南京觀賞張繼青「三夢」〉、〈青春版《牡丹亭》劇本〉、〈《牡丹亭》和文化美學——白先勇 v.s.余秋雨〉等 23 篇。

思舊賦——白先勇小說散文選／劉俊選編

香港：明報月刊出版社；新加坡：青年書局（聯合出版）
2009 年 2 月，14×21 公分，484 頁
世界當代華文文學精讀文庫 6

全書分為「第一輯　小說篇」、「第二輯　散文篇」二輯，收錄小說〈玉卿嫂〉、〈寂寞的十七歲〉、〈芝加哥之死〉、〈香港——一九六〇〉、〈永遠的尹雪豔〉、〈金大班的最後一夜〉、〈思舊賦〉、〈梁父吟〉、〈花橋榮記〉、〈遊園驚夢〉、〈冬夜〉、〈Danny Boy〉、〈Tea for Two〉共 13 篇；散文〈少小離家老大回〉等十篇。正文前有潘耀明、原甸〈眾手合推的文化巨石——《世界當代華文文學精讀文庫》（總序）〉、劉俊〈序：在「思舊」中展現「空」和「執」〉，正文後附錄〈白先勇創作年表〉。

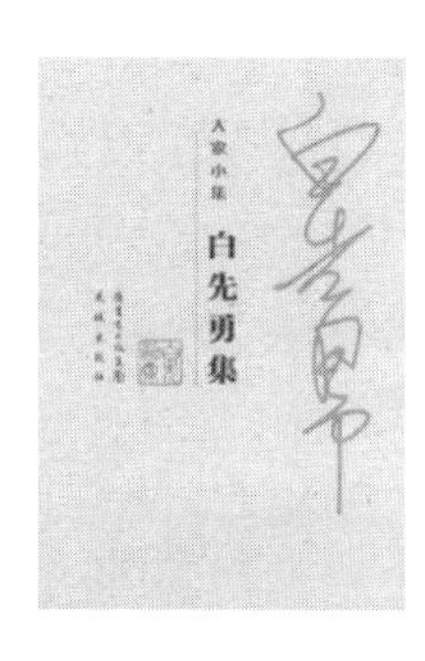

白先勇集／劉俊編注

廣州：花城出版社
2009 年 4 月，32 開， 492 頁
大家小集

本書分為「小說」、「散文」二部。全書收錄小說〈金大奶奶〉、〈悶雷〉、〈月夢〉、〈黑虹〉、〈小陽春〉、〈青春〉、〈藏在褲袋裡的手〉、〈寂寞的十七歲〉、〈那晚的月光〉、〈上摩天樓去〉、〈香港——一九六〇〉、〈安樂鄉的一日〉、〈火島之行〉、〈一把青〉、〈那片血一般紅的杜鵑花〉、〈謫仙怨〉、〈滿天裡亮晶晶的星星〉、〈孤戀花〉、〈秋思〉、〈夜曲〉、〈骨灰〉、〈Danny Boy〉、〈Tea for Two〉共 23 篇；散文〈第六隻手指——紀念三姐先明以及我們的童年〉、〈樹猶如此——紀念亡友王國祥君〉等 12 篇。正文前有劉俊〈為逝去的「情」與「美」造像——綜論白先勇〉。

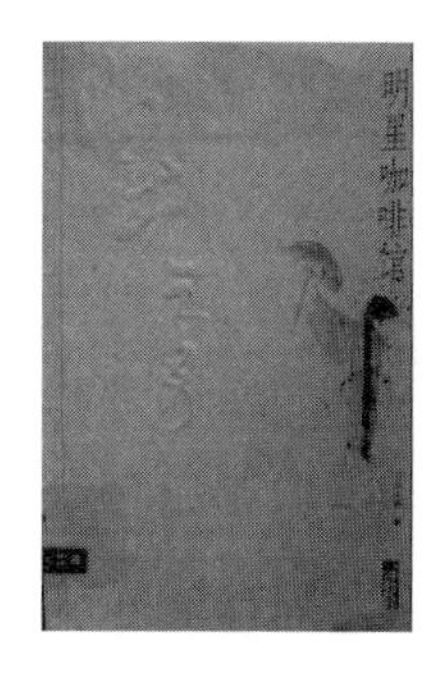

明星咖啡館——白先勇論文雜文／劉俊編

南京：江蘇文藝出版社
2009 年 5 月，15×23 公分，225 頁

本書分為「驀然回首」、「文學觀照」、「關懷愛滋」、「崑曲之旅」四部。全書收錄〈少小離家老大回——我的尋根記〉、〈秋霧中的迷惘——《秋霧》序〉、〈世界末最大的挑戰——愛滋病（AIDS）對人類的襲擊〉、〈驚變——記上海崑劇團《長生殿》的演出〉等 30 篇。正文後附錄〈編後記〉。

理想國・白先勇作品

桂林：廣西師範大學出版社
2010年10月，32開

《理想國・白先勇作品》共六冊，第一～三、六冊為小說集，第四～五冊為散文集。各冊正文前有白先勇〈牡丹因緣——我與廣西師範大學出版社〉。

孽子

桂林：廣西師範大學出版社
2010年10月，32開，552頁
理想國・白先勇作品

本書收錄《孽子》（遠景出版公司）一書。正文後附錄尹玲〈研悲情為金粉的歌劇——白先勇小說在歐洲〉。

臺北人

桂林：廣西師範大學出版社
2010年10月，32開，392頁
理想國・白先勇作品

短篇小說集。本書收錄《臺北人》（晨鐘出版社）一書。正文後附錄歐陽子〈白先勇的小說世界——《臺北人》之主題探討〉、余秋雨〈《臺北人》出版二十年重新評價〉、喬治高著；黃碧端譯〈世界性的口語——《臺北人》英譯本編者序〉、白先勇〈翻譯苦、翻譯樂——《臺北人》中英對照本的來龍去脈〉。

紐約客

桂林：廣西師範大學出版社
2010年10月，32開，266頁
理想國・白先勇作品

短篇小說集。本書收錄《紐約客》（爾雅出版社）一書。正文後附錄劉俊〈從國族立場到世界主義〉、胡菊人〈對時代及文化的控訴——論白先勇新作〈骨灰〉〉、劉俊〈跨越與救贖——論白先勇的〈Danny Boy〉〉、〈白先勇年表〉。

寂寞的十七歲

桂林：廣西師範大學出版社
2010 年 10 月，32 開，421 頁
理想國・白先勇作品

短篇小說集。全書收錄〈金大奶奶〉、〈我們看菊花去〉、〈悶雷〉、〈月夢〉、〈玉卿嫂〉、〈黑虹〉、〈小陽春〉、〈青春〉、〈藏在褲袋裡的手〉、〈寂寞的十七歲〉、〈那晚的月光〉、〈芝加哥之死〉、〈上摩天樓去〉、〈香港——一九六〇〉、〈安樂鄉的一日〉、〈火島之行〉、〈等〉共 17 篇。正文後附錄白先勇〈驀然回首〉、歐陽子〈白先勇的小說〉、夏志清〈白先勇早期的短篇小說〉。

樹猶如此

桂林：廣西師範大學出版社
2011 年 11 月，32 開，462 頁
理想國・白先勇作品

本書分為「至念」、「青春」、「師友」、「關愛」四部分。全書收錄〈樹猶如此〉、〈第六隻手指——紀念三姊先明以及我們的童年〉、〈少小離家老大回——我的尋根記〉、〈上海童年〉等 33 篇。正文後附錄林懷民〈白先勇回家〉、蔡克健〈同性戀，我想那是天生的！——PLAYBOY 雜誌香港專訪白先勇〉、劉俊〈文學創作：個人・家庭・歷史・傳統——訪白先勇〉。

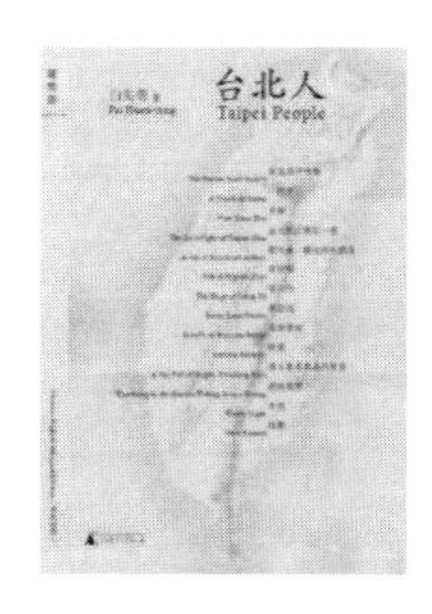

臺北人

桂林：廣西師範大學出版社
2013 年 10 月，32 開，592 頁
理想國・白先勇作品
喬志高主編；白先勇、葉佩霞譯

本書收錄《臺北人》（中文大學出版社）一書。

文學年表

1937 年	8 月	16 日，生於廣西南寧市小樂園醫院。父白崇禧，母馬佩璋。家中兄弟姊妹排名第五。
	本年	全家遷回故鄉桂林。抗日戰爭開始。
1943 年	本年	就讀桂林中山小學一年級。
1944 年	11 月	逃難重慶，就讀於重慶郊區農村西溫泉小學，後因罹患肺病輟學，回重慶市李子壩療養。
1945 年	本年	中日戰爭結束，隨家人赴南京，先後住大悲巷、大方巷。
1946 年	本年	移居上海，居上海多倫路，後移居虹橋路養病兩年。
1948 年	本年	移居上海畢勛路，復學就讀徐家匯南洋模範小學。 年底離開上海。
1949 年	9 月	暫居漢口、廣州，後赴香港。
1951 年	本年	就讀九龍塘小學，後入英語學校喇沙書院（La Salle College）初中。
1952 年	本年	隨家人移居臺灣，就讀臺北建國高級中學。 首次投稿《野風》雜誌。
1956 年	本年	就讀成功大學水利系，開始在報章發表散文。
1957 年	9 月	轉考進入臺灣大學外國文學系。
	12 月	5 日，發表〈小黃兒〉於《聯合報》副刊。
1958 年	9 月	發表首篇短篇小說〈金大奶奶〉於《文學雜誌》第 5 卷第 1 期。
1959 年	1 月	發表短篇小說〈入院〉（後更名為〈我們看菊花去〉）於《文

		學雜誌》第 5 卷第 5 期。
	9 月	與歐陽子、王文興、陳若曦等人創辦《現代文學》雜誌。
	10 月	發表短篇小說〈悶雷〉於《筆匯》革新號第 1 卷第 6 期。
1960 年	3 月	《現代文學》創刊號出版；以「鬱金」爲筆名發表短篇小說〈月夢〉、以「白黎」爲筆名發表短篇小說〈玉卿嫂〉於《現代文學》第 1 期。
	5 月	以「蕭雷」爲筆名發表短篇小說〈黑虹〉於《現代文學》第 2 期。
1961 年	1 月	發表短篇小說〈小陽春〉於《現代文學》第 6 期。
	3 月	發表短篇小說〈青春〉於《現代文學》第 7 期。 慶祝《現代文學》創辦一周年，於松江路 127 號自宅舉辦慶祝會。
	5 月	發表短篇小說〈藏在褲袋裡的手〉於《現代文學》第 8 期。
	7 月	畢業於臺灣大學外國語文學系。服役軍訓一年半。
	11 月	發表短篇小說〈寂寞的十七歲〉於《現代文學》第 11 期。
	12 月	短篇小說〈金大奶奶〉英文版，收入 *New Voices:stories and poems by young Chinese writers*，由臺北 Heritage Press 出版。（殷張蘭熙翻譯）
1962 年	1 月	發表短篇小說〈畢業〉於《現代文學》第 12 期。
	12 月	4 日，母親馬佩璋病逝。
	本年	短篇小說〈玉卿嫂〉英文版，收入吳魯芹主編 *New Chinese Writing*，由臺北 Heritage Press 出版。（殷張蘭熙翻譯）
1963 年	1 月	15 日，領取全額獎學金赴美留學，參加美國愛荷華大學（University of Iowa）「作家工作室」（Writer's Workshop）國際寫作計劃，攻讀碩士學位。
1964 年	1 月	發表短篇小說〈芝加哥之死〉於《現代文學》第 19 期。
	3 月	發表短篇小說〈上摩天樓去〉於《現代文學》第 20 期。

	6月	發表短篇小說〈香港——一九六〇〉於《現代文學》第 21 期。
	10月	發表短篇小說〈安樂鄉的一日〉於《現代文學》第 22 期。
1965年	2月	發表短篇小說〈火島之行〉於《現代文學》第 23 期。
	4月	發表短篇小說〈永遠的尹雪艷〉於《現代文學》第 24 期。
	6月	畢業於愛荷華大學寫作班，獲藝術碩士學位。
	7月	發表短篇小說〈謫仙記〉於《現代文學》第 25 期。
	9月	赴加州大學聖塔芭芭拉分校（University of California, Santa Barbara）任教，擔任德語、斯拉夫語和東方語文系講師。
	本年	自譯短篇小說〈香港——一九六〇〉，刊於 *Literature East & West* 第 6 卷第 9 期。
1966年	8月	發表短篇小說〈一把青〉於《現代文學》第 29 期。
	12月	2 日，父親白崇禧病逝，返臺奔喪。 發表短篇小說〈遊園驚夢〉於《現代文學》第 30 期。
1967年	8月	發表短篇小說〈歲除〉於《現代文學》第 32 期。
	6月	短篇小說集《謫仙記》由臺北文星書店出版。
	12月	發表短篇小說〈梁父吟〉於《現代文學》第 33 期。
1968年	5月	發表短篇小說〈金大班的最後一夜〉於《現代文學》第 34 期。
	10月	短篇小說集《遊園驚夢》由臺北仙人掌出版社出版。
1969年	1月	發表短篇小說〈那片血一般紅的杜鵑花〉於《現代文學》第 36 期。
	3月	發表短篇小說〈思舊賦〉、〈謫仙怨〉於《現代文學》第 37 期。
	6月	短篇小說集《謫仙記》由臺北大林出版社出版。
	7月	發表短篇小說〈滿天裡亮晶晶的星星〉於《現代文學》第 38 期。

1970年	3月	發表短篇小說〈孤戀花〉於《現代文學》第40期。
	9月	26～27日，〈評歐陽子小說〉連載於《中國時報》「人間」副刊。
		短篇小說集《遊園驚夢》由臺北晨鐘出版社出版。
	10月	發表短篇小說〈冬夜〉於《現代文學》第41期。
	12月	發表短篇小說〈花橋榮記〉於《現代文學》第42期。
	本年	與七弟白先敬創辦「晨鐘出版社」，出版文學書籍一百餘種。
1971年	3月	10日，發表短篇小說〈秋思〉於《中國時報》「人間」副刊。
	4月	短篇小說集《臺北人》由臺北晨鐘出版社出版。
	5月	發表短篇小說〈國葬〉於《現代文學》第43期。
	本年	〈謫仙記〉英文版收錄於夏志清編 *Twentieth-Century Chinese Stories*，由 New York and London Columbia University Press 出版。（與夏志清合譯）
		發表〈崎嶇的山路——《秋葉》序〉（歐陽子著）於《中國時報》「人間」副刊。
1972年	7月	16～17日，〈談小說批評的標準——讀唐吉松〈歐陽子的《秋葉》〉有感〉連載於《中國時報》「人間」副刊。
1973年	3月	升等爲副教授，並獲加州大學聖塔芭芭拉校區終生教職。
	9月	《現代文學》因經費困難而暫時停刊，共51期。
1975年	8月	發表〈望帝春心的哀歌——讀杜國清的《心雲集》〉於《中國時報》「人間」副刊。
1976年	1月	發表〈流浪的中國人——臺灣小說的放逐主題〉於《明報月刊》第121期。
	4月	28日，發表〈我看高全之的《當代中國小說論評》〉於《中國時報》「人間」副刊。
	12月	26日，發表〈驀然回首——《寂寞的十七歲》後記〉於《中

		國時報》「人間」副刊；26～27 日，刊載〈驀然回首——《寂寞的十七歲》後記〉於《聯合報》副刊。
		短篇小說集《寂寞的十七歲》由臺北遠景出版公司出版。
1977 年	2 月	22 日，發表〈《現代文學》的回顧與前瞻〉於《聯合報》副刊。
	6 月	1～2 日，〈《現代文學》的回顧與前瞻〉連載於《中國時報》「人間」副刊。
	7 月	1 日，《現代文學》復刊。長篇小說《孽子》連載於《現代文學》復刊號第 1 期～第 22 期，至 1984 年 3 月。
	11 月	1 日，發表〈烏托邦的追尋與幻滅〉於《中國時報》「人間」副刊。
1978 年	9 月	《驀然回首》由臺北爾雅出版社出版。
	本年	《臺北人》韓文版由首爾三省出版社出版。（許世旭翻譯）
1979 年	1 月	13 日，發表〈文化外交刻不容緩——寫於中美斷交之後〉於《中國時報》「人間」副刊。
		21～22 日，短篇小說〈夜曲〉連載於《中國時報》「人間」副刊。
	5 月	4 日，發表〈誰來關心純文學刊物？〉於《聯合報》副刊。
	6 月	發表短篇小說〈永遠的尹雪豔〉於北京《當代》創刊號。
	10 月	3 日，發表〈黃凡〈賴索〉——邊際人〉於《中國時報》「人間」副刊。
	本年	發表〈社會意識與小說藝術——五四以來中國小說的幾個問題〉於《中國時報》「人間」副刊。
1980 年	1 月	20 日，發表〈一部悲愴沉痛的流亡曲——讀《反修樓》談「北斗人」〉（冬冬編著）於《中國時報》「人間」副刊。
	2 月	9 日，發表〈鰻仔與金魚族——讀古蒙仁的小說〉於《中國時報》「人間」副刊。

8月 5 日，發表〈弱冠之年——《現代文學》二十周年紀念〉於《中國時報》「人間」副刊。

9月 15～17 日，紀念《現代文學》創刊 20 周年，白先勇與周夢蝶、管管、張默、洛夫、商禽、辛鬱、羅門、蓉子、瘂弦、高上秦、羅青、何欣與姚一葦於明星咖啡館聚會。

王晉民編選《白先勇小說選》，由南寧廣西人民出版社出版。

應邀以訪問教授身分，於加州大學柏克萊校區的東方語文系任教一學期，講授「明清小說」和「六十年代臺灣文學」兩門課程。

1981 年 3月 12 日，應邀出席新加坡文藝研究會主辦的「新加坡文藝研究會成立大會」，並參與座談。

15 日，發表〈新大陸流放者之歌——美、加中國作家〉於《聯合報》副刊。

5月 8 日，長篇小說《孽子》連載於新加坡《南洋商報》，至隔年2月7日。

發表〈人的變奏——談顧福生的畫〉於《中國時報》「人間」副刊。

發表〈畫中有詩——謝春德的攝影藝術〉於《中國時報》「人間」副刊。

本年 升任加州大學聖塔芭芭拉校區教授。

短篇小說集《白先勇小說選》由香港女神出版社出版。

1982 年 7月 5 日，發表〈天天天藍——追憶與許芥昱、卓以玉幾次歡聚的情景〉於《中國時報》「人間」副刊。

8月 劇本《遊園驚夢》由臺北遠景出版公司出版。

7～14 日，小說〈遊園驚夢〉改編成同名舞臺劇，在臺北國父紀念館演出十場。

9月 喬志高編《臺北人》英文版 *Wandering in the Garden,Waking*

from a dream:Tales of Taipei Characters，由 Bloomington Indiana University Press 出版。（白先勇與 Patia Yasin 合譯）

12 月 短篇小說集《白先勇短篇小說選》由福州福建人民出版社出版。

1983 年 3 月 長篇小說《孽子》由臺北遠景出版公司出版。

5 月 短篇小說集《臺北人》由臺北爾雅出版社出版。

8 月 5 日，發表〈被斲傷的脊樑——讀翟志成《起來啊，中國的脊樑》有感〉於《中國時報》「人間」副刊。

17 日，發表〈第六隻手指——紀念三姐先明以及我們的童年〉於《聯合報》副刊。

9 月 15 日，發表〈小說與電影〉於《中國時報》「人間」副刊。

11 月 27 日，發表〈豈容青史盡成灰〉於《聯合報》副刊。

本年 發表〈我看〈東埔街〉〉於《聯合報》副刊。

1984 年 1 月 9 日，發表〈秉燭夜遊——簡介馬森的長篇小說《夜遊》〉於《中國時報》「人間」副刊。

3 月 《現代文學》停刊，自創刊號至復刊第 22 期前後共出版 73 期。

6 月 《明星咖啡館》由臺北皇冠出版社出版。

11 月 8 日，短篇小說〈金大班的最後一夜〉由第一影片公司改編拍攝成同名電影，白景瑞導演；姚煒、歐陽龍主演。

本年 短篇小說〈玉卿嫂〉由天下影業公司改編拍攝成同名電影，張毅導演；楊惠珊、阮勝田、林鼎峰主演。

獲選爲加州大學聖塔芭芭拉校區「年度教授」。

1985 年 5 月 劇本《玉卿嫂》、《金大班的最後一夜》由臺北遠景出版公司出版。

6 月 短篇小說〈孤戀花〉由新藝城、龍祥影業公司改編拍攝成同名電影，林清介導演；姚煒、柯俊雄、陸小芬主演。

	11 月	短篇小說集《臺北人》由北京中國友誼出版公司出版。
1986 年	1 月	發表〈賈寶玉的俗緣：蔣玉函與花襲人——兼論《紅樓夢》的結局意義〉於《聯合文學》第 15 期。
	4 月	23 日，發表〈試妻——青春美色原是一場夢〉於《聯合報》副刊。 發表〈寫給阿青的一封信〉於《人間》第 7 期。
	8 月	30 日～9 月 1 日，短篇小說〈玉卿嫂〉由香港舞蹈團改編為同名舞蹈劇，舒巧、應萼定編舞；袁麗華、梅卓燕主演。 長篇小說《孽子》由群龍影業公司改編拍攝成同名電影，虞堪平導演；孫正國編劇；孫越、邵昕、姜厚任、馬紹君、蘇明明、管管主演。
	10 月	發表短篇小說〈骨灰〉於《聯合文學》第 26 期。
	11 月	短篇小說集《謫仙記》由臺北水牛出版社出版。
	本年	短篇小說集《寂寞的十七歲》德文版 *Einsam Mit Siebzehn* 由 München Diederichs 出版。（Wolf Baus、Susanne Ettl 翻譯） 發表〈人生如戲——田納西・威廉斯《懺悔錄》〉於《聯合報》副刊。 發表〈天上人間〉於《中國時報》「人間」副刊。
1987 年	5 月	長篇小說《孽子》由哈爾濱北方文藝出版社出版。
	6 月	短篇小說〈玉卿嫂〉法文版 *Enfance à Guilin* 由 Aix-en-Provence Alinea 出版。（Francis Marche、Rao Yu Kong 翻譯）
	11 月	短篇小說集《骨灰》（白先勇自選集續編）由香港華漢文化公司出版。
	12 月	發表〈驚變——記上海崑劇團《長生殿》的演出〉於《聯合文學》第 38 期。
	本年	短篇小說集《白先勇自選集》由香港華漢文化公司出版。 以加州大學訪問教授身分，於中國復旦大學任教一學期，開

設「臺灣文學的發展」、「《紅樓夢》中的視角與人物」、「文學和電影」等課程和講座。

應邀於南京大學、復旦大學以「《遊園驚夢》從小說到戲劇」爲題演講。

應邀於廣州中山大學以「臺灣現代主義的興起及其影響」爲題進行演講。

1988年 2月 26日，發表〈《現代文學》創立的時代背景及其精神風貌——寫在《現代文學》重刊之前〉於《聯合報》副刊。

長篇小說《孽子》由北京人民文學出版社出版。

3月 《遊園驚夢》舞臺劇由廣州話劇團、上海崑劇團、上海戲劇學院等於廣州、上海聯合演出。

5月 發表〈香港傳奇——讀施叔青《香港的故事》〉於《博益月刊》第9期。

發表〈三度驚夢——在廣州觀《遊園驚夢》首演〉於《中國時報》「人間」副刊。

7月 發表〈恐懼與悲憫的淨化——《卡拉馬助夫兄弟們》〉（杜斯妥也夫斯基著）於《聯合文學》第45期。

12月 長篇小說《孽子》、《第六隻手指》由香港華漢文化公司出版。

1989年 9月 短篇小說集《寂寞的十七歲》、長篇小說《孽子》由臺北允晨文化公司出版。

11月 短篇小說集《寂寞的十七歲》、長篇小說《孽子》、劇本《遊園驚夢》、劇本《金大班的最後一夜》由臺北風雲時代出版社出版。

長篇小說《孽子》英文版 *Crystal Boys* 由 San Francisco Gay Sunshine Press 出版。

本年 短篇小說〈謫仙記〉由上海電影製片廠改編拍攝成電影《最

		後的貴族》在大陸上演，謝晉導演；白先勇、白樺、謝正國編劇；潘虹主演。
1990 年	1 月	9 日，發表〈世紀性的漂泊者——重讀《桑青與桃紅》〉（聶華苓著）於《中國時報》「人間」副刊。
		劇本《玉卿嫂》由臺北風雲時代出版社出版。
	9 月	應邀至廣州參加《白先勇傳》定稿工作。
		短篇小說集《最後の貴族》由東京德間書店出版。（中村ふじゑ翻譯）
1991 年	6 月	王晉民編選短篇小說集《孤戀花》，由北京中國文聯出版社出版。
	8 月	7 日，發表〈棄婦吟——讀琦君〈橘子紅了〉有感〉於《聯合報》副刊。
1992 年	3 月	21 日，於誠品書店舉行《現代文學》重刊本發布會和慶祝酒會；發表〈中國人的夢〉於《聯合報》副刊。
		《現代文學》雜誌第 1～51 期重刊，由臺北現文出版社出版。
	6 月	14 日，發表〈石頭城下的冥思〉於《聯合報》副刊。
	8 月	17 日，相交 38 年的摯友王國祥辭世，得年 55 歲。
1993 年	7 月	長篇小說《孽子》法文版 *Garçons de cristal* 由 Paris Flammarion 出版。（André Lévy 翻譯）
	10 月	《永遠的尹雪艷》由武漢長江文藝出版社出版。
		重返故鄉桂林（闊別 49 年）。
	本年	發表〈殉情於藝術的人——素描顧福生〉於《中國時報》「人間」副刊。
1994 年	本年	因應加州大學的政策，提前自加州大學聖塔芭芭拉分校東亞系退休，之後居住在加州聖塔芭芭拉。
1995 年	4 月	發表〈邊陲人的自白〉於《聯合報》副刊。

	7 月	7～11 日，〈徐州會戰，臺兒莊大捷——先父白崇禧將軍參加是役之經過始末〉連載於《聯合報》副刊。
	10 月	2 日，發表〈冠禮〉於《聯合報》副刊。
	11 月	《第六隻手指》由臺北爾雅出版社出版。
	本年	長篇小說《孽子》德文版 *Treffpunkt Lotossee* 由 Berlin Bruno Gmünder 出版。（Astrid Ehlert 翻譯）
1996 年	1 月	5～10 日，〈花蓮風土人物誌——高全之的《王禎和的小說世界》〉連載於《聯合報》副刊。
	6 月	21 日，應邀出席北美華文作家協會於德州亞當斯馬克大旅館舉行的年度研討會。 《白先勇自選集》由廣州花城出版社出版。
	11 月	發表〈鄰舍的南瓜——評荊棘的小說〉於《聯合報》副刊。
	12 月	2～4 日，〈世紀末最大的挑戰——愛滋病（AIDS）對人類的襲擊〉連載於《中國時報》「人間」副刊。
	本年	《臺北人》法文版 *Gens de Taipei:nouvelles* 由 Paris Flammarion 出版。（André Lévy 翻譯）
1997 年	5 月	3 日，應邀出席由哈佛大學於哈佛大學燕京大會堂主辦的「哈佛大學中國文化工作坊」之「文學與文化座談會」，與會者有鄭愁予、蓬丹、孫康宜、陳來、張鳳、王德威、康正果、廖炳惠、趙如蘭。 長篇小說《孽子》改編成同名英文舞臺劇，John Weinstein 改編執導，哈佛、波士頓及其他大學學生聯合演出，公演七場。
	11 月	25 日，出席「南北崑曲名角記者會」。 29 日～12 月 1 日，〈文學不死——感懷姚一葦先生〉連載於《聯合報》副刊。
	本年	短篇小說〈玉卿嫂〉改編拍攝成同名電視劇，黃以功導演；

王靜瑩、徐貴櫻、林建華主演。

加州大學聖塔芭芭拉分部圖書館成立「白先勇資料特別收藏」檔案，收藏白先勇著作、手稿、照片。

1998年　2月　發表〈逝者如斯〉於《聯合文學》第 160 期「作家臉譜」專欄。

5月　29 日，短篇小說〈花橋榮記〉改編拍攝成同名電影，謝衍導演；鄭裕玲、顧寶明、林建華、郁方主演。

1999年　1月　24～26日，發表〈樹猶如此〉於《聯合報》副刊。

蕭關鴻編《驀然回首——白先勇散文集》、《第六隻手指》，由上海文匯出版社。

短篇小說集《臺北人》、《寂寞的十七歲》由上海上海文藝出版社出版。

2月　發表〈上海童年〉於上海《收穫》雜誌。

3月　19～21 日，應邀出席行政院文建會、《聯合報》副刊、國家圖書館共同舉辦的「臺灣文學經典研討會」，並以「文學經典的保存與流傳」爲題進行演講。

發表〈文學經典的保存與流傳〉於《聯合報》副刊。

長篇小說《臺北人》獲選爲行政院文建會舉辦的「臺灣文學經典評選」30 本之一。

5月　發表〈世紀末的文化觀察〉於《明報月刊》。

6月　短篇小說集《臺北人》獲選香港《亞洲周刊》主辦「二十世紀中文小說一百強排行榜」，名列第七。

短篇小說〈金大班的最後一夜〉日文版，收入《臺北ストーリー》（山口守編），東京國書刊行會印行。

7月　發表〈臺北 Pastoral——爲黃銘昌的田園畫而寫〉於《康健》第 10 期。

8月　16 日，《臺北人》入選北京人民文學出版社舉辦「百年百種優秀中國文學圖書」。

長篇小說《孽子》由上海上海文藝出版社出版。

9月　1 日，發表〈落葉賦——爲奚淞《釋迦下山》而寫〉於《康健》第 12 期。

10月　發表短篇小說〈等〉於《聯合文學》第 180 期。

11月　21 日，發表〈我的崑曲之旅——兼憶 1987 年在南京觀賞張繼青「三夢」〉於《聯合報》副刊；應邀出席「文曲星競芳菲」座談會，與張繼青對談於臺北新舞臺，辜懷群主持。

24 日，於中央大學以「白先勇 V.S.夢幻少男賈寶玉」爲題演講。

連載〈「養虎貽患」——父親的憾恨：1946 年春夏間國共第一次「四平街會戰」之前因後果及其重大影響〉於《當代》第 147～150 期，至 2000 年 2 月。

12月　10 日，應邀出席中研院文哲所於國家戲劇院舉辦的「長生殿的文學、音樂與表演藝術研討會」，擔任主持人。

2000年　1月　短篇小說集《臺北人》由吉林時代文藝出版社出版。

3月　發表〈我的創作經驗〉於《明報月刊》2000 年 3 月號。

13 日，臺北春暉國際影業公司開始拍攝電視傳記「作家身影——永遠的《臺北人》」，編劇古蒙仁；導演黃以功。

4月　9 日，香港電臺電視部（PTHK）製作「傑出華人系列——白先勇」首播。

13 日，發表〈醞釀中的風暴——愛滋（AIDS）在臺灣的蔓延〉於《聯合報》副刊。

14 日，應邀出席由《聯合報》副刊、希望工坊愛滋教育基金會籌備處、陽明大學愛滋病防治及研究中心聯合主辦的「面對愛滋：文學界的反應」座談會，擔任主持人。

15 日，應邀出席於圓山飯店舉辦的希望工坊愛滋教育基金會

		募款餐會。
		16 日，應邀出席由陽明大學愛滋病防治及研究中心、希望工作坊愛滋教育基金會籌備處、《康健》雜誌、聯合報系共同主辦的「防治愛滋：醫學治療與人文關懷」座談會，於臺灣大學第二學生活動中心國際會議廳，擔任對談人。
		發表〈山之子——一個愛滋感染者出死入生的心路歷程〉於《康健》第 18 期。
		「白先勇文集」:《寂寞的十七歲》、《臺北人》、《孽子》、《第六隻手指》、《遊園驚夢》由廣東花城出版社出版。
	6 月	3 日，應「日本臺灣學會」邀請，擔任該年年會主講人，在東京大學宣讀論文〈60 年代的臺灣文學——「現代」與「鄉土」〉，由池上貞子譯成日文，刊登於《日本臺灣學會報》第 3 號。
	7 月	短篇小說集《臺北人》由北京作家出版社出版。
		短篇小說集《臺北人》中英對照版由香港中文大學出版社出版。
	8 月	發表〈克難歲月——隱地的「少年追想曲」〉於《中國時報》「人間」副刊。
	10 月	短篇小說集《臺北人》中英對照版由臺北長宥文化公司出版。
	11 月	23～24 日，廣東汕頭大學於汕頭市金海灣大酒店舉辦「白先勇創作國際研討會」。
	12 月	31 日～2001 年 1 月 2 日，〈翻譯苦、翻譯樂——《臺北人》中英對照本的來龍去脈〉連載於《聯合報》副刊。
	本年	短篇小說集《臺北人》法文版 *Gens de Taipei*，由 Paris Picquier poche 出版。
2001 年	1 月	2 日，應邀參加《聯合報》舉辦「讀書人 2000 最佳書獎贈獎

典禮暨酒會」，擔任頒獎人。

應邀出席香港智行基金會舉辦的愛滋病講座，以「二十一世紀愛滋病對華人世界的威脅——我的杞憂」爲題演講。

5 月　8 日，發表〈少小離家老大回——我的尋根記〉於《聯合報》副刊。

7 月　發表〈故事新說——我與臺大的文學因緣及創作歷程〉於《中外文學》第 30 卷第 2 期。

劇本《遊園驚夢二十年》由香港迪志文化出版公司出版。

《中外文學》第 30 卷第 2 期刊出「永遠的白先勇」專號。

8 月　5～13 日，〈經典之作——推介夏志清教授的《中國古典小說》〉連載於《聯合報》副刊。

11 月　28 日，發表〈鳳凰花開——古蒙仁的寫作軌跡〉於《聯合報》副刊。

12 月　《昔我往矣——白先勇自選集》由香港天地圖書公司出版。

本年　應法國國家圖書館邀請，赴巴黎參加「中國文學的『現代性』」研討會，發表論文〈二十世紀中葉臺灣的『現代主義』文學運動〉。

2002 年　1 月　20 日，應邀出席公共電視舉辦的「回味七〇年代的臺北——文學與文化的對談」活動，與龍應臺對談。

21 日，出席《聯合文學》舉辦《樹猶如此》新書發表會。

2 月　19 日，應邀出席洪建全文教基金會、中國信託文教基金會於臺北新舞臺共同舉辦的「絕代相思《長生殿》——文學與歷史的對話」活動，與許倬雲對談。

《樹猶如此》由臺北聯合文學出版社出版。

長篇小說《臺北人（爾雅叢書之典藏版）》由臺北爾雅出版社出版。

3 月　出席由加州大學聖塔芭芭拉校區世華文學中心主辦的「臺灣

文學與世華文學國際研討會」。

4月　12日，發表〈憂國之心——四平街之憾〉於《中國時報》「人間」副刊。

7月　2日，發表〈人間重晚情——李歐梵與李玉瑩的「傾城之戀」〉於《聯合報》副刊。

10月　發表短篇小說〈Danny Boy〉於《香港文學》第214期。

11月　20日，應邀擔任香港嶺南大學「胡永輝傑出訪問學人計畫」該年度傑出訪問學人，期間出席於香港嶺南大學鄺森活圖書館舉辦的「白先勇作品展」，並以「文化教育——反思與願景」、「中國人表『情』的方式——以古典詩詞爲例」、「我在美國愛荷華大學作家工作坊的經驗」、「白先勇細說崑劇裡的『男歡女愛』」、「白先勇說崑劇——崑曲：世界性的藝術」爲題演講，至12月11日。

12月　25日，發表〈遊園驚夢〉於《聯合報》副刊。

28日，應邀出席臺北市文化局舉辦「重新遊園，再度驚夢——《遊園驚夢》二十年座談會」，談論20年前〈遊園驚夢〉改編舞臺劇的盛況與幕後故事。

本年　《樹猶如此》獲《聯合報》讀書人周報主辦「讀書人2002最佳書獎文學類推薦書單」與《中央日報》副刊中文創作類獎項。

2003年　1月　21日，應《明道文藝》之邀，於臺中明道中學以「我的創作生涯」爲題演講。

長篇小說《孽子》法文版 *Garçons de cristal* 由 Paris Philippe Picquier 出版。（André Lévy 翻譯）

2月　16日，長篇小說《孽子》由公共電視改編成同名電視劇，在臺北紅樓劇場舉辦首映會。

3月　1日，應邀出席由《聯合報》副刊、允晨文化公司、行政院

		文建會、國家圖書館、聯合文學、公共圖書館、得富文教基金會共同舉辦的「白先勇名著《孽子》研討會」。
		1～19 日，短篇小說〈Tea for Two〉連載於《聯合報》副刊。
		19 日，應邀於雲林縣文化局音樂廳以「從〈遊園驚夢〉到《孽子》」為題演講。
	7 月	7 日，獲頒臺灣第七屆「國家文藝獎」文學類獎。
	10 月	8 日，發表〈文學，是大寫的（本年度國家文藝獎文學類得主白先勇得獎感言）〉於《聯合報》副刊。
		11 日，發表〈攝影是他的詩——因美生情，以情入境〉於《聯合報》副刊。
		應邀擔任世新大學駐校作家，出席座談會「《臺北人》」、「創作經驗分享」。
		於世新大學以「小說與電視」、「小說與電影」為題演講。
	11 月	6～12 日，應邀出席香港嶺南大學舉辦「我和白先勇有個約會」活動，包含「文學作品的學與教」、「創意寫作工作坊」、「白先勇書展」等活動。
		13 日，獲頒嶺南大學榮譽文學博士學位。
	本年	年初擔任臺北市駐市作家。
2004 年	4 月	28 日，擔任青春版《牡丹亭》製作人，此劇以 3 天 27 折方式呈現，於臺北國家戲劇院演出兩輪，至 5 月 2 日；青春版《牡丹亭》以校園表演為主軸，巡演地區包括臺灣、大陸、香港、新加坡、雅典、英國、美國等國家。
		《白先勇說崑曲》由臺北聯經出版公司出版。
		策畫《奼紫嫣紅牡丹亭——四百年青春之夢》，由臺北遠流出版公司。
	5 月	5 日，青春版《牡丹亭》於新竹演藝廳演出精華版。
		21～23 日，青春版《牡丹亭》於香港沙田大會堂連演三場。

6月 7日，應邀於復旦大學作專題演講「最美麗的愛情」。

11～13日，青春版《牡丹亭》於蘇州大學演出三場。

《白先勇說崑曲》由桂林廣西師範大學出版社出版。

7月 2～4 日，青春版《牡丹亭》應第 28 屆世界遺產大會之邀，於蘇州開明戲院演出三場。

9月 14～15 日，青春版《牡丹亭》應第七屆中國藝術節之邀，於杭州東坡戲院演出三場。

17～19日，青春版《牡丹亭》於浙江大學演出三場。

10月 7日，發表〈知音何處——康芸薇心中的山山水水〉於《中央日報》副刊。

21～23 日，青春版《牡丹亭》應第七屆北京國際音樂節之邀，於北京世紀戲院演出三場。

11月 21～23日，青春版《牡丹亭》於上海大劇院演出三場。

《第六隻手指——白先勇散文精編》由上海文匯出版社出版。

2005年 1月 16日，發表〈仁心仁術——一個名醫《理想的國度》〉於《聯合報》副刊。

3月 7～9日，青春版《牡丹亭》於澳門文化中心演出三場。

4月 8～10 日，青春版《牡丹亭》於北京大學百年紀念講堂演出三場。

13～15日，青春版《牡丹亭》於北京師範大學演出三場。

19～21日，青春版《牡丹亭》於天津南開大學演出三場。

短篇小說〈孤戀花〉改編拍攝成同名電視劇於華視播映，蕭颯編劇，曹瑞原導演。

《青春蝴蝶孤戀花》由臺北遠流出版公司出版。

5月 20～22 日，青春版《牡丹亭》應南京大學 103 周年慶之邀，於南京人民大會堂演出三場。

27～29 日，青春版《牡丹亭》應復旦大學百年校慶之邀，於上海藝海劇院演出三場。

《首屆北京文學獎獲獎作家作品精選集・白先勇卷》由北京同心出版社出版。

6 月　3～5 日，青春版《牡丹亭》於上海同濟大學演出三場。

7 月　6 日，青春版《牡丹亭》於蘇州人民大會堂演出一場精華版。

11 月　6～8 日，青春版《牡丹亭》於廣東佛山瓊花大劇院演出三場。

28～29 日，〈姹紫嫣紅開遍：青春版《牡丹亭》〉連載於《聯合報》副刊。

策畫《驚夢・尋夢・圓夢：圖說青春版《牡丹亭》》，由臺北天下遠見出版社出版。

策畫《奼紫嫣紅開遍：青春版《牡丹亭》巡迴紀實》，由臺北天下遠見出版社出版。

策畫《曲高和眾——青春版《牡丹亭》的文化現象》，由臺北天下遠見出版公司出版。

12 月　15～18 日，青春版《牡丹亭》於臺北國家戲劇院演出一輪與一場精華版。

20 日，青春版《牡丹亭》於臺南成功大學演出一場精華版。

22 日，青春版《牡丹亭》於新竹交通大學演出一場精華版。

24 日，青春版《牡丹亭》於中壢藝術館演出一場精華版。

短篇小說〈遊園驚夢〉由芳珂瓦改編成繪本，由臺北格林文化公司出版。

本年　長篇小說《孽子》義大利文版 *Il maestro della note* 由 Torino Giulio Einaudi editore 出版。（Maria Rita Masci 翻譯）

2006 年　1 月　6～8 日，青春版《牡丹亭》於廣東深圳會堂演出三場。

2月　28日～3月2日，〈廣西精神——白崇禧的新斯巴達〉連載於《中國時報》「人間」副刊。
　　《白先勇精選集》由北京燕山出版社出版。

3月　發表〈廣西精神——白崇禧的「新斯巴達」〉於《印刻文學生活誌》第31期。

4月　18～20日，青春版《牡丹亭》於北京大學演出三場。
　　22～24日，青春版《牡丹亭》應北大百年紀念講堂之邀，於中國傳媒大學演出三場。
　　28～30日，青春版《牡丹亭》於天津南開大學演出三場。
　　長篇小說《孽子》日文版由東京國書刊行會出版。（陳正醍翻譯）

6月　5～7日，青春版《牡丹亭》於香港文化中心連演三場。

8月　長篇小說《孽子》荷蘭文版 *Jongens van glas* 由 Breda De Geus 出版。（Mark Leenhouts 翻譯）

9月　15～17日，青春版《牡丹亭》於柏克萊加州大學 Zellerbach Hall 演出三場。
　　22～24日，青春版《牡丹亭》於加州爾灣 Irvine Barclay Theatre 演出三場。
　　28日，青春版《牡丹亭》於加州大學洛杉磯分校 Royce Hall 演出三場。

10月　6～8日，青春版《牡丹亭》於加州大學聖塔芭芭拉校區 Lobero Theatre 演出三場。

11月　24～26日，青春版《牡丹亭》於廣西師範大學王城校區劇院演出三場。
　　策畫《圓夢：白先勇與青春版牡丹亭》，由廣州花城出版社出版。

12月　1～3日，青春版《牡丹亭》於廣州中山大學梁銶琚堂演出三場。

8～10 日，青春版《牡丹亭》於北京師範大學珠海分校珠海大會堂演出三場。

15～17 日，青春版《牡丹亭》於廈門大學建南大會堂演出三場。

2007 年 5 月 3 日，獲頒元智大學主辦第二屆「桂冠文學家獎」。

4 日，應邀出席元智大學「桂冠文學家獎」頒獎記者會，並擔任「曲終人不散——青春版《牡丹亭》的文化現象」座談會主講人。

11～13 日，青春版《牡丹亭》在北京展覽館劇場上演第一百場，達成百場滿座紀錄，並於北京故宮博物館建福宮舉行慶功宴。

16 日，發表〈卓以玉的有情世界〉於《聯合報》副刊。

6 月 21 日，青春版《牡丹亭》於南京文化藝術中心演出一場精華版。

發表〈牡丹一百——青春版《牡丹亭》百場演出感言〉於《聯合文學》第 272 期。

7 月 18 日，發表〈遙遠的魔都——關於《紐約客》〉於《聯合報》副刊。

短篇小說集《紐約客》由臺北爾雅出版社出版。

9 月 14～16 日，青春版《牡丹亭》於西安交通大學演出三場。

21～23 日，青春版《牡丹亭》於成都四川大學演出三場。

10 月 8～10 日，青春版《牡丹亭》於北京國家大劇院演出三場。

11 月 20～21 日，青春版《牡丹亭》於蘭州交通大學演出二場。

22～23 日，青春版《牡丹亭》於蘭州大學演出二場。

26～27 日，青春版《牡丹亭》於西安長安大學演出二場。

28～29 日，青春版《牡丹亭》於陝西師範大學演出二場。

12 月 10～11 日，青春版《牡丹亭》於蘇州科技文化中心演出二場。

16～17 日，青春版《牡丹亭》於福建師範大學演出二場。

18～19 日，青春版《牡丹亭》於福州大學演出二場。

2008 年 1 月 4 日，短篇小說〈金大班的最後一夜〉經改編爲舞臺劇於國父紀念館公演，劉曉慶主演。

25 日，發表〈崑曲的普及及教育〉於《聯合報》副刊。

2 月 14～16 日，青春版《牡丹亭》應第三屆北展歌舞音樂節之邀，於北京展覽館演出三場。

3 月 短篇小說集《臺北人》日文版由東京国書刊行会出版。（山口守翻譯）

4 月 3～5 日，青春版《牡丹亭》於武漢大學演出三場。

4～11 日，青春版《牡丹亭》於合肥中國科技大學演出三場。

5 月 1～3 日，應邀出席加州大學聖塔芭芭拉校區舉辦「重返現代：白先勇、《現代文學》與現代主義」國際學術研討會，並參與多場座談會。

發表〈懷念高克毅先生和他的書〉於《明報月刊》第 509 期。

短篇小說集《紐約客》由香港天地圖書公司出版。

6 月 3～8 日，青春版《牡丹亭》於倫敦 Sadler□s Wells 演出六場。

12～14 日，青春版《牡丹亭》應雅典藝術節之邀，於希臘雅典音樂廳演出三場。

26～27 日，〈走過光陰歸於平淡——奚淞的禪畫〉連載於《聯合報》副刊。

7 月 28 日，發表〈瘟疫中見真情——保羅・莫奈的愛滋追思錄〉

於《聯合報》副刊。

隱地編《白先勇書話》由臺北爾雅出版社出版。

發表〈歡樂臺北〉於《印刻文學生活誌》第 59 期。

8 月　5～10 日，青春版《牡丹亭》應邀於 2008 北京奧運擔任「北京奧運重大文藝演出活動」，於北京梅蘭芳大劇院演出六場。

9 月　9～10 日，青春版《牡丹亭》應浙江餘姚龍山劇院慰問教師節之邀演出。

12 日，發表〈全家福〉於《聯合報》副刊。

18 日，應邀出席九歌出版社與藝文界人士於中山堂共同舉辦的白先勇 71 歲生日宴會「白先勇新書發表會及青春版白先勇 PARTY」。

20～21 日，由國立臺灣大學、國家圖書館主辦「白先勇的藝文世界」研討會，在國家圖書館國際會議廳舉行；本次邀請梅家玲、曹瑞原、張毅、聶光炎、郭玉雯、王童等知名學者、導演，分別就白先勇七十年來的文學成就，包括小說、舞臺劇、電視劇、電影、崑曲等，舉行六場專題演講及一場綜合座談，與會人士還有王文興、陳若曦、葉維廉、李歐梵等資深作家及國內外學者及研究生約 300 人。

27～29 日，青春版《牡丹亭》應第十屆亞洲藝術節之邀，於河南電視臺演播廳演出三場。

「白先勇作品集」：《寂寞的十七歲》、《臺北人》、《孽子》、《紐約客》、《第六隻手指》、《樹猶如此》、《遊園驚夢》、《金大班的最後一夜及其他》、《青春版牡丹亭》、《王謝堂前的燕子》、《現文因緣》、《白先勇研究精選》，由天下遠見出版公司出版。

10 月　2 日，青春版《牡丹亭》應蘇州科技文化藝術中心一周年慶之邀演出一場精華版。

17～18 日，由教育部、國科會主辦，政大臺文所承辦的「白先勇的文學與藝術國際學術研討會」，在政大的行政大樓 7 樓第一會議室舉行，邀集臺、港、中、美、澳、捷克的學者齊聚，開幕式由白先勇本人親自演講，討論議程包括「白先勇文學作品」、「白先勇創辦《現代文學》雜誌的貢獻」、「白先勇小說的影視改編」，以及「白先勇及崑曲藝術」等範疇。

19～20 日，青春版《牡丹亭》應第 31 屆世界戲劇節之邀，於南京大行宮會堂演出二場。

11 月　11 日，青春版《牡丹亭》於蘇州科技文化藝術中心演出一場。

12 月　25～27 日，青春版《牡丹亭》於江西撫州湯顯祖大劇院演出三場。

2009 年　2 月　劉俊選編《思舊賦——白先勇小說散文選》，由香港明報月刊出版社、新加坡青年書局聯合出版。

4 月　劉俊編注《白先勇集》，由廣州花城出版社出版。

5 月　9 日，發表〈琴曲書畫——新版《玉簪記》〉於《人間福報》副刊。

8～10 日，青春版《牡丹亭》於新加坡濱海藝術中心劇院演出三場。

14 日，應邀出席政治大學主辦「第九屆駐校藝術家歡迎茶會暨開幕記者會」，與廖瓊枝對談。

21～24 日，擔任製作人與總監的崑曲新版《玉簪記》於國家戲劇院演出。

劉俊編短篇小說集《一把青》、劉俊編《明星咖啡館——白先勇論文雜文》，由南京江蘇文藝出版社出版。

推動「崑劇走進校園」活動，擔任製作人與創意總監的新版《玉簪記》，於政治大學、成功大學、新竹市演藝廳巡迴演出。

6 月 25 日，青春版《牡丹亭》於蘇州人民大會堂演出一場。

7 月 3～5 日，青春版《牡丹亭》於北京國家大劇院演出三場。

9～10 日，青春版《牡丹亭》於河北廊坊管道局影劇院演出二場。

8 月 15 日，青春版《牡丹亭》於無錫人民大會堂演出一場。

9 月 11～13 日，青春版《牡丹亭》於重慶巴渝劇院演出三場。

18～20 日，青春版《牡丹亭》於深圳大劇院演出三場。

24 日，發表〈文學心靈的敬重〉於《人間福報》副刊；至 26 日，青春版《牡丹亭》於廣州黃花崗劇院演出三場。

發表〈文學心靈的敬重〉於《文訊》第 287 期。

10 月 12 日，青春版《牡丹亭》於上海東華大學演出一場。

12 月 18～20 日，青春版《牡丹亭》於北京大學百周年紀念講堂演出三場。

2010 年 2 月 26～27 日，〈去尋找那棵菩提樹——奚淞的佛畫〉連載於《聯合報》副刊。

3 月 11 日，主持北京大學「經典崑曲欣賞」課程，邀請崑曲演藝名家、研究專家，每周開課講授崑曲相關知識，並擔任課程主講人之一，至 6 月 10 日止。

4 月 24～26 日，青春版《牡丹亭》於上海東方藝術中心演出三場。

10 月 長篇小說《孽子》由南京江蘇文藝出版社出版。

「理想國・白先勇作品」：《孽子》、《臺北人》、《紐約客》、《寂寞的十七歲》、《樹猶如此》，由桂林廣西師範大學出版社出版。

11 月 13 日，發表〈鮭魚與海燕——陳少聰《永遠的外鄉人》〉於《聯合報》副刊。

2011年 1月 長篇小說《孽子》由重慶重慶出版社出版。

2月 25日～6月24日，應臺灣大學臺灣文學研究所之邀，於臺灣大學開設「崑曲新美學」通識課程，擔任主講人，並邀請專業演員實地演出，與專業戲曲研究學者進行演說，課程吸引超過兩千四百多名學生聽課。

策畫《雲心水心玉簪記──琴曲書畫崑曲新美學》，由北京人民文學出版社出版。

3月 《白先勇精選集》由北京燕山出版社出版。

5月 14日，應邀出席世新大學舉辦「談情說異：情、婚姻暨異文化的跨界研究」學術研討會，以「情爲何物」爲題演講。

21～22日，應邀出席文訊雜誌社與趨勢教育基金會、國家圖書館、國立臺灣文學館、成大文學院合辦的「百年小說研討會。

《姹紫嫣紅開遍：散文卷》由北京作家出版社出版。

6月 8日，應邀至陽明大學以「崑曲進校園：崑曲課程與大學人文教育」爲題演講。

10月 14日，發表〈修菩薩行──杜聰與河南愛滋孤兒的故事〉於《聯合報》副刊。

24～25日，青春版《牡丹亭》於上海大學演出二場。

28～29日，青春版《牡丹亭》於蘇州市公共文化中心劇院演出二場。

11月 2日，青春版《牡丹亭》於蘇州同里湖大飯店演出一場。

13日，青春版《牡丹亭》於蘇州市公共文化中心劇院演出一場。

25～27日，青春版《牡丹亭》於杭州大劇院演出三場。

12月 8～10日，擔任總製作人與藝術總監的青春版《牡丹亭》於北京國家大劇院演出第198～200場，演出後舉辦演出兩百場慶功宴。

28 日，應邀出席中央大學與余紀忠文教基金會主辦「余紀忠講座」，以「崑曲復興及其文化意義：從青春版《牡丹亭》及新版《玉簪記》的製作講起」爲題演講。

本年 短篇小說集《Tea for Two：小說卷》由北京作家出版社出版。

2012 年 1 月 12 日，應香港中文大學之邀，以「崑曲復興與其文化意義—從青春版《牡丹亭》及新版《玉簪記》講起」爲題演講。

3 月 12 日，發表〈《現文》憶往——《現代文學》的資金來源〉於《聯合報》副刊。

14 日，應香港理工大學中文系之邀，於香港理工大學蔣震劇院，以「崑曲之美」爲題演講。

15 日，應香港中文大學之邀，以「崑曲詩的意境——從平面到立體」爲題演講。

19 日，應香港理工大學中文系之邀，於賽馬會綜藝館，以「崑曲中的愛情」爲題演講。

22 日，應香港中文大學之邀，以「崑曲美學——傳統與現代」爲題演講。

4 月 21 日，應邀出席廣西師大出版社理想國於北京華寶齋書院舉辦的「《白崇禧將軍身影集》新書發表會」。

24 日，應邀擔任廣西師大出版社理想國與先鋒書店共同舉辦的「白先勇、章詒和——他們眼中的父親與民國」講座主講人，與章詒和對談。

26 日，應趨勢科技與南京東南大學素質文化教育中心之邀，以「我心中的父親」爲題演講。

28 日，應邀出席由湖北省全民閱讀活動領導小組、省新聞出版局、長江出版傳媒公司於武昌崇文書城共同舉辦的「湖北省全民閱讀活動——崇文大講堂啓動儀式暨白先勇新書發表會」，擔任主講人，與談人有熊召政、何祚歡。

《父親與民國：白崇禧將軍身影集》由臺北時報文化出版公司出版。

5月 8 日，應邀出席趨勢教育基金會、時報出版、國家圖書館、國史館共同舉辦「《父親與民國——白崇禧將軍身影集》新書發表會暨『白崇禧將軍身影照片展』開幕式」，於會中致詞。主持人楊照，與會者有莫昭平、南方朔、曾淑賢、齊邦媛、申學庸、余範英、李歐梵，會後並親自擔任照片展導覽解說；應邀出席趨勢教育基金會、時報出版、國史館共同舉辦「白崇禧將軍與民國」學術研討會，以「父親與民國」爲題演講。

22 日，應邀出席廣西師範大學與廣西史學會於廣西榕湖飯店共同舉辦的「二十世紀三十年代的廣西建設學術研討會」，於會中以「父親白崇禧的一生」爲題演講。

24 日，應廣西師範大學出版社之邀，於廣西師範大學，以「我看父親的一生」爲題演講。

27 日，應重慶圖書館與西西弗書店之邀，於重慶圖書館，以「白先勇主題講座——父親的身影」爲題演講。

28 日，應邀出席西西弗書店舉辦的「白先勇先生西西弗書店書友沙龍」，以「父親的身影」爲題演講。

《父親與民國：白崇禧將軍身影集》由桂林廣西師範大學出版社出版。

6月 1 日，應邀出席由中國人民大學港澳交流發展協會與廣西師範大學出版社，於中國人民大學公教一樓，共同舉辦的「父親的身影——白先勇專場講座」，擔任主講人。

2 日，應邀出席王府井圖書大廈與廣西師範大學出版社理想國共同舉辦的「白先勇——我心中的父親」講座暨《白崇禧將軍身影集》新書簽售會，擔任主講人。

4 日，應臺灣大學之邀，以「父親與民國」爲題演講。

6 日，應政治大學文學院之邀，於政治大學舜文大講堂，以「父親與民國——蔣中正、白崇禧分合四十年」爲題演講。

19 日，應廣州方所文化之邀，以「白先勇：白崇禧將軍與北伐——方所·創作者現場」爲題演講。

21 日，應南方周末、方所文化、廣西師大出版社理想國之邀，於廣州中山大學懷士堂，以「父親的身影」爲題演講。

23 日，應邀出席《外灘畫報》於上海民生現代美術館主辦的「大師講堂——父親的背影」講座，擔任主講人。

24 日，應邀出席由上海書城與廣西師大出版社理想國共同主辦的「白先勇新書簽售會」，以「我心中的父親」爲題演講。

《父親與民國：白崇禧將軍身影集》由香港天地圖書公司出版。

9 月　29 日，應邀出席北美華文作家協會 2012 代表大會，於紐約喜來登飯店以「父親與民國」爲題演講。

10 月　7 日，青春版《牡丹亭》於紐約曼哈頓 Hunter College Kaye Playhouse 演出一場。

25 日，獲頒首屆太極傳統音樂獎。

11 月　9～11 日，應邀出席中國社會科學院文學研究所於北京香山飯店主辦「白先勇的文學與文化實踐暨兩岸藝文合作學術研討會」，以「從《臺北人》到《父親與民國》」爲題演講。

12 月　1 日，應邀出席彰化縣文化局主辦「大師論壇」，以「尋找歷史真相——《父親與民國》」爲題演講。

8 日，應邀於信鴿法國書店以「白先勇：法國文學、電影與我」爲題演講。

19 日，應邀出席由上海恆源祥戲劇發展有限公司與上海文化廣場劇院管理有限公司，於上海國際貴都大飯店舉辦的「白先勇《永遠的尹雪艷》滬語話劇」新聞發布會。

20 日，應杭州省文化廳之邀，於浙江日報社，以「還原歷史真相」爲題演講。

21 日，應廣西師大出版社理想國與曉風書屋之邀，於浙江科技學院圖書館，以「文史之間——從《臺北人》到《父親與民國》」爲題演講。

2013 年 1 月 11 日，獲頒由中國國家文化部、國務院新聞辦公室、國務院僑務辦公室、國家廣播電影電視總局與中央電視臺共同舉辦的「中華之光——傳播中華文化年度人物」。

27 日，應邀出席聖地牙哥中華科工聯誼會於 Marriott Hotel Mission Valley 舉辦的「2013 年新春年會專題演講」講座，以「父親與民國」爲題演講。

《昔我往矣——白先勇自選集》由北京龍門書店出版。

2 月 17 日，應世界日報與華藝表演藝術中心之邀，於舊金山 Santa Clara Convention Center，以「從《臺北人》到《父親與民國》」爲題演講。

24 日，應佛光山「中美文化講壇」之邀，於休士頓佛光山中美寺，以「從《臺北人》到《父親與民國》」爲題演講。

3 月 7 日，應邀出席「白榕蔭堂墓園修整動土典禮」。

9～10 日，應邀出席趨勢教育基金會與時報文化於臺北中山堂共同舉辦的「一代名將白崇禧將軍 120 歲冥誕系列紀念活動」，活動內容有「一代名將白崇禧將軍 120 歲冥誕追念會及影像展開幕」、「還原歷史真相——白先勇《民國與父親》讀者座談會」、「白崇禧與二二八」學術研討會。

15 日，應邀出席東華大學中國語文學系舉辦的「華文文學講座」，以「文學與歷史——從《臺北人》到《父親與民國》」爲題演講。

23 日，應北京文化發展研究院與北京師範大學之邀，以「文學與歷史——從《臺北人》到《父親與民國》」爲題演講。

25 日，應騰訊文化、廣西師大出版社理想國之邀，於北京希格瑪大廈，以「還原歷史真相——《父親與民國》」爲題演講。

29 日，應萬邦書店、廣西師大出版社理想國之邀，於西安西北大學，以「文學與歷史——從《臺北人》到《白崇禧將軍身影集》」爲題演講。

30 日，應邀出席萬邦書店與廣西師大出版社理想國，於西安萬邦書店共同舉辦的「《白崇禧將軍身影集》精裝版首發式」。

4 月　3 日，應邀出席趨勢教育基金會與時報出版於臺北中山堂舉辦的「一代名將白崇禧將軍影像紀念展」，與 228 受難者蕭錦文對談。

11 日，應香港中文大學之邀，於香港中文大學「崑曲之美」課程中，以「崑曲『詩的意境』——從平面到立體」爲題演講。

12～13 日，應邀擔任香港中文大學「崑曲之美」課程，於香港中文大學利希慎音樂廳舉辦「崑曲面面觀」活動的導賞人。

16 日，應邀出席香港作家聯會、《明報月刊》、香港城市大學中國文化中心主辦，於香港城市大學舉辦的「全球化下華文文學的地位」座談會，與王蒙共同主講。

18 日，應邀出席香港中文大學「中大 50 周年傑出學人講座」，以「崑曲新美學：傳統與現代」爲題演講。

23 日，應邀出席國立中正文化中心於國家戲劇院舉辦的「第六屆 TIFA 國際藝術節年度製作《孽子》改編舞臺劇宣告記者會」，與會者有平珩、曹瑞原。

5 月 4 日，短篇小說〈永遠的尹雪豔〉親自改編執導爲舞臺劇，徐俊導演；黃麗婭、胡歌、黃浩主演，由上海恆源祥戲劇發展有限公司與上海文化廣場劇院管理有限公司出品，於上海文化廣場公演至 5 月 12 日。

8～9 日，應邀出席國史館與趨勢科技主辦「白崇禧將軍與民國」學術座談會，以「父親與民國」爲題演講。

13 日，與林懷民、林谷芳共同召開記者會，呼籲大眾關心臺北新舞臺的拆遷問題。

20 日，應邀於臺大工商管理學系主辦「工商管理學系暨商學研究所孫運璿先生管理紀念講座」以「文學與歷史——從《臺北人》到《父親與民國》」爲題演講。

9 月 22 日，應邀出席美國中文人文磚基金會與文化部於洛杉磯太平洋棕櫚大酒店，共同舉辦的「文學與傳承系列講座」，以「文學與歷史：從《臺北人》到《父親與民國》」爲題演講。

29 日，應邀於加拿大溫哥華列治文圖書館以「悅讀：歷史欣賞系列之白先勇《父親與民國》」爲題演講。

10 月 2 日，應加拿大華人作家協會之邀，於英屬哥倫比亞大學，以「父親與民國」爲題演講。

6 日，應華盛頓大學東亞圖書館、駐西雅圖臺北經文處與《美華論壇》雜誌之邀，於華盛頓大學 Kane Hall，以「從《臺北人》到《父親與民國》」爲題演講。

26 日，應紐英倫中華專業人員協會之邀，於麻省理工學院，以「文學與歷史——從《臺北人》到《父親與民國》」爲題演講。

11 月　15 日，應邀出席趨勢教育基金會與東京大學中國文學研究室於東京大學合辦的「臺日作家東京會議」，以「《臺北人》的歷史架構」爲題演講。

參考資料：

・白先勇，〈白先勇寫作年表〉，《寂寞的十七歲》，廣州：花城出版社，2000 年 4 月。

・白先勇，〈白先勇年表〉，《紐約客》，桂林：廣西師範大學出版社，2010 年 10 月。

・白先勇，〈作者年表〉，《臺北人》，臺北：爾雅出版社，2002 年 2 月。

・白先勇，〈白先勇寫作年表〉，《驀然回首》，臺北：爾雅出版社，1979 年 9 月。

・白先勇，《白先勇書話》，臺北：爾雅出版社，2008 年 7 月。

・王晉民，《白先勇傳》，臺北：幼獅文化公司，1994 年 3 月。

・柯慶明等，《白先勇研究精選》，臺北天下遠見出版公司，2008 年 9 月。

・曾秀萍，《孤臣・孽子・臺北人》，臺北：爾雅出版社，2003 年 4 月。

・劉俊，《悲憫情懷——白先勇評傳》，臺北：爾雅出版社，1995 年 11 月。

・劉俊，《情與美——白先勇傳》，臺北：時報文化出版公司，2007 年 12 月。

・閱讀華文臺北——華文文學資訊平臺

・當代文學史料知識加值系統

輯三◎
研究綜述

白先勇研究綜論

◎柯慶明

白先勇英銳早發，初入臺大即受夏濟安先生等的賞識，早期作品在《文學雜誌》嶄露頭角後，復因與同學創辦《現代文學》，更是勤於筆耕，幾乎每期都有重要作品發表，分別收集以感傷家國淪落爲主的《臺北人》，與敘述異國離散的《謫仙記》。（在他原始構想中有幾篇已標明爲「紐約客」，或許因爲其中有如〈芝加哥之死〉之類，地不屬紐約的作品，因而早期的結集乃採用了《謫仙記》作爲集名。《紐約客》反而成了晚年近作的書名。）經過《現代文學》停刊的沉潛；《現代文學》復刊期間，白先勇開始且完成了《孽子》的長篇連載。此外他亦致力於將作品改編爲舞臺劇、電影、電視劇；並有眾多的散文抒寫與對同儕作家的評論。

白先勇小說的匠心獨運，早在 1970 年代即有伯樂提點，1968 年 3 月葉維廉即撰述了：〈激流怎能爲倒影造像？——論白先勇的小說〉。葉維廉一方面指出白先勇小說掌握時代「漩渦的動姿」，描寫的正是「現代中國人最沉痛的經驗」：種種「隔離」的情態，但卻出以「幻象的經營」、「幻象的破壞」、「兩重世界的對峙及互爲衝擊」來開啓其中「此時無聲勝有聲，別有幽愁暗恨生」的深悲與重怨。「他讓外在的情境和內在的情境互爲爭持、拉緊，而產生無言的戰慄」：這種「化典麗爲氣魄，化場面爲肌肉」的特質，正是白先勇藝術創作步入成熟的徵候。

1968 年 11 月《文學季刊》刊出了姚一葦的〈論白先勇的〈遊園驚夢〉〉。該篇對白先勇的小說作了極爲周至而深入的「本文分析」，指出在小說「動作」上是「倒轉到過去」，而且採取了「意識流」（“Stream of

Consciousness”）的表現手法，在今昔之間處處充滿呼應，銜接渾成，逐漸往內心深處發掘。他並且以佛洛依德的學說來詮釋，文中描繪錢夫人和鄭彥青並轡而騎，以及唱曲之際倒嗓喑啞的象徵意義。他從寫人物、景物、動作之細，指出雖然使用了西洋技法，但卻仍是中國風格的小說，「在此中國與西洋、傳統與現代已渾然一體」。

1969 年 3 月顏元叔在《現代文學》發表〈白先勇的語言〉，以爲：「白先勇是一位時空意識極強的作家」、「是一位社會意識極強的作家」、「是一位嘲諷作家」，「他所擅長的是眾生相的嘲諷；他的冷酷分析多於熱情擁抱」。這些印象顯然來自他所推崇的〈永遠的尹雪豔〉，以及他的期待白先勇成爲中國現代文壇的舍可利（W. M. Thackeray）。因而他不太能欣賞白先勇其他篇章的「抒情的形式」（“lyrical form”），他似乎無視白先勇在「臺北人」系列前引的劉禹錫〈烏衣巷〉題詞。

因而，他以爲：「白先勇用他自己的口吻嘲諷時，他的嘲諷語言最能入木三分」，「白先勇使用作者全能敘事觀點時，最能施出渾身解數」，進而指出：「揉合文言白話或化文言爲白話，可能是白先勇在語言創新方面的大貢獻」，但這種語言只適於「新舊交替時代的人物」。此外，就「使用第三人稱敘事觀點，並且以主人翁爲中心意識」的作品，他推崇〈金大班的最後一夜〉，以爲「頗能表現主人翁金兆麗的音容」；但他認定〈遊園驚夢〉:「作者的意向，是批評諷刺以竇夫人爲中心的上流之社會」，因而「通過錢夫人的觀點」，「不能起什麼批評的作用」，其中「意識流的技巧，頗有真實感」，但「對全篇而言，有點太『新潮派』似的」。

1969 年 12 月夏志清在《現代文學》以白先勇爲封面人物的專號上發表了〈白先勇論（上)〉，指出：「白先勇是當代短篇小說家中少見的奇才」，五四以來「在藝術成就上可和白先勇後期小說相比或超越他的成就的，從魯迅到張愛玲也不過五、六人」。就當時只發表七篇的《臺北人》，強調：「篇篇結構精緻，文字洗練，人物生動，觀察深入」，「讓我們看到了二十年大陸淪陷後中國人的精神面貌」，他的作品「被一種歷史感（the historical sense）所占有」，「《臺北人》甚至可以說是部民國史」。

但該文仔細討論的卻是他的早期小說：一類出於「自己切身經驗」的改寫；一類「幻想（fantasy）的成分較重」，但書寫的都是「畸形的小人物」，他們「一方面逃避現實，厭惡現實，一方面拚命想『抓』住現實，在夢幻裡，在自卑的或強暴的舉動中去找它」，「兩類小說同樣對性愛衝動的表現表示強大的興趣」。他以爲神話中的美少年阿宕尼斯（Adonais）是白先勇早期小說中最重要的「原型」（“archetype”），一方面是愛與死分不開，一方面則反映了明顯的同性戀性向，進而指出：「〈玉卿嫂〉是白先勇早期小說中最長最好的一篇」，而作了相當細膩的分析。

雖然夏志清並沒有如他在文中所預言的發表該論的「下」；但經由上述文壇前輩們的交相肯定，白先勇在現代文壇的地位已然確立。這些正是白先勇短篇小說「受容史」的重要文獻。

1971 年，白先勇將 14 篇《臺北人》結集出版；1974 年左右，歐陽子開始撰寫該書各篇的評析；1976 年，結集出版了《王謝堂前的燕子：「臺北人」的研析與索隱》，該書採「新批評」的本文分析的進路，迄今仍是探索《臺北人》之主題內涵與形式技巧，最爲深入而周備的評論，可以說是《臺北人》研究重要的里程碑。因爲篇幅所限，姑選入〈白先勇的小說世界——《臺北人》之主題探討〉以見一斑。

該文將《臺北人》的主題，分爲：「今昔之比」、「靈肉之爭」與「生死之謎」三節來討論。在「今昔之比」之中指出：該書各篇皆反映了一種「撼人心魂之失落感」，「源於作者對國家興衰、社會劇變之感慨，對面臨危機的傳統中國文化之鄉愁，而最基本的，是作者對人類生命之『有限』，對人類永遠無法長保青春，停止時間激流的萬古悵恨」。在「靈肉之爭」指出：在「《臺北人》的世界中，『靈』與『昔』相印證，『肉』與『今』互相認同」，「白先勇給予最多悲憫的，是抱住『靈』而排斥

『肉』的人」；但「這些人必將敗亡」。因而只能以「對過去愛情或『靈』的記憶」之「偶然回顧」，作爲「對『墮落』，『肉性現實』之贖救（redemption）」。在「生死之謎」中指出：「《臺北人》之底層，確實潛流著『一切皆空』的遁世思想」；卻又反映出對「孽」與「冤孽」的濃厚興趣，對人類命運的看法，接近威廉·福克納。

1982 年白先勇將短篇小說〈遊園驚夢〉改編成劇本，並且搬上舞臺，雖然轟動一時，但重要劇評卻要等到該劇以錄影帶的方式，在美「演出」，方才出現。此劇的演出，起始了白先勇許多作品的改編成舞臺劇、電影、電視影集的演出，以至白先勇對崑劇《青春版牡丹亭》、《新版玉簪記》的整編再製作。這些固然都是重要的藝文活動，相關的評論亦不少，但劇評與文評畢竟重點有別，僅列叢甦〈「海外驚夢」——「遊」劇錄影帶觀後隨想〉以爲此類評論的示例。

該文指出：「『遊』劇的精神與細節都忠於原著，且有時超越。尤其在一幕一景的處理上，原著菁華的表現就有賴於一個素質極高的卡司」。雖然「以多元媒體去表現錢夫人的回憶、聯想，並增加全劇的動態感，是新穎可喜的。但是七段嫌零星的意識流片斷似乎可以濃縮爲四、五段，而在每個片斷上加強、補充，或擴張原著中不足的情節」。因爲，「全劇以錢夫人『自由聯想式』的回憶爲主要情節。而這種內心情緒的細描，在無高潮迭起的情節發展中，容易流爲低沉而冗長」；這正反映了「白先勇小說的長處——細膩，對人物精緻、微妙的刻劃，靜態與隱約的美——正是在蛻變爲立體媒介時的困難與缺陷」。但她強調：「文學作品的評價關鍵仍在其藝術的完整性」；她以爲：「藍田玉的困窘，無奈與淡愁，也正是那無數眾多的在社會夾縫與陰影中苟活的女人的共同喟歎」，是「超越了時代的變換」，「而提升到人性中的普遍性與長久性」。

1977 年 7 月白先勇在復刊的《現代文學》上開始長篇小說《孽子》的連載；1983 年由遠景出單行本，是白先勇小說創作的另一高峰。誠如白先勇自己回憶的：「連載與出版後，幾乎沒有任何反應」，但隨著同性戀與酷兒（queer）理論與批評的興起，漸有學者應用此類論述來評析這部作品。由於篇幅所限，本書僅以 2001 年 7 月朱偉誠在《中外文學》「白先勇專號」上所發表的〈父親中國・母親（怪胎）臺灣？——白先勇同志家庭的羅曼史與國族想像〉作爲代表，本篇相當精要的徵引了前此以同志、酷兒等情欲理論對《孽子》加以詮釋的各家說法，頗便按圖索驥。同時更指出《孽子》中角色基於「怪胎情欲」，透過母親而產生「女性認同」轉而形成另類的國族關懷；強調「白先勇似乎更有意藉著《孽子》中的怪胎情欲描摹出一種專屬於臺灣的特殊性（或可說是臺灣性：Taiwanese-ness）」之認同；這適足於與透過父親，尤其是具軍人屬性之「英雄父親」所產生的，以捍衛「中華民國」爲認同對象之國族關懷，分庭抗禮；因爲白先勇本書所表現的同性戀近於李歐納多模式，其「特殊的（男同性戀）情欲模式乃緣自於他對母親的欲求又認同的不斷擺盪」。因而形成「個人情欲與宏觀政治」之綰合互涉而又不致化約混同的複雜表現。

1980 年代之後，白先勇身爲國際性重要作家的文壇地位逐漸樹立，學界亦逐漸以白先勇爲研究對象，專注於其作品的某一面向爲探討重點的論述，逐漸增多。本編茲以簡政珍 1997 年發表的〈白先勇的敘述者與放逐者〉，施懿琳 1995 年研討會上披露，而於 2000 年修訂的〈白先勇小說中的死亡意識及其分析〉，山口守於 2001 年 2 月發表的〈白先勇小說中的鄉愁〉與 2001 年 7 月筆者爲《中外文學》「白先勇專號」所撰寫的〈情欲與流離——論白先勇小說的戲劇張力〉爲代表。簡政珍爲外國語文學系教授；施懿琳爲中國文學系與臺灣文學系教授；山口守爲日本大學文理學教授，各自具備不同的訓練與學養，因而適可形成不同場域的學術觀照。

簡政珍以爲白先勇：「他的角色都是時空和社會情境的放逐者」。他指出：《臺北人》可說是「從大陸遷移到臺灣各種人物的縮影」；「這些人物將空間的喪失僞裝成時間的喪失」；「大部分的『臺北人』將遷移臺灣視爲放逐。大部分人也在精神上活在過去，而在肉體上和現在隔離」；「『臺北人』試圖以時間性來反制時間，以內心牽繫的時空跨越臺北現有的時空」，「卻因而強化存有的悲劇性」。

同時，「白先勇的『紐約客』泛指那些在美國的放逐者」，他們的「存在只在於無意義的在國外殘活」；「是孤獨和永不停歇的漂泊」；「『紐約客』無法融入放逐的時空，更無法『收納』外在的時空使空間變成空間性。因此，存有是悲劇性的存在」。

簡政珍進一步以爲：「白先勇的作品表象的情結（節？）和意象句構平衡。放逐者和敘述者的關係，觀察者和被觀察者的位置調整，大多能展現應有的距離和美感。」因而分析了作品中的「我一你」；「我一他」；「我一你一他」等敘述風格，以及全能敘述觀點的運用，強調「白先勇的全能敘述讓文字細緻深邃，而不必擔心敘述者的能力，讓意象豐富盈滿，而不必拘泥於角色的觀察視野」，承接《紅樓夢》等傳統小說「人生如夢」的主題，「更擴大展延成爲放逐主題」。他的「文言和白話的夾雜顯現了語言浴火重生的生命力」，其「文字時常透露出全能敘述者反諷的語調」。「隱藏（全能）的敘述者似乎對這些在異國的漂泊者比較同情，而非像對待『臺北人』那樣，流露出諷刺或反諷的語調」。本篇最後以〈冬夜〉中『臺北人』與『紐約客』的重逢，和 1980 年代中期所寫〈骨灰〉，所反映的「放逐者渴望改變放逐時空意念作品」的討論作結。本篇應用了敘述觀點來入手分析，但是依據的卻是海德格的存有哲學。

施懿琳注意到：「死亡的陰影似乎總是在白先勇的作品中盤纏不去」，她先表列了到〈骨灰〉爲止，其中的死亡人物、死亡方式、死亡原因，指出：「白先勇透過各類人物不同的死亡方式之描寫，來呈現他個人的生命經驗、所觀察的社會面向以及所體會的人生困境」。進而討論其死亡事件的描寫，可分爲：「1、含憤而死，以致死狀至爲猙獰可怖者」；「2、以死亡作爲困境之解脫，故心情安詳寧靜者」。她進一步以：顏色的象徵、夢境的暗示與氣氛的醞釀來分析白先勇小說的死亡描寫。她以爲這些「死亡事件中所揭示的主題思想」是：「第一、我們可以看出白氏貫串在《臺北人》作品中，有著屬於古老東方神祕色彩的宿命論」、「『理想與現實的永恆衝突』是白先勇人生哲學的第二個特質」、「『今非昔比的無常之慨』則是白先勇透過死亡事件的觀照，對人生所抱持的第三個看法」。

施懿琳接著從個性心理結構的角度，探討白先勇作品死亡意識產生之因，她提出了：一、傳統文化的積澱：指出白先勇的許多作品都「可看到他這種來自傳統中國的『生之無常』的哀感」；二、當代思潮的衝擊：強調了西方現代主義的蒼涼孤絕主題的影響；三、個人獨特的性格和經驗：指出白先勇自述七、八歲得童子癆的經歷；以及母喪去國，父親送別竟成永訣的影響：「月餘間，生離死別一時嘗盡；人生憂患，自此開始」，也因此「脫胎換骨」，作品日漸成熟。並在結語中強調：「白先勇作品充滿衰颯悲涼、灰沉頹靡的氣息，無疑是『秋天的神話象徵』——它代表著日落、秋天和死亡階段。致力於描摹：失敗、凋零、挫傷、悽愴以及悲劇英雄孤軍奮戰的歷程……」本篇論述主要以心理分析的各家理論為依據。

山口守所謂的「鄉愁」，其實是 nostalgia 的中譯。他首先指出：「白先勇小說中的鄉愁，恐怕就擁有著甘美的喪失美學與精神病魔這兩種意義」。他自魯迅論述鄉土文學時所著眼的：「現代中國文學家必然直面而不可的喪失感——勢將脫離共同體的現代自我的不安與喪失感的問題」，以為：「魯迅分析、評論了異鄉意識所含的對鄉土的歸屬意識，及時間喪失意識所含的對往日的歸屬意識二者的相互關係」；因此，他提出了「認同」（“identity”）才是「鄉愁」（“nostalgia”）形成的關鍵：「當我們說鄉愁時，在歷史、政治、文化狀況的規約之中個人所要選擇的歸屬意識，意即如何確定同一性（identity）的空間、時間基盤，就成了關鍵」。

山口守以為：「在白先勇的小說中，喪失感乃關鍵詞一說幾乎已成定論」；而分別以「空間的鄉愁」與「時間的鄉愁」來詮釋「紐約客」與「臺北人」。就「紐約客」系列而言「直截凸顯了中國人的同一性問題」；早期作品主要敘述流落美國之中國人的「孤獨和喪失感與飄零（diaspora）意識」，以及藉「移民社群」相濡以沫來保持一己之認同。但漸漸「空間的鄉愁未幾便會移位成為時間的鄉愁」。後期的主題則轉向

「對於和動盪的中國現代史發生過關聯的，自己往日時間的鄉愁與悔恨之念，得到了痛切的表現」。

但山口守以為：「『臺北人』系列才是白先勇小說中，不僅是空間，時間軸的鄉愁也最為凝練的作品」；其「主旋律，是生活於臺灣的大陸出身者對於失去的時間的鄉愁與悲哀的美學」。但鄉愁的表現男女有別：「處於權力結構這一語境之中的男人，其鄉愁係企圖通過將空間的鄉愁轉換為時間的鄉愁而陶醉於憂愁的美學之中，然而它是無力的」，「個個都飄溢著退出權力場後的哀愁」，「他們都是作為飄零者在臺灣的生活中敗北以至毀滅的人」，「空間鄉愁，是導致疾患的靈魂病魔」。相對的，「作品中的女性在空間鄉愁與時間鄉愁縱橫往返，象徵著男權強勢的社會中，被權力擠逼到邊緣的，女性的潛在能力和生命」；「在個人水平上把握著現代自我的，毋寧說正是這些女性亦未可知」。「因鄉愁而毀滅的男人和在鄉愁中堅忍地生存的女性被處理得對比鮮明」，「她們最終決心超越鄉愁，在現實中活下去」，「在這裡，時間鄉愁轉化為度過現實難關的動力」。

以上簡單的截取了三篇論文的基本論點，但各篇的精采卻更在它們對於白先勇個別小說的分析與詮釋，雖然它們參考依據為詮釋架構的理論各有參差，但本文精讀的深入與精闢，仍是它們能夠具有足夠說服力的基礎。

至於筆者的〈情欲與流離——論白先勇小說的戲劇張力〉，主要在指出：「白先勇小說中，『情欲』往往與『流離』的情境糾結，形成了一種難解難分的關聯，成為一種互證互補的戲劇性張力」。他的小說往往呈現了李白「遊采石江中」，「醉入水中捉月而死」的「謫仙」主題，而這種「月夢」或「那晚的月光」正都是一種「情欲」的追求；但「通過了『情欲』的窄門，所有的『仙』，都註定要『謫』遷」。

同時「湯顯祖筆下的『遊園』與『驚夢』之組合、對比與逆轉，根本就可以說是《紅樓夢》，以至於白先勇絕大部分小說中詩意結構的原型」。而「『遊園驚夢』作為一種敘事結構，往往包涵了一種『遊』觀的紀錄與『驚』異的行動：這正是典型的『發現』與『急轉』的情節設計，但白先勇的小說敘述偏向於『抒情』趣味，正建立在『遊園』式的充滿感官刺激的景觀：人、事、物的遊觀與描繪，然而這些描繪並不因果性的與『驚夢』結局構成關聯」。反而呈現傳統詩學之「興」的「觸物以起情」的狀態。

從《紐約客》、《臺北人》甚至《孽子》，都充滿了對於臺北、紐約等地的風情景觀的描寫，小說人物就在這種新鮮的「遊園」式的背景中，或者體驗了「情欲」的驟得驟失，或者重溫或察識了「流離」或「離散」的經驗真諦，而從「美夢」或「舊夢」中「驚」醒。白先勇小說在「遊園驚夢」書寫形態下，其美學策略呈現兩面性：一方面是「現代」都會因輻輳且流動而形成的格外頻繁雜多的感官刺激；一方面是人物內心堅持的執念與情意。前者是「遊」，行進不定且經歷的表象事物不斷轉化；後者是「夢」，明明身處於時光的流轉中，但在「驚」醒破滅之前，卻要在心中固執堅守，因為它們是「家」的懸念與「情欲」的嚮往，也就是個人情感的最終「認同」。

以上的論述，若以「情欲」論述而言，自然不及於以黨國或中國近代史，為一己認同的少數的大人物們，如〈國葬〉、〈梁父吟〉、〈冬夜〉等篇；但是感傷「流離」仍是其基調；〈梁父吟〉、〈冬夜〉則以「家」的懸念為其替代「情欲」的副主題。但轉眼成空的「革命」不論是軍事爭戰、愛國行動或文化文學的改造，未嘗不是一種「驚天動地」的「遊園」；終至落得只是一場「寂天寞地」的「驚夢」。

面對這種動亂頻仍的「大時代」，小人物在「世亂遭飄蕩，生還偶然遂」的「流離」情境裡，除了「家」的懸念與己身的「情欲」外，其餘的已無可奢望，因而遂成反應的主軸。李商隱〈曲江〉詩說得好：「天荒地變心雖折；若比傷春意未多！」

本篇意在指出除大家已用「放逐」、「鄉愁」等概念所指陳的「流離」情境外；「情欲」在白先勇小說中的重要性，以及它們和中國「抒情」為主的文學傳統關聯。筆者認為這是研究白先勇作品的一個不可忽略的面向。

白先勇成為國際公認的重要作家，眾多的學位論文與學術專書紛紛出籠，但已非篇幅有限的本編可以涵納，讀者自可在網上搜尋。

輯四◎

重要評論文章選刊

白先勇論（上）

◎夏志清*

一

白先勇的第一篇小說〈金大奶奶〉發表在民國 47 年 9 月號的《文學雜誌》上，那時他剛念完大學一年級。以後十年多，到 58 年正月爲止，他發表了 24 個短篇。[1]同一時期，他創辦了《現代文學》，以臺大外文系學士

---

*發表文章時爲美國哥倫比亞大學東亞語文系教授，現爲美國哥倫比亞大學榮退教授、中央研究院院士。

[1]白先勇所發表的短篇小說，我所見到的一共有 24 篇。除頭三篇外，其餘的都刊載在他自己創辦的《現代文學》上：1.〈金大奶奶〉(《文學雜誌》第 5 卷第 1 期，47 年 9 月)、2.〈入院〉(《文學雜誌》第 5 卷第 5 期，48 年 1 月)、3.〈悶雷〉(《筆匯》革新號第 1 卷第 6 期，48 年 10 月)、4.〈月夢〉(筆名鬱金，《現代文學》第 1 期，49 年 3 月)、5.〈玉卿嫂〉(筆名白黎，同期)、6.〈黑虹〉(筆名蕭雷，第 2 期，49 年 5 月)、7.〈小陽春〉(第 6 期，50 年 1 月)、8.〈青春〉(第 7 期，50 年 3 月)、9.〈藏在褲袋裡的手〉(第 8 期，50 年 5 月)、10.〈寂寞的十七歲〉(第 11 期，50 年 11 月)、11.〈畢業〉(第 12 期，51 年 1 月)、12.〈芝加哥之死〉(第 19 期，53 年 1 月)、13.〈上摩天樓去〉(第 20 期，53 年 3 月)、14.〈香港——一九六〇〉(第 21 期，53 年 6 月)、15.〈安樂鄉的一日〉(第 22 期，53 年 10 月)、16.〈火島之行〉(第 23 期，54 年 2 月)、17.〈永遠的尹雪豔〉(第 24 期，54 年 4 月)、18.〈謫仙記〉(第 25 期，54 年 7 月)、19.〈一把青〉(第 29 期，55 年 8 月)、20.〈遊園驚夢〉(第 30 期，55 年 12 月)、21.〈歲除〉(第 32 期，56 年 8 月)、22.〈梁父吟〉(第 33 期，56 年 12 月)、23.〈金大班的最後一夜〉(第 34 期，57 年 5 月)、24.〈那片血一般紅的杜鵑花〉(第 36 期，58 年 1 月)。據作者自己告訴我，早期作品中還有一篇曾在《中外》雜誌上發表，已無存稿。假如是用真名或上述三個筆名發表的，我想在臺灣的讀者，不難查到。

這 25 篇小說，第 4 篇到第 11 篇曾重刊於《現代小說選》(白先勇、王文興編，現代文學雜誌社印行，王文興 51 年 11 月寫的序，出版日期想在 52 年初)。《謫仙記》(文星書店，56 年) 重印了 2、5、10、13～18 等十篇，〈入院〉改題爲〈我們看菊花去〉，〈畢業〉改題爲〈那晚的月光〉。去年仙人掌出版社出版的《遊園驚夢》重印了 14、17～23 共八篇小說，其中除〈香港——一九六〇〉、〈謫仙記〉兩篇外，都是屬於總題爲「臺北人」的小說。〈金大奶奶〉和〈玉卿嫂〉已由殷張蘭熙譯成英文，分別載於她自己編譯的 *New Voices* (1961 年) 和吳魯芹編的 *New Chinese Writing* (1962 年) 上，二書皆由臺北 Heritage Press 出版。白先勇自己譯的小說，已發表的有〈香港——一九六〇〉(Literature East and West, IX, No.4, December 1964)。〈謫仙記〉已錄入我和劉紹銘編選的《中國現代小說選》，此書將由哥倫比亞出版社出版。

的身分，在美國愛荷華大學從事小說理論和創作的研究，拿到碩士學位後，一直在 Santa Barbara，加州大學任教中國語文的課程。

白先勇小說的一大半，雜誌一到手我就讀了。最近有機會把手邊有的 24 篇重讀了一遍，更肯定我四、五年來一向有的感覺：白先勇是當代短篇小說家中少見的奇才。臺灣不少比他享譽更隆，創作更豐的小說家，很慚愧我都沒有機會詳讀，假如他們的「才」比白先勇更高，「質」更精，我當然會更高興，爲中國文壇慶幸。但從五四運動到大陸變色以前這一段時期的短篇小說我倒讀了不少；我覺得在藝術成就上可和白先勇後期小說相比或超越他的成就的，從魯迅到張愛玲也不過五、六人。白先勇才 32 歲，還沒有寫過長篇，憑他的才華和努力，將來應該是中國文學史上的一位鉅人。

20 世紀的中國人，免不了有自卑感。專攻西洋文學的學者，花好多年工夫研讀了 20 世紀早期的大文豪，總覺得中國當代最嚴肅的作家也逃不出他們影響的範圍，不值得重視。事實上，這些大文豪都已物故了，當代英美和日本的作家也逃不出他們影響的範圍。在臺港，在美國用中文努力創作的人，雖然人數不多，可說跟他們屬於同一世界性的傳統，在文藝教養上也並不遜於他們：不像新文學初創立的一、二十年，一方面得運用新工具——白話——來寫作，一方面剛學了些西洋文學的皮毛，還顧不到技巧的研究，一大半人寫出來的東西，都非常幼稚。

白先勇這一代的作家，不特接受了 20 世紀大文豪所製造的傳統，而且嚮往於中國固有文化，對其光明的前途也抱著堅強的信心。他們並沒有機械地接受了學校裡老師的教誨，但正因爲大陸尚未光復，憑自己童年的回憶，憑自己同長一輩人談話間，或攻讀古詩文時所悟會到中國往日的規模和氣派（當然也能悟會到一些醜惡的方面），一種油然而生的愛國熱忱占據了他們的心胸。這種愛國熱忱在他們作品裡表現出來，常帶一種低徊憑弔的味道，可能不夠慷慨激昂，但其真實性卻是無可否定的。

相反的，在被學潮所震盪的歐美日本諸國家，一般自命前進的青年所企求的是西方文明的毀滅（包括基督教和資本主義，二者之間的密切關係我在這裡不想討論），正像 1920、1930 年代我國前進青年企圖毀滅中國固有文化一樣。目前這輩青年所信得過的導師，不是共產主義者，無政府主義者，即是盡情享樂主義者；其中有些作家在形式上還深受 20 世紀早期大師的影響，但在精神上，思想上，已同他們分道揚鑣。葉慈、艾略特、喬伊斯、勞倫斯、福克納（以英美大師爲例），在前進青年看來，都是十足的頑固分子，因爲他們都受基督教文明的支持人，不管他們之中有人對某些教條抱不定的態度（請參看 Cleanth Brooks,*The Hidden God*,1963，此書討論海明威、福克納、葉慈、艾略特、華倫 Robert penn warren 五人）。而目前青年所嚮往的新社會，卻是解脫基督教束縛後的一種社會；把馬克思、佛洛伊德思想雜揉成一種新思想體系的馬庫色 Herbert marcuse，深受他們愛戴，不是沒有道理的。白先勇這一代作家，深感到上一輩青年叫囂蠢動促進共產黨勢力在大陸膨脹的悲劇，是不可能受這種烏托邦式新社會理想的誘惑的。他們對祖國的熱愛（雖然他們不愛寫反共八股），養成他們一種尊重傳統、保守的氣質，同時他們在表達現實方面，力創新境，20 世紀早期大師所試用的技巧，可以運用的盡量運用，不管報章的非議，和一般懶惰讀者的不耐煩。他們這種一方面求真，一方面把自已看作中國固有文化的繼承人、發揚人的態度一貫著 20 世紀文藝的真精神，而這種精神，在年輕一輩西方作家中反而不易見到。

二

在《謫仙記》、《遊園驚夢》兩本短篇集子裡，白先勇所重印的早期小說只有四篇：〈我們看菊花去〉、〈玉卿嫂〉、〈寂寞的十七歲〉、〈那晚的月光〉，餘者都是到美國後才寫的。後期的作品無疑較早期的成熟：作者西洋小說研讀得多了，閱歷廣了，對中國和中國人的看法更深入了，尤其從〈永遠的尹雪豔〉到〈那片血一般紅的杜鵑花〉那七篇總名「臺北人」的小說，篇篇結構精緻，文字洗練，人物生動，觀察深入，奠定了白先勇今日眾口交譽的地位。在這些小說，和好多篇以紐約市爲背景的小說裡，作者以客觀小說家的身分，刻畫些與他本人面目迥異的人物。他交代他們的身世，記載他們到臺灣或美國住定後的一些生活片段，同時也讓我們看到了 20 年來大陸淪陷後中國人的精神面貌。「臺北人」甚至可以說是部民國史，因爲〈梁父吟〉中的主角在辛亥革命時就有一度顯赫的歷史。艾略特曾說過，一個現代詩人，過了 25 歲，如想繼續寫詩，非有一種「歷史感」（“the historical sense”）不可，白先勇也是在 25 歲前後（到美國以後），被一種「歷史感」所占有，一變早期比較注重個人好惡，偏愛刻畫精神面貌上和作者相近似的人物的作風。白先勇肯接受這種「客觀」的訓練，而且有優異成績的表現，表示他已具有創造偉大長篇小說的條件。我想他不可能停留在目前這種客觀階段上而滿足；可能他已在進行寫長篇，而我們可以預測在這個長篇中，早期小說的「主觀」成分和近年小說的「客觀」成分一定會占同樣的重要性：每一部偉大長篇可說都是「主觀」境界和「客觀」現實融合成一體而不再分化的一種東西。事實上，在他近年小說中，「主觀」成分依舊存在，歐陽子女士說得好，讀它們時，「我們好像能夠隱約聽見他的心聲」。

白先勇早期小說可分兩類：一類是或多或少憑藉自己切身經驗改頭換面寫成的小說：〈金大奶奶〉、〈我們看菊花去〉、〈玉卿嫂〉、〈寂寞的十七歲〉。這些小說在形式上都是第一人稱的敘述，但講故事的人同後期小說〈謫仙記〉裡的「我」不相同，多少表露出作者童年，少年時代的自己。〈金大奶奶〉、〈玉卿嫂〉裡的「我」，別人都叫他「容哥兒」，顯然是作者自己的化身，雖然金大奶奶和玉卿嫂悲劇的故事，已經作者提煉過，不一定完全依據當年所記憶的事實。〈我們看菊花去〉裡被送進神經病院的姐姐，可能是虛構的人物，但這種深摯的姐弟之愛，我想有自傳性的基礎，在作者別的小說裡也能見到。同時，這篇小說的創作可能也受到威廉士（Tennessee Williams）名劇《玻璃動物園》（*The glass menagerie*）的啓示。白先勇對威廉士似乎有偏好（別的小說他曾提到《欲望街車》和《流浪者》（*The fugihbe kind*）這兩部電影），可能因爲他們對於畸形的小人物有同樣的興趣和同情。

白先勇抗戰期間住在桂林，家裡有很大的花園（「我爸那時在外面打日本鬼，蠻有點名氣」——〈玉卿嫂〉），抗戰勝利後，他住在上海附近虹橋鎮，可能也住過南京，在讀高中時，已遷居臺北。我同白先勇雖然見過幾次面，通過不少信，但從未談及他的家世和私人生活，但從他作品上的推測，我們可以知道他早年的一些經歷。

白先勇早期小說的第二類，幻想（fantasy）的成分較重，最顯著的例子是〈青春〉，敘述一個老畫家在白日當空的海邊，企圖在繪畫一個裸體少男的過程中，抓回自己已失去的青春。最後他想掐死那少年，因爲那少年的每一舉動，對他都是「一種引誘，含了挑逗的敵意」，最後少年「跳到水中，往海灣外游去」，而老畫家自己卻「乾斃在岩石上」，「手裡緊抓著一個曬得枯白的死螃蟹」。這篇小說可說完全是寓言，題材和主題多少受了托馬斯·曼中篇小說〈威尼斯之死〉（"Death in Venice"）的影響。幻想成分很重的另一篇是〈月夢〉，敘述一位老醫生在無法救活一個患肺炎少年的前後，對過往一段寶貴經驗的追憶。此外，〈悶雷〉、〈黑虹〉、〈小陽春〉、〈藏在褲袋裡的手〉，也多少是幻想的產物：它們的人物有其社會的真實性，但他們的舉止、脾氣都有些彆扭乖張，不像《臺北人》的人物，幾筆素描即能活現紙上的真人。作者有意創造憑自己主觀想像所認爲更具真實性的成人世界，而這裡面的「畸人」都有這個特徵：一方面逃避現實，厭惡現實，一方面拚命想「抓」住（「抓」、「扯」這類字在白先勇小說裡經常出現）現實，在夢幻裡，在自卑的或強暴的舉動中去找它。他們大牛在黃昏月夜開始他們的活動（〈黑虹〉的女主角耿素棠走遍了臺北市，從中山橋頭一直走到碧潭），作者描寫黃昏月夜的氣氛特別賣力，無疑的，只有在這種氣氛中他的人物才能顯出其真實性。〈那晚的月光〉（原名〈畢業〉，對剛離開大學的作者，畢業後的出路無疑是切身問題）是部介於第一、第二類之間的小說。大三學生李飛雲在「太美」的月光之下，糊裡糊塗地愛上了余燕翼。她現在「面色蠟黃」，大了肚子，他自己即將畢業，前途茫茫：月光下夢幻似的真實帶給他的是使他厭惡而不得不關注的現實。他安慰她，要帶她「去看新生的鴛鴦夢」，事實上他們的鴛鴦春夢，雙宿雙飛的日子已無法抓回了。

寫早期小說時，白先勇一直在技巧上用功夫，但功候未到，有時不免顯露模仿的痕跡。但有時借用現成的故事，別出心裁，很值得我們讚賞。〈悶雷〉顯然是潘金蓮、武大、武松故事的重寫，潘金蓮雪夜向武松挑情一節，改寫得特別好。〈金大奶奶〉是位矮胖「老太婆」，在金大先生把「上海唱戲的女人」要還家辦喜事的那晚上，服「未沙爾」藥水自殺。寫這兩段情節的對照，作者可能借用《紅樓夢》第 98 回「苦絳珠魂歸離恨天」的寫法，正因爲金大奶奶一點也不像林黛玉，更顯得她被人欺虐無告身世的可憐。

早期這兩類小說同樣對性愛衝動的表現表示強大的興趣，而這種衝動的表現，在世俗眼光看來，可能是不太正常的。〈月夢〉的老醫生回憶中重遊湧翠湖，他和他的伴侶一起游泳。湧翠湖這個名字這樣美麗，多讀了時下流行的小說，我們一定可以想像在湖畔散步的是一對俊男美女。但老醫生回憶中的伴侶卻是：

> 一個十五、六歲的少年，身子很纖細，皮膚白皙，月光照在他的背上，微微的反出青白的光來，襯在墨綠的湖水上，像隻天鵝的影子，圍著一叢冒上湖面的水草，悠悠的打著圈子。

那時老醫生比他大不了幾歲，對他「竟起了一陣說不出的憐愛。……他不知不覺的把那個纖細的少年推到了懷裡，一陣強烈的感覺，刺得他的胸口都發疼了」。但少年當晚就染上了肺炎，不治身亡。在他的伴侶記憶中，「湖邊的依偎，變成了唯一的也是最後的一次」；「他後來無論同任何女人發生肌膚的接觸時，竟覺得如同野狗的苟合一般，好醜惡，好煩膩」。在印度當隨軍醫生的時候，有一次他被同伴帶進了一間下等妓院。半夜醒來時，月光照著那妓女：「她張著嘴，呲著一口白牙在打呼，全身都是黑得發亮的，兩個軟蠕蠕的奶子卻垂到了他的胸上，他聞到了她肐肢窩和頭髮裡發出來的汗臭。當他摸到勾在他頸子上那條烏油油蛇一般手臂時，陡然間全身都緊抽起來，一連打了幾個寒噤，急忙掙扎著爬起來，發了狂似的逃出妓院，跑到河邊的草地上，趴著顫抖起來。」

在白先勇早期小說中，這種男性美和女性醜惡強烈對比的描寫，到處可以見到。不特男主角有同性戀的傾向，那些作者寄予同情的女主角，也同樣對於女人的身體表示憎惡，對她們做妻子、母親本分應做的事，表示強烈的反感。耿素棠在圓環一帶見到一個胖女人，「將一個白白胖胖的大奶子塞進嬰孩嘴裡去，嬰孩馬上停止了哭聲」：

> 耿素棠……心裡突然起了一陣說不出的膩煩。她記著頭一次餵大毛吃奶時，打開衣服，簡直不敢低頭去看，她只覺得有一個暖暖的小嘴吧在啃著她的身體，拚命的吸，拚命的抽，吸得她全身都發疼。乳房上被嚙得青一塊，紫一塊，有時奶頭被咬破了，發了炎，腫得核桃那麼大。一隻隻張牙舞爪的小手，一個個紅得可怕的小嘴吧，拉、扯，把她兩個乳房硬生生的拉得快垂到肚子上來——大毛啃完，輪到二毛，現在又輪到小毛來了。

初生的嬰孩是沒有牙的，不可能把奶頭咬破，他的小手可以「舞爪」而不可能「張牙」（除非「牙」在這裡是「爪」的代名詞），他的小嘴吧無力也不可能惡意地把他母親的乳房「拉得快垂到肚子上來」。在這一段過火的描寫裡，很顯然的，作者已把自己男性的潔癖交給他的女主角，使她無法感到小嘴吧吮奶時她應有的生理上的快感，而只能對任何拉扯性的本能行動（包括性交在內）感到一種無上的反感。

〈青春〉裡的少男，和〈月夢〉老醫生記憶中那位夭亡的伴侶，生得一樣美麗。但正因爲他代表一種理想，他充滿了「青春的活力」，行動非常矯捷，不像其他早期小說中的青年，不免在精神上、身體上帶些病態，老畫家面對這位可望而不可抓的模特兒，兩次低聲叫道：「赤裸的Adonis！」阿宕尼斯，這位希臘神話中帶女性氣質的美少年，讀英國文學的人沒有不知道的：雪萊悼亡濟慈的詩即題名〈Adonis〉。莎士比亞敘事詩〈Venus and Adonis〉裡的阿宕尼斯是位未解風情的少年，愛神維納斯苦苦向他求愛，他都無動於衷，一心只愛打獵，結果被一頭野豬傷害了他的性命。悲悼莫名的維納斯覺得有「沉魚落雁」之貌[2]的阿宕尼斯，即是野豬也一定要親他、愛他，只是牠舉止粗笨，要吻他腰部的時候，不防一雙長牙把他牴死了。維納斯歎道：

> Had I been tooth'd liked him, I must confees,
> With kissing him I should have kill'd him first,
> But he is dead and never did he bless
> My youth with his; the more am I accurst.
> With this, she fallesh in the place she stood,
> And stains her face with his congealed blood.

> 我若有他那樣的牙，我得承認，
> 我早已用一吻就會把他殺害；
> 不過他已死了，他不曾用他的青春
> 和我繾綣；只怪我的命太壞。

---

[2]維納斯對阿宕尼斯的美有這樣一段描寫：
"When he beheld his shadow in the brook"
The fishes spread on it their golden gills;
When he was by, the birds such pleajure took,
That some would sing, some other in their bills
Would bring him mulberries and ripe-red cherries;
He fed them with his sight, they him with berries.

說完這話她立即暈倒在地，

臉上染了他的淤凝的血跡。[3]

白先勇在臺大四年，〈Adonais〉這首名詩是一定讀過的，〈Venus and Adonis〉是否讀過我不能肯定（據聞選修「莎士比亞」這門課的學生，一學年讀不到四、五種劇本），但無疑的，阿宕尼斯是他早期小說中一個最重要的「原型」(“archetype”)。這個原型有同性戀的傾向，所以不解風情也不耐煩女性的糾纏，但即使他並非同性戀者，他也擋不住愛神維納斯的侵略式的攻勢，他會枯萎下去（像希臘神話中的另一位美少年 Tithonus 一樣），或被她的長牙牴死。在阿宕尼斯的世界中，愛與死是分不開的，或者可以說每一個追逐他的女人，自命是多情的維納斯，但揭開真面目，卻是利牙傷人的野豬。和阿宕尼斯型少年外表上迴異而本質上有相似處的是侏儒式乾枯了的男人（〈悶雷〉中的丈夫），他們或因先天不足，或因幼年期離不了母親、奶媽、女僕們的包圍，養成了甘受女性支配、磨折的習慣。他們可能是同性戀者，但從未經過同性戀的考驗，終生想在異性那裡得到幼年時在母親或奶媽懷裡那種安全感。〈藏在褲袋裡的手〉中的呂仲卿是這一類典型最顯著的例子，他比他太太玫寶「還要短半截，一身瘦得皮包骨，眉眼嘴角總是那麼低垂著」。玫寶根本不把他當人看待，但他竟能在辱罵冷待中得到些滿足。他畏懼女人——「一個痴白肥大的女人臀部」對他是個恐怖的象徵——但離不了女人，因為他永遠是他姆媽的獨生子。

〈玉卿嫂〉是白先勇早期小說中最長也是最好的一篇。歐陽子覺得它結構「比較鬆散……好像作者有太多話要說，有點控制不了自己似的」。葉維廉在《遊園驚夢》的〈代序〉上也作了相類似的批評。〈玉卿嫂〉技巧上不如後期小說洗練，但不要忘記，故事中的容哥兒才是小學四年級的

---

[3]見梁實秋譯，《維諾斯與阿都尼斯》（臺北：遠東圖書公司），頁 104。

學生，一位從小任性嬌生養慣，看白戲，吃零食，晚上溜出門，除了母親不怕任何人的大家少爺。他雖然在講玉卿嫂的故事，但他興趣太廣，注意力不可能集中，而作者正利用這個弱點，不特把容哥兒的個性詳盡的襯托出來，而許多看來不重要的細節，在故事的發展中自有其重要性。容哥兒講這個故事，自然是在玉卿死掉之後，至少隔一兩個月，甚至一兩年，但他還是個不懂事的小孩，口氣完全不像成年人。他對男女間冤孽式的愛情還不甚了解，他覺得它很好玩，奇怪，而且籠罩著一種惡夢式的恐怖。他故事交代得很清楚，但不知道自己也是促成這段孽緣悲劇下場的關鍵人物。

在〈玉卿嫂〉裡，白先勇並沒有像不少歐美現代小說家一樣，根據一個神話，一首古老的詩篇，刻意重寫。玉卿嫂長得很俏，但她是抗戰時間舊式社會裡的孤孀，當然沒有希臘愛神那樣無拘束的自由。她死心塌地愛上了比她年輕不少的慶生，但當她發覺她抓不住他的心的時候，她自己化身爲野豬，把他殺死，再結束了自己。（根據神話，野豬是愛神情夫 Ares（戰神）或阿波羅的化身。）阿宕尼斯和慶生相像之點較多：二人都是孤零無靠，無丈夫氣而富女性美的男子。阿宕尼斯是一位國王和他親生女兒亂倫的結晶，一落地即被 Aphrodite（維納斯）藏在箱子內占爲己有，後來被地府女后 Persephone 發現，她也愛上了他，兩位女神爭奪這位少年，反而送了他的性命。慶生的身世不大清楚，但他身患癆疾，不能自立，雖非亂倫的結晶，也表示他遺傳上有欠缺，或是不健全的舊式社會的產物。他一直被玉卿嫂貼錢養著，待在死衖堂裡一間「矮塌塌」的屋子裡（維納斯的箱子）。他和玉卿嫂姐弟相稱，他們真正的關係，瞞了容哥兒好久。維納斯雖然是阿宕尼斯的情人，但從小把他顧大，也可算是他的母親，保姆，或長姐。

玉卿嫂是深深値得我們同情的女人，她克勤克儉，把所積蓄的錢，給慶生養病，指望遲早有同他結婚的一日，這樣自立門面，即使服侍他一輩子，也是一種滿足，一種快樂。她爲人很規矩，從不同男僕們調笑，也絕對不考慮同東家鄉下有田地的遠親滿叔結婚。但正因爲她人這樣好，愛情這樣專一，她這種自己不能克制的占有欲狂的表現更顯出其恐怖性。而這種占有欲狂，在作者看來，是性愛中潛在的成分，在必要時一定會爆發的。

在玉卿嫂的悲劇裡，容哥兒也是個吃重的人物：假如他不常帶慶生去看戲，他不會認識這位金燕飛的旦角；假如他不報告玉卿嫂慶生和金燕飛幽會情形，她也不會動了殺機。最主要的，容哥兒雖然很喜歡玉卿嫂，因爲她生得體面，百事順他，顯然慶生對他的吸引力更大，前者不過是個女僕，後者是個自己想搭配的淘伴。容哥兒才十歲，不解風情，更不懂什麼叫同性戀，但下意識中他覺得同慶生在一起，更好玩，更有意思，想同他親熱。玉卿嫂不是作者一向最厭惡大奶肥臀的女人，她和慶生都長得眉清目秀，有「水蔥似的鼻子」，像一對親姐弟，但容哥兒不喜歡玉卿嫂額上的額紋，「恨不得用手把她的額頭用力磨一磨，將那幾條皺紋平去」。相反的，他對慶生，「嘴唇上留了一撮淡青的鬚毛毛」，卻特別醉心，「看起來好細緻，好柔軟，一根一根，全是乖乖的倒向兩旁，很逗人愛，嫩相得很」。他和慶生初會的第二天，一放學就跑去找他，瞞了母親，也不關照玉卿嫂，請他去看戲吃麵。走進屋子，慶生在睡午覺：「我一看見他嘴唇上那轉柔得發軟的青髫鬚就喜得難耐，我忍不住伸出手去摸了一下他嘴上的軟毛毛，一陣癢癢麻麻的感覺刺得我笑了起來，他一個翻身爬了起來，抓住了我的手，兩隻眼睛一直楞楞發呆，還不知道是怎麼回事。『哈哈，我在耍你的軟髫鬚呢！』我笑著告訴他，突的他的臉又開始紅了起來——紅、紅、紅從頸脖一直到耳根子去了。」

容哥兒並不可能分析自己喜歡慶生的原因，正同他不了解玉卿嫂對慶生那一股強烈的愛一樣。但下意識中，他把玉卿嫂當情敵看待，他不讓玉卿嫂一個人去訪他的情人——每次跟著一起去，使她沒有同慶生親熱的機會，也免得她傷害他。在容哥兒眼裡，「不知怎的，玉卿嫂一逕想狠狠的管住慶生，好像恨不得拿條繩子把他拴在她褲腰帶上，一舉一動，她總要牢牢的盯著，……我本來一向覺得玉卿嫂的眼睛很俏的，但是當她盯著慶生看時，閃光閃得好厲害[4]，嘴巴閉得緊緊的，卻有點怕人了」。

大除夕，容哥兒和底下人賭博的當日，玉卿嫂換了盛裝，溜出去和慶生團圓了。容哥兒發覺她人不在，已 11 點多鐘，他一口氣在冷風通人的黑夜，飛跑到慶生屋子的窗口，戳破了窗紙，憑屋內桌上的燭光和牀頭火盆所發的紅光，窺視玉卿嫂和慶生在牀上做愛：

> 玉卿嫂的樣子好怕人，一臉醉紅，兩個顴骨上，油亮得快發火了，額頭上盡是汗水，把頭髮浸濕了，一縷縷的貼在上面，她的眼睛半睜著，炯炯發光，嘴巴微微張開，喃喃吶吶地說些模糊不清的話。忽然間，玉卿嫂好像發了瘋一樣，一口咬在慶生的肩膀上來回的撕扯著，一頭的長髮都跳動起來了。她的手活像兩隻鷹爪摳在慶生青白的肩上，深深的掐了進去一樣。過了一會兒，她忽然又仰起頭，兩隻手揗住了慶生的頭髮，把慶生的頭用力揿到她胸上，好像恨不得要將慶生的頭塞進她心口裡去似的，慶生兩隻細長的手臂不停的顫抖著，如同一隻受了重傷的小兔子，癱瘓在地上，四條細腿直打戰，顯得十分柔弱無力，當玉卿嫂再次一口咬在他的肩上的時候，他忽然拚命的掙扎了一下用力一滾，趴到牀中央，悶著聲呻吟起來，玉卿嫂的嘴角上染上了一抹血痕，慶生的左肩上也流著一道殷血，一滴一滴淌在他青白的脅上。

這是一段絕好的文字，可能認爲小疵的是「模糊」兩字，普通我們用這個片語描摹視覺而不是聽覺的印象，但整段文章著重容哥兒的視覺印象，作者用這兩個字可能是有意的。對容哥兒來說，這段文字描寫他目睹人生祕密的一種 initiation，他第一次看到了性交，正像在小說末了，在一大段和這段前後照顧的文字上，容哥兒看到了死亡的景象，得到另一種

[4]在〈寂寞的十七歲〉裡，楊雲峰被唐愛麗作弄後，有這樣一段描寫：「唐愛麗親了我一會兒，推開我立起來。我看見她一臉緋紅，頭髮翹起，兩隻眼睛閃閃發光，怕人得很。」

initiation。（請參看《謫仙記》頁 66～67：除夕那晚，慶生房裡「桌子上的蠟燭跳起一朵高高的火焰，一閃一閃的」，他死後，「桌子上的蠟燭只燒剩了半寸長，桌面上流滿了一餅餅暗黃的蠟淚，燭光已是奄奄一息發著淡藍的火焰了」。）容哥兒目擊之下的做愛，是一幅老鷹搏擊兔子的圖畫：慶生是「受了重傷的小兔子」，他只有「細腿……打戰」、「掙扎」、「滾」、「趴」、「呻吟」的分，玉卿嫂完全在侵略者的地位，用她的牙齒「咬」、「撕扯」，用她「活像兩隻鷹爪」似的手「摳」、「掐」、「擁」、「撳」、「塞」（多少個活潑的動詞！）她被害者的身體各部門，自己「嘴角上染了一抹血痕」。不管事後她「變得無限溫柔」，在做愛的當口，她是一隻鷹，一頭野獸，痙攣式地，狂暴地實行控制她理智的本能的意志。在白先勇早期小說裡，每個阿宕尼斯都遭受了女人（維納斯＋野豬）的侮辱，但正因爲玉卿嫂自己是個楚楚可憐的女人，她自己無法控制的行動更增加了她悲劇的深度。在她的故事裡，作者用他獨特的看法，還給我們極真實的而且和中國舊社會客觀情形完全符合的世界。

白先勇偏愛阿宕尼斯式的美少年，這是在他早期小說中不容置辯的事實。中國一般讀者覺得同性戀是醜惡的事，但想也知道現代歐美作家中，同性戀者多的是。前文所提到的劇作家威廉士就是其中的一位，托馬斯・曼生前有妻室子女，生活很規矩，但如果他對同性戀沒有一種切身的體會，可能也寫不出《威尼斯之死》這樣的傑作。白先勇，假如他在現實生活上有同性戀的傾向，以他寫作態度而言，是屬於威廉士、托馬斯・曼這一類的，絕無如紀德、惹內（Jean genet）那樣在文章裡頌揚同性戀的好處而責備世人的態度。他不避諱但也不強調他同性戀的傾向，而在近年寫的小說中，他可說完全接受了世俗道德的標準，來衡量他所創造的人物的行爲，雖然一寫到愛情（如最近一篇〈那片血一般紅的杜鵑花〉），他仍保持他自己對人生中最複雜最奇妙的現象，一種個人的獨特的看法，近二三百年來不少作家藝術家有其精神上、生理上的缺陷，而因之創造出普通人憑自己的智力想像所不能體會到的人生眾相。杜斯妥也夫斯基患癲癇症，這對他個人來說是一樁不幸，但假如他是身心完全健全的人，絕不可能寫出他的偉大小說來。白先勇的同性戀傾向，我們儘可當它一種病態看待，但這種病態也正是使他對人生，對男女的性愛有獨特深刻看法的一個條件。

〈寂寞的十七歲〉的主角楊雲峰，脾氣、個性、家庭環境都和〈玉卿嫂〉裡的容哥兒相像，只是年齡大了七歲，而且因為皮膚很白（同學稱他「小白臉」、「大姑娘」），自己像慶生一樣，已是異性、同性攻擊的對象。容哥兒用小孩子眼光看成人世界，對任何事不作道德性的判斷。但寂寞的楊雲峰，心理上毛病一大堆，已開始能接受「犯罪感」的懲罰。深夜一人在新公園被一位中年男人搭上，「他把我的兩隻手捧了起來，突然放到嘴裡用力親起來。我沒有料到他會這樣子。我沒想到男人跟男人也可以來這一套」，「回家後第一件事情就是到浴室裡去照鏡子，我以為一定變得認不出來了，我記得有本小說寫過有個人做一件壞事，臉上就刻下一條『墮落之痕』」。但作者雖有意把這段經驗當作小說的高潮看待，我們牢記不忘的卻是早幾天課堂裡楊雲峰受女生唐愛麗磨折的這一大段（《謫仙記》，頁 87～90）。這段文字寫得怵目驚心，顯然主角受女性侵犯時所受的心靈上震動要比受男性侵犯時強烈的多。

王文興以為白先勇的小說「是自〈上摩天樓去〉以後臻於成熟的」（〈謫仙記後記〉）。其實白先勇到美國後發表的第一篇小說是〈芝加哥之死〉（1964 年 1 月），而不是〈上摩天樓去〉（同年 3 月）。後者無疑是白先勇「客觀」的小說的第一篇，前者可說是「主觀」小說的最後一篇，雖然形式上是第三人稱的敘述。白先勇發表〈畢業〉後整兩年沒有發表一篇東西，〈芝加哥之死〉在文體上表現的是兩年中潛修讀西洋小說後驚人的進步。主角吳漢魂是剛拿博士學位的英文系研究生，他身處異國，苦讀了好幾年書，心境上要比早期小說中的青年蒼老得多。最主要的，吳漢魂雖然努力探索自己的一生，他忘不了祖國，他的命運正和中國的命運戚戚有關，分不開來。這種象徵方法的運用，和主題命意的擴大，表示白先勇已進入了新的成熟境界。我對〈芝加哥之死〉要說的話很多，留在本文第三節同別的後期小說一併討論。

——選自《現代文學》，第 39 期，1969 年 12 月

激流怎能為倒影造像？
論白先勇的小說

◎葉維廉*

一

先師夏濟安先生在一篇論中國舊小說的文字裡，特別提出王昌齡的一首詩作爲討論小說的起點，認爲寫小說的人都應借鏡，那首就是〈閨怨〉。濟安師對該詩已有了相當的說明，我打算在這裡再行分析的緣故，因爲出發點不同，而且所牽涉的結構的問題亦異。〈閨怨〉是眾人皆知的詩，但爲方便計，再錄於後：

閨中少婦不知愁　春日凝妝上翠樓
忽見陌頭楊柳色　悔教夫婿覓封侯

爲了顯出這首詩的獨特的結構形式，我們將它和一首改寫後的詩比較，改寫者是 Powys Mathers，他是根據法譯改寫的（他自己稱之爲翻譯，見 *Love Songs of Asia*, New York, 1946）：

At the head of a thousand roaring warriors
（逐字直譯：千個吶喊戰士之前頭）
With the sound of gongs

*詩人，發表文章時爲美國加州大學聖地牙哥校區比較文學系教授，現爲美國加州大學聖地牙哥校區比較文學系卓越教授。

（鑼聲四起）

My husband has departed

（我的丈夫已離去）

Following glory

（逐榮耀——即原文中的「覓封侯」）

At first, I was overjoyed

（起先，我興奮異常）

To have a young wife's liberty

（「因」有了新婦的自由）

Now I look at the yellowing willow-leaves

（如今我看見柳葉轉黃）

They were green the day he left.

（他離開的時候是青青的）

I wonder if he also was glad?

（不知他是否還快樂？）

改寫文中（指英文，逐字直譯只作解釋用），韻味全失這一點是顯而易見的，但我們在此要關心的，不是韻味的問題，也非細節的忠實程度（因目前不談翻譯上的問題），而是原詩的進程在譯文裡來了一個 180 度的逆轉。換言之，〈怨〉的開啓的層次（我特別強調「層次」這兩個字）被破壞了。

在原詩裡，到第三句爲止，我們的印象仍然是「盈盈樓上女」的感覺，她年輕、活潑，她仍然可能成爲真個「不知愁」的女子。「楊柳色」（青）的「忽」見，使她瞿然「驚」覺她自己的空虛和自己因無知所造成的困境。這首詩的興味就在這個情境的逆轉所產生的覆弦。如果我們把最後一句比作一池水，反映著頭三句所慢慢築起的一個宏麗的城市，那麼倒像卻是完全扭曲的：不知愁的少婦實在滿溢著愁，上翠樓的輕快的姿態及興致勃勃都被一重深重的愁所淹沒；春日、凝妝（前者是含有節慶意味的「時」，後者是含有盛裝出遊的「貌」）都是落空的；柳是春來的一個徵象，是「回春」、「復甦」，但現在只使她記起傷情的折柳枝而已。

譯文裡因爲先寫「怨」因，所以就無法在輕快裡暗藏「愁」旨，換言之，無法造成兩種世界的同時呈露。

王詩中「愁」的開啓的層次是，作者先經營一個幻象，一個美的幻象，然後，毫無準備的，突然用語調的改變，把幻象破壞。[1]王詩的意趣是如此，王詩所承的「青青河畔草，鬱鬱園中柳」也是如此（其實大部分的「閨怨」詩都用這個層次，除了曹植以外）。

這種結構的層次起碼有下面幾個特色：

（一）作者先經營一個幻象（常是美的幻象，也可以是盛年繁華之幻象，逸樂的幻象，壯烈、光榮的幻象……）。

（二）它必須是幻象，幻象之義，如王詩所顯示，在「愁」弦觸動之前，它必須可以矇蔽讀者耳目，使他以為是實景，而非海市蜃樓。幻象就是「似是而非」，但「似是」那一刻不能苟且，最好能夠耐久或逐漸濃烈（如〈青青河畔草〉），甚至使人到「而非」那一刻產生時仍不相信是幻象才好。

（三）「驚」覺是一剎那的事，或因一外物，或因一故事，或因一句話，但都往往來得突然，毫無準備。由「似是」到「而非」的兩種心理狀態，往往是不知不覺，因而「非」實在疊在「是」上面，所以，

（四）當「愁」弦挑動，兩重世界（現在的和過去的，完美的和殘缺的）同時呈露，而

（五）構成一種張力。「愁」弦的觸動愈是不知不覺——換言之，幻象愈濃——則裡外的張力愈強烈。

---

[1]西洋詩裡稱 Romantic irony。

對於這首詩的結構的層次有了認識以後，我們轉過來看白先勇的小說，他的成功處多與這個層次吻合，雖或有程度上的差別；而他敗筆的地方，也往往因爲欠缺了這種交錯的玩味，欠缺了由幻象到驚覺所暴露的張力。譬如很多人所喜歡的〈玉卿嫂〉，故事本身雖具詭奇性，表達的層次則毫無詭奇可言——而光是故事本身，光是場面，光是豪華典麗的文字並不足爲小說。這一點，白先勇自己是知道的，所以才有後來的「化典麗爲氣魂」、「化場面爲肌肉」的作品。我們下面要談的，是他如何有意無意間以上述的層次支配著小說的脈搏，使人「驚覺」與戰慄。

二

白先勇的小說有一種很強悍的令人激盪的思想性，我們必須先提出來，才可以談他的處理層次的確切。現代小說家有一種迷惑，就是走向純粹的表現，要超越「內容」，要求文字本身的造型。這是在文學裡很重要的轉向，因爲文學可以不再是「工具」，不再「載」什麼，這是 1930 年代以前的人所無法想像的，因爲在這之前，文字始終是一個使者，一個高貴的奴隸。但這種新美學在給了文學自由以後，也產生了不良的後果，那就是小說家往往把思想性視之如虎，極力避免用明顯的方式表達一種思想，或者乾脆認爲它根本不是小說的範疇（這個看法雖然不錯，但刻意避免就是一種損失）。但我們如果張眼細看，真正達到文字的純粹的表現的現代作家，他們並未拋棄深刻的思想，而他們仍被稱爲純粹的表現的大師，是因爲他們不以思想本身爲依歸（那是屬於哲學範疇），而以思想的形勢爲呈露的目的。所謂「思想的形勢」，我們用一個比喻，海牆，潮湧，漩渦，漣漪，同爲動水，但動姿全異，現代作家要抓住動姿本身，不問動因（如果牽及動因，亦以標出動姿爲主）。但如果棄漩渦的動姿而去寫漣漪的動姿不能不算是一種損失。

白先勇在同一的迷惑之下，與其他小說家不同的地方，正是他不逃避與漩渦正面的衝擊，而且在必要時，他甚至不逃避直白。要問他的主題是什麼，我們不用費神，他已說得很明白了，《謫仙記》的詩題「前不見古人，後不見來者，念天地之悠悠，獨愴然而涕下」和「臺北人」的詩題「舊時王謝堂前燕，飛入尋常百姓家」的喻依和喻旨都不必解釋。一種繁華、一種興盛的沒落，一種身分的消失，一種文化的無從挽回，一種宇宙的萬古愁。造成這一個時代的漩渦因素很多，但小說家無須去分析種種因素，他要用適當的層次，使這個漩渦有了最有激盪意味的形態。（社論裡也談這個漩渦的動因，但社論之不能成爲小說，第一，它不是形象思維；第二，它不能任事物在讀者面前不加評述地演出，換言之，在社論面前，讀者是受教者，是被動的；在小說面前，讀者是參與者，是主動的——即使是想像的活動。所以動姿遠比動因重要，而寫動姿往往可以包含動因，但寫動因則不易使動姿體現。）所以本文所要討論的對象，不是「什麼因素構成白先勇小說裡的漩渦」，而是「在漩渦（或激流）裡白先勇如何造像」。

三

我們在上面談王昌齡的詩的時候，提到「驚覺」所引起的張力，要達到張力愈強烈，必須要耐住性子，生怕中途洩密，到「愁」弦觸動，始生奇效。

我們讀白先勇的〈安樂鄉的一日〉，粗心的讀者，看上兩頁，一定以爲與一般的「旅美小品」差不多，只不過文字較爲潔麗而已，不信，你看看開端：

> 安樂鄉（Pleasant ville）是紐約市近郊的一座小城。居民約有六、七千，多是在紐約市工作的中上階級。大家的收入豐優均勻，因此，該城的地稅是全國最高地區之一……

跟著兩段都是描寫這個高級住宅區是如何的潔淨、整齊，而且描寫極爲詳細，當地的環境及居民的生活起居都勾畫入微，最令人好奇的（其實初讀時是不安），作者竟用了淡而無味的報導文學的語調，平穩，客觀，緩慢。甚至當第三段引入「依萍和偉成就住在安樂鄉的白鴿坡裡」這個事實以後（讀者此時正等待著某種故事發生），但跟著下去的是對這個安樂鄉的更入微的報導，只是集中在依萍一家而已，不信，請看：

> 冬天……坡內……全是灰白的木板房。屋頂屋面顏色相同，大小款式也略相彷彿，是最時興的現代建築……偉成和依萍的房子便在街右的末端，已近死巷的尾底。屋內也按著美國最新的設計陳列。客廳內的家具全是現代圖案……廚房一律是最新式的電器設備。全部漆成白色：電動洗碗機，電器打蛋機，電動開罐頭機……

這些描寫給人的印象可以說是「安樂鄉」三個字的延長。而跟著後開寫的依萍的家常生活，如理家，如上教堂和美國主婦社交活動，都是瑣碎入微的。作者既不厭其煩，且特別用心，唯恐漏掉了哪一項細節，務求讓讀者裡裡外外一覻全貌。

但事實上〈安樂鄉的一日〉不是「旅美小品」的報導文學，作者這樣做是一種戰略，就是要在讀者心中不知不覺地經營一個印象——安逸的生活（偉成是個成功的股票經紀人，賺了許多錢，有計畫，有頭腦，更加加強了這種生活的印象）。

但這種安逸只是一個幻象。安逸所給依萍的——包括物質的享受，寧靜，安定感——是有代價的：孤立（安樂鄉裡只有一家中國人），生活單調和隔閡。但這些感受只是隱約地在語調後面，它們完全被安逸的幻象所淹沒了，就是在這個幻象緩緩被築起的時候，不知不覺的，寧靜被破壞了，依萍的「獲得」（逸樂所代表的種種）被一種更大的、更深沉的失去所否定、推翻、毀滅。在一次晚飯的談話裡，已經逐漸不聽依萍的話的八歲的女兒寶莉，在一連串的急遽、凶猛的回嘴裡觸動了「愁」弦。（注意，從律動上來看，其戲劇的意味是，急速的律動破壞了緩慢的律動——記得，安逸的幻象是由緩慢的進度所築起的。）因爲這是篇中最重要的轉折，我們把回嘴部分全錄：

> 「寶莉」，依萍突然問道，「Lolita 的媽下午打電話給我說你在學校裡用手扯 Lolita 的頭髮，把她扯哭了，你為什麼那樣做呢？」
> 「啊，Lolita 是頭髒豬！」寶莉咬著牙齒叫道。
> 「寶莉，不許這樣叫你同學，你怎麼可以扯別人頭髮呢？」
> 「她說我是中國人！」寶莉突然兩腮緋紅地說道。
> 「寶莉」，依萍放下筷子，壓平了聲音說道：「Lolita 說得對，你本來是中國人。」
> ……
> 「我不是中國人！」寶莉大聲叫道。
> 「寶莉，不許這樣胡鬧，你看看，我們的頭髮和皮膚的顏色和美國人不同。爸爸、你、我——我們都是中國人。」
> 「我沒有扯謊！Lolita 扯謊。我不是中國人！我不是中國人！」寶莉突叫起來，兩足用力蹬地。
> 「Rose，我想我們吃完飯再慢慢教導寶莉。」偉成站起來走向寶莉，想撫慰幾句。依萍倏然立起來，搶先一步走到寶莉跟前。捉住寶莉雙手，把寶莉從椅子上提下來。
> 「不行，我現在就要教導她。我要寶莉永遠牢記她是一個中國人。寶莉，聽著，你跟著我說：『我是一個中國人』。」
> 「不！我不是中國人！」寶莉雙足一面踢蹬，身體扭曲著拚命掙扎。依萍蒼白著臉，用顫抖的聲音厲聲喝道：
> 「我一定要你跟著我說：我——是——一——個——中——國——人」
> 「我不是中國人！我不是中國人！」寶莉倔強地尖叫起來。依萍鬆了一隻手在寶莉臉上重重地打了下耳光。寶莉驚叫了一聲，接著跳著大哭起

來。依萍正要舉手打寶莉第二下時，偉成隔開了依萍的手臂把寶莉從依萍手中解開。依萍鬆了手，晃了兩晃，突然感到一陣昏眩，她伏在水槽上，把剛才喝下的牛尾湯都嘔吐出來。

至此，依萍已不是「安樂鄉」的一個小小的主婦，她是一個殉道者，但終究是無法挽回的，因爲偉成說：「你怕孩子變成美國人，因爲你自己不願意變成美國人，這是你自己有心病，把你這種心病傳給孩子是不公平的。」然後，父女二人繼續去享受他們愛看的電視節目去，任「我是中國人」的聲音在虛脫了的依萍心中搖響。

對依萍而言，作爲生存的最後一項明證的「身分」已經喪失（偉成及寶莉已無條件地接受了另一種身分）。這是最大的悲劇，因爲這不只是舊秩序的破壞，而且是自我的死亡，自我的死亡後的人就是「站起來的屍灰」而已（瘂弦詩：〈深淵〉）。

但是，我們雖然承認這個意念本身的激盪力，如果作者不先建立一個安逸的幻象，然後無情地將它破壞，如果作者不先以緩慢安詳的律動進行，然後用急遽、狂暴的律動將它搗毀，他就無法獲得覆弦的意趣與張力。沒有了這種類同〈閨怨〉的開啓的層次，母女的對駁最多不過是「社論」的戲劇化（這當然已具小說的條件），但我們只被告知一個事實——身分的喪失，而未被牽入漩渦衝擊的本身，參與激變的歷程，由個人的「愁」而進入宇宙的「愁」。

至此，白先勇利用了王詩的層次去支配〈安樂鄉的一日〉的脈搏，使人「驚覺」與戰慄，這一點已相當的明顯。讓我們轉向他的巨幅「臺北人」那一組小說。

四

〈安樂鄉的一日〉的主人翁，開始就是自我的放逐，因而舊世界的破滅與身分的喪失似乎都是避免不了的。肉身的隔離自然產生精神上的切斷。大多以留學生或僑民爲背景的小說都不知不覺地發散著「隔離」的傷愁。白先勇的小說多半是「雕欄玉砌應猶在，只是朱顏改」的「隔離」之痛，而「隔離」的刀絞至極度，身分頓然落空，自我瞿然消失的時候，人應該怎麼辦呢？我們能否一半用禪宗的態度，一半用存在主義的態度，視一切現象爲當然，視一切境遇爲常境？可以的，但這不是常人做得到，做得到的人往往非仙即聖，是仙是聖則多少不合人性。在常人裡，有些人，乾脆棄過去而擇目前，如依萍的丈夫及女兒的接受另一種身分，但自我意識強烈的人無法這樣做，所以在「隔離」的刀切之愈深以後，另一條出路就是〈謫仙記〉中李彤（綽號中國）的自盡，李彤的自盡不是逃避主義，而是自我的解放，其意味與杜基的 *The Devils*（舊譯 *The Possessed*）裡的 Kirilov 自殺不無冥合之處，Kirilov 在自殺之前一度說：

> 生是痛苦的，生是恐懼，人是不快樂的。一切都是痛苦與恐懼。而人愛生命……但生命是痛苦與恐懼，這就是自我的欺騙。人還未達到新的階段。新的人將是愉快和驕傲的。對他來說，生或死都毫無關係，他就是新人，他征服痛苦與恐懼而為神。

〈謫仙記〉的寓意就是征服痛苦和恐懼而爲神。分別是：白先勇用暗指，陀氏用明說。

「隔離」無疑是現代中國人最沉痛的經驗！

另一種「隔離」的傷愁滲透著「臺北人」那組小說。

「臺北人」現在已發表的有六篇：即〈永遠的尹雪豔〉、〈一把青〉、〈遊園驚夢〉、〈歲除〉、〈梁父吟〉和〈金大班的最後一夜〉。據作者說，他計畫裡約莫還有六篇，所以現在來談它的全盤組織是不可能的，但這幾篇有一個明顯的地方：現在的六篇都可以說是同一個漩渦裡的六個相貌；我們也可以說它們是「隔離」的六種傷愁。

這六篇的個別的層次，大多和〈閨怨〉及〈安樂鄉的一日〉的層次相近，這並不是偶合的。我們要知道詩中的少婦的愁，也正是因爲與夫「隔離」而產生的。我們討論該詩的時候，曾拈出這個「隔離」的愁開啓的層次的幾個特色，爲了便於討論，再把其中顯著的三點列下：

（一）幻象的經營（好比宏麗的宮殿）。

（二）幻象的破壞（好比外貌全毀的宮殿的倒影）。

（三）兩重世界的對峙及互爲衝擊。

六篇裡，除了〈一把青〉以外，都很近似這些層次的演出。[2]

白先勇的這幾篇小說，一開始總是給人一種幻覺。

〈永遠的尹雪豔〉，她好比是一切歡樂、嫵媚、舒服、甜和迷惑美的縮影，她總是一個花芯，多少達官貴人擁向她，而熱鬧處又有誰可比！然後是〈金大班的最後一夜〉裡的喧嚷與無愁的逸樂。但這種幻象隨即破滅而成爲濃烈而不可抗拒的憂傷。像尹雪豔，在歡樂的後面（白先勇始終讓她永遠不變的嫵媚淹沒她的缺點——她令人家敗人亡的煞氣。換言之，嫵媚的形象占了前景），卻被「煞氣」暗暗地毀壞，表面上，尹雪豔是個不知愁的女子，實際上她被完全地「隔離」了，因爲她無法得到實際的結合，追求她的人不病即死。白先勇誇張及延長了她的「嫵媚不愁」的外在形象，而與隱藏在後面的未被說明的（隔離、不得結合）成爲一種張力。

這種張力往往產生在過去世界重疊在現在世界上的時候所引起的強烈的對比，在金大班玉觀音最後一夜的「驚覺」裡，過去的華麗與威風現在都只是一種做作的姿態而已——一個形狀扭曲的倒像：

在風月場中打了二十年的滾，才找到個戶頭，也就算她金兆麗少點能耐

[2]〈一把青〉雖在層次上不盡同於〈閨怨〉，在主題上卻是酷似非常。郭軫和小顧（同是飛將軍）的摔機，正是朱青的兩次被「隔離」。肉身的隔離（在此是死別）形成朱青的精神的讓渡。丈夫郭軫死時，朱青哭病不成人形，情人小顧死時，她竟能淡然處之，好像沒有發生一樣；表面是「看化」了，認命了，但我們都知道，心底下，意識裡，這種不表達的傷痛實在是最大的悲愴。我們要明白，這種認命沒有希臘悲劇裡哲理化的肯定意味（如 Oedipus 的 All Is Well）。朱青是血肉的常人，不是英雄。

了。當年百樂門的丁香美人任黛黛下嫁棉紗大王潘金榮的時候，她還克薄過人家……潘金榮曾在她身上不知用了多少功夫，花的錢恐怕金山都打得起一個了，那時嫌人家老，又嫌人家狐臭……（她）多走了二十年的遠路，到頭來也不過落得如此下場。

她將要下嫁的陳發榮，饒著那麼個六十多歲的老頭兒，她還不知費了多少手腳。雖然她臨走的時候，在普渡一個初上舞池的小伙子之際，突然憶起一段完美的愛情：

她發覺他還是一個童男的時候，她把他的頭緊緊地摟在她懷裡，貼在赤裸的胸膛上，一腔熱淚，像是破了堤一般地湧了出來。她心中充滿了感激和疼憐……一剎那間，她在別的男人身上所受的玷辱與褻瀆，都隨著她的淚水流走了。

但這到底不過是一池死水的倒影而已，因爲「朱顏」已改。

「改」或「變」是「隔離」的必然現象，亦是小說層次裡情境的逆轉之因。兩種感受（來自兩重世界）的衝擊以此爲軸。〈歲除〉裡的賴連長，一度在「臺兒莊」之戰是喧赫一時的英雄，現在是度日如年的某醫院的廚房的買辦。〈梁父吟〉裡的革命元老、叱吒風雲的樸公，現在已惺忪入暮年，他和雷委員對弈不到一分鐘就「垂著頭，已經矇然睡去了」，不但是革命的元氣完全消失了，而且還斤斤計較王孟養（另一革命元老）喪事的禮俗，而且迷信；合於樸公那一代的格調已不知不覺地被淹沒。王孟養的兒子從美國回來，治喪委員會的人和他商量事情，他一件件都給駁了回來。是的，對樸公來說，這正是如今安在哉的空歎「朱顏」已改：

樸公回到院子裡的時候，冬日的暮風已經起來了，滿院裡那些紫竹都騷然地抖響起來，西天的一抹落照，血紅一般，冷凝在那裡。

對樸公來說，夕陽無限好，只是近黃昏——冷凝了的夕陽。對樸公來說，還正是王謝之不在（「臺北人」的題詩：劉禹錫的〈烏衣巷〉）。

但《變遷》不是很常見的題材嗎？多少流行小說不寫「變遷」或一種生活形態的沒落？爲什麼白先勇的《臺北人》就顯得特別的使人「驚覺」與戰慄呢？這不只因爲是層次的問題（層次二字含有布局之意），而且是使這個層次發揮作用的語風。在〈歲除〉裡，作者仍依賴層次的展開，譬如讓今昔的事物衝擊的一刻在喜氣洋洋的除夕湧出，作者無須「說明」其間的痛楚或悲劇意味，他讓外在的情境和內在的情境互爲爭持、拉緊，而產生無言的戰慄。但在《梁父吟》裡，外在的幻象的經營，因著語風而愈加強烈，請看開頭第一段：

> 一個深冬的午後，臺北近郊天母翁寓的門口，一輛舊式的黑色官家小轎車停了下來，車門打開，裡面走出來兩個人。前面是位七旬上下的老者，緊跟其後，是位五十左右的中年人。老者身著黑緞面起暗團花的長袍，足登一雙絨布皂鞋，頭上戴了一頂紫貂方帽，幾絡白髮從帽沿下露了出來，披覆在他的耳背上，他的兩頤卻蓄著一掛豐盛的銀髯。老者身材碩大，走動起來，胸前銀髯，臨風飄然……

讀者不難辨別，這種語風不是很近《水滸傳》裡或武俠小說裡一個英雄或俠士出場的氣勢嗎？（除了轎車等字，這段簡直可以視爲武俠小說的開端。）但這種「臨風飄然」的氣概，正是貫徹這個幻象的經營的肌理。從故事立場來說，這種開頭固然確切，因爲主角是叱吒風雲的革命英雄，但從結構上來說，則尤爲得當，因爲這種英雄的氣勢的經營愈濃烈，則幻象的破壞愈能震撼「愁」弦。

所以我們前面說過白先勇的小說，一改早期的弊病，化典麗爲氣魄，化場面爲肌肉。要知道，他早期的小說並不乏這類的筆觸，豪華處〈玉卿嫂〉裡比比皆是，寫大家庭的場面尤爲到家，但缺乏了適當的結構，則如滿家珠寶，反而見俗。

我一直耐住性子不提「臺北人」裡的〈遊園驚夢〉，是有原因的。現在把由〈閨怨〉所談起的層次的各面都討論過以後，再看〈遊園驚夢〉，分外覺得它結構的完密。我想，至此，熟識白先勇的小說的讀者，自然會覺出，〈遊園驚夢〉把上述的結構發揮到如何的淋漓盡致，連題目都酷似：遊園「驚」「夢」。這個題目本身就有三層作用：第一，崑曲的〈遊園驚夢〉裡命運的紋理影射主角錢夫人命運的紋理（如〈烏衣巷〉是六篇的縮照一樣）；第二，遊園驚夢實際發生著，不僅夫人「驚」夢，她們和票友們實際地「遊園」，而且實際地唱〈遊園驚夢〉；第三，這個題目正好描寫本篇小說的結構。

「驚夢」之夢的宴遊，極「門燈高燒」的侯門之盛，「錦簇繡叢」，「衣裙明麗」，「廳堂璀璨」，珠光寶氣。在這個幻象的經營裡，白先勇雕琢磋磨，使其金光四射，目的在培養一股暗流，譬如錢夫人注意到一度無法扶正的桂枝香現在是滿身珠寶的官太，又譬如她注意到自己的長旗袍已不入時等，但這些都被盛宴之聲、崑曲之聲淹沒，但當蔣碧月宣布「崑曲大王來給我們唱《遊園》了，回頭再請另外一位崑曲泰斗——錢夫人來接唱《驚夢》」，錢夫人看著蔣碧月身上那襲紅旗袍如同一團火焰，而一下子她的一段痛苦的往事突入現實裡，而她沉下那濃郁的一刻的漩渦裡。在這裡白先勇應用了「時空揉合」的內在的獨白（白先勇在〈香港——一九六〇〉裡用過，詳見《葉維廉文集‧第一卷》第一章〈現代中國小說的結構〉一文），讓她榮華富貴的過去衝向毀滅性的痛苦的一刻裡：

……（吳師傅，我喝多了花雕。）
遷延，這衷懷那處言
淹煎，潑殘生除問天——
就是那一刻，潑殘生——就是那一刻，她坐到他身邊，大身大金大紅的……（以下從略）……天——天——（吳師傅，我唱不出來了。）天—

—天——完了，榮華富貴可是我只活過一次，——冤孽、冤孽、冤孽——天——天——（吳師傅，我的嗓子。）——就在那一刻，啞掉了——天——天——天

「五阿姐，該是你『驚夢』的時候了。」

而錢夫人無法接上去，還是說了「我的嗓子啞了」。第一次蔣碧月說「驚夢」的時候，仍是崑曲那部分，但第二次說「驚夢」的時候，已經不再是那崑曲了，而是真的驚夢。錢夫人不但不能唱（表達能力喪失了），而且，她的過去完全沒落了，酒闌人散時，大家都坐了豪華的車子而去，但：

「錢夫人的車子呢？」客人快走盡的時候，竇夫人站在臺階下問劉副官道。

「報告夫人，錢將軍夫人是坐計程車來的。」

錢鵬志過去後，她那輛官家汽車已經歸還政府了。在等竇夫人的車子回來的時候，竇夫人問：

「可發覺臺北變了沒有？」

「變多嘍……變得我都快不認識了——起了好多新的高樓大廈。」

雕欄玉砌已逐漸沒落，代起的是現代化的三合土建築而黃粱未醒的人還在，用杜牧的詩打一聯油詩，正是：

商女不知邯鄲夢

隔江猶唱後庭花

我們知道即從錢夫人以外的人的立場來說，侯門之盛仍是一個幻象，一種強烈的傷失之感已暗暗地把這個金光璀璨的形象無情地毀掉，用瘂弦一句詩來說：激流怎能爲倒影造像？

1968 年 3 月在加州大馬鎮

——選自葉維廉《中國現代小說的風貌》
臺北：四季出版公司，1977 年 9 月

論白先勇的〈遊園驚夢〉

◎姚一葦*

〈遊園驚夢〉的動作，是「從錢夫人走進竇夫人的天母公館，參加一個有清唱餘興的宴會開始，到散場竇夫人送走其他的賓客爲止」的一系列的發展。這一系列的發展，它的時間性極短，幾乎只有幾小時的光景。所以整個故事是壓縮的，可說是一種 Sketch，即截取一個很短的片段，一種 Slice of life。這樣的一種動作所表現的，主要的不是推向未來，而是倒轉到過去，把過去剝露出來。這種倒轉到過去的方式，在戲劇中是最常見的，可以說是戲劇裡一個大的類型，我稱爲「戲劇的集中型」(請參看拙著〈戲劇的時空觀〉一文）。在小說中亦有類似的情形，也就是說，這一類型小說底動作的發表不是往前，主要的是揭開了過去的事件。然而小說表現倒轉方式和戲劇卻不一樣，戲劇中的倒轉是通過對白來表現，一定要通過現在進行的事件來引發，必須要由彼此間的對白，將過去的事件揭開。小說倒轉的方式則不一定要通過對白。〈遊園驚夢〉這篇小說即是如此。它採取的不是戲劇方法來倒轉，而是心靈的倒轉，所以是無聲的倒轉。這種心靈的倒轉，有人稱之爲 Stream of Consciousness 是一種意識的流轉；或者說心靈或思想的流動。正是小說和戲劇的表現方式亦有相通之點，即是一定要由現在進行的事件引發，不是任意的倒轉。其間必須建立密切的相關性。

白先勇的〈遊園驚夢〉係由錢夫人來參加竇夫人的宴會中，而引發起

*姚一葦（1922～1997），戲劇家、散文家、評論家。江西南昌人。發表文章時爲中國文化學院藝術研究所戲劇組主任。

過去的一段記憶，現在進行的事件與過去的事件之間具有密切的相關性，茲爲了說明的方便，列表如下：

	現在事件	**過去事件**
第一次引發 由錢夫人眼睛中看到的竇夫人底年齡、衣著引發到錢夫人底過去	『在走廊上，錢夫人用眼角掃了竇夫人兩下，她心中不禁覘敲起來；桂枝香果然還是沒有老。』 『錢夫人又朝竇夫人瞄了一下，竇夫人穿了一身銀灰灑朱砂的薄紗旗袍，足上也配了一雙銀灰閃光的高跟鞋，右手的無名指上戴了一只蓮子大的鑽戒，左腕也籠了一副白金鑲碎鑽的手串，髮上卻插了一把珊瑚缺月釵，一對寸把長的紫瑛墜子直吊下髮腳外來，襯得她豐白的面龐愈加雍容矜貴起來。』	『臨離開南京那年，自己明明還在梅園新村的公館替桂枝香請過三十歲的生日酒，得月臺的幾個姐妹淘差不多都到齊了——嫁給上海棉紗大王陶鼎新的老二露凝香，桂枝香的妹子後來嫁給任子久做小的十三天辣椒，還有她自己的妹妹十七月月紅——幾個人還學洋派湊份子替桂枝香定製了一個三十寸兩層樓的大壽糕，上面足足插了三十根紅蠟燭。』 『在南京那時，桂枝香可沒有這般風光，錢夫人記得她那時還做小，竇瑞生也不過是個次長。』
第二次引發 由蔣碧月出場引發到得月臺唱戲的過去。	『竇夫人說著又把錢夫人領到廳堂右手邊去。她們兩人一過去，一位穿紅旗袍的女客便踏著碎步迎了上來，一把便將錢夫人的手臂勾了過去，笑得全身亂顫說道：「五阿姐，剛才三阿姐告訴	『那時大夥兒，在南京夫子廟得月臺清唱的時候，有鋒頭總是蔣碧月占先，扭著她們師傅專揀討好的戲唱。一出臺，也不管清唱的規矩，就臉朝了那些捧角的，一雙眼睛鈎子一般，直伸到臺下去……』

	我妳也要來，我就喜得叫道：『好哇，今晚可真把名角給抬了出來了。』 錢夫人方才聽竇夫人說天辣椒蔣碧月也在這裡，她心中就躊躇了一番，不知天辣椒嫁了人這些年，可收斂了一些沒有。』	『桂枝香那兒的便宜，天辣椒也算揀盡了，任子久連她姐姐的聘禮都下定了，天辣椒都有本事攔腰一把給奪了過去。難怪桂枝香老歎息說：是親妹子才專揀自己的姐姐往腳下踹呢。』
第三次引發 蔣碧月誇獎錢夫人崑曲唱得好引發到她的一段往事	『「碧月的話倒沒有說差，」竇夫人也插嘴笑道：「你的崑曲也算是得了梅派的真傳了。」 「三阿姐——」 錢夫人含糊的叫了一聲，想分辯幾句。』	『可是若論到崑曲，連鐵鵬志也對她說過：「老五，南北名角我都聽過，你的崑腔也算是個好的了。」 錢鵬志說，就是爲著在南京得月臺聽了她的〈遊園驚夢〉，回到上海去，日思月想，心裡怎麼也丟不下，才又轉了回來娶她的。錢鵬志一逕對她講，能得她在身邊，唱幾句「崑腔」作娛，他的下半輩子也就無所求了。……』 『得月臺的師傅說：一個夫子廟算起來，就數藍田玉唱得最正派！』
第四次引發 由入席讓主位。錢夫人回憶到她的	『竇夫人便過來擁著錢夫人走到第二桌主位上低聲在她身邊說道：「五妹妹，你就坐下吧。你不占先，別人不	『從前錢鵬志在的時候，筵席之間，十之八九的主位，倒是她占先的。錢鵬志的夫人當然上坐，她從來也不必推讓南京那起夫人

過去。及嫁給錢鵬志及她為桂枝香做生日酒的風光場面	好入座的。」 錢夫人環視了一下，第二桌的客人都站在那兒帶笑的瞅著她。錢夫人趕忙含糊地推辭了兩句，坐了下去一陣心跳，連她的臉都有點發熱了。倒不是她沒經過這種場面，好久沒有應酬，竟有點不慣了。』	太太們，能僭過她輩份的，還數不出幾個來，她可不能跟那些官兒的姨太太們去比，她可是錢鵬志明公正道迎回去做填房的。 可憐那時桂枝香出面請客都沒份兒，連生日酒還是她替桂枝香做的呢。』『那時錢夫人才冒廿歲，一個清唱的姑娘，一夜間便成了將軍夫人了，連她親妹子十七月月紅還剋薄過她兩句；姐姐，妳的辮子也該絞了，明日妳和錢將軍走在一起，人家還以為你是他的孫女兒呢，錢鵬志娶她那年已經六十靠邊了，然而怎麼說她也是他正正經經的填房夫人啊！』
第五次引發竇夫人及蔣碧月向錢夫人敬酒，由此聯想到以前為桂枝香做生日酒飲花彫的經過	『錢夫人只得舉起了杯子，緩緩的將一杯花彫飲盡。酒倒是燙得暖暖的，一下喉，就像一股熱流般，週身游盪起來了。』	『可是臺灣的花彫到底不及大陸的那麼醇厚，飲下去終究有點割喉。雖說花彫容易發散，飲急了，後勁才凶呢；沒想到真正從紹興辦來的那些陳年花彫也那麼傷人。那晚到底中了她們的道兒！她們大夥兒都說，幾杯花彫哪裡就能把嗓子喝啞了？難得是桂枝香的好日子，姐妹們不知何日才能聚得齊，主人尚且不開懷，客人哪能恣意呢？連月月紅

		十七也夾在裡面起鬨：姐姐，我們姐妹倆兒也來乾一杯，親熱親熱一下。月月紅穿了一身大金大紅的緞子旗袍，豔得像隻鸚哥兒，一雙眼睛，鶻伶伶地盡是水光。姐姐不賞臉，她說，姐姐到底不賞妹子的臉，她說道。』『就算月月紅不懂事，鄭彥青就不該也跟了來胡鬧了。他也捧了滿滿的一杯酒，咧著一口雪白的牙齒說道：「夫人，我也來敬夫人一杯。」他喝得兩顴鮮紅，眼睛燒得像兩團黑水，一雙帶刺的馬靴啪噠一聲，併在一起彎著身腰柔柔的叫道：「夫人，夫人。」「這下該輪到我了，夫人，」程參謀立起來，雙手舉起了酒杯，笑吟吟地說道。』
第六次引發從貴妃醉酒到遊園。	『……錢夫人睇著蔣碧月手腕上那隻金光亂竄的扭花鐲子，她忽然感到一陣微微的暈眩，一股酒意湧上了她的腦內似的，剛才貫下去的幾杯花彫好像漸漸著力了，她覺得兩眼發熱，視線都有點朦朧起來？蔣碧月身上那襲	『然而月月紅十七都端著那杯花彫過來說道：姐姐，我們姐妹倆個也來乾一杯，她穿得大金大紅的，還要說：姐姐，你不賞臉。不是這麼說，妹子，不是姐姐不賞臉。實在爲著他是姐姐命中的冤孽。瞎子師娘不是說過：榮華富貴——藍田玉，可惜長錯了一

	紅旗袍如同一團火焰，一下子明晃晃的燒到了程參謀的身上。蔣碧月的一雙眼睛像兩丸黑水銀在她醉紅的臉上溜轉起來，朝她微笑著，兩張紅得發油光的臉龐漸漸的靠攏起來，湊在一塊兒。湊在一塊兒，咧著白牙，朝她笑著……』〈遊園〉的〈皂羅袍〉;〈遊園〉的〈山坡羊〉	根骨頭。冤孽啊，他可不就是姐姐命中招的冤孽了？懂嗎妹子，冤孽。然而他也捧著酒杯來叫道：夫人。他籠著斜皮帶戴著金亮的領章，腰幹子紮得挺細，一雙帶白銅刺的長統馬靴烏光水滑啪噠一聲靠在一起，眼皮喝得泛了桃花，卻叫道：夫人……』杜麗娘快要入夢了，柳夢梅也該上場了，可是吳聲豪卻說『驚夢』裡幽會那一段，最是露骨不過的。然而他卻偏捧著酒杯過來叫道夫人，……錢鵬志叫道，他的喉嚨已經咽住了，老五，他瘖啞的喊道，你要珍重吓，他的頭髮像一叢枯白的茅草，他的眼睛坑出了兩隻黑窟窿，他從白床單下伸出他那瘦黑的手來說道，珍重吓，老五，……就是那一刻潑殘生──就是那一刻，她坐在他身邊，一身大金大紅的，就是那一刻，那兩張醉紅的，面孔漸漸的湊攏在一起，就在那一刻，我看到他們的眼睛，她的眼睛他的眼睛，完了。我知道就在那一刻，除問天──完了。……

剛剛我所找出的六個段落都是從現在事件所引發出來的。主要的它不是推向未來的事件，而是推向過去，即是把過去的事情向我們揭開，所以是一種倒轉的形式。這種倒轉是意識的倒轉，心靈的倒轉。這倒轉有一定層次，一定的步驟，一定的動機。這篇小說倒轉的層次一次比一次深刻，一次比一次有力，一次比一次往深處掘。

如上所述第一、二、三、四次倒轉中，過去與現在是分隔的，可以劃出鮮明的界域，而最後兩次，則過去與現在已完全混淆，揉合在一起，由於此時錢夫人已經進入心靈的底層，爲過去的記憶所壓倒，理性的控制能力也就愈來愈薄弱，於是兩次宴會在此已合而爲一，這一種的發展合乎邏輯的。

所以這類型的小說，首先最重要的一點，就是使心靈的活潑化，想像的豐富化。這心靈的活潑化，想像的豐富化不是無根得來的；它來自一定的原因，那就是刺激。這篇小說的刺激可分兩類，一類是外來的刺激，即有形的刺激，例如酒即屬外來的刺激。另一類是無形的刺激，如錢夫人的落魄，和不合時髦，「連那個老得臉上起了雞皮皺的賴夫人在內，個個旗袍下擺都縮到差不多到膝蓋上去，露出大半截腿子來」；以及她的很少應酬等等，這些都給她刺激，刺激使錢夫人的想像活潑起來，此爲構成倒轉的原因。我認爲這種倒轉是合理的，不是隨便的。現在進行的事件跟他所要揭開的事件一定構成一個十分嚴密的相關性，這是非常重要的一點。在這倒轉中，表現出兩個世界，一個是十多年前嫁給錢鵬志不久的錢夫人，一個是十多年後近乎中年的寡婦，久已離開交際應酬場面的寡婦。這兩個不同的世界之間就形成了對比。於是作者的意念便由對比傳達出來。

首先通過現在的錢夫人以及十幾年前的錢夫人之間，顯露出人事的滄桑之感。這種感覺是作者自己點明了的，作者文前引劉禹錫的〈烏衣巷〉一詩即是。這是這篇小說的主題之一。在中國，描寫人事的滄桑變遷，原本是最古老，最傳統的主題。在中國人的傳統上，很容易由眼前的情景觸發起人世的盛衰的感慨，而發出見古之情。連桓大司馬都會說：「昔年種柳依依漢南。今看搖落悽愴江潭，樹猶如此，人何以堪。」像這一類的感觸在我國的文學作品中俯拾即是，毋庸細述。因此據我個人所知，在比較實際的西洋人的文學裡，我不能說沒有類似這種的情感的，但至少不及我們中國人這樣的豐富。所以在主題上，白先勇是承襲了傳統的情感，他是個道地的中國人。

再者，由對比所傳達出來的意念吾人稱之爲嘲弄的（irony），一定是意在言外，嘲弄不一定是諷刺的，這篇小說由錢夫人兩個不同的世界的對比而興起對世事無常的嘲弄，它可以含有諷刺的意味，亦可以不含。但是由於白先勇對這一種的代謝與變遷寄予了深厚的同情，不僅不含諷刺的意味，連這份嘲弄也幾乎爲同情所淹沒，又由於作者對於自己的意旨不加說明，只用坐計程車，衣服的長度等等來傳達，把一切感受留給讀者，比起那種呼號出來的情感深沉而有力。其中只有兩句我覺得是多餘的，那就是：「錢鵬志過去後，她那輛官家汽車已經歸還政府了。」這種是作者自己所作的說明，是不必要的。由錢夫人坐計程車來竇公館，即已經讓讀者明白了。

上述只是它的一面，普遍的一面，中國的詩人、文人多有此等情感。它還有另一面，特殊的一面。那就是關於性的問題。作者將性的問題在巧妙的暗示中引發出來。他安排了兩個現成的材料；即是從貴妃醉酒到遊園驚夢。

先說貴妃醉酒，它寫的是楊玉環的性的問題，藉酒表現出來的，在中國這是一個心理戲，非常細膩的。內容是楊玉環預備迎接唐明皇，後來傳來唐明皇駕轉西宮了，所以就引發貴妃性的苦悶，以及複雜的心理狀態。

次說〈遊園驚夢〉，它是來自湯顯祖的《還魂記》又叫《牡丹亭》，它是放在荒唐的外殼裡的一個中國的有名劇本。故事寫一個叫杜麗娘的小姐，讀書讀倦了，到花園裡玩，觸發起她思春的感覺，於是就得了一個夢，夢中遇見一書生，叫柳夢梅，在夢中發生了一段性的行爲，後來杜麗娘憔悴而死，屍體埋在花園裡，並且蓋了一個庵。不久之後，真正的柳夢梅出現了，他將杜麗娘的屍骨掘出，杜麗娘竟因而復活。這是個極荒唐的故事，其中〈遊園驚夢〉爲全劇中最重要的一段，寫杜麗娘遊花園，勾起春思，得了一夢，夢中跟那陌生人發生了性行爲。而且表現極爲露骨。在中國遵守禮法的社會裡，此類作品極爲少見。故而作者必須將之安裝在這樣荒唐的框子裡才得存在。

然而夢中的性行爲不是無據的。柏拉圖在他的〈理想國〉裡曾說到，大意是：當我們在夢中時，我們底 gentler part 睡眠了，理性退卻，獸性發作，而追求原始本性的滿足，完全拋開羞恥謹愿之心，幻想與任何人發生性行爲。因此湯顯祖所描寫的這一段在學理上是可以立足的。

但就現代的觀點說來，所謂性行爲的發生並非像湯顯祖或柏拉圖所說的只有這樣明顯的一面。它還以另一種的形式出現。這是佛洛伊德所提出來的。佛氏於 1901 年出版一本重要著作，叫做《夢的解釋》（*Interpretation of Dream*）。他在這部書中指出：夢是一種潛意識的活動。在潛意識的活動中的主要內容爲被壓抑的願望（這些願望主要是來自童年前期的），這些被壓抑的願望並非是在夢中直接表達出來，而是通過扭曲變形作爲一個象徵出現，故夢都是象徵的。佛氏認爲夢是由兩種東西組成的，一種是「明顯的夢的內容」（“manifest dream-content”），另一種是「隱藏的夢的思想」（“latent dream-thought”）。「明顯的夢的內容」乃夢的形式，是圖象化的，像密碼似的，都是經過扭曲與化裝的，以表現「隱藏的夢的思想」。佛氏學說的特點：是把所有的意義解釋爲性的。因此在他的夢的分類中有一類，即性行爲表現的圖象爲出汗，或韻律的活動，譬如跳舞，騎馬，登山，承受暴力的經驗，……這些都是一種性行爲的象徵。在這個基礎上我們來了解這篇小說的最重要的一段的意義。

杜麗娘快要入夢了，柳夢梅也該上場了。可是吳聲豪卻說，〈驚夢〉裡幽會那一段，最是露骨不過的。（吳師傅吹低一點，今晚我喝多了酒。）然而他卻偏捧著酒杯過來叫道：夫人。他那雙烏光水滑的馬靴啪噠一聲靠在一處，一雙白銅馬刺扎得人的眼睛都發疼了。他喝得眼皮泛了桃花，還要那麼叫道：夫人。我來扶你上馬，夫人，他說道，他的馬褲把兩條修長的腿子繃得滾圓，夾在馬肚子上，像一雙鉗子，（他的馬是白的），路也是白的，樹幹子也是白的，他那匹白馬在猛烈的太陽底下照得發了亮。他們說：到中山陵的那條路上兩旁種滿了白樺樹。他那匹白馬在樺樹林子裡奔跑起來，活像一頭麥桿叢中亂竄的兔兒。太陽照在馬背上，蒸出了一縷縷的白煙來。一匹白的，一匹黑的——兩匹馬都在流汗了。而他身上卻沾滿了觸鼻的馬汗。他的眉毛變得碧青，眼睛像兩團燒著了的黑火，汗珠子一行行從他額上流到他鮮紅的顴上來。太陽，我叫道。太陽照得人的眼睛都睜不開了。那些樹幹子，又白淨，又細滑，一層層的樹皮都卸掉了，露出裡面赤裸裸的嫩肉來。他們說：那條路上種滿了白樺樹。太陽，我叫道。……

這一段所表現的可以為一個夢境來看待，和杜麗娘的夢一樣，同屬於性的願望的顯示。所不同的杜麗娘的夢是赤裸裸的表現出來，而錢夫人的「夢境」則是象徵的表現，照著佛洛伊德的解釋，「明顯的夢的內容」為騎馬，一種出汗或韻律的活動，向「隱藏的夢的思想」則是性行為的象徵。

然而，僅就這些還不夠複雜，因為這一種的願望，可以發生在錢夫人身上，亦可能發生在其他人的身上，在任何一個性不滿足的人身上都可能發生。因此白先勇還給錢夫人安排了跟別人不同的地方。錢夫人有她的特點，她不是普通的女人。她是跟竇夫人、十三天辣椒及其他女性不同的女人。她是個正正經經的歌女，「一個夫子廟算起來，就數藍田玉唱得最正派的歌女」。因此她鄙視十三天辣椒當年在南京夫子廟得月臺清唱的姿態，「一出臺，也不管清唱的規矩，就臉朝了那些捧角的，一雙眼睛鉤子一般，直伸到臺下去」。然而怎麼說錢夫人也是錢將軍正正經經的填房夫人啊！所以錢夫人有傳統中的貞潔觀念。她只是「長錯了一根骨頭」。整體講來，她都以一個規規矩矩的女人姿態出現，然而在那麼規矩的婦人身上安排了剛才這樣一個事件，這事件的發生全是由於長錯了一根骨頭。因此在我看來，這個所謂的「夢境」不只是願望的顯示，而同時是一段記憶的重現。這是她的冤孽，也是她的內疚，是這個正經婦人心中的一個痛苦的記憶。作者在接下去的一段中表現得非常明晰。

> 老五，他瘖啞的喊道，你要珍重吓，老五。他的頭髮亂得像一叢枯白的茅草，他的眼睛坑出了兩隻黑窟窿，他從白床單下伸出他那隻瘦黑的手來，說道，珍重吓。老五。他抖索的打開了那隻描金的百寶匣兒，這是祖母綠，他取出了第一層抽屜。這是貓兒眼。這是翡翠葉子。珍重吓，老五，他那烏青的嘴皮顫抖著，可憐你還這麼年輕。榮華富貴——只可惜你長錯了一根骨頭，冤孽……

緊接著「夢境」之後，便是她丈夫的死的記憶，可見她心中的歉疚。這種內疚僅在某種女性身上才可能產生，她只長錯了一根骨頭，其他都是正正經經的，所以顯現在夢境之後的這一段，是屬於痛苦的回憶。

還有一段，可能是她最痛苦的經驗，這段經驗可能發生在鄭彥青跟她妹子十七月月紅的身上。

> 妹子，他就是姐姐命中招的冤孽了。你聽我說，妹子，冤孽呵。榮華富貴——可是我只活過那麼一次。懂嗎，妹子，他就是我的冤孽了。榮華富貴——只有那一次。榮華富貴——我只活過一次。懂嗎，妹子，你聽我說，妹子。姐姐不賞臉，月月紅卻端著酒過來說道，她的眼睛亮得剩了兩泡水。妳到底不賞妹子的臉，她穿得一身大金大紅的。……

> 就是那一刻那兩張醉紅的面孔漸漸的湊攏在一起，就在那一刻，我看到了他們的眼睛：她的眼睛，他的眼睛。完了，我知道就在那一刻，除問

天，（吳師傅，我的嗓子。）完了，我的喉嚨，你摸摸我的喉嚨，在發抖嗎？完了，在發抖嗎？……

從這一段看來，一定有什麼事情是發生在鄭彥青與她妹子身上。關於這層，作者沒有剝開，雖沒剝開但很合理，即是有一個東西代替它，那就是瘖啞。

啞，這叫做 Symptom，乃是心理上的一種症候。要了解症候的意義，我先說一件事給大家聽。1880 年，當時佛洛伊德還是個學生，他跟一個名叫 Joseph Breuer 的醫生實習，醫院裡來了一個 21 歲的女病人。這女病人是個很聰明的敏感的女人。她的病狀是右臂痲痺，視覺障礙，不能喝水（口渴亦不能喝水，像恐水病似的），後來嚴重到不能講話，甚至不能聽懂母親的話。Dr. Breuer 嘗試用催眠術與女病人建立交通。六週之後的一天當病人受催眠之後，她開口罵她的英文教師，罵她如何的討厭，又罵教師的一隻小狗，她說小狗在她的杯子裡喝水。講完這，她向人要水喝，喝了很大量的水下去。原來這個女病人受到心靈的創傷之後，一向被壓抑在潛意識裡只能以病徵的形式出現，現在她敢於揭發出來使她又有勇氣喝水，症候就消失了。因此一個很可怕的經驗，往往被壓抑而變成心理的病徵。錢夫人的啞就是一種心理的症候，一種心靈的創傷。在這個症候中我們不難看出她的性的願望和她的妒嫉，這種願望和妒嫉，不見容於她的正常意識（正因爲她是一個正正經經的女人），只能壓抑在她的潛意識之中，有時便以症候的形式出現。

白先勇塑造了這樣一個複雜的人物，她的複雜性不在她的外表，而在她的內心，她一方面是貞潔的，冷靜的，而另一方面則是慾的，妒嫉的，熱情的，構成一個複雜和矛盾的組合，作者把它統一於錢夫人的身上，而且巧妙地把它剝露出來。

白先勇展現出了他經驗中的世界，同時將他所觸及的世界很真實地剖現出來，讓我們看他的表現的能力，或者說他的模擬的能力，茲分別舉例說明如下。

一是他寫人物之細。例如描寫竇夫人：「穿了一身銀灰灑朱的薄紗旗袍，足上也配了一雙銀灰閃光的高跟鞋，右手的無名指上戴了一只蓮子大的鑽戒，左腕上也籠了一付白金鑲碎鑽的手串，髮上卻插了一對寸把長的紫瑛墜子直吊下髮腳外來，襯得她豐白的面龐愈加雍容矜貴起來。」又如寫徐夫人：「她穿了一身淨黑的絲絨旗袍，腦後鬆鬆的挽了一個貴婦髻，半面臉微微向外，瑩白的耳垂露在髮外，上面吊著一丸翠綠的墜子。」

二是他寫景物之細，例如：

> 竇公館的正廳裡東一堆、西一堆，錦簇繡叢一般，早坐滿了衣裙明豔的客人。廳堂異常寬大，呈凸字形，是個中西合璧的款式，左半邊置著一堂軟墊沙發，右半邊置著一堂紫檀硬木桌椅，中間地板上卻隔著一張兩寸厚刷著二龍搶珠的大地毯。沙發兩長四短，對開圍著，黑絨底子灑滿了醉紅的海棠葉兒，中間一張長方矮几一擺了一隻兩尺高天青細磁膽瓶，瓶裡冒著一大蓬金骨紅肉的龍鬚菊。右半邊八張紫檀椅子團團圍著一張嵌紋石桌面的八仙桌，桌子上早布滿了各式的糖盒、茶具。廳堂凸字尖端，也擺著六張一式的紅木靠椅，椅子三三分開，圈了個半圓，中間缺口處卻高高豎了一檔烏木架流雲蝙蝠鑲雲母片的屏風。

三是寫作動作之細，例如：

> 他將一柄胡琴從布袋子裡抽了出來，腿上墊上一塊青搭布，將胡琴擱在上面，架上了弦弓，隨便咿呀的調了一下，微微將頭一垂，一揚手，猛地一聲胡琴，便像拋線一般竄了起來，一段西皮流水，奏得十分清脆滑溜。

至於他的對白，無一不切合他們的身分，為節省篇幅不擬舉例。總之，白先勇以精到而細膩的筆觸，來描寫他經驗中的世界。這世界中出現過錢夫人、竇夫人、十三天辣椒、程參謀及客人們，他們都是活的，因為他們彼此不同，白先勇將他們之間的差異性寫出來了，他們都是活脫脫的，活在他們的世界之中。

最後討論到風格的問題。這是篇中國風格的小說，他筆下的人物，無論是思想、情感、舉止、風貌都是傳統的，而技法則是西洋的，而且是現代的。雖然看得出用的是西洋的技法，但他不是生硬地移植過來，而是溶化在他所描寫的人物，以及事件之內，因而不落痕跡。在此中國與西洋、傳統與現代已渾然一體。像這類型的小說受《紅樓夢》的影響是明顯可見的，白先勇寫人物、衣著、環境、動作，甚至寫對白，都受到《紅樓夢》的影響，然而這是無關緊要的。曹雪芹很忠實地，而且是虔誠地刻畫他自己經驗中的世界，把他經驗中的事件深沉地，嚴肅地描寫出來，流露出他的真摯的情感。今以白先勇而為論，白先勇也是真誠的，很嚴肅很虔誠地把他經驗中的世界表現出來，而且注入了豐富的情感和深厚的同情。我個人認為作家不是說道者，與其說上一篇大道理，如與所寫的那些事件不能融合一起，那就只剩下大道理了。因此只要我們很可能地，把自己最熟悉的，經驗中的世界表達出來，則自有它的價值。

我對白先勇懷了很大的期望，尤其是他在太平洋的彼岸，在那種環境內，還能寫屬於中國的東西，更屬可貴。白先勇自覺地知道，他的世界已經像「烏衣巷」一樣，是一去不回來了。更因他自覺地知道，所以他將曾經存在過的那些東西描寫出來，將逝去的時代表現出來，同時也表現了他的個人的觀察力與藝術力。我個人希望他能好好地把「臺北人」寫完，我期待他有更好的作品問世。在此並敘我的最真摯的祝福！

（施叔青筆記）

——選自《文學季刊》，第 6、7、8 期合刊，1968 年 11 月

白先勇的小說世界

《臺北人》之主題探討

◎歐陽子*

白先勇的《臺北人》，是一本深具複雜性的作品。此書由 14 個短篇小說構成，寫作技巧各篇不同，長短也相異，每篇都能獨立存在，而稱得上是一流的短篇小說。但這 14 篇聚合在一起，串聯成一體，則效果遽然增加：不但小說之幅面變廣，使我們看到社會之「眾生相」，更重要的，由於主題命意之一再重複，與互相陪襯輔佐，使我們能更進一步深入了解作品之含義，並使我們得以一窺隱藏在作品內的作者之人生觀與宇宙觀。

先就《臺北人》的**表面**觀之，我們發現這 14 個短篇裡，主要角色有兩大共同點：（一）他們都出身中國大陸，都是大陸淪陷後，隨著國民政府撤退來臺灣這一小島的。離開大陸時，他們或是年輕人，或是壯年人，而 15、20 年後在臺灣，他們若非中年人，便是老年人。

（二）他們都有過一段難忘的「過去」，而這「過去」之重負，直接影響到他們目前的現實生活。這兩個共同點，便是將 14 篇串聯在一起的**表層鎖鏈**。

然而，除此二點相共外，《臺北人》之人物，可以說囊括了**臺北都市社會之各階層**：從年邁挺拔的儒將樸公（〈梁父吟〉）到退休了的女僕順恩嫂（〈思舊賦〉），從上流社會的竇夫人（〈遊園驚夢〉）到下流社會的「總司令」(〈孤戀花〉)。有知識分子，如〈冬夜〉之余嶔磊教授；有商人，如〈花橋榮記〉之老闆娘；有幫傭工人，如〈那片血一般紅的杜鵑花〉之王

---

*本名洪智惠。旅美作家。

雄；有軍隊裡的人，如〈歲除〉之賴鳴升；有社交界名女，如尹雪豔；有低級舞女，如金大班。這些「大」人物、「中」人物與「小」人物，來自中國大陸不同的省籍或都市（上海、南京、四川、湖南、桂林、北平等），他們貧富懸殊，行業各異，但沒有一個不揹負著一段沉重的、斬不斷的往事。而這份「過去」，這份「記憶」，或多或少與中華民國成立到大陸淪陷的那段「憂患重重的時代」，有直接的關係。

夏志清先生在〈白先勇論〉一文中提道：「《臺北人》甚至可以說是部民國史，因爲〈梁父吟〉中的主角在辛亥革命時就有一度顯赫的歷史。」說得不錯，民國成立之後的重要歷史事件，我們好像都可在《臺北人》中找到：辛亥革命（〈梁父吟〉），「五四運動」(〈冬夜〉），北伐（〈歲除〉、〈梁父吟〉），抗日（〈歲除〉、〈秋思〉），國共內戰（〈一把青〉）。而最後一篇〈國葬〉中之李浩然將軍，則集中華民國之史蹟於一身：

桓桓上將　時維鷹揚　致身革命　韜略堂堂
北伐雲從　帷幄疆場　同仇抗日　籌筆贊襄

在此「祭文」中沒提到，而我們從文中追敘之對話裡得知的，是李將軍最後與共軍作戰，退到廣東，原擬背水一戰，挽回頹勢，不料一敗塗地，而使十幾萬廣東子弟盡喪敵手的無限悲痛。李將軍那種倔強、耿直、不屈不撓的氣質，正是中華民國的立國精神，而他之不服老，對肉身不支的事實不肯降服的傲氣，又是多麼的令人心慟！

誠如顏元叔先生在〈白先勇的語言〉一文中提到，白先勇是一位時空意識、社會意識極強的作家。《臺北人》確實以寫實手法，捕捉了各階級各行業的大陸人在逃亡來臺後 20 年間的生活面貌。但如果說《臺北人》止於寫實，止於眾生相之嘲諷，而喻之爲以改革社會爲最終目的的維多利亞時期之小說，我覺得卻是完全忽略了《臺北人》的底意。

潛藏在《臺北人》表層面下的義涵，即《臺北人》之主題，是非常複雜的。企圖探討，並進一步窺測作者對人生對宇宙的看法，是件相當困難而冒險的工作。大概就因如此，雖然《臺北人》出版已逾三年，印了將近十版，而白先勇也已被公認爲當代中國極有才氣與成就的短篇小說作家，卻好像還沒一個文學評論者，認真分析過這一問題。我說這項工作困難，是因《臺北人》**充滿含義，充滿意象**，這裡一閃，那裡一爍，像滿天裡亮晶晶的星星，遺下遍處「印象」，卻彷彿不能讓人用文字捉捕。現在，我願接受這項「挑釁」，嘗試捕捉，探討《臺北人》的主題命意，並予以系統化，條理化。我擬在個人理解範圍內，憑著《臺北人》之內涵，嘗試界定白先勇對人生的看法，並勾繪他視野中的世界之輪廓。

我願將《臺北人》的主題命意分三節來討論，即「今昔之比」、「靈肉之爭」與「生死之謎」。實際上，這種分法相當武斷，不很恰當，因爲這三個主題，互相關聯，互相環抱，其實是一體，共同構成串聯這 14 個短篇的內層鎖鏈。我這樣劃分，完全是爲了討論比較方便。

今昔之比

我們讀《臺北人》，不論一篇一篇抽出來看，或將 14 篇視爲一體來欣賞，我們必都感受到「今」與「昔」之強烈對比。白先勇在書前引錄的劉禹錫〈烏衣巷〉（朱雀橋邊野草花，烏衣巷口夕陽斜，舊時王謝堂前燕，飛入尋常百姓家），就點出了《臺北人》這一主題，傳達出作者不勝今昔之愴然感。事實上，我們幾乎可以說，《臺北人》一書只有兩個主角，一個是「過去」，一個是「現在」。籠統而言，《臺北人》中之「過去」，代表青春、純潔、敏銳、秩序、傳統、精神、愛情、靈魂、成功、榮耀、希望、美、理想與生命。而「現在」，代表年衰、腐朽、麻木、混亂、西化、物質、色慾、肉體、失敗、猥瑣、絕望、醜、現實與死亡。

「過去」與「現在」的界線，最明顯的，當然，就是中國大陸不幸陷入共產黨手中的那年。（作者之國家觀）

但我們也可將此「界線」引申：

「過去」是中國舊式單純、講究秩序、以人情爲主的農業社會；「現在」是複雜的、以利害關係爲重的、追求物質享受的工商業社會。（作者之社會觀）

「過去」是大氣派的，輝煌燦爛的中國傳統精神文化；「現在」是失去靈性，斤斤計較於物質得失的西洋機器文明。（作者之文化觀）

「過去」是純潔靈活的青春。「現在」是遭受時間污染腐蝕而趨於朽爛的肉身。（作者之個人觀）

貫穿《臺北人》各篇的今昔對比之主題，或多或少，或顯或隱，都可從上列國家、社會、文化、個人，這四觀點來闡釋。而潛流於這 14 篇中的撼人心魂之失落感，則源於作者對國家興衰、社會劇變之感慨，對面臨危機的傳統中國文化之鄉愁，而**最基本的**，是作者對人類生命之「有限」，對人類永遠無法長保青春，停止時間激流的萬古悵恨。

難怪《臺北人》之主要角色全是中年人或老年人。而他們光榮的或難忘的過去，不但與中華民國的歷史有關，不但與傳統社會文化有關，最根本的，與他們個人之青春年華有絕對不可分離的關係。曾經叱吒風雲的人物，如樸公或李浩然將軍，創立轟轟烈烈的史蹟，固然在他們年輕時，或壯年時，其他小人物如盧先生（〈花橋榮記〉）或王雄（〈那片血一般紅的杜鵑花〉），所珍貴而不能擺脫的過去，亦與他們的「青春」攸關：盧先生少年時與羅家姑娘的戀愛，王雄對他年少時在湖南鄉下訂了親的「小妹仔」之不自覺的懷念。（他們的悲劇，當然，在表面上，也是實際上，導源於民國之戰亂。）這些小人物的「過去」，異於樸公、李將軍，在別人眼中，毫無歷史價值，但對他們本人，卻同樣是生命的全部意義。

《臺北人》中的許多人物，不但「不能」擺脫過去，更令人憐憫的，他們「不肯」放棄過去。他們死命攀住「現在仍是過去」的幻覺，企圖在「抓回了過去」的自欺中，尋得生活的意義。如此，我們在《臺北人》諸篇中，到處可以找到**表面看似相同，但實質迥異的布設與場景。這種「外**

表」與「實質」之間的差異，是《臺北人》一書中最主要的反諷（irony），卻也是白先勇最寄予同情，而使讀者油然生起惻憐之心的所在。

首先，白先勇稱這些中國大陸人爲「臺北人」，就是很有含義的。這些大陸人，撤退來臺多年，客居臺北，看起來像臺北人，其實並不是。臺北的花橋榮記，雖然同樣是小食店，卻非桂林水東門外花橋頭的花橋榮記。金大班最後摟著跳舞的青年，雖然同樣是個眉清目秀靦腆羞赧的男學生，卻不是當年她癡戀過的月如。〈一把青〉的敘述者遷居臺北後，所住眷屬區「碰巧又叫做仁愛東村，可是和我在南京住的那個卻毫不相干」。尹雪豔從來「不肯」把她公館的勢派降低於上海霞飛路的排場，但她的公館明明在臺北，而非上海。〈歲除〉的賴鳴升，在追憶往日國軍之光榮戰績時，聽得「窗外一聲劃空的爆響，窗上閃了兩下強烈的白光」，卻不是「臺兒莊」之砲火衝天！而是除夕夜人們戲放之孔明燈。〈孤戀花〉之娟娟，是五寶，又非五寶。〈秋思〉之華夫人，花園裡種有幾十株白茸茸的「一捧雪」，卻非抗日勝利那年秋天在她南京住宅園中盛開的百多株「一捧雪」。〈冬夜〉裡余教授的兒子俊彥，長得和父親年輕時一模一樣，但他不是當年滿懷浪漫精神的余嶔磊，卻是個一心想去美國大學念物理的男學生。竇夫人的遊園宴會，使錢夫人一時躍過時間的界線，回到自己在南京梅園新村公館替桂枝香請 30 歲生日酒的情景。但程參謀畢竟不是鄭彥青，而她自己，年華已逝，身分下降，也不再是往日享盡榮華富貴的錢將軍夫人。

白先勇對這些大陸人之「不肯」放棄過去，雖然有一點嘲諷的味道，但我認爲卻是同情遠超過批評，憐憫遠超過譏誚。所以，我覺得，顏元叔在〈白先勇的語言〉一文中，說白先勇「是一位嘲諷作家」，容易引起誤解；而他說白先勇「冷酷分析……一個已經枯萎腐蝕而不自知的社會」，這「冷酷」二字，實在用辭不當。當然，白先勇並不似顏先生所說，只處理上流社會（白先勇筆下的下流社會，真正「下流」得驚人）。但就是在處理上流社會時，他對其中人物之不能面對現實，懷著一種憐惜，一種同情，有時甚至一種敬仰之意。譬如〈梁父吟〉。我覺得，白先勇雖然刻畫出樸公與現實脫節的生活面貌，他對樸公卻是肅然起敬的。葉維廉先生在〈激流怎能爲倒影造像？〉一文中，論白先勇的小說，寫道：

> 〈梁父吟〉裡的革命元老，叱吒風雲的樸公，現在已惺忪入暮年，他和雷委員對弈不到一局終就「垂著頭，已經矇然睡去了」。不但是革命的元氣完全消失了，而且還斤斤計較王孟養（另一革命元老）後事的禮俗，而且迷信；合於樸公那一代的格調已不知不覺的被淹沒……

我細讀〈梁父吟〉，卻和葉維廉有些不同的感受。如果我沒錯解，我想白先勇主要想表達的，是樸公擇善固執、堅持傳統的孤傲與尊嚴。從一開頭，白先勇描寫樸公之外貌，戴紫貂方帽，穿黑緞長袍，「身材碩大，走動起來，胸前銀髯，臨風飄然……臉上的神色卻是十分的莊凝」，就使我們看到樸公的高貴氣質與凜然之威嚴。而樸公事實上之「脫離現實」，恰好給予這篇小說適度之反諷，卻不傷害作者對主角的同情與敬意。樸公與雷委員對弈，「矇然睡去」之前，卻先將雷委員的一角「打圍起來，勒死了」。而他被喚醒後，知道身體不支，卻不肯輕易放棄。他說：

> 也好，那麼你把今天的譜子記住。改日你來，我們再收拾這盤殘局吧。

此篇最末一段，白先勇描寫樸公住宅院子裡的景色：「……蘭花已經盛開過了，一些枯竭的莖梗上，只剩下三五朵殘苞在幽幽的發著一絲冷香。可是那些葉子卻一條條的發得十分蒼碧。」盛開過的蘭花與殘苞，顯然影射樸公老朽的肉身。而「一條條的發得十分蒼碧」的葉子，應該就是樸公用以創建民國的那種不屈不撓、貫徹始終的精神吧！

《臺北人》中之人物，我們大約可分爲三類：

一、完全或幾乎完全活在「過去」的人。

《臺北人》之主要角色，多半屬於這一型，明顯的如尹雪豔、賴鳴升、順恩嫂、樸公、盧先生、華夫人、「教主」、錢夫人、秦義方等人。不明顯而以變形形態表徵的，如〈一把青〉之朱青與〈那片血一般紅的杜鵑花〉之王雄。這兩人都「停滯」在他們的生活慘變（朱青之喪夫，王雄之被人截去打日本鬼）發生之前，於是朱青變得「愛吃『童子雞』，專喜歡空軍裡的小伙子」；而王雄對麗兒之癡戀，卻是他不自覺中對過去那好吃懶做，長得白白胖胖的湖南「小妹子」之追尋。

白先勇冷靜刻畫這些不能或不肯面對現實的人之與現世脫節，並明示或暗示他們必將敗亡。但他對這類型的人，給予最多的同情與悲憫。

二、保持對「過去」之記憶，卻能接受「現在」的人。

《臺北人》角色中，能不完全放棄過去而接受現實的，有劉營長夫婦（〈歲除〉）、金大班、〈一把青〉之「師娘」、〈花橋榮記〉之老闆娘、〈冬夜〉之余嶔磊與吳柱國等。他們也各有一段難忘的過去，但被現實所逼，而放棄大部分過去、大部分理想，剩下的只是偶然的回憶。如此，負擔既減輕，他們乃有餘力挑起「現實」的擔子，雖然有時絆腳，至少還能慢步在現實世界中前行。這些角色對於自己被迫捨棄「過去」之事實，自覺程度各有不同，像「師娘」，就沒有自覺之悵恨，但余嶔磊與吳柱國，卻對自己爲了生存不得不採的態度，懷著一種說不出的無可奈何之惆悵。這份無限的感傷，反映在〈冬夜〉之結語中：

> 臺北的冬夜愈來愈深了，窗外的冷雨，卻仍舊綿綿不絕的下著。

白先勇對於這類型的人，也是深具同情之心的。而且，他的筆觸傳達出發自他本人內心之無限感慨：要在我們現今世界活下去，我們最大的奢侈，大概也只是對「過去」的偶然回顧吧！

三、沒有「過去」，或完全斬斷「過去」的人。

《臺北人》中的這型人物，又可分二類，其一是年輕的一輩，也就是出生在臺灣，或幼年時就來到臺灣，而沒有真正接觸過或認識過中國大陸的外省青年男女。他們是沒有「根」、沒有「過去」的中國人。例如〈冬夜〉中的俊彥，〈歲除〉中的驪珠和俞欣，即屬於此類。他們因為沒能親眼看到國家之興衰，未曾親身體驗連帶之個人悲歡，對於前一輩人的感觸與行為，他們或漠然，或不解，或缺乏同情，永遠隔一段不可逾越的距離。

另一類是「斬斷過去」的人。例如〈冬夜〉中的邵子奇、〈秋思〉中之萬呂如珠、〈梁父吟〉之王家驥，就屬此類。他們之斬斷過去，不是像朱青〈一把青〉那樣，由於「回顧」過於痛苦（朱青其實沒能真正斬斷）。卻是因為他們的「理性」（"rationality"），促使他們全面接受現實，並為了加速腳步，趕上時代，毫不顧惜完全丟棄了「傳統之包袱」。

唯獨對於這種為了「今」而完全拋棄「昔」的人，白先勇有那麼一點兒責備的味道。但是責備之中，又混雜著了解，好像不得不承認他們有道理：「當然，當然，分析起來，還是你對。」也可以說，白先勇的「頭腦」贊成他們的作風。但他的「心」，卻顯然與抱住「過去」的眾生同在。

讓我們比較一下《臺北人》中兩個都是從外國回來的中年人：〈梁父吟〉之王家驥，和〈思舊賦〉之李家少爺。前者顯然是個很有理性，完全洋化，拋棄了中國傳統的人。他的父親王孟養（革命元老）去世，他從美國回來辦喪事，卻對中國人的人情禮俗非常不耐煩，也不了解，把治喪委員會的人和他商量的事情，「一件件都給駁了回來」。王家驥捨棄了傳統，失去了中國人的精神，但在現實世界中，他卻能成功，跟上時代潮流，不被淘汰。

李家少爺卻正相反：他也是中國舊式貴族家庭出身，父親當年也是轟轟烈烈的大將軍。他出國後，顯然因為突然離了「根」，不能適應外界環境，終於變成了一個白癡。我們不清楚他在國外，是否遇到什麼特別事故，引發導致他的精神崩潰。但我們卻知，他之退縮到癡癲世界，根本原因還是他不能接受現實，只肯回顧，不能前瞻。

一個作家，無論怎樣客觀地寫小說，他對自己筆下人物所懷的態度（同情或不同情，喜歡或不喜歡），卻都從他作品之「語氣」（“tone”）洩漏出來。我們讀〈思舊賦〉，可從其「語氣」感覺出白先勇對李少爺懷著無限憐惜之情。這使我聯想起美國文豪威廉・福克納（William Faulkner）。在其巨作《聲音與憤怒》（*The Sound and the Fury*）中，他對坎普生家庭（The Compsons）的那個白癡男子賓居（Benjy），也寄予同樣深厚的憐憫。事實上，雖然白先勇和福克納的作品，有很多不同處（譬如作品之「語氣」，白先勇冷靜，福克納激昂），我卻覺得此二作家有幾點相似：一、他們都偏喜愛回顧，有「情」，但逃避現實的失敗者。在《聲音與憤怒》中，福克納憐愛賓居，也憐惜蔑視肉體「貞操」的凱蒂（Caddy），更悲憫與死神戀愛，對妹妹懷著某種亂倫感情而最後自殺的寬丁（Quentin）。但他對坎普生家庭的兄弟姐妹中，唯一神經正常，有理性，抱現實主義的傑生（Jason），不但不同情，而且極端鄙視（白先勇對王家驥，倒無鄙視之意）。二、他們都採用癡狂、墮落、死亡等現象，影射一個上流社會大家庭之崩潰，更進而影射一個文化之逐漸解體。福克納所影射的，是美國南北戰爭之後衰微下去的「南方文化」（“Southern Culture”）。這「南方文化」之精神，頗有點像中國舊社會文化：農業的，尊重傳統與榮譽的，講究人情的，紳士派頭的。福克納對這被時代潮流所捲沒的舊文化舊秩序，也滿懷惦緬與鄉愁。所不同的，美國南方文化，不過一、二百年的歷史。而白先勇所揹負的，卻是個五千年的重荷！

靈肉之爭

靈肉之爭，其實也就是今昔之爭，因爲在《臺北人》的世界中，「靈」與「昔」互相印證，「肉」與「今」互相認同。靈是愛情，理想，精神。肉是性慾，現實，肉體。而在白先勇的小說世界中，靈與肉之間的張力與扯力，極端強烈，兩方彼此廝鬥，全然沒有妥協的餘地。

〈花橋榮記〉之盧先生，來臺多年，卻緊抱著「過去」一心一意要和他少年時代在桂林戀愛過而留居大陸的「靈透靈透」的羅家姑娘成親。這一理想是他生命的全部意義，有了它，他不在乎也看不見現實生活的艱辛痛苦，因爲他的「靈」把他的「肉」踩壓控制著。然而，當現實之重棒擊碎了理想，使他再也沒有寸步餘地攀住他那夢幻，「靈」立刻敗亡，「肉」立刻大勝，於是他搞上一個大奶大臀唯肉無靈的洗衣婦阿春，整日耽溺於性慾之發洩：既失去「過去」，就絕望地想抓住「現在」。但當他連醜陋的「現在」也抓不住時（阿春在盧先生房裡偷人，他回去捉姦，反被阿春「連撕帶扯」咬掉大半個耳朵），他馬上整個崩潰，而死於「心臟痲痹」。他之死，他之「心臟痲痹」，可以說是他的靈肉衝突引致的悲劇。

〈那片血一般紅的杜鵑花〉之王雄，和盧先生的故事旨意，基本上很相似。王雄是個男傭，顯然沒受過什麼教育，對於自己的行爲與感情，完全沒有了解力，反省力。但我們可從白先勇幾句輕描淡寫的對話敘述中，窺知這男主角對麗兒如此癡戀的原因：他要在麗兒身上捕捉「過去」。麗兒之影像，與他少年時代湖南鄉下訂了親的「小妹仔」，合而爲一，他今日對麗兒之迷戀，其實正是他對「過去」的迷戀。如此，在他不自覺中，「過去」之魅影統攝著他——「靈」的勝利。這期間，「肉」也起來反抗，企圖將王雄拉往相反方向：那「肥壯」「肉顫顫」的下女喜妹，就是王雄體內的「肉」之象徵。但「靈」的力量太強，擠壓「肉」於一角，「肉」完全抬不起頭，卻想伺機報復。這種靈與肉的對峙對敵，白先勇在幾句敘述中點出：

> 舅媽說，王雄和喜妹的八字一定犯了沖，王雄一來便和她成了死對頭，王雄每次一看見她就避得遠遠的，但是喜妹偏偏卻又喜歡去撩撥他，每逢她逗得他紅頭赤臉的當兒，她就大樂起來。

然而時間不能永駐，麗兒必須長大。入中學後的麗兒之影像，就開始不再能符合凝滯於王雄心目中那十歲的「小妹仔」之影像。而麗兒在實際生活上，開始脫離王雄，也是白先勇特意用外在現象，來投射王雄之內心現象。最後，當麗兒捨棄了王雄，也就是說，當「過去」捨棄了王雄，他的生活意義頓失，「靈」即衰萎。剩下的，只是空空的「現在」，只是肉體，只是喜妹。但他那被閹割了的「靈」，哪裡肯就此罷休？他最後對喜妹之施暴，與自殺身亡，其實就是他的「靈」對「肉」之最後報復，最後勝利。可不是嗎？他死後，靈魂豈非又回麗兒家裡，天天夜裡在園子裡澆水，把那百多株杜鵑花，澆得很像噴出了鮮血，開放得「那樣放肆，那樣憤怒」！

過去是愛是靈，現在是慾是肉，這一主題含義，除了在上述二篇外，在《臺北人》其他篇中，也時常出現。過去在南京，朱青（〈一把青〉）以全部心靈愛郭軫；現在，在臺北，「朱小姐愛吃『童子雞』，專喜歡空軍裡的小伙子」。過去，在上海百樂門，金大班曾把完整的愛給過一個名叫月如的男學生；現在，在臺北夜巴黎，她爲求得一個安適的肉身棲息處，即將下嫁老邁的富商陳發榮。「教主」（〈滿天裡亮晶晶的星星〉）以前在上海，對那具有「那股靈氣」的姜青之同性戀，是愛情；現在，他與三水街小么兒的勾搭，是肉慾。余嶔磊（〈冬夜〉）的前妻雅馨，是靈，是愛，是理想；他現在的妻子，是他爲了維持「肉體生命」（吃飯睡覺），被迫接受的醜陋現實。

白先勇的小說世界中，「靈」與「肉」之不可能妥協，或「昔」與「今」之不可能妥協，歸根究柢，起源於一個自古以來人皆知之事實：時間永不停駐。時間，不爲任何一人，暫止流動。青春，不爲任何一人，久留一刻。盧先生一直期待，一心一意要和羅家姑娘成親，拾回「過去」。但誰能拾回過去？即使他住香港的表哥沒有騙他，即使羅家姑娘真的由大陸逃出，來到臺灣與他成親，他怎能撿回失落的 15 年歲月？就算羅家姑娘沒受共產黨的折磨，單就「時間」的侵蝕這一點而言，她也已不可能再是相片中的模樣：「那一身的水秀，一雙靈透靈透的鳳眼，看著實在叫人疼憐」。而盧先生自己，「背有點佝……一頭頭髮先花白了……眼角子兩抓深深的皺紋」，怎能和當年那個「穿著一身學生裝，清清秀秀，乾乾淨淨的，戴著一頂學生鴨嘴帽」的自己相比呢！如此，在白先勇的小說世界中，「愛情」與「青春」有不可分離的關係。人既不能長保青春，愛情也只在**凝固成一個記憶時，才能持久**（所以白先勇小說裡的愛情，必維繫於生離或死別）。然而可憐的人類，卻往往不甘於只保留一份記憶。他們要把這份凝固的過去，抓回移置現實中，以為這樣就能和從前一樣。卻不想到**流動的時間，無法載納凍結之片刻**。「過去」，永遠不能變成「現在」。如此，白先勇那些臺北人，所追尋的理想，並非反攻大陸就能實現。而是**根本不能實現**。

上面討論「今昔之比」之主題時，我將《臺北人》的人物分為三類，並指出白先勇對此三型人物之同情程度。現在我們亦可從靈肉觀點，作同樣之分析。白先勇給予最多悲憫的，是抱住「靈」而排斥「肉」的人，如盧先生和王雄（當然，我們亦可引申而包括所有活在「過去」中之角色）。但他顯示出這些人必將敗亡，因為太多的「靈」，太多「精神」，到底不是血肉之軀所能承受的。對於只有肉性而無靈性的人，如喜妹、阿春、余教授現在的太太，白先勇則不同情，而且鄙視。但他又十分同情那些被現實所逼，不得不接受「肉」，卻保留「靈」之記憶而偶然回顧的人。如金大班、余嶔磊。白先勇好像滿懷悲哀無可奈何地承認：人，要活下去，要不敗亡，最多只能這樣——**偶然回顧**。

在《臺北人》世界中，對過去愛情或「靈」的記憶，代表一種對「墮落」，對「肉性現實」之贖救（redemption）。如此，現實俚俗的金大班，在想到自己與月如的愛情時，能夠突然變得寬大同情，把鑽石戒指卸下給朱鳳和她肚裡的「小孽種」。「祭春教」的「教主」，之所以異於一批比他資格老的「夜遊神」，而有「那麼一點服眾的氣派」，是因為他過去曾有三年輝煌的藝術生命（靈），並曾全心全意戀愛過他那個「白馬公子」。余嶔磊接受了現實，卻還能保持人情與人性，是因他對前妻雅馨的愛情之記憶，以及他對自己參與「五四」運動的那種光輝的浪漫精神（靈）之偶然回顧。

生死之謎

而時間，無情的時間，永遠不停，永遠向前流去。不論你是叱吒風雲的將軍，或是未受教育的男工，不論你是風華絕代的仕女，或是下流社會的女娼，到頭來都是一樣，任時間將青春腐蝕，終於化成一堆骨灰。

一切偉大功績，一切榮華富貴，只能暫留，終歸滅跡。所有歡笑，所有眼淚，所有喜悅，所有痛苦，到頭來全是虛空一片，因爲人生有限。

人生是虛無。一場夢。一個記憶。

細讀《臺北人》，我感觸到這種佛家「一切皆空」的思想，潛流於底層。白先勇把〈永遠的尹雪豔〉列爲第一篇，我覺得絕非偶然。這篇小說，固然也可解爲社會眾生相之嘲諷，但我認爲「象徵」之用意，遠超過「寫實」。尹雪豔，以象徵含義來解，不是人，而是魔。她是幽靈，是死神。她超脫時間界限：「尹雪豔總也不老」；也超脫空間界限：「絕不因外界的遷異，影響到她的均衡」。她是「萬年青」，她有「自己的旋律……自己的拍子」。白先勇一再用「風」之意象，暗示她是幽靈：「隨風飄蕩」，「像一陣三月的微風」，「像給這陣風薰中了一般」，「踏著風一般的步子」，「一陣風一般的閃了進來」。而她「像個通身銀白的女祭司」，「一身白色的衣衫，雙手合抱在胸前，像一尊觀世音」，「踏著她那風一般的步子走出了極樂殯儀館」等等，明喻兼暗喻，數不勝數。加上任何與她結合的人都不免敗亡之客觀事實，作者要把她喻爲幽靈的意向，是很明顯的。

我之所以強調白先勇故意把尹雪豔喻爲幽靈，即要證明《臺北人》之底層，確實潛流著「一切皆空」的遁世思想。因爲尹雪豔既是魔，既是幽靈，她說的話，她的動作，就超越一個現實人物的言語動作，而變成一種先知者之「預言」(“prophecy”)，也就是一個高高在上的作者對人生的評語。其功效有點像希臘古典戲劇中的「合唱團」(“Chorus”)，也類似莎士比亞〈馬克白〉劇中出現的妖婆。

所以，當尹雪豔說：

> 宋家阿姐，「人無千日好，花無百日紅」，誰又能保得住一輩子享榮華，受富貴呢？

這也就是高高在上的白先勇對人世之評言。而當「尹雪豔站在一旁，叼著金嘴子的三個九，徐徐地噴著煙圈，以悲天憫人的眼光看著她這一群得意的、失意的、老年的、壯年的、曾經叱吒風雲的、曾經風華絕代的客人們，狂熱的互相廝殺〔表面意思指打麻將〕，互相宰割」，我們好像隱約聽到發自黑暗古墓後面的白先勇的歎息：「唉，可憐，真正可憐的人類！如此執迷不悟！卻不知終歸於死！」人，皆不免一死。死神，一如尹雪豔，耐性地，笑吟吟地，居高臨下，俯視芸芸眾生，看著他們互相廝殺，互相宰割。然後，不偏不袒，鐵面無私，將他們一個一個納入她冰冷的懷抱。

如此，〈永遠的尹雪豔〉，除了表面上構成「社會眾生相」之一圖外，另又深具寓意，是作者隱形之「開場白」。這使我聯想起《紅樓夢》第一回中，亦有含義相差不遠的「預言」。即「跛足道人」口裡唸著的：

> 世人都曉神仙好，唯有功名忘不了！古今將相在何方：荒塚一堆草沒了。
>
> 世人都曉神仙好，只有金銀忘不了！終朝只恨聚無多，及到多時眼閉了。
>
> 世人都曉神仙好，只有姣妻忘不了！君生日日說恩情，君死又隨人去了。

世人都曉神仙好，只有兒孫忘不了！癡心父母古來多，孝順子孫誰見了？

但曹雪芹的「預言」是「明說」。白先勇的「預言」是採用現代文學技巧的「暗喻」。

與尹雪豔同樣深具含義的，是最後一篇〈國葬〉中，突然出現於靈堂的老和尚劉行奇。這和尚也不是「人」。他對著李浩然將軍的靈柩，合掌三拜，走了出去，回了秦義方兩半句話，掉了幾滴眼淚，便「頭也不回，一襲玄色袈裟，在寒風裡飄飄曳曳，轉瞬間，只剩下了一團黑影」。尹雪豔如果是幽靈，劉行奇便是個菩薩，他悲天憫人——由於親身經歷過極端痛苦，而超越解脫，而能對眾生之痛苦，懷無限之悲憫。而老和尚那種因慟於世人之悲苦，連話都說不出來的胸懷，也正是《臺北人》作者本人的胸懷。

不錯——白先勇是尹雪豔，也是劉行奇。既冷眼旁觀，又悲天憫人。是幽靈。是禪師。是魔。是仙。

另一方面，我覺得白先勇也抱一種「生即是死，死即是生」的類似道家哲學之思想。憑著常人的理性與邏輯，「過去」應該代表死亡，「現在」應該代表生命。但在白先勇視界中，「昔」象徵生命，「今」象徵死亡。這一特殊看法之根結，在於白先勇將「精神」，或「靈」，與生命認同，而將「肉體」與死亡印證。如此，當王雄自殺，毀了自己肉身，他就真正又活起來，擺脫了肉體的桎梏，回到麗兒花園裡澆杜鵑花。郭軫與朱青的逝去了的愛情，是生命；但埋葬了「過去」的朱青，卻只是行屍走肉。朱燄「只活了三年」，因爲隨著他「藝術生命」之死亡，他也同時死亡。

最後，我想藉此討論《臺北人》生死主題之機會，同時探討一下白先勇對人類命數的看法。我覺得他是個相當消極的宿命論者。也就是說，他顯然不相信一個人的命運，操在自己手中。讀《臺北人》，我們常碰到

「冤」、「孽」等字眼，以及「八字沖犯」等論調：會預卜凶吉的吳家阿婆，稱尹雪豔為「妖孽」。金大班稱朱鳳肚裡的胎兒「小孽種」。麗兒的母親戲稱她「小魔星」，又說王雄和喜妹的「八字一定犯了沖」。順恩嫂得知李長官家庭沒落情形，兩次喊「造孽」，而羅伯娘解之為「他們家的祖墳，風水不好」。樸公關心王孟養「殺孽重」。娟娟唱歌像「訴冤一樣」，「總司令」拿她的「生辰八字去批過幾次，都說是犯了大凶」。朱燄第一眼就知道林萍是個「不祥之物」。藍田玉「長錯了一根骨頭」，是「前世的冤孽」。

我必須趕快指出，我上面舉的例子，若非出自作品中人物之對話，即是出自他們的意識，絕對不就代表白先勇本人的意思。事實上，這種談話內容，或思想方式，完全符合白先勇客觀描繪的中國舊式社會之實際情況。然而讀《臺北人》中的某些篇，如〈那片血一般紅的杜鵑花〉，或，更明顯的，如〈孤戀花〉，我們確切感覺出作者對「孽」之濃厚興趣，或蠱惑。白先勇似乎相信，人之「孽」主要是祖先遺傳而來，出生就已註定，根本無法擺脫。他好像也相信「再生」之說：前世之冤魂，會再回來，討債報復。

《孤戀花》中的娟娟，身上載有遺傳得來的瘋癲，亂倫引致的罪孽；她「命」已註定，絕對逃不了悲慘結局。白先勇確實有意把娟娟寫成五寶再世。五寶是此篇敘述者（總司令）在上海萬春樓當酒家女時的「同事」，也是她同性戀愛的對象。五寶和「總司令」唱戲，「總愛配一齣《再生緣》」。後來她被一個叫華三的流氓客，肉體虐待，自殺身死，死前口口聲聲說：「我要變鬼去找尋他！」15 年後，在臺北五月花，「總司令」結識娟娟，長得酷似五寶，同樣三角臉，短下巴，「兩個人都長得那麼一副飄落的薄命相」。她把她帶回家裡同居。後來娟娟結識柯老雄（與華三同樣下流，皆有毒癮），「魂魄都好像遭他攝走了一般」，任他萬般施虐。然而，在「七月十五，中元節這天」，娟娟突然用一隻黑鐵熨斗，將柯老雄的頭顱擊碎，腦漿灑得滿地。白先勇用非常靈活的「鏡頭急轉」

之技巧，混淆今昔，使娟娟與五寶的意象合而爲一，傳達出娟娟即五寶的鬼之旨意。娟娟殺死柯老雄後，完全瘋掉，但她已報前世之冤孽，也彷彿一併祓祛了今世新招之孽根，雖只剩下一空殼，也好像沒甚麼遺憾了似的。

白先勇小說人物之「冤孽」，常與性慾有關，而且也常牽涉暴力。但我覺得白先勇亦存心將他的冤孽觀，引申而影射到一個社會，一個國家，一個文化。如果人的全部理性，都無法控制與生俱來的冤孽，那麼，同樣，一切人爲之努力，皆無法左右命中註定的文化之盛衰，國家之興亡，社會之寧亂。此種哲學理論固然成立，但畢竟太消極些，只能適用於「昔」，不能合乎於「今」。然而這種基於實用社會學觀點的價值判斷，卻絕對不能介入文學批評之範疇內。因爲實用社會學所針對的，是終將成爲「過去」的「現在」，而文學藝術，唯有文學藝術，是不受時空限制，融匯「今」「昔」的。我就至少知道一位諾貝爾文學獎金得主，威廉・福克納，對人類命運的看法，與白先勇相差不遠。在他作品中，doom（命、劫數）、curse（孽、天譴）等字，一次又一次地出現。

——選自《白先勇外集・王謝堂前的燕子》

臺北：天下遠見出版公司，2008 年 9 月

白先勇的語言

◎顏元叔*

就《遊園驚夢》八個短篇來說，白先勇是一位時空意識極強的作家。每一篇都可見新聞報導式的企圖，要把時間與空間固定得盡可能明確，使故事的背景以及故事的本身充滿真實感。當然，一篇小說的真實感不完全來自明確的時空背景；不過，時空的經緯固定了，真實感便容易浮現出來。於是，白先勇敢於讓他的故事，發生在臺北市仁愛路四段，發生在天母，發生在長春路……他的時間觀念則似乎沒有空間觀念那樣明確；不過，總是在政府播遷來臺後的十餘年之間吧。我認爲這是白先勇的一大長處。寫詩，大概可以略爲超越時空，寫小說卻是非譜定時空的經緯不可。總括起來，我們可以說，白先勇是一位社會意識極強的作家。其次，白先勇是一位嘲諷作家。《遊園驚夢》諸篇不盡是嘲諷之作；但是，我以爲他所擅長的是眾生相的嘲諷；他的冷酷分析多於熱情擁抱。本來，像白先勇所處理的上流社會，一個已經枯萎腐蝕而不自知的社會，是值不得當小情人來擁抱的。假使白先勇朝這個方向發展下去，中國現代文壇出個威廉・梅克比斯・薩克萊（W. M. Thackeray）也未可知。我召來薩克萊的鬼影，不僅是爲了稱美；因爲，我想白先勇的短篇小說，都有點像長篇：無論他的題材，人物，或敘事文體，都是更像長篇而不像短篇的。現代西洋短篇小說似乎更接近詩，比較空靈，比較富於哲理；而嘲諷眾生相的大塊文章，每每付諸長篇——維多利亞式的長篇。現代的長篇又似乎接近現代的

*顏元叔（1933～2012）散文家、文學評論家。湖南茶陵人。發表文章時爲臺灣大學外國語文學系教授。

短篇，常常使用抒情的形式（lyrical form）。於是，我幾乎想這麼說：白先勇的小說，是維多利亞小說與中國傳統小說的揉合。

上面只是一個引子。實際上，我想討論的乃是白先勇的文學語言。文學的語言不是獨立存在的；它與敘事觀點（point of view）息息相關——而敘事觀點之後，便是作者自己的意向。作者的意向在白先勇的小說中特別重要，因爲他是一位嘲諷作家。要嘲諷，便得看用誰的口來嘲諷了。在論述細節之前，我願意先下一個大膽的斷語：白先勇用他自己的口吻嘲諷時，他的嘲諷語言最能入木三分；倘使假借別人的口，則總令讀者如我者稍感欠缺。用小說的術語來說，白先勇使用作者全能敘事觀點時，最能施出渾身解數。下面讓我們求證一番。

《遊園驚夢》的第一篇〈永遠的尹雪豔〉，以這麼一段開始：

> 尹雪豔總也不老。十幾年前那一批在上海百樂門舞廳替她捧場的五陵少年，有些天平開了頂，有些兩鬢添了霜；有些來臺灣降成了鐵廠、水泥廠、人造纖維廠的閒顧問，但也有少數卻升成了銀行的董事長，機關裡的大主管。不管人事怎麼變遷，尹雪豔永遠是尹雪豔，在臺北仍舊穿著她那一身蟬翼紗的素白旗袍，一逕那麼淺淺的笑著，連眼角兒也不肯皺一下。

我想，任何懂得敘事觀點的人都會同意，這段是作者用自己的全能敘事觀點寫成的，作者從他的觀點，鳥瞰全局，爲尹雪豔的故事提供一個必要的背景；其次，作者從據高臨下的全能觀點，來「談」尹雪豔，所以我們在這段裡聽到的，是作者自己說話的口氣。作者如何「談」尹雪豔呢？這便是作者意向之所指了。我認爲作者的意向是嘲諷尹雪豔以及旋轉在她四周的五陵少年——或五陵老年！而作者的嘲諷，一開始便活活潑潑的從字裡跳了出來。「尹雪豔總也不老」。這的確是句妙語！它的稠密度（intension）是很大的。首先，事實上，人人都會變老，但是，尹雪豔卻總也不老。這是一句違反事實的命題，是一句內在的矛盾語。有什麼理由使這句矛盾語存在呢？有什麼能力可以違反事實揮戈止日呢？唯一的理由，唯一的能力，便是尹雪豔自己不肯老——當然，也不能老，老了怎麼做名女人呢！不老的尹雪豔要想保持不老，大概也煞費苦心的吧。她可能像〈金大班的最後一夜〉的金大班，「在宜香美容院就不知花了多少冤枉錢，拉面皮、扯眉毛——臉上就沒有剩下一塊肉沒受過罪」。當然，尹雪豔也許另外駐顏有術。總之，作者這個「總」字在「尹雪豔總也不老」中，似乎道盡了自讚美以至揶揄的一切影射。名女人的最大本錢是青春，尹雪豔就憑了猶存的風韻，依舊在蠱惑人。所以，「尹雪豔總也不老」一語，也可說點破了全篇的主題。我們可以把上面的分析，同樣應用到這段的最後一句話：「連眼角兒也不肯皺一下」。「不肯」兩字把「眼角兒」人稱化了，「眼角兒」——以部分概全體——即是尹雪豔本人。無論第一句或最後一句，嘲諷之外都有相當的喜劇成分。做為諷刺作家，白先勇並不苦澀辛辣——當然，誰好意思對名女人尖酸刻薄呢，她們是「一逕那麼淺淺的笑著」！

「尹雪豔總也不老」與「連眼角兒也不肯皺一下」，像老虎鉗的一雙平行鋼齒，把這段文章夾著緊緊的，給予這十來句話一種牢靠的形式控制。至於這段中間的文字，便是作者以尹雪豔為起點，所作的社會批評。「五陵少年」這句陳腐套語，用在此處最恰當不過；因為，這些人物本來陳腐不過——此外，「五陵少年」也有勾起舊愁的味況。「天平開了頂」與「兩鬢添了霜」，是白先勇化文言為白話的結果——揉合文言白話或化文言為白話，可能是白先勇在語言創新方面的大貢獻，後面再談。最有趣的是：「有些來臺灣降成了鐵廠、水泥廠、人造纖維廠的閒顧問，但也有少數卻升成了銀行的董事長，機關裡的大主管」這一筆社會批評，真是入木三分，而不露痕跡，一個「但」字便分成兩個世界，有幸有不幸，但其間分野只是一個逗點而已。宦海浮沉哪有什麼準則，做董事長與做閒顧問，就得看誰的八字大了。也許我們可以用〈歲除〉賴鳴升的話作註腳：

「老弟臺，大哥的話，一句沒講差。吳勝彪，那個小子還當過我的副排長呢。來了臺北，走過他門口，老子正眼也不瞧他一下。他做得大是他的命，捧大腳的屁眼事，老子就是幹不來，幹得來現在也不當伙伕頭了」。這裡的社會批評，由於賴鳴升的個性的關係，比較暴露。〈遊園驚夢〉有一段，卻含蓄得恰到好處：「錢夫人連忙向余參軍長歉謝了一番，她記得余參軍長在南京時來過她公館一次，可是她又髣髴記得他後來好像犯了甚麼大案子被革了職退休了」。這和〈永遠的尹雪豔〉中的閒顧問，大主管之類，恰好異曲同工——一樣沒有譜子。我覺得尹雪豔的「仍舊穿著她那一身『蟬翼紗的素白旗袍』」，象徵作用多於寫實。尹雪豔是「隔江猶唱後庭花」的「商女」；在上海，在臺北，都是一樣。她是超越時空的；時空的改變不能改變她的生活哲學。所以，她「仍舊」穿素白旗袍，「仍舊」去幹她名女人的勾當。在時空急速轉變的 20 世紀中葉，尹雪豔卻是「永遠的」，多豐富的一個嘲諷！

白先勇揉合文言與白話或化文言為白話的技巧，可以從下面錄著的一段，窺斑見豹：

> 尹雪豔在舞池子裡，微仰著頭，輕擺著腰，一逕是那麼不慌不忙的起舞著；即使跳著快狐步，尹雪豔從來也沒有失過分寸，仍舊顯得那麼從容，那麼輕盈，像一毬隨風飄盪的柳絮，腳下沒有紮根似的。尹雪豔有她自己的旋律。尹雪豔有她自己的拍子。絕不因外界的遷異，影響到她的均衡。

像「分寸」、「從容」、「輕盈」、「柳絮」、「遷異」、「均衡」等，都不是日常口頭上的白話——假使說前面四個片語，日常有時用到；至少，後面兩個片語，卻是道地的文言。但是，白先勇把這些辭句融合在如「腳下沒有紮根似的」口頭語裡，毫無分離間隔之感，而自成一種統一調和的文體。我們還可以引一些別的辭句，如「難免招忌」；「輕者家敗，重者人亡」；「壓倒群芳」；「冷豔逼人」等等四個字的套語。這種套語最容易與白話文分離，自我獨立，化為馬路上的鵝卵石。在白先勇的筆下，它們卻被上下文消化了，完全融成一體。這是令我驚訝的地方。我想這也許是解決現代中國小說的語言問題的最佳方法之一。這個方法使得舊語言與新語言，有了結合的機會，可使中國文學語言的傳統延續下去。此外，畢竟舊語言中有著豐富的歷史累積，部分固已僵化，大半還是活生生的，或者可以使之再生的。假使癈而不用，豈不可惜！

不過，白先勇這種文體也有它的限度。假使他的題材都是如〈永遠的尹雪豔〉或〈遊園驚夢〉，則他的語言可以恰當的表達他的題材。這些故事，這些人物，都有點像白先勇的語言，是新舊交替時代的人物，是一些被時間遺忘了的苟延殘喘的故事，是上流社會的眾生相。基於這些條件，他的語言是恰當的。假使白先勇侵略到中下層社會裡，或則處理著別的題材，他的語言可能就力不從心了。我們先從〈一把青〉說起。〈一把青〉是用第一人稱敘事觀點寫成的，敘事者是一位中級空軍軍官的遺孀。我們且看它的第一段：

> 抗日勝利，還都南京的那一年，我們住在大方巷的仁愛東村，一個中下級的空軍眷屬區裡。在四川那種蔽塞的地方，煎熬了那些年數，驟然回返那六朝金粉的京都，到處的古跡，到處的繁華，一派帝王氣象，把我們的眼睛都看花了。

我相信「蔽塞」、「六朝金粉」、「一派帝王氣象」不太適合一位空軍太太——或任何太太——的口吻，尤其是這個故事應該是她的口頭語。而「一派帝王氣象」竟似乎空靈抽象得有些不著邊際。〈一把青〉的整個語言效果，比〈永遠的尹雪豔〉差多了。這裡的語言幾乎完全沒有稠密度，只是把故事說過就算了。譬如，「我向來不信這些神神鬼鬼，偉成久不來信，我便邀隔壁鄰舍來成桌牌局，熬個通宵，定定神兒」。我想「搓麻將」比「成桌牌局」更適合敘事人的口吻吧。又如「一個個上來，衣履風流」，「顛顛倒倒，扭得頗爲孟浪」，都有隔一層之感。秦老太的語言似乎還應該老大粗鄙些。〈謫仙記〉也用的是第一人稱敘事觀點。其中的語言一樣不太令人相信。這裡的敘事者是一位留美的工程師。可是，他說起話來相當娘娘腔：「慧芬是麻省威士禮女子大學畢業的。她和我結了婚這麼些年，經常還是有意無意的要提醒我：她在學校裡晚上下餐廳時，一逕是穿著晚禮服的」。白先勇顯然和這個敘事者，相處得不太自在，敘事的文體經常被「慧芬說」、「她說」、「慧芬總愛告訴我」等所干擾。我很難相信一個男人會對女人的衣著觀察得那麼仔細：「李彤那天穿了一襲銀白底子飄滿楓葉的閃光緞子旗袍」。〈謫仙記〉最好的一段文章，還是最後幾句：「四十二街兩旁那些大戲院的霓虹燈還在亮著，可是有了陽光卻黯淡多了。街上沒有甚麼車輛，兩旁的行人也十分稀少，我沒有想到紐約市最熱鬧的一條街道，在星期日的清晨，也會變得那麼空蕩，那麼寂寥起來」。這是李彤以及一切留美學生內心空虛的寫照吧。語言使用最差的，可能要數〈香港——一九六〇〉。這是作者以余麗卿爲中心意識寫成的。可是，那種語言不上不下，可以說完全失敗。我們引那個吸毒人的一句話便夠了：「來，罪人，讓我們的身體緊緊的偎在一塊，享受這一刻千金難換的樂趣」。從措辭與聲音裡，你想像不出說話人是什麼模樣。

〈梁父吟〉與〈歲除〉兩篇，幾乎全篇都是對話，沒有敘事觀點的問題。兩篇中對話使用的語言，尙能稱職。「歲除」因爲有賴鳴升這個豪邁的四川老兵，語言顯得比較凸出；可是，四川話的調調兒，卻似乎還不夠濃。餘下的兩篇〈遊園驚夢〉與〈金大班的最後一夜〉，都是使用第三人稱敘事觀點，並且以主人翁爲中心意識。〈遊園驚夢〉中作者完全自囿於錢夫人的觀點，〈金大班的最後一夜〉則完全自囿於金大班的觀點。〈金大班的最後一夜〉在語言的使用上，可說完全成功。例如：

在風月場中打了二十年的滾，才找到個戶頭，也就算她金兆麗少了點能

> 耐了。當年百樂門的丁香美人任黛黛下嫁棉紗大王潘老頭兒潘金榮的時候，她還刻薄過人家：我們細丁香好本事，釣到一頭千年大金龜。其實潘老頭兒在她金兆麗身上不知下過多少功夫，花的錢恐怕金山都打得起一座了。那時嫌人家老，又嫌人家有狐臭，才一腳踢給了任黛黛。

這是所謂的「間接內在獨白」（“indirect interior monologue”）或「經驗語言」（“experienced speech”）。作者的意識與主人翁的意識合而爲一，或者說，作者的意識消失在主人翁的意識裡；可是，仍舊保持第三人稱。所以，名義上是作者的敘事，實際上是主人翁的心理狀態的呈現。於此，我們可以回顧上面的引文，但覺得字字入扣，句句停當，尤其是風月女人那套術語，以及鄙夷帶自憐的女人口氣，頗能表現主人翁金兆麗的音容——實際上，作者以這種語言一面談金大班的故事，一面也把她的個性給慢慢雕塑出來。唯一的一段敗筆，便是接近篇尾時，金大班回憶初得月如的童貞。從「當晚她便把他帶回家裡去，當她發覺他還是一個童男子的時候」，直到「她又禁不住默默的哭泣起來了」，完全不像金大班的氣概。太軟，太浪漫！「可是那晚當月如睡熟了以後，她爬了起來，跪在床邊，借著月亮，痴痴的看著床上那個赤裸的男人」。雖說這是回憶，而當年的金兆麗可能不如現在的金兆麗之硬且辣；但是，回憶的行爲發生在現在，怎麼一點沒有被「硬且辣」所沾染呢？多多少少，白先勇想把金大班描寫成「從來俠女出風塵」的人物，因此，不免對她多情起來了——這倒損了她。

做爲這冊短篇標題的〈遊園驚夢〉，和〈永遠的尹雪豔〉一樣，也是處理一個枯萎陳腐的上流社會。不過，白先勇在這裡，放棄了〈永遠的尹雪豔〉中作者的全能敘事觀點，卻把視野整個囿於錢夫人的雙眼，似乎未能把故事的潛能全部發揮出來。首先，我認定作者的意向，是批評諷刺以竇夫人爲中心的上流社會。那麼，從那個觀點出發，誰最能批評得透徹呢？顯然，這個觀點不可能是錢夫人的。錢夫人在竇夫人的一群人裡，雖然已算是局外人，可是，她的一切價值觀念，還是屬於這群人的。此話怎講？原來錢夫人與竇夫人以及其他幾位，從前都是夫子廟賣唱的；後來一個個都嫁了達官貴人，於是飛黃騰達起來。這位錢夫人的丈夫也是大將軍之流，可惜來臺後不久便撒手西歸了。丈夫死了，太太便跟著垮下來。所以，錢夫人不住在冠蓋雲集的臺北，而流落在南部；赴竇家之宴時，沒有私家轎車，只得坐計程車；做的赴宴新旗袍，下擺長得過了時。總之，她是竇夫人一群中已經隕落的一個，但是，她的一切觀點與看法，卻還是竇夫人式的，只是可欲不可求吧。退一步說，就算錢夫人經過幾年的冷落與辛酸，已經與竇夫人等心境上略有不同，可是，她的轉變還沒有使她變成能對竇夫人的社會作深入的批評。所以，錢夫人在竇家有點像劉姥姥進大觀園，儘是觀察描述，沒有審思批評的餘地——因爲她不能凌越她的背景。譬如：「錢夫人環視了一下，第二桌的客人都站在那兒笑瞅著她。錢夫人趕忙含糊推辭了兩句，坐了下去，一陣心跳，連她的臉都有點發熱了。倒不是她沒經過這種場面，好久沒有應酬，竟有點不慣了」。

當然，用錢夫人的觀點有一個好處，便是她了解這些人——她曾經是局內人。不過，由於前段所述的理由，這一點優點還嫌不夠。我的意見是：白先勇在此，應該和在〈永遠的尹雪豔〉中一樣，使用全能敘事觀點，讓作者的意識攏括全局，以錢夫人的視野爲輔佐，如此便推移大了，幅度寬了，作者可以任意把故事的潛能壓搾個乾淨。就目前的情況而言，通過錢夫人的觀點，讀者固然知道不少名女人的寒酸與隱私，但是，對於上流社會不能起什麼批評的作用——白先勇在此沒有機會施出他的嘲諷本領。姑舉一例：余參軍長的宦海浮沉，他的扮演丑角，他的黑頭戲，這些機會都沒有完全把握。即是使用錢夫人的敘事觀點，〈遊園驚夢〉的語言，雖說也在中等以上，卻不如〈永遠的尹雪豔〉那麼豐富稠密，多姿多采。譬如：

錢鵬志怕她念著出身低微，在達官貴人面前氣餒膽怯，總是百般慫恿著

> 她講排場，耍派頭。梅園新村錢夫人宴客的款式怕不噪反了整個南京城，錢公館的酒席錢，「袁大頭」就用得罪過花啦的。

這種語言稱是稱職的，只是馴得很，沒有令人拍案驚奇處。後來，錢夫人喝醉了酒，神志恍惚起來，白先勇便爲她寫了幾段意識流的文字。我以爲，就這幾段文字本身說，就意識流的技巧而言，頗有真實感。只是，在整篇小說中卻有點不合。這篇小說，無論就故事、人物、語言而言，傳統的況味很強，突然來幾段意識流，似乎把錢夫人打扮得特別摩登，有點與全景不配襯。譬如：「就在那一刻，我看到了他們的眼睛：她的眼睛，他的眼睛……榮華富貴——可是我只活過一次……」這種觀念，這種語調，對全篇而言，有點太「新潮派」似的。

我以爲白先勇使用作者的口吻，用全能敘事觀點，最能發揮他的語言潛力。當他完全進入主人翁或書中人的意識時，他有時成功，如「金大班的最後一夜」；有時完全失敗，如〈香港——一九六〇〉；有時成績尚可，如〈遊園驚夢〉。大概，一位批評嘲諷的作家，其主觀意識強於客觀；當他使用主觀述說故事的時候，他比較容易施展開來。

——選自《現代文學》，第 37 期，1969 年 3 月

「海外驚夢」

「遊」劇錄影帶觀後隨想

◎叢甦[*]

一

1982 年 6 月底，我從大陸歸來以後，在臺灣曾有兩三天過境似的小駐。臨行前我曾和為排演《遊園驚夢》而緊張忙碌的白先勇聯絡上，當天應他邀去參觀在臺視進行中的「遊」劇預排。當時看了預排時各工作人員的敬業精神與熱忱，心裡就深深感動。可惜因為次日一大早要趕返美的飛機，不及終場，我就匆匆離開了。當時就有人說希望我能為「遊」劇寫點東西。但是，我覺得自己沒看戲不能先說話，就是說了，也只是空洞而無意義。回美以後，耿耿在懷，深以未能看見「遊」劇實地演出為憾。但是，誰知道，五個多月以後，12 月 10 號早晨白先勇的一個電話：「叢甦！我在紐約！」卻給了自己和其他一些對「遊」劇關心的海外中國人一個難得的機會。

原來，白先勇和盧燕女士，應全美學聯和紐大同學會的邀請，僕僕風塵，帶了「遊」劇錄影帶，跨州東飛，於 12 月 11 日下午在紐大學生中心演出。

看舞臺劇和看舞臺劇的錄影帶實在不能同日而語。後者可以說是「霧裡看花」外加「管中窺豹」。劇情中的生死哀樂局限在小銀幕的「小小方城」裡和攝影機的幅度，重點與鏡頭的取捨選擇上。外加實際舞臺的燈光

---

[*]發表文章時為美國紐約洛克菲勒辦公室圖書館主任，現為旅美作家。

不是爲錄影而設，因此在遠程鏡頭與廣角鏡頭的時候，銀幕上也就一片迷糊。也許這都是錄影時不可避免的技術上的失誤。

在演出以後的小型座談會上，夏教授和我都被臨時「抽伕」上臺。白先勇說要我們「護航」，這是他的謙虛與幽默。雖然這次演出遭受了一些技術上的困難，但是那眾多冒風雪而來的觀眾的反應還是非常熱烈而真誠；就是一些不同意見的質疑，也是友善與誠懇的。

二

把一個文學著作搬上舞臺或銀幕，往往是一個冒險而出力不討好的工作。由於平面創作（書）與立體創作（電影、舞臺劇等）的媒介差異，焦點（著重點）、觀點與幅度也就必然地有著相當程度的差異。好的編導、演員，可以將書中的人物立體化、濃縮化；不好的則可以把它商業化、低俗化（爲了抓獲更廣的觀眾）。在許多名著當中，電影超過（至少相當）原著的令人憶起《飄》（電影：《亂世佳人》）、《慾望街車》、《大白鯊》和《誰怕維吉尼亞吳爾芙？》等，和尤金奧尼爾的一些戲劇。但是杜斯托也夫斯基的一些小說（《白痴》、《罪與罰》、《卡拉馬扎夫的兄弟們》），每每搬入立體媒介（電視劇和電影），往往變得既蒼白又貧血，甚至於面目全非。當然舞臺劇與電影相較，更可以說是「原點慢跑」（“Running in Spot”）與馬拉松的差別。前者有一定的空間局限，而後者卻上山下坡傍海過橋，海闊天空。因此，舞臺劇，即使多場多景（除非多層舞臺和轉動舞臺和其他各式樣的機關、暗門、陷阱等技巧上的詭譎），在許多情節的處理上不如電影之自由與震撼。但是舞臺劇的長處在觀眾面臨著活生生的人（演員），與統一空間所產生的親切感。

「遊」劇的精神與細節都忠於原著，且有時超越。尤其在一幕一景的處理上，原著菁華的表現就有賴於一個素質極高的卡司。「遊」劇最成功的一面也許是在演員的選擇上。天辣椒蔣碧月是重頭戲，但是與其他角色相比，可以說是比較容易討好的。因爲天辣椒的角色可以說是一個風塵女子的典型（Stereotype）：風騷、挑逗、十三點，而且又有「喜劇的穿插作用」（“Comic Relief”）。因此，她的動作與語言都可以（而且必須）誇張、過火而不令人厭。這正如莎劇中（《亨利第四》）那滑稽突梯、翻眼鼓腮的佛斯它夫（Falstaff）與那輕佻活潑、滿場蹦跳的愛瑞兒（Ariel，在《暴風雨》一劇中）一樣，易討好、得人心。但這並不是說天辣椒這個角色什麼人都可以演來入神，只是說這是一個比較令人難忘的角色。而胡錦的造型與演技（尤其那雙不只會說話，更會撒嬌、呻吟、愛撫的勾魂眼——對不起！）不僅入木三分，簡直鑽進了天辣椒的筋骨與血脈裡頭去了。

挑大樑的錢夫人不僅是重頭戲，恐怕也是中國近代戲劇裡少數的最考驗演員演技與精力的大角色。七段意識流的回憶片斷是考驗演技的試金石。在西方，所有有野心的莎劇演員認為一生中最高的榮譽與挑戰是去演哈姆雷特、李爾王，或奧賽羅；而這三個角色的最大演技測驗是哈姆雷特的獨白、李爾王的獨白和奧賽羅的獨白。獨白時演員不僅是「聚光」（“Spot Light”）的焦點，更是全戲精神與主題的焦點。

錢夫人在回憶的片斷裡刻畫出一個風塵女子——一個在社會畸態陰影裡的犧牲品與可憐蟲——的內心飢渴、焦灼、無奈，與傷感。這無奈與傷感也畫龍點睛了整個「遊」劇的無奈與傷感——一群喪失了「樂園」與鄉土，深懷流亡意識與疏離感的「異鄉人」的懷舊與追思。懷舊裡的景象人物總也罩著「美感距離」的誇張與完整。於是昔日的絲綢細、花彫香，就是亂糟糟髒兮兮的夫子廟也成為回憶裡的暖馨暖房。但是「樂園」失了（雖然「樂園」裡也有毒蛇荊棘）！花謝了！人老了！席散了！在回憶裡去撲捉，在現實去重建，這已逝的光采和溫馨，正如去追風或撈月，結果必是蒼涼與淡愁。

盧燕特具的優越條件——古典美與京戲訓練——使錢夫人這角色演來血肉活現。「古典美」不只在臉蛋與身材，更是一種風格韻味與骨架，臺步臺風，舉手投足，俯首轉頸間的音樂韻律。這種寓動於靜，寓冷於豔，寓天籟於沉默的迷離隱約氣質（好萊塢自從費雯麗消逝後似已絕響）可以說是盧燕的得天獨厚。其他的歸亞蕾飾竇夫人（尤其好！），錢璐飾賴夫人，曹健飾錢鵬志，都有恰到好處，一如其人的傑出表現。另外其他大小不等陪襯角色，各演員也都表現得生動自然。唯二的瑕疵是兩位副官的造型（非指其演技）過於「嫩」「綠」。誠然兩個副官在劇中的角色都是「小白臉型」，但是我主觀與直覺的看法，認爲應該再「油滑」與「世故」些。

三

以多元媒體去表現錢夫人的回憶、聯想，並增加全劇的動態感，是新穎可喜的。但是七段嫌零星的意識流片斷似乎可以濃縮爲四、五段，而在每個片斷上加強、補充，或擴張原著中不足的情節。對於一個過於寬大的舞臺，過於簡單的布景，和嫌少的劇中人物，以補救單調和過度靜態的場面，不妨嘗試一些突破性的技巧與格局。在錢夫人回憶與副官間的纏綿情意時，不妨以一對男女（現場，真人）以現代舞的手法表現情、欲、愛、離等人間苦樂。甚至於採用或創造一個類似古希臘劇中非用不可的「可若斯」（“chorus”，男女合聲團）角色。在古希臘劇中「可若斯」有多種功能：代表理性，代表觀眾，代表良知，代表常識、通情的責備、評論和慰藉。當然，近代舞臺如果採用，也只採用其象徵意義，不會用一大隊人去唱、去哭、去詠贊；可能用一個特別角色去盡「可若斯」的職責：去評論、責備，去安慰主角。而由此也加強並凸出了劇情的主題與焦點。

因此，我覺得那瞎眼師娘淒厲悚骨的喊聲：「藍田玉！妳長錯了一根骨頭！這是前世的冤孽呀！」非但不多餘，而且必須（《伊底帕斯王》中的瞎子泰瑞賽亞斯也是預測未來的）。「宿命」、「孽緣」、「前債」、「認命」、「由天」等觀念也是那個年代裡對自己命運不能掌握不能選擇的可憐蟲（尤其是女人，或者說是大多數女人共同的命運）唯一的慰藉與解說。瞎子師娘的偶現就是古希臘劇中的「可若斯」，時時提醒劇中人（正如《伊底帕斯王》中的「可若斯」一再向王說：命啊！命啊！）：

「這是妳的命！認了吧！」但是這「命」也只是桎梏在社會畸態裡的人不可解脫的際遇。而那淒厲與一再重複的喊聲也加強了整個劇情的蒼涼與無奈。

全劇以錢夫人「自由聯想式」的回憶爲主要情節。而這種內心情緒的細描，在無高潮迭起的情節發展中，容易流爲低沉而冗長。因此，在劇情發展的適當節骨眼兒，不妨有適當的休息時間。作者或許以爲中間休息會破壞全劇「一氣呵成」的氣氛。但是人看小說（尤其是短篇）可以「一氣呵成」，當小說搬上舞臺，由於媒介與觀眾成員的差異，向現實做合理與部分的妥協，有時還是權宜之計。

四

由此，也使人覺得白先勇小說的長處——細膩，對人物精緻、微妙的刻畫，靜態與隱約的美——正是在蛻變爲立體媒介時的困難與缺陷。大眾視聽媒介所觸及的觀眾多半已習慣於快迅的、動態的、高潮起伏的、喧囂低俗的（因此打鬥、追蹤、功夫、神奇、驚險、香豔、怪誕等電視劇與影片），即使對情感的描繪也非是狠愛、狠恨、狠哭、狠叫等黑白分明的刻畫。而對於微妙情緒（Moods）的錯綜與懷舊的悵然與淡愁至少是少見或者說是陌生的（至少在美國電視節目中是如此）。契可夫的戲劇寫人情緒的微妙變化，與白雲蒼狗後的失落惆悵。英國近代荒謬劇作家品特（Harold Pinter）寫人際間微妙又荒謬的關係。契可夫、品特，和 20 世紀荒謬大師貝克特的劇雖然都非「通俗」趣味，但是搬上百老匯的舞臺時都尙能吸引相當成分的觀眾。這原因不能只歸功一個「文化水平」較高的觀眾，更在於一個強大有力且獨立（不受制於出版商或財團的牽制）的批評業（戲劇、歌劇、舞蹈、音樂，以至於文學作品各行業都有專業的批評家，以「春秋之筆」操生殺褒貶大權。排演上半年，投資數百萬的百老匯劇，經紐約時報批評家一頓殺伐，一週內或兩三天內關門收市者頗不乏例）。而一般觀眾對品特、貝克特雖然不能衷心領會，但是在「人云亦云，人趨亦趨」的心理下，也就趨之若鶩了。

至於無強大號召如貝克特和品特盛名的其他劇作家，在不向通俗要求妥協的固執下，只有在「外百老匯」（“Off Broadway”）和「外外百老匯」的小劇院初試新聲了（如果觀眾反應熱烈，一年半載搬上百老匯大劇院的例子不是沒有）。這令我想起一個昔日為「外百老匯」小劇團「拉媽媽」（“La Mama”）的成功故事。「拉媽媽」是由一個熱情又能幹的黑人愛倫司徒維兒德（Ellen Stewart）女士在二十多年以前成立，專門幫助擠不進百老匯的「龍門」的劇作家，以小型又簡陋的劇場演出默默無聞者的作品，所吸引的也是少數的但對戲劇（實驗劇）有真正愛好的觀眾。二十多年以後，「拉媽媽」不單挺下來，而且碩壯無比，各大基金會紛紛資助。但是基本上，「拉媽媽」仍然維持「外百老匯」的獨立精神，不譁眾取寵，不迎合低俗要求。而近幾年來，華裔的 Tisa chang 的「泛亞劇團」也正在此地為亞裔演員做拓荒與耕耘的工作。

國內熱愛戲劇的朋友們，不妨以這種以獨幕劇、實驗劇，不以大牌（演員、編導）為號召的小型劇團開始。也許「時報雜誌」上介紹的「蘭陵劇場」正是一個答案。國內不少優秀的小說家，如楊逵、陳映真、黃春明、王拓等的作品都可以改編而搬上舞臺（只提幾個作品我比較熟習的作家）。而白先勇的短篇小說裡也有其他的適合於舞臺的採用。

至於白先勇小說的「社會關聯性」（“Social Relevance”），在早幾年前的鄉土文學論戰餘波中，曾受到質疑。以「社會關聯性」做為裁判文學作品的唯一準則，我認為是武斷、局限，而且消極。不管人物情節的時空差異，文學作品的評價關鍵仍在其藝術的完整性。而且，只要社會上依然存在馬殺雞、色情「理髮」、綠燈戶、養女制、半隱半約的小房子、姨太太（也許不如昔日之明目張膽，理直氣壯了！一大「進步」！），藍田玉的困窘，無奈與淡愁，也正是那無數眾多的在社會夾縫與陰影中苟活的女人的共同喟歎。

因此，她的喟歎與淡愁也就超越了時代的變換，服飾的變換，社會階層的變化，而提升到人性中的普遍性與長久性。

在國內，在過去 30 年裡，與小說與詩歌相比，戲劇也許是比較虛弱的一環。雖然在戲劇界熱心人士如早期的李曼瑰，中後期的姚一葦、張曉風等（只提我熟習的幾個名字）以及一些年輕朋友的努力下，近年來舞臺劇似乎生氣勃勃，另創新境。這是令人十分欣喜並感激的事。而這次「遊」劇的推出，薈集了文化各界人士的熱切努力與合作，更顯示了一個普通的真理：眾志成城。

「眾志成城」是文化事業中不可缺少的因素，因爲，文化畢竟是大夥兒的事。提升一個社會的文化生活與文化氣質，須由從事文化工作者的精心努力，但是也須有熱心贊助的觀眾、聽眾與讀者。因此，不管精緻文化或通俗文化，在娛樂消遣以外，也更須有啓發與教育的作用。19 世紀英國批評家麥休・阿諾德（M. Arnold）在《文學與教條》一書中曾說：「文化是去知道世界上那些所說過的與所想過的最好的（東西）。」在庸俗與低俗文化充作大眾傳播媒介的今天，去知道「世界上所想過與所說過的最好的」，也許只是奢望。但是在我們生活中去追尋比較完美與比較完善的，而以較易爲群眾接受的戲劇方式（與書本相較），推向社會，也許是國內關心文化的朋友們最大的使命與挑戰了！

——1982 年 12 月 18 日 紐市

——選自《現代文學》，復刊第 22 期，1984 年 1 月

情慾與流離
論白先勇小說的戲劇張力

◎柯慶明[*]

一、引言

即使不是一個佛洛伊德學派，人們也都知道「情慾」在人類生活中的重要性。因為這恰好是人們可以自證自知的經驗，甚至是先驗的知識。事實上正因為它太重要，對人的影響太強烈，每個文化都要設法加以控制，因而發展出種種的禮教之防的設計。其中之一，是「存而不論」，以「忌諱」的方式，避免談到它，或者假裝它並不存在，或者即使存在，也並不重要。在意它或者竟是耽溺它的人，只證明了他（或她；尤其是她）的人格的卑下，近於「禽獸」，甚至「禽獸不如」。因此，白娘子必然是蛇，〈任氏傳〉的任氏當然是狐；崔鶯鶯在遭負心漢始亂終棄之餘，還要被對方說成「妖孽」。

1960 年代崛起的「現代」小說家們，在反映他們迴異於傳統的「現代性」之一，就是並非寫作「色情小說」，但卻以極為嚴肅的態度來面對人類的「情慾」現象。王文興的〈母親〉，寫小孩貓耳在窺視鄰居吳小姊的裸體中得到性愛的啓蒙；〈寒流〉，寫 13 歲的孩子黃國華，不惜以裸露在寒流中來對抗裸女畫所喚醒的性衝動。[1]陳映真則在〈我的弟弟康雄〉[2]中，將情慾與罪惡感連結，成了康雄自殺的緣由；在〈唐倩的喜劇〉[3]中，嘲諷

---

[*]發表文章時為臺灣大學中國文學系教授，現為臺灣大學臺灣文學研究所兼任教授。

[1]兩篇小說，後皆收入王文興《十五篇小說》（臺北：洪範書店，1979 年初版）。

[2]收入陳映真《山路》（臺北：遠景出版公司，1984 年初版）。

[3]收入陳映真《第一件差事》（臺北：遠景出版公司，1975 年初版）。

所有當時流行的哲學都抵擋不住女性的誘惑，甚至只成了上牀的媒介。王禎和的〈嫁妝一牛車〉[4]，則以情慾爲主軸，在跡近黑色喜劇的嘲弄中，建構起萬發、阿好和姓簡底兩男一女的尷尬共生關係。即使是女性作家的歐陽子，也在〈魔女〉[5]中透過倩如和媽媽的糾葛，宣布了相夫教子賢妻良母神話的破滅，而要凸顯女性情慾自我的一面。對於「情慾」現象的持續的關注，更是白先勇小說的一貫特色。

但在白先勇小說中，「情慾」往往與「流離」的情境糾結，形成了一種難解難分的關聯，成爲一種互證互補的戲劇性張力。這裡所謂的「流離」情境：一方面如《辭海》所謂：「謂轉徙離散不得所也」，強調的既是「轉徙」的「流」與「離散」的「離」所造成的處境；因而也就是「不得所也」，隱含的「失所」的心情。另一方面與「現代性」相關的，則是世界大戰以及戰後新局勢所導致的全球性的人員流動。這剛好也是前述所謂「現代」作家們所關切的大題目：王文興寫了〈龍天樓〉[6]，很沉重的讓一群山西的抗日英雄在臺中重聚，歷述他們各自在國共內戰中浩劫餘生的往事。陳映真則在〈第一件差事〉[7]中，追敘了自殺的主角胡心保逃難流亡來臺的心路歷程；在〈鄉村的教師〉[8]中，以在婆羅洲作戰時吃過人心的主角吳錦翔之自殺，喻示了戰爭與戰後經驗的斷裂，無法銜接。黃春明亦在〈甘庚伯的黃昏〉[9]藉甘庚伯每日仍得面對他那前往南洋參戰倖還，但卻發瘋了的兒子，阿興的各種狂態，喻示大戰的傷害，並未因戰爭結束而停息。

戰爭，以及因戰爭所造成的大量人口的「流離」，是人類歷史古已有之的常見現象。但便捷的陸海空交通科技的發展，不但促使全球商旅或遷

[4]收入《嫁妝一牛車》(臺北：金字塔出版社，1969 年初版)。
[5]收入《秋葉》,(臺北：晨鐘出版社，1971 年初版)。
[6]同註 1。
[7]同註 3。
[8]同註 2。
[9]收入黃春明《鑼》,(臺北：皇冠出版社，1985 年初版)。

徙成爲常事；其實也是世界大戰所以產生的科技基礎。就在這一點而言，世界大戰與其後續戰事所造成的「流離」，就反映了「現代」的特殊徵候。

當然另外的「現代」性的「流離」徵候，還包括：海外留學或「學留」成爲常態，多國公司與全球商務和金融之下所產生的人員「離散」現象；以及日益都市化所形成的大量鄉村人口的往都市流動，並且在此流動中飽嘗失根的滋味。因而，所謂「鄉土」的作品，如黃春明的〈兩個油漆匠〉[10]，其實反映的反而是這種「現代」性的城鄉「流離」。白先勇的主要系列作品或名爲「紐約客」，或稱爲「臺北人」；甚至以留美學成學生之自殺爲題材的小說，都要定位爲〈芝加哥之死〉，再加上〈香港——一九六〇〉[11]：白先勇小說的「現在」場景，始終不脫離臺北、上海、香港、紐約、芝加哥等大都會或其外圍的郊區，其實都不是偶然的。撇開自傳因素，它們共同涵蘊的深層文化意涵正是：這皆反映的是典型的「現代」經驗。

就在這種「現代」性的「流離」處境中，「情慾」對於一般不能有什麼大作爲的大都會小市民而言，就具有了他們生命中舉足輕重的意義，因爲這往往是他們所唯一能夠體驗或掌握的真實。終究他們對於必然導致他們自身或他人「流離」的外在環境，大抵皆沒有太大的掌控或抵抗的能力。因此，他們或者壓抑自身的「情慾」以配合「流離」的情境；或者在「情慾」上，以小小的放縱、墮落與自我的崩潰或隕滅來報復他們的「流離」情境。另外則是，或者基於同病相憐的情懷，對於身旁經過的「流離」難友，施以或深或淺的同情，以至或大或小的援助，以做爲一種或有益或無益的反擊。「因爲必然／因爲命運是絕對的跋扈」[12]：誰又能真正舉螳臂而阻擋「現代」世界的「流離」巨輪？

---

[10]同上註。

[11]兩篇俱收入白先勇《寂寞的十七歲》（臺北：遠景出版社，1976 年初版）。

[12]引句見夐虹詩〈詩末〉，《夐虹詩集》（臺北：新理想出版社，1976 年），頁 132。

二、「謫仙」的主題

白先勇的短篇小說，最早曾先後於民國 56 年及 57 年，各以《謫仙記》與《遊園驚夢》的書名，結集單行出版。當然書名取自集中一篇的篇名，是當時具「現代」傾向小說家的共同作法。但是很少有像白先勇的這兩個書名，在其象徵意涵的層次上，那麼對於其他各篇的主題與形式，具有一種全面的涵蓋性的。[13]雖然白先勇在 58 年的《現代文學》第 37 期上又發表了〈謫仙怨〉，而因「謫仙」[14]在白先勇的小說中可能具有較為具體的「去國淪落」的特殊意涵，但其中由「謫」所喻示的「流離」命運，再加於原本是遊戲逍遙，自在自由的「仙」之上，就不但具有了「流水落花春去也，天上人間」[15]之沉淪的象徵意蘊；而且更是喻示了，由「少年不識愁滋味，愛上層樓，愛上層樓，為賦新詞強說愁」到「而今識盡愁滋味，欲說還休，欲說還休，卻道天涼好個秋」[16]的心理轉化。因此在白先勇的小說中，「謫仙」不但有歷經生離死別的「記」；而且還要有欲說還休，顧左右言他的「怨」。

我們仔細的審視白先勇的短篇小說，幾乎見不到哪一篇的結局，是其主人公由較低劣的處境升揚到較高優的處境。本來〈芝加哥之死〉中的吳漢魂，由六年苦學而終於獲得博士學位，應該是一種上升的「喜劇」情境，白先勇竟然替他安排的是投水而死的結局。相同的，沒有必然卻導致投水而死的結局，還有〈謫仙記〉的李彤、〈黑虹〉的耿素棠，與〈那片血一般紅的杜鵑花〉的王雄，另外〈青春〉中的老畫家沒有溺死在海裡，卻乾斃在海濱的岩石上。故事結局是死亡的，還有〈金大奶奶〉裡金大奶

---

[13]做為參照：王文興的短篇小說，先輯為《龍天樓》；後輯為《玩具手槍》，最後則定為《十五篇小說》，正因其中沒有任何一篇的篇名，可以具有那麼大的涵蓋性。

[14]「謫仙」一語，雖然往往溯源至賀知章稱李白為「謫仙人」一事，白先勇的〈謫仙記〉顯然亦有類似的影射；但「謫仙」此一觀念卻盛行於唐人傳奇，如〈紅線傳〉，與章回小說，如《水滸傳》、《西遊記》、《儒林外史》、《紅樓夢》、《鏡花緣》等書的神話結構中，白先勇在具寫實情境小說以此名篇，顯然正取其意涵的象徵作用。

[15]引句見南唐後主李煜詞〈浪淘沙〉:「簾外雨潺潺」。

[16]見辛棄疾詞〈醜奴兒〉。

奶的飲藥自殺，〈玉卿嫂〉中玉卿嫂與慶生的強迫殉情，〈花橋榮記〉不但描寫一群廣西老鄉的各別死於非命，而且主角盧先生也終於因「心臟痲痺」而死。牽涉到死亡與喪事的則有〈月夢〉、〈小陽春〉、〈永遠的尹雪豔〉、〈一把青〉、〈梁父吟〉、〈國葬〉等篇，憶及死者而充滿傷逝情懷的則有〈思舊賦〉、〈孤戀花〉、〈秋思〉、〈冬夜〉等篇。同樣屢見不鮮的是發瘋的狀態或瘋掉了的結局：〈孤戀花〉的娟娟在不堪凌虐下殺死柯老雄後「完全瘋掉了」，〈我們看菊花去〉中的姊姊，以及〈思舊賦〉中的少爺，則早已處於發瘋的狀態。這種不斷出現的死亡或瘋狂的景象與結束，正反映了白先勇所構設的其實是一個「悲情」的小說世界。

因而，他的「謫仙」並不襯托「高逸」[17]；強調的反而是慘烈的沉淪。但是李白做爲「謫仙」的形象，他最後「著宮錦袍，遊釆石江中，傲然自得，旁若無人，因醉入水中捉月而死」[18]以及「世俗多言李白在當塗釆石，因醉泛舟於江，見月影俯而取之，遂溺死，故其地有捉月臺」[19]的傳說，卻一再的成爲白先勇小說人物之終局命運的原型：「月」的美夢，後來不但在驚醒之餘成了泡「影」，往往也導致了相關人物在其追求之餘，徒然步向「流離」的命運，甚或走向沉淪與死亡。在〈謫仙記〉裡，李彤一如柳宗元〈李赤傳〉裡的李赤，不但名字上影射李白，而且她和同伴就讀且畢業於威士禮的種種風光，卻在內戰之後，只剩下了痛飲、狂舞、豪賭的行徑（現代版的「痛飲狂歌空度日，飛揚跋扈爲誰雄」？）[20]，一直未能接受平凡的婚姻機會，卻不斷掉換男伴，終於以「在威尼斯遊河跳水自殺了」了，而結束了她的一事無成，除了「打開她的公寓，幾櫃子的衣服」以外，一無所有的一生。

在〈謫仙怨〉裡，黃鳳儀舉債出國留學，來到「年輕人的天堂」的美

---

[17]唐孟棨〈本事詩〉記賀監稱李白：「謫仙」一事，卻將李白故事列於「高逸」第三。
[18]見五代王定保《唐摭言》。
[19]見宋洪邁《容齋隨筆》。
[20]見杜甫〈贈李白〉其前二句：「秋來相顧尙飄蓬，未就丹砂愧葛洪」，前句映照「流離」的處境；後句反襯「謫仙」的本質。

國，「**湮沒**在（紐約）這個成千萬人的大城中」，「覺得得到了真正的自由：一種獨來獨往，無人理會的自由」（神仙的逍遙？），但事實上她的「捉月」美夢，卻因男友一時衝動和人發生性關係，而導致她不但婚姻、學業兩頭落空，竟然淪為以諢號「蒙古公主」販賣色情的酒吧女郎（成了〈遊仙窟〉裡的「神仙」？）。而〈黑虹〉中離家出走的耿素棠，「需要的是真正的愛撫，那種使得她顫抖流淚的愛撫」，卻在與陌生人的一夜外遇之後，沾染了自覺必須洗掉的氣味，於是她步入碧潭的水裡，在吊橋之下：

> 她看見霧裡漸漸現出了一拱黑色的虹來，好低好低，正正跨在她頭上一樣，她將手伸出水面，想去撈住它，潭水慢慢冒過了她的頭頂……

刻畫的正是另一種「撈月而死」的結局。這裡一拱黑虹的意象，自然是一彎明月的變形。

此外，透過「水」、「月」來象徵「情慾」、「夢想」與「死亡」的關聯，亦見於〈月夢〉中：主角吳鐘英與少年靜思，在湧翠湖月圓之夜，因攜手投入湖中游泳而激引並發生了同性的情愛行為，但也因此導致靜思感染肺炎死去。這一段驚心動魄的經歷，遂成為吳鐘英即使在成為醫師之後仍然不斷尋覓，且以大理石立像來永遠追憶，而又永遠無法獲得實現的夢想：

> 吳醫師朝著水池那邊走了過去，乳白的水霧飄到了他的臉上來。在霧氣中，他恍恍惚惚看到那座秀美的石像，往外伸出手，好像要去捕捉那個快要鑽進雲霧裡去的大月亮。

兩篇中一再出現的：「潭水面上，低低的壓著一層灰霧」、「霧裡」、「水霧」、「霧氣」、「雲霧裡」，顯然都是一種「影」的暗示。「霧裡看花」遂與「水中撈月」成爲互補的母題，共同象徵的正是「假作真時真亦假，無爲有處有還無」[21]的虛妄與迷執；因而也正是將「謫仙」「捉月」的主題，轉向了「癡男怨女，可憐風月債難酬」，人類所無法勘破的「孽海情天」[22]的方向。白先勇後來將他的長篇小說命名爲《孽子》，也自有其深遠的根由。

他所要書寫的正是「堪歎古今情不盡」的「現代」形態。這種形態的特質，正反映在古今不易的風月之情，卻又和「現代」世界裡所顯現的另一種「厚地高天」與山長水遠，也就是在國際政經情勢下所形成的個別時空與生活世界的截然不同，卻又並存而錯綜交織於人們的生活現實與心靈意識裡，因此也就往往形成一種若非「流離」，即爲「離散」的根本處境，交磨相切糾葛難分。因而只要具任何有關遠方的「夢想」，即使未曾「流離」，亦可以「感斯人言，是夕始覺有遷謫意」。[23]

因此，在〈那晚的月光〉裡，「那晚的月色太清亮了，像一片蔭藍的湖水」所引發的「情慾」，並沒有導致「死亡」，卻造成了新生命的太早孕育。主角李飛雲，只好放棄他的出國，到 M.I.T.念理論物理，成爲一個大科學家的「夢想」，辜負了他的鵬程萬里：「飛雲」的命名（本性？初衷？）。當他在畢業考之後，和準備出國的同學們遊完校園，並在餐聚中，憶起昔日高談的志趣，在悵然若失之餘回來，亦只有安慰下個月即將臨盆，已呈蠟黃浮腫的同居女友余燕翼說：「別難過啦，……我們等會兒一同去看新生的鴛鴦夢」，勉強接受「落花人獨立，微雨燕雙飛」[24]的命運與現實。

在這些作品裡，我們正看到「情慾」在現代世界裡的弔詭處境，一方面開闊寬廣的國際流動的空間，不但使「流離」格外遙遠，而且使得「離散」成爲一種渴望與誘惑；另一方面則是現代都市的高度流動，龍蛇雜

[21]見《紅樓夢》第五回，爲太虛幻境石牌上的對聯。
[22]同上註，爲宮門上的橫書與聯語的下聯，其上聯爲：「厚地高天，堪歎古今情不盡」。
[23]見白居易〈琵琶行〉序。
[24]見晏幾道詞〈臨江仙〉：「夢後樓臺高鎖」。

處，任何陌生人之間，亦可激發出立即而短暫，一拍即合的「情慾」。結論似乎正是李飛雲，在知悉好友「陳錫麟和黃靜娟好了兩年，黃靜娟到了美國就和陳錫麟疏遠了」，以至「漸漸淡下來了」之餘的感慨：「人真靠不住」，或許這正是白先勇小說中的戲劇性焦點：人類的脆弱，不論是生理上、情性上，或命運、處境上的，通過了「情慾」的窄門，所有的「仙」，都註定了要「謫」遷！

三、「遊園驚夢」的敘事結構

「遊園驚夢」這個篇名，不但在全部《臺北人》完成前，被選爲短篇小說集的書名；並且事實上，在《臺北人》出版[25]後 11 年，當喬志高編、白先勇和 Patia Yasin 合譯的英譯本出版時，仍採 *Wandering in the Garden, Waking from a Dream* 做爲這個小說集的書名。喬志高在編者序上強調：「〈遊園驚夢〉在許多方面都是白先勇風格的最佳代表」；「(《牡丹亭》)這一段戲文加上錢夫人內在意識裡對往事的追憶，加上她對自己目前處境的感受交織而成的高潮，也便是所有《臺北人》故事的共同主題」。[26]

正如《臺北人》一書的創作構想多少有受到喬伊斯《都柏林人》影響的痕跡；白先勇〈遊園驚夢〉的自湯顯祖《牡丹亭》取得祕響旁通之畫龍點睛的效果，亦多少近似喬伊斯《尤利西斯》的取徑於荷馬史詩《奧德賽》，雖然更有寫實背景的說服力，因爲主角錢夫人原是擅唱〈遊園〉、〈驚夢〉的名角；小說中亦正在進行〈遊園〉、〈驚夢〉的清唱。但透過〈遊園〉、〈驚夢〉之清唱所映照出來的古典／現代、過去／現在的相互對比下的情何以堪的今昔之感，一如《臺北人》書前引述的劉禹錫〈烏衣巷〉一詩，不僅是《臺北人》系列中各篇的共同主題；其實湯顯祖筆下的「遊園」與「驚夢」之組合、對比與逆轉，根本就可以說是《紅樓夢》[27]，

---

[25]《臺北人》，民國 60 年，由晨鐘出版社出版。

[26]引句見黃碧端譯，喬志高著〈世界性的口語〉，《臺北人》，爾雅出版社 1983 年新版，頁 283～284。

[27]《紅樓夢》自可視爲是以大觀園之興廢爲中心的「遊園驚夢」故事，但最直接相關的莫過 23 回

以至於白先勇絕大部分小說中詩意結構的原型。

〈遊園〉、〈驚夢〉原爲《牡丹亭》的第十齣〈驚夢〉的兩段，但「由於在舞臺上演出時太長，便分爲兩段，前段（〈遊園〉）專演杜麗娘和侍女春香遊後花園時載歌載舞的情況，後段（〈驚夢〉）專演麗娘入睡時與書生柳夢梅在夢中的歡樂時光」，[28]以至她的驟然驚醒。當第十齣的〈驚夢〉被分爲兩段，而各以「遊園」和「驚夢」專稱時，[29]其實更凸顯了杜麗娘在其間所經歷的經驗轉換：由「一生兒愛好是天然」，天真的賞花尋春，到「情慾」自我的完全醒覺與初度體驗。因此，前者是以天真未鑿的心情來探索這個「奼紫嫣紅開遍」的花花世界；後者則是在「沒亂裡春情難遣」中，體驗到了「如花美眷，似水流年」的幸福，卻又遭遇「雨香雲片，纔到夢兒邊，無奈高堂，喚醒紗窗睡不便」：個人「情慾」的一簾幽夢，被代表社會現實與倫範教誡的「高堂」所驚破。並且埋下了後來「尋夢」未成，傷情「死亡」的根由。

是以，這裡所反映的不僅是令人「悲欣交集」世界的兩面性。事實上它正包涵了由一個花團錦簇，多采多姿的可遊可觀之處所的發現與經歷；並且亦因此而引發了「情慾」的需求與體驗，卻又在「美夢成真」的時刻，立即殘酷的以社會現實或惡劣命運，禁抑它的實現，踐踏它的滿足，因而遂使世界頓時淪爲一個充滿了折磨與苦難的泣涕之谷。[30]它不但包涵一種「繁華有憔悴，堂上生荊杞」[31]的盛衰興敗處境的轉換，而當「原來是奼紫嫣紅開遍」的喜悅，剎那間卻換成了「似這般都付與斷井頹垣！」的「驚」歎，滋生的正是一種「遷延，這衷懷那處言？」的無可言說的悲

「牡丹亭豔曲警芳心」中林黛玉所感動的正是「遊園」「驚夢」的曲文。

[28]見羅錦堂《明清傳奇選註》，聯經出版事業公司，臺北，1982年初版，頁147。

[29]《牡丹亭》的臺本中，將第十齣分爲「遊園」與「驚夢」，最早見於《審音鑑古錄》，此書據郭亮的考證，應當刊於乾隆（1736年）之後。

[30]這個歷程近於《紅樓夢》第一回空空道人的「因空見色，由色生情，傳情入色，自色悟空」，只是不當取佛教的空觀，而當取離恨天，灌愁海的情觀之理解。

[31]見阮籍〈詠懷詩〉之三〈嘉樹下成蹊〉。

哀，以及「淹煎，潑殘生，除問天！」[32]，往後的無窮折磨與傷痛。因而興發述說的正是「此恨綿綿無絕期」[33]的哀傷。

因而「遊園驚夢」做為一種敘事結構，往往包涵了一種「遊」觀的紀錄與「驚」異的行動：自然這正是典型的「發現」與「急轉」的情節設計。但是白先勇小說敘述偏向於「抒情」趣味，正是建立在「遊園」式的充滿感官刺激的景觀：人、事、物的遊觀與描繪，然而這些描繪並不因果性的與「驚夢」的結局構成關聯。反而像傳統詩學所謂的「興」：

> 觸物以起情，謂之興，物動情也。[34]
>
> 興之為義，是詩家大半得力處：無端說一件鳥獸草木，不明指天時，而天時恍在其中；不顯言地境，而地境宛在其中；且不實說人事，而人事已隱約流露其中，故有興而詩之神理全具也。[35]

它的功能正近於「由色生情，傳情入色」[36]中的物「色」的描寫；因而形成的是一種「情景交融」的相互引生的情意表現。

但是有一種和李重華的說法有別的是，白先勇做為一個「現代」小說家的特質，正在於他的有意「顯言地境」，無論它們是臺北、是紐約、是上海、是桂林……。正如劉禹錫〈烏衣巷〉[37]詩中，「朱雀橋」、「烏衣巷」不但都是真實的景點，事實上更是歷史興衰，人物「流離」或「離散」的見證。沒有了「烏衣巷」的王謝高堂的「舊時」記憶，又如何標示出「飛入尋常百姓家」的「堂前燕」的「離散」或「流離」？

---

[32]以上引句俱見《牡丹亭》第十齣〈驚夢〉，除「一生兒……」一句外，俱爲白先勇〈遊園驚夢〉所引用。

[33]見白居易〈長恨歌〉。

[34]見明代楊慎〈升菴詩話〉引李仲蒙語。

[35]見清代李重華〈貞一齋詩說〉。

[36]見《紅樓夢》首回云：「空空道人因空見色，由色生情，傳情入色，自色悟空，遂改名情僧」，白先勇未有佛教的空觀信仰，故其美學策略更近《牡丹亭》。

[37]該詩原文爲：「朱雀橋邊野草花，烏衣巷口夕陽斜；舊時王謝堂前燕，飛入尋常百姓家。」

他的對於這些景點的細筆描繪，自然我們也可以採取像《東京夢華錄》、《夢粱錄》、《陶庵夢憶》、《西湖夢尋》一類，企圖筆補造化，重「夢」繁華的作品，視爲是一種彌補：

> 出京南來，避地江左，情緒牢落，漸入桑榆，暗想當年，節物風流，人情和美，但成悵恨。[38]

之憶往懷舊的心緒來加以理解。

但是白先勇小說細筆描摹的並不只是「舊時王謝堂前」所在的都城；其實更重要的還是「流離」或「離散」之後所居住的臺北、紐約（它們一樣繁華，未必就是只有「尋常百姓家」！）等現代都市。而這些景象，一方面頗似無端說及的「橋邊野草花」等的鳥獸草木，並且總是有意的讓「巷口」映照在「夕陽斜」之類的天時中，正是「不實說人事，而人事已隱約流露其中」之興義與詩情的表現，就像〈思舊賦〉的結束在：

> 一陣冬日的暮風掠過去，滿院子裡那些蕪蔓的蒿草都蕭蕭瑟瑟抖響起來，把順恩嫂那件寬大的黑外衣吹得飄起，覆蓋到胖男人的身上。羅伯娘佇立在草叢中，她合起了雙手，抱在她的大肚子上，覷起眼睛，仰面往那暮雲沉沉的天空望去，寒風把她那一頭白蘇般的粗髮吹得統統飛張起來。

即使未讀前文，亦能感受到一種殘年老病，破敗沒落的蕭颯悲涼，幾乎就是無語問蒼天的浩蕩憤懣氣概。

另一方面，正如「遊園」所喻示的其實更是一種探尋、觀覽、發現的歷程。做爲避地臺灣或美國的第二代，白先勇在小說中不僅表現了對於

---

[38]見宋孟元老《夢華錄・序》。

「流離」或「離散」前之舊地的眷戀和懷念，其實更表現了對於「流離」或「離散」之後的新地的好奇、尋索，甚至有意加以銘印的心情。像〈上摩天樓去〉，不但一開頭就是：

> 天色凝斂，西邊有一大抹絳色的彤雲，玫寶欠著身子從計程車窗探望出去，紐約曼赫登上的大廈，重重疊疊，像一大群矗立不動，穿戴深紫盔甲的巨人，吃力的頂著漸漸下降的蒼穹。

主角之觀望的描寫；而且在對遊觀之中的她略作描寫之後，就是：

> 在百老匯道上飛馳著，玫寶還有點不相信自己身在其境。一路上玫寶都看見穿著大紅大綠的波多黎哥人，七橫八豎的靠在地下道的欄杆上，密密麻麻的報攤，水果攤，精品食物鋪（Delicatessen），一個緊挨一個，看得玫寶目不暇接。百老匯這條道名，玫寶聽來太熟，太親切，玫寶此刻覺得不是離家，竟是歸家一般……。

描寫的正是一種目眩神迷，以至樂不思蜀的「遊園」心情，這樣的追求「良辰美景；賞心樂事」的心緒，一直持續到她上了皇家大廈，看不到期待的景象，才因發現：「這座 102 層的摩天樓，變成了一棵巨大的聖誕樹，……她自己卻變成吊在樹上那個孤零零的洋娃娃」，而「驚夢」到竟是身處「奈何天」！

因而不只是「紐約客」、「臺北人」等系列，甚至連《孽子》中都不斷跡近有意展露的，充滿了對於臺北、紐約等地的風情景觀的細膩描寫，而小說中的人物就在這種新鮮的「遊園」式的背景中，或者體驗了「情慾」的驟得驟失，或者重溫或察識了「流離」或「離散」的經驗真諦，而從「美夢」或「舊夢」中驚醒。

〈金大奶奶〉中容哥兒隨順嫂「遊園」式的去虹橋的豪門金家遊玩，

卻「驚夢」在新、舊金大奶奶的生死新故交替，首次見識了「情慾」與「死亡」之間的致命的吸引力。〈玉卿嫂〉中容哥兒暢遊的是演桂戲的戲園子——高陞戲院，與由他家「後園子那道門出去最近」，玉卿嫂爲慶生買下的房子。但他無心的帶慶生去戲院看戲的結果，竟是意外導致情海生波，而「驚夢」在玉卿嫂與慶生的強迫殉情，初度的體驗到了「情慾」與「死亡」的糾葛。因此，這兩篇都有「啓蒙小說」的性質，而容哥兒其實是以近似「春香」的角度去經歷「遊園」以至「驚夢」的過程。

〈上摩天樓去〉自然也是「啓蒙小說」，但是玫寶在得知姊姊玫倫即將結婚之後，自行前往皇家大廈，卻是像「春香」被「杜麗娘」屏棄在她的春夢之外，只有獨自「遊園」而竟自己「驚夢」了。而〈我們看菊花去〉裡，身爲弟弟的敘述者：「我」，爲了帶姊姊到臺大醫院「神經科」（精神科？）住院，竟謊稱要帶她去新公園看菊花展覽，結果是姊姊在一陣恐慌與哄騙後，被關進鐵柵門內，還伸出手來放聲哭了起來：「你說帶我來看菊花的，怎麼——弟——」。小說就結束在敘述者的獨自在新公園看菊花，遲遲不歸：則成了杜麗娘「驚夢」而春香「遊園」的格局。自然看花「遊園」的弟弟，亦一樣的感受姊姊「驚夢」的淒楚，一如《牡丹亭》中春香對杜麗娘的無限關懷與同情。

當然，〈謫仙記〉的李彤、〈黑虹〉的耿素棠、〈芝加哥之死〉的吳漢魂都像杜麗娘的不但經歷了「遊園驚夢」的過程，而且「尋夢」不成，終於步向了「死亡」。〈月夢〉之中則是吳鐘英和靜思首先經歷了「遊園驚夢」的過程，而卻導致靜思的「死亡」；遂如杜麗娘透過「寫真」：「堪愁夭，精神出現留與後人標」[39]，並等待日後柳夢梅的「拾畫」、「玩真」，在歷經「幽媾」、「冥誓」等曲折情節，而還魂「回生」；吳鐘英亦爲靜思立像，相信：「我老想著他，不斷的念著他，他就會回來的了」，但是他在虹橋療養院重新遇到酷似靜思的少年病患，卻因爲無法救

[39]見《牡丹亭》第十四齣〈寫真〉。

活他而再度「驚夢」。〈火島之行〉中林剛帶三個中西部女孩子去火島，雖然季節由春轉夏，仍然是個典型的「春香」式的「遊園」，卻在杜娜娜（現代的「杜麗娘」？）的挑逗戲弄下，差一點被巨浪捲下淹死，而親身體驗了「驚夢」，雖然大家都因疲累而未再理會林剛的邀約，但他心中回響的仍是「春天來到了曼赫登」的歌聲。這些小說中所經歷的「遊園」，雖因時空有別，而各有其獨特地域的感官內涵，但所發生的「驚夢」，卻都是「情慾」與「死亡」的糾葛：也就是在這一點上，我們可視白先勇小說為「遊園驚夢」主題結構的反覆變奏。

〈謫仙怨〉的黃鳳儀，一如〈上摩天樓去〉玫寶，在紐約「驚夢」；但意味深長的卻是使她了悟母親在臺北的「自貶身分，到舅媽家去受罪」，不過是「始終未能忘情」於「在上海是過慣了好日子」，必須如此才能「暫時忘憂，回到從前的日子裡去」，竟是在紐約近郊 Westchester：

> 我走過一幢花園別墅時，突然站住了腳。那是一幢很華麗的樓房，花園非常大，園裡有一個白鐵花棚，棚架上爬滿了葡萄。園門敞開著，我竟忘情的走了進去，踱到了那個花棚下面。……

在納悶自己的著迷中，憶起上海的故居與五歲時往事，以及最重要的：「媽媽，連我對從前的日子，尚且會迷戀，又何況你呢？」，因而也是她借貸留美之「美夢」的真諦，而在「驚夢」又「存了心要賺錢給你（母親）用」之餘，自己也走向了「虛榮，沒有志氣」的人生道路。花園或「遊園」，始終都不是人物淪落或墮落的必要條件，但卻一直是他們「驚夢」的場所。

類似的主題與情境亦見於〈秋思〉，華夫人為了應付麻將搭子萬夫人的請求，進入了自己的「花園」，摘取名貴的「一捧雪」菊花，卻發現有許多花苞殘爛了，因而「驚夢」的憶起往日在南京城，夫婿亡故前臥病的慘狀；以及和凱旋歸來的將軍夫婿如花美眷般的「遊園」：

他挽著她，他的披風吹得飄了起來，他的指揮刀，掛在他的腰際，錚錚鏘鏘，閃亮的，一雙帶白銅刺的馬靴踏得混響，挽著她一同走進了園子裡，他擎著一杯白蘭地，敬到她唇邊，滿面笑容的低聲喚道：芸香——滿園子裡那百多株盛開的「一捧雪」，都在他身後招翻得像一頃白浪奔騰的雪海一般。……

在這段「遊園」的敘述，除了披風、指揮刀、帶白銅刺的馬靴，以及一杯白蘭地，提醒我們那是已經進入了「現代」世界的特殊時空之外，整個的描寫似乎刻意在營造一個，設若「驚夢」而「死亡」的不是「杜麗娘」；而竟是能戰能守的「柳夢梅」，則「想幽夢誰邊，和春光暗流轉」，隨著時光的永恆流轉，倖存的「杜麗娘」，又是如何面對「遷延，這衷懷那處言？」的情境呢？小說就結束在華夫人只交待老花匠說：「你去把那些菊花修剪一下，有好些已經殘掉了」的「卻道天涼好個秋」中。

因而，白先勇的《臺北人》各篇不但都採取「遊園」一般的過訪、觀覽的敘述角度；雖然，在「驚夢」之餘，亦凸顯了小說中主角們所經驗的各種命運變化；但這些小說的敘述性質，其實並不著重在情節的因果關聯；反而更接近一如：「昔我往矣，楊柳依依；今我來思，雨雪霏霏」[40]，經由意象與對比所經營出來「抒情」詩境。

做爲一種「抒情小說」的寫作，「遷延」與「淹煎」正是白先勇小說中主要人物或敘事者的基本情懷。這裡反映的乃是大戰之後，許多「臺北人」與「紐約客」的「流離成鄙賤」[41]，或一切「青春」不再人物「朝爲媚少年，夕暮成老醜」[42]的淪落處境。〈謫仙記〉裡特別寫到李彤最後一次在敘述者家中的疲態：

---

[40]見《詩經・小雅・采薇》。
[41]見蔡琰〈悲憤詩〉。
[42]見阮籍〈詠懷詩〉。

> 紗廊裡的光線黯淡，只點著一盞昏黃的吊燈。李彤半仰著面，頭卻差不多歪跌到右肩上來了。她的兩隻手掛在扶手上，幾根修長的手指好像脫了節一般，十分軟疲的懸著。她那一襲絳紅的長裙，差不多拖跌到地上，在燈光下，顏色陳暗，好像裹著一張褪了色的舊絨毯似的。她的頭髮似乎留長了許多，覆過她的左面，大綹大綹的堆在胸前，插在她髮上的那枚大蜘蛛，一團銀光十分生猛的伏在她的腮上。我從來沒有看到李彤這樣疲憊過，……

接著李彤把出國時母親給她當陪嫁的大鑽戒稱爲「石頭」，而送給了敘述者的被她讚爲：「長大了也是個美人兒」的五歲大女孩，正已經是一副：「潑殘生，除問天」的姿態，終於在再度驚鴻一瞥，失諸交臂不久，傳來她的死訊。留給她的友人，正是另一種「遷延，這衷懷那處言」：「我從來沒有看見慧芬這樣灰白這樣憔悴過」；「我卻感到有一股極深沉而又極空洞的悲哀，從她哭泣聲裡，一陣陣向我侵襲過來」，遂使敘述者發現：「我沒有想到紐約市最熱鬧的一條街道，在星期日的清晨，也會變得這麼空蕩，這麼寂寥起來」。

因而白先勇筆下的這些「流離」且「驚夢」的人物，當他們在「感傷亂離，追懷悲憤」[43]之餘，或者無法面對「生命中不可承受之輕」而在「淹煎」裡瘋癲或死亡；或者即使可以理智地堅強擔荷，但面對著「遷延」的處境，「人生幾何時？懷憂終年歲！」的感懷，往往也就成了「常恐復捐廢」[44]之餘，人物的基本心緒。

四、居「家」與遊「園」的辯證

不論是《牡丹亭》裡南安府衙的後花園；或者是《紅樓夢》裡的大觀園，雖然規模龐大，內涵豐美，但它們仍都是刻意經營，屬於官宦之家的

[43]見《後漢書・列女傳・董祀妻》爲說明蔡琰作詩二首之心情，後世遂以「悲憤」名其篇。
[44]上三引句爲緊接「流離成鄙賤」之後，〈悲憤詩〉的結語。

私祕空間，也就是所謂「賞心樂事誰家院？」的「家院」，因而只是引逗個人的幽夢祕會或大家族姑姨表親間小兒女之浪漫情懷的，屬於才子佳人文學的「傳統」場域。但做爲一位「現代」小說家，白先勇充分的掌握「原來有座大花園，花明柳綠，好耍子哩」[45]或「因春去的忙，後花園要把春愁漾」[46]，「園」與日常生活住「家」的根本差異；掌握其足以代表一種供人遊盪、嬉戲、觀覽，與因而喚醒、牽動、映現人們種種「情慾」的空間特質。

這種特質原本正與人們以遊盪、觀覽的態度，去面對反映「現代」商業文明之本質，充滿各類商品展示與聚集諸多人員，並且永遠在快速流動與不斷變化的「現代」都市，在基本經驗形態上是一致的。尤其在世俗化、陌生化、交易化的傾向下，「現代」都市更成了公開的「情慾」追逐的淵藪：不但原屬特種行業的酒吧、酒家、舞廳、旅社、賭場……有此特質；連具有其他屬性的公共空間，如：學校、公園、戲院、海灘、餐廳、旅館……，以至個人居住的私祕空間，都可以轉化爲「情慾」的「驚夢」之所。

除了〈秋思〉的華夫人仍然「遊」的是自己的「花園」外，白先勇就在小說裡讓「園」轉換爲可以充分反映「現代」經驗的公共或個人空間的形態出現，但整個經驗的基礎形式仍是「遊」：它可以是〈我們看菊花去〉裡的公園與醫院，〈寂寞的十七歲〉裡的學校與公園、〈滿天裡亮晶晶的星星〉裡同性戀者聚集的公園。公園和醫院的緊鄰並置，並且其中的「菊花展覽」雖然種類繁多：「紫衣、飛仙、醉月、大白菊……」，但一切都是任意、偶然、和暫時的聚集，正充分反映「現代」都市的輻輳和流動的特質，同樣的形塑了「現代」都市人之「遊觀」經驗的偶然與任意性質，因而送姊姊上醫院，也就繼以弟弟前往公園看菊花展覽，展覽不但是臨時性的，絕非公園的本來設計；弟弟的看菊花也是臨時起意，爲了排遣

[45]見《牡丹亭》第七齣〈閨塾〉，爲春香語。
[46]見《牡丹亭》第九齣〈肅苑〉，爲春香解釋杜麗娘「遊園」的動機。

一時偶發的行動，但：

> 唔，好香，我湊近那朵沾滿了露水的大白菊猛吸了一口，一縷冷香，浸涼浸涼的，聞了心裡頭舒服多了，外面下雨了，……

我們的感官經驗，並沒有因爲經歷對象的暫時或偶然的出現，而減少了它的色香味觸的內容；與此相對的反而是人們內心的執念或情意，所以接下去的反映就是：「我心中想：要是——要是姊姊……」。這就構成白先勇小說在「遊園驚夢」書寫形態下，美學策略的兩面性：一方面是「現代」都會因輻輳且流動而形成的格外頻繁雜多的感官刺激；一方面是人物內心堅持的執念與情意。前者是「遊」，行進不定而且經歷的表象事物不斷轉化；後者是「夢」，明明身處於時光的流轉中，但在「驚」醒破滅之前，卻要在心中固執堅守，因爲它們原是「家」的懸念與「情慾」的嚮往，也就是個人情感的最終「認同」。

我們並不清楚〈我們看菊花去〉中的姊姊是如何精神失常的，只知道那是始於「還在外國念書」，曾經因害怕「一個人在漆黑的宿命裡頭」而「溜了出來」，竟然被當作「瘋子」，「關到一個小房間裡」。她「天天吵著要回來，回家」，她相信：「家裡不會關我的——」。但整篇小說卻在描寫爸爸、媽媽、弟弟的合謀要將姊姊送到臺大醫院「神經科」（精神科）住院／關起來。這裡的姊姊正是受到雙重的「現代」性情境而一再的步向離「家」而「流離」的命運。首先是在精神鍛鍊上還沒有準備好面對「文化震盪」（“culture shock”），就被送到外國念書；其次是正如家中院子裡的扶桑、杜鵑「本來就寒傖」，不比公園裡的「菊花展覽」，在「現代」的專業分工下，「家」也因爲醫療空間的專業化：醫院／科／病房，而喪失了對於病重「家人」的醫療照顧與庇護居住的能力，因而再度被送進「有一扇大鐵柵，和監獄裡的一樣」的病房鎖了起來。「家」的無力保護它的成員不要步向「離散」或「流離」的命運，正是白先勇做爲一個

「現代」作家所要表現的重要主題。

〈我們看菊花去〉的姊弟「離散」，並不牽涉「情慾」；但是〈上摩天樓去〉的玫倫、玫寶雖因「姊兒倆幼年喪母」，姊姊對妹妹幾乎像母親一樣的寵慣，但姊姊到美國留學，「闊別了兩年」在前，而重逢之後，玫寶不但發現自己的身軀比姊姊「好像要大上一倍似的」，已經無法「撲到姊姊身上」了。而姊姊不但事業的志趣改變，並且有了即將訂婚的對象。姊姊的率先成熟的「情慾」，改變了「家」的組成關係。雖然玫寶爲了證明自己可以「站得穩腳」而獨上摩天樓去，卻仍是：

> 「姊姊——」玫寶突然悶聲叫道，她肥碩的身軀緊抵住冰冷的鐵欄杆，兩隻圓禿白胖的小手憤怒的將欄杆上的積雪掃落到高樓下面去。

一如前篇分隔姊弟的「鐵柵」般，玫寶終得面對著分隔姊妹「冰冷的鐵欄杆」，也勢必與姊姊走向各自「離散」的命運。而這一聲「姊姊——」，正如〈我們看菊花去〉中的那一聲「弟——」，其實都是她們在「遊園」之初所始料未及的，對於再也回不去的原生之「家」的絕望的呼喚。

〈寂寞的十七歲〉中進了後青春期的敘述者，雖然仍未忘情於孩童時代：

> 從小我心中就只有媽媽一個人。那時小弟還沒有出世，我是媽媽的么兒，我那時長得好玩，雪白滾圓，媽媽抱著我親著我照了好多照片，我都當寶貝似的把那些照片夾在日記本裡。天天早上，我鑽到媽媽被窩裡，和她一齊吃「芙蓉蛋」，我頂愛那個玩意兒，她一面餵我，一面聽我瞎編故事。……

但他終究已經進入了得面對，在一個以學歷決定身分之「現代」社會中，所無法迴避的社會壓力——升學與學校壓力的年紀。雖然，不幸的他是

「家」中唯一的黑羊，在學校也被孤立；但「情慾」的本能，並未停止它該有的成長。於是在大考自習期間，先被早熟開放的女同學唐愛麗親嘴色誘，慌亂逃回。後又在大考日，因致歉信函受到公開嘲笑而逃出學校，「在植物園和新公園兩地方逛」，然後又在父親的責打之後離「家」閒逛，又步上了他的「遊園」之行：「沿著新公園兜了兩個大圈子」，「一面走一面數鐵欄杆那些柱子」；看到人影在親嘴，又被搭訕而終於初度經驗了：「我沒想到男人跟男人也可以來這一套」。他相信自己做了壞事，會有「墮落之痕」，面目一定全非。但使他「厭煩得不想活了」，卻並非這次「驚夢」裡的「情慾」經驗，反而是「想到第二天的結業式，想到爸爸的話，想到唐愛麗及南光（中學）那些人」。小說就結束在：「無奈高堂喚醒」的「媽媽就要上來了，她一定要來逼我去參加結業式」，「我聽見媽媽的腳步聲。我把被窩蒙住頭，摟緊了枕頭」。

不論是在「校園」裡的異性「情慾」經驗或「公園」裡的同性「情慾」經驗，正都是使他先從「學校」（公共的社會關係），又打算自「家」庭（個人的歸屬認同），「流離」出來的關鍵，但他不論受到父母的何種責備，卻始終保持爲自己的幽情祕「夢」保密，其實這正有著他對一己之「情慾」自我的祕密認同。而這亦是他的原生之「家」，他的父母所不願去認知，不願去關心的「真實」；在我們過於單面的教育與文化下，所一向忽略或漠視的「真實」。他的保密雖然只換來父親的「你還是個人哪」與「無恥」的責備；但這正是他所最後「摟緊了」的「枕頭」。

居住在一個「現代」都市裡，除了具華夫人的那種身分，一般人未必自己即可擁有一個可「遊」的大花「園」，但是一旦步出了具有原生血緣關係的「家」，以及具有給予身分或社會關係網絡的公共場域，例如：「學校」、「公司」……；人們其實就進入了彼此以「遊」蕩的陌生人互相觀視、邂逅、交接的巨型賣場或遊樂「園」。因而既無須「後日有姻緣之分」，更不待「花神束髮冠紅衣插花上」以前來相助，而使得杜麗娘才能在春「夢」中遇見「這生素昧平生，何因到此」的柳夢梅。[47]

在「現代」都會裡，人們處處逢遇的大抵都是「素昧平生」的陌路人，而公共憩息的公園及咖啡館、酒吧等等，更是異性或同性因「情慾」而互相搭訕的場所。於是：「生笑介」、「旦作含笑不行」、「生作牽衣介」、「旦低問」、「生低答」、「旦作羞」、「生前抱」、「旦推介」、「生強抱旦下」[48]之類的歷程，遂不必只發生在天地共鑑的生死「夢」寐之中，而可以只是「春夢一場」式的隨時發生在都會的任何場所，都會事實上還提供了種種的方便。

〈寂寞的十七歲〉中楊雲峰一次幾乎在「學校」教室；一次則在「新公園」的草地上發生了性行爲。〈黑虹〉中的耿素棠則經歷了中山北路一連串的 B—A—R，甚至眼見了一個黑人「伸出一隻毛茸茸的手臂來」，「一把撈住」，「像水蛇」，「那個女人的細腰，連拖帶擁，走向黑貓吧去，黑衣女人吃吃的笑著，尖聲怪叫……」；最後卻在碧潭吊橋，「猛然搖了幾下橋上的鐵欄杆」和一個只說了一聲「怎麼樣，一個人嗎？」的陌生男人上了旅社。

楊雲峰面對唐愛麗的卸裙色誘倉皇而逃，但是卻在新公園和一個向他借火的男人發生了性關係：我們自然可以用楊雲峰顯然有同性戀的傾向來加以解釋。因爲白先勇不必等到《孽子》，或《臺北人》中的〈滿天裡亮晶晶的星星〉，在早期的小說，如：〈月夢〉、〈青春〉、甚至〈玉卿嫂〉都有此類的表現。但是另一個可能的涵意卻是：「學校」終是給予他身分的社會規約的空間（《孽子》的主角李青就因在學校化學實驗室內發生淫猥行爲爲校警當場捕獲而遭勒令退學），沒有足夠的膽量，未必如「公園」般適於「遊園」「試夢」；但更重要的可能正因唐愛麗是沒有發生感情卻又熟識的同學，性「慾」無法不牽扯到愛「情」的成分。「公園」裡遇到的不但是「陌生人」，而且在小說的敘述中始終保持是「陌生人」，正

[47]引句見《牡丹亭》第十齣〈驚夢〉。
[48]同上註，爲〈驚夢〉演出時「作科」的指示。

如耿素棠跟他上旅社的男人，不但是而且一直在敘述中始終是「陌生人」。

離開了血緣身分的「家」和社會網絡的「學校」之類的空間，走在「現代」都會的街道，當人們以「陌生人」的身分相互觀視，他們其實就在這樣的「陌生化」中達到了一種，猶如俄國形式主義者所論述的，「美感」的觀賞；因而也就進入了一種類似尋春賞花的「遊園」心態，這種心態正是「沒亂裡春情難遣，驀地裡懷人幽怨」：「情慾」醒覺萌生的基礎。在《牡丹亭》中〈驚夢〉之際，柳夢梅對於杜麗娘而言，正是完全而始終是個「陌生人」。在「陌生人」與「陌生人」之間，他們就回歸而化約爲純粹而原始的「男人」和「女人」，因而就可以沒有情感困擾和倫理義務的，逕自滋生「情慾」並且身體力行了。事實上，「情慾」是亙古的人類本性，白先勇所掌握的「現代」，正是大都會所提供的隨時可發生於陌生人之間的種種的誘惑與方便。

在「現代」都市中，當逸出日常的社會網絡，離開「家」門就可能是「遊園」的心路歷程，不但見於〈寂寞的十七歲〉、見於〈黑虹〉、見於〈芝加哥之死〉、甚至見於〈香港——一九六○〉，並且多少隱含在〈悶雷〉與〈小陽春〉中。〈香港——一九六○〉似乎是篇接近電影以定鏡頭拍攝出來的單一場景的作品。那麼它還有「遊園」的情景與心境嗎？事實上，它的場景正好近似〈黑虹〉裡所有意省略的耿素棠進入了「旅社」：「恍恍惚惚記得剛才醒來的時候，看見窗外那塊旅社的洋鐵招牌，正在發著慘白的亮光」那一段。〈黑虹〉有意的藉耿素棠的遊蕩，描繪了黃昏入夜：臺北的中山北路、圓環、植物園、碧潭的各種夜景來勾喚起她的各種情緒與回憶，正如〈寂寞的十七歲〉裡楊雲峰敘述的現在時間是即將清晨，而且是在「家」裡的自己的房間內，但他的回憶卻穿梭在家裡、學校、以及他在各處街道、公園的遊蕩和「豔遇」，還有關於父母家人的各種過去的經歷。

〈香港——一九六○〉雖然只以灣仔的一間閣樓頂爲場景，但對離開了山頂翠峰園公寓住「家」的余麗卿而言，整個左鄰右舍以至窗外窗下反映進來的灣仔夜市的聲色情景，卻絕似人間俗豔的「奼紫嫣紅」的「遊園」景觀。而余麗卿雖爲李師長夫人，但師長已被砍頭，她則改名王麗卿小姊，摒絕舊日的社會網絡，事實上就心理上已無「家」可歸，而「俯臥在她身旁的男人」，雖然知道他「是個躲在灣仔閣樓頂的吸毒犯」，並且會對她說：「我們命中註定滾在一堆了」，但基本上他們仍然是一種借彼此的肉體取暖，「陌生人」對「陌生人」的原始的「男人」和「女人」的關係，也就是一種純粹的「情慾」關係，正如他們所拍攝可以「瞧瞧我們赤裸的身體」的合照。用他的說法是：「像亞當和夏娃」，「讓我們的身體緊緊的偎在一塊，享受這一刻千金難換的樂趣」。

白先勇在小說中對灣仔夜市的描寫，因爲出自以靜觀動，顯然比同時描寫黃昏入夜，各種「情慾」蠢蠢欲動的〈黑虹〉中的臺北景象，或〈芝加哥之死〉的芝加哥景象，〈上摩天樓去〉的紐約景象，要更集中更生動，更令人「驚」心動魄；尤其搭配上了香港的「三十年來，首次大旱」，以及大量難民湧入，治安大亂等等背景，一方面暗示了杌隉不安的時局，因而還得再度「流離」的處境，余麗卿的妹妹勸她：「姊姊，趁早離開這裡。買張飛機票飛到悉尼去。」一方面也說明了她的：「我早就死去了」的心死，不純粹是個人「情慾」的因素，而是無力再作「無家別」[49]的困頓。因而這裡的「遊園」「驚夢」，就有著〈謫仙記〉的淒厲之聲：「是的，她想道，香港快要乾掉了，於是他便說道：來吧，罪人，讓我握住你的手，一同沉入地獄門內。」

如同「翠峰園不是一個人待得住的地方。上面太冷清了」，〈芝加哥之死〉的吳漢魂在得到了學位之後，也無法忍受密密麻麻書本所產生的腐屍味，「奪門衝出了他這間地下室」的一人之「家」，而開始了他的「遊園」之行。〈小陽春〉中樊教授的「家」，雖然不是一個人居住，但卻也

[49]參見杜甫詩〈無家別〉:「近行止一身，遠去終轉迷；家鄉既盪盡，遠近理亦齊。」

不是一個「家」人可以安居之所。

但〈小陽春〉的「遊園」，卻一如〈那晚的月光〉，始於「校園」，在「高樓的鐘聲」裡，樊教授想起 20 歲的他，曾被視爲「是個最有希望的青年數學家」，以及當時「我要創造一個最高的抽象觀念！」：「樊氏定理」的「偉大的夢」；然後他在校門口的噴水池「驚夢」，「看到了自己的影子」，想起爲了自己的「夢想」而忽略小女兒麗麗，以及麗麗的被燒死在大門鎖著的家裡，因此，「他前半生的一切都完了」。他歸咎於「去教堂祈禱」的妻子素琴，心中懷著：「我一定要懲罰她！」，「我要她一輩子良心不得安寧」等念頭，他回到了他所居住的「家」。

他的妻子卻更進一步投身宗教，企求「通過窄門，進入天國，在那裡我就會得到補償了——」，早匆匆出門了。「家」中只剩下女傭阿嬌，她看到充滿「情慾」意涵的電影廣告：「禁男地帶」、「心酸酸」，想到了自己受到性騷擾的經驗。當她決定要出門去看電影時，內心獨白裡一直想著：「（素琴）她有意避開我。……悄悄的打開門，閃著身子溜出去」；「先生，（阿嬌）她扭著屁股，歪著頭說。她也要出去了。她們都溜走了。……」；「可是阿嬌卻扭動著腰肢，打開門要出去了。她也要走了、她也要走了、要走了、要走了——」的樊教授，卻：

> 「不要離開我！」樊教授突然大聲喊了出來。搖搖晃晃走過去，抓住了阿嬌的胖手臂，一臉扭曲著。

這真的是「一臉的扭曲」的「驚夢」，屬於一個 50 歲「心中有一種說不出的欠缺之感」的中年人，在秋天十月的「小陽春」。青年白先勇似乎在宣稱：或許抽象的理論，或來世天國，都比不上「情慾」，更是一個「家」的基礎。這位「樊」籬自限的數學教授，若能自省他的沉迷於一己的偉大夢想，其實正是逼迫他的妻子逃往宗教，一如他的疏離了小女兒的主要原因，因而他們夫妻該更深切的互相關切，互相寬恕，互相慰勉，那麼喪女之慟，未嘗不是一種重建「家」園的契機。他顯然遠遠不如〈那晚的月光〉中的李飛雲，李飛雲雖然失望與惆悵，終究還是能在「鴛鴦夢」裡看到了「新生」。但樊教授隱隱約約的在阿嬌的身上感受到「性感」與「情慾」，而企求阿嬌「不要離開我！」，不要自行外出「遊園」、「驚夢」，真的只成了「一臉扭曲」的自擾擾人，只是落實了他終究在人情世故上僅是個庸人。但白先勇真的意在寫作一個「庸人自擾」的故事嗎？還是出於他對「情慾」主題的持續的關注？

然而，〈悶雷〉卻絕對是個以「情慾」為主題的作品，有趣的是它竟然始於 16 歲養子馬仔，在知道了自己的身世之後決定「離家」；要在臺北這個都會「遊園」、「驚夢」。正如麗麗的「死亡」，導致樊教授和妻子素琴夫妻之間關係的破裂，馬仔否定了他與福生嫂、馬福生的血親關係而「離家」，亦正使得福生嫂與馬福生的夫妻關係，只剩下了「情慾」的一面。但是正如素琴之不復能在「情慾」上吸引樊教授，除了歸咎與宗教狂熱等因素，〈小陽春〉亦透過與阿嬌之「性感」對比，甚至用阿嬌的視點，指出：「她頭上披著黑頭巾，一臉布滿了皺紋，皺得眉眼都分不清了，真像我們阿婆家裡那頭缺了牙的母山羊」，素琴意外的早衰（50 歲不到的年紀！其實大可跟〈秋思〉的華夫人，甚至金大班、尹雪豔相比較）一般；馬福生原本就除了是個「老實人」外，絕非屬於「她要（的）那些體體面面的小伙子」，那種足以引發她的「情慾」的男人，這位「年紀，卻要比福生嫂大上一大把」的丈夫，在他的拜把兄弟劉英搬來住以後，更顯得「一無是處」，「看不上眼」。

小說就以這「一個三十出頭的女人」，所重新給喚醒的「情慾」：兒子的一句「你只喜歡英叔一個人罷了！」，在她的心坎上發酵，因此也陷入了痛苦的掙扎。當她生日當天，「馬福生竟說夜裡要到同事家去下象棋，不回來吃晚飯」（馬福生自己的「遊園」？），留下福生嫂和記得她的生日的劉英對酌，在兩人的「情慾」高漲，瀕臨出軌之際，福生嫂跑進了房間，將自己鎖住；竟意外的引起劉英的羞慚而連夜搬走。第二天晚上，當馬福生回來，說起馬仔去辦公室看他，但是「他不要回來看你」；然後他又要自己出去吃飯，「吃了再去，再去下幾盤棋」之際，福生嫂的「悶雷」終於爆發了：「滾！滾！滾！你們全替我滾出去！」。「**替我**滾出去！」她的憤怒正來自她自己亦一樣的有著「遊園」的渴望，但是她卻將自己鎖在「家」中，鎖在「空房」裡，「悶雷」並沒有喚來「情慾」的春雨。

這篇仍然是以居「家」與「遊園」相辯證，但是正與〈小陽春〉的一男三女相反，而是一女三男，且一樣的同時牽扯到「親情」與「情慾」的作品，似乎更清楚的勾勒了白先勇小說「情慾」世界的幾項規則，即：第一、人們可以離「家」，在「遊園」、「尋夢」或「驚夢」之際，以無名（使用藝名或假名仍是無名）的男人或女人的身分，追求或享用「情慾」的分外滿足；一但具有倫常或精神上等熟識的關係（劉英是馬福生的拜弟，稱福生嫂爲：「二嫂」），就屬於廣義的「家」人，因而「亂倫」或「不倫」是禁止的，即使他們並沒有真正的血緣關係。

〈小陽春〉中的阿嬌只稱樊教授爲「先生」，因此樊教授還可以「搖搖晃晃走過去」，抓住了她的胖手臂。但白先勇仍以「一臉扭曲」作結。《孽子》中，俞浩由於和李青同是四川人，又和他分享武俠小說的共同嗜好，情份上近於「家」人，因此當同牀夜話之餘，李青在睡夢間：「我感到俞先生的手摟到我的肩上」，他不但驚醒過來，以陡然顫抖的聲音：「俞先生——真的對不起——」婉拒，而且「頃刻間我不禁失聲痛哭起來」，「把心肝肚肺都哭得嘔了出來似的」。正因李青對俞浩有「家」人的依慕，所以就不可能同時是「情慾」對象的結合。同樣的，李青與小玉、吳敏、老鼠雖然沒有特別強調，其實一直保持著近於「家」人的友誼；因此彼此之間也就沒有任何「情慾」的瓜葛。

這或多或少也解釋了，白先勇的「情慾」描述都必須採取「遊園」「驚夢」的方式。〈遊園驚夢〉中錢夫人和錢將軍的隨從參謀所經歷「可是我只活過那麼一次」的「情慾」經驗，必須發生在騎馬出遊荒郊野外的白樺林裡，因爲它不可發生在「家」裡，而且這位隨從參謀在小說中，亦是「無名」的；（宴會中的「程參謀」至少還有姓，這位「情慾」經驗的男主角竟然連姓也沒有提及：不正是必須不提的嗎？）

其次，不論是透過對馬福生的負面描寫或對劉英的正面刻畫，或者透過素琴與阿嬌的對比，白先勇小說中的「情慾」一方面始終是和健康、活力、體面與美等等的「青春」崇拜息息相關。另一方面則與追求者感覺逐漸老去，而「心中窩著一腔莫名的委曲」，如樊教授想到：「這種感覺是一個五十多歲白了頭髮還在教初等微積分的教授所特有的」；或者如「自從嫁給馬福生後，福生嫂愈來愈覺得自己不像個女人」，又被馬仔搶白了一頓出走，「竟是滿肚子裝著委曲」，正如〈黑虹〉中耿素棠自覺受了丈夫與孩子的委曲而出走的心情一般。

因而福生嫂「這天第一次感到這麼需要一個真正的男人給他一點愛撫」，猶如〈遊園驚夢〉中錢夫人的需要「我只**活過**一次」，以及像〈青春〉中老畫家的「想去捉捕一些已經失去幾十年了的東西」：「他要變得年輕，至少在這一天」。這種「醉入花叢宿」[50]「尋夢」的渴望，白先勇或者不讓他們得逞，如〈悶雷〉、〈小陽春〉；或者得逞了卻必須付出慘重的代價，如〈遊園驚夢〉中錢夫人這位「名角」，卻嗓子「啞掉了」，如〈黑虹〉中耿素棠的爲了滌淨而淹沒；或者如〈金大奶奶〉和〈玉卿嫂〉中的金大奶奶、玉卿嫂，她們必須在更年輕的對手出現時慘遭背棄的命運，甚至竟以身殉。而或者最悲慘的應是〈青春〉中的老畫家，他不但抓不住「赤裸的 Adonis!」，讓他「跳入水中，往海灣外游去」了；還得徒然「手裡緊抓著一個曬得枯白的死螃蟹」，「乾斃在岩石上」。

當《孽子》中的盛公，「把三四十年代那一顆顆熠熠紅星的興亡史，娓娓道來」，卻終結於「喟然歎道」：「青春就是本錢，孩子們！你們要好好的珍惜哪！」這段初看似是老生常談的話語，不但是深沉的「物既老

---

[50]見韋莊詞〈菩薩蠻〉:「如今卻憶江南樂」。

而悲傷」[51]的感喟，更是道盡了「感性文化」，以及白先勇小說之「情慾世界」的鐵律。白先勇在〈滿天裡亮晶晶的星星〉裡提出了一種「青春崇拜」的形式，即所謂：「我們是祭春教！」：

> 山地人在第一場春雨來臨的時節，少男都赤裸了身子，跑到雨裡去跳祭春舞。

但喪失了可以「去跳祭春舞」之本錢的人，其命運往往正是：「他們把他推到井裡去，還要往下砸石頭呢」，這正是青年白先勇「情慾」主題小說中的基本現實，於是〈金大奶奶〉裡金大奶奶一旦被視爲是「老太婆」，她就註定了得在原是她自己的「家」中被凌辱至此，只因「才三十歲出頭」，「孤伶伶一個人守寡」的她，被「還是一個二十來歲的小伙子」的金大先生，引發了她的「情慾」，而竟走向了「遊園」之路。

五、「流離」中的「情」與「慾」

白先勇小說所掌握了的「現代」性特質，除了「都會」經驗的高度流動、繁複、密集之外；其實正在高速、便捷的交通工具，幾篇「紐約客」的小說，都特別描繪汽車之中的場景，〈謫仙記〉中敘述者最後一次看見李彤是：

> 李彤坐在那輛金色敞車的右前座，她轉身向後，朝著我們張開雙手亂招一陣。她頭上繫了一塊黑色的大頭巾，被風吹起半天高。那輛金色車子像一丸流星，一眨眼，便把她的身影牽走了。

而他們夫妻得知李彤的死訊後竟夜豪賭，卻在「當車子開到百老匯上」，

[51]見歐陽修〈秋聲賦〉。

方才「睜著一雙眼睛，空茫失神的直視著，淚水一條條從她眼裡淌了出來」，感受到極爲深沉而空洞的悲哀。這種生離死別俱在高速流動的車輪上，正是「現代」的「流離」人生的象徵。〈火島之行〉、〈上摩天樓去〉等，也都有一半的「觀覽」或「抒情」經驗是坐在汽車之內。〈上摩天樓去〉中亦提到了從臺北飛到美國的搭乘飛機，以至在東京轉機的經驗。

但是最具「現代」性「流離」命運象徵的可能是〈一把青〉中前後男主角的空軍飛行員生涯。其中凸顯「現代」性的浪漫，既有：

> 郭軫是騎了他那輛十分招搖的新摩托車來的。……郭軫把朱青扶上了後車座，幫她繫上她那塊黑絲頭巾，然後跳上車，輕快的發動了火，向我得意洋洋的揮了揮手，倏地一下，便把朱青帶走了。朱青偎在郭軫身後，頭上那塊絲巾吹得高高揚起。

更有：「他在練機的時候，竟然飛到金陵女中的上空，在那兒打轉子，惹得那些女學生都從課室裡伸頭出來看熱鬧」的輕狂風姿。但是他們的「流離」也是空前的：「偉成和郭軫他們一去便了無蹤跡。忽而聽見他們調到華北，忽而又來信飛到華中去了，幾個月來一次也沒回過家」，結果更是：「郭軫在徐州出了事，飛機和人都跌得粉碎」。

在這種高度「流離」的命運下，男女的「情慾」關係，頓時在久暫之間，顯得怪異起來：

> 像你後頭那個周太太吧，她已經嫁了四次了。她現在這個丈夫和她前頭那三個原來都是一個小隊裡的人。一個死了託一個，這麼輪下來的。還有你對面那個徐太太，她先生原是他小叔，徐家兄弟都是十三大隊裡的。哥哥歿了，弟弟頂替。原有的幾個孩子，又是叔叔又是爸爸，好久還叫不清楚呢。

突然人的自體性模糊，只成了輪換映照，可以彼此頂替的影像。朱青在郭軫死後來臺，一樣的繼續尋求相同的影像，她的生活仍是在「空軍的小夥子」裡打轉，不但已經學會了抵禦「流離」的心理防衛機制：「打牌」，而且幾乎是以「打牌」的心態來處理，原本是：

> 朱青聽了我的話，突然顫巍巍地掙扎著坐了起來，朝我點了兩下頭，冷笑道：「他知道什麼？他跌得粉身碎骨那裡還有知覺？他倒好，轟地一下便沒了——我也死了，可是我卻還有知覺呢。」朱青說著，面上似哭似笑的扭曲起來，非常難看。

的悲慟處境。因此可以：「看著還是異樣的年輕爽朗，全不像個三十來歲的婦人，大概她的雙頰豐腴了，肌膚也緊滑了，歲月在她的臉上好像刻不下痕跡來了似的」，毫髮無損，無須開導的承擔這種「流離」命運中的生離死別。

〈一把青〉中白光所唱，又由朱青所仿唱的〈東山一把青〉流行歌中：「東山哪，一把青。西山哪，一把青」，正反映了這種脫離了個人自體性之堅持的「情慾」態度（因為不論是「東山」或「西山」皆無差別，反正都是「一把青」！），因此又化約回歸為只是原始的男人與女人的關係：「郎有心來姊有心，郎呀，咱倆兒好成親哪——」，真正重要的反而只是「燕婉及良時」[52]：「嗳呀嗳嗳呀，採花兒要趁早哪——」的把握「青春」、享受「情慾」。〈東山一把青〉的文辭自然比不上〈遊園〉〈驚夢〉典雅，但做為「流離」中的「情慾」告白，也是某種「現代」生活的行動準則，倒是清楚而明白的，也就是以「年年歲歲花相似」來取代了「歲歲年年人不同」。[53]

事實上，〈一把青〉可以視為是〈遊園驚夢〉之古今對照的反命題，

---

[52]見蘇武詩〈結髮為夫妻〉。
[53]此處借用劉希夷名句，指出「情慾」的「採花」者，可以不計較對象的「人不同」。

不僅皆以「演唱」爲女主角的專業與心情的表白；〈一把青〉的騎乘「新摩托車」可以與〈遊園驚夢〉的：「夫人。我來扶你上馬」的白馬、黑馬相映襯。而錢夫人的：「我只活過一次」，亦與朱青的：「我也死了，可是我卻還有知覺呢」，因而演變爲「愛吃『童子雞』，專喜歡空軍裡的小夥子」的，要活過一次又一次，互相映照。「情」與「慾」在這種「流離」的處境中，以「似是而非」的方式既分且合。

類似的「情」與「慾」的分合，以另一種形態，表現在〈那片血一般紅的杜鵑花〉裡王雄的因麗兒的類似「小妹子」，而「移情」：「總是想出百般的花樣，來討麗兒的歡心」，但在麗兒上中學後，他的討好被拒絕，而中止了兩人的親密情誼之餘，他所潛隱在「移情」背後的「性慾」，終於在喜妹的撩撥和挑釁中發洩爲喜妹的侵犯與強暴，因而投海自盡。

這似乎是白先勇小說一再宣示的「情慾」邏輯：當所專「情」對象的結合，因生離死別的「流離」情境而無法復合，或者「移情」於類似的對象，表現他或她的關愛：〈孤戀花〉的敘述者——五月花酒家的「總司令」女經理，因「不知怎的，看著娟娟那副形相，我突然想起五寶來」，因而她將五寶遺物的那對翠鐲賣了，買了金華街的小公寓，和娟娟同住，以實現她和五寶兩人所許下的心願：「日後攢夠了錢，我們買一棟房子住在一塊兒，成一個家」。這裡「我便對她生出了一股母性的疼憐來」之「情」的成分，顯然要遠大於「慾」的成分。因爲她們原本都是從事色情行業，而飽受男性狎客的蹂躪。

但是，一旦絕望於與所專「情」對象的結合，卻又無法「移情」，就淪墮於純粹的「慾」的恣縱。〈花橋榮記〉中的盧先生一旦攢了 15 年，要以「十根金條」的代價去接他的未婚妻偷渡香港的希望，因受騙而破滅，竟「也這麼胡搞起來」，「姘上了阿春！那個洗衣婆」。而在「慾」的世界裡，「燕婉之求，得此戚施！」[54]的心有不甘；以及媚少年的美色，永遠勝過「青春」已逝人物的老醜。幾乎是白先勇小說「情慾」主題的鐵律。盧先生終於也在類似「五十大幾了，還唱扇子生」的老態畢露中，慘遭阿春的背叛與撕打，甚至被咬掉了左耳垂，顯得更加醜陋不堪。因而性情大變，在「心臟痲痹」中鬱鬱以終。

然而，這些「情慾」的困境或怪異的表現，其實未必只是個人「遊園」的追求而遭致「驚夢」的命運。〈遊園驚夢〉中錢夫人的淪落，其實一點不關她「長錯了一根骨頭」，或遇到了「前世冤孽」的「情慾」出軌之驚心動魄經驗的影響。

事實上相關的只是她嫁作填房的丈夫，當年炙手可熱的錢鵬志將軍，已然亡故。因此她就只能坐計程車，而非「官家的黑色小轎車」赴宴，也因此只能與「幾位票友客人」一般的，等待主人竇夫人自己的小轎車送她。

當然，面對宴會情景的似而非是，其實只是勾起她「夜深忽夢少年事，夢啼妝淚紅闌干」的「情慾」往事；未必攸關她的「暮去朝來顏色故，門前冷落鞍馬稀」[55]的「流離」命運。反映的反而是「我只活過那麼一次」的「情慾」經驗，雖經顛沛「流離」，歷劫而不忘：「天荒地變心雖折，若比傷春意未多」。[56]《臺北人》中的各篇，以至「紐約客」中的〈謫仙記〉或〈香港——一九六〇〉等，自然都盡在不言中的包涵了內戰失敗所導致的顛沛「流離」，但「流離」之中、之餘，誠如朱青所說的：「可是我卻還有知覺呢」，因而還有「情」與「慾」得安排得面對。〈永遠的尹雪豔〉一篇，其實只如〈謫仙怨〉中鳳儀所發現的：「連我對從前的日子，尚且會迷戀，又何況你呢？」，寫的只是一群「在上海是過慣好日子」的五陵年少的「對那段好日子，始終未能忘情」。歐陽子女士以爲：

---

[54]見《詩經・邶風・新臺》。
[55]以上詩句，俱見白居易〈琵琶行〉。
[56]見李商隱詩〈曲江〉。

「尹雪豔是死神，是致人命的妖魔」[57]，自然是有見之言。但視之爲即使身處「流離」境地，亦仍「永遠」無法忘卻無法磨滅，只有死而後已的「情慾」之化身，也未嘗不可。「情慾」引致「流離」，引致生命的消耗，甚至「死亡」，原是白先勇小說中一再出現的母題。

六、結語：傳統與現代的糾葛

白先勇做爲一個「現代」小說家，其實是最早專注於「現代」大都會生活與經驗特質之掌握與描繪的人，紐約、芝加哥和臺北、上海、香港之對比與刻畫，在他的筆下不但舉足輕重，甚至鉅力萬鈞，不僅表現了地域的特色，其實也反映了這些國際都會在當時，就「現代化」的觀點，發展的階段與狀態。白先勇《臺北人》一書中所具體反映的臺北，自然只具都會芻形，各方面都遠遠落後於紐約、上海，甚至香港，所以其中的老少人物，或者懷念上海；或者嚮往美國。

〈冬夜〉中余嶔磊、余俊彥父子對在美任教的吳柱國的歆羨之情，豈止是溢於言表。但是做爲「現代」都會之生存經驗，在基本結構或本質上，這些背景都市所提供的經驗形態，實在有它們的近似之處：〈黑虹〉中耿素棠的臺北之遊與〈芝加哥之死〉中吳漢魂的芝加哥之遊，甚至〈香港——一九六〇〉中余麗卿的香港灣仔之遊，雖然環境有差，物色有別，但經驗的結構其實並無二致，總是顯得「情慾」泛濫，而且紛雜動盪「流離」不止。

當喬志高強調：「〈遊園驚夢〉……既充溢著現代創作精神，又深深植根於傳統的中國生活與文化」，我們純粹從「物質文化」的層次，即可隨著悠揚的笛韻曲音，優遊於錢夫人與她丈夫的隨從參謀並轡跑馬，而曲終人散之際，看到的卻是「頭一輛開進來的，便是賴夫人那架黑色嶄新的林肯」。其實它所反映的，不僅是個人貧富貴賤的興衰，更是中國在逐漸

---

[57]見所著《王謝堂前的燕子》（臺北：爾雅出版社，民國 65 年 4 月初版），頁 42。

「現代化」過程的文明發展的不同階段。但是〈遊園驚夢〉可能是白先勇小說中，僅有引述應用傳統文本進入其中情節的唯一作品，因爲當時所進行的原來就是「曲會」的活動；此外，就是《臺北人》之前劉禹錫〈烏衣巷〉的題辭了。

白先勇小說中所描寫的生活景象，其實一方面扣緊民國之後的歷史回憶，如：武昌起義、五四學潮、臺兒莊大捷、抗戰勝利、以及撤退來臺；一方面則充分反映當時臺北、紐約、香港、芝加哥……等都會的景觀，因而展現的正是「現代化」初期以至充分「現代化」之後的各種生活形態的光譜；所謂的「傳統的中國生活」並不明顯或多見。因爲只是寫作不同年紀或身分的「現代」人或「當代」人的各自參與或擁有的「歷史」記憶，以及這些「歷史」事件，如何的影響到個人的命運，如何引領他們走上「流離」之途，他們又如何得在「流離」之中，設法安頓「永遠」必須面對的人性與「情慾」的真實。

但是白先勇既無意也未嘗寫作所謂的「歷史」小說，他始終寫作的是以當代生活爲主體的「現代」小說。若隱若現的，他只是在處理面對這種逐步國際化、流離化的「現代」生活處境，人們當如何自處，又如何相待，因而也是一種適當的倫理態度之尋索的課題。在「紐約客」系列裡，他或正寫或側筆討論海外華人的「中國」認同：〈安樂鄉的一日〉的戲劇焦點就在於依萍和偉成夫婦，以及他們的女兒寶莉，在生活文化和自我認同上的堅持或否定是否爲「中國人」或願不願意「變成美國人」，小說的結尾停格在英文的 Winston 的香煙廣告：「Winston tastes good, / Like a cigarette should!」雖不免滿含諷刺意味，但它的教訓很顯然，不但得嫁雞隨雞，而且入境隨俗，還得居美是美！背負著「中國」名號的李彤，與竟然名爲「吳漢魂」，在履歷上首先寫著的就是「中國人」的仁兄，皆如認同於楚國：「受命不遷，生南國兮」[58]的屈原，在放逐之餘，投水身亡了。雖

[58]見《楚辭・九章・橘頌》。

然作者筆下涵蘊著無限同情，但恐怕亦自有警示的作用（智者不爲！或不當爲！）。「將車子加足了馬力，在 Time Square 的四十二街上快駛起來」，或許是更好的選擇。

如同在湯顯祖《牡丹亭》的〈驚夢〉中，除了杜麗娘與柳夢梅的繾綣情事之外，其實自有個性又忠心耿耿的春香之伴同「遊園」，以及雖然慈愛但卻是觀點正統之高堂的「驚夢」，仍是兩樣重要的戲劇因素，甚至是一樣重要的倫理情懷一般，或許中國傳統的這種「分爲主婢，情同姊妹」[59]的主僕、朋友關係；或者既養又教有愛有誡的「母女」，以至「父子」等同性乃至異性間的親子牽絆，才是白先勇小說中最常見也是最重要的「中國文化」；或者說「傳統」文化的因素與表現。

《臺北人》中有好幾篇作品，其基本的情懷，抒發的亦正是這樣的「倫理」之情：〈遊園驚夢〉中和錢夫人的外遇一樣重要的，是錢夫人與竇夫人等之間的「姊妹」友誼之情。〈梁父吟〉中樸公、仲默、孟養等人的同學和桃園三結義的關係；〈冬夜〉裡的余嶔磊、吳柱國、賈宜生的同學和同志關係——白先勇沒有完全忘記「情慾」的因素，各自都安排了一場因同志而締結的婚姻，因此又添加了楊蘊秀和雅馨兩個女性——都是他們所以俯仰今昔的情感基調。而情勢雖易而長官下屬（介於君臣、兄弟）的情義依舊的表現，則見於〈歲除〉與〈國葬〉。〈一把青〉中敘述者與朱青（由朱青稱敘述者爲「師娘」可見）以及〈金大班的最後一夜〉的金大班與朱鳳，則是一種近乎師徒與準母女的關係。就是這些「傳統」的情義關係與表現，使得以「現代」場景爲描寫重點的白先勇小說，仍然充滿了「中國文化」的色彩，有時候甚至使人忘卻或忽略了它的「現代」特性。

白先勇的長篇力作《孽子》，一方面透過王夔龍的紐約經驗；一方面透過小玉跳船到東京的經歷；加上了主角李青[60]在被逐出「家」門後，在大

---

[59]更明顯的範例可能是《白蛇傳》中的白蛇、青蛇。
[60]李青的命名，如同李彤，自是「謫仙」李白名稱的變形擬仿。

臺北區到處「流離」與「遊歷」的過程，充分描繪了一個滿含「現代」感覺性質的當代都會的世相圖。尤其對於大臺北區的各種隨著李青「遊園」路線所作的描繪，不但生動，充滿了感官知覺的內涵，而且繁複變化，充分的顯現臺北這一都會的多面風貌，其豐富精采比起整部的《臺北人》在這方面的表現，只怕有過之而無不及。

但整個小說的心理歷程，卻是始於李青因「情慾」的出軌，而被逐出代表其正常社會網絡的「學校」，而進一步被父親將他自「家」庭放逐。因此開始了他的加入，以新公園爲據點的同性戀者所謂：「在我們的王國裡」的「遊園」歷程。

他一方面懷抱著對已故弟弟——弟娃的思念，一方面思索也因「情慾」的理由自動離家的母親，與曾在抗戰立功獲二等寶鼎勳章，卻又在內戰被俘，失去軍職，落得只靠在信用合作社任掛名顧問的父親，四口家人之間的種種因緣。但漸漸和師傅楊教頭，以及小玉、吳敏、老鼠等人，因互相關懷而逐步形成另外一種近似「家」的關係，尤其在新公園因發生兇殺事件，圈內人集體被捕，後經傅崇山老爺子將他們保出去。因而楊金海教頭在眾人的協助下，成立了「安樂鄉」酒館之後，更具「家」的規模：「情慾」與「工作」俱有安頓。

這段期間李青尋母、遇母、並在母親亡故火化後，偷偷將骨灰送回「家」給父親。同時，因親歷龍子和阿鳳的傳奇，以及參與了小玉、吳敏、老鼠等人的原生家庭與種種的事故；尤其在侍候傅老爺子之後，親聆傅崇山與傅衛父子的悲劇：傅衛的因同性戀不能見容於軍隊，又得不到父親的諒解，而「用手槍結束了他自己的生命」。傅崇山在傷心了無生趣，形同槁木死灰之餘，又因遇見阿鳳逐漸了解同性戀是「血裡頭帶來」，他們「血裡就帶著野性」，其「情慾」並不能自已，因而在阿鳳橫死後，發下宏願伸手去援救這類的孩子；也透過傅老爺子的闡釋，逐漸了解面對這類孩子，身爲「父親」的痛苦。

在傅老爺子去世，安樂鄉的中途之「家」被迫關門，雖然他們仍得重返新公園「遊園」，但李青與上述「兄弟」，卻已各自逐漸成長，找到各自的安身的工作與處所，重建了他們與社會的正常網絡。雖然李青終究並沒回父親的「家」，但小說卻在李青亦能提供一個「家」，庇護並且指引一個，像九個月前的他一樣，離家流浪的 14、15 歲的孩子羅平結束。

他沒有在大年夜隨著整票圈內人去參加盛公的「派對」，反映的正是他雖然莫名就裡的闖入了臺北的玻璃圈，但他終於在「黑暗王國裡龍子和阿鳳」的傳奇裡，找到認同並尋回了「自我」，因而昇華了「情慾」中的「情」的成分爲一片寬廣的「情」天（而前往參加「派對」的一群，則不免仍在「慾」海沉浮），因而結束了他「青春鳥的行旅」，終於成年，而真正擁有了自己的「家」。

《孽子》雖在題辭上說是：「寫給那一群，在最深最深的黑夜裡，獨自徬徨街頭，無所依歸的孩子們」，其實掌握的仍是一般人的成長結構：隨著「情慾」自我的醒覺，人們必須逐漸脫離對父母的依順，走出「家」門，在外「流離」，並透過師傅的引導、同輩的互相支援，經歷智慧老人的啓迪，了解永恆的生命神話，然後真正尋獲「自我」，以及「自我」的人生道路，終於能夠自立成「家」。在這本特殊的「成長」小說中，就白先勇的作品而言，反而罕見的不是結束在「悲情」，而是充滿了自信與希望的，在口令中奔跑前進：「一二一二一二一二」，甚至這些口令都是逐漸上揚的排列。

在這本小說中，終於白先勇不僅是使用「驚夢」、「遊園」的敘事結構；並且還掌握了湯顯祖的〈牡丹亭〉，原名〈還魂記〉，原來意在抒寫「但是相思莫相負」只要「情真」，「牡丹亭上三生路」亦可「果爾回生定配」，「還魂」的神聖喜劇之精神，因而在面對「阿鳳，那個野鳳凰，那個不死鳥的那一則古老的神話」的重述中，敘述者的主角李青，達到了：「頭一次那種恐懼、困惑都沒有了」的寧靜與徹悟。

白先勇小說以他生香活色的靈巧妙筆，似乎一再的述說著：背負著永遠不死而血裡帶來的「情慾」，在五光十色、萬紫千紅充滿各式各樣的感官刺激，卻又變動不居、流蕩不已的「現代」都會中生活，「那些青春鳥」，甚至一般的人們，幾乎總在也總得走向「離散」以至「流離」的「行旅」之路；然而由「家」所推擴出來的「傳統」人倫溫情，仍是基本的安頓與救贖；當然還有古老的「傳統」神話與智慧（那倒不一定限於「中國」的），永遠在重複敘說中的神話與傳奇⋯⋯。

——選自《中外文學》，第 30 卷第 2 期，2001 年 7 月

白先勇的敘述者與放逐者

◎簡政珍*

一

普魯斯特在《往事回憶錄》的最後一部《往事再現》如是說：「我們已經遺失的樂園，才是真正的樂園」（頁 132）。普氏並總結：理想的過去，不論以現在的意象呈顯，或是經由記憶捕捉，都已不再。樂園在時間中遺失。「比喻的奇蹟」雖能讓人反顧過去，但那已是「失去的時光」（頁 133）。但也許普氏還未寫這部書前，就已下好這個結論。往事回憶基於一種先見之明：樂園或理想的過去永難返復。過去歷歷在目，但難以轉移成現在。過去不再的思緒，甚至在第一部書《史萬之途》裡就已是忽隱忽現的輪廓。事實上，寫作時，日子已遠去遙不可追，筆尖試圖觸及過去，但在書寫時已鈍拙。若以另一觀點視之，筆尖並非真的鈍拙，它只是迂迴轉進，重整指標，而進入另一個層次。在筆尖下，過去不再出現於真實人生，而是化身於隱喻和換喻的世界。過去在一杯咖啡裡湧現。[1]

白先勇的小說也是以語言重整過去。在臺灣當代中國文學裡，白先勇的文名是一個奇特的命題。白先勇的作品量讓人懷疑他應有的重要性。至目前爲止，他只寫了一部長篇小說，約三十個短篇。最近十年內，只完成了一篇短篇故事，〈骨灰〉。以量來說，他目前的名聲，似乎有點名過其實。不可否認，中國人所定位的文名，和對象的早年成名及敬老尊賢有

*發表文章時爲中興大學外國語文研究所教授，現爲亞洲大學外國語文學系講座教授。

[1]是普魯斯特在《往事回憶錄》的第一部《史萬之途》（Swann's Way）裡的一段描述。從拿咖啡杯到喝第一口，普氏寫了 18 頁。

闢。除非特別的因素，年輕作家以如此的產量和質量在當代可能沒沒無名。但放眼當年的時空，白先勇的小說有其歷史意義。和當年的一些作家比較，其細緻的文體所呈顯的時代內涵，自有其應有的定位。有些批評家甚至認爲他的小說是現代中國歷史的縮影。白先勇所有的短篇幾乎都在描繪因由政治所牽引的放逐意識。唯一的長篇，《孽子》，探索複雜的同性戀世界，似乎歸諸不同的名目。但一個被驅逐家門的「孽子」，也是家的放逐者。事實上，這部小說一開始的小標題就叫「放逐」。他的小說銘記了歷史遽變下的存有。他的角色大多是時空和社會情境的放逐者。不論《臺北人》或是《紐約客》，身陷當今的現實世界，過去一直在意識的門扉上敲擊，提醒自我那個朦朧而又明確的往昔。

正如海德格所說，人註定「墜入」這個世界。現實如此，而人「不得不」存在。但是雖然海德格略帶宿命地體認到現實蠻橫的存在，他仍然看到生命的幽光。感受到存在的必然，人將堅忍面對一切。勇於「和世界在一起」（"Being-with-the-world"）是基於一個「真正存有」（"authentic being"）的認知。但白先勇的放逐者，在和現實的辯證中，總在時間的點滴裡，過去洶湧而至，淹沒現在。「墜入」現在，放逐者已不能堅忍面對未來，因爲他一再緬懷一切的「已不再」。

白先勇《臺北人》裡的角色，特別是那些將軍、官夫人，經常從現今的時空，遁入往日虛擬的光環。正如《史萬之途》，今昔對比殊異，往日回憶已是不知不覺的意識活動，角色的對話、沉思、無不布滿過去的鑿痕。一個景引發一個景，一個臉孔重疊一個臉孔。〈歲除〉是賴鳴升回味往日的時節。往日戰場的榮耀是現今自我的膨脹劑。似乎從過去的滋養中，自我瞬間變成他人仰望的巨人。過去加諸於現在的，在對話、文字、和說故事中舒解。在過去的餘溫裡，現今真正的身分模糊，他似乎已不是軍隊裡的廚子，而是大將軍。賴鳴升在瞬間凌越時空的掌制。但一旦回到現實，自我也一瞬間體認到自己是時空的放逐者。

在白先勇的小說裡，貴族式的「過氣人物」最栩栩如生。這也許和他個人類似的出生環境有關。在這些角色中，有時過去的樂園投影至現在，現在也經由倒敘進入過去，如〈遊園驚夢〉和〈香港——一九六〇〉；有時是經由對過去深遠的凝視重新構築現在，如〈永遠的尹雪豔〉。在〈遊園驚夢〉和〈永遠的尹雪豔〉裡，打麻將和聚會吟唱，是往日的虛擬再現。努力重複過去，以暫時忘卻現在，忘卻現實的遽變。人將外在的世界內在化，將自我躲入內心營造的溫室裡，將富麗的宅院、華美的家具布置成過去的幻影。

但另一些人，雖然出生相仿，已在時間裡凋蝕零落。有時自我像頹傾的屋宇，「兩扇朱漆剝落，已經沁出點點霉斑的檜木大門」已半埋於漫長的雜草中（〈思舊賦〉，《臺北人》，頁 91）。死亡的意象摧毀瓦片、屋頂，以及具有象徵意義的燈。死亡也已經侵入屋內，摧毀人體——往日不可一世的人物已老去，而他的兒子已變成白癡。有時昔日的自我如「上品的素心蘭」，但死去的歲月卻像蘭花「枯竭的硬梗」（〈梁父吟〉，《臺北人》，頁 115）。容華已枯萎，但梗子仍硬撐著存在，這是樸公的寫照——一個年老退休的高官，在一個幾近廢棄的宅院，伴隨著稚幼的孫子。老者年華將盡，幼者將乏人照顧，未來不可期，兩人都是時空的棄兒。過去滲入花瓣，日子花開花謝，如今一個老去的臉孔面對枯萎的花桿。在〈梁父吟〉裡，花靜默暗示過去，樸公以說故事讓文字帶回過去。在故事敘述中，他回到年輕的歲月，但故事一終結，他又面對一個衰老的自己。

記憶提升過去在心中的地位。榮華不再，貴族總自覺時不我予。一般人則面對生存是否能再延續。在小說中，貴族在乎的是，是否能重複過去的生活方式，一般人則只是卑微地希望有生之年能和過去的戀人和親人相聚。應對外在的現實，小人物的希望更易導致絕望。〈花橋榮記〉裡，盧先生期望和他的未婚妻團聚是他殘活下去的理由，但一旦確信希望破滅，生命也隨之終結。〈那片血一般紅的杜鵑花〉也是如此，已在時空缺席的情人被轉化成眼前的小女孩，轉化的情感是否被接受已決定了王雄的命運。「他者」無形操控王雄的存在，放逐者早已喪失主體性。

即使舞女也有令自己迷思的過去。和那些貴婦人一樣，現在一再被視爲過去的幻影。舞女和貴夫人的相似反諷地暗示：儘管社會地位不一樣，實質的身分和生命的情境卻相仿。以對象的取代或轉移捕捉過去，但這種取代在某一瞬間也讓自己陷入困惑的時空。時空快速轉移，臉孔交錯，放逐者在現在和過去中快速穿梭，但卻無法長久駐足。一個嬌羞的臉孔使金大班在意識裡迎向過去的另一個嬌羞的臉孔（〈金大班的最後一夜〉）。在「總司令」的意識裡，娟娟的痛苦和五寶的痛苦疊合，已難以分辨，而一個存在於現在，一個在過去（〈孤戀花〉）。迷思總造成迷失。

整本《臺北人》選集，從退休的高官到舞女，可說是真實世界從大陸遷移到臺灣各種人物的縮影。這些人物將空間的喪失僞裝成時間的喪失。自從空間的遷徙，放逐者也似乎想把當今的現實放逐，而「活在一個真空，但卻以想像用死去的世界的幻影將其塡滿」（Tabori, 32）。白先勇的「臺北人」有點像田納西威廉的《玻璃動物園》裡的阿嫚達（Amanda）。「臺北人」對過去的緬懷，正如阿嫚達追思在月湖（Moon Lake）的年輕歲月。她的記憶現在已趨近幻覺，但記憶是爲了支撐即將瓦解的自尊。她仍在美國，但城市的居所已經是另一個世界，已遠離少女時代的南方，成爲身居他鄉異域的放逐者。當然她也已經改變，當年鄉間的美女已不再；滿懷黃水仙，周遭男士圍繞的日子也已不再。

《臺北人》中的放逐者也隨著外在的客觀世界在改變。放逐者不願正視眼前的現實，而過去早已不再是現實。余光中詩中的過去是一個模糊抽象的家，白先勇作品中的過去有明確的城鎭和臉孔，但這些臉孔是來自於已經死去的世界。所謂的臉孔只是一種幻影。余光中思鄉的詩中人，常感受到遠方的聲響隨著風中的報紙擺盪；而白先勇的角色，卻時常讓瞬間捕捉的過去在真空中消失。角色的往事回憶，正如普魯斯特小說裡的馬歇爾，只是證實往事已成消散的雲煙。布萊（Georges Poulet）指出，普魯斯特小說裡的人物午夜醒轉，發現眼前所久缺的不是「未曾」而是「已不再」（頁 291）。「假如這顯露出一種基本的空無，其所需求的不是任何『之前』的東西，而是欠缺『之後』的東西」(同上）。賴鳴升巨人似的意象隨著回憶和故事的尾音消失，回到現實，他只是一個用酒精麻醉自己的廚子。錢夫人從「夢」中醒來，發覺自己連一部車也沒有(〈遊園驚夢〉)；俞麗青，一度是師長夫人，已淪爲妓女，現在躺在他昔日傳令兵的身邊(〈香港——一九六〇〉)。在〈思舊賦〉裡，過去已隨宅院崩頹，沒入吞噬蔓延的野草。英雄老去，兒子已成白癡。〈梁父吟〉也類似如此的構圖。「賦」和「吟」猶如輓歌。盧先生重逢的希望破滅，心臟即停止，由肉體之死暗示心死。王雄體認到過去不可追，而當前的女孩不能取代過去，他投海自盡，幻想海水能將他漂到對岸。金大班意識裡閃現的嬌羞臉孔是昔日之所愛，但也是背叛她的同一張臉孔。她的舊情在朱鳳的不幸裡回響，但眼前嬌羞的臉孔卻一再提醒那已不在的臉孔和自己的青春已不再。現實逼她接受一個遠離昔日標準的男人，一切已時不我予。〈孤戀花〉裡的「總司令」倒能以娟娟替代昔日的同性戀，五寶。但一個被折磨至死，一個發瘋。新的臉孔能瞬間喚起往日快樂的時光，但最終卻更增加現在的苦痛。時間往前滾動，新舊的不幸一起掌制記憶。白先勇的「臺北人」不是撒里（John Saly）筆下的放逐者，能感受到「古代的力量仍然活著／在滾燙的岩石下／經由一千個毛孔呼吸……」(Saly, 175），他們只覺得黑暗的真空已吞滅了往日所有的餘燼。

大部分的「臺北人」將遷移臺灣視爲放逐。大部分人也在精神上活在過去，而在肉體上和現在隔離。但正如湯姆文菲在《玻璃動物園》所說：「時間是兩個空間中最長的距離」(頁 114）。白先勇的「臺北人」大多只能存活於現在和過去的邊緣，時常在兩個點穿梭，嘗試征服時間卻等著時間的突襲。時間表象仁慈展現開口，讓放逐者進入時光隧道，但卻導致更強烈的遺失感。

海德格在《存有與時間》裡指出：真實的存有是以「時間性」反制時間。「時間性」意謂存有以心靈時間超越客體時間的掌控。空間性亦然。

> 時間性是存有關心（care）的意義。不論存在是否在「時間」發生，存有的建構及其本體的可能性以時間性為基礎。因此存有個別的空間性也必須以時間性的基礎。
>
> ——海德格，頁 418

某方面來說，「臺北人」試圖以時間性來反制時間，以內心牽繫的時空跨越臺北現有的時空。但時間性所帶來的心靈時間，卻反而讓存有更體認到客體時間威嚇的身影。時間性應伴隨著一種狂喜（海德格，頁 417），而「臺北人」的心靈時間卻因而強化存有的悲劇性。

臺灣在大陸邊緣，但這些大陸人卻把中國一部分的臺灣當作放逐地。島嶼的左邊，臺灣海峽的海水拍擊著遙不可及的家，大陸。島嶼的右邊是太平洋，潮水湧動至更遙遠的國度，美國。在《臺北人》裡，過去瞬間出現，存活於記憶，一切似乎歷歷在目。過去在明晰的地點浮現清楚的輪廓——花橋榮記、百樂門、南京、上海如在眼前。空間也似乎儲存時間的記憶。當一切真確在眼前出現，現象的真僞瞬間難以辨別。某一個瞬間錯以爲真，另一個瞬間已知是幻影。幻影隨後喪失而產生悲劇性。

但對於白先勇的「紐約客」來說，過去沒有輪廓，因而也沒有幻影，已無關緊要。家的意象有時縮減成一個抽象概念：「我是中國人」(〈安樂鄉的一日〉)，大部分時間已在記憶裡塗消。在《紐約客》裡，思鄉幾乎難以闖入放逐者的心靈。事實上，除了〈那片血一般紅的杜鵑花〉，不論《臺北人》或《紐約客》，過去雖然在眼前招手，但歸鄉的意念總在意識之外。《紐約客》裡，這種活於過去卻不願意回家，寧願在國外漂泊、寂寞度日，更顯出放逐者存在的淒絕。余光中的詩中人家鄉的凝視是渴望的出口。張系國小說中的放逐者把家當作存在的根。對於余光中的詩中人和張系國的放逐者來說，思鄉和猶豫是否返鄉至少讓存在有兩種可能性——否定是抉擇後的決定。在白先勇的「紐約客」的心中，返鄉的意念似乎早不存在。對於「臺北人」來說，外在的現實決定內心世界，離家是客體情勢使然，若客體情勢未變，返鄉的理念毫無立足點。對於「紐約客」來說，身陷異國，和家園牽繫的環鍊已斷，放逐者也無意去尋求這些已了無蹤跡的環鍊。再其次，即使這樣的文字也只是批評家的詮釋。詮釋只是文字的展現呢？還是它也深深感受到放逐的淒楚？批評家若是沒有類似切身的感受，詮釋只是為了申請升等或獎助而存在？當有些「紐約客」自絕於社會（〈安樂鄉的一天〉），有些在陌生的街道茫茫地遊晃（〈芝加哥之死〉和〈上摩天樓去〉），一篇和生活無關痛癢的論文所為何事？假如放逐者的生活是一種沒有過去沒有未來的存在，詮釋者的存有卻是基於他們岌岌可危的存有？假如論述是一種對時間的時間性詮釋（海德格，頁 400），詮釋者是否也應感同身受去體會「紐約客」所感受的時間，才作詮釋？詮釋放逐現象，更體會到「詮釋要基於有感的閱讀才有意義」（簡政珍，頁 163）。

放逐者和遊子相牽連。對於遊子，家是不在現場的缺無，家是遊子的渴望，如：「鄉淚客中盡，孤帆天際看」。在這孟浩然的詩行裡，家縈擾意識，遊子和孤帆並置，淚在思鄉中流盡。但白先勇的「紐約客」在異國無目的的飄遊，而思鄉的念頭卻未干擾意識。「紐約客」和「臺北人」不同。白先勇的「紐約客」泛指那些在美國的放逐者。除了〈謫仙記〉的李彤外，這些「紐約客」再也不是貴族出身。他們有的是學生，有的從商，有的是白領階級，是一個不太和過去牽扯的一代。存在只在於無意義的在國外殘活，去得到一個致命的學位（〈芝加哥之死〉的吳漢魂），在一個「死寂」的角落，讓日子單調的重複，如「死水」（〈安樂鄉的一日〉裡的依萍），去自願做一個年復一年季節性的導遊（〈火島之行〉的林剛），以荒謬放縱去填補空虛的心靈，以酗酒來麻醉知覺和意識（〈謫仙記〉裡的李彤），或是甚至淪落為妓女，去象徵性地反傳統，在一個非中國人的國度裡做一個「非中國」的事跡（〈謫仙怨〉裡的黃鳳儀）。沙特在《存有與虛無》裡闡述意識是沒有本質的存在。但沙特「沒有本質」的「無」帶有「看盡無後的有」，肯定來自否定，而白先勇的「紐約客」卻停滯於幾近掏空的無。沙特的存在由於沒有先決的本質，沒有過去的累贅，反而享有一種自由，而白先勇的「紐約客」，沒有本質意味生活的實質已空。

黃鳳儀身爲妓女，雖然是她個人的選擇，但仍和客體環境有關。做爲一個他國的異鄉人，當生活只是以虛空填補虛空，所有固有文化裡冠冕堂皇的字眼顯得非常虛浮。存在意謂活下去，禮教和說教在放逐的情境裡，只能暴顯內在虛空的內涵。黃鳳儀的母親從遠方海島（臺灣）寄來的「說教信」並不能化成可以觸摸的「幫手」。傳統從現實時空切離，放逐者必然孑然一身面對放逐地。

事實上，最常伴隨白先勇的「紐約客」的是：孤獨和永不停歇的漂泊。白先勇在討論於梨華的《又見棕櫚》時說道：

> 新的年輕人，無根的人在文化傳承未開花結果前，就從家園轉植於他鄉。肉體的失根也意謂精神的失錯。文化傳承一旦被剝奪，漂泊的中國人已成精神的放逐者：臺灣和家鄉難以相比。他必須繼續往前移，正如尤里西斯，橫過海洋開始他的行程，但那是永無止盡的旅程，黑暗沒有希望。因此無根的人註定要成為永遠的漂泊者。
>
> ——“The Wandering Chinese”, p208～309

白先勇對《又見棕櫚》男主角牟天磊的描寫正是他的「紐約客」的寫照。但牟天磊這個所謂無根的人，至少回臺灣。他真正的放逐是回到臺灣後才開始。見證臺灣急遽的改變，堅持留在臺灣或是居住美國已毫無意義，都是一種放逐。牟天磊覺得眼見傳統在一個中國的島嶼上流失，要比定居國外更令人感到傷痛，因爲在國外至少他可以忘掉中國的影像。於梨華的小說觸及的體材，類似亨利・詹姆斯的流放小說。由於她的小說所展現的放逐世界不是很深遠，嚴肅的研究其作品會傾向將文學簡化成主題意識探討。但她的作品在某些意念上可以做爲白先勇「紐約客」的對比。「紐約客」是道地失根的人。牟天磊對臺灣現狀的不滿，而懷疑臺灣已不是家，「紐約客」似乎早忘掉「家」這個詞。在異國無根地殘活下去，沒有過去也沒有記憶。

有「紐約客」也像水晶〈點里里瞎里〉裡的主角。他們在一個星期一的早上醒來，發現世界已變得完全陌生，而開始「一個惡夢似的漂泊」（“The Wandering Chinese” 212）。水晶南海的島嶼像是吳漢魂芝加哥的地下室。地下室外面，「時常人影幢幢，投射在布滿蜘蛛網的窗戶上（〈芝加哥之死〉，《紐約客》，頁 2）。地下室裡面，吳漢魂塞住耳朵，聲音趨近無聲，自覺與外面的世界隔絕。接到母親死亡的電報，吳漢魂以一種不得不的冷漠把電報放入抽屜，繼續讀艾略特的《荒原》。《荒原》這首詩正襯顯此刻的四種「荒原」：他的內心，外面的世界，地下室的世界，和遠方母親死亡的世界。後來，拿到文學博士學位，吳漢魂發現外面的鬼影已轉化成室內的屍體。「書架上那些密密麻麻的書本一刹那好像變成了一堆花花綠綠的腐屍，室內那股沖鼻的氣味好像發自這些腐屍身上」（同上，頁 7）。他感覺到，除了妓女，所有的外國人都是只有聲音沒有臉孔，只有臉孔沒有五官。異國的人海洶湧，正如康葛若（Bernard Kangro）在〈港口〉一詩裡所述：「所有沿著異國的海岸／遊晃著尖銳駁雜的群眾」（頁 168）。正如希歐藍（Cioran）所說，若不能確定時空的歸屬，「這個時代必然沒有臉孔」（頁 129），吳漢魂和外在的現實脫節，周遭的人群只有朦朧的輪廓。在空間迴盪的是難於辨認的聲音，人潮的影子圍繞：

> 窗口的人影，像幻燈片似的扭動著。乳白色的小腿，稻黃色的小腿，巧克力的小腿，像一列各色玉柱，嵌在窗框裡。
>
> ——《紐約客》，頁 5

各種腿的景象，及各種不知名的聲音，呈顯出吳漢魂對於外在環境所觀照的破碎性視野。以腿換喻軀體，不只是個修詞策略，而是窗框將其視覺分割後的真實景象。身居異地，吳漢魂意識裡的陌生人，不是沒有五官，就是只有部分的身軀。零碎的視野暗示放逐者和放逐地的隔離。

隔離在《紐約客》裡是一再出現的題旨。亨利·詹姆斯的戴絲·米樂（Daisy Miller）和居住歐洲的美國人隔離，但她和當地的歐洲人交往。白先勇的「紐約客」則視外國人（美國人）爲鬼影，身在其中，已喪失自我。一個美國人不願學習稱呼吳漢魂的名字，獨斷地叫他「東京」（《紐約客》，頁 12）。他的抗議無效，對於美國人來說，中國人和日本人沒有兩樣。黃鳳儀寫信給她的母親言：住在紐約「最大的好處就是漸漸忘卻了自己的身分」（〈謫仙怨〉，《紐約客》，頁 90）。玫寶視覺中感受到 102 層的摩天大樓化成一棵聖誕樹，「而她自己卻變成吊在樹頂上那個孤零零的洋娃娃」（〈上摩天樓去〉，《紐約客》，頁 33）。〈火島之行〉裡，紐約酷熱的天氣是放逐者難以調適的時空，美國人酷愛的爵士樂從收音機蕩漾開來，「嗡嗡營營，像是原始森林的蟲鳴」（《紐約客》，頁 60）。死亡的意象勾勒出〈安樂鄉的一日〉的場景，和題目成反諷對比。難道這是人間的「極樂世界」？女主角依萍事實上居住在陌生人的國度裡。依萍一家人是安樂鄉美國人社區裡唯一的中國家庭，而晚餐和女兒爭論身分時，她發現自己是這個中國家庭裡唯一還堅持要當中國人的放逐者。

海德格說：「存有要收納空間」（頁 419）。所謂「收納」不僅是接受，還能加以詮釋和省思。這是心靈空間跨越客體空間的關鍵，也是空間性的本義。「收納」是一種「不得不」的體認，在體認中升騰成更深沉的調適。但「紐約客」無法融入放逐的時空，更無法「收納」外在的世界使空間變成空間性。因此，存有是悲劇性的存在。

二

當黃鳳儀在〈謫仙怨〉裡說，居住紐約最大的優點是喪失自我身分，其中的語調值得深思。這是她的由衷之言嗎？如果是，這是放逐者的無奈之歎。如果不是，這是誰的語調？她的？敘述者的？作者的？隱藏讀者的？當讀者問如此的問題，放逐文學已超越主題論述的層次。批評家所處理的不僅是放逐者被放逐的感受，更重要的是，文學如何反應放逐。反應和風格有關，和反映主題有別。[2]以風格論述白先勇的作品，才能感受其中的優點。他的論文，〈漂泊的中國人〉以極有效的風格探討其他作家的主題。這篇論文本身就是一個反諷。也許是因爲放逐現象給當代中國人太大的震撼，白先勇在論述放逐主題時，忽略掉風格或文體的重要性。假如不論風格，而只強調主題，次要作家和主要作家幾乎是同一種樣貌。白先勇的風格應是他的作品的主要課題。在和胡菊人的訪談中，他說：

> 我覺得最重要的是表達方式。我們研究一個作品，像西方的作品，不能說因為它寫基督教的文學就是好文學，寫異教的文學就是壞文學，像杜斯妥也夫斯基，杜斯妥也夫斯基之所以偉大並不是他寫上帝與人的關係，而是他把上帝與人的關係，那麼深奧的思想，那麼深刻的人性，以那樣高超的技巧、文字能夠表現出來，我想這是他偉大的地方。
>
> ——白先勇，《驀然回首》，頁 122

白先勇強調的是：主題內容不是作品的一切。在和夏祖麗的訪談中，他說，處女的雕像並不一定比一個妓女的雕像要好，關鍵在於技巧的展現。小說也如此（夏祖麗，頁 101）。當代文學注意力從內容轉向形式，幾乎已是老生常談。白先勇的言談，如今看來，可以說是已無任何新鮮感。以技巧論做爲理論的焦點更是似是而非。但反諷且有趣的是，白先勇變成他本人批評的對象。在上述夏祖麗的訪談中，他曾經指出，臺灣文學批評界重內容而輕形式的錯誤（同上，頁 96）。但顯然，他對於梨華和聶華苓的論述卻是以實際批評背離自己的理論。相對於略嫌粗糙的批評，他的短篇小說更能顯現他較細緻的文學感受。

希歐藍在《存在的誘惑》一書裡說，「任何對風格的崇拜都起於一種

[2]我在《語言與文學空間》（頁 17）區隔「反映」和「反應」。文學是反應人生，而不只是反映人生。

信念，那就是，現實比語言的輪廓還要空洞」（頁 135）。文學以風格填補空洞的現實。文學因而也變成存在的立足空間。但假如書寫是作者唯一銘記存有的活動，寫作已負荷了存在的悲劇性。希歐藍更指出：

> 在心靈的生命裡，總有一個瞬間，風格轉化為一種自動的準則，而變成命運。這時，文字正如文學創作裡的哲學沉思，既展現了活力，也展現了空虛。
>
> ——頁 127

文字在書寫「有」時，不得不暴顯潛在的「無」。以風格反制現實，文學創作總墜入存有的兩極辯證。以放逐爲著眼點，作品似乎以書寫臻至反放逐，但所有在文字世界的反放逐都無以改變現實世界的放逐。

白先勇的文學觀當然還沒有這一層哲學式的沉思，但他已「無意識」地觸及風格的存有認知。風格是書寫的存有，創作者以風格展延書寫的存有。只有把白先勇的風格或形式做爲詮釋的焦點，讀者才能體會爲何如此少量的作品竟能支撐他的名字。美國著名小說家亨利・米勒（Henry Miller）看了他的〈永遠的尹雪豔〉和〈歲除〉後，讚賞他的角色刻畫。[3] 顏元叔肯定他的語言控制（顏元叔，頁 293～304）。歐陽子推崇他風格和技巧的多樣性（歐陽子，頁 1）。夏志清且預言他將是中國文學的巨人（夏志清，頁 232）。和外國文學裡「巨人」型質量皆優的作家相比，夏志清的評斷標準顯然沾染了民族主義的色彩。他的讚譽仍然是以白先勇的風格和形式爲著眼點。

反過來說，若是以重風格而犧牲主題的態度來看待他的作品，也是嚴重的誤解。葉維廉說，白先勇的短篇小說有強烈的意識形態傾向（葉維廉，頁 80）。但葉維廉也強調他作品裡主題和風格的平衡，因此葉文的著

[3]米勒是看到 1975 年秋季號的 Renditions 寫信給白先勇表示讚賞。這兩篇小說的翻譯者是 Katherine Carlitz, Anthony C. Y.及 Dinana Granat。

眼點「不是『什麼因素構成白先勇小說裡的漩渦』，而是『在漩渦（或激流裡）白先勇如何造像』」（同上，頁 81）。換句話說，漂泊，淪落，自我迷失，思鄉和隔離，是時代性的漩渦，讀者或批評家關心的是，這些思維和意識如何在激流中顯影。

要求形式和內容的一致性已是陳腔濫調。新鮮的是葉維廉漩渦的意象和白先勇「骨」「肉」的平衡。[4]以結構學重「骨架」的方式探討小說不免似是而非。若以結構學的「骨架」看待作品，缺乏肌理的「唐代傳奇」和細節繁複的現代小說將等量齊觀，白先勇作品的風格特色也將淹沒於激流。

白先勇的作品表象的情結和意象句構平衡。放逐者和敘述者的關係，觀察者和被觀察者的位置調整，大多能展現應有的距離和美感。雖然以他對敘述學的理論認知，敘述觀點的運用，大多不會超越布斯（Wayne Booth）《小說修辭學》裡「告訴和顯示」的範圍，但在當代中國文學裡，批評家卻可以以他的作品當作解說敘述觀點的註腳。敘述觀點仍然是典型的第一人稱，第三人稱，全能觀點，和綜合第三人稱和全能觀點，但由於敘述者在觀察者和被觀察者巧妙的變化，放逐者和敘述者形成「我—你」，「我—他」，「我—你—他」或是一個純然的沒有觀察者的「他」，幾種巧妙的關係。除外，《臺北人》和《紐約客》敘述方法的迴異，也應稱了形式和內容的變化。

敘述者和被敘述者間，由於中介程度的不同而產生「我—你」，「我—他」，「我—你—他」三種不同的關係。其中任何一種關係，正如吉哈德（Rene Girard）所述，客體、渴望的主體、和一中介者形成一個三角關係。吉哈德並指出，有時中介者和渴望的主體處於辯證的兩極，因爲他們都對客體充滿渴望。有時兩者並沒有這種敵對關係，中介者純然「中介」，主體必須透過他才能了解客體。《往事回憶錄》裡馬歇爾經由柏格

[4]事實上，葉維廉這個意象借用瘂弦的詩行，原文是：「激流怎能爲倒影造像」。

特（Bergotte）才知道柏瑪（Berma）的才賦。白先勇的中介者屬於這一類。在「我—你」，「我—他」和「我—你—他」的敘述中，「我」這個敘述者不一定出現於故事，被敘述者也不一定被稱爲「你」或「他」。敘述者如何觀察被敘述者是重點所在。觀察者的中介程度造成敘述方式的不同。在「我一你」的敘述中，經常「我」會部分和「你」認同。兩者也都是放逐者，敘述的中介事實上是展現兩者對漂泊的貼近感受以及兩人的親近關係。在「我—他」的敘述中，「我」對於「他」的閱讀，不是經由兩人的熟悉感，而是透過一些個別事件，讓「他」的存有暴顯。在「我—你」的敘述中，「我」經常也是放逐者。在敘述中，故事呈顯一個放逐者如何觀察另一個放逐者。但在「我—他」的敘述中，「我」不是放逐者，他只是客觀地敘述一個放逐者的故事。在「我—你—他」的敘述中，三者的牽連正如吉哈德討論的馬歇爾、柏格特和柏瑪的關係。「我」經由「你」的中介知道「他」。敘述中，「我」不一定意識到自己是放逐者。做爲中介者的「你」和「我」「他」兩人都很熟悉。白先勇的敘述大抵不出這三種類型，細部的變化將進一步探索。

「我—你」的敘述風格，在白先勇的小說裡，最能一鏡兩面，照出觀察者和被觀察者都是放逐者。兩者的距離，也決定了敘述者是否也是故事的主角。假如敘述者和被敘述者，如〈一把青〉，彼此有類似的過去，被敘述者的變化，只有兩人見面或接觸時，敘述者透過敘述才加以呈顯，這時的「我」和「我—他」裡的「我」相似。但「我」和「你」獨特的親密感，使彼此見面的場景顯得較繁複。〈一把青〉中，由於秦夫人和朱青的特殊關係，朱青在不同場景的改變，才能讓讀者更訝異震驚。因爲敘述者是「我一你」敘述方式裡的「我」，而不是「我—他」敘述裡的「我」。秦夫人對朱青目前狀況感到吃驚，主要是眼前的景象已錯亂了自己過去熟悉的印象。沒有那一層熟悉感也就沒有當前的訝異感和錯失感。同理，秦夫人對朱青的第二度的不幸也是如此。先前，朱青先生之死，她幾近狂亂，如今第二次不幸來臨，她卻出奇的平靜。平靜是多年哀傷累積後的表現。秦夫人也心有戚戚焉。秦夫人且體會到眼前的女子已是人生經驗和智慧的化身。「我覺得雖然我比朱青還大了一把年紀，可是我已經找不出什麼話可以開導她的了」(〈一把青〉，《臺北人》，頁 40）。朱青對人生表象的漠然，事實上是對外在現實急遽轉變的無奈。在秦夫人的觀照下，朱青的改變意謂時間的改變。「我—你」以主客的熟悉感展開敘述，但時間和現實的遽變卻攪亂先前的熟悉感。秦夫人最能感受如此激烈的變化，因爲她是「我—你」的敘述者。

〈花橋榮記〉也如此。敘述者原先還未意識到自己是放逐者，但在和盧先生的接觸中，從後者的故事裡，在他拉奏的二胡聲中，在共同感受已在時間中遺失的空間裡，主客體交感，放逐的感受彼此融爲一體。兩人共同對桂林的了解，賦予第一人稱敘述者再敘述盧先生故事的優勢。敘述者的口頭語，「我們桂林人」正暗喻他們的思鄉。這個放逐者的故事，經由一個享有敘述優勢的放逐者再敘述。

在〈一把青〉和〈花橋榮記〉裡，敘述者和被敘述者雖然是「我—你」的敘述方式，兩者仍然保持相當的距離感。但在〈孤戀花〉裡，觀察者已變成部分的被觀察者。這個短篇不僅是娟娟的故事，也是「總司令」敘述者的故事。敘述者的同性戀對象，娟娟，是久遠前的伴侶，五寶，活生生的再現。敘述者若是沒有這一段悲傷的往事，這個短篇只是在描繪當前的一朵「孤戀花」。花的意象暗示人不得不應合時序和自然的步調。敘述者試圖以一朵正在凋萎的花，去再現另一朵早已凋萎的花。兩朵花的重疊，是過去和現在的交相滲透，這正是典型的放逐母題。混合的意象暗指疊合的時間。敘述者在情景的疊合混雜中喪失自我。敘述文字裡含糊的「她」，暗示敘述者在兩種時間中快速穿梭：

> 她〔五寶〕那雪白的胳臂上印著一排銅錢的焦火泡子，是華三那桿煙槍子烙的。我看她痛得厲害，總是躺在她的身邊，替她揉搓著，陪她到大天亮。我摸了摸**娟娟**的額頭，冰涼的，一直在冒冷汗，……。

——《臺北人》，頁 120。黑體係筆者附加

後來，敘述者的往事回憶裡，五寶被華三揍打的影像，和當前娟娟在臥室裡和柯老雄掙扎的景象交替重疊（《臺北人》，頁 129～130）。同一種觀點和同一種敘述，使得現在和過去的臉孔在戲劇性的瞬間，融入朦朧不清的輪廓。瞬間對時間的錯失知覺，意謂重拾往日的希望破滅。在此瞬間，過去和現在意識裡抗衡。當娟娟和柯老雄掙扎，敘述者正和時間抗爭。

在「我—他」的敘述裡，敘述者和被敘述者的距離比較遠。敘述者更小心選擇場景，來描繪一個陌生人。換句話說，這是非放逐者透過他的觀察，想了解放逐者。在〈那片血一般紅的杜鵑花〉中，敘述者只有在偶爾的機會才知道王雄的變化。在故事中，王雄是個放逐者。以愛的對象的轉移來說，他和麗兒的關係，正如「總司令」和娟娟在〈孤戀花〉的關係。過去的戀人是現場時空的缺席者，麗兒是這個缺席者的轉移目標。王雄和麗兒的關係，同時也映襯他和時間的爭戰。但亙古以來，和時間的爭戰，從來沒有人勝利過。麗兒還年輕時，過去還可能轉移到現在，但成長暗藏所有的肯定即將滋生否定。變在不變中成長。麗兒之後拒絕王雄，王雄對抗時光的努力失敗。麗兒外在的改變伴隨著一些動物意象的改變。麗兒原先稱呼王雄是一匹馬（《臺北人》，頁 77），後來改稱爲一隻狗（頁 84），最後稱之爲一頭大猩猩（頁 85）。馬和人友善，狗順從人，猩猩令人心生恐懼。三種動物代表兩人關係的三種演變的階段——建立，下墜，分離。王雄忽視了這些動物意象所指示的現實意義。當王雄把麗兒視爲過去戀人的再現時，在麗兒的心目中，他只是一匹馬或是一隻狗。現實和想像的分歧已播下未來分裂的種子。後來馬或狗變成猩猩，想像的過去已威嚇現實的現在。將動物和王雄對應，麗兒在言語的滑溜中，不經心地點出兩人關係必然的悲劇。敘述者捕捉到這些動物的象徵意義，他在選擇事件時又使故事富於象徵和神祕的回響。故事中，魚缸破裂，兩條金魚失水而死。魚缸破裂，家國不再，金魚的命運已暗示放逐者的命運。反諷的是，

金魚離開水而死，放逐者卻死於水。王雄投水自盡，希望自己的軀體能漂到對岸的家。但即使這樣卑微的願望也不可得。「他的屍體被潮水沖到了岩石縫中，夾在那裡，始終沒有漂走」（頁 75）。王雄死後，那血一般紅的杜鵑似乎是因爲他的靈魂遊晃其間而盛開。杜鵑象徵即使死後，王雄仍是個放逐者。

〈謫仙記〉裡，敘述併合了「我—你」和「我—他」兩種方式。敘述者的「我」（陳寅）透過「你」（敘述者的太太，黃慧芬）的敘述，知道了「她」（李彤）的過去。但敘述者對當前的了解卻是獨立的「我—她」敘述方式。事件的選擇展現有限的視野。經由這些選擇的事件，讀者體認到敘述者的視野和被敘述者的心靈狀態。但黃慧芬所提供有關李彤的過去也絕對必要，否則讀者只能閱讀到一個性情怪異的女子，對於她那些行徑將難以了解，更難以同情。李彤的過去籠罩她的現在，也就是這些陰影，小說的題目定名爲〈謫仙記〉。李彤的現在，一方面是敘述者的敏銳，一方面是他所處的有利距離，讀者在他的敘述中看到結合死亡和富於生命力的意象。頭髮上碎鑽石鑲鑽的大蜘蛛和白旗袍上面火紅的楓葉，猶如死亡降臨前，生命炙熱的燃燒。顏元叔在〈白先勇的語言〉一文裡說，敘述者是學理工的，不可能有如此敏銳的觀察（《民族文學》，頁 300）。事實上，敏銳可能來自於對李彤的驚豔和好奇。初次看到李彤，敘述者說：「李彤不僅自以爲漂亮，她著實美得驚人」（《紐約客》，頁 65）。蜘蛛和楓葉是李彤個性的顯影。「她髮鬢上那枚蜘蛛閃得晶光亂轉，很是生動」；「她那一身的紅葉子全在熊熊的燃燒著一般，我那些單身的朋友好像遭那些火頭掃中了似的，都顯得有點不安起來」（頁 67）。此外，敘述是一種回憶，在記憶裡閃現的通常是那些難以抹滅的意象。若是敘述者沒有這樣敏銳的觀察，小說結尾那一段顏元叔最讚賞的描述也似乎不可能：

> 在 Time Square 的四十二街上快駛起來。四十二街兩旁那些大戲院的霓虹還在亮著，可是有了陽光卻黯淡多了。街上沒有什麼車輛，兩旁的行人

> 也十分稀少，我沒有想到紐約市最熱鬧的一條街道，在星期日的清晨，也會變得這麼空蕩，這麼寂寥起來。
>
> ——頁 87

先前生死交織的意象反襯眼前冬天空蕩的街道。蜘蛛已象徵式地奪取了李彤的生命，楓葉燃燒後也已落盡。假如敘述者無法觀察到這些絕望的生命力，他也將無法細緻地體會到四十二街的空蕩和寂寥。

敘述總是事件過後高潮的尾聲。敘述者敏銳的觀察事實上是緬懷李彤之死的傷痛。眼睛當年細緻的捕捉，如今是情感的出口。由於「我」和「她」受「你」（黃慧芬）的中介，知道李彤的自殺並沒有使聽者墜入及時的感傷。狂賭是悲哀情緒的外瀉。黃慧芬突來的抽播，是敘述者內心哀痛的轉植。以「你」（黃慧芬）和「她」（李彤）老朋友的親近關係，黃慧芬默默的哭泣極爲自然合理，而敘述者則將悲傷的感覺化爲敘述，化爲空茫孤寂的意象。在敘述一個放逐者的悲劇時，也許敘述者內心茫茫自問：是否我也是放逐者？

但白先勇最常使用且是最有力的敘述是全能敘述觀點。[5]故事的敘述者是一個如亨利・詹姆斯所謂的「反映者」（“reflector”），有「最高的敏感度和最高的能力」，及高度的語言潛能。全能敘述者諷刺的刀刃可以不假情面的刺及角色的痛處，剝開放逐處境的尷尬情景。由於沒有「戲劇性敘述者」的介入和詮釋，「非戲劇性的敘述者」可以醞釀戲劇性的驚覺。葉維廉在《中國小說的風貌》闡明白先勇小說的結構，事實上和全能敘述觀點關係密切。白先勇的全能敘述讓文字細緻深邃，而不必擔心敘述者的能力，讓意象豐富盈滿，而不必拘泥於角色的觀察視野。更重要的是，全能敘述讓現代小說和傳統小說因緣傳承。

在上述和夏祖麗的訪談中，白先勇說他受到《紅樓夢》的影響（夏祖

[5]顏元叔也有類似的看法（頁 294）。

麗，頁 99）。白先勇的全能敘述小說遙遙呼應了《紅樓夢》和《金瓶梅》「人生如夢」的主題。《紅樓夢》和《金瓶梅》寫出世事繁華總成空，白先勇寫出昔時榮耀如今都已被時空放逐。但白先勇和傳統古典小說最大的不同在於，在時不我予之歎時，後者的空間大致是不變的，而前者的空間卻隨著時間流失。以前夢幻的主題，如今更擴大展延成爲放逐的主題。

白先勇的小說中，著眼表面刻畫，而不深入內心世界的作品，和古典章回小說最相似。〈歲除〉和〈梁父吟〉開頭的片段，神似章回小說。葉維廉指出，這些文字的描述，猶如傳統章回小說裡俠客或主角的進場（葉維廉，頁 91）。引用了〈梁父吟〉的第一段如下：

> 一個深冬的午後，臺北近郊天母翁寓的門口，一輛舊式的黑色官家小轎車停了下來，車門打開，裡面走出來兩個人。前面是位七旬上下的老者，緊跟其後，是位五十左右的中年人。老者身著黑緞面起暗團花的長袍，足登一雙絨布皂鞋，頭上戴了一頂紫貂方帽，幾絡白髮從帽沿下露了出來，披覆在他的耳背上，他的兩頤卻蓄著一掛豐盛的銀髯。老者身材碩大，走動起來，胸前銀髯，臨風飄然，……。
>
> ——頁 87

但最像章回小說裡的英雄或俠客的是賴鳴升，〈歲除〉裡的主角。他的一身都是時光的烙痕：

> 他那一頭寸把長的短髮，已經花到了頂蓋，可是卻像鋼刷一般，根根倒豎；黧黑的面皮上，密密麻麻，盡是蒼斑，笑起來時，一臉的皺紋水波似的一圈壓著一圈。他的骨架特大，坐著也比旁人高出一個頭來，一雙巨掌，手指節節瘤瘤，十隻樹根子似的。……他說話時嗓門異常粗大，帶著濃厚的川腔。
>
> ——《臺北人》，頁 42

在上述的引文中，〈梁父吟〉裡的老人樸公的打扮，「絨布皂鞋」，「黑緞長袍」，「紫貂方帽」，以及他的舉止，「胸前銀髯，臨風飄然」，類似《水滸傳》和《三國演義》裡的老英雄。〈歲除〉裡的賴鳴升則像《水滸傳》的魯達或是其他章回小說裡那些粗獷的角色。

正如葉維廉所述，英雄的形象更加反襯今非昔比。往日的光芒已不再，沉澱於時光的只是一些服飾和舉止，備受平淡無奇日子的反諷。和傳統章回小說相比，白先勇的人物不是英雄行徑的展現，而是英雄的時日已不再。

在全能敘述中，白先勇的文字更超越敘述人稱和敘述結構的重要性。文言和白話的夾雜顯現了語言浴火重生的生命力。[6]尹雪豔「冷豔逼人」（《臺北人》，頁 3），走路「像一毬隨風飄蕩的柳絮」（頁 2）。時間似乎不能沾惹她，但其他人卻已被時間摧毀得不成人形。「冷豔逼人」是文言，和白話的「踏著風一般的步子」併合，使語言散發繁複的寓意。時間在她身上沒留下痕跡，但她卻隨風飄蕩如遊子。「隨風飄蕩的柳絮」更是一個具體而微的放逐意象。這個意象展現不同的觀點，也讓讀者看到不同層次的人生。在他人的眼光裡，尹雪豔是令人羨慕的對象，但敘述者卻隱約點出一個漂泊者的悲哀。即使尹雪豔似乎永遠不老，她畢竟是遠離家鄉而在臺灣寄居的放逐者，生命飄浮有如風中的柳絮。故事中，文言和白話的夾雜，也暗示新舊的交替，過去現在的遞嬗[7]，從一個有五千年過去的大陸到一個重新開始的臺灣。全能敘述者捕捉到這些無可奈何的改變，以新舊混和的語言，描述在過去和現在邊緣存活的人物。敘述讓時代的壓力降臨於個人，讓個人承擔面對歷史。人在時間中起伏，在空間裡飄遊，這一切只是瞬間性的存在。

當語言觸及如此的改變和對比，文字時常透露出全能敘述者反諷的語調。白先勇用的副詞和連接詞經常意在言外。〈永遠的尹雪豔〉到處迴盪

[6]顏元叔也指出白先勇文言和白話結合的特色（頁 296）。
[7]顏元叔在《民族文學》裡也有類似的觀點（頁 299）。

著這些弦外之音。「尹雪豔總也不老」(《臺北人》，頁 1)，「連眼角兒也不肯皺一下」(同上)，「也」和「不」的並置是兩種對比所顯現的張力。尹雪豔似乎能阻嚇時間的進展，但時間卻迂迴落足到他人的身上。宋太太肥胖的身軀，吳經理糜爛的眼角都是時間侵蝕的標記。這是「不老」和「也老了」的對比。吳經理「以蒼涼沙啞的嗓子唱出：我好比淺水龍，困在沙灘」(同上，頁 5)，正是一個放逐者沉陷於現有的時空的身影。事實上，在敘述語調上，尹雪豔神祕的「不老」「總也會老」，因爲「不老」只是瞬間的狀態。飄蕩的柳絮總隨風起落。敘述者讓主角擁有一個永遠不變的假象，更襯顯出這種瞬間幻影的悲哀。宋太太和吳經理的樣貌可能是尹雪豔未來的映照。讀者這層跨越角色的感知也是小說潛在的反諷。

有時，全能敘述者使用的副詞暗藏角色必然的命運。〈一把青〉中，「郭軫是空軍的貴族。他父親是偉成的同學，老早摔了機」(《臺北人》，頁 20)，「老早」兩字意味死是悲劇性的遺產，郭軫的死是預定的結局。體認到這種命運，他的太太朱青也從苦痛中變成對痛苦的麻木和漠然。有時，副詞展現文意的多義性。〈金大班的最後一夜〉裡，逼真地描述金大班風騷的儀態後，全能敘述者說：「收拾起這個老頭兒，只怕連手指頭兒也不必翹一下哩」(《臺北人》，頁 61)。「只怕」兩字暗指雙重現實。一方面，她可以毫不費吹灰之力對付未來的丈夫，另一方面，年輕的生命力已正在消逝中。刻意隱藏真實的年齡，選擇一個完全無法符合當年標準的丈夫，表示支撐風騷的精力已不再。敘述語調裡隱藏的更大的悲哀是，她只有對付老頭兒，「手指頭兒才不必翹一下」。副詞「只怕」在文中表象是「一點都不怕」，卻暗指「只是害怕」。「只怕」是一齣具體而微的喜劇，但喜劇背後是一齣辛酸的悲劇。

喜劇和悲劇的疊合，是白先勇《臺北人》裡表現反諷的典型。在〈梁父吟〉裡，一幅文徵明畫的寒林漁隱圖，兩旁卻是一對鄭板橋的書法：「錦江春色來天地，玉壘浮雲變古今」。漁夫寧靜的畫面被兩旁意指變動的文字所包圍。繪畫所展現的寧靜只是暫時的存在，文字暗示一切都充滿了變數。事實上書法的兩個句子，即是如此人生的總結。當人們正在品味天地間的「錦江春色」時，誰知「玉壘浮雲」已經變古今呢？「變」總結了放逐者的今昔之歎。鄭板橋書寫了房子的主人樸公的命運。白先勇用一個否定的副詞，「卻是」，將「變」導入題旨：「兩旁的對子卻是鄭板橋的真跡，寫得十分的蒼勁雄渾」。

《臺北人》裡的〈永遠的尹雪豔〉、〈歲除〉、〈金大班的最後一夜〉、〈思舊賦〉、〈梁父吟〉和〈遊園驚夢〉都是以變打破靜的結構。葉維廉指出，「遊園驚夢」這樣的題目，本身已經就是「驚覺」的義涵（葉維廉，頁 87）。唱戲或聽戲的人的驚覺，正如觀賞者看到鄭板橋書法的驚變。《紐約客》裡，故事有時是角色對現實的驚覺（〈上摩天樓去〉和〈安樂鄉的一日〉），有時是對放逐處境的體認（〈謫仙怨〉和〈芝加哥之死〉）。吳漢魂體認到生活中無能爲力的情景，而投水自盡。〈火島之行〉裡，林剛即將淹死的瞬間，讀者感受到這是一個放逐者悲哀的生活情境，雖然他本人不一定自知。驚覺的結構配合反諷的語言，暴顯外表和真實的差距，心靈時間和客體時間的對立。驚覺打破幻覺，隱藏作者敘述的朦朧性又增加另一層反諷。角色所驚覺的竟是自己無能爲力的放逐處境。〈金大班的最後一夜〉裡，諷刺和喜劇性的語言回響的是金兆麗內心無聲的哭泣。爲喪失過去理想的戀人而傷痛，更爲如今要和一個老頭兒結婚而悲哀。華年已去，時不我予。〈安樂鄉的一日〉裡，晚餐的和女兒有關國籍的爭吵，只是故事開始那些「死角」和「死水」等意象化成文字的敘述而已。以敘述道出內心已如死水的心境，全能敘述者藉此讓女主角依萍驚覺自己在一個死角無依地過活。也許在那一剎那間，她感受到「依萍」是無依的浮萍，是一個道道地地的放逐者。

爭吵過後，依萍在黑暗的臥房裡流淚，而外面卻是先生和女兒的笑聲。她完全孤獨無依地在一個國外的房子（house）裡，而不是家（home）。諷刺的是，這樣的空間竟叫做「安樂鄉」。「孤單」或「孤獨」幾乎是所有「臺北人」和「紐約客」的心境。在這些故事中，所有的主角都沒有真正的伴侶。女角色大多比她的先生或男伴要面對更長久的歲月。男的或戰死或已老死，女的在時代巨變下成爲時空的放逐者。敘述者以同情看待女角色（〈一把青〉），敘述也以女子的孤獨反應社會和歷史（〈永遠的尹雪豔〉）和〈遊園驚夢〉）。在孤獨中顯現放逐的主題：繁華已逝如夢，醒來一切成空。

孤獨因此是白先勇小說裡極重要的意象。除了〈謫仙記〉、〈冬夜〉和〈安樂鄉的一日〉外，所有的放逐者都沒有伴侶——不是男的沒有妻子，就是女的沒有丈夫，甚至連一個親戚或朋友都沒有。〈謫仙記〉裡的「戲劇性敘述者」有妻子爲伴，但真正的主角是李彤，因此這仍是以孤寂爲母題的小說。〈冬夜〉裡的余清來在精神上和現任的太太有距離，記憶裡經常是前任太太的影子，有妻似無妻。孤寂是唯一的「伴侶」。能否意識到孤獨決定了他是位「臺北人」或「紐約客」。「臺北人」大體上仍能活在過去的幻影，而「紐約客」精神上和肉體上都是在國外孑然一身。

也許《臺北人》和《紐約客》最大的差異，是敘述觀點的差異。《臺北人》有各種的敘述者，而《紐約客》，除了〈謫仙記〉外，都是全能敘述者。放逐者在街上迎面而來的，是沒有臉孔或沒有五官的陰影。放逐者隻身在異地漂泊（吳漢魂和黃鳳儀），只有萍水相識，沒有貼己相知（林剛）。在孤獨的異鄉，即使一個「戲劇性的敘述者」都不可得。「我—你」和「我—他」變成一個沒有臉孔的「存有」——全能敘述者。敘述變得更客觀，語調較冷靜。這無形的敘述觀察者和周遭的陌生人融爲一體，成爲烘托放逐者孤單身影的背景。有時候，隱藏的敘述者似乎對這些在異國的漂泊者比較同情，而非像對待「臺北人」那樣，流露出諷刺或反諷的語調。但孤單的「紐約客」無法意識到這個無形的同情者。李彤的朋友從未想到深入她的內心去了解。聽到她的死訊，她的老朋友張嘉行說：「她賺的錢比誰都多，好好的活得不耐煩了」，「這麼多人追她，她一個也不要，怪得誰？」(《紐約客》，頁 82～83）。之後，這些朋友狂賭做爲難過情緒的發洩，但難過並非了解。黃慧芬的眼淚爲她而流，但一切已無濟於事。李彤生前，敘述者和這一群朋友兩三年才和她見一次面，難得了解，更難得關心。敘述者對她注目所化成的意象暗藏一種關心，但李彤並不一定感知，即使感知，也徒奈何，敘述者已是自己好朋友的丈夫。李彤強烈意識到的孤獨，難以化解，同情的敘述者所能給予的幫助，和一個沒有臉孔的全能敘述者有何差別？

白先勇兩種放逐者的差異，在於：對往日的感受不同，在社會的地位不同，對中國的印象不同，孤獨的展現方式不同，而最重要的，敘述的方式不同。雖然全能敘述在兩部作品裡都出現過，但《臺北人》也用了其他的敘述方式，《紐約客》則除了〈謫仙記〉外，全部用全能敘述。不同的放逐者面對不同的放逐情景。有些「紐約客」以死了結生，有些生不如死。有些「臺北人」沉湎於過去，難於面對現實，有些白髮蒼蒼仰望歲月。在這些作品中，有一篇〈冬夜〉極具象徵意義，因爲它所描寫的既是「紐約客」也是「臺北人」。〈冬夜〉裡的人物是個模糊的臉孔。這篇短篇結集時，既出現於《臺北人》，也出現於《紐約客》。

〈冬夜〉描寫的是一個「臺北人」和一個「紐約客」想交換彼此放逐的場景。一個「臺北人」想當「紐約客」，一個「紐約客」想當「臺北人」。小說裡交疊著多層次的反諷。吳柱國告訴余嶔磊希望定居臺北，而不願繼續在國外流浪。他在言談之間回味往日的餘溫，自覺在美國只是自我痲痺。在白先勇的作品中，吳柱國是唯一想回到臺灣的「紐約客」，雖然他的回來，主要是離開放逐地，而不是返鄉。但令吳柱國及讀者詫異的是，小說即將結尾時，余嶔磊透露出「一直在設法出國」。因此兩人反諷地觸及到詭譎的放逐意識。由於這是《紐約客》最後面的一個短篇，也由於這個短篇用了前面幾個短篇的意象和象徵（如余嶔磊已童山濯濯，跛腳行動不便，與吳柱國對生活的痲痺感），它似乎總結了兩種放逐者。兩人想要改變生活空間事實上是想交換放逐地。而反諷的是，兩人都以自己的生活空間爲放逐地，而以對方的空間做爲放逐情境的結束。沒有人想到空間的改變只是改變放逐地，放逐的情境仍將以不同的樣貌延展下去。白先勇在這個短篇裡讓當代最典型的兩種放逐者，在冬夜做一戲劇性的接觸。現場的不如意總寄望於缺無的另一個現場，正如以哲（Iser）所說：「想像基於缺無」（Iser, 283）。

海德格在《存有與時間》裡指出存有是一種自我冷肅的認知。生命的流程，從生到死，由不同的片段和點組成，生命的自我認知在於接受、預期這個必然的流程；在點與點之間，存有加以連接展延，而成歷史。[8]海德格說：「存有展延和自我展延（is stretched and stretches itself along）的活動，我們稱之爲歷史的活動。存有的『連接』是存有的歷史性的本體問題」（頁 427）。歷史性是存有本體性的體認。時間各點的銜接造就成歷史，因此存在不只是過去的延續，而是展望未來。但展望是對於未來本體的認知，而不是自我營造的假象。放逐者試圖以改變放逐地來展望未來，不僅欠缺本體性的了解，更缺乏存有的歷史性認知。放逐者所做的「歷史性」決定，不知不覺中已背離了存有真正的歷史活動，更難承擔龐大的客觀歷史。這是放逐者最大的悲哀。

也許放逐者渴望改變放逐的時空的意念一直在白先勇的心中縈擾不去，1980 年代中期寫的〈骨灰〉，仍然是〈冬夜〉問題的延續。放逐者仍然是沒有實質的存有。過去兩個老人不同的政治意識使彼此對對方懷有敵意。但回首過去，所有爲理想堅持的努力已被現實和時間塗銷。過去不同的意識形態將兩人分隔海峽兩岸，如今在美國相聚，已世事滄桑。時空在意識裡滿載傷感的記憶，空間的轉移也觸動記憶的互動。文革後的大陸，對於龍鼎立來說，已布滿難以復原的傷口，於是，他帶著妻子的骨灰來美國。而臺灣和美國，對於羅任重來說，他自覺自己只是在邊緣存在。當年他離開臺灣，因爲在險惡的人際關係，遭遇重大的挫傷。他也即將離開美國，因爲不願意老死他鄉。他希望自己的骨灰能撒在海上，隨波漂流至臺灣或大陸。若骨灰能漂回故國，放逐生涯也象徵式地結束，但那也意味放

[8]海德格的歷史或歷史性不是歷史學家所寫的歷史，也不是外在的歷史事件，而是存有個別的「歷史性行爲」。

逐已由生至死。也許當龍鼎立和羅任重表達交換生存空間的渴望時，他們會瞬間意識到兩個空間都不是真正的家。海德格的空間性是在既定的空間裡創造自己的空間，而不是以逃離某一個空間來換取另一個空間。現代中國的放逐者並不能以交換放逐地來找回普魯斯特失去的樂園。樂園不是將過去布置成海市蜃樓，樂園的尋求更不是從一個熱鍋子跳到另一個熱鍋子。

引用書目

英文部分

・Booth, Wayne. The Rhetorics of Fiction. Chicago and London: U of Chicago P, 1960.

・Cioran, E. M. The Temptation to Exist. Trans. Richard Howard. London and New York: Quartet Books, 1987.

・Girard, Rene. Deceit, Desire, Novel. Trans. Yvonne Freccero. Baltimore and London: The Johns Hopkins UP, 1965.

・Heidegger, Martin. Being and Time. Trans. John Macquarie & Edward Robinson. New York and Evanston: Harper & Row, 1962.

・Iser, Wolfgang. The Implied Reader. Baltimore and London: The Johns Hopkins UP, 1974.

・Kangro, Bernard. "Foreign Harbour", The Pen in Exile. Ed. Paul Tabori. The International P. E. N. Club, 1954 & 1956.

・Pai, Hsien-yung. "The Wandering Chinese: The Theme of Exile in Taiwan Fiction", The Iowa Review, 7.2-3 (Spring-Summer 1976): 205～212.

・Poulet, Georges. Studies in Human Time. Trans. Elliot Coleman. Baltimore and London: The Johns Hopkins UP, 1956.

・Proust, Marcel. Le Temps Retrouve. Trans. Andrews Mayor. The Past Recaptured. New York: Vintage Books, 1971.

——. Swann's Way. Trans. C. K. Scott. Moncrieff. New York: Vintage Books, 1970.

・Saly, John: “Delphi,” The Pen in Exile. Ed. Paul Tabori. The International P. E. N. Club, 1954 & 1956.

・Sartre, Jean-Paul. Being and Nothingness. Trans. Hazel E. Barnes. New York: Philosophical Library, 1956.

・Tabori, Paul. The Anatomy of Exile. London: Harrap, 1972.

——. Ed. The Pen in Exile. The International P. E. N. Club, 1954 & 1956.

・Williams, Tennessee. The Glass Menagerie. New York: New Directions, 1970.

・Wittlin, Joseph. “Sorrow and Grandeur of Exile,” The anatomy of Exile. London: Harrap, 1972.

中文部分

・水晶,〈點里里瞎里〉,《中央日報》,1966 年 4 月 17～19 日。

・白先勇,《臺北人》,臺北:晨鐘出版社,1971 年。

——,《紐約客》,香港:文化書店,1974 年。

——,〈骨灰〉(《聯合文學》第 26 期,1994 年 11 月),頁 8～19。

——,《孽子》(臺北:遠景出版公司,1983 年)。

——,《謫仙記》(臺北:大林出版社,1969 年)。

——,《驀然回首》(臺北:爾雅出版社,1978 年)。

・於梨華,《又見棕櫚》(臺北:皇冠文學出版公司,1967 年)。

・胡菊人,《小說技巧》(臺北:遠景出版社,1978)。

・夏志清,〈白先勇論〉,《臺北人》(臺北:晨鐘出版社,1971 年)。

・夏祖麗,〈白先勇訪問記〉,《書評書目》第 42 期(1976 年 10 月)頁 95～106。

・葉維廉,《中國現代小說的風貌》(臺北:晨鐘出版社,1970 年)。

・歐陽子,〈序〉,《謫仙記》(臺北:大林出版社,1969 年)。

・簡政珍,《語言與文學空間》(臺北:漢光文化公司,1989 年)。

・顏元叔,《談民族文學》(臺北:學生書局,1975 年)。

——選自《中外文學》,第 26 卷第 2 期,1997 年 7 月

白先勇小說中的死亡意識及其分析

◎施懿琳*

一、前言

在當今臺灣文壇中，白先勇以其感時傷懷的悲鬱色彩在現代派作家群裡樹立起獨特的創作風格。從早期充滿「寓言式、內向化、夢魘感」的生澀之作[1]，如〈金大奶奶〉、〈玉卿嫂〉、〈青春〉、〈黑虹〉……到成熟期以深刻描寫生活糾葛和心理矛盾爲主的《臺北人》、《紐約客》系列，乃至 1977 年發表的長篇小說《孽子》及 1979 年的〈夜曲〉和 1986 年的〈骨灰〉，均脫離不了濃厚的憂傷氣息和深沉的悲劇意識。這悲劇意識所表達的是生命中陰暗、消極的一面：人情的冷漠、存在的荒寂、傳統的失落、理想的幻滅、青春的易逝、情愛的糾葛以及夙世冤孽的難以掙脫和靈與肉的永恆衝突……

面對生命無情的摧殘和斲傷，有人積極抗爭，絕不妥協；有人嗟歎終日，苟且偷生；有人等閒視之，麻木度日；也有人忿恨不平，終至自戕戕人。不同的人有著不同的生命困境，也理當會有不同的自處之道。然而，當我們閱讀白先勇的作品時，卻發現到他作品中人物公往往在挫傷之後，選擇了自殺一途。除了以自殺來消解困頓外，亦有多篇敘述了因外在因素而死亡的例子：病死、他殺、意外事件（車禍、火災、水災）……死亡的

---

*發表文章時爲成功大學中國文學系副教授，現爲成功大學臺灣文學系、中國文學系合聘教授。

[1]參考朱學群，〈論白先勇小說的悲劇意識〉，《臺灣研究集刊》第 2 期（廈門，1984 年），頁 53。

陰影似乎總是在白先勇的作品中盤纏不去。雖然生老病死本是人生之常態，不足爲怪；但是通常在長篇小說裡才適合容納這樣長時段的人生課題，假如在篇幅有限的短篇小說中卻又屢屢出現這個題材，恐怕就不能表象而單純地以人生常態視之了。筆者以爲高頻率的死亡課題（詳見後文統計數字），理當透視作者的性格傾向、早年經驗、生活閱歷以及作者與整個時代背景和文學傳統的關聯。因此嘗試借用西方文學理論中的心理分析法（作者——作品）以及傳記分析法，透過死亡人物及類型，探討作者的寫作特色及思想特質。而後從傳統文化積澱、當代社會思潮以及作者本身的遭遇及性格取向來詮釋白先勇作品特色所以形成之故，使吾人對白先勇作品的解讀獲得更深刻的掌握。

二、白先勇小說中的死亡人物及其類型

白先勇目前發表的小說作品共有短篇 36 篇，長篇一篇，創作年代從 1958 年到 1986 年。一般多把 1964 年白氏赴美後所寫的〈芝加哥之死〉、〈上摩天樓去〉看成白氏寫作的分水嶺，前後兩階段雖有生澀與成熟、浮面與深刻之別，但是對死亡題材的偏好，卻是一致的。爲了使本文的討論更具客觀性，筆者先將白氏作品中敘及死亡的人物及其相關資料，表列如下[2]：

篇名	人物姓名與身分	死亡方式	死亡原因	發表年月
1.金大奶奶	金大奶奶 （富家奶奶）	服毒自殺	不堪丈夫及二奶奶凌虐排擠	1958.9
2.月夢	靜思（美少年） 肺病少年	生病 生病	肺炎 肺炎	1960.3

[2]列表是爲了討論及歸類上的方便，同時也試圖在各個不同的死亡事件中，找尋其相似之處，以進行比較、分析。在此，倒無意將之視爲齊頭式的同等分量之意。

3.玉卿嫂	慶生（患肺病的清貧少年） 玉卿嫂（爲富家幫傭的寡婦）	被殺 以短刀自殺	感情糾紛	1960.3
4.黑虹	小弟（耿素棠之友） 耿素棠（家庭主婦）	病死 投水自殺	肺炎 情緒抑鬱離家解悶，遭人非禮	1960.5
5.小陽春	麗麗 （樊教授之么女）	意外	家人疏忽造成火災	1961.1
6.青春	老畫家	死於岩上	心臟衰竭痛苦致死	1961.3
7.芝加哥之死	吳漢魂之母 吳漢魂（留學生）	病死 投水自殺	腎臟流血不治 母逝，生活失去目標	1964.1
8.香港──1960	李師長（軍人）	被砍頭	戰亂	1964.6
9.永遠的尹雪豔	王貴生（上海綿紗財閥之子） 徐壯圖 （水泥公司經理）	被槍斃 被扁鑽刺穿胸膛	官商勾結 情緒暴烈激怒工人	1965.4
10.謫仙記	李彤（留學生）	投水自殺	國破家亡心情苦悶	1965.7
11.一把青	郭軫（空軍） 秦偉成（空軍） 小顧（空軍）	意外 病死 意外	墜機 痢疾 墜機	1966.8
12.遊園驚夢	錢鵬志（將軍）	病死		1966.12
13.歲除	黃明章（將軍）	戰死	被日軍炸死	1967.8

14.梁父吟	王孟養（革命元老）	病死		1967.12
15.那片血一般紅的杜鵑花	王雄 （富戶之男工）	投海自殺	希望落空，感情受傷，自尊受戕	1969.1
16.思舊賦	李夫人 （名門貴族之妻）	病死		1969.3
17.滿天裡亮晶晶的星星	姜青（俊美男演員）	意外	偕女友出遊，車禍燒死	1969.7
18.孤戀花	五寶（妓女） 鳳娟（妓女） 柯老雄（流氓）	吞鴉片自殺 暴斃 被鐵熨斗錘死	被流氓華三凌虐不堪其苦 被流氓柯老雄凌虐致死 凌虐妓女遂被殺	1970.3
19.冬夜	賈宜生 （大學教授） 陸沖（大學教授） 陳雄（知識分子）	跌入陰溝而死 跳樓自殺 被槍斃	晚景淒涼，中風後行動不便 文革時不堪受虐 漢奸	1970.10
20.花橋榮記	李半城（商人） 秦癲子（公務員） 盧先生（小學老師）	上吊自殺 水災淹死 病死	自大陸來臺，貧困潦倒 發瘋騷擾婦女，備受斥責 因心情鬱悶引發心臟病	1970.12
21.秋思	華將軍	病死	喉癌	1971.3
22.國葬	李浩然（將軍）	病死	心臟病	1971.5
23.孽子	弟娃（阿青之弟）	病死	肺炎	1977.7

	桃太郎（同性戀者） 阿鳳（同性戀者） 王尚德（龍子之父、軍官） 黃麗霞（阿青之母） 傅衛（同性戀軍官） 傅老先生（傅衛之父）	投水自殺 被殺 病死 病死 舉槍自殺 病死	感情落空 感情問題 梅毒 同性戀行爲被發現	～ 1984.3
24.夜曲	高宗漢（知識分子） 留英女教授	自殺 自殺	文革被迫害 文革被迫害	1979.1
25.骨灰	羅任平（知識分子） 龍鼎立之妻 蕭鷹（將軍） 羅任平之妻	病死 病死 意外 病死	文革被迫害 飛機失事	1986.10

由數字統計來看，36 篇作品中敘及死亡的有 25 篇，占了作品總數的67%強，而死亡的人數則多達 48 人。他們分別來自不同的社會階層，有：名門貴族、知識分子、軍人、平民百姓以及生活在陰暗面的妓女和流氓。身分背景雖異，人生境遇也各有不同，但是他們同樣都揹負著生之殘酷與死之陰影。這 48 人中，死亡的方式，又大略可分爲：「病死、自殺、他殺、意外死亡」四種。其中病死的人數最多，占了 20 人；其次是自殺，占了 13 人；他殺八人；意外死亡的有七人。白先勇透過各類人物不同的死亡方式之描寫，來呈現他個人的生命經驗、所觀察的社會面向以及所體會的人生困境。亦即，白氏所描寫的死亡事件，並非平面而單純的表象，而是與他個人乃至他所處的時代有著密切的綰合。吾人藉由死亡人物的呈現及其類型分析，或許能更深刻地挖尋出死亡事件所蘊涵的深義吧！

在白氏所描寫病死的人物裡，可分爲：老衰、肺疾、心病三種。其中老病而死的居多，共有八人。這八人或爲高官顯貴，或爲知識分子（錢鵬志、王孟養、李夫人、王尚德、傅崇山、羅任平、羅任平之妻、龍鼎立之妻），白先勇藉著這些人物由鼎盛而老衰，由老衰而死亡的過程，來象徵舊社會的逐漸沒落，傳統文化生命力的逐漸僵枯。從繁華日趨凋零，從喧鬧日趨岑寂，這正是在「臺北人」系列裡，所揭示「舊時王謝堂前燕，飛入尋常百姓家」的思想主題，而在這些貴族豪富的身上都獲得了印證。病死的人物中，有四位少年死於肺炎，這顯然是曾得童子癆的白先勇個人經驗的呈現。在作品裡，這些少年都留下了極美的印象在傷逝者的心靈深處，不似其他作品裡描寫死亡的淒厲慘烈，或許這是白先勇對自己少年時代瀕臨死亡的一種近乎淒美的想像與描摹吧！[3]值得一提的是〈青春〉裡的老畫家和〈花橋榮記〉裡的盧先生，兩人表面上看來都是死於心臟病，其實真正致命之因，卻是心靈的極度痛苦，生命力的幾近枯竭，而使他們喪失了活下去的意願。也就是說，心靈的死亡，促使他們肉體的衰壞。「靈與肉的矛盾糾纏」致使人喪失了活下去的勇氣，實乃白氏作品裡一再強調的思想主題。

自殺的人數共 13 人，這種違反自然法則的方式，占了白先勇作品中死亡人數極高的比例。這些被迫走上人生絕路者，是白先勇極力刻畫的悲劇人物。其中，有人財兩空，備受凌虐、蹂躪的無助女人（上階層有金大奶奶，下階層有妓女五寶）；有受盡情慾煎熬，卻又不能見容於當代社會的沉淪者（畸戀的寡婦玉卿嫂、同性戀的男子桃太郎、傅衛）；有抑鬱苦悶、無法面對時代變局、人生悲劇的無根知識分子（留學生吳漢魂、李彤，死於文革的大學教授陸沖、高宗漢）；有的無法撫平懷鄉念舊的愁緒

[3]參考王溢嘉在〈美麗與哀愁之外——林黛玉的愛情疾病與死亡〉中所說的：「肺結核是自 18 世紀以來，被文學家浪漫化得最徹底的一種疾病……拜倫、濟慈、蕭邦、史蒂文生、勞倫斯、梭羅、卡夫卡等知名的藝術家都患有肺結核。這可說是名副其實的『藝術家之病』，它不僅是一個人優雅、細膩、善感的指標，更是一個人才情的戳記……一個藝術家如果能死於肺結核，可以說比其他疾病都來得高貴，因爲肺結核有『美化死亡的效果』」，收在《古典今看——從孔明到潘金蓮》（臺北：野鵝出版社，1992 年 3 月），頁 51～52。

（始終惦記大陸童養媳的王雄）；有的難以承受家貧子不肖的哀傷（曾爲柳州富戶的李半城）……在「生有何歡，死又何懼」的心態下，有人投水（五人），有人服毒（二人），有人跳樓（一人），有人上吊（三人），有人舉槍自戕（一人）。在白先勇爲數不多的作品中，似乎承載了太多冤魂的愁怨與委曲，在字裡行間浮漾著蒼涼的氛圍與森森的鬼氣。

而遭他殺的人中，因作戰而死的有兩位。一位是〈香港——一九六〇〉中所敘及被敵軍砍頭，身首異處的李師長；另一位則是〈歲除〉裡被日軍炸裂了頭的黃明章將軍。白先勇出身名將之家，對軍人題材之稔熟與偏好，及沙場上戰爭的慘烈了解之深刻，自有常人所不能及之處。因此，常在故事裡，描述了軍旅生涯中的各種人物，以及他們的悲歡憂喜。此外，因感情糾紛而發生的情殺事件則有兩樁。其一是〈玉卿嫂〉中的慶生，其二是〈孽子〉中的阿鳳。前者因移情別戀，遂有了情烈如火的玉卿嫂玉石俱焚的自戕戕人；後者則因阿鳳的同性伴侶龍子受不了感情的熾烈焚燃，受不了對方的若即若離，遂將匕首刺進阿鳳的胸膛。在白先勇的作品中，似乎很少看到溫馨和諧、清明澄淨的感情世界。太多的愛恨糾纏、矛盾掙扎，靈與肉的強烈衝突，使得作品裡恆常蘊蓄著一種令人喘不過氣來的低調的窒悶與灰沉。而玉石俱焚、自殘殘人，又似乎是書中主角們共同偏愛的選擇方式。這種頗具特色的創作取向之所以產生，原因何在？筆者將在本文的後半部分試圖加以分析探討。

意外身亡往往不是死者單一的悲劇，它的背後通常綰結著另一個生命，乃至拉引出一個家庭，甚至整個群體的悲劇。〈小陽春〉裡愛女麗麗慘死於大門深鎖的火場中，遂使樊教授永遠仇視勤上教堂而怠忽母親職守的妻子。〈一把青〉裡飛行員郭軫墜機，亦使得新婚妻子朱青完全喪失了原本的清純、柔弱、多情，而變得妖嬈、佻達、放肆，甚至對死亡嗤之以鼻。〈滿天裡亮晶晶的星星〉裡俊美男星姜青的死亡，也帶走了「祭春教」教主生命中所有的歡愉。這些故事中的人物，似乎皆有了很深的情執，當用最真誠的感情澆溉的對象一旦死去，那些人也從內心深處抽拔了對生命的愛戀和虔敬。麻木不仁、行屍走肉，於是成了他們的自處之道。

頗耐人尋味的是，48 個死亡人物中，有八個人的死與水有關：吳漢魂、李彤、耿素棠、王雄、桃太郎都投水而死；〈冬夜〉裡清貧多病，爲生活勞碌奔波的大學教授賈宜生，以及〈花橋榮記〉裡，精神異常，備受排擠的前廣西榮縣縣長秦癲子，則皆詭異的淹死在陰溝裡；而〈青春〉眷戀美少年的老畫家，雖因心跳逐漸變弱而暴斃在岩石上。但他背後那片水光四濺的大海，卻是激引他思潮澎湃、情緒怒張，終至不可扼抑的「元兇」。水與死亡究竟有何關聯？是精神分析所謂的泅泳向母親子宮，由死亡蘊蓄另一個再生呢？或是，如宗教哲學所分析的，以“the thirst of the dead”的觀點來解釋水的象徵意涵呢？[4]這是一個相當有趣而且值得進一步探討的問題。由於篇幅的限制，在此不擬作深論。

三、白先勇描寫死亡的特色及其思想內涵

死亡既是白先勇作品中出現頻率極高的主題，那麼，白先勇如何具體地描寫死者的容狀，又是透過什麼方式來烘托死亡的氛圍？而善寫死亡主題的白先勇，又具有什麼樣的人生哲學呢？

（一）死亡事件的描寫及蘊義

死亡雖爲文學作品中，極易觸及之主題，但是，卻罕有像白先勇般如此具體地描摹死亡的過程、死者的容狀，並如此深刻地刻畫書中人物臨死前的心境。筆者歸納白氏死亡人物，依其特色可分爲以下兩種主要類型：

1. 含憤而死，以致死狀至為猙獰可怖者：

這一類有的是含藏冤鬱，內心備受痛苦摧折，他們在現實生活裡受到嚴重的挫傷，而認爲自己已退到了生命最後的據點，人生再也沒有可眷戀珍惜的。但是，他們又死得如此不甘心，所以死亡時所有的怨恨愁鬱都凝結在他們的屍身。且看〈金大奶奶〉裡受到丈夫及二太太欺凌而服毒自盡

[4]參考 Mircea Eliade, “The waters and water symbolism”，收在 *Patterns in comparative religion*, Sheed and Ward, London, 1979, pp188-215。

的金大奶奶死不瞑目之容狀：

> 金大奶奶仰臥在牀上，一隻小腳卻懸空吊下牀來，牀上的棉被亂七八糟的裹在她另一隻腿上。她的手一隻掐著自己的頸子，一隻揪著自己的胸，好像用過很大的勁，把衣服都扯開了。兩眼翻了白，睜得大大地瞪著天花板，一頭亂髮，有的貼在額上，有的貼在頰上，嘴唇好像給燒過了一般，又腫又黑，嘴角塗滿了白泡沫，在她牀頭的茶几上，倒放著一個裝「來沙爾」藥水的瓶子，一股衝鼻的藥味還不住往外冒。[5]

另一位自殺而死狀甚慘的，則是〈那片血一般紅的杜鵑花〉裡的王雄。王雄是富家所雇的男傭，由於眷懷過去在大陸的童養媳，忍不住把小主人麗兒當作感情投射的對象。等到麗兒逐漸長大，對王雄的關愛嗤之以鼻，甚至嘲恣、嫌惡後，王雄因期待的落空，心靈無處可安頓，遂選擇了投海一途。王雄投海與他故鄉湖南的趕屍傳說有關：「我們湖南鄉下有趕屍，人死在外頭，要是家裡有牽掛緊的親人，那些死人跑回去得才快呢！」[6]純樸深情的王雄認爲跳了海後，海水必定能把他的屍體沖回大陸去。果真如此嗎？且看白先勇的描述：

> 他們是在基隆附近一個海灘上找到王雄的，他的屍體被沖到了岩石縫中，夾在縫裡始終沒有漂走。舅媽叫我去認屍的時候，王雄的屍體已讓海水泡了好幾天了。王雄全身都是烏青的，肚子腫起，把衣衫都撐裂了。他的頭臉給魚群叮得稀爛，紅的紅，黑的黑，盡是一個一個的小洞，眉毛和眼睛都吃掉了……[7]

---

[5]參考白先勇，《寂寞的十七歲》（臺北：允晨出版社，1993 年 3 月），頁 14。
[6]參考白先勇，《臺北人》（臺北：晨鐘出版社，1981 年 11 月），頁 121。
[7]同註 6，頁 115。

期待漂回故園的屍體擱淺在岩縫，王雄返鄉的希望終究落空了。那魚群的咬囓撕扯，不就象徵著理想所受的摧殘和斲傷嗎？

在此順帶一提的是，除了自殺之時，含著極深的愁怨，以致死狀猙獰外；亦有他殺導致橫死者，最具代表性的當推〈孤戀花〉裡的柯老雄。柯老雄是黑社會裡的一名惡霸，白先勇把他描繪成充滿暴力與貪饞慾望的「獸」之化身，他有倒豎如「豬鬃」般的硬髮，「鯉魚」腮，「豬」眼睛，渾身「魚」腥與「狐」臭。[8]他吸毒聚賭、兇暴剽悍，而且有著強烈的虐待狂，曾有位名叫鳳娟的酒女因受不了他的凌虐，暴斃而死。故事中苦命的女主角娟娟也被迫染上毒癮，而必須受其操縱。在備受凌辱與摧殘之後，娟娟的「超我」終於覺醒了，她決定克制「原我」的慾求，勇敢地向邪魔宣戰。[9]而掙脫邪魔的方式是：殺了他！白先勇對這段悲劇情節描述得極令人怵目驚心：

> 娟娟雙手舉著一隻黑鐵熨斗，向著柯老雄的頭顱猛錘下去，咚，咚，咚，一下緊接一下……柯老雄的天靈蓋給敲開了，豆腐渣灰似白的腦漿灑得一地。那片裂開的天靈蓋上，還黏著他那一撮豬鬃似的硬髮，他兩根赤黑的粗膀子，猶自伸張在空中打著顫……[10]

殺死柯老雄後，娟娟徹底地瘋了。從此，自理性世界退位，也未必即是不幸。尤其對娟娟這位薄命的女子來說，「帶著一絲瘋傻的憨稚」的笑容，是不是比先前的淒涼無奈來得更幸運些？作者安排這樣的結局，不讓

---

[8]同註 6，頁 159。

[9]佛洛伊德認爲人的心理有三個組成部分：與本能內驅力直接關聯的稱爲「本我」（或譯爲伊德）；調節和控制內驅力的稱爲「自我」；而具有判斷力功能的那部分自我即是「超我」。在這三個部分中，「本我」是集中了人的各種本能的慾望和衝動；而「超我」則充滿了對本能、慾望實行制約的種種因素，譬如：理性、禁忌、社會的倫理道德和規範以及宗教戒律等。而「自我」則介於兩者之間，是一個意識系統。參考 E.賴特，〈現代精神分析批評〉，收在 A.傑弗遜、D.羅比等所著，李廣成譯，《現代西方文學理論流派》（北京：北京大學出版社，1992 年 8 月），頁 144～158。

[10]同註 6，頁 176。

柯老雄的死貌鏤映在娟娟心中，成爲永遠揮之不去的夢魘，其實是相當仁慈的。

2. 以死亡作為困境之解脫，故心情安詳寧靜者：

佛洛伊德認爲人有性的本能，也有求死的本能，潛意識裡我們有一種求死的衝動[11]；而死亡其實可以看成是一種轉換，向一種不同的存在狀態之轉換，它意味著生命的延續甚至是另一個再生。[12]因此，對某些由於失意絕望而產生厭世思想的人而言，死亡，也許正是一種轉機。如〈玉卿嫂〉裡女主角以短刀刺死小情夫慶生而後自殺，白先勇以不同的筆觸描寫了他們的死：

> 她（玉卿嫂）臉上的血色全褪盡了，嘴唇微微地帶點淡紫色，她的眉毛是展平的，眼睛合得很攏，臉上非常平靜，好像舒舒服服在睡覺似的。慶生的眼睛卻微睜著，兩隻手握得好緊，扭著頭，一點也不像斷了氣的樣子。他好像還是那麼年輕，那麼毿毿，好像一逕在跟什麼東西掙扎似的。[13]

現實中的慶生已成了女戲子金燕飛的俘虜，但是，透過死亡，玉卿嫂不僅斬斷了他們的情絲，同時也因此與慶生有了另一種形式的永恆結合。她平靜安泰的容顏，不正就是這種期望終究達成的寫照嗎？

另一位安詳地面對死亡的是〈黑虹〉裡的耿素棠。因爲窒悶的天氣，溫濕的晚風，冷漠的丈夫，煩人的家庭瑣事，逼得她幾近瘋狂的滿街亂走。她渴望真摯的愛，溫暖的呵護，渴望心裡的痛苦有人來撫平，而現實的缺憾使她無奈的借酒澆愁，在爛醉之後，竟失身於路上陌生的男子。一向有潔癖的她，爲了洗滌滿身的污濁，她一步步地走向潭水中。水的沁涼

---

[11]參考歐陽子，〈那片血一般紅的杜鵑花裡的隱喻與象徵〉，收在《王謝堂前的燕子》（臺北：爾雅出版社，1987 年 5 月），頁 117～118。
[12]參考威克科克斯・蘇頓著，《死亡與垂死》（北京：光明日報出版社，1990 年 10 月），頁 3～4。
[13]同註 5，頁 109～110。

與冰寒澄靜了她的心靈，直到最後：

> 她看見霧裡漸漸出現一拱黑色的虹來，好近，好近，正正跨在她的頭上一樣。她將手伸出水面，想去撈住它，潭水慢慢冒過她的頭頂……[14]

水象徵著潔淨，它可以洗滌人們身上乃至心靈的穢濁。耿素棠走得如此寧靜安詳，無有絲毫死亡的恐懼與陰霾，或許她正自覺地以虔敬之心，一步步走向光明與救贖之故吧！

（二）詭譎幽暗的死亡暗示與象徵

白先勇不僅偏好於寫死亡的過程和死者的容狀，更善於透過種種技巧來烘托死亡逼臨時的陰森氣息，營造出一個令人驚悚膽寒的鬼魅世界。以下嘗試從：顏色的象徵、夢境的暗示、氣氛的醞釀三個角度來分別加以說明：

1. 顏色的象徵：

在人類的感官功能裡，「視、聽」是傳達或接受訊息最快速、有效的兩個途徑，尤其文學是透過文字來表情達意的藝術，因此，視覺效果的營造在文學作品中占有極重要的地位。從作品中可看出白先勇頗偏好以「顏色」來傳達「死亡」的象徵意義，最具代表性的恐怕是《臺北人》系列中死亡之神——尹雪豔了。「白」是尹雪豔的顏色：她有一身雪白的肌膚；夏季時她渾身銀白，淨扮得不得了；而在冬天，她則是披著翻領束腰的銀狐大氅。凡有她在的場合，總是壓服全場，「像冰雪化的精靈，冷豔逼人，踏著風一般的步子，看得那些紳士以及仕女們的眼睛都一齊冒出火來」。[15]而這位著實迷人，永遠也不老的尹雪豔的「一身純白」卻非代表著純潔、光明；相反的，這「白」其實象徵著「死亡」。如上海同行姊妹淘所說的：「尹雪豔的八字帶著重煞，犯了白虎，沾上的人，輕者家敗，重

[14]同註 5，頁 132～133。
[15]同註 5，頁 35。

者人亡。」[16]這話倒是一點也不錯！上海棉紗財閥的少老闆王貴生的被槍斃，乃至原本中規中矩的臺北實業鉅子徐壯圖的被刺殺，都與這位「像個通身銀白的女祭司」脫離不了關係。換句話說，尹雪豔的雪白靈透並不是童話中人見人愛的白雪公主，她是女祭司、女煞星，說得明白些，她其實便是「死亡的化身」。生命中有多少糖衣裹成的毒藥，正在餵食引誘著愚癡的人們，一步步走向頹廢、墮落、死亡。白先勇以尹雪豔的故事作為「臺北人」系列的開端，不正預示著這個群體可悲而不自覺的命運嗎？

此外，白先勇亦喜用「黑色」來預示可怖的死亡與不祥。黑色著墨最多的是「臺北人」系列裡的〈思舊賦〉。故事一開頭，即以精工之筆描繪冬日午後造訪南京東路破落李宅的老婦：

> 老婦人的背脊全佝僂了，兩片峻峋的肩胛，高高聳起，把她那顆瘦小的頭顱夾在中間……老婦人的身上，披著一件黑色粗絨線織成的寬鬆長外套，拖拖曳曳，垂到她的膝蓋上來。她的身軀已乾枯得只剩一襲骨架，裹在身上的衣服，在風中吹得抖索索的。她的左手彎上，垂掛著一隻黑色包袱。[17]

這位老婦原是李家的女傭順恩嫂，在退休多年之後，再訪舊宅，已是物是人非，令人不堪回首了。文中與她同時出現的是另一位女傭羅伯娘。白先勇以「一頭蓬亂的白髮，像那隻白麻織成的網子一般」同樣來暗示李宅的衰殘和瀕臨死亡的命運。當兩位老僕經過生滿蒼苔，蒿草沃蔓，蛛網密布著蟲屍的庭院，看到當年英姿煥發的少爺而今已臃腫顢頇成了白癡後，整個情緒驟然墜入無比痛苦的深淵。白先勇在末段以相當悲悽的景致作了結束，充滿了衰殘、荒寂的死亡意象：

---

[16]同註 6，頁 34。
[17]同註 6，頁 133。

> 一陣冬日的暮風掠過去，滿院子裡那些蕪蔓的蒿草都蕭蕭瑟瑟抖響起來，把順恩嫂身上那件寬大的，黑外衣吹得飄起，覆蓋到胖男人的身上。羅伯娘佇立在草叢中，她合起了雙手，抱在她的大肚子上，覷起眼睛，仰面往那暮雲沉沉的天空望去，寒風把她那一頭白麻般的粗髮吹得統統飛張起。[18]

其他如〈謫仙記〉裡一向喜著大紅衣裙而在頭上別著碎鑽鑲成的大蜘蛛髮飾的李彤，在自殺前卻是「頭上繫著一塊黑色的大頭巾，被風吹起半天高」[19]；「左手撈開身上一件黑色大衣，很佻達的扠在腰上，右手卻戴了白手套做著招揮的姿勢」。[20]〈一把青〉裡新婚不久即成寡婦的朱青，第一次與王師娘見面時則是：「穿著一身半新舊直統子藍布長衫，襟上掖了一塊白綢子手絹兒……腳上穿了一雙帶絆的黑皮鞋，一雙白色的短統襪子……」[21]，而在離開師娘家時：「郭軫把朱青扶上了後車座幫著她繫上她那塊黑絲頭巾……朱青偎在郭軫身後，頭上那塊絲巾吹得高高揚起……」[22]不管是白髮的飛張或黑頭巾的高揚，皆象徵著生命陰霾的籠罩與死亡意象的高漲，在字裡行間充斥著不祥的徵兆。白氏作品中，並用黑白兩色來描摹死亡人物容貌，最令人印象深刻的有兩處，其一、是〈遊園驚夢〉裡錢鵬志臨終前交代錢夫人後事時慘厲的容顏：

> 他的喉嚨已經咽住了，老五，他瘖啞的喊道，你要珍重吓。他的頭髮亂得像一叢枯白的茅草，他的眼睛坑出了兩隻黑窟窿。他從白牀單下伸出他那隻瘦黑的手來，說道，珍重吓，老五……他那烏青的嘴皮顫抖著，

[18]同註 6，頁 142。
[19]同註 6，頁 273。
[20]同註 6，頁 275。
[21]同註 6，頁 56。
[22]同前註。

可憐你還這麼年輕。[23]

其二、則是〈花橋榮記〉裡的盧先生，在他棄絕了生命的理想與希望，任憑自己放縱情慾之後，一改昔日知禮識數，中規中矩的書生模樣，變得古怪滑稽，令人不忍卒睹：

> 第二天，我便在街上碰見了盧先生和阿春，兩個人迎面走來。阿春走在前面……盧先生卻提著菜籃子跟在她身後。他走近來的時候，我猛一看，嚇了一大跳。我原以為他戴著頂黑帽子呢！那曉得他竟把一頭花白的頭髮染得漆黑，染得又不好，硬幫幫的張著；臉上大概還塗了雪花膏，那麼粉白粉白的。他那一雙眼睛卻坑了下去，眼塘子發烏，一張慘白的臉上就剩下兩個大黑洞……[24]

這哪像娶新婦的新郎倌？簡直就是古墓裡的骷髏！雖然能走、能動，而事實上心靈的被掏空，又何異於肉體的死亡？

森冷的白與陰沉的黑之外，另一種常用來象徵死亡的則是紅色。最明顯的例子是「臺北人」系列中〈那片血一般紅的杜鵑花〉男工王雄自殺後，那不散的冤魂，夜夜到主人的花園裡澆花，作者在作品的最後一段如此寫道：

> 當我走到園子裡的時候，卻赫然看到那百多株杜鵑花，一毯堆著一毯，一片捲起一片，全部爆放開了。好像一腔按捺不住的鮮血，猛地噴了出來，灑得園子斑斑點點都是血紅血紅的。我從沒看過杜鵑開得那樣放肆，那樣憤怒過。[25]

[23]同註 6，頁 244。
[24]同註 6，頁 193～194。
[25]同註 6，頁 129。

杜宇思鄉懷舊，死後其魂化爲啼血的杜鵑，一聲聲不如歸去，嘔盡了天涯遊子的血淚。而王雄的死，含的怨更深！他不只是啼血，而是要讓忿怒冤苦將全身的血燒灼得沸騰，爆裂、噴湧在他所曾經辛苦經營的園地中。此外，在其他章篇裡，亦有藉著「紅」來暗示死亡的例子。如〈永遠的尹雪豔〉裡，初見徐壯圖時，穿著月白旗袍、白繡花鞋的尹雪豔在髮髻上簪著「血紅的鬱金香」，在盛上冰凍杏仁豆腐時，上面則放著「兩顆鮮紅的櫻桃」，白與紅的對比，其實預示著徐壯圖無法掙脫的厄運——流血與死亡。[26]而〈孤戀花〉裡，「總司令」和娟娟到五月花酒家上班途中所看到血色黃昏的詭異景致與所感受的不祥徵兆[27]，後來也果真在娟娟發狂地錘死柯老雄時應驗了。

2. 夢境的暗示：

除了以顏色象徵死亡，白先勇也喜歡透過夢境來開啓幽奇玄祕的生死之門。在作品裡出現了不少與死亡相關的夢境：〈玉卿嫂〉裡的容哥在事件發生的前夕，即接二連三作了許多不祥的怪夢：「夢裡又看到玉卿嫂正咬慶生的膀子，慶生的兩隻青手臂卻抖得好怕人！」這景象其實預卜著兩人的死。當代心理學家佛洛姆認爲夢境之所以能預言未來，主要是因爲作夢者對人物的洞察力，在他的睡夢中能夠保持人格完整而反抗誘惑，因此比清醒生活時，更形敏銳、更爲透徹[28]。而孩童尤其能以其澄澈的心靈，窺探生命未來的運轉軌跡，這是孩童之所以常常能藉著夢境預言未來之故。此外，純樸忠誠的老人，在白先勇作品中也是穿梭於夢境與真實間的命運之使者。〈國葬〉裡的秦副官對於老主人李將軍的死同樣具有預感，就在忠心耿耿的秦副官夢見老主人遺失指揮刀的那個夜晚，李將軍果然心臟病發，死了。[29]而〈思舊賦〉裡的女傭順恩嫂也在夢境裡，卜知了老夫人臨終

[26]歐陽子，〈永遠的尹雪豔之語言與語調〉，收在《王謝堂前的燕子》，同註 11，頁 42。
[27]同註 6，頁 171。
[28]參考佛洛姆，《夢的精神分析》（臺北：志文出版社，1982 年 3 月），頁 42～48。
[29]同註 6，頁 20。

前的畏寒和無助。[30]在夢境中將死亡意象鋪陳得最駭人的，莫過於 1986 年 12 月發表於《聯合文學》的〈骨灰〉，此作主要表達了兩個主題：一是中國近半世紀以來，革命戰爭的荒謬；另一則是對傳統文化，落葉歸根、入土爲安的乖離現象之控訴。[31]此作最令人難忘的是，故事結束時羅齊生所作的一場詭異的夢：

> 朦朧中，我彷彿來到一片灰暗的荒野裡，野地上有許多人在挖地坑，人影幢幢，一齊在揮動著圓鍬、十字鎬。我走近一個大坑，看見一個身材高大的老人站在坑中，地坑已深到了他的胸口。他掄著圓鍬，在奮力地挖掘。偌大的坑中，橫著、豎著竟臥滿了累累的死人骨頭，一根根枯白的。老人舉起圓鍬將那些枯骨剷起，便往坑外一扔。他那柄圓鍬上下飛舞著，一根根人骨紛紛墜落地上，愈堆愈高，不一會兒便在坑邊堆起一座白森森的小山。我定神一看，赫然發現那個高大的老人竟然是大伯。他忿怒地舞動著手裡的圓鍬，發狂似的挖掘死人骨頭。倏地，那座白森森的小山嘩啦啦傾瀉入根根人骨滾落坑中，將大伯埋陷在裡頭……

累累白骨，寫盡了多少中國人的苦難；而瘋狂地挖墳，又將使得多少鬼魂騷動難安。近代中國的戰爭、亂離，政治的批鬥，人際的爭奪，給人民帶來的就是這種蒼涼荒漠和陰鬱驚惶吧！而掘墳者終將自取其禍，森森的白骨山壓垮了掘墳者，不正就是最具體的寫照嗎？

3. 氣氛的醞釀：

除了用「顏色」，用「夢境」來象徵死亡的陰沉，白先勇有時又充分張開他的感官，透過嗅覺、視覺、觸覺來描摹死亡的況味，比如〈芝加哥之死〉裡便充分運用了嗅、視、觸三種感覺，故事裡吳漢魂在長年裡埋首書叢後，猛然發覺：書架上那些密密麻麻的書本，好像完全變成了一堆堆

---

[30]同註 6，頁 137。

[31]參考《骨灰──白先勇自選集續編》（香港：華漢出版出版公司，1987 年），胡菊人所寫的代序。

花花綠綠的腐屍。[32]這種類似福馬林的怪味道，迫使吳漢魂逃離居處，開始在街上遊逛，以消解母親去世的哀傷。但，晃蕩也好，狂歡也罷，人生到頭來，究竟是爲了什麼？他徬徨、痛苦、愁鬱，在密歇根大道，卻有一幅景象令他驚慌地煞住了腳：

> 天空黝黑無比，可是大道上，卻浮滿了燈光……碧熒的燈花，一朵朵像鬼火似的，四處飄散，幽黑的高樓，重重疊疊，矗立四周，如同古墓中逃脫的巨靈。一股陰森森的冷氣，從他的髮根沁了進去。吳漢魂打了一個寒噤，陡然拔足盲目往前奔去……[33]

他奔到了密歇根湖畔，喪親的痛苦，無法哺報親恩的遺憾，作爲一個無根的異鄉遊子的焦慮不安及強烈的失落感，使他認定了芝加哥是個緊閉死人與活人的埃及古墓。所有的人皆將在此窒息、死亡、腐爛，終於他選擇了投湖自盡，應驗了前文所有死亡的暗示與象徵。

其次，如〈秋思〉裡由繁華歸於清寂的華夫人在園中賞花的一段，同樣可以透過花草腐敗的衰殘景致，看到頗濃的死亡意象：「枯黑」中發著「白黴」的花苞子在視覺上所造成的惡感；有如膿血般的「黃濁漿汁」及腐敗花草的「腥臭」，在嗅覺上所引發的不快，都令人感受到死亡氣息的逼臨。華夫人因此回想起丈夫臨死前的容狀：

> 她彷彿記得那幾天，他房中也一逕透著這股奇怪的腥香，她守在他牀邊，看著醫生用條橡皮管子，插在他喉頭上那個腫得發亮、烏黑的癌疽裡。晝夜不停地抽著膿水。他牀頭的几案上。那隻白磁膽瓶裡，正插著三隻碗大一般的白菊花，那是她親自到園裡去採來插瓶的……[34]

---

[32]同註 6，頁 198。
[33]同註 6，頁 205。
[34]同註 6，頁 207。

花的盛放，實暗藏著死亡的陰影；而濃香的漫溢則蘊蓄了腐朽的腥臭，這兩種矛盾意象之糾纏，呈現了人生難以詮釋的幽玄弔詭，亦使得白先勇的作品呈現了特有的衰颯與悲涼的氣息。

（三）死亡事件所揭示的主題思想

死亡的陰影不斷地浮現，這究竟代表了白先勇怎麼樣的人生觀？第一、我們可以看出白氏貫串在《臺北人》作品中，有著屬於古老東方神祕色彩的宿命論。這種源自古印度因果輪迴思想，結合了中國固有陰陽五行命相之說，在舊中國社會裡已然種下了深固的根苗。白先勇作品具有其特異的魅力，與他在字裡行間經常揭示這個因果報應與宿世孽緣的主題，有著一定程度的關係。〈永遠的尹雪豔〉裡「八字帶著重煞，犯了白虎」的尹雪豔，〈遊園驚夢〉裡「錯長了一根骨頭」的藍田玉，〈孽子〉裡與生俱來便烙下叛逆印記：「據說夔龍就是古代一種孽龍，一出現便引發天災洪水，不知道爲什麼我父親會給我取這樣一個不吉祥的名字」的王夔龍，以及母親「一口咬定我是她前世的冤孽，來投胎向她討命」的李青……都揹負著宿世的孽緣，要來人世間索債的。值得注意的是，這冤孽往往與死亡有著緊密的銜合。一身帶煞的尹雪豔使得與她沾上關係的人「輕者家敗，重者人亡」；〈滿天裡亮晶晶的星星〉裡不祥之物林萍也在與俊美男星姜青同遊後，造成車毀人亡的慘劇；「五鬼投胎」的李青尅死了弟弟，也磨死了母親（雖然這絕非他的本意）：而「妖孽子」王夔龍更在狂暴的殺死情人阿鳳後浪跡天涯，連父母之死也不得奔喪。最令人驚怵的是〈孤戀花〉裡帶有輪迴與轉世色彩的五寶與娟娟。白先勇筆下的娟娟是個典型的薄命女子，她與五寶一樣都是「三角臉，短下巴，高高的顴骨，眼塘子微微下坑」，長得一副飄落的薄命相。而恍若五寶再世的娟娟「長相實在不祥」，令人不得不懷疑「這個搖曳著的單薄身子，到底載了多少罪孽」？對她懷有一份憐愛的「總司令」拿娟娟的生辰八字去批過幾次，「都說是犯了大兇」。白先勇刻意在情節的推移中比對了五寶與娟娟的若干相似處，並不時提示著兩人擺脫不掉的厄運與折騰：彷彿娟娟就是 15 年前含憤而死，口口聲聲說：「我要變鬼去找他！」的五寶之轉世。[35]終於在「鬼節」那天，總司令祭完五寶後，娟娟突然發狂似的舉起鐵熨斗，錘碎了柯老雄的腦袋。「娟娟一頭的長髮都飛張起來、她的嘴巴張得老大，像一隻發了狂的野貓在尖叫著」；「她那瘦白的身子騎在柯老雄的赤黑身子上，突然好像暴漲了幾倍似的」[36]。當然我們可以解釋娟娟的特異舉動主要源自母親瘋癲症的先天遺傳，但是白先勇在隱約中似乎意欲藉著娟娟與五寶兩人的極度相似，將之暗合為一，表現了他對因果報應必然性的創作觀。這就如同三島由紀夫在《豐饒之海》四部中所強調的業力轉生之思想一般[37]，對於不可思議的宇宙之玄祕嘗試透過文學作品來窺探擬測。白先勇濃厚的宿命觀使得作品中的人物大多充滿了對生命的無力感，而生生世世掙脫不掉的因果之網的撲灑，更使得白氏之作恆常充滿了悲劇意識與苦鬱的生之掙扎。

「理想與現實的永恆衝突」是白先勇人生哲學的第二個特色。我們觀察白先勇筆下的死亡人物，除了為贖罪償債而隕命外，另一個導致死亡的重要原因是：理想幻滅後的不堪。吳漢魂為了取得博士學位，為了不負母親的期望，芝加哥六年他摒除一切享樂，勤苦地埋首書叢。等到學位完成後，他發現母親病逝了，自己的生命被扭曲了，過去所苦苦追求的一切都幻滅成空了。在迷失錯亂、焦灼苦悶的折騰下，他終於決定走上死亡的不歸路。〈謫仙記〉裡那自仙界被貶至人間歷劫受苦的李彤，在享盡優裕生活後，逐漸面對生之殘酷：中國的赤化、家人的罹難、無根飄零的痛苦、寄人籬下的哀傷、繁華褪盡後的淒涼……使她益發的放浪形骸、隨波逐流。但是她的倨傲自負、遊戲人間，終究無法填補殘酷現實所造成的失落和空虛。當失根的創痛氾濫到不可收拾後，這個「沒落的貴族」也和其他

---

[35]參考歐陽子，〈「孤戀花」的幽深曖昧含義與作者的表現技巧〉，收在《王謝堂前的燕子》，同註11，頁168～169。

[36]同註6，頁176。

[37]參考傅偉勳，〈日本人的生死觀〉，收在《批判的繼承與創造的發展》（臺北：東大圖書公司，1986年6月），頁317至325。

的悲劇人物一樣走上死亡一途。另外，如全心全意對癡戀的麗兒投注關懷的王雄、居臺 15 年始終盼望和未婚妻重聚的盧先生、以及在愛人結婚前夕自投淡水河的桃太郎……都是在現實殘酷挑激下，無法承受理想幻滅的痛苦而終究向死亡屈服的人物。在白先勇的作品中似乎很少看到成功順意，受上天特別眷顧的天之驕子。往往昔時愈是意氣風發、得意顯達，他日受到的挫折和創痕也就愈深。生命沒有出路，理想畢竟成空，這種偏好凸顯人生陰暗面的描寫取向，亦是造成白先勇作品死亡意象特濃的原因之一。

「今非昔比的無常之慨」則是白先勇透過死亡事件的觀照，對人生所抱持的第三個看法。他筆下的主要人物，往往有著極輝煌的過去……戰功彪炳的軍人、家世顯赫的豪富、意氣風發的書生、清俊秀美的少年……當往昔充滿燦亮與華采的歲月流逝後，他們所面臨的多為令人不堪的無常之感。而今昔之間的差距愈大，他們心靈所受的創痛也就愈深。〈遊園驚夢〉裡，錢將軍的死，使得往昔風華蹁躚的錢夫人在姊妹淘的面前寒傖失色。〈梁父吟〉中，功業彪炳、豪狂剛烈的開國元老王孟養在病逝後，留洋的兒子，竟不耐治喪委員的籌劃，在葬禮中對亡者敬意盡失。而〈思舊賦〉裡，女主人的病死、唯一子嗣的癡呆、老長官的失意憔悴，恰與昔日官宅院落的壯闊恢宏，造成強烈的對比。〈冬夜〉裡，五四時期充滿理想抱負的熱血知識分子，在時間的推移、政局的變動下，或含憤慘死（陸沖）、或落魄以終（賈宜生）、或委屈度日（余嶔磊）、或愁鬱苦悶（吳柱國）。近代中國的動亂，是知識分子不忍翻揭的一頁血淚史；而五四時期意氣飛揚、雄心萬丈的青年，在歷經浩劫後，更是不堪回顧今昔的天壤之別。「死亡」是導致巨大變動的根本因素，白先勇借著這個主題來呈顯他對人生真相的觀照，雖然殘酷，卻又無比真實。

四、從個性心理結構的角度探討白先勇作品死亡意識產生之因

「死亡」原是文學作家極為偏好的一個主題，中外文學史上均不缺乏這類作品：莎士比亞的《哈姆雷特》、波特萊爾的《惡之華》、托爾斯泰

的《伊凡‧伊里奇之死》、三島由紀夫充滿血腥與怖慄的死亡作品；乃至曹雪芹的《紅樓夢》、五四時期中國現代文學所呈現高頻率的死亡主題，以及日治時代臺灣作家對描寫死亡人物的濃厚興趣……[38]，均可說明這種現象的存在。作爲當代作家，白先勇似乎也難以掙脫這個幽暗、頑固的死亡重圍，在 1960 至 1980 年代之間，他從生澀到圓熟，一再地探觸充滿痛苦、矛盾、掙扎的死亡世界，寫出了二十餘篇令人驚怵的作品來。

「死亡」題材雖爲文學作家所偏愛，但是，他們的創作動機或潛在的促力卻未盡相同，其事件背後所蘊涵的意義也各具特色。經由上面白氏充滿死亡意象的作品類型解析後，筆者嘗試進一步透過「個性心理結構」的角度，探討白先勇之所以偏好死亡主題之深層因素。

「個性心理結構」這個說法來自心理學家阿爾波特（G. W. Allprot，1897～1969）。他認爲「個性是體內那些決定個人獨特行爲和思想的心身系統的動態結構」[39]，所謂「動態結構」也就是把人的個性看成一個隨時在吸納、調整、變化的有機體。它包括「生理」與「心理」兩個主要成分，這兩個成分皆受了先天遺傳和後天環境的影響，由於內與外的刺激不斷產生，因此，這個「動態的、整體的、生長的」結構也就跟著產生變化，套用柏格森（H. Bergson，1859～1941）的話來說，這種心理結構：

> 是一系列的狀態，其中每一狀態都預告隨之而來的狀態，也都包含著過去的狀態……當我正在感受它們的瞬間，它們是由一種共同的生命緊緊結合著，深深鼓動著，我根本無法說這個到那裡為止，那一個從那裡開始……[40]

---

[38]參考王潤筆，〈五四小說人物的「狂與死」與反傳統主題〉，收在《五四文學與文化變遷》（臺北：學生書局，1990 年 4 月），頁 359～380。日治時代臺灣文學的死亡主題則可參考許俊雅，《日據時期臺灣小說研究》，師大國研所博士論文，1993 年，頁 504～512。
[39]參考魯樞元、錢谷融主編，《文學心理學》（臺北：新學識文教出版社，1990 年 9 月），頁 46。
[40]同前註，頁 52。

要注意的是，這和滾雪球有基本上的不同點：雖然同樣是舊的東西沾滾上新的東西，但，這個隨時進行的「歷時結構」卻不是原封不動的保存舊有的東西。經過整合，它會因爲重新調整、規範，而極可能產生本質上的變化。這個動態的、立體的有機結構原是不能將之視爲靜態的、平面的存在，而對之進行機械式的切割，因爲經過分析所產生的元素，是不能還原爲被解析的結構體本身的。但是，我們仍可在了解這樣的限制之下，嘗試對形成創作特色的根源——「個性心理結構」之諸種要素進行分析；雖然無法還原到創作之初的面貌，但是，或許透過分析可以使吾人對作者的創作理念與寫作傾向之所以形成，能有著概略的了解。

分析白先勇的「個性心理結構」主要可從：傳統文化的積澱、當代社會思潮、個人特有性格及生活經驗三方面來談：

（一）傳統文化的積澱

魯樞元在《文學心理學》一書中說到，人並不是真正赤條條來到這世界，從他呱呱墮地的那一刻起，他馬上就被置入一個文化圈中（如新生兒的洗禮，親友們用特定的方式來祝賀），而被賦予一個民族、種系的色彩。從此他不自覺地從這個文化環境吸取特有的思維方式、價值標準，而這個心理學家容格所稱的「集體無意識」的「巨大經驗體系」，在無形中潛移默化了每個個體。[41]

白先勇作品裡濃厚的死亡意識，溯其根源，乃受了傳統中國對生命所抱持的觀照態度極深的影響。在中國人的思維模式中，有其積極、明朗的一面：例如春秋時便有「吉凶由人」充滿人本思想及理性主義色彩的話語（《左傳》僖公十六年）；厥後，孟子的「修身俟命」；莊子的「知其無可如何，而安之若命」都強調了人的主宰性，而將不可控馭、不可了解的天（或命）置之一旁。但是，仍有一派思維方式，是朝著悲愴、蒼涼的面向發展的。人有其存在的尊嚴與不可替代性，但人亦有種種無可奈何的限

[41]同註 39，頁 97～98。

制。當具有堅強意志的人們，不甘命運之神的擺布，而必欲以個人有限的能力去挑戰生命中不可規避之力量（inevitable power），甚至不惜斲傷自己的生命時，便注定了悲劇的產生。中國古神話中的悲劇英雄：刑天、夸父便是典型的例子。在人神相爭的競技場中，他們以無畏的精神和氣魄，大膽地向統攝宇宙的至上權威挑戰。但是這些默啓時代的英雄，終究逃脫不了死亡的殘酷命運。被帝斷首的刑天雖「以乳爲目，以臍爲口，操干戈以舞」(《海外西經》)，畢竟那已非原始而完整的生命了。而與日競走，杖化鄧林的夸父，雖以另一種形式延續了他剛健的生命力，但那個「珥兩黃蛇，把兩黃蛇」(《大荒北經》) 的勇者畢竟已經消隕了。這些頑強抗拒命運的英雄「通過失敗、死亡，通過憤怒和固執，而將內心的意念無休止地展露在天地之間」。[42]透過神話形態將人生永恆的憾恨，如此具體地揭示，「向宇宙空虛處，投擲出的不甘願吶喊回盪，而且穿越人間的歷史，向那些還在與自然搏鬥的文明人類呼籲。他騷動不安的靈魂，輾轉在那仍能諦聽宇宙聲音的一切文明人的胸臆中」。[43]我們可以說，這種理想終將被抹滅，生命終將步上死亡的痛苦和無奈，已然鐫入中國人的集體無意識中，在內心深處拍擊著相同的心靈律動。到了清代的《紅樓夢》更是達到了整個悲劇傳統的最高峰，牟宗三先生在〈紅樓夢悲劇之演成〉一文中說：

> 悲劇為什麼演成？辛酸淚的解說在哪裡？曰：一在人生見地之衝突，一在興亡盛衰之無常。[44]

寶、黛兩人的「聰俊靈秀乖僻邪謬」性格，注定要有生命的衝撞與斲傷，欲在濁世求全無毀，恐怕甚爲艱難。再者，首回瘋跛道人以〈好了

---

[42]參考樂蘅軍，〈悲劇英雄在中國古神話中的造象〉，收在《古典小說散論》(臺北：純文學出版社，1984 年 12 月)，頁 49。
[43]同前註。
[44]參考牟宗三，〈紅樓夢悲劇之演成〉，收在《紅樓夢藝術論》(臺北：里仁書局，1984 年 1 月)，頁 79。

歌〉揭開悲劇的序幕，便是此書最核心的主題思想所在——所有的「好」終歸要「了」。一部《紅樓夢》寫盡了千古以來中國人心靈深處共同的驚惶與不安，而這個令人憂慮的歷史興亡感及死亡隨時逼臨的無常感，不正時刻浮現在白先勇的作品中嗎？白先勇在〈社會意識與小說藝術〉一文中說到：

> 中國文學的一大特色，是對歷史興亡、感時傷懷的追悼。從屈原的〈離騷〉到杜甫的〈秋興〉八首，其中所表現出人世滄桑的一種蒼涼感，正是中國文學的最高境界。[45]

一生下來便被置入屬於中國人的「文化圈」裡接受薰陶，加上從中學時候起便沉浸在舊詩詞與舊小說中，使白先勇在思想上、文字的節奏與運用上，都受到潛移默化。尤其 11 歲起，白先勇便開始閱讀《紅樓夢》，自後，更成爲白氏最愛之牀頭書。《紅樓夢》裡對豪門世家沒落過程詳細而深刻的描述，對生命危脆、芳華易逝之慨歎，無形中規範了白先勇的思考模式與人生態度。而整個故事的背後，實然又映照著中國人的思維取向與巨大的經驗體系。我們從白先勇的〈遊園驚夢〉、〈思舊賦〉、〈梁父吟〉乃至〈永遠的尹雪豔〉、〈金大班的最後一夜〉……無一不可看到他這種來自傳統中國的「生之無常」的哀感。

（二）當代思潮的衝擊

縱貫的探討傳統文化心靈對白先勇的影響後，接著，我們進一步橫面地來分析白先勇所處那個年代，究竟有著什麼樣的社會文藝思潮？使之對白先勇作品的創作意識產生了影響。

根據白先勇在〈浪漫的中國人——臺灣小說的放逐主題〉一文所云：1949 年國民政府撤退來臺，當時有一些早已成名的作家驚魂甫定，一時尙

---

[45]參考白先勇，《明星咖啡館》（臺北：爾雅出版社，1987 年 4 月），頁 16。

未能從大陸所受的沉痛打擊中清醒過來，另一方面沒有足夠的眼光和膽量來仔細看清楚錯綜複雜的新形勢，所以只好盲目接受政府所宣傳的反攻神話[46]，這是造成 1950 年代反共文藝特盛之因。而屬於白先勇這一世代的作家，卻拒絕接受上一代喪失家園的愧疚感，而自覺有責任尋找文學出路，在作品中對臺灣種種問題進行批判。然而，在那個五四以來中國重要作家如：魯迅、巴金、茅盾、老舍等人之作品俱遭封禁，而對日治時期作家又懵然無所知的年代，有心掙脫戰鬥文藝的新一代作家，究竟應取法、模仿哪些對象呢？處於那個思想控制甚爲嚴厲的時代，他們的筆鋒又將指向何處呢？取法五四以來的文學傳統之道路行不通，而執政者又不允許直接批判臺灣的政治社會黑暗面，新生一代只好轉向西方，在歐美的文藝理論中找尋足以吸取養分的沃壤，現代派文學理論及存在主義的哲學思想適巧在這個時候被大量的吸納、接受。西方現代派主義的文學思潮是在資本主義世界動亂的背景下興起的，尤其是第一次世界大戰後資本主義壟斷所帶來的社會矛盾，引起了人們悲觀失望的心理，在苦悶、徬徨中，遂開始重新思考人的存在問題。這個具有強烈反思自覺的文學流派有著幾個顯著的特點：反理性的壓制、重視直覺和潛意識的作用、著重於意識和精神的奧祕。[47]他們善於使用象徵手法、意識流技巧，重新組構時空，以豐富的想像創造複合意象……透過這種種技巧，揭示人生存在的許多內部與外部的矛盾糾纏，並強調反對傳統，蔑視、嘲弄現實，宣揚自我解放的意念。而這樣的思想特質恰給對刻板理論及僵化的意識形態反感的臺灣年輕作者造成極大的震撼。

1960 年 3 月以白先勇、陳若曦、歐陽子、王文興爲主的「南北社」，繼夏濟安所編的《文學雜誌》之後，成立了《現代文學》雜誌，並逐期介紹西方現代藝術和思想潮流：首期介紹卡夫卡，次期托瑪斯‧曼，而後分

[46]參考香港：《明報月刊》（1967 年 1 月）。

[47]參考呂正惠，〈現代主義在臺灣〉，收在《戰後臺灣文學經驗》（臺北：新地出版社，1992 年 12 月），頁 31～35。

別介紹了喬埃斯、勞倫斯、吳爾芙、沙特、福克納、詹姆斯……在臺灣文壇造成了不可忽視的影響。誠如王文興在第二期《現代文學》序文中說：

> 我們上期介紹卡夫卡，給自由中國的小說界帶來一陣騷動……我們這一期再推出一位勢將為更多讀者所費解的德國作家托瑪斯．曼，並且我們以後將要不竭的推出作風嶄新的小說，吃驚也罷，咒罵也罷，我們非要震驚臺灣的文壇不可！

在反共文學沒有出路，寫實文學屢受牽制，而撤退到臺的國民政府與民眾又充滿了流亡意識及過客心態的情況下，知識分子內在的苦悶和無根的徬徨，恰與現代主義的蒼涼孤絕主題密相契合。他們不再著意於外在物象及人事的探索，而努力地返回個人內心世界，於是思考生命意義和價值的「存在主義」成了他們思想的核心，而佛洛依德精神分析潛意識和泛性心理學也成了他們著意關切的主題。這個思想取向，的確使小說創作開啓了新的視野，也更豐富了寫作的風貌。但是，這種蔚爲風氣的文藝思潮卻難免有它的限制和缺失。特別是「存在主義」成爲 1960 年代年輕知識分子的「次文化」後，它往往忽略甚至扭曲了這個哲學真正關懷的原始課題，而一味地以發洩、揭露生活的可憐與無聊爲主，並偏差地沾染上了感傷的色彩和虛無頽廢的思想。[48]於是，死亡、荒謬、疏離、倦怠……這些字眼被過度地濫用、膨脹，造成當時文壇貧血、蒼白的病態現象。誠如古繼堂所批評的：

> 臺灣現代派小說家筆下的性、死亡、瘋癲、變態的描寫，一方面繼承了西方現代派的遺風，一方面也是他們自己在臺灣社會西化中產生的。那種迷失、混亂、絕望、沒落的感情，那時寫那種東西似乎變成一種時

[48]參考勞思光，〈生命之悲情與存在主義之正面意義〉，收在牟宗三、李達生等編《存在主義與人生問題》（香港：大學生活社出版，未標出版年月，臺初版），頁 248。

> 髦，而寫人生、寫現實，反而要承受某些壓力。人的精神在扭曲的現實中被扭曲，幾乎到了崩潰的邊緣。一些初登文壇的青年作家，都一窩蜂似的向那迷頓、黑暗和頹廢的精神深淵投去。[49]

在這群喜寫死亡、頹廢的現代派作家中，技巧極圓熟，極少受攻擊而有「現代派小說的旗手」之稱的白先勇，雖然同樣呈現死亡與毀滅的灰沉主題，卻能獨樹一幟，在鞭撻聲中，免於被圍攻的命運。除了技巧高超、純熟外，更重要的原因在於白先勇不似許南村（陳映真）所批評的某些「西方現代主義第二元的亞流」[50]，玩弄玄虛的語言、蒼白的色彩，以及低調沉悶的音響，而能透過現代主義更新的手法，為單調、沉悶的文學領域開出另一扇別具視野的窗口。以他個人特有的生命經驗，在文學與現實的時空中尋得了著力點。所以，白先勇和其他當代現代派作家同樣都在作品中呈現了灰沉與憂傷，而他的憂傷並非掛空的存在。這理當進一步從他的出身背景和生命經驗來談。

（三）個人獨特的性格和經驗

欲探討作家個人與創作間的關係，大概可從：天生性格、早年經驗、生活閱歷三個方面來加以分析。

根據人類學家的考察，人作為一種「生物－社會－文化」的活動系統，他的個性形成與天生體質或疾病，有著密切的關係。人的健康狀況、體格特色對於他個性心理結構的形成，在某些時候有著顯著的作用。[51]根據西德心理學家維拉・波蘭特在〈文學與疾病〉中的分析：

> 名目繁多的疾病，從肉體受傷到機能障礙和傳染病，乃至身心疾病，還有精神失常和錯亂，作為文學主題或題材，它們首先傳達了人們不尋常

---

[49]參考古繼堂，《臺灣小說發展史》（臺北：文史哲出版社，1989 年 7 月，臺初版），頁 248。
[50]參考彭瑞金，《臺灣新文學運動四十年》（臺北：自立晚報，1971 年 3 月），頁 108。
[51]同註 39，頁 63。

> 的經驗。這種患病的經驗，或通過疾病表現出來的經驗，豐富了關於人類存在的知識。其次，疾病在文學中的功用，往往作為比喻（象徵），用以說明一個人和他周圍世界的關係變得特殊了。生活的進程對他不再是老樣子了，不再是正常和理所當然的了……[52]

疾病不只是身體狀況的變化，站在探討作者深層心理的角度，我們所關心的是，疾病給作者帶來什麼樣特殊的生活經驗以及觀察人生的態度，乃至對他個性人格產生什麼樣的影響？1937 年出生於廣西桂林的國民政府高級將領之門，白先勇自幼便是備受呵護的天之驕子。不幸在七、八歲時染上「二期肺病」（俗稱童子癆），躺在牀上與死神搏鬥了許久，爲了避免傳染，他被遠遠地隔離在山坡的小屋。家中親戚、傭人避之若蛇蠍，唯有火頭軍老央不嫌棄他，時常爲他「說唐」，這成了白先勇當時心靈上唯一的安慰。這個童年時期的特殊經驗，造成白先勇早年憂鬱、沉默、孤僻的性格。合當是蹦跳玩樂的年齡，白先勇卻只能眼巴巴地看著繽紛世界自眼前翻轉而過：

> 一病四年多，我的童年就那樣與世隔絕虛度過去。然而我很著急，因為我知道外面世界有許多好玩的事發生，我沒分參加……得病以前，我受父母寵愛，在家中橫行霸道，一旦隔離拘禁在花園山坡上一幢小屋子，我頓感打入冷宮，十分鬱鬱不得志起來，一個春天的傍晚，園中百花怒放，父母在園中設宴，一時賓客雲集，笑話四溢，我在山坡的小屋裡，悄悄掀開窗簾，窺見園中大千世界，一片繁華。自己的哥姊、堂表弟兄，也穿插其間，個個喜氣洋洋。一霎時，一陣被人摒棄，為人所遺忘的悲憤兜上心頭，禁不住痛哭起來。[53]

---

[52]同註 39，頁 65。

[53]參考白先勇，《驀然回首》（臺北：爾雅出版社，1990 年 11 月），頁 66～67。

那時候，不僅死亡的陰影曾經那樣逼近這個因病而多愁善感的孩子，他更曾眼睜睜地看著活生生的人，一一遭洪水滅頂：

> 嘉陵江漲大水，我擎著望遠鏡從窗外看下去，江中濁浪滔天，許多房屋人畜被洪流吞沒。我看見一些竹筏上男男女女披頭散髮，倉惶失措，手腳亂舞，竹筏被漩渦捲得直轉，我抱著牀叫：「嗳！嗳！」然而，家人不准我下來……眼看著外面許多生命消逝，心裡只有乾著急。[54]

在連看到外在景物都易生莫名恐懼的稚齡，竟然逼臨並親見了死亡。這個童年經驗，對往後白先勇作品時時浮現了揮之不去的死亡陰影，具有不容忽視的影響。佛洛依德認爲，潛意識是一個內容異常豐富的倉庫，其中蘊藏著意識領域所無法得到的東西。諸如：童年的記憶、本能的被壓抑、內心的衝突……等。作家創作的主題和基本取向，往往不自覺地自其中吸取養料。他們常常不知道自己爲什麼要這樣寫？有時彷彿有一股神奇力量，驅使作家背離原先的構想去寫作。白先勇便曾自述了這種現象：

> 有時候寫東西，自己的 intention（意圖）跟寫出來的東西不太一樣……很奇怪，不是自己想像的樣子，自己也沒辦法去改它。已經寫好了，它有它的生命，寫完以後，作品就獨立了，我就跟作品脫離了……[55]

這種獨具生命的作品，其實是由於作者潛意識力量的推動；而這潛意識裡極重要的組成，便是他童年所積澱的許多深刻的感覺和印象。對生命危脆無常的驚駭和不安之感，形成了白先勇觀察世界的那個窗子的窗框。而此種觀察世事的特殊角度和思想特質遂恆常影響了他描寫人生總傾向淒

---

[54]同前註。
[55]同註 45，頁 261。

涼、衰亡一面的特色。[56]

因此，白先勇寫作的觸發點，往往只是一個耳聞或匆匆照面的人物。這個人物的某些特質吸引了他，於是一篇篇充滿悲涼、愁怨的故事便以這些人物爲主角，如泣如訴地推展開來：〈玉卿嫂〉是由於智姊談起從前一個褓姆，人長得很俏，喜歡戴白耳環，後來出去跟她一個乾弟弟同居。[57]〈金大班的最後一夜〉則是白先勇首度回國時，看到一位早期上海百樂門的紅舞女，僅此一瞥，就牽引出一段愁怨幽邃的故事來。[58]而〈遊園驚夢〉則是由於讀了《紅樓夢》黛玉聽《牡丹亭》的一段，烙下了極美的印象；加上童年時見過一位崑曲唱得極好的藝人，遂忍不住爲她編了錢夫人的故事來。[59]有了不同來源的故事素材，卻又都不由自主地同樣往感時懷舊、人生無常的思想主題走去，這不能不說是白先勇潛意識之取向，與天生氣質、早年經驗有著極密切的關係。這同時也足以說明 1960 年代存在主義結合現代派文學理論，在臺灣文壇泛濫開來時，白先勇能免於「浮面的苦悶、虛矯的蒼白」之譏，實是因爲他的苦鬱蒼涼較之其他同時代的文友有著更真實的「著力處」，並非只是一種憑空的吶喊或抽象的描述而已。

雖有著力處，白先勇對早期作品仍覺得不夠滿意，在〈驀然回首〉一文中他曾說：

> 現在看看出國前所寫的那些小說，大部分都嫩得很！形式不完整，感情太露，不懂得控制，還在嘗試習作階段。不過，主題大致已定型，也不過是生老病死，一些人生基本永恆的現象……[60]

促使作品更加深刻、成熟的分水嶺是出國留學前母親的去世，給白先

[56]參考王曉明，《潛流與漩渦》（北京：中國社科出版社，1991 年 10 月），頁 4～5。
[57]同註 53，頁 73。
[58]同註 53，頁 174。
[59]同註 45，頁 288。
[60]同註 53，頁 73。

勇造成極大的震撼和打擊。白先勇的母親出身官宦世家，自幼膽識過人不讓鬚眉。1927 年國民政府北伐時，她才 20 歲初頭，隨著新婚夫婿白崇禧北上。曾連夜衝破封鎖線，冒著槍林彈雨，奔到前方與丈夫會合。抗戰時，湘桂大撤退，她一人獨領白、馬兩家八十餘口，跋山涉水撤退到重慶。生命力如此壯旺的人，晚年來臺後，患高血壓經常就醫，但那種豁達自喜，敢於與死神搏鬥的精神仍在。白先勇曾經很傳神地描述母親過世前，依舊存在的煥發神采：

> 她在醫院住了六個月，有一天我們一位親戚嫁女，母親很喜歡那個女孩。那天她精神特別好，便掙扎起來，特意打扮一番，堅持跟我們一同去赴喜宴。她自己照鏡，很得意，跟父親笑道：「換珠衫依然是富貴模樣！」雖然她在席間只坐了片刻，然而，她卻是笑得最開心的一個……[61]

不管對死亡多麼豁達或不屑，這位充滿昂揚鬥志的女強人，終究還是熬不過死神的催逼，極不甘願地走了。守完母喪，白先勇即負笈去美。臨行前曾領百萬雄師，出生入死的父親來相送。暮年喪偶，愛子遠去，這位平日喜怒不形於色的老將，竟也禁不住老淚縱橫，而這竟是白先勇最後一次與父親見面。白氏自云：「月餘間，生死離別一時嘗盡；人生憂患，自此開始。」[62]在美之初，由於母喪帶來的震驚和傷痛，使他心情一直無法平復，對生命他遂有了更深的思考：

> 那是我第一次真正接觸到死亡，而深深感到其無可抗拒的威力。因此，我逐漸領悟到人生之大限，天命之不可強求……下意識裡，我對母親的死亡深感內疚，因為我沒能從死神手裡，將她搶救過來。在死神面前，

[61]同註 53，頁 75。
[62]同前註。

我竟是那般無能為力……[63]

到美國之初，「環境初變，秩序大亂」，白先勇完全無法寫作。在痛苦煎熬中，他不斷地省思生命的問題。直到聖誕福音在密歇根湖的四周響起，他立在湖畔，突然有著猶如禪宗棒喝後的洞然徹悟，心底的陰霾乍時褪去。一種清寧澄澈的感覺，逐漸自心底升起：

我感到脫胎換骨，驟然間，心裡增添了許多歲月。黃庭堅的詞：「去國十年，老盡少年心。」不必十年，一年已足，尤其在芝加哥那種地方。回到愛我華，我又開始寫作，第一篇就是〈芝加哥之死〉。[64]

生命的重要歷練至此初告完成，而去國多年，異國遊子所受的煎熬與錘鍊，更促使白先勇的作品日趨成熟，而有了更上一層樓的高度。

通過以上白先勇生平經驗及心路歷程的掌握，我們終於比較能進一步地了解白先勇作品傾向負面思考的悲劇色彩，以及布滿死亡意象所以形成之故。

五、結語

以白先勇爲首的現代派作家群，由於大環境的限制，未能接觸中國五四文學的傳統；也由於政治的禁忌、語言的隔閡，未能接續日治時代臺灣作家的新文學傳統。除了少部分如白先勇者受到古典文學的薰陶外，大部分的作家皆以西方現代派的文學理論作爲其滋養文學生命的主要根源。假如我們使用加拿大學者佛萊（N. Frye）以「四季循環來象徵文學的結構特色」之理論來解讀的話，白先勇作品充滿衰颯悲涼、灰沉頹靡的氣息，無

[63]同註 53，頁 76。白氏對母親死亡何以內疚不安？何以有如此強烈的無能感？遂促使他在整個生命歷程中有大翻騰？而父親後來的過世似乎震撼就沒有這麼強烈了？或許可嘗試用佛洛伊德的「戀母情結」來加以說明探討。

[64]同註 53，頁 76～77。

疑是屬於「秋天的神話象徵」——它代表著日落、秋天和死亡階段。致力於描摹：失敗、凋零、挫傷、悽愴以及悲劇英雄孤軍奮戰的歷程……[65]

這種悲鬱陰沉，充滿死亡魅影的創作意識何以形成？怎樣取材？如何表達？在文學創作上達到什麼樣的藝術效果？都是筆者極感興趣的問題。因此，本文首先直接從作品入手，嘗試自白先勇至 1995 年為止的 37 篇小說裡，篩取出涉及死亡事件的作品共 25 篇，死亡人物 48 人，加以分類整理，並進行意涵分析。試圖使死亡事件或人物的歸納不只是一平面的呈現，而能扣緊作者的創作意識，作縱深的剖析。其後，從「死亡事件的描寫及其蘊義、死亡氣氛的營造技巧、死亡事件所揭示的思想主題」分別探討白先勇小說的藝術層面和思想內涵，俾能了解白氏創作手法之圓熟、高妙，以及人生觀照之深刻、真確，不愧「現代派小說旗手」之譽。在本文最後，則嘗試透過「個性心理結構」的角度，亦即從：「傳統文化的積澱、當代思潮衝擊、個人獨特性格和經驗」三層次，分別剖析造成白先勇作品濃厚死亡意識的根源因素。試圖透過這樣的分析，將作品中特有的思想及內容傾向，追溯至作家的意識乃至潛意識底層。使吾人在經過層層探索與分析後，有進一步貼近作者創作心靈的可能。

——原收入《臺灣的社會與文學——第二屆臺灣經驗研討會論文集》，
中正大學中文系主辦，1995 年，東大出版

——2000 年 4 月修訂

——選自施懿琳《跨語、漂泊、釘根：臺灣新文學論集》
高雄：春暉出版社，2000 年 6 月

[65]同註 56，頁 361。

父親中國・母親（怪胎）臺灣？

白先勇同志的家庭羅曼史與國族想像

◎朱偉誠*

同志和一般人一樣，當然也可以有很強的國族關懷，這兩者之間本來並不需要什麼解釋上特別的連接；雖然不管是對同性戀者懷有強烈恐懼與不信任的主流社會、或是執意賦予同性情慾特殊基進內涵的論者，都傾向於認爲同志緣於他不同的情慾／性相，在「本質」上是有可能會「叛國」或者反對既有國族的。[1]但是白先勇在他（自 1964 年以來）的作品中，除了著力表達前述的怪胎情慾與女性認同外，所傳遞出來的持續而強烈的國族關懷，在與他類似背景的同代臺灣作家中可說無出其右者[2]，倒使得三個主題的並列本身、以及潛在於其間可能的邏輯牽連，成了一個需要加以探究的題目。前文業已從心理分析中家庭羅曼史的角度，嘗試理出了怪胎情慾與女性認同之間的聯結通路，因此此處的工作，就只剩下（白先勇的）國族關懷與怪胎情慾／女性認同之間的關聯。

但是先回到前文一開始所論及的白先勇國族關懷的具體內容，則我們會發現他對於所謂「文化中國」念茲在茲的懷舊鄉愁，雖然一度的確代表了海外（包括在臺灣的）中國人的主流感情結構[3]，但是在海峽兩岸的政治

---

*發表文章時爲臺灣大學外國語文學系助理教授，現爲臺灣大學外國語文學系副教授。

[1]關於同志叛國之說，一個歷史的分析（尤其是麥卡錫時代的美、英兩國）見 Sinfield, *Literature, Politics, and Culture in Postwar Britain,* 76～77。

[2]我指的當然主要是同屬現代派的作家們，因爲同時期的本土作家縱使有很強的（臺灣）國族關懷，高壓的政治現實也一直使得此種關懷的表達本身成爲不可能；不過這樣講雖然大體無誤，卻不免有本質化族群身分與政治歸屬的危險，先姑不論現代派中也有本土出身的作家（如歐陽子），而就算是非現代派的本土作家，我們也不能斷定他的國族立場必然不見容於當時的國民黨政府（也就是說，他們之中也未必沒有主張統的）。

[3]「主流」（“dominant”）和「感情結構」（“structure of feeling”）這兩個概念，俱來自於英國文化研

變遷逐步使得它不復原有的現實依據時，白先勇的這種信仰非但沒有像一般人一樣隨之消退蛻變，反而愈見其強度與堅持，不由得令人臆想這個已經不合時空的執念（fixation）在個人心理劇碼、而非政治介入上的淵源。[4] 巧合的是，白先勇最近發表於《當代》雜誌的新作，即〈「養虎貽患」——父親的憾恨：1946 年春夏間國共第一次「四平街會戰」之前因後果及其重大影響〉，似乎正爲這個臆想提供了最具徵狀意義的線索。首先是這樣一篇文字，由其附標題（「1946 年⋯⋯」）及行文表面上看來，似乎是擬從軍事政治的專業觀點，針對國共內戰中某一特定戰役進行成敗原因的分析檢討。然而整篇文字在它「客觀」分析之後所「證明」的，無非是白先勇父親白崇禧對於那整個事件的觀點與看法[5]；換言之，正如它的主標題（〈「養虎貽患」——父親的憾恨〉）所明白昭示的，這篇文字其實更有可能是白先勇已進行了好一陣子的、白崇禧傳記寫作的一部分。如此則潛藏在這樣一個「超然平議」的文本表面之下的，其實是個「爲父代言」的次文本（sub-text），而看似慨歎國府在東北／大陸軍事失敗的「國仇」，其實也是他父親抱憾終身的「家恨」。[6]這種公與私的絞結糾纏，是否適足以提醒我們注意到白先勇國族關懷下可能的心理動力（psychodynamic）來源呢？說得更明白些，白先勇強烈的國族關懷與其說是立意於對相關的政治走向發揮一定的介入效用，毋寧說是他**非藉此不足**以賡緒／效法他父親（對於

究之父雷蒙・威廉斯（Raymond Williams, p121～127, p128～135）。「主流」和「殘留」（“residual”）與「湧現」（“emergent”）三者一組，是對於某一個歷史時期內先來後到、此起彼落之諸種文化現象更細緻完備的定位描繪；而「感情結構」所關切的則是「意義與價值被主動活出來與感受到的樣子」（頁 132）。

[4]其實直到 1970 年代末的臺灣，都還看得到這種對於文化上「神州故國」極度感懷嚮往的情感表達（最富盛名者如「三三」；見劉紀蕙，頁 3～7），然而隨著中國（大陸）的正式步入國際舞臺——這代表的是「中國」這個符碼的全面爲「中華人民共和國」所填充，以及「流亡中國（人）」自居正統此一立場的不再可能——與臺灣本土化進程的加速推展，原來熱切嚮往故國者不是從此噤聲，就是頗識時務地轉向新的認同對象。

[5]也就是，白崇禧當初在東北軍事的局勢研判與用兵策略是正確的（應該對林彪共軍趁勝追擊），只可惜不見用於蔣介石，而蔣則因爲個人私心作祟以及多方決策失誤（把白崇禧調離東北、且未能及時進軍等），以至於整個戰爭局面逆轉，最後並導致國民政府在大陸的全面潰敗。

[6]關於白崇禧與蔣介石之間的許多恩恩怨怨，見程思遠的《白崇禧傳》；甚至於連白崇禧最後在臺北家中的暴斃身亡（1966 年），也有不少這方面的臆想與猜測。

那個已然逝去的中國）的理想；也就是說，由於真正的重點其實是在於與父親認同的強烈想望，所以雖然他所認同的那個理想的內容顯然已經不合時宜了，但是為了完成這種認同的心理需要，卻也無法加以揚棄。

的確，「肖」（相似；也就是所謂的「孝」）正是此處白先勇心理動力上的關鍵焦點。而他這種想望的格外強烈，也清楚地表現在他書寫同志的經典長篇《孽子》之中。因為無論是就標題還是敘事的導向來觀，《孽子》都清楚賦予了「同志版」父子關係絕大的關注（不同的觀點見葉德宣）：因為同性戀（即性相上的違異、不肖）而被逐出「家」門的主角阿青（乃至被迫去「國」多年的王夔龍），對於自己與父親的情感決裂，以至於不但不能克紹箕裘繼承父志，反而深深地傷了父親的心，始終耿耿於懷極為介意。阿青將母親的骨灰偷偷送回家裡的時候心裡就想（注意他與母親位置的類比認同）：

> 突然我覺得我再也無法面對父親那張悲痛的臉。我相信，父親看見我護送母親的遺骸回家，他或許會接納**我們**的。父親雖然痛恨母親墮落不貞，但他對母親其實並未能忘情……如果母親生前，悔過歸來，我相信父親也許會讓她回家的。而我曾經是父親慘淡的晚年中，最後的一線希望：他一直希望我有一天，變成一個優秀的軍官，替他爭一口氣，洗雪掉他被俘革職的屈辱。我被學校那樣不名譽的開除，卻打破了他一生對我的夢想。當時他的忿怒悲憤，可想而知。有時我也不禁臆測，父親心中是否對我還有一絲希冀，盼望我痛改前非，回家重新做人。到底父親一度那般器重過我，他對我的父子之情，總還不至於全然決裂的。
>
> ——頁 208；黑體為筆者強調

而王夔龍回想起他父親在他臨去國時所說的那句話時（「你這一去，我在世一天，你不許回來」），更是激動不已：「我等了十年，就在等他那一道赦令。他那一句話，就好像一道符咒，一直烙在我的身上，我揹著他那一道放逐令，像一個流犯，在紐約那些不見天日的摩天大樓下面，到處流竄。十年，我逃了十年，他那道符咒在我背上，天天在焚燒，只有他，只有他才能解除」（頁 306～307）。

而且在敘事發展的層次上，《孽子》以阿青被逐出家門的場景始，小說後半（即題爲「安樂鄉」的部分）更是安排阿青與王夔龍遇到像傅（＝父）老爺子這樣，因爲親身從同志版的父子衝突中學得慘痛教訓（兒子自殺）而終於能夠寬容、接納他們的「替代父親」（“surrogate father”），來爲他們替代式地撫平父子決裂的巨大心理創痛（trauma）。[7]無疑地，（重新）獲得父親接受，以彌補自己因爲同性戀而與父親認同的功敗垂成，至少是《孽子》一書所展現的同志觀點眼中始終縈繞不去的原罪。所以雖然誠如張小虹所指出的，《孽子》在鋪陳此種務必與「陽物父親」（“the phallic father”）認同的象徵律令（imperative）的同時，也呈現了同性戀文化中由「肛門父親」（“the anal father”）所開啓的另類「父子」連結可能：「這群父執輩（甚或祖輩）的形象……截然不同於陽物父親之處正在他們的（同性戀）慾望，而此慾望乃是以擬父子關係的想像進行之。這種由乾爹－契子和男嫖客－男妓間的互動，遂構築了另一個次文化的擬親屬網絡」（頁 34～35）。[8]但至少對於阿青而言，真正能夠「救贖」父子衝突的，卻仍然是捨「肛門父親」而就「陽物父親」的。小說最後令阿青「從良」的重要關鍵，是他發現，就連那「最正派、最可親、最談得來的」俞先生對他也是有性需求的（雖然俞先生並未堅持）：

> 剛才他摟住我的肩膀的那一刻時，我感到的卻是莫名的羞恥，好像自己身上長滿了疥瘡，生怕別人碰到似的。我無法告訴他，在那些又深又黑

[7]蔡源煌早有此見（頁 50～55），只是他傾向於認爲這是因爲「父親的權威一旦破滅，兒子便開始尋找一個新的替代」（頁 51），與此處所理出的緣由並不盡相同；此處的看法，毋寧更接近他也曾提到的，是「由於（兒子）自覺無法扮演父親所指望的那種角色」。

[8]這裡講的主要是那些上了年紀的人對年輕人的欲望，但反方向的欲望行徑在《孽子》中其實也非常醒目：小玉與吳敏對於具有父親形象的、年長的人的偏好就是例子。

的夜裡，在後車站那裡下流客棧的閣樓上，在西門町中華商場那些悶臭的廁所中，那一個個面目模糊的人，在我身體上留下來的污穢。我無法告訴他，在那個狂風暴雨的大颱風夜裡，在公園裡蓮花池的亭閣內，當那個巨大臃腫的人，在兇猛的啃噬著我被雨水浸得濕透的身體時，我心中牽掛的，卻是擱在我們那個破敗的家發霉的客廳裡飯桌上那隻醬色的骨灰罈，裡面封裝著母親滿載罪孽燒變了灰的遺骸。

——頁 327～328

這種到底不堪的感覺（再加上傅老爺子的辭世），竟是使阿青決意擺脫新公園性交易生活、找一份「正當」職業的轉捩點，可見至少就父子關係而言，《孽子》一書中「肛門父親」所表徵的父子情慾終究是無法取代「陽物父親」所召喚的父子認同的。

這在白先勇後設地以作者身分〈寫給阿青的一封信〉（收於《第六隻手指》，1986 年，頁 57～64）中可以看得更為清楚：

其實同性戀者，尤其是同性戀者的青少年，他們也是非常需要家庭溫暖的，有的青少年愛慕中年男人，因為他在尋找父愛，有的與同年齡者結伴，因為他在尋找兄弟之間的友愛，當然也有的中年男人愛上年輕孩子，那是因為他的父性使然……家是人類最基本的社會組織，而親子關係是人類最基本的關係。同性戀者最基本的組織，當然也是家庭，但他們父親兄弟的關係不是靠著血緣，而靠的是感情。

阿青，也許你現在還暫時不能回家，因為你父親正在盛怒之際，隔一些時期，等他平靜下來，也許他就會開始想念他的兒子。那時候，我覺得你應該回家去，安慰你的父親，他這陣子所受的痛苦創傷絕不會在你之下，你應該設法求得他的諒解，這也許不容易做到，但你必須努力，因為你父親的諒解等於一道赦令，對你日後的成長，實在太重要了。我相信你父親終究會軟下來，接納你的，因為你到底是他曾經疼愛過，令他驕傲過的孩子。

——頁 63～64

白先勇在這裡可以說是自己替（《孽子》中的）同志情慾提供了一個家庭羅曼史的解釋，也算是明白點出了同志自組「擬親屬關係的怪胎家庭」（張小虹，頁 53）的另類可能，不過那種（重新）獲得原生父親接納的殷殷盼望，所反映出來的無非是一種超強的認同意欲。而這種意欲的超強，或許是源自於某些父親在兒子心目中所具有的「英雄形象」有以致之[9]，因此其灌注形成「超我」（“super-ego”）或「理想自我」（“ego ideal”）的力道，便要比常人還要更勝一籌——這見諸《孽子》中對於重獲父親接納最具激越情結的，皆屬家庭背景與白先勇較爲近似的幾人（即父親也是軍人的阿青、傅衛、王夔龍），便可以得到證明。[10]事實上，這種「英雄父親」在兒子心理上所造就的巨大「超我／理想自我」，正如佛洛伊德所指出的，會對「自我（ego）狂亂地施以無情的暴力，宛若他掌控了當事人所有的施虐成分一般……此時在超我之中做主掌控的，在某種程度上，是純然死亡本能的文化，而事實上它也常常成功地將自我逼上絕路」（Freud,“The Ego andthe Id”,p53）：傅老爺子鍾愛的兒子傅衛，因爲承受不了父親對他同性戀有辱家門行爲的嚴峻拒斥而舉槍自殺，就是一個極端的例子。[11]而張小虹慧眼點出的（頁 35～36），《孽子》中阿青所嗜讀的武俠小說《大熊嶺恩仇記》（頁 285～286，頁 321），所寫的也無非是一個父親手刃自己兒

[9]白先勇自己便曾如此描繪他的父親，見香港《PLAYBOY 中文版》雜誌的蔡克健執筆的〈訪問白先勇〉（1988 年；《第六隻手指》，頁 441～475）一文（頁 464）。

[10]其中最爲接近的，無疑還是王夔龍，袁則難就點出了此點（〈兩訪白先勇〉，頁 20）；不過當然不能據此就過分簡化地認定王夔龍便是作者的化身。

[11]香港導演楊凡 1998 年的同志電影《美少年之戀》末了 Sam 的自殺，其實也是出自同樣的緣由（Sam 的父親以前是警察，Sam 自己後來也是；而警察與軍人在象徵意義上的位置相去不遠）。事實上，楊凡這部電影透露出白先勇《孽子》的強大影響，因爲它故事的主角也是一群男同性工作者（只不過故事發生在當代的香港），而其中有兩個也叫做阿青與小玉，同時圈內還有一位上了年紀的、愛爲他們拍照的人（一如《孽子》中的郭老，見下）。楊凡原著小說中的此種互文（intertextual）指涉無疑更爲清楚，因爲這些年輕的性工作者一度被稱爲「中南灣的孽子們」（〈中南灣〉，頁 68）。

子的故事；有趣的是，白先勇在一篇最早自述其年輕歲月的文字中，提到他聽說書所接觸的「開宗明義的第一本小說」，竟也是以一連串父子相殘情節令人印象深刻的薛仁貴、薛丁山故事。[12]當然父親所代表的超我對於自我施加的強大壓力未必俱成如此慘烈的結果，其中稍微和緩一些的狀況，若依照席芙門（Kaja Silverman）的說法，就是所謂的「道德受虐戀」（“moral masochism”），即「自我開始在超我所施加於它的苦痛中獲得快樂的狀態」（頁 195）。張小虹便如此詮解「《孽子》一書中所呈現對於同性情慾的罪惡感……（尤其是透過同性性交易『骯髒污濁』的強化）」（頁 70 註 6），以及全書在文字上「甚少鋪陳性的愉悅，反倒是觸目可及的羞愧與恥辱」（頁 47）等現象，認爲這是「《孽子》一書對『陽物父親』的認同挫敗，轉爲內化了的『超我』（“the superego”）道德譴責，而呈現出一種『道德自虐』的重複衝動」（頁 57）。

我雖然不甚確定此處是否全然適用「在……苦痛中**獲得快樂**」的部分，但張小虹點出《孽子》對於（父親所代表的）超我的內化，至此卻應該已是定見，而這也是此書之所以題爲《孽子》的意識形態緣由所在。英國學者艾倫・辛斐德（Alan Sinfield）在談到《孽子》一書重心所在的「父子情節」時就說：

> 當然，父子情節在西方也是司空見慣的。如果你同意的話，《哈姆雷特》就是。然而，西方人基本上會認為這是那個男孩子所必須處理的一個感情難題……〔他們也會認為在這個狀況中〕真正重要的是那個男孩子的心理構成。但在《孽子》中卻剛好相反。反而是失望的父親獲得了

[12]〈驀然回首〉（《驀然回首》，1976 年，頁 65～78），頁 66～67。而白先勇自述家庭關係的其他文本還包括〈第六隻手指：紀念三姐先明以及我們的童年〉（1983 年，《第六隻手指》，頁 3～28），以及〈訪問白先勇〉一文的部分片段。關於薛氏父子傳奇所帶有的中國伊底帕斯義涵，可參見王溢嘉；鄭仰澄（頁 205～208）。不過白先勇雖然明白說到薛仁貴的「英雄形象」，卻完全沒提（先爲父所殺、後殺父的）薛丁山，反而是樊梨花令他「深深喜愛……我從小心目中便認定樊梨花原該那般威風」，似乎和前文所述白先勇小說中對於陽剛女人的崇拜也若合符節；關於這三個角色所代表的家庭羅曼史涵義，此處所引王溢嘉的那篇文章特別具有參考價值（頁 171～180）。

同情與尊敬。因此，我認為，才會有葛浩文（Goldblatt）對於標題的「誤譯」（為《玻璃男孩》（*Crystal Boys*））：為了要將它西方化，他把重心從親子關係轉移到了男孩身上。

——Gay and After, p63

這樣一個因緣際會的異文化閱讀觀點，反而毫不費力直搗核心地點出了《孽子》在父子這條軸線上的確實偏向：正因爲白先勇內化、認同了父親這一方的觀點，所以這些被逐出家門的同性戀兒子才成了「孽子」。[13]

然而這樣子論證白先勇的國族關懷在父親認同上的淵源，又要如何才能與前述所言的怪胎情慾與女性認同連接上呢？就家庭羅曼史的觀點來看，前文已經論及白先勇與男同性戀中的（三）李歐納多模式的相合，但是當時關照的焦點只在於這個模式中的母子關係——當事人特殊的（男同性戀）情慾模式乃緣自於他對母親既慾求又認同的不斷擺盪——但是他與父親之間的關係若何，過程中並未特別提及；事實上，席芙門認爲這個模式之所以格外具有進步的義涵，正是因爲「它不僅違逆了父系傳承的規則，它根本就是把父親完全排除在慾望與認同的界域之外」（Silverman, p373）。不過這樣的宣稱，顯然是忽略了當事人之所以會在慾求與認同母親間來回擺盪，而非如（一）負向伊底帕斯情結一般單單地與母親認同（並且慾求父親），代表了李歐納多模式中的當事人，與代表律法的父親也是有著一定程度的認同的（這樣他才會在認同母親的同時也慾求著她）。佛洛伊德自己在論述李歐納多模式的原典《達文西與他童年的一段

[13]但巧合弔詭的是，正因爲白先勇如此這般在個人心境上成了「孽子」，才與他父親——如果我們可以說白崇禧晚年在臺灣的景況宛若「孤臣」的話——完成了修辭上的連接承繼（即：孤臣—孽子）。所以雖然白先勇在回顧《現代文學》時——〈《現代文學》創立的時代背景及其精神風貌：寫在《現代文學》重刊之前〉（《第六隻手指》，1988 年，頁 273～286）——曾經提到：「我們父兄輩在大陸建立的那個舊世界早已瓦解崩潰了，我們跟那個早已消失只存在記憶與傳說中的舊世界已經無法認同，我們一方面在父兄的庇蔭下得以成長，但另一方面我們又必得掙脫父兄加在我們身上的那一套舊世界帶過來的價值觀以求人格與思想的獨立」（頁 276），但事實上白先勇在他作品中展現出來的，毋寧更是因爲充滿孺慕之情而對父兄不遺餘力的認同。

記憶》中就說：「沒有一個在童年時慾求他母親的人會不想要將自己放在他父親的位置，會不在想像中與他（的父親）認同，而且後來將超越他視爲自己一生的任務」；而成年後的李歐納多．達文西也確乎一直「在非情慾活動的領域中……無可抑制地想要模仿並且勝過他（的父親）」（Freud, Leonardo da Vinci p120～121；中譯本：佛洛伊德，頁 105）。所以白先勇的國族關懷在父親認同上的淵源，是完全符合他情慾模式所從來的家庭羅曼史構成的；也就是說：怪胎、女人與國族三者，在此處用以解釋白先勇的那個心理模型中是可以連接得起來的。

只是（白先勇的）國族關懷與怪胎情慾／女性認同這樣（透過父親）的連接，難免有由前進顛覆轉向保守共謀的疑慮，不禁令人關切是否還有其他另外的連接可能？則我們可以說，白先勇再一次似乎是透過他的小說想像（《孽子》一書）而非實際生活，提供了在認同父親之外的、因著與母親的認同以及怪胎情慾所開啓的另類（即不同於前述父系的）國族認同空間；以圖形來加以表示便是：

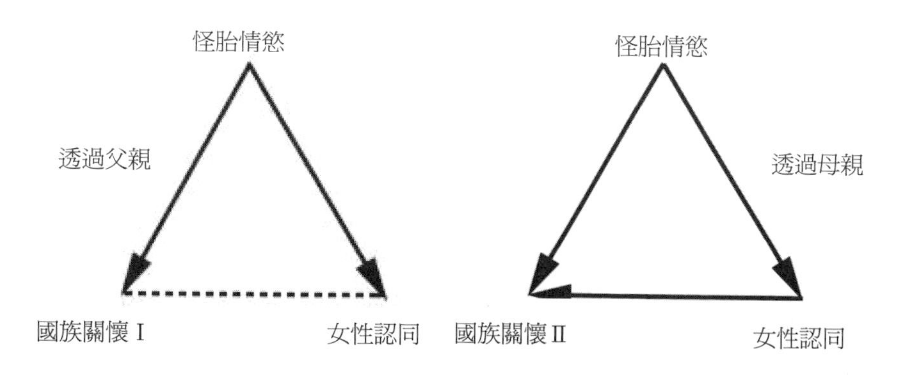

然而這樣的另類空間卻爲歷來文評家所較少論及或刻意加以忽略，實在頗值得我們給予適當的關注。我指的主要是前文一開始所提及的、鄉土文學論戰以來對於白先勇等現代派作家的本土派評論意見，多視之爲與臺灣本

土無涉的、頹廢蒼白的「外來移植」文學[14]；就連《孽子》，都有評者說「白先勇有意藉這部長篇，來探討民國 38 年大陸淪陷時，**隨政府播遷來臺的這一群人，以及他們後代子弟**的認同與追尋過程」，或是說它「以臺北新公園來代表整個 1960 年代的臺灣社會的時代空氣，寫活了 1960 年代**臺灣大陸人**的生活動態及其生活方式」。[15]可以說是對於白先勇此書中所刻意書寫的「臺灣」部分完全視而不見。事實上，《孽子》主要所寫的「那一群，在最深最深的黑夜裡，獨自徬徨街頭，無所依歸的孩子們」（書首題辭），若依照出生屬地原則來說，幾乎無一不是土生土長的臺灣人[16]——除非你要將父親為外省人的那些所謂「外省第二代」全數排除在「臺灣人」的範疇之外，那麼也還有主角之一的小玉、配角中的老鼠與阿雄仔（原住民）、以及作為傳奇人物的阿鳳等人可以夠格稱得上是——不過就算是那些所謂的「外省第二代」（主角阿青、吳敏），在書中又全都有著本省籍的母親。將他們一概視為「大陸人」，除了過分刻板二分之外，也反映了論者心中「臺灣人」這個範疇在定義上的（父權）狹隘。

當然本土論者由於臺灣特殊的歷史悲情，所更在意的或許是對於臺灣

[14]葉石濤，頁 117；彭瑞金，頁 120。但後來對此說法的反省已多。彭小妍就認為許多現代派的作品，「就鄉土派的標準而言，它的確缺乏『臺灣意識』……但是如果因此而指責這類作品不符合『現實主義』，這種標籤就有重新檢討的必要了。這些角色也是在臺灣生活的人物，他們的經驗正是臺灣『現實』環境中的一部分」（頁 89）；王德威也說：「王文興、七等生、歐陽子也許都蒼白而『現代』，卻無疑他（她）們投射一個臺灣世代的想像氛圍，與鄉土作家之於 1970 年代，一點不多，一點不少」（頁 72）。

[15]高天生，頁 140；葉石濤，頁 127（黑體俱為筆者所加）。當然這樣的看法並不限於本土派批評家，只是這樣的說法一旦出於本土派之口，就難免此處所討論的政治意涵（而它若出自大中國派口，則又有別的政治意涵）。另外值得注意的是，這類涉及政治身分的解讀，都隱隱約約有將《孽子》視為國族寓言的傾向，而此種傾向最極致／化約的發展，無非是袁則難提出來的、已屬「過分詮釋」（"over interpretation"）」的「政治影射說」——即「認為整本小說乃一政治寓言……書中的陋巷龍江街，代表『殘破的大陸政權』，王尚德〔王夔龍之父〕南京路的豪華官邸代表『中華民國』，新公園代表『今日臺灣』等等（袁良駿，頁 279）——見袁則難的〈痴兒了卻公家事〉與〈城春草木深〉。

[16]其中唯一的例外，大概就只有王夔龍了，因為根據敘述一開始的 1970 年時他在海外流亡了十年來推算，他應該不是在臺灣出生、而是幼年時隨家庭來臺的。然而就算如此，王夔龍也還是展現了對於臺灣這塊土地的高度認同，見下。關於此書（尤其是書中主要舞臺所在的臺北新公園）與歷史現實一些個可能的參照，見賴正哲。

這塊土地的認同[17]，則《孽子》一書中透過怪胎情慾的女性（母親）認同這一系所著意描繪勾勒的臺灣風情，似乎應該獲得一定程度的肯定。書中主角（阿青、小玉）因爲與女性／母親高度認同所帶領讀者進入的，其實是一些最爲「臺灣鄉土」的世界：小玉做酒吧女的表姊月麗在錦州街的住處，是阿青不乏溫暖感受的臨時的窩（散見全書）；阿青與弟娃滿懷期待去看的、離家母親所屬的歌舞團在三重的野臺戲表演（頁 49～50）；以及小玉邀阿青同去的、小玉母親在三重的街坊鄰居所擺設的拜拜筵席等（頁 148～159）——所有這些場景，都可以見出白先勇極力描摹本土俗民文化乃至語言使用（主要是福佬話）的嘗試；成功與否暫且不論，但這在白先勇的寫作歷程中毋寧是一個重要的發展，或許是他受到 1970 年代臺灣鄉土文學風潮（而非論戰）影響後的創作回應[18]，卻鮮少受到（無論什麼政治立場的）批評家的注意，就連確切討論到《孽子》語言的研究者（如袁良駿，頁 305～310），居然對此也隻字未提，實在令人不解（還是應該說，真是不令人感到特別意外？）。事實上，白先勇在寫《孽子》時，似乎是有意以具體的細節來誌記一個（他所見識過的）過去臺灣的面貌。從敘述一開始（後來且幾次重複：頁 29～30，頁 218，頁 263）對於臺北新公園蓮花池古早樣態的緬懷：「據說若干年前，公園裡那頃蓮花池內，曾經栽滿了紅睡蓮……可是後來不知爲了什麼，市政府派人來，把一池紅蓮拔得精光，在池中央起了一座八角形的亭閣，池子的四周，也築了幾棟紅柱綠瓦的涼亭，使得我們這片原來十分原始樸素的國土，憑空增添了許多矯飾的古色古香，一片世俗中透著幾分怪異」（頁 4）——極有意義地凸顯了國

[17]也就是鄉土文學論戰中所謂的「臺灣意識」，見彭小妍，頁 85～86。然而這種對於認同意識的終極要求，姑不論其認同的具體內容爲何，究竟是更形緊縮地限定「臺灣人」不單是出身沒問題就夠了呢？還是比較開放地認爲出身如何其實無所謂，認同與否才重要？似乎還有待釐清；一個歷史的分析見李廣均。

[18]說這可能是受到鄉土文學風潮而非論戰的影響，是因爲論戰正式發生的 1977 年，進行許久的《孽子》便已經開始連載；王德威也說：「鄉土文學論戰以前，本土作家如王禎和、黃春明、王拓已推出不少佳作。青番公金水嬸、來春姨阿緞嫂，小地方小人物充斥眼前，好不令人親切」（頁 71）。

府遷臺後在園中「設立中國北方式涼亭來表彰中原正統文化的傳承」此一重要歷史變化。[19]再到龍子（王夔龍）回想他與阿鳳在一起時滿是稻田與白鷺鷥的臺北，以及故事主角們足跡遍至的都市繁華街埕：這是屬於地理空間的部分。[20]其他還有關於音樂與電影的部分：前者，書中提到的有龍子從阿鳳那兒學來的童謠〈白鷺鷥〉（頁 24～25），阿青回憶母親常唱或唱過的〈六月茉莉〉（頁 29，48）、〈望春風〉（頁 47）以及其他兩首不知名的歌曲，還有在寫到著名琴師楊三郎時提及的若干樂曲[21]；至於後者，則有戰後盛極一時的臺語片《悲情城市》（頁 45，72，107）、《港都夜雨》（頁 72）、《心酸酸》（頁 107），以及日語片《好色一代男》（頁 73，103）等。[22]

---

[19]張小虹、王志弘，頁 92。至於此一事件發生的確切年代，王志弘是 1950 年代末期（頁 201），賴正哲則說是 1963 年（頁 139，168），孰是孰非，還需要更進一步的考證。不過王志弘對於新公園這個地點（site）歷來的高度政治性，有更深入的說明：「日據時代這裡是遂行政治教化之控制的地方，是皇民化運動的各種儀式進行的重要場所……而後國府在原址蓋上中國北方官式的亭閣，分別命名爲翠亨亭、大木亭、大潛亭和劍華亭，分別紀念孫中山、鄭成功、丘逢甲和連橫（陳志梧，〈新公園多少舊事〉，《中國時報》，1992 年 5 月 23 日，第 27 版）。這種空間改造與命名的做法，正是宣告國府承繼中華文化之正統，並以反清反日之民族先烈的『英名』，滌清經過殖民『污染』的土壤」（頁 201～202）。則《孽子》中對於古早蓮花的反覆緬懷，已是怪胎情欲在有意無意之間對於外在強加的中華正統意識的排拒。

[20]關於《孽子》中明確寫及的臺灣（主要是臺北）地理空間，見林以青（頁 88～99），在此不一一臚列。

[21]阿青母親另外唱過的兩首，一首的詞是：「啊——啊——被人放棄的小城市——寂寞孤單影——」，據云是老臺語片《悲情城市》裡那個臺語悲旦白鶯」唱的（頁 45），另一首的開始則是「寶島姑娘真美麗——」（頁 50），這倒可能不是臺語歌；而伴隨楊三郎所提到的樂曲有他被點唱的《日日春》、《情難守》（頁 243）、以及說是他作曲的《臺北橋勃露斯》（頁 249，346）。由於我個人對這方面實在太過陌生，所以特別請教專研那個時期臺語片、刻在攻讀博士的友人郭維雄，結果頗有些有趣的發現：1.前引第一首歌應該是〈悲情的城市〉沒錯（雖然歌詞稍有出入），但《悲情城市》（1964 年）一片中並無白鶯這號人物；2.從目前見到的零星資料研判（張釗維，頁 136～142），楊三郎顯然是該時期（1946 到 1965 年間）臺語流行音樂界的重要人物，但是否真有此處所提的樂曲，還有待更進一步的查考（或許在尚未見到的鄭恆隆書中？）；倒是《臺北橋勃露斯》的確切曲名也許應該是《雨的布魯斯（Blues）》（曾慧佳，頁 83。衡諸這些零星的出入（另見下註），則白先勇此處的寫法顯然不是意在歷史的準確（雖然他確有所本），而在營造某種小說的氛圍。事實上，楊三郎似乎也曾以林三郎的名字出現在白先勇《臺北人》的〈孤戀花〉一篇中（頁 143～161），而〈孤戀花〉當然也是很著名的臺語歌，這樣看來，就連被本土派攻擊最烈的《臺北人》也該以此處的觀點來加以重估。

[22]《孽子》一書提到這三部臺語片，主要是爲了描寫當時圈內一個上了年紀的人，名叫陽峰的，是舊日主演這些電影的紅小生。至於白先勇此處所影射的是否真有其人或究竟是誰，根據郭維雄告知：《心酸酸》（1957 年）的男主角名爲奇峰（本名林爐），《港都夜雨》（1957 年）的男主角名爲陳揚（本名陳專田），而《悲情城市》的男主角名爲陽明（即蔡揚名）。則顯然陽峰這號人物是作

但是不僅此也，在這些深具緬懷意義的細節之外，白先勇似乎更有意藉著《孽子》中的怪胎情慾描繪出一種專屬於臺灣的特殊性（或可說是臺灣性：Taiwanese-ness）。書中做爲作家化身、爲青春鳥們留下畫作／相片等藝術見證的藝術大師與郭老，都明白說過類似的話；郭老在初次見到阿青時就說：「去吧，阿青，你也要開始飛了。這是你們血裡頭帶來的，你們這群在這個島上生長的野娃娃，你們的血裡頭就帶著這股野勁兒，就好像這個島上的颱風地震一般」（頁 83）；而對於另一位充滿野性美壯碩的年輕人鐵牛，「藝術大師說，他在鐵牛身上，終於找到了這個島上的原始生命，就像這個島上的颱風海嘯一般，那是一種令人震懾的自然美」（頁 108）。[23]而以文字爲青春鳥們留下紀錄的白先勇，在《孽子》中所極力書寫的，豈不正是這樣一種專屬於臺灣的特殊性？他不斷提及的熱、熱帶的氣氛、以及居全書前後情節轉折樞紐的颱風夜，依此觀點看來，都應該不是無心的季節巧合（小說虛構世界中哪來的無心巧合呢？），而是有意的場景安排。但若論及上述所謂臺灣性的具體描摹，卻不能不提到那貫穿全書、最富傳奇性的「龍鳳之戀」中的另一主角，即龍子的宿命戀人阿鳳。阿鳳出身臺北萬華龍山寺一帶（頁 78），其本土背景殆無可疑，而他的性格狂野、桀傲難馴，無怪乎以「野鳳凰」的名號居青春鳥之首（而阿青不過是「小蒼鷹」），且他與龍子驚天動地轟轟烈烈的一段情也難免以悲劇收場，卻因此而成爲青春鳥中最具圖象意義（iconic）的象徵型代表人物——也就是藝術大師借給「安樂鄉」（大家後來暫時安身的同性戀酒吧）懸掛的傑作〈野性的呼喚〉中所畫的：

者兼採這三人的藝名杜撰而來，此間的虛虛實實，倒是十分巧妙有趣；關於這三個舊日的名演員，可以參閱戴獨行，頁 71～73（郭維雄提供）。至於日本影響的部分，以當時臺灣的文化構成來看，自然也應該算作本土風情的一部分。

[23]關於鐵牛，郭老也重複過同樣的話；阿青回憶道：「他（郭老）說這都是我們血裡頭帶來的，我們的血裡頭就帶著這股野勁兒，就好像這個島上的颱風地震一般」（頁 213）。阿鳳也對傅老爺子說：「這是我們血裡頭帶來的——公園裡的老園丁郭公公這樣告訴我們，他說我們血裡就帶著野性，就好像這個島上的颱風地震一般，一發不可收拾」（頁 316）。

> 那是一張巨幅油畫，六呎高三呎寬的一幅人像，畫面的背景是一片模糊的破舊房屋，攤棚、街巷、一角廟宇飛簷插空，有點像華西街龍山寺一帶的景象，時間是黃昏，廟宇飛簷上一片血紅的夕陽，把那些骯髒的房屋街巷塗成暗赤色。畫中街口立著一個黑衣黑褲的少年，少年的身子拉得長長一條，一頭亂髮像一蓬獅鬃，把整個額頭罩住，一雙虬眉纏成了一條，那雙眼睛，那雙奇特的眼睛，在畫裡也好像在掙扎著迸跳似的，像兩團閃爍不定的黑火，一個倒三角臉，犀薄的嘴唇緊緊閉著，少年打著赤足，身上的黑衣敞開，胸膛上印著異獸的刺青，畫中的少年，神態那樣生猛，好像隨時都要跳下來似的。我（阿青）第一眼看到這張畫，不禁脫口驚叫道：
>
> 「是他！」
>
> ——頁 263～264

這無疑是白先勇心目中最能代表臺灣本土那股狂野不羈生命力的表徵，也是新公園內那群青春鳥最吸引他的地方；或許藝術大師跟阿青所說的也正是作者的心聲：「他最懷念那群從華西街、從三重埔、從狂風暴雨的恆春漁港奔逃到公園裡的野孩子。他們，才是他藝術創作的泉源。大師告訴我，他曾經周遊歐美，在巴黎和紐約都住過許多年，可是他終於又回到了臺灣來，回到了公園的老窩裡，因為只有蓮花池頭的那群野孩子，才能激起他對生的慾望，生的狂熱」（頁 263）。

雖然沒有明說，但是這種認同背後當然有其情慾的因素在。至少在龍子因為狂戀阿鳳而懷想臺灣這一點上是可以比較清楚地見出的；龍子與阿青談起過去臺北的稻田與白鷺鷥時是這樣說的：

> 「……從前臺北路邊的稻田裡都是鷺鷥，人走過，白紛紛的便飛了起來。在美國這麼些年，我卻從來沒看見一隻白鷺鷥。那兒有各種各樣的老鷹、海鷗、野鴨子，就是沒有白鷺鷥。小弟，有一首臺灣童謠，就叫

《白鷺鷥》，你會唱麼？」

「我聽過，不會唱。」

「白鷺鷥

車糞箕

車到溪仔坑——」

他突然用臺灣話輕輕的哼了起來，《白鷺鷥》是一支天真而又哀傷的曲子，他的聲音也變得幼稚溫柔起來。

「你怎麼還記得？」我忍不住笑了。

「我早忘了，一回到臺北不知怎的又記起來了。這是我從前一個朋友教我的，他是一個臺灣孩子。我們兩人常跑到我們家後面松江路那頭那一片稻田裡去，那裡有成百的鷺鷥。遠遠看去好像田裡開了一片野百合。那個臺灣孩子就不停的唱那首童謠，我也聽會了。可是這次回來，臺北的白鷺鷥都不見了。」

——頁 24～25

可見怪胎情慾也可以是橫跨既有疆界、達致越界認同（cross-identification）的重要動力因素。雖然這種認同的內容，細究之下，仍不乏其某種家長式的、甚或是戀物式的情調——前者可見於對「孩子」一詞的習用，雖然依照前述家庭羅曼史的推衍，此家長應該是母性（maternalistic）而非父性的（paternalistic）；而後者可見於對本土跡近本質化的「原始野性」的認定——兩者都難免令人想起，一般存在有結構性權力差距下跨界關係常見的一種慾望模式，但這已經牽扯到個人情慾與宏觀政治如何綰合互涉卻又不致化約混同（converging but not conflating）的複雜思辯問題了[24]，白先勇與戰後的臺灣究竟該如何適用（或是否適用）這樣的批判框架，還需要更細密的脈絡分析與論述探討。

[24]這正是我博士論文的研究主題；見 Wei-cheng Raymond Chu, *Homo and Other: Articulating Postcolonial Queer Subjectivity*, D. Phil. thesis (University of Sussex, 1997)。

註：這篇文章，係我前此發表的〈（白先勇同志的）女人、怪胎、國族：一個家庭羅曼史的連接〉（文中稱「前文」；見《中外文學》第 26 卷第 12 期，1998 年 5 月，頁 47～66）第三部分的增補修訂，因改動幅度頗大，是可獨立成篇，但單看來在論證的脈絡上難免有其不完整之處，與原來的文字也仍有若干重疊的地方，尚請讀者諒察。

引用書目

・Freud, Sigmund. The Ego and the Id. 1923. Standard Edition. Vol. 19. 1961. p1-66.

——. Leonardo da Vinci and a Memory of His Childhood. 1910. Standard Edition. Vol. 11. 1957. 57-137.

——. The Standard Edition of the Complete Psychological Works of Sigmund Freud. Ed. James Strachey. 24 vols. London: Hongarth; Institute of Psycho-Analysis, 1953-1974.

・Goldblatt, Howard, trans. Crystal Boys. By Pai Hsien-yung. San Francisco: Gay Sunshine, 1990.

・Silverman, Kaja. Male Subjectivity at the Margins. New York: Routledge, 1992.

・Sinfield, Alan. Gay and After. London: Serpent's Tail, 1998.

——. Literature, Politics, and Culture in Postwar Britain. The New Historicism: Studies in Cultural Poetics 12. Berkeley: U of Caifornia P, 1989.

・Williams, Raymond. Marxism and Literature. Marxist Introductions. Oxford: Oxford UP, 1977.

・王志弘，〈臺北新公園的情慾地理學：空間再現與男同性戀認同〉，《臺灣社會研究季刊》第 22 期（1996 年 4 月），頁 195～218。

・王溢嘉，〈從薛仁貴父子傳奇看伊底帕斯情結在中國〉，《古典今看：從孔明到潘金蓮》（臺北：野鵝出版社，1989 年 9 月），頁 163～183。

・王德威，〈國族論述與鄉土修辭〉，收錄於周英雄、劉紀蕙編《書寫臺灣：文學史、後殖民與後現代》（臺北：麥田出版公司，2000 年），頁 65～83。亦見氏著，《如何現代，怎樣文學？十九、二十世紀中文小說新論》（臺北：麥田出版公司，1998 年），頁 159～180。

・佛洛伊德著；劉平、孫慶民等譯，《達文西對童年的回憶》（臺北：知書房出版社），2000 年。

・曾建民主編，《臺灣鄉土文學・皇民文學的清理與批判》（臺北：人間出版社，1998 年）。

・白先勇，《第六隻手指》（臺北：爾雅出版社，1995 年）。

──，《臺北人》（臺北：爾雅，1983 年）。

──，〈「養虎貽患」──父親的憾恨：一九四六年春夏間國共第一次「四平街會戰」之前因後果及其重大影響〉，《當代》第 147 期（1999 年 11 月），頁 74～95；第 148 期（1999 年 12 月），頁 58～77；第 149 期（2000 年 1 月），頁 48～63;；第 150 期（2000 年 2 月），頁 60～67。

──，《孽子》（臺北：遠景出版社，1983 年）。

──，《驀然回首》（臺北：爾雅出版社，1978 年）。

・李廣均，〈有關戰後臺灣民族主義社會性格的幾點思考〉，收錄於林佳龍、鄭永年編《民族主義與兩岸關係》（臺北：新自然主義出版社，2000 年），頁 111～146。

・林以青，〈文學經驗中的都會情境：以 1970 年代的臺北爲例〉，收錄於鄭明娳編《當代臺灣都市文學論》（臺北：時報文化出版公司，1995 年），頁 59～127。

・袁良駿，《白先勇論》（臺北：爾雅出版社，1991 年）。

・袁則難，〈兩訪白先勇〉《新書月刊》第 5 期（1984 年 2 月），頁 17～21。

──，〈城春草木深：論《孽子》的政治意識〉，《新書月刊》第 5 期（1984 年 2 月），頁 52～57。

──，〈痴兒了卻公家事：淺談白先勇的近作《孽子》〉，《現代文學》復刊第 20 期（1983 年 5 月），頁 7～18。

・高天生，〈可憐身爲眼中人：試論白先勇的小說〉，《臺灣小說與小說家》（臺北：前衛出版社，1994 年），頁 131～141。

・張小虹，〈不肖文學妖孽史：以《孽子》爲例〉，《怪胎家庭羅曼史》（臺北：時報文化出版公司，2000 年），頁 27～73。

・張小虹、王志弘，〈臺北情慾地景：家／公園的影像置移〉，《慾望新地圖：性別・同志學》（臺北：聯合文學出版社，1996 年），頁 78～105。

・張釗維，〈流行歌謠詞曲作家大事記（初稿）〉，《聯合文學》第 82 期（1991 年 8 月），頁 130～151。

・彭小妍，〈本土、鄉土與大鄉土：何謂鄉土文學？〉，《歷史很多漏洞：從張我軍到李昂》（臺北：中央研究院中國文哲研究所籌備處，2000 年），頁 83～113。

・彭瑞金，《臺灣新文學運動 40 年》（高雄：春暉出版社，1997 年）。

・曾慧佳，《從流行歌曲看臺灣社會》（臺北：桂冠圖書公司，2000 年）。

・程思遠，《白崇禧傳》（臺北：曉園出版社，1989 年）。

・黃宗慧，〈可疑／酷異的伊底帕斯？試解／結精神分析與同志論述之糾葛〉，收錄於何春蕤編《從酷兒空間到教育空間》（臺北：麥田出版社，2000 年），頁 31～66。

・楊凡，〈中南灣：美少男之禁戀〉，《聯合文學》第 165 期（1998 年 7 月）頁 64～89。

・葉石濤，《臺灣文學史綱》（高雄：春暉出版社，1999 年）。

・葉德宣，〈陰魂不散的家庭主義鬼魅：對詮釋《孽子》諸文的論述分析〉，《中外文學》第 24 卷第 7 期（1995 年 12 月），頁 66～88。

・劉紀蕙，《孤兒・女神・負面書寫：文化符號的徵狀式閱讀》（臺北：立緒文化出版公司，2000 年）。

・蔡源煌，〈《孽子》二重奏〉，《文學的信念》（臺北：時報文化出版公司，1983 年），頁 50～60。

・鄭仰澄，〈從中國神話及文學作品看華人的心理發展：中國人「伊底帕斯情結」〉，收錄於曾文星編《華人的心理與治療》（臺北：桂冠圖書公司，1996 年），頁 199～224。

・鄭恆隆，《臺灣民間歌謠》（臺北：南海出版社，1989 年）。

・賴正哲，〈在公司上班：新公園做爲男同志演出地景之研究〉，收錄於何春蕤編《性／別政治與主體形構》（臺北：麥田出版公司，2000 年），頁 131～186。

・戴獨行，〈這些人，那些人：臺語片人物介紹〉，《電影欣賞》第 48 期（1990 年 11

月），亦見國家電影資料館口述電影史小組編《臺語片時代（1）》（臺北：國家電影資料館，1994 年），頁 265～291。

——選自《中外文學》，第 30 卷第 2 期，2001 年 7 月

白先勇小說中的鄉愁

◎山口守*

一、鄉愁的語境

希臘悲劇《伊底帕斯王》（索福克勒斯著）近劇終時有這樣一個場面：淪為流浪飄零之身的伊底帕斯仰天長歎，「大地茫茫，這具可悲的軀體將被驅往何處？隨風消逝，我的聲音將會飄落何方？啊，無常的命運喲，你翩然一躍，又把我帶到了什麼地方？」在劇烈動盪的歷史中，人們每每會為命運所驅，無奈地在異鄉漂泊彷徨。此時倘若失去了將來還鄉的可能，人們思鄉之念便會愈加強烈。如果只是思鄉這樣一種空間的鄉愁，那麼還鄉之夢也許有朝一日能夠實現，而若是對失去的時間和生活的鄉愁，尤其是對過去的時間的鄉愁，由於一切既已喪失並且永遠無法挽回，鄉愁便日益在精神內侵蝕築巢，不時會化作病魔擴散開去。白先勇小說中的鄉愁，恐怕就擁有著甘美的喪失美學與精神病魔這兩種意義，同時又在空間、時間、文化等多種層面上演奏出故事的主旋律來。這就是本論文的主旨。

鄉愁（nostalgia）一詞的起源原本始於瑞士士兵的思鄉之念被判定為精神疾患，其定義基本定型，即不僅指稱鄉愁這一精神狀態，也包含做為精神疾患的思鄉之情。無論是哪種意義，假使不具備歸屬意識就不可能產生鄉愁。這種場合的歸屬意識當然不是在個人範圍之內能夠得以完善的，與群體意識連結一體密不可分，因而易受歷史狀況的制約。譬如在思考現代中國文學時，思鄉＝鄉愁開花結果成為文學作品乃是一種必然的狀況的確

---

*日本大學文理學部教授。

存在。魯迅所言「鄉土文學」即此謂也。

魯迅在中國現代文學史上第一個將鄉土文學定義爲不單是文學主題而且是作家心性發露。在《〈中國新文學大系〉小說二集序》（1935 年）裡，魯迅介紹了蹇先艾、裴文中、許欽文、王魯彥、黎錦明等作家，「凡在北京用筆寫出他的胸臆的人們，無論他自稱爲用主觀或客觀，其實往往是鄉土文學，從北京這方面說，則是僑寓文學的作者」，認爲鄉土文學是離開故土、生活於異鄉的作家在意識上回歸失去的空間的文學，並謹嚴地解說道，其中有著作者出於思鄉之情而無法不去回憶故鄉和往日的、現在的心性理由。例如在評論許欽文的小說時，魯迅表述道：「在還未開手來寫鄉土文學之前，他卻被故鄉所放逐，生活驅逐他到異鄉去了，他只好回憶『父親的花園』，而且是已不存在的花園，因爲回憶故鄉的已不存在的事物，是比明明存在的，而只有自己不能接近的事物較爲舒服，也更能自慰的」，明確地勾勒出由異鄉這一概念所生發的空間的鄉愁，催生出以現在自己的意識爲基礎的、時間的鄉愁的構圖。這與評論王魯彥的作品時所說的「許欽文所苦惱的是失去了地上的『父親的花園』，他所煩冤的卻是離開了天上的自由的樂土」一段文字中可見的、對鄉土文學已成爲覺醒於現代自我的中國青年作家從不同的角度表現喪失感的一種機制的洞見相重合。魯迅在論述鄉土文學及思鄉意識時所著目的，是現代中國文學家必然直面不可的喪失感——勢將脫離共同體的現代自我的不安與喪失感的問題。從清末革命運動到辛亥革命、五四運動，在創造現代國民國家的社會變革過程中，接受現代教育、活動在都市的知識分子，必然別無選擇地要脫離傳統的共同體而自立，對以文學方式表現做爲發生於這一過程之中的不安及喪失感的隱喻的作品，魯迅用鄉土文學這一框架加以理解。因此，它與魯迅在《〈中國新文學大系〉小說二集序》中所使用的「僑寓文學」這一概念的來源、格奧爾格・勃蘭兌斯（Georg Brandes）在《十九世紀文學主流》中所表述的歐洲「僑寓文學」的意義內容相比，語境和概念都大相逕庭。勃蘭兌斯試圖用「僑寓文學」的框架來說明法國大革命及其後的帝制時期法國流亡者的國外經歷，而魯迅的「僑寓文學」則是從北京方面而言，關注的是文學家們因懷有背離鄉土的意識而產生的歸屬意識的形態。魯迅分析、評論了異鄉意識所含的對鄉土的歸屬意識，及時間喪失意識所含的對往日的歸屬意識二者的相互關係。

因此，當我們說鄉愁時，在歷史、政治、文化狀況的規約之中個人所要選擇的歸屬意識，亦即如何確定同一性（identity）的空間、時間基準，就成了關鍵。

二、「紐約客」——空間的鄉愁

在白先勇的小說中，喪失感乃關鍵詞一說幾乎已成定論。尤其是「紐約客」與「臺北人」兩個系列，分別主要描寫寓居美國的中國人和身在臺灣的大陸出身者，這一關鍵詞更顯得凸出。

就創作時期而言，「紐約客」系列開始的要早，但卻包括了直至 1980 年代的作品；與此相比，「臺北人」系列則限定爲 1965 至 1971 年間的創作，主題的集中性更高。可是「紐約客」系列由於寫的是身處美國的中國人，因而不直接受臺灣狀況的制約，是以甚至涵蓋臺灣與大陸在內的中華文明圈爲同一性的基準，而「臺北人」系列卻不得不限定在大陸出身並荷負著往時的記憶在臺灣生存（或死去）的 1965～1971 年代。基於這一原因，不妨認爲相對於「臺北人」系列的可以引發對鄉愁問題的多層面思考，而「紐約客」系列與其說是鄉愁，毋寧說直截地凸顯了中國人的同一性問題。

「紐約客」系列最初的作品〈芝加哥之死〉（1964 年），寫的是脫離了家族這一血緣共同體、又被從支撐這一共同體的社會剝離開去、在異鄉美國謀生的中國人的孤獨與喪失感。主人公吳漢魂留學於芝加哥大學獲得了博士學位，然而周圍卻沒有爲之祝福的家人和友人，獨自一人在公寓地下室的住所打發時間，在這過程中，他感到自己並不屬於這個社會。回首自己六載寒窗埋頭學問，他並無成就感。甚至不由得感到「書架上那些密密痲痲的書本，一剎那，好像全變成了一堆花花綠綠的腐屍，室內這股衝鼻的氣味，好像發自這些屍身上」，迷失了人生的意義。這時他想起了舊時的戀人秦穎芬，於是走到了街上。身處異鄉感受到對於共同體的歸屬意識、尋求療癒孤獨時而選擇了性，這一構圖與郁達夫《沉淪》亦有相通之處。在這種場合，男人索求於女人的，並非她的女性性，而是能夠確認歸屬、獲取療癒的母性。可以說是自己主動地選擇了由做爲療癒的性與做爲慾望發洩手段的性這種兩重性所產生的矛盾。因此性反讓他更強烈地意識到孤獨。吳漢魂來到街上，與在酒吧結識的、素昧平生年長於自己的女人求歡牀笫，非但未能獲得療癒，反而覺得污穢了自己，煢煢孑立在密西根湖畔的描寫便指示了這一點。在此，小說揭示了委身於性的吳漢魂內心底處「焦慮」的原因與結果。那就是由於無法確立自己是誰、將向何處去，無法確立這種現實感而生發的焦慮。當感到「可是白晝終究會降臨，於是他將失去一切黑暗的掩蓋，再度赤裸的暴露在烈日下，暴露在人前，暴露在他自己的眼底」，吳漢魂認識到自己做爲一個個我而生活於美國都市的現實性所迫須得解決歸屬意識，然而自己當中卻並沒有答案。他聽到亡母的呼喚「你一定要回來」，其實不過是思鄉情切，鄉愁令他自己喊出的母親的召喚，不妨說是他的分身的呼聲。然而這是唯有歸屬於某一土地方可解決的事情，他既然覺得「地球表面，他竟難找到寸土之地之可以落腳」，則其結果不妨說已可預測。既無法屬於芝加哥又無法屬於臺北的吳漢魂，其出路除卻漂泊，便只有密西根湖中了。

然而這種場合的鄉愁因其是空間的，即使無法解決，但倘是嘗試逃脫，倒也並非沒有可供選擇的途徑。那就是和同處異鄉而擁有與自己相同歸屬意識的同胞一起生活。亦即以同胞意識爲基礎建構小小的中國文化圈。最小的中國文化圈固然係指伴侶同胞，但亦可稍許擴大至親戚友人。在歸屬意識可於日常生活層面加以確認的人際關係中尋求鄉愁病的療癒。〈上摩天樓去〉（1964 年）、〈安樂鄉的一日〉（1964 年）、〈火島之行〉（1965 年）中，圍繞著主人公構成故事的，也都是居住在美國的中國人。

在這裡，即便是臺灣出身，做爲華裔美國人而被編入新國家的人們，其同一性的核心是中國的歷史和文化，他們力圖據此來確認自我存在的苦鬥身姿宛然在目。例如〈安樂鄉的一日〉中，生活於紐約近郊某鎭的唯一華裔人家依萍和偉成夫婦，在家庭之內似乎還維持著中國文化，但在外工作的丈夫偉成能夠功利主義地區別使用美國與中國，而一家的主婦依萍卻深深地執著於中國文化。及至在學校念書的女兒，則自然而然是做爲美國人在美國文化中長大的。於是母女之間圍繞著同一性便發生了爭執。依萍要女兒說「我是一個中國人」，而女兒因爲在學校會受歧視，巴不得要說「我不是中國人」。亦即是說，依著依萍、偉成、女兒的順序，由中國文化向美國文化呈現出同一性的錯位。如同這裡所揭示的，應中國文化的求心力而規避同一性危機（identity crisis）的途徑，係爲意欲逃脫空間鄉愁病的人們所選用，然而即便在中國文化圈的半徑最短的夫婦之間，業已出現齟齬，友人層次有時就更是療癒永不會造訪了。

〈謫仙記〉（1965 年）描寫的，是無法逃脫浮萍似的孤獨的、中國人的悲劇。在此，不是臺灣而是中國大陸被設定爲過去的歸屬對象，中國現代史直接在做爲移民社群（Diaspora）的華裔美國人身上投去暗影。這篇小說通過丈夫陳寅的視線，描繪了黃慧芬和她的同班同學們的故事。相互共有人生時光這一意識的核心是中國人意識。黃慧芬在同陳寅結婚時所揭示的定居的理由說明了這一點。當黃慧芬說「老朋友都在紐約做事，只有住在紐約才不覺得居住在國外」時，她是試圖在中國人社群裡消解異鄉生活中所感到的鄉愁。這一點，在友人李彤在威尼斯自殺後，另一位友人張嘉行說的一段話「她就該留在紐約，至少有我們這幾個人和她混，打打牌鬧鬧，她便沒有功夫去死」中，體現的尤爲凸顯。在這裡，可以認爲中國人社群（community）的產生，是被當作逃避身爲天涯淪落人（Diaspora）而固有的鄉愁病的途徑，然而這病卻依然是不治之症。如若是身爲天涯淪落之人而產生的鄉愁，則縱然是置身於建立在同胞意識基礎上的社群之中，但淪落天涯的局面本身並未解消，鄉愁便永遠不會消失。毋寧說像〈謫仙怨〉(1969 年)的主人公黃鳳儀那樣，毅然與從大陸遷徙至臺灣的母親那種飄零者(diaspora)的失意生涯相訣別，決意獨自一人在紐約生存下去，也許反而不會被拖入鄉愁的黑暗中去。然而也可以說黃鳳儀尚年輕，還沒有意識到空間的鄉愁未幾便會移位成爲時間的鄉愁。同爲「紐約客」系列，寫於大陸文化大革命終結後的〈夜曲〉(1979 年)和〈骨灰〉(1986 年)，空間的鄉愁就不具備太大的意義。取而代之的，是對失去的時間的鄉愁。

〈夜曲〉的主人公吳振鐸，已經不再生活在中國人社群之內了。與猶太妻子分居後，他和古巴移民羅莉泰生活在一起。然而戰後懷著夢想和理想回去參加祖國建設的友人之一、他曾一度戀著的呂芳，時隔 25 年又從中國來到紐約，被喚醒的過去的記憶令他痛苦。聽著呂芳淡泊地講述在社會主義中國的悲慘人生，由於自己不曾共同擁有那段時光，無論如何努力回溯記憶，吳振鐸也作不了。最後呂芳甚至拒絕共有記憶的鄉愁，在〈骨灰〉幾乎是被當作對歷史本身的鄉愁來描寫的。〈骨灰〉的主人公和「紐約客」系列幾乎所有設定一樣，也是來美留學後生活於斯的人。小說中，圍繞著文革中慘死的父親與他的故事，和圍繞著伯父及在舊金山的伯父家中遇到的另一位年老的親戚的故事相互交織，不僅在結構的多重性上，就作品水準而言，在「紐約客」系列中也是最值得注目的作品之一。尤其是曾經是國民黨軍人、甚至有過暗殺經驗的伯父，和那位曾反對國民黨政治、參加過救國民主鬥爭的親戚老人，一起相對長歎「我們大家辛苦了一場，都白費了——」時，包括敵對的時間在內，對於和動盪的中國現代史發生過關聯的、自己往日時間的鄉愁與悔恨之念，得到了痛切地表現。在這裡，與個人的同一性相比，「左也好右也好，都是我的祖國」這樣一種愛國主義，令對被歷史的無情所吞沒的中國歷史的關心成爲主旋律，鄉愁毋寧變成了副旋律，但我們從中也可以看到，它揭示了主要敘述流落美國的中國人的故事、描寫他們的孤獨和喪失感與飄零者意識的「紐約客」系列初期作品的主人公們，隨著年齡的增長，在時代的變遷之中不得不直面的課題。在檢視「紐約客」系列作品的變化時，恐怕應當指出這變化深受創作時期夾在其中的「臺北人」系列的影響。不妨說，「臺北人」系列才是白先勇小說中不僅是空間，時間軸的鄉愁也最爲凝練的作品。

三、「臺北人」——時間的鄉愁

「臺北人」系列 14 篇小說的主旋律，是生活於臺灣的大陸出身者對於失去的時間的鄉愁與悲哀的美學，但通過全部作品來思考鄉愁時，浮現上來的是由來於性（gender）的差異。

14 篇全部是大陸出身者的故事，一目了然是敘述男人故事的有〈梁父吟〉（1967 年）、〈滿天裡亮晶晶的星星〉（1969 年）、〈冬夜〉（1970 年）、〈國葬〉（1971 年）。其中〈滿天裡亮晶晶的星星〉可以說是長篇小說〈孽子〉的原形，和該系列的其他作品多少有些色調不同，姑且暫擱一邊。其餘的作品都是以已經或漸將從權力和名聲場隱退的男人爲中心的故事。而且〈梁父吟〉、〈國葬〉兩篇形成特徵的，在於以軍隊這一等級森嚴的金字塔構造爲背景。這在透過與女性的對比刻劃男人的〈一把青〉（1966）、〈歲除〉（1967）中亦可得到確認。軍隊等級構造所體現的是權力關係，在小說中，它與個人內心不斷膨脹的、充滿憂愁的空虛感構成對比，成爲只能在權力結構中確定自己生存的、男人生活方式的隱喻。此外〈梁父吟〉、〈國葬〉二者都是葬禮當日的故事，採取由一個人的死追溯其過去的形式，回憶本身構成故事中心。恰好與沃爾特・本雅明（Walter Benjamin）對馬塞爾・普魯斯特（Marcel Proust）的作品所作的批評「將作品統一起來的僅僅是回憶這一單純的行爲」（《馬塞爾・普魯斯特的形象》，1929 年）相似，倘在別的語境中無非是老人的嘮叨，使這些回憶構成故事中心的，是因他者之死爲契機而被喚起的、對於失去的時間和夢想的喪失感。〈梁父吟〉中，參加了友人的葬禮後回到臺北郊外府邸的國民黨元老，向晚輩雷委員講述友人和自己從辛亥革命到北伐戰爭的經歷，對方這位中年男子始終畢恭畢敬應答有禮，然而內心究竟作何考慮，小說直到最後也未予明示。亦即是說，在這裡由於友人的死而遭喚起的老人的回憶單方面地被講述出來，而它並不生出什麼，也不被承繼下去。老人在客人面前讓孫子背誦古詩的場面，在某種意義上是自己文化同一性的確認，而並非鄉愁爲下一代所承繼的契機。此外，這些故事都發生在臺灣一事的譏諷性，雖然登場人物不用語言去確認，但在場的設定中，空間的鄉愁已經預先確定了。因此採取回憶形式的鄉愁，在這篇小說中預設時間與空間都已失去爲前提卻不言及，表明回歸於鄉愁的對象是不可能的，展現了直線式的鄉愁。我們不妨說處於權力結構這一語境之中的男人，其鄉愁係企圖通過將空間的鄉愁轉換爲時間的鄉愁而陶醉於憂愁的美學之中，然而它是如此之無力，竟至在死這一單純的事實面前幾乎要喪失其基盤。〈國葬〉中主人公是位業已隱退的副官，他去參加從前的上司李浩然將軍的葬禮時，看到的將軍過去的部下都垂垂老矣，他們不是移居國外，就是因病住院，再不就是看破紅塵出家做了和尚，個個都飄溢著退出權力場後的哀愁，在現實的時間裡等於無力的存在。〈梁父吟〉和〈國葬〉那樣男人們故事裡的鄉愁，以從權力及榮耀隱退的方式，將大陸出身者們空間的鄉愁轉化爲時間的鄉愁，其間透出了仰賴預先業已失去的時間的、意識的敗逃身影。

同樣是描寫男人的故事，〈冬夜〉卻是以主人公、一位大學教授與自海外來臺灣的大學時代的友人間的對話爲中心，互訴各自身世，轉達共同友人的消息，同樣地也被拖入指向往昔的鄉愁中去。但因爲是兩位大學教授之間的談話，所以這裡沒有〈國葬〉、〈梁父吟〉那樣的政治權力問題參雜在內。因而感歎自己爲歷史所要弄的命運，指向失去的時間和青春的鄉愁，與「紐約客」系列的〈夜曲〉、〈骨灰〉是相溝通的。

另一方面，在「臺北人」系列中，女人的故事其鄉愁更爲多層次、更爲錯綜，毋寧說這些短篇在更高的水準上展示了「臺北人」系列的成就。尤其是作品中的女性在空間鄉愁與時間鄉愁間縱橫往返，象徵著男權強勢的社會中，被權力擠逼到邊緣的、女性的潛在能力和生命力。這雖然又是一種新性類（gender）形象的模式，但與或拒絕鄉愁、或爲鄉愁侵蝕了而毀滅的男人們形成明確的對比。這些女人的故事有著某種共同的類型。一類是描寫臺北的上流社會女性社交界，她們固然懷著以丈夫做媒介的、指向中國大陸的鄉愁，但卻通過回憶丈夫的往事而將其轉化爲鄉愁，把指向中國大陸的、空間的鄉愁雙重對象化，從而變換爲自己人生時間的鄉愁。另一種類型是將風塵女子設定爲故事的主人公，在這裡指向自己人生時間的切切鄉愁，遠較指向大陸往昔的鄉愁色彩濃烈。她們自我中心化作用強力，甚至把在大陸的經歷也放在自己人生振幅內去思考，在個人水平上把握著現代自我的，毋寧說正是這些女性亦未可知。

前者的代表性作品恐怕是〈遊園驚夢〉（1966 年）和〈秋思〉（1971 年），特別是〈遊園驚夢〉，因爲是在絢麗奢靡的統治階層、上流社會的文化中表現指向往昔的鄉愁，現在這一時間所具有的縹緲無常、虛構性便尤爲凸顯。這篇小說中登場的、從前的崑劇演員們，人人身後都曳著南京時代榮華的影子，唯其如此，在現在臺北奢華的社交活動中，儘管她們自己並無意識，空虛總如影隨形地纏著她們。主人公是個嫁給了年過 60 的錢將軍、業已隱退的前崑劇女演員，小說中登場的、她從前的夥伴，那些女演員們也都嫁給了高級軍官，如今在臺灣享受著特權。因而她們指向往昔的鄉愁，其特徵首先是對於自己本身由女演員變爲軍人之妻這樣一種人生轉換的鄉愁，並在此之上重疊了丈夫他們對於失去了的權力與榮華的鄉愁。進一步說，就是將身爲軍人的丈夫的鄉愁，吞噬進了自己人生時間的鄉愁之中。這一點要比前面提到的〈梁父吟〉和〈國葬〉的直線式單線式鄉愁表現出多層次性。似乎具有在自己的人生現實之中來認識現在這一時間概念的能力。這是另一種類型小說所進一步鮮明地表現出來的時間處理方式。

後一類型的代表，大概要算〈金大班的最後一夜〉（1968 年）和〈孤戀花〉（1970 年）了。兩者描寫的都是這樣一群女性：她們曾經活躍在夜上海的社交界戲劇界，如今卻在異鄉臺北爲謀生而含垢忍辱：她們一面對逝去的青春懷著強烈的鄉愁，一面卻要掙扎著生存下去。因此對於她們而言，眼前面臨的是最爲寶貴的，但同時她們又意識到這不過是短暫虛幻的。在這一點上比起沉湎於鄉愁的男人們，以及將男人們的鄉愁一併吞噬下去因而懷有雙重鄉愁的上流社會女性來，她們要遠爲冷靜而理智。由於她們是在自己人生的振幅之內思考鄉愁，所以她們雖然意識到上海生活與臺北生活間產生的空間鄉愁以及回憶往日奢華生活時產生的時間鄉愁兩義，卻可以縱橫往來於其間。例如〈金大班的最後一夜〉的主人公金兆麗，她雖然身居臺北某舞廳大班的地位，但此地的生活黯然慘淡，與國際大都會上海無法相比。這同時也是青春不再年華已逝的舞女現實的寫照。這裡有著涵蓋空間與時間雙方的、鄉愁的契機。因此倘若故事以她在臺北與年事已高的財主結婚告終，則這篇小說便同描寫上流社會的前一類型無異。可是〈金大班的最後一夜〉裡還寫了另一個重要的故事。即金兆麗試圖幫助年輕舞女朱鳳的事。儘管朱鳳由於與香港出身的華僑學生相好懷孕而招來一片罵聲，金兆麗依然打算幫助她。因爲她自己在上海時曾經有過與富豪之子相戀並懷孕，最終卻被苦苦拆散的體驗。在這裡，時間鄉愁轉化爲渡過現實難關的動力。此外，這也反映在金兆麗雖然有一個當船員的戀人卻仍然要和老財主結婚、這種功利的生活態度裡。與此相似的故事在〈孤戀花〉中也有表現。擔任餐廳經理的主人公，見女招待娟娟遭到流氓糾纏，精神體力都快達到極限，便讓她住進自己家裡，親自照料她，可是最後娟娟殺了流氓，發瘋了。就是這樣她還是不願拋下娟娟不管。〈金大班的最後一夜〉與〈孤戀花〉兩者主人公相通之處，在於兩人都是超越了大陸出身者的空間鄉愁，將自己往昔的時間鄉愁轉化爲渡越現實人生的動力的女性形象。這一點更顯得凸出，與被拯救的青年女子在兩篇作品裡都是臺灣出身有關。在此，不必借用性差（gender）來解讀大陸與臺灣的關係，恐怕應當認爲提供投身於臺灣現實的女性形象這一行爲自身，是自有其用意的。

那麼男女兩性同時與鄉愁發生關係的小說又如何呢？在那裡，因鄉愁而毀滅的男人和在鄉愁中堅忍地生存的女性被處理得對比鮮明。〈永遠的尹雪豔〉（1965 年）和〈花橋榮記〉（1970 年）是其中的代表作。幾條副線同時展開，將前面論述的要素包容並蓄，在這個意義〈花橋榮記〉堪稱是「臺北人」系列的扛鼎之作。〈永遠的尹雪豔〉在男人們逐一毀滅的過程中描寫始終君臨於社交界中心的尹雪豔的上海時代和臺北時代，而她在任何場面不會被鄉愁在精神內侵蝕築巢，甚至作個天涯淪落人也已編入她人生的一部分。有可喪失有可歸屬方才誕生的鄉愁，唯有與她是無緣的。或者是看似無緣。她的內心世界深不可見，無法預測，不明不白地只是將形體展現給讀者。與說得言詞太多的男人們形成對照，「不明」女性尹雪豔幾乎絕口不談自己。就像卡夫卡的小說，彷彿是在目不轉睛地盯著一個生活在不明世界的人的身影。

另一方面〈花橋榮記〉更是明明白白，爲鄉愁所侵蝕而毀滅的是男人，而將鄉愁編入自己人生的是女人。這篇小說中幾個故事同時展開，因此先作個整理。主人公「我」係大陸桂林出身，她給自己在臺北開的餐館取了個老家的店號，於是首先空間鄉愁便露出了影子。客人大多是廣西出身的同鄉，這一點也不妨看作反映了生活在臺灣的外省人對故里的鄉愁。常客當中，從前曾擁有柳州一半不動產的李老頭遭到家人拋棄不久上吊自殺；秦癲子因爲性騷擾而被官署開除，不久在颱風過後的水渠中發現已經淹死。他們都是做爲飄零者在臺灣的生活中敗北以至毀滅的人。在這裡，空間鄉愁不僅侵蝕了餐館中的人際關係和對話，而且侵蝕了出入餐館的男人們的精神，是導致疾患的靈魂病魔。這疾患與消逝的時間鄉愁合爲一體，進入了盧先生的故事。同主人公一樣，盧先生也出身桂林的名門望族，在臺北作小學教師，默默無聞。主人公給他介紹對象他也拒絕，守身如玉地等待著留在大陸的未婚妻，後來夢想破滅精神失去平衡。他孤獨的死，也是精神爲空間和時間的鄉愁所侵蝕、忍受不了飄零者命運的人悲慘的結局。可是餐館女老闆和她的侄女，卻決意承受下飄零者的命運生存下去。女老闆和她侄女的丈夫都是在大陸內戰中斷絕了消息的軍人，她們本也可以沉湎於消逝的時間鄉愁之中，然而她們倆最終卻決心超越鄉愁，在現實中活下去。這裡，試圖在自己人生範圍內思索鄉愁的人物形象得到凸顯。其實鄉愁正因其可在個人內部完善，才得以成立的。超越了這一範圍而代代相傳的鄉愁，產生於文化韌帶的鄉愁，會走向共同體幻想的中心化思想。筆者覺得，「紐約客」系列的〈夜曲〉和〈骨灰〉表現出逐步向中國文化中國歷史同一化的傾向，便是一則例證。

鄉愁也罷，同一性也罷，或是歸屬意識也罷，其被假想存在於個人精神世界之中，原本是針對外界這一觀念乃是內部思緒的表象一說的翻轉。而白先勇的短篇小說，將不明的世界這一表象，通過鄉愁形象進行假想，從而描繪出了個人內部另一個世界表象、人的表象。

（文中所註的作品年代皆爲發表年代而非創作年代。）

——選自《華文文學》，2001 年第 1 期，2001 年 1 月

輯五◎

研究評論資料目錄

作家、作品評論專書與學位論文

專書

1. 歐陽子　王謝堂前的燕子　臺北　爾雅出版社　1976 年 4 月　332 頁

本書收錄評論白先勇《臺北人》的文章，全書共 15 篇：〈白先勇的小說世界——《臺北人》之主題探討〉、〈〈永遠的尹雪艷〉之語言與語調〉、〈〈一把青〉裡對比技巧的運用〉、〈〈歲除〉之賴鳴升與其「巨人自我意象」〉、〈〈金大班的最後一夜〉之喜劇成分〉、〈〈那片血一般紅的杜鵑花〉裡的隱喻與象徵〉、〈〈思舊賦〉裡的氣氛釀造〉、〈〈梁父吟〉影射含義的兩種解釋〉、〈〈孤戀花〉的幽深曖昧含義與作者的表現技巧〉、〈〈花橋榮記〉的寫實架構與主題意識〉、〈〈秋思〉的社會諷刺和象徵含義〉、〈〈滿天裡亮晶晶的星星〉之語言、語調與其他〉、〈〈遊園驚夢〉的寫作技巧和引申含義〉、〈〈冬夜〉之對比反諷運用與小說氣氛釀造〉、〈〈國葬〉的象徵性、悲悼性與神秘性〉。正文後附錄〈從《臺北人》的缺失說起——論文學批評的方法與實踐〉。

2. 歐陽子　白先勇外集・王謝堂前的燕子　臺北　天下遠見出版公司　2008 年 9 月　336 頁

本書爲天下遠見出版社版本，章節目次同前書。

3. 黃秀琴　白先勇短篇小說賞析　香港　學林書店　1990 年 10 月　173 頁

本書收錄六篇白先勇的短篇小說並加以賞析：〈遊園驚夢〉、〈永遠的尹雪艷〉、〈金大班的最後一夜〉、〈那片血一般紅的杜鵑花〉、〈花橋榮記〉、〈謫仙記〉。

4. 袁良駿　白先勇論　臺北　爾雅出版社　1991 年 6 月　424 頁

本書爲探究白先勇小說藝術之專著，全書共 12 章：1.導論：一個舊時代的輓歌——白先勇小說的悲劇傾向；2.從〈金大奶奶〉到〈骨灰〉——論白先勇的創作道路；3.「道道地地的中國作家」——論白先勇小說的傳統特色；4.「紅樓」海外放奇葩——論白先勇與《紅樓夢》；5.「融傳統於現代」——論白先勇小說的現代特色；6.「挖不完的寶藏」——論白先勇筆下的女性形象；7.民族精英的淚與魂——論白先勇筆下的知識份子形象；8.「獻身精神」的結晶——論白先勇小說的藝術魅力；9.六十年代崛起的「文體家」——論白先勇小說的語言風格美；10.一次艱難的開拓——論《孽子》；11.中國現代文壇的兩位精雕細刻派——論白先勇與魯迅；12.廣收博采，中體西用——論白先勇的文藝思想。正文後附錄〈白先勇著作目錄〉、〈有關白先勇批評目錄索引〉。

5. 袁良駿　　白先勇小說藝術論　長春　吉林大學出版社　1991 年 8 月　299 頁

本書爲《白先勇論》簡體字版，章節內容大致與繁體字版同，惟第 7 章改爲〈時代前驅的淚與魂——論白先勇筆下的知識份子形象〉。

6. 白先勇等　　現文因緣　臺北　現文出版社　1991 年 12 月　255 頁

本書敘述白先勇等人與《現代文學》雜誌的關係及其回憶，全書共 42 篇：白先勇〈《現代文學》創立的時代背景及其精神風貌——寫在《現代文學》重刊之前〉、姚一葦〈《現代文學》與我〉、何欣〈《現代文學》二、三事〉、余光中〈一時多少豪傑——淺述我與現文之緣〉、柯慶明〈短暫的青春！永遠的文學？〉、夏志清〈《現代文學》的努力和成就——兼述我同雜誌的關係〉、王文興〈現文憶舊〉、歐陽子〈《現代文學》與我〉、葉維廉〈我與現代文學〉、戴天〈「毀」與「譽」〉、杜國清〈《現代文學》與我〉、王禎和〈二十七年前〉、陳若曦〈二十八年一彈指——回憶《現代文學》那段自討苦吃的日子〉、林懷民〈當兵那一年〉、奚淞〈與文學結緣〉、水晶〈酸甜苦辣〉、朱西甯〈絕無僅有的一點小緣〉、李昂〈清夢〉、李黎〈少年心路——《現代文學》與我〉、荊棘〈那一段日子〉、辛鬱〈〈豹〉變——談我與《現代文學》的一段交往〉、蓉子〈憶——紀念《現代文學》創刊二十七載〉、羅門〈我對《現代文學》的觀感——它已成爲開展中國現代文學的主力線〉、陳映真〈我輩的青春〉、鄭樹森〈《現代文學》與我〉、三毛〈驀然回首〉、施叔青〈那些不毛的日子〉、劉大任〈魚香〉、張錯〈念舊〉、鍾玲〈《現代文學》是雪地的陽光〉、楊牧〈一 G 弦單音〉、叢甦〈我與《現文》〉、白先勇〈《現代文學》的回顧與前瞻〉、王文興〈給歐陽子的信〉、歐陽子〈回憶《現代文學》創辦當年〉、歐陽子〈關於《現代文學》小說的編選〉、陳若曦〈一個里程碑〉、白先勇〈弱冠之年——《現代文學》二十週年紀念〉、姚一葦〈老兵誌感——爲《現代文學》二十週年而寫〉、柏楊〈喜悅、祝福、盼望〉、林清玄〈冠禮〉、陳雨航〈青春之獵〉。

7. 白先勇等　　白先勇外集・現文因緣　臺北　天下遠見出版公司　2008 年 9 月　325 頁

本書爲《白先勇作品集》第 11 冊，全書收錄內容較現文出版社之《現文因緣》增加 4 篇：白先勇〈不信青春喚不回——寫在《現文因緣》出版之前〉、〈明星咖啡館〉、李歐梵〈回望文學年少——白先勇與現代文學創作〉、丘彥明紀錄〈白先勇、李歐梵對談臺大外文系的那段日子——兼談我們的老師〉。

8. 陳若穎，鄭文暉　　從大陸到臺灣的「臺北人」——白先勇　臺北　海風出版

社　1992 年 9 月　340 頁

本書探討白先勇及其作品，全書共 4 部分：1.關於這一本書・白先勇・三十年代文學；2.了解白先勇的重要資料；3.白先勇最有名的作品及賞析共 8 篇，〈玉卿嫂〉、〈金大班的最後一夜〉、〈遊園驚夢〉、〈花橋榮記〉、〈梁父吟〉、〈思舊賦〉、〈芝加哥之死〉、〈謫仙記〉；4.白先勇的一生紀錄。正文後附錄〈白先勇年表〉。

9. 王晉民　　白先勇傳　臺北　幼獅文化公司　1994 年 3 月　295 頁

本書為白先勇的傳記，依其徙居與經歷分 15 段論述，全書共 15 章：1.家庭身世；2.桂林時期；3.重慶時期；4.南京時期；5.上海時期；6.香港時期；7.臺灣時期；8.美國時期；9.創辦《現代文學》；10.創作生涯；11.文藝觀；12.創作自述；13.關注國家民族命運；14.歸訪中國大陸；15.在廣州中山大學演講。正文後附錄〈白先勇創作年表〉。

10. 林幸謙　　生命情結的反思：白先勇小說主題思想之研究　臺北　麥田出版公司　1994 年 7 月　334 頁

本書為碩士論文《生命情結的反思——白先勇小說主題思想之研究》修訂出版，作者透過精神分析理論探討白先勇小說中，有關人類命題與中國命題的主題思想。全書共 6 章：1.緒論；2.精神分析與白先勇的小說——批評理論的建構；3.人類命題：世界性生命情結主題的暗流；4.中國命題（1）：失樂園的啓示錄；5.中國命題（2）：民族命運的反思；6.結論。

11. 劉　俊　　悲憫情懷：白先勇評傳　臺北　爾雅出版社　1995 年 11 月　489 頁

本書探討白先勇及其作品中所圍繞的「悲憫」本質。全書共 6 章：1.以人為核心構築自己的藝術世界——白先勇個體特徵性分析；2.「求人格與思想的獨立」與「情感渴求的艱難」——1958—1962 年的短篇小說；3.「生存的迷惘和困惑」與「放逐的哀痛和歌哭」——1964—1965 年的短篇小說；4.「對命運的感悟和思索」與「歷史流變的滄桑」——《臺北人》；5.「心靈的獨白和辯解」與「道德的反思和重鑄」——《孽子》；6.「大中國意識的強化」與「批判二十世紀秦朝暴政」——〈夜曲〉和〈骨灰〉。

12. 王玲玲，徐滓明　　最後的貴族：白先勇傳　北京　團結出版社　2001 年 1 月　316 頁

本書為白先勇先生傳記，全書共 7 部分：1.生活中原始讀痛苦；2.生命的底色；3.

生命中的迷惘；4.又一種生命中的尋找；5.生命的夢境；6.生命的放逐；7.斯人獨憔悴。

13. 曾秀萍　　孤臣・孽子・臺北人　臺北　爾雅出版社　2003年4月　468頁

本書結合白先勇多重身分與臺灣的社會背景，以其同志小說爲核心，剖析其小說中的同志、父子與家國間錯綜的倫理、空間、性別以及權力關係。正文前有白先勇〈《孽子》的行旅（代序）〉、陳芳明〈認同的放逐與追逐——序曾秀萍《孤臣・孽子・臺北人》〉，全書共 9 章：1.跨世紀的尋訪：臺北人的《孽子》；2.尋找暗啞年代的同志身影：白先勇創作背景綜論；3.從〈月夢〉到《孽子》：創作歷程與短篇作品論；4.流亡的起點：從家庭到學校的放逐；5.青春鳥的夢土：《孽子》的族群想像與建構（上）；6.青春鳥的夢土：《孽子》的族群想像與建構（下）；7.在父名之下：《孽子》「肖／孽」問題析辨；8.情慾、創作與認同：同志小說與白先勇創作的轉折及定位；9.鄉關何處：結論與省思。正文後附錄〈從同志寫到人生觀照：白先勇談創作與生活〉、〈白先勇與臺灣作家同志文學作品、評論年表〉、〈戲說《孽子》〉。

14. 江寶釵　　白先勇與當代臺灣文學史的構成　高雄　駱駝出版社　2004年3月　213頁

本書收錄多篇研究論文，撰述的角度，大抵沿著傳統現代小說的基本面與文化研究展開。全書共 9 篇論文：1.〈從白先勇現象探測臺灣文學研究的潮流〉；2.〈白先勇小說中的人物研究〉；3.〈時間、空間與主體性的建構——閱讀《孽子》的一個向度〉；4.〈投水事件與憂國傳統——以《芝加哥之死》與《謫仙記》爲觀察核心〉；5.〈《紅樓夢》對白先勇與瓊瑤的影響及其啓示〉；6.〈臺灣當代小說中環境意識的呈現及其變遷〉；7.〈民間文學在臺灣當代小說中的呈現——白先勇、李昂與黃春明〉；8.〈臺灣現代主義的興盛、影響與去化〉；9.許劍橋〈白先勇研究文獻引得〉。正文後附錄〈孽子情，孝子心——我的「白先勇」經驗〉、〈一生長做看花人——讀白先勇手札〉、〈文學，穿越世代長流——白先勇獲獎隨想〉。

15. 白先勇總策劃　　奼紫嫣紅開遍：青春版《牡丹亭》巡迴紀實　臺北　天下遠見出版公司　2005年11月　314頁

本書記述青春版《牡丹亭》演出後，製作人、導演、演員、設計家、藝術家嚴肅省思與花絮，以及年輕學子對此最純真的心聲。正文前有陳怡蓁〈出版緣起：井水與汪洋〉、白先勇〈總策畫序：曲終人不散〉，全書共 3 部分：1.「召喚青春」：陳怡蓁〈創造新的文化方向：三件大事一種精神——專訪白先勇〉；2.「創造青春」：白先勇〈奼紫嫣紅開遍——青春版《牡丹亭》八大名校巡演盛況紀實〉、汪世瑜〈青春版《牡丹亭》舞臺總體構想〉、奚淞〈裊晴絲，吹來閒庭院〉、董陽孜〈書法與舞臺的結合〉、楊文瑩〈青春、柔雅、粉嫩的服裝設計——專訪王童〉、〈《牡丹亭》青春行〉；3.「燃燒青春」：劉玉霞〈從戲劇演出的現場性談戲劇觀眾的培養〉、路海洋〈在現代視野中展示古典神韻〉、楊帆〈把牡丹亭夢影雙描畫——說青春版《牡丹亭》之〈如杭〉〉、趙小石〈巧妙的情節，傳神的表演——青春版《牡丹亭》〈遇母〉一齣淺析〉、徐賀〈我愛杜麗娘〉、婁大鵬〈別把崑曲當作大眾藝術〉、呂帆〈感謝青春版《牡丹亭》〉、王蘇萌〈入戲，因為這如許的春色〉、溫敬雅〈但願那月落重生燈再紅〉、李錦雲〈初識於崑曲，始於《牡丹亭》〉、非衣〈青春的交響與共鳴——來自北師大學子的熱評〉、謝爾蓋・庫茲米喬夫〈跨越文化的美〉、朱梓銘〈牡丹依舊〉、王悅陽〈牡丹亭上三生路——三種《牡丹亭》的舞臺新想像〉、厲暉〈青春的古典，現代的詩意〉、夏太娣〈古典在青春的指引下復生〉、楊凱峰〈只為那一聲幽嘆〉、李申華〈嫣紅《牡丹亭》，前世續今生〉、朱錦華〈美麗的青春詮釋〉、軒蕾〈追憶似水流年，弘揚傳統文化〉、陸劍峰〈創新《牡丹亭》〉、陳雯〈亭內亭外，春意盎然〉、劉建春〈存菊堂的掌聲〉。正文後附錄〈印刻青春〉，〈青春版《牡丹亭》各地巡迴報導新聞〉。

16. 白先勇總策劃　曲高和眾：青春版《牡丹亭》的文化現象　臺北　天下遠見出版公司　2005年11月　423頁

本書收錄評論白先勇青春版《牡丹亭》之文章，正文前有白先勇〈曲終人不散〉，全書共 39 篇：1.盧煒〈《牡丹還魂，驚豔學府——青春版《牡丹亭》研討會綜述》；2.葉常海〈美的選擇〉；3.趙山林〈肯綮在死生之際——對青春版《牡丹亭》改編構思的理解〉；4.吳新雷〈青春版《牡丹亭》的獨創和傑出成就〉；5.江巨榮〈漫說花神〉；6.劉俊〈崑劇青春版《牡丹亭》蘇州製作過程「場記」〉；7.桂迎〈校園舞臺認識崑曲舞蹈文化語彙的意義和思考——淺析青春版《牡丹亭》舞蹈呈現〉；8.張福海〈九天珠玉盈懷袖，萬里仙音響珮環——關於崑曲青春版《牡丹亭》的評價標準及所關涉的問題〉；9.皇甫菊含〈論崑劇青春版《牡丹亭》表演中的舞蹈美〉；10.李娜〈從劇本改編看青春版《牡丹亭》的藝術個性〉；11.李曉〈古典藝術進入現代舞臺藝術成功嘗試——談青春版《牡丹亭》兩點可貴的經驗〉；12.華瑋〈情的堅持——談青春版《牡丹亭》的整編〉；13.倪韻〈詩意的衍化——賞析青春版《牡丹亭》的舞臺覺美〉；14.費泳〈《牡丹亭》二度創作賞鑑——談滬、臺、美《牡丹亭》演出之比較〉；15.王國彬〈一枝柳絲證生死——《牡丹亭》中「柳」意象分析〉；16.張曉玥〈古典怎樣走向現代——青春版崑曲《牡丹亭》與當代青年〉；17.周傳家〈青春版《牡丹亭》的數字化技巧〉；18.王燕飛〈淺談青春版《牡丹亭》的人情美》〉；19.朱雪峰〈夢回鶯囀，寸草春暉—父親、我與青春版《牡丹亭》〉；20.裴亮〈漫談白先勇的觀眾意識〉；21.卞清波〈青春版《牡丹亭》觀後感〉；22.潘超青〈古典情致的現代演繹——評白先勇青春版《牡丹亭》〉；23.何西來〈傳統與現代的審美對接——論白先勇青春版《牡丹亭》的成功演出及其意義〉；24.黎湘萍〈聞弦歌而知雅意——從崑曲青春版《牡丹亭》開始的文藝復興〉；25.董健〈人文教育與名劇進校——在南京大學演出發布會的發言〉；26.寧宗一〈愛情社會學與愛情哲學《西廂記》、《牡丹亭》之異同與青春版《牡丹亭》之貢獻〉；27.朱棟霖〈論青春版《牡丹亭》現象〉；28.俞虹〈傳播學視角的青春版《牡丹亭》〉；29.向勇〈牡丹姹紫嫣紅，燕園春色如許——組織青春版《牡丹亭》北大公演系列活動有感〉；30.朱恆夫〈青春版《牡丹亭》美在何處〉；31.曹樹鈞〈讓古老的藝術煥發青春的嶄新創意〉；32.陸士清〈不信青春喚不回——白先勇與青春版《牡丹亭》現象〉；33.陸志毅〈雙重的再生——青春版《牡丹亭》演出的意義〉；34.翁敏華〈白先勇先生與青春版《牡丹亭》兼及昆曲傳承〉；35.鄒紅〈在古典與現代之間——白版崑曲《牡丹亭》之青春意蘊的詮釋〉；36.陶幕寧〈青春版《牡丹亭》三題〉；37.張平〈《牡丹亭》與「士文化」——「青春版《牡丹亭》研討會」感言〉；38.凌建娥〈青春與傳統的兩元消解與昇華——青春版《牡丹亭》成功的文化解讀〉；39.朱冬〈青春版《牡丹亭》——傳統與現代之間〉。

17. 劉　俊　　情與美：白先勇傳　臺北　時報文化出版公司　2007年12月　443頁

本書以白先勇生命歷程中之居留地為章節區分，闡述白先勇生平重要事件及其與文學藝術活動相關。正文前有〈引子〉、〈源頭〉，全書共 6 章：1.大陸、香港時期；2.臺灣時期；3.美國時期（上）；4.美國時期（中）；5.美國時期（下）；6.太平洋兩岸時期。正文附錄〈尾聲〉、〈文學創作：個人・家庭・歷史・傳統——訪白先勇〉、〈白先勇創作年表〉。

18. 柯慶明等　　白先勇外集・白先勇研究精選　臺北　天下遠見出版公司　2008年9月　500頁

本書收錄評論白先勇作品之文章及訪談紀錄。全書共 3 部分：1.白先勇研究精選，共 6 篇：柯慶明〈情慾與流離——論白先勇小說的戲劇張力〉、南方朔〈蓮花池畔籲天錄〉、梅家玲〈白先勇小說的少年論述與臺北想像——從《臺北人》到《孽子》〉、江寶釵〈時間、空間與主體性的建構——閱讀《孽子》的一個向度〉、朱偉誠〈白先勇（同志）的女人、怪胎、國族——一個家庭羅曼史的連接〉、葉德宣

〈從家庭授動到警局問訊——《孽子》中父系國／家的身體規訓地景〉；2.白先勇研究現況，共 2 篇：劉俊〈近三十年大陸白先勇研究述評——一九七九—二〇〇八〉、曾秀萍〈流離與生根——白先勇研究在臺灣（一九六二—二〇〇八）〉；3.白先勇訪談精選，共 8 篇：林懷民〈白先勇回家〉、夏祖麗〈歸來的「臺北人」——白先勇訪問記〉、蔡克健〈同性戀、我想那是天生的！——PLAYBOY 雜誌香港專訪白先勇〉、劉俊〈文學創作——個人·家庭·歷史·傳統——訪白先勇〉、張素貞〈學習對美的尊重——在巴黎與白先勇一席談〉、周伯軍〈文學的悲憫與溫情——訪白先勇〉、何華〈從聖芭芭拉到舊金山——加州訪白先勇〉、曾秀萍〈從同志書寫到人生觀照——白先勇談創作與生活〉。正文後附錄〈白先勇年表〉。

19. 李奭學　　三看白先勇　臺北　允晨文化公司　2008 年 10 月　218 頁

本書以白先勇的小說文本爲主，探討白先勇與中、西文學的淵源。正文前有李奭學〈前言：從《寂寞的十七歲》談起〉。全書共 3 章：1.中國民族主義與臺灣現代性：從喬艾斯的《都柏林人》看白先勇的《臺北人》，附錄〈港臺文學關係：許地山·書緣·白先勇及其〈香港——一九六〇〉〉；2.括號的詩學：從吳爾芙的《戴洛維夫人》看白先勇的〈遊園驚夢〉，附錄〈永遠的臺北人：記白先勇在中央研究院中國文哲研究所的演講〉；3.人妖之間：從張鷟的〈遊仙窟〉看白先勇的《孽子》〉，附錄〈孤臣孽子：從《臺北人》談到《孽子》〉。正文後附錄〈重讀《紐約客》〉、〈文學與生命的告白：評白先勇著《樹猶如此》〉、〈書目〉。

20. 陳芳明，范銘如編　　跨世紀的流離：白先勇的文學與藝術國際學術研討會論文集　臺北　印刻文學生活雜誌出版公司　2009 年 7 月　327 頁

本書爲慶祝白先勇 70 壽誕所舉辦研討會之論文結集。全書共收錄 12 篇論文：陳芳明〈艾略特與余光中的詩學對話——以一九六〇《現代文學》爲平臺〉、張新穎，史佳林〈「借來的空間」，「身分」的「傳奇」——從夏濟安的《香港——一九五〇》到白先勇的《香港——一九六〇》〉、陳麗芬〈從馬肉米粉到蘇飛蛋奶酥——白先勇的饑餓敘事〉、曾秀萍〈流離愛欲與家國想像——白先勇同志小說的「異國」離散與認同轉變（一九六九—一九八一）〉、陳曉明〈「沒落」的不朽事業——試論白先勇小說的美學品質〉、白睿文（Michael Berry）〈移民、愛國、自殺——白先勇和白景瑞作品中的感時憂國與美國夢想〉、蘇偉貞〈爲何憎恨女人？——《臺北人》之尹雪艷案例〉、路丹妮（Táňa Dlunošová）〈白先勇小說中的語義結構〉、范銘如〈頹廢與頹圮的城郭——論白先勇的短篇小說〉、陳芳英〈牡丹亭上三生路——從小說〈遊園驚夢〉到「青春版《牡丹亭》」〉、陳儒修〈電影《孽子》的意義〉、黃儀冠〈性別符碼、異質發聲——白先勇小說與電影改編之互文研究〉。正文前有范銘如〈出版序言〉、白先勇〈白先勇的文學與藝術國際學術研討會專題演講〉。

21. 符立中　白先勇與符立中對談：從《臺北人》到《紐約客》　臺北　九歌出版社　2010年11月　270頁

本書從白先勇受到田納西威廉斯等影視文學的啓發切入，看作家如何創辦雜誌且完成小說偉業。同時剖析作家寫作〈遊園驚夢〉乃至於提倡崑曲的心路歷程，呈現白先勇及其師友爲此一世代文學奮鬥的風貌。全書共 7 章：1.「百劫紅顏」，共收〈姐姐啊，姐姐！——〈遊園驚夢〉與南方神話的陰性書寫〉、〈百劫紅顏——白先勇、符立中對談田納西威廉斯〉、〈田納西威廉斯封神榜〉3 篇；2.「白先勇與《現代文學》」，共收李歐梵〈特載：現代主義文學的追求——外文系求學讀書記〉、〈喜晤張心漪——談白先勇、陳若曦與王文興〉、〈《現代文學》群英會〉、〈白先勇舞會暨《現代文學》五十年〉4 篇；3.「《臺北人》與《紐約客》」，共收〈懷想美好年代（Belle Époque）的都會傳奇（Urban Legend）——張愛玲與白先勇的師承脈絡與文學視野〉、〈從金大班到尹雪艷——探尋《臺北人》的風塵身世〉、〈白先勇的秘密花園——淺談《臺北人》與《紐約客》裡的音樂密碼〉3 篇；4.「跨世代的青春追尋」，共收〈爲逝去的美造像——白先勇要做唯美版《牡丹亭》〉、〈牡丹各表，群芳流香——白先勇歷來參與《牡丹亭》的演出陣容〉、〈跨世代的青春追尋——《牡丹》與《紅樓》〉、〈《牡丹亭》的前世今生〉、〈慶牡丹群伶赴夜宴，賽蘭芳獨白續傳奇〉5 篇；5.「賦比《牡丹亭》及《羅密歐與茱麗葉》」，共收〈《牡丹亭》找回文化青春〉、〈織錦綺年，至情不悔——賦比青春版《牡丹亭》與《羅密歐與茱麗葉》〉、〈寫給年輕的戀人〉、〈附錄：〈青春是什麼？〉——電影《羅密歐與茱麗葉》主題曲〉4 篇；6.「對談《玉簪記》演出」，共收〈青春版《玉簪記》幕前幕後〉、〈白先勇進軍崑曲界的迴響〉2 篇；7.「文學與電影」，收錄〈斷背山——美國式的孤寂，中國式的纏綿〉1 篇。

學位論文

22. 張學美　短篇故事系列——《臺北人》與《都柏林人》的文類比較　淡江大學西洋語文研究所　碩士論文　陳長房教授指導　1987年5月　107頁

本論文將白先勇的《臺北人》視爲短篇故事系列，並與詹姆士・喬埃斯的《都柏林人》進行外在結構、內在結構的比較，進一步認識東西文化中相同文類的構成及其不同之處。除了序言及結論外，全文共 3 章：1.Short Story Cycle as a Genre；

2.Static Pattern；3.Dynamic Pattern。

23. 林幸謙　　生命情結的反思——白先勇小說主題思想之研究　政治大學中國文學系　碩士論文　陳鵬翔教授指導　1992年12月　361頁

本論文透過精神分析理論探討白先勇小說中，有關人類命題與中國命題的主題思想。全文共 6 章：1.緒論；2.精神分析與白先勇的小說——批評理論的建構；3.人類命題：世界性生命情結主題的暗流；4.中國命題（1）：失樂園的啓示錄；5.中國命題（2）：民族命運的反思；6.結論。

24. 陳碧月　　白先勇小說的人物及其刻劃　中國文化大學中國文學系　碩士論文　唐翼明教授指導　1994年10月　385頁

本論文採取分析、歸納、比較、詮釋和綜論等方法，透過西洋文學理論及中國傳統的小說風格，加以研析，以了解白先勇「融傳統於現代」的小說藝術魅力，藉以探究中國小說的傳承與發展及其受西方小說之影響程度，建立深層完整的研究架構。全文共 5 章：1.白先勇小說的人物類型及其意義；2.白先勇小說人物的刻劃技巧；3.白先勇小說人物刻劃與敘事觀點之運用；4.白先勇小說人物形成的背景；5.結語。正文後附錄〈白先勇小說發表年表〉、〈白先勇作品譯成外文之情形〉。

25. 朱芳玲　　論六、七〇年代臺灣留學生文學的原型　中正大學中國文學系　碩士論文　謝大寧教授指導　1995年　144頁

本論文對白先勇、於梨華、張漢良、張系國等人作品，採取文學人類學中的「神話原型批評」爲研究觀點，弗萊原型理論之「文學產生於神話」進行作品的原型研究。全文共 5 章：1.緒論；2.留學生文學原型的追尋；3.留學生文學的原型意象；4.從留學生文學的原型到人類經驗的原型；5.結論。

26. 曾秀萍　　孤臣・孽子・臺北人——白先勇小說中的同志書寫研究　政治大學中國文學系　碩士論文　陳芳明教授指導　2000年7月　178頁

本論文透過白先勇的同志書寫，從其作品中尋繹作家的同志身份與其書寫間的關係。全文共 8 章：1.緒論；2.破繭而出：尋找同志身影；3.流亡的起點：從家庭到學校的放逐；4.青春鳥的夢土：《孽子》的同志族群屬性與建構（上）；5.青春鳥的夢土：《孽子》的同志族群屬性與建構（下）；6.在父名之下：《孽子》「肖／孽」問題析辨；7.作家身份及其同志書寫定位；8.結論與省思：鄉關何處？。正文後附錄〈從同志關懷到人生關照：白先勇談創作與生活〉、〈白先勇與其他臺灣作家同志書寫、評論〉。

27. 葉德宣　　流亡的性罔兩：《孽子》中性管制與規訓的多重技術（Perverse Penumbrae in Exile: Multiple Technologies of Sexual Policing and Discipline in Crystal Boys）　中央大學英美語文研究所　碩士論文　丁乃非，白瑞梅教授指導　2001 年 7 月　195 頁

本論文藉由透過對《孽子》文本中一些重要場景的分析與解讀，闡釋國家與家庭在規訓、管制異類情慾時所展現的共謀關係。全文共 5 章：1.Introduction Sexual Modernity and Its Discontents；2.The Haunting Specter of Familialism；3.How to Performa Failed Citizen（I）Fascist Domesticity and Hybrid Discipline；4.How to Performa Failed Citizen（II）；5.The Obscene Police Inter rogationand the Guilty Turn。

28. 曾長姣　　執著於人類心靈痛楚的書寫——白先勇短篇小說創作探微　華中師範大學中國現當代文學所　碩士論文　江少川教授指導　2001 年　47 頁

本論文將「書寫人類心靈的痛楚」視爲貫穿白先勇的短篇小說創作一條主軸，以探討白先勇小說。全文共 4 章：1.關注人類心靈痛苦的心理體驗；2.《寂寞的十七歲》：社會抗爭中「畸人」的呻吟；3.《紐約客》：中西文化夾中「浪子」的迷惘；4.《臺北人》：歷史變遷中「棄兒」的淒苦。

29. 蔣業華　　另一種審視——白先勇小說鄉愁主題新論　廣西師範大學少數民族語言文學所　碩士論文　黃偉林教授指導　2001 年　49 頁

本論文從文化學的角度，重新解釋白先勇《紐約客》和《臺北人》小說集中鄉愁的文化內涵，以發現被前人所忽略的這一主題的文化價值和意義。全文共 3 章：1.地之子；2.另一種審視；3.流浪的存在。

30. 梅美玲　　反叛與皈依——論《孽子》中的同性戀情與家國意識　暨南大學文藝學研究所　碩士論文　劉紹瑾教授指導　2002 年 4 月　46 頁

本論文旨在探討白先勇小說《孽子》中各同性戀對家庭的愛恨情仇，及其企圖突破傳統家庭觀的努力。全文共 5 章：1.導言；2.《孽子》中同性戀者的類型及其意義；3.《孽子》中人物心理與傳承關係；4.當「黑暗王國」之子，遇到「父親大人」——《孽子》中的性別、族群與父輩認同；5.結論。正文後附錄〈白先勇小說發表年表〉、〈白先勇創作年表〉。

31. 叢坤赤　　把心靈的痛楚變成文字——論白先勇的悲劇意識　山東師範大學中

國現當代文學所　碩士論文　王萬森教授指導　2002 年 4 月　36 頁

本論文以文化人格與悲劇意識的內在連繫爲契機，論述白先勇悲劇意識的特徵，探討其在中西文化衝突中的價值取向。全文共 3 章；1.白先勇悲劇意識的表現形態和美感特徵；2.對中國傳統文化的反顧和對其前途命運的思考；3.憂鬱、孤寂的創作風格和審美取向形成的原因。

32. 仝錚錚　無邊的悲愴與蒼涼——白先勇小說論　揚州大學中國現當代文學所碩士論文　曾華鵬，徐德明教授指導　2002 年 5 月　47 頁

本論文論述白先勇小說的悲劇意識，從作者經歷與敘事角度爲論述重點。全文共 3 章：1.悲愴：時間與命運；2.悲劇：蒼涼的意象；3.辯證的藝術表達方式。

33. 董淑玲　白先勇、歐陽子、王文興小說觀念之形成與實踐　高雄師範大學國文學系　博士論文　江聰平教授指導　2002 年 12 月　391 頁

本論文以《現代文學》雜誌的主要創辦人白先勇、歐陽子、王文興爲主要論述對象。以創刊者與創作者的角度，探索三人對小說的觀念，並分析《現代文學》中被選擇刊載的小說作品。全文共 6 章：1.緒論；2.《現代文學》內涵探析；3.白先勇、歐陽子、王文興小說觀念之形成；4.白先勇、歐陽子、王文興小說創作之實踐；5.《現代文學》其他小說創作之考察；6.結論。

34. 陳進華　白先勇短篇小說的敘事藝術　蘇州大學中國現當代文學所　碩士論文　曹惠民教授指導　2003 年 4 月　49 頁

本論文從敘事角度、敘事空間、敘事時間三方面，解讀白先勇的短篇小說集。全文共 3 章：1.多變的敘事視角；2.遊動的敘述空間；3.濃縮的時間停滯在過去。正文後附錄〈白先勇小說敘事角度、時間、空間一覽表〉、〈白先勇研究資料索引〉。

35. 劉　貞　爲孤獨者造像——論白先勇小說人物的孤獨感　西北大學文藝學所碩士論文　張孝評教授指導　2003 年 5 月　43 頁

本論文分析白先勇小說中的人物，並分析作家的成長經驗與創作歷程作，全文共上、下 2 篇：1.上篇「孤獨者的肖像」共 3 部分：失落的臺北人、掙扎的孽子、徬徨的紐約客；2.下篇「造像者的孤獨」共 3 部分：精神上的庶子心態、文化上的浪子心態、情感上的孽子心態。

36. 林宜正　白先勇《孽子》中人物的倫理之愛　南華大學文學研究所　碩士論

文　李正治教授指導　2003 年 6 月　165 頁

本論文從心理學的角度架構，探討《孽子》中人物的倫理之愛，探求人類情感中「愛」的層次。全文共 5 章：1.緒論；2.《孽子》中人物的親人之愛；3.《孽子》中人物的朋友之愛；4.《孽子》中人物的同性戀之愛；5.結論。

37. 韋春鶯　　「女性」視角，「男性」世界——透視白先勇同性戀小說《孽子》華僑大學中國現當代文學研究所　碩士論文　阮溫凌教授指導　2003 年 7 月　40 頁

本論文通過女性視角對臺灣作家白先勇唯一的長篇同性戀小說《孽子》的切入，以女性的觸角對小說中被父權社會中心文化排斥和壓制的男同性戀者——「孽子」身心所遭受的苦難進行體驗。並由此深入本源，關聯與「孽子」血脈相承的父母親，溯及人的兩性本原，從而挖掘人性被壓制、被異化的現實，揭示人發展的艱難歷程。全文共全文共 5 章：1.女性視角切入《孽子》的必要性與可行性；2.永不停懈的追尋——白先勇同性戀小說的生命悲劇主題；3.隱蔽於黑暗中的王國——《孽子》的兩極辨析；4.外延的黑暗王國——「他者」的申訴；5.騰飛於黑暗中希望的象徵。

38. 李　靜　　論白先勇的宗教意識　河北師範大學中國現當代文學所　碩士論文崔志遠教授指導　2003 年　46 頁

本論文以蒂利希爲代表的宗教文化學爲理論基礎，探究白先勇與宗教意識的契合關係，以及在小說中所呈現的宗教精神和敘事策略，力圖考察宗教與文學、文化的互動性，進而在反思現代人之精神困境，顯示宗教文化的終極關切的巨大作用。全文共 3 章：1.白先勇宗教意識的淵源；2.悲天憫人的宗教精神；3.宗教化的敘事策略。

39. 劉艷軍　　對張愛玲、白先勇小說懷舊意識的文化解讀　湖南師範大學現當代文學所　碩士論文　田中陽教授指導　2003 年　41 頁

本論文以文化解讀的方式，比較張愛玲、白先勇小說創作中懷舊意識在思想內涵和美學追求方面所表現出的相同與差異。全文共 4 章：1.舊式家族的記憶與舊時大陸的懷念；2.身世經歷、傳統文化對張愛玲、白先勇懷舊意識的影響；3.人性的透視和歷史的輓歌；4.冷峻蒼涼的目光與悲天憫人的情懷。

40. 鄭斐文　　白先勇《臺北人》的敘事手法　中山大學中國文學系　碩士論文蔡振念教授指導　2004 年 6 月　87 頁

本論文以白先勇《臺北人》一書為文本，採用法國敘事學家布雷蒙的「序列」概念分析其情節結構，再用熱奈特敘事視角方面的理論來探討《臺北人》一書敘事觀點的運用。全文共 5 章：1.緒論；2.前人研究成果綜論；3.情節結構分析；4.敘事觀點；5.結論。

41. 李佳軒　從白先勇《孽子》到公視「孽子」Translating Nie Zi（1983） into Crystal Boy（2003）　中央大學英美語文學研究所　碩士論文　白瑞梅，博愛格，張靄珠，丁乃非教授指導　2004 年 7 月　88 頁

本論文藉由比較 2003 年公視孽子的文本與白先勇 1983 年的《孽子》文本以探討「同性戀」概念如何地在大眾媒體變形及定義。並從主流異性戀體制意識型態、公視的製作動機、同志團體的期待、通俗劇商業考量以及白先勇對原作的堅持種種方面，進行論述和分析，進而瞭解當代臺灣社會中的同性戀形塑。全文共 5 章：1.Introduction；2.The De-stigmatization of Homosexuality or Taming the Wild in the Crystal Boys TV Series；3.The Reticent Redeployment of Homosexual (Would-be) Sex Scenes in the Crystal Boys TV Series；4.Cultural Events and Social Effects of the Crystal Boys TV Series；5. Bibliography。

42. 宋寶梅　漂泊者心靈病楚的書寫——試論白先勇短篇小說的悲劇性　延邊大學中國現當代文學所　碩士論文　馬金科教授指導　2004 年 8 月　27 頁

本論文藉由文本與作者白先勇的親身經歷，分析他短篇小說中的悲劇主題，及其主要的表現形式和作品中悲劇意識的根源。全文共 3 章：1.白先勇短篇小說的悲劇主題；2.悲劇形象——鄉愁者；3.白先勇短篇小說的悲劇藝術。

43. 何宗龍　中國古典詩詞對白先勇小說創作的影響　安徽大學中國現當代文學所　碩士論文　王宗法教授指導　2004 年　34 頁

本論文藉由中國古典文學的角度，藉以參照白先勇小說的創作美學，歸結白先勇的小說創作特色。全文共 5 章：1.言外之意，弦外之音；2.夕陽無限好：白先勇小說與中晚唐詩；3.《臺北人》與杜甫的〈秋興八首〉；4.時代變遷的承受者：白先勇與李後主；5.亡國哀音：南宋末期詞的哀音。

44. 周新蘭　最是那一回眸的悲憫——論白先勇《臺北人》的回憶敘事　華南師範大學中國現當代文學所　碩士論文　張明亮教授指導　2004 年　51 頁

本論文通過白先勇的短篇小說集《臺北人》，探尋其回憶敘事的存在方式、生成機制、特徵及詩學意義，從而對白先勇小說的回憶敘事做出一個初步的梳理，進而了解白先勇對人的生存境況和生命本身的關照和思考。全文共 4 章：1.回眸——白先勇小說的敘述方式；2.回憶敘事的生成機制；3.回憶敘事的特徵；4.回憶敘事的詩學意義。

45. 彭待傳　　時間・空間・臺北城——從《臺北人》與《孽子》看白先勇小說裡身分認同與時空的關性　華梵大學東方人文思想研究所　碩士論文　王隆生教授指導　2004 年　232 頁

本論文從白先勇的生命歷程切入，探究造成他小說裡時空意識的成因，並檢視在《臺北人》與《孽子》的文本中，身分認同是如何影響了時空的塑造與存在。全文共 6 章：1.緒論；2.白先勇生平及其創作歷程；3.白先勇小說概論；4.停滯的溯往；5.封閉的流動；6.結論。

46. 丁芳芳　　邊緣人的痛楚——白先勇後期小說主題研究　南京師範大學比較文學與世界文學所　碩士論文　李志教授指導　2005 年 4 月　45 頁

本論文論述白先勇《紐約客》、《臺北人》、《孽子》三本小說，著重分析小說中有關身分認同的部分，以及其中的悲劇性。全文共 3 章：1.《紐約客》；2.《臺北人》；3.《孽子》。

47. 林穎穎　　白先勇同性戀小說研究——以《孽子》為中心　華東師範大學現當代文學所　碩士論文　吳俊教授指導　2005 年 4 月　48 頁

本論文論述《孽子》分析小說文本中的情慾關係、身分認同、父子關係等主題。全文共 6 章：1.題材回歸，全新嘗試；2.生存世界——晦暗中的孽子；3.精神殘障——虛無情境與焦慮徵候；4.生死愛欲——集體狂歡與匿名寶貝；5.孽子・人子；6.《孽子》之後——愛滋的隱喻。

48. 葉巧莉　　《臺北人》英譯本中放逐主題的再現　華中師範大學英語語言文學所　碩士論文　華先發教授指導　2005 年 5 月　65 頁

本論文以文學文體學作為理論基礎，並兼顧漢英心理文化對比差異，對《臺北人》的英譯本中的放逐主題的再現進行探討。全文共 5 章：1.Introduction；2.A Literary Stylistic；3.Background Information；4.Reproduction of the Stylistic Features Closely Related to the Exile Motif in the English Version of Taipei jen；5.Conclusion。

49. 謝春紅　　傳統與現代之間——白先勇小說論　鄭州大學中國現當代文學所

碩士論文　樊洛平教授指導　2005年5月　44頁

本論文藉由文化作為一個切入點，探討中國傳統文化和西方現代文化，白先勇小說創作中的影響及最終的融合。全文共 4 章：1.中國傳統文化之「潤物無聲」；2.西方現代文化之「春風化雨」；3.中西文化之「水乳交融」；4.《孽子》之個案分析。

50. 楊淑禎　　白先勇短篇小說藝術技巧之研究　高雄師範大學國文學系　碩士論文　王義良教授指導　2005年7月　272頁

本論文以白先勇所處的大時代環境、家世背景、師承、個性、性向、所學，探討其小說觀及小說風格。並藉由作者的短篇小說原典的閱讀，來分析、整理、歸納類作者的創作歷程、創作動機、創作理念、創作技巧。全文共 7 章：1.緒論；2.白先勇的生命歷程及創作歷程；3.白先勇短篇小說的文化空間；4 小說的時間安排及其意涵；5.小說中的人物類型及人物塑造；6.小說的藝術手法；7.結論。正文後附錄〈白先勇小說創作年表〉。

51. 張　薇　　中西文化交匯下的鳳凰涅槃——論白先勇小說創作　上海外國語大學比較文學所　碩士論文　宋炳輝教授指導　2005年　37頁

本論文通過對作家生平、思想和文本的疏理及論述，並分析傳統文化與西方文化對白先勇創作的影響。全文共 5 章：1.概述；2.白先勇創作與傳統文學文化；3.白先勇創作與西方文學文化；4.鳳凰涅槃的現代神話——《孽子》；5.白先勇對待傳統和外來文化資源態度的意義分析。正文後附錄〈白先勇創作年表〉。

52. 趙友龍　　白先勇小說的沉淪意識　南京師範大學文藝學系　碩士論文　駱冬青教授指導　2006年3月　42頁

本論文藉由對白先勇文本的分析，以及小說人物形象的塑造，探討白先勇小說的沉淪意識。全文共 5 章：1.傳統文化與現代觀念中的白先勇；2.沉淪意識的淵源及構成；3.沉淪意識與小說人物；4.沉淪意識與小說形式；5.沉淪意識的成因及其價值。

53. 田　敏　　孤獨者的悲劇化生存——論白先勇小說的創作母題　山東師範大學中國現當代文學所　碩士論文　呂周聚教授指導　2006年4月　39頁

本論文藉由梳理白先勇小說文本，進而比較參照現代主義、存在主義等西方理論剖析白先勇小說創作母題形成的背景及其構成。全文共 3 章：1.心靈的契合；2.孤獨者的悲劇；3.焦慮中的勇氣。

54. 吳　琳　　**文學翻譯中的自譯——白先勇自譯個案研究　對外經濟貿易大學外國語言學及應用語言學研究所　碩士論文　俞利軍教授指導　2006年4月　62頁**

本論文首先介紹自譯觀念，再通過對白先勇自譯作品《臺北人》的系統性分析與研究，發現自譯不僅是翻譯原作，更是補其不足、澄清含糊之處，讓自己意圖更明確之途徑。全文共 6 章：1.Introduction；2.Self-Translation；3.The Development of Self-Translation；4.Self-Translation At Home；5.Bai Xianyong and his Self-Translation；6.Conclusion。

55. 張艷華　　**異曲同工起蒼涼悲歌——張愛玲與白先勇小說悲劇意識比較　吉林大學中國現當代文學研究所　碩士論文　白楊教授指導　2006年4月　30頁**

本論文從比較文學平行研究的方法，比較張愛玲與白先勇小說創作中悲劇意識在思想內涵和美學追求方面所表現出的「同」和「異」。全文共 3 章：1.文學作品中悲劇意識的呈現；2.張愛玲、白先勇小說悲劇意識的表現；3.悲劇意識的成因。

56. 司　雯　　**東西方之間的遊走——白先勇小說中的性別論述與精神懷鄉　華中科技大學中國現當代文學研究所　碩士論文　何錫章教授指導　2006年6月　46頁**

本論文從結合白先勇生活環境與身分的特殊性，切入中國女性、中國倫理、中國原鄉三種影響，淺析作家的性別論述和中西方文化衝突下的文化歸屬。全文共 3 章：1.中國女性：站在三角架的支點上——女性的現代想像與構築；2.中國倫理：男性主體的重構；3.中國原鄉：精神懷鄉的實踐。

57. 黃忠彬　　**將傳統融入現代——論白先勇小說風格的深化　南華大學文學研究所　碩士論文　鄭幸雅教授指導　2006年6月　170頁**

本論文以白先勇的小說創作爲主，透過文本解讀研究白先勇前後期小說在文學觀、藝術技巧以及風格上的差異與特色。全文共 5 章：1.緒論；2.白先勇生平略；3.小說的主體意識；4.小說的藝術技巧；5.結論。

58. 常惠雯　　**白先勇《臺北人》創作技法研析　中山大學中國文學系　碩士論文　龔顯宗教授指導　2006年7月　192頁**

本論文以白先勇《臺北人》的「創作技法」為研究、分析的主體，分別由內容」、「形式」、「技巧」三部分進行探討，以彰顯《臺北人》的創作價值。全文共 6 章：1.緒論；2.白先勇的生平與文藝歷程；3.《臺北人》的「主題意識」——思想內涵；4.《臺北人》的「主題框架」——寫作手法；5.《臺北人》的「主題呈現」——刻畫技巧；6.結論。

59. 田　莎　　論白先勇小說創作的女性視角——透視白先勇同性戀小說《孽子》　西南大學中國現當代文學所　碩士論文　向天淵教授指導　2006 年　37 頁

本論文以白先勇小說的性別敘事視角作為出發點，旨在對白先勇的小說文本進行闡述和解析，探討性別視角對於小說敘事和女性形象塑造的意義，從而揭示作者的寫作姿態和小說的內在意蘊。全文共 3 章：1.白先勇女性視角的敘事策略；2.白先勇女性視角中的奇特世界；3.白先勇女性視角形成的原因。

60. 施友朋　　從《臺北人》到《紐約客》的突破　暨南大學現當代文學所　碩士論文　費勇教授指導　2006 年　40 頁

本論文耙梳白先勇同志小說文本，進而歸納小說主題，並藉由理論與社會脈動的結合，尋求白先勇小說的歷史地位。全文共 5 章：1.前言：白先勇同志小說的歷史意義；2.同志情節與對時代的挑戰；3.有別於一般同志小說的色情動機；4.見證臺灣同志運動的成長；5 結論。

61. 黃詩倩　　白先勇小說的女性人物研究　臺灣師範大學國文學系　碩士論文　楊昌年教授指導　2006 年　168 頁

本論文藉由梳理白先勇文本中的女性敘寫，觀察男性透過話語所呈現女性；在文本分析與研究處理上，以女性為關注角度切入，藉以觀照白先勇創作中女性敘寫的意義，並進而一窺不同時代背景下的女性樣貌。全文共 5 章：1.緒論；2.眾女采姿：女性角色類型分析；3.女性角色的演出；4.女聲抑揚：女性角色的意識內蘊；5.結論。

62. 楊彥玲　　福克納和白先勇小說中的時間意識比較　鄭州大學中國現當代文學所　碩士論文　呂偉民教授指導　2006 年　42 頁

本論文以比較文學平行研究的方法，透視福克納和白先勇兩位作家作品中的時間意識及其產生根源，在比較過程中，審視中西方文學傳統的差異。全文共 4 章：1.時間和主題；2.時間和人物；3.時間和表達技巧；4.追尋時間意識之源。

63. 劉喜廣　以人性爲本重建精神家園——論白先勇小說《孽子》中的同性戀描寫　吉林大學中國現當代文學所　碩士論文　白楊教授指導　2006年　40頁

本論文著重於白先勇對同性戀群體的文學記述，著重分析白先勇的生命歷程，並提出《孽子》一書是白先勇對社會的道德判斷與人本觀念。全文共 3 章：1.現實社會對「孽子」們的放逐；2.以「情」爲中介溝通兩個不相融的世界；3.道德的反思和重審。

64. 錢果長　論白先勇小說創作中的人道主義　安徽師範大學中國現當代文學所　碩士論文　吳尙華教授指導　2006年　49頁

本論文通過對其具體文本的解讀，旨在探討其小說創作中的人道主義精神素質。全文共 3 章：1.白先勇小說創作中的人道主義探源；2.白先勇小說創作中的人道主義體現；3.人道主義的「另類」敘述：白先勇的死亡意識。

65. 呂幸宜　同是天涯淪落人——白先勇小說中弱勢族群之研究　雲林科技大學漢學資料整理研究所　碩士論文　王美秀教授指導　2007年1月　122頁

本論文就白先勇筆下弱勢族群的各形態面向做一個整合性的研究，深入呈現這群人的特質，重新定位其生命價值。並依據「弱勢族群」的表面意象，概分成四大類：歡場女子、沒落貴族、隨從義僕、同志。全文共 5 章：1.緒論；2.弱勢族群之面面觀；3.弱勢族群之特質；4.弱勢族群之價值意涵；5.結論。

66. 汪　涓　落葉歸根——論白先勇小說從現代到傳統的回歸之路　安徽大學中國現當代文學研究所　碩士論文　王宗法教授指導　2007年4月　51頁

本論文首先梳理白先勇各個時期作品的特色，歸納作家由西方現代派文學影響，漸漸轉向中國文化傳統的道路，最後終於成功結合西方與東方元素。全文共 2 章：1.從各個創作時期看白先勇的回歸路；2.白先勇走上「回歸」道路的緣由。

67. 丁　莉　蚌病成珠——白先勇的悲劇心理透視　鄭州大學現當代文學研究所　碩士論文　樊洛平教授指導　2007年5月　56頁

本論文著眼白先勇的鮮明悲劇特徵，借鑑當下研究成果，揭示白先勇的悲劇性心理特徵，賦予其作品人文傾向合理的解釋。全文共 4 章：1.性別地理的尷尬；2.文化座標的焦慮；3.終極家園的惶感；4.結語：誰是白先勇。

68. 劉劍平　情與孽的纏綿——白先勇《孽子》論　蘇州大學中國現當代文學研究所　碩士論文　曹蕙民教授指導　2007年11月　51頁

本論文針對小說中被父權社會中心文化排斥和壓制的「孽子」與母親所遭受的苦難進行體驗，深入探索出人性心靈痛楚的本源。全文共 4 章：1.題材大膽嘗試，人性全新探索；2.情與孽的顛覆——晦暗王國裡的孽子；3.情與孽的回歸——晦暗王國裡的人子；4.情與孽的纏綿——孽子心靈的痛楚。

69. 丁雯慧　青春版《牡丹亭》研究　南華大學文學研究所　碩士論文　王翔穎教授指導　2007年12月　198頁

本論文研究主軸爲青春版《牡丹亭》，比較崑劇的演出版本，以及說明青春版《牡丹亭》的製作歷程、歸納其藝術特色，最後探討其文化行銷上的成功與貢獻。全文共 7 章：1.緒論；2.白先勇與青春版《牡丹亭》；3.青春版《牡丹亭》與《牡丹亭》文本的比較；4.青春版《牡丹亭》舞臺藝術特色；5.青春版《牡丹亭》的文化行銷；6.青春版《牡丹亭》的貢獻；7.結論。

70. 李公權　《孽子》與改編影劇之研究　銘傳大學應用中國文學系碩士在職專班　碩士論文　游秀雲教授指導　2007年12月　431頁

本論文研究以《孽子》小說原著、影劇劇本與影劇成品爲主。討論小說與劇本之異同優劣，並歸納出小說與影劇成就，提供振興臺灣影劇的典範。全文共 6 章：1.緒論；2.白先勇與曹瑞原；3.《孽子》與改編劇本之比較；4.《孽子》與改編影劇之比較；5.《孽子》與改編影劇之成就；6.結論。正文後附錄〈訪白先勇教授紀實〉。

71. 陳今屏　白先勇《紐約客》系列小說研究：1964—2003　南華大學文學研究所　碩士論文　侯作珍教授指導　2007年12月　185頁

本論文以白先勇《紐約客》系列小說爲研究對象，採其從 1964 到 2003 年間所發表的十篇「紐約客」系列作品。歸納出作品所使用的西方藝術特點及作品意識。全文共 6 章：1.緒論；2.白先勇的創作及其在臺灣旅美作家小說的定位；3.《紐約客》的西化藝術特點；4.《紐約客》系列之人物素寫及境遇；5.《紐約客》的作品意識；6.結論。

72. 吳孟琳　流放者的認同研究——以聶華苓、於梨華、白先勇、劉大任、張系國爲研究對象　清華大學中國文學系　碩士論文　呂正惠教授指導

2008年1月　113頁

本論文由一九四九年前後，遷臺的外省軍民裡在大陸出生，少年時期在臺灣度過，在崇美的留學風潮下又遠赴美國這些族群中，擇取聶華苓、於梨華、白先勇、劉大任以及張系國五位作家，來呈現多重認同的問題。全文共 5 章：1.緒論；2.流亡曲；3.放逐之歌；4.尋根熱；5.結語：多重認同的問題。

73. 周筱葳　臺灣同志小說人物情感研究——以《孽子》與《逆女》爲例　臺灣師範大學國文學系在職進修碩士班　碩士論文　楊昌年教授指導　2008年1月　176頁

本論文內容以研究白先勇《孽子》、杜修蘭《逆女》兩本文本爲重心，探討文本人物的互動關係與情感本質。全文共 7 章：1.緒論；2.書寫同志；3.不倫不類——文本中人物關係；4.文本中的空間抗拒與情感依歸；5.文本中人物本我情感之呈現與投射；6.生死一瞬間——文本中的死亡終結；7.結論。

74. 林家綺　華文文學中的離散主題：六、七〇年代「臺灣留學生文學」研究——以白先勇、張系國、李永平爲例　清華大學臺灣文學研究所　碩士論文　邱貴芬教授指導　2008年1月　154頁

本論文以白先勇、張系國與李永平爲討論對象，勾勒出六、七〇年代前後華文文學的特殊面貌；並以不同文學角度重新討論，開展留學生文學視野，發掘作品中傳達出的多層次訊息。全文共 5 章：1.緒論；2.永遠的紐約客與臺北人——白先勇的鄉愁、失根與放逐；3.飄泊的遊子魂：張系國小說分析；4.馬華文學或臺灣文學——迥的南洋浪子李永平；5.結論。正文後附錄〈白先勇作品創作與出版日期〉。

75. 朱　丹　「死亡」沉思——白先勇小說對人類生存困境的關注　吉林大學中國現當代文學研究所　碩士論文　靳叢林教授指導　2008年4月　51頁

本論文探討白先勇作品中的「死亡」敘述，反思人類在其中的困境。全文共 2 章：1.「死亡」敘述中的沉思；2.「死亡」中的反思：人類生存困境的關照。

76. 李洪娟　在歷史滄桑中盡顯人生苦與悲——白先勇小說人物論　山東師範大學中國現當代文學研究所　碩士論文　姚健教授指　2008年4月　45頁

本論文通過白先勇作品人物的細緻探究，從而揭示悲劇人物身上所具有的審美價值。全文共 3 章：1.於滄桑歲月中盡現世態眾生相；2.人物形象的悲劇美學觀；3.執著於人類痛楚的心理定勢與創作理念。

77. 林　盈　　「邊緣人」的書寫——白先勇小說論　華東師範大學中國現當代文學研究所　碩士論文　漆瑗教授指導　2008 年 4 月　64 頁

本論文透過分析「邊緣人」的型態與精神內涵，把握白先勇小說創作，闡述由此帶來的藝術追求；同時聯繫作家之生平經歷、情感傾向、文學理念，從而探討「邊緣人」之書寫予白先勇小說創作的意義與局限。全文共 3 章：1.「邊緣人」的型態與精神內涵；2.「邊緣人」書寫的藝術追求；3.「邊緣人」書寫的成因。

78. 羅　陽　　白先勇同性戀小說論　重慶師範大學中國現當代文學研究所　碩士論文　郝明工教授指導　2008 年 4 月　38 頁

本論文從白先勇作品文本出發，結合與同性戀相關的社會學理論，系統性的解讀同性戀小說。全文共 3 章：1.同性戀題材的不倦展示；2.缺失與尋找；3.悲憫之情與救贖之道。

79. 張立新　　白先勇小說藝術特徵論　山東大學比較文學與世界文學研究所　碩士論文　張志慶教授指導　2008 年 5 月　50 頁

本論文對白先勇小說文本進行研讀，同時結合作家生活經歷、創作道路、文學背景、文藝思想，從審美意蘊和藝術技巧分析其藝術的傳統與現代特徵。全文共 3 章：1.白先勇小說藝術的傳統特徵；2.白先勇小說藝術的現代特徵；3.白先勇小說藝術的總體特徵——以〈遊園驚夢〉爲例。

80. 王啓享　　白先勇小說之酷兒美學　東海大學中國文學系　碩士論文　周芬伶教授指導　2008 年 6 月　200 頁

本論文探討白先勇小說中所呈現的多元化情慾取向，包括亂倫、女同志、性工作者、外遇、戀物、戀童和戀母等面向，及《孽子》之「龍鳳戀」的逾越性，最後以疾病書寫的角度來分析白先勇對於愛滋病議題的關懷。全文共 6 章：1.緒論；2.瑰麗的探險——論白先勇短篇小說之多元化情慾面向；3.無可救藥的深陷——論白先勇小說之迷戀美學；4.酷兒羅曼史——論《孽子》之「龍鳳戀」；5.幽黯中亦見微光——論白先勇小說之「愛滋病」書寫；6.結論。正文後附錄〈白先勇訪問整理稿〉、〈白先勇訪問記錄〉、〈白先勇年表〉。

81. 王　昕　　別樣的思索——論白先勇小說創作中的少男情結　南昌大學中國現當代文學研究所　碩士論文　張俏靜教授指導　2008 年 12 月　46

頁

本論文從白先勇小說中塑造的青少年男性形象著手，深入探究作家少男情結創作貝厚的隱痛與期望。全文共 5 章：1.引言；2.少男情結面面觀；3.少男情結探源；4.少男情結的思想投影；5.結語。

82. 吳佳芬　　白先勇小說中的同志人物形象刻畫與心理研究　臺北市立教育大學中國語文系　碩士論文　余崇生教授指導　2008 年 12 月　204 頁

本論文以白先勇的同志小說創作爲主要研究範圍，分析其同志人物形象刻畫及心理狀態。全文共 6 章：1.緒論；2.白先勇成長歷程與文本的關聯分析；3.早期短篇小說的同志人物形象刻畫與心理研究；4.中期長篇小說《孽子》的同志人物形象刻畫與心理研究；5.晚期短篇小說的同志人物形象刻畫與心理研究；6.結論。

83. 李國磊　　死亡的聚會與狂歡——白先勇與陳映真小說死亡書寫之比較　蘇州大學中國現當代文學研究所　碩士論文　曹惠民教授指導　2009 年 4 月　85 頁

本論文研究兩位作家文本中死亡者的身份、死亡的類型、死亡營造的氛圍和作家鐘情死亡書寫的原因；並對比兩位作家死亡書寫以及對死亡思索的異同，藉以觀察兩位作家對生命的關心、對人與社會、時代大環境關系的思索，以及對文化以及人類整體命運的終極關懷。全文共 4 章：1.死亡者的身分追問；2.死亡方式的呈現；3.死亡意境的營造；4.死亡書寫的原因探究。

84. 黃曉玲　　流轉的時光與無常的命運——白先勇小說女性形象論　江西師範大學中國現當代文學研究所　碩士論文　顏敏教授指導　2009 年 5 月　46 頁

本論文首先闡述白先勇小說中眾多個性、命運不同的女性形象分類，然後探尋作家以成長經歷出發的創作基調，最後探討白先勇矛盾的女性觀和他所採用的敘事視角和女性塑造的意義，從而揭示其獨特的寫作姿態和內在意蘊。全文共 3 章：1.白先勇小說的獨特女性形象；2.無法迴避的人生烙印；3.白先勇的矛盾女性觀與獨特的中性視角。

85. 吳美秀　　白先勇散文研究　嘉義大學中國文學系　碩士論文　吳盈靜教授指導　2009 年 6 月　136 頁

本論文透過對白先勇散文創作中，抒情小品、文論書評以及演講稿的研究，完整挖掘他現實生活中的「原型」，重構其人生經歷，並建構他的散文創作歷程。同時藉由對白先勇散文創作的研究，期能深入了解他的感情世界與文友交流的狀況，以及發掘他的其創作觀與人生觀，更進一步體察他對歷史、文化的沈思。全文共 5 章：1.緒論；2.白先勇的人生經歷與散文創作歷程；3.白先勇散文的內容與題材分析；4.白先勇散文的藝術特色；5.結論。

86. 翁珮綺　白先勇《臺北人》人物形象研究　高雄師範大學回流中文碩士班碩士論文　郭芳忠教授指導　2009 年 6 月　255 頁

本論文以《臺北人》之人物形象爲研究範圍。從作者生平及作品簡介起，接著探討《臺北人》的藝術創作技巧、人物形象塑造、形象特色等次第展開研析探討。全文共 7 章：1.緒論；2.作者生平及作品風格；3.《臺北人》的藝術創作技巧；4.《臺北人》的人物塑造技巧；5.《臺北人》的人物類型；6.《臺北人》的人物面貌；7.結論。正文後附錄〈白先勇創作年表〉。

87. 華　翔　白先勇與喬伊斯的孤獨意識比較——以《臺北人》和《都柏林人》爲視點　江南大學比較文學與世界文學研究所　碩士論文　蕭向東教授指導　2009 年 6 月　62 頁

本論文比較白先勇和喬伊斯的孤獨意識進行深度。從他們各自表現的孤獨的形態、孤獨的變異和形成孤獨的根源展開，揭示兩位作家在社會轉型過程中所持有的一種非理性視角以及他們筆下的人物在荒誕的現實和無情的時間中的無助感和異化感，從而反思傳統、拷問當下、展望未來，以人道主義情懷關注人的感受與生存並體驗人的孤獨。全文共 3 章：1.孤獨的型態；2.孤獨的變異；3.孤獨的根源。

88. 蘇晏琪　喬依斯《都柏林人》與白先勇《臺北人》中的國族認同　中正大學外國語文學系　碩士論文　楊意鈴教授指導　2009 年 11 月　108 頁

本論文深入探討《都柏林人》與《臺北人》這兩本小說中所反映出的國族認同，並比較這兩個都市所擁有可互相對照的政治背景。最後結兩位作家從不同角度呈現殖民社會，是由於兩者出身背景殊異，而產生截然不同之政治立場與國族認同。全文共 4 章：1.階級；2.語言；3.服裝；4.總結論。

89. 林容青　白先勇小說中的成長經驗　淡江大學中國文學系在職專班　碩士論文　呂正惠，蘇敏逸教授指導　2010 年 1 月　140 頁

本論文探討白先勇小說中人物的成長經驗，他們在經歷兒童期與青少年期所遭遇的困境與考驗之後，心靈上的轉變與成長。全文共 5 章：1.緒論；2.自我原型與化身的成長論述；3.破繭中的成長磨難；4.《孽子》的放逐與回歸；5.結論。

90. 劉紅華　　自譯和他譯的功能對等——以《臺北人》爲研究個案　湖南師範大學英語語言文學研究所　碩士論文　蔣洪新教授指導　2010年4月　117頁

本論文以白先勇《臺北人》的譯本爲例，從尤金・奈達的功能對等理論來比較自譯與他譯的意義、風格。全文共 5 章：1.Literature Review；2.Self-translation and Conventional Translation ； 3.Funetional Equivalenee in Meaning ； 4.Funetional Equivalenee in Style；5.Funetional Equivalenee in Culture。

91. 郭秋菊　　同是天涯淪落人——於梨華、白先勇留學生小說創作比較論　河南大學中國現當代文學研究所　碩士論文　田銳生教授指導　2010年5月　47頁

本論文橫向比較於梨華、白先勇兩位作家的留學生題材小說，論述二者的異同及其原因，爲讀者呈現不同的視角去看留學生生活。全文共 4 章：1.緒論；2.共同的境遇、共同的關注；3.創作個性在異中彰顯；4.相同與相異的原因探析。

92. 劉　柳　　「情結」與白先勇的小說創作研究　西北師範大學中國現當代文學研究所　碩士論文　彭金山教授指導　2010年5月　51頁

本論文以白先勇的意識、創作心理及作品構成爲論述重點，以「情結」概念爲視角，觀照白先勇一系列獨特的情感、觀念及意識構成；同時解讀其「情結」的表現，並追溯構成情結的個人、文化的早期原因。全文共 4 章：1.情結・白先勇心理特徵；2.白先勇的荒原情結；3.白先勇的尋我情結；4.白先勇的悲劇情結。

93. 賴彩慧　　《孽子》與《逆女》研析——同性戀主體意識與家庭之間糾葛的複雜關系　浙江大學中國現當代文學研究所　碩士論文　黃健教授指導　2010年5月　62頁

本論文結合研析《孽子》及《逆女》，探討同性戀個體與家庭之間的關係及其相互作用，從人性和社會角度去解讀「孽」子和「逆」女的生存中永遠無法避免、無法根除的事情，強調「家庭」在同志文學中不可或缺的場域。全文共 5 章：1.導論；2.原生之家的複雜情節；3.難以割捨的家庭關係；4.另類之家的建構與瓦解；5.《孽子》與《逆女》帶來的思考。

94. 武風華　　白先勇小說中的佛教因素　山東師範大學中國現當代文學研究所

碩士論文　呂周聚教授指導　2010 年 6 月　37 頁

本論文通過作品與作家的個人活動，探討其小說中存在的佛教因素與存在表現、意義。全文共 3 章：1.生花妙筆與佛教心懷；2.生存之苦；3.冤孽的愛情——血裡帶來的冤孽。

95. 苑　婷　　白先勇小說中的外省人意識——以《臺北人》爲例　新疆師範大學中國現當代文學研究所　碩士論文　艾光輝教授指導　2010 年 6 月　41 頁

本論文從作家創作的時空背景、生評閱歷、情感體驗、文學理念等方面，探究白先勇《臺北人》小說中的外省人意識。全文共 4 章：1.導言；2.外省人意識概說；3.生活在別處——外省人意識的表現；4.身分認同的焦慮——外省人意識的核心。

96. 蔡宏嘉　　文學的空間再現與城市觀光行銷之研究——以白先勇《臺北人》爲例　屏東商業技術學院休閒遊憩創意產業經營管理研究所　碩士論文　馮祥勇教授指導　2010 年 6 月　123 頁

本論文從《臺北人》書中地景開始，整理其書中所呈現之臺北市的城市意像、空間結構及符號，並歸納其所展現之意義，最後探討其地景變遷現狀，並利用層級分析法（AHP）分析其地景元素之相對重要性，提供都市管理者在進行城市或地方觀光行銷時的參考。全文共 6 章：1.緒論；2.文獻探討；3.研究方法；4.《臺北人》之文學地景與空間符號；5.層級分析法之實證分析；6.結論。

97. 高盛一　　白先勇小說語言風格研究　暨南大學語言學及應用語言學　碩士論文　曾毅平教授指導　2010 年 11 月　63 頁

本論文以語言風格學理論爲基礎指導，匯整白先勇小說的風格，展現其繁豐綿密的特色。全文共 7 章：1.緒論；2.白先勇小說的語言風格及其形成原因；3.語言風格表現之一：色彩斑爛；4.語言風格表現之二：南腔北調；5.語言風格表現之三：古今結合；6.語言風格表現之四：回環往復；7.結語。

98. 黃芳廉　　白先勇小說中男性人物的研究　中山大學中國文學系　碩士論文　蔡振念教授指導　2010 年 12 月　97 頁

本論文以白先勇小說中的男性人物爲主要研究範圍，研究其類型、父親形象與箇中的情欲書寫。全文共 6 章：1.緒論；2.《紅樓夢》與白先勇的小說創作；3.懷抱理想的男性青春國度；4.喪失理想的男性現實世界；5.丈夫與父親；6.結論。

99. 胡秀蘭　　白先勇小說中的城市書寫　佛光大學文學系　碩士論文　陸潤棠教授指導　2010 年　205 頁

本論文從城市時間、地理空間、人物主題意識三方面進行分析白先勇的都市書寫，認爲作家呈現了當代「流浪的中國人」的各種風貌有流浪者的鄉愁、民族歷史的滄桑、中西文化的省思、性別的辨證、家庭倫理的檢視、人性的探討，最後並以愛與關懷來總結，將小說藝術發揮得淋漓盡致，可謂當代一流的小說家。全文共 6 章：1.緒論；2.生平及其創作歷程；3.城市時間書寫；4.城市地理空間書寫；5.城市人物主題書寫；6.結論。正文後附錄〈白先勇著作目錄〉。

100. 趙　瑾　　於孤獨中體驗美感——白先勇短篇小說簡論　山東師範大學中國現當代文學研究所　碩士論文　房福賢教授指導　2011 年 3 月　45 頁

本論文針對白先勇個人經歷和短篇小說，展開其創作中「孤獨」特質之論述，揭示蘊含其中的藝術審美價值，爲全球化語境下的華文文壇，提供借鑑與啓示。全文共 4 章：1.孤獨溯源；2.孤獨的自我表達；3.孤獨的深層體驗；4.孤獨的表達藝術。

101. 楊　慧　　白先勇離散文學創作中的身份認同問題　河北師範大學文藝學研究所　碩士論文　邢建昌教授指導　2011 年 4 月　35 頁

本論文以離散視角爲切入點，借鑑身分認同的相關理論，探討白先勇離散文學創作中建構文化身分的付出，及其獨特之處。全文共 4 章：1.白先勇與其離散文學創作；2.「遺民」書寫與家園的解構；3.認同的焦慮；4.從邊緣游走到落地生根。

102. 王　芳　　論白先勇小說中人物的精神困境　西北師範大學中國現當代文學研究所　碩士論文　郭國昌教授指導　2011 年 5 月　47 頁

本論文從心理分析的角度探討白先勇小說人物難以言喻的痛苦。全文共 3 章：1.人物精神困境的表現及成因；2.踰越精神困境的方式；3.白先勇探索人物精神困境的意義。

103. 起玉萍　　生命中那些無法承擔的痛——論白先勇中短篇小說中漂泊者的生存狀態　雲南大學中國現當代文學研究所　碩士論文　胡彥教授指導　2011 年 5 月　55 頁

本論文採用文本細讀的方式從漂泊這一獨特的文學內涵出發，探討白先勇中、短篇小說中漂泊者的生存狀態。全文共 3 章：1.概念界定及白先勇思想底蘊探究；2.漂泊者生存狀態透視；3.白先勇小說中的回憶敘事。

104. 黃佳淑　　臺灣現代派小說的身體敘事——以白先勇、歐陽子、王文興爲個案研究　福建師範大學語言學及應用語言學研究所　碩士論文　朱立立教授指導　2011 年 5 月　90 頁

本論文選擇「臺灣現代派小說的身體敘事」這一論題，以白先勇、歐陽子、王文興爲個案，在文本細讀的基礎上，討論臺灣現代派知識分子如何通過自身的體驗、理解與表達，展現現代人特殊的身體存在形式，進而傳遞出內在的價值傾向與精神世界。全文共 3 章：1.臺灣現代派小說身體敘事的歷史語境；2.身體敘事的主題構成；3.身體的展演：現代派小說的人物書寫。

105. 鄭冬英　　《孽子》的死亡敘事修辭　福建師範大學語言學及應用語言學研究所　碩士論文　祝敏青教授指導　2011 年 5 月　55 頁

本論文以死亡敘事修辭爲切入點，運用修辭學的相關理論，分析小說中的死亡敘事結構設置等修辭手法，特別是「父」和「子」這兩類死亡意象；同時透過原型理論探究白先勇的創作意識以及移情作用對讀者在死亡審美方面的影響。全文共 4 章：1.「父」的死亡結構與修辭敘事；2.「子」的死亡敘事和修辭處理；3.死亡的原型編碼與移情效用；4.小說《孽子》與電視劇的死亡修辭比較。

106. 盧文琪　　白先勇《孽子》敘事研究　中山大學中國文學系　碩士論文　蔡振念教授指導　2011 年 5 月　212 頁

本論文以敘事學爲理論架構，建構出較完整且具系統性的《孽子》敘事手法，從不同的角度展現出其深厚的藝術價值。全文共 5 章：1.緒論；2.敘述模式分析；3.故事結構模式；4.閱讀模式之建構；5.結論。

107. 吳欣倫　　白先勇《臺北人》之悲劇意識與美感　銘傳大學應用中國文學系　碩士論文　江惜美教授指導　2011 年 6 月　166 頁

本論文以《臺北人》爲研究範圍，從專書、期刊論文、碩士論文及網上資源等文獻入手，先掌握白先勇的個人經歷、哲學觀點等資料，然後再深入探討白先勇《臺北人》中的悲劇意識與美感經驗。全文共 7 章：1.緒論；2.白先勇的生平及創作經驗——悲劇鋪墊；3.白先勇悲劇思想的起源；4.白先勇《臺北人》的悲劇意識；5.白先勇《臺北人》的創作技巧；6.白先勇《臺北人》中的美感經驗；7.結論。

108. 吳政鴻　　喬伊斯《都柏林人》與白先勇《臺北人》中的對立與衝突　東吳大學英文學系　碩士論文　李達三教授指導　2011 年 6 月　110 頁

本論文探討《都柏林人》與《臺北人》這兩本小說中因身分認同所產生之衝突與對立，以及比較這些衝突之異同。全文共 3 章：1.Power, Money and Ideology: Social and Economic Conflicts；2.Masculinity versus Femininity——Gender conflicts；3.Dream and Death——New Expectations towards the Future。

109. 張文浩　　生命的痛與思——論白先勇小說中的交際花形象　東北師範大學中國現代文學研究所　碩士論文　吳景明教授指導　2011 年 6 月　32 頁

本論文以白先勇作品中的交際花形象爲研究主題，探討交際花形成、生存狀態、心理特徵及其與作家的關係。全文共 3 章：1.生命形態——交際花形象的兩種類型；2.生命之痛——交際花形象的情感特徵；3.生命之思——交際花形象的作家因素。

110. 陳宣輔　　白先勇的小說觀及其小說創作　淡江大學中國文學系　碩士論文　張雙英教授指導　2011 年 6 月　189 頁

本論文以作家生命歷程作爲主軸，與小說文本互相參照，使白先勇的小說作品更加立體，也能得到更深入、更客觀確實的評價。除此之外，作者還從「現代主義」的文學觀出發，對照白先勇創作背景，探析作品中的各類意涵。全文共 6 章：1.緒論；2.白先勇創作的發展趨向；3.白先勇小說的主題與題材；4.白先勇小說的人物描摹；5.白先勇小說的表現技巧與西方文學理論；6 結論。

111. 徐寶惠　　經典文學繪本化之文化再生產——以《城南舊事》與《遊園驚夢》爲例　臺東大學兒童文學研究所　碩士論文　吳玫瑛教授指導　2011 年 7 月　112 頁

本論文以林海音《城南舊事》與白先勇《遊園驚夢》主要文本，參酌法國學者布赫迪厄（Pierre Bourdieu）理論所包含的概念，思考經典文學繪本化的文化再生。全文共 5 章：1.緒論；2.理論：布赫迪厄相關概念；3.實作：如何繪本化？；4.成品：繪本版圖文關係；5.結論。

112. 葉思嫻　　性別、離散與空間——白先勇小說電影化研究　彰化師範大學臺灣文學研究所　碩士論文　黃儀冠教授指導　2011 年 7 月　255

頁

本論文以白先勇小說與其改編電影為研究對象；透過文學與電影的對照研究，瞭解影像對於原著的影響，以及影像所揭示的時代意義。全文共 6 章：1.緒論；2.六〇與八〇年代：白先勇小說影像化之時代背景；3.女性、同志、家國：論小說到電影的主題位移；4.臺灣、中國、美國：論小說到電影的空間形構；5.經典文學的再詮釋——白先勇文學的多重形貌；6.結論。

113. 林宜孝　女同志書寫：白先勇小說〈孤戀花〉及其改編電影研究　輔仁大學大眾傳播學學系　碩士論文　趙庭輝教授指導　2012 年 6 月　159 頁

本論文首先藉由敘事時間的角度來觀察不同文本所強調的重心，並討論視角與聲音上的變異，觀察故事中的行動者在改編後聚焦與角度的改變；其次討論重點在於電影影像、構圖與音樂等等的影音化過程；最後討論兩部電影如何改寫小說中的女同志情慾，詮釋「家」的意義。全文共 6 章：1.緒論；2.電影中女同志身影與研究問題、方法；3.文學——電影，敘事結構的變異；4.影像——聲音，聲影、身影化的過程；5.是同志？亦非同志？；6.結論。

114. 賴科彣　白先勇《臺北人》中之離散：性別不平等與自我認同　中國文化大學英國語文學系　碩士論文　丁善雄教授指導　2012 年 6 月　90 頁

本論文以離散生活的角度來分析這群臺北人如何適應以及排斥臺北的生活，並論證在這樣極端的環境下，他們如何重新獲得自我認同以及心理上的歸屬感。全文共 5 章：1.Introduction；2.Patterns of Adaptations to Life；3.Gender Differences and the Adaptation of Life；4.The Loss and Regain of Self-identity: Boss-lady in “Glory’s By Blossom Bridge”〈花橋榮記〉；5.Conclusion, A Tug-of-war with the Past。

115. 張容甄　白先勇舞臺劇《遊園驚夢》劇本之研究　臺灣藝術大學戲劇學系　碩士論文　石光生教授指導　2013 年 6 月　108 頁

本論文以《遊園驚夢》一劇做文本分析，外圍研究說明論文架構和研究方法，介紹白先勇的生平與改編歷程，並簡述貫穿全文的崑曲、《牡丹亭》與其作者；內部研究探討主題、懸疑、意識流手法呈現與人物，並以戲劇理論套入檢視其結構和情節。全文共 6 章：1.緒論；2.白先勇邂逅崑曲《牡丹亭》；3.從小說到劇本；4.《遊園驚夢》劇本研究 I；5.《遊園驚夢》劇本研究 II；6.結論。

作家生平資料篇目

自述

116. 白先勇　我的戲劇之旅——寫在《遊園驚夢》演出之前　中國時報　1971年8月6日　8版
117. 白先勇　將傳統融入現代——寫在《遊園驚夢》演出之前　明星咖啡館——白先勇論文雜文集　臺北　皇冠雜誌社　1984年6月　頁305—306
118. 白先勇　將傳統溶入現代——寫在《遊園驚夢》演出之前　遊園驚夢二十年　香港　迪志文化出版公司　2001年7月　頁192—193
119. 白先勇　將傳統溶入現代——寫在《遊園驚夢》演出之前　遊園驚夢二十年（修訂版）　香港　迪志文化出版公司　2007年5月　頁88—89
120. 白先勇　將傳統融入現代——寫在《遊園驚夢》演出之前　白先勇作品集・遊園驚夢　臺北　天下遠見出版公司　2008年9月　頁114—116
121. 白先勇　驀然回首——《寂寞的十七歲》後記（上、下）　中國時報　1976年12月26—27日　12版
122. 白先勇　驀然回首——《寂寞的十七歲》後記　寂寞的十七歲　臺北　遠景出版公司　1976年12月　頁329—340
123. 白先勇　驀然回首　驀然回首　臺北　爾雅出版社　1978年9月　頁65—78
124. 白先勇　驀然回首——寫在《寂寞的十七歲》出版後　歲月長青（聯副三十年文學大系・散文卷1）　臺北　聯經出版公司　1981年10月　頁433—443
125. 白先勇　驀然回首——《寂寞的十七歲》後記　寂寞的十七歲　上海　上海文藝出版社　1999年8月　頁343—353

126. 白先勇　驀然回首——《寂寞的十七歲》後記　寂寞的十七歲　臺北　允晨文化公司　1993 年 3 月　頁 289—298
127. 白先勇　驀然回首　永遠的尹雪豔　武漢　長江文藝出版社　1993 年 10 月　頁 253—262
128. 白先勇　驀然回首　青春・想念：白先勇自選集　桂林　廣西師範大學出版社　2004 年 5 月　頁 179—188
129. 白先勇　驀然回首——《寂寞的十七歲》後記　白先勇書話　臺北　爾雅出版社　2008 年 7 月　頁 189—204
130. 白先勇　後記——驀然回首　白先勇作品集・寂寞的十七歲　臺北　天下遠見出版公司　2008 年 9 月　頁 432—445
131. 白先勇　驀然回首　白先勇自選集　廣州　花城出版社　2009 年 3 月　頁 227—233
132. 白先勇　驀然回首　明星咖啡館　南京　江蘇文藝出版社　2009 年 5 月　頁 17—25
133. 白先勇　驀然回首　寂寞的十七歲　桂林　廣西師範大學出版社　2010 年 10 月　頁 371—386
134. 白先勇　俞振飛與我的半生緣　中時晚報　1977 年 3 月 30 日　7 版
135. 白先勇　《現代文學》的回顧與前瞻　現代文學小說選集（一）　臺北　爾雅出版社　1977 年 6 月　頁 5—18
136. 白先勇　《現代文學》的回顧與前瞻　現代文學　復刊第 1 期　1979 年 8 月　頁 9—21
137. 白先勇　《現代文學》回顧與前瞻　臺港文學選刊　1986 年第 1 期　1986 年 1 月　頁 33—35
138. 白先勇　《現代文學》的回顧與前瞻　現文因緣　臺北　現文出版社　1991 年 12 月　頁 193—209
139. 白先勇　《現代文學》的回顧與前瞻　第六隻手指　臺北　爾雅出版社　1995 年 11 月　頁 239—259

140. 白先勇　《現代文學》的回顧與前瞻　青春・想念：白先勇自選集　桂林　廣西師範大學出版社　2004 年 5 月　頁 189—202
141. 白先勇　《現代文學》的回顧與前瞻　白先勇外集・現文因緣　臺北　天下遠見出版公司　2008 年 9 月　頁 262—280
142. 白先勇　《現代文學》的回顧與前瞻　白先勇自選集　廣州　花城出版社　2009 年 3 月　頁 252—261
143. 白先勇　《現代文學》的回顧與前瞻　明星咖啡館　南京　江蘇文藝出版社　2009 年 5 月　頁 26—37
144. 白先勇　《現代文學》的回顧與前瞻　樹猶如此　桂林　廣西師範大學出版社　2011 年 11 月　頁 100—120
145. 白先勇　自序　驀然回首　臺北　爾雅出版社　1978 年 9 月　頁 3—6
146. 白先勇　明星咖啡館　現代文學　復刊第 9 期　1979 年 11 月　頁 39—43
147. 白先勇　明星咖啡館　文學的臺北　臺北　洪範書店　1980 年 7 月　頁 105—110
148. 白先勇　明星咖啡館　明星咖啡館——白先勇論文雜文集　臺北　皇冠雜誌社　1984 年 6 月　頁 63—67
149. 白先勇　明星咖啡館　白先勇外集・現文因緣　臺北　天下遠見出版公司　2008 年 9 月　頁 306—311
150. 白先勇　明星咖啡館　現代文學精選集：散文　臺北　臺灣大學出版中心　2009 年 12 月　頁 263—268
151. 白先勇　弱冠之年——《現代文學》二十週年紀念　現代文學　復刊第 12 期　1980 年 11 月　頁 7—8
152. 白先勇　弱冠之年——《現代文學》二十週年紀念　明星咖啡館——白先勇論文雜文集　臺北　皇冠雜誌社　1984 年 6 月　頁 80—81
153. 白先勇　弱冠之年——《現代文學》二十週年紀念　現文因緣　臺北　現文出版社　1991 年 12 月　頁 231—233
154. 白先勇　弱冠之年——《現代文學》二十周年紀念　第六隻手指　臺北

爾雅出版社 1995年11月 頁269—271

155. 白先勇 弱冠之年——《現代文學》二十周年紀念 白先勇外集・現文因緣 臺北 天下遠見出版公司 2008年9月 頁234—236

156. 白先勇 弱冠之年——《現代文學》二十周年紀念 明星咖啡館 南京 江蘇文藝出版社 2009年5月 頁42—43

157. 白先勇 遊園驚夢——小說與戲劇 中央日報 1982年5月5日 10版

158. 白先勇 遊園驚夢——小說與戲劇 海峽 1983年第3期 1983年9月 頁241

159. 白先勇 遊園驚夢——小說與戲劇 遊園驚夢二十年 香港 迪志文化出版公司 2001年7月 頁194—197

160. 白先勇 遊園驚夢——小說與戲劇 遊園驚夢二十年（修訂版） 香港 迪志文化出版公司 2007年5月 頁84—87

161. 白先勇 遊園驚夢——小說與戲劇 白先勇作品集・遊園驚夢 臺北 天下遠見出版公司 2008年9月 頁117—121

162. 白先勇 小說與電影 中國時報 1983年9月15日 8版

163. 白先勇 白先勇談「小說技巧」 海峽 1983年第4期 1983年12月 頁237

164. 白先勇 《紅樓夢》對〈遊園驚夢〉的影響 明星咖啡館——白先勇論文雜文集 臺北 皇冠雜誌社 1984年6月 頁283—286

165. 白先勇 《紅樓夢》對〈遊園驚夢〉的影響 白先勇作品集・遊園驚夢 臺北 天下遠見出版公司 2008年9月 頁330—334

166. 白先勇 《紅樓夢》對〈遊園驚夢〉的影響 白先勇自選集 廣州 花城出版社 2009年3月 頁267—278

167. 白先勇 爲逝去的美造像——談〈遊園驚夢〉的小說演出 明星咖啡館——白先勇論文雜文集 臺北 皇冠雜誌社 1984年6月 頁287—300

168. 白先勇演講；顏敏記錄整理 爲逝去的美造像——談〈遊園驚夢〉的小說

演出　遊園驚夢二十年　香港　迪志文化出版公司　2001 年 7 月　頁 198—211

169. 白先勇演講；顏敏記錄整理　爲逝去的美造像——談〈遊園驚夢〉的小說演出　遊園驚夢二十年（修訂版）　香港　迪志文化出版公司　2007 年 5 月　頁 117—130

170. 白先勇　爲逝去的美造像——〈遊園驚夢〉的小說與演出　白先勇作品集‧遊園驚夢　臺北　天下遠見出版公司　2008 年 9 月　頁 335—351

171. 白先勇　爲逝去的美造像——〈遊園驚夢〉的小說與演出　白先勇自選集　廣州　花城出版社　2009 年 3 月　頁 279—290

172. 白先勇　看自己小說上舞臺　明星咖啡館——白先勇論文雜文集　臺北　皇冠雜誌社　1984 年 6 月　頁 346—348

173. 白先勇　看自己小說上舞臺　白先勇作品集‧遊園驚夢　臺北　天下遠見出版公司　2008 年 9 月　頁 110—112

174. 白先勇　〈玉卿嫂〉改編電影的歷程與構思　文訊雜誌　第 15 期　1984 年 12 月　頁 93—97

175. 白先勇　〈玉卿嫂〉改編電影劇本的歷程與構思——自序　玉卿嫂　臺北　風雲時代出版社　1990 年 1 月　頁 1—6

176. 白先勇　〈玉卿嫂〉改編電影劇本的歷程與構思　第六隻手指　臺北　爾雅出版社　1995 年 11 月　頁 143—150

177. 白先勇　〈玉卿嫂〉改編——電影劇本的歷程與構思　白先勇作品集‧金大班的最後一夜及其他　臺北　天下遠見出版公司　2008 年 9 月　頁 220—227

178. 白先勇　我的三位啓蒙老師　文學報　1987 年 6 月 4 日　3 版

179. 白先勇　三度驚夢——在廣州觀《遊園驚夢》首演　文學報　1988 年 6 月 30 日　3 版

180. 白先勇　三度驚夢——在廣州觀《遊園驚夢》首演　第六隻手指　臺北

爾雅出版社　1995 年 11 月　頁 375—382

181. 白先勇　三度驚夢——在廣州觀《遊園驚夢》首演　遊園驚夢二十年　香港　迪志文化出版公司　2001 年 7 月　頁 84—89

182. 白先勇　三度驚夢——在廣州觀《遊園驚夢》首演　遊園驚夢二十年（修訂版）　香港　迪志文化出版公司　2007 年 5 月　頁 153—158

183. 白先勇　三度驚夢——在廣州觀《遊園驚夢》首演　白先勇作品集・遊園驚夢　臺北　天下遠見出版公司　2008 年 9 月　頁 256—263

184. 白先勇　憶崎嶇的文學之路　臺港文學選刊　1988 年第 6 期　1988 年 6 月　頁 11—13

185. 白先勇　〈玉卿嫂〉的寫作緣起　中篇小說選刊　1989 年第 6 期　1989 年 1 月　頁 66

186. 白先勇　自序　孤戀花　北京　中國文聯出版公司　1991 年 6 月　頁 1

187. 白先勇　《現代文學》創立的時代背景及其精神風貌——寫在《現代文學》重刊之前　現文因緣　臺北　現文出版社　1991 年 12 月　頁 7—17

188. 白先勇　《現代文學》創立的時代背景及其精神風貌——寫在《現代文學》重刊之前　第六隻手指　臺北　爾雅出版社　1995 年 11 月　頁 273—286

189. 白先勇　《現代文學》創立的時代背景及其精神風貌——寫在《現代文學》重刊之前　白先勇外集・現文因緣　臺北　天下遠見出版公司　2008 年 9 月　頁 38—49

190. 白先勇　《現代文學》創立的時代背景及其精神風貌——寫在《現代文學》重刊之前　白先勇自選集　廣州　花城出版社　2009 年 3 月　頁 262—267

191. 白先勇　《現代文學》創立的時代背景及其精神風貌——寫在《現代文學》重刊之前　明星咖啡館　南京　江蘇文藝出版社　2009 年 5 月　頁 44—51

192. 白先勇 《現代文學》創立的時代背景及其精神風貌——寫在《現代文學》重刊之前 樹猶如此 桂林 廣西師範大學出版社 2011 年 11 月 頁 121—134

193. 白先勇 不信青春喚不回——寫在《現文因緣》出版之前 第六隻手指 臺北 爾雅出版社 1995 年 11 月 頁 287—300

194. 白先勇 不信青春喚不回——寫在《現文因緣》出版之前 白先勇外集・現文因緣 臺北 天下遠見出版公司 2008 年 9 月 頁 26—37

195. 白先勇 不信青春喚不回——寫在《現文因緣》出版之前 明星咖啡館 南京 江蘇文藝出版社 2009 年 5 月 頁 52—59

196. 白先勇 不信青春喚不回——寫在《現文因緣》出版之前 樹猶如此 桂林 廣西師範大學出版社 2011 年 11 月 頁 135—147

197. 白先勇 遊園上海・驚夢廣州 第六隻手指 臺北 爾雅出版社 1995 年 11 月 頁 407—408

198. 白先勇 遊園上海・驚夢廣州 遊園驚夢二十年 香港 迪志文化出版公司 2001 年 7 月 頁 90

199. 白先勇 遊園上海・驚夢廣州 遊園驚夢二十年（修訂版） 香港 迪志文化出版公司 2007 年 5 月 頁 134

200. 白先勇 遊園上海・驚夢廣州 白先勇作品集・遊園驚夢 臺北 天下遠見出版公司 2008 年 9 月 頁 286—287

201. 白先勇 逝者如斯 聯合文學 第 160 期 1998 年 2 月 頁 26—27

202. 白先勇 逝者如斯 樹猶如此 臺北 聯合文學出版社 2002 年 2 月 頁 133—134

203. 白先勇講；蕭富元整理 兩本雜誌打開文學之門 書與生命的對話 臺北 天下遠見出版公司 1999 年 9 月 頁 217—227

204. 白先勇 我的創作經驗 明報月刊 第 447 期 2000 年 3 月 頁 17—23

205. 白先勇 我的創作經驗 樹猶如此 臺北 聯合文學出版社 2002 年 2 月 頁 194—207

206. 白先勇　我的創作經驗　白先勇作品集・第六隻手指　臺北　天下遠見出版公司　2008 年 9 月　頁 454—469

207. 白先勇　我的創作經驗　青春・想念：白先勇自選集　桂林　廣西師範大學出版社　2004 年 5 月　頁 203—215

208. 白先勇　我的創作經驗　樹猶如此　桂林　廣西師範大學出版社　2011 年 11 月　頁 157—176

209. 白先勇　翻譯苦、翻譯樂——《臺北人》中英對照本的來龍去脈（1—3）　聯合報　2000 年 12 月 31 日，2001 年 1 月 1—2 日　37 版

210. 白先勇　翻譯苦、翻譯樂——《臺北人》中英對照版的來龍去脈　總而言之　臺北　九歌出版社　2002 年 2 月　頁 172—182

211. 白先勇　翻譯苦、翻譯樂——《臺北人》中英對照本的來龍去脈　樹猶如此　臺北　聯合文學出版社　2002 年 2 月　頁 88—99

212. 白先勇　翻譯苦、翻譯樂——《臺北人》中英對照本的來龍去脈　白先勇作品集・臺北人　臺北　天下遠見出版公司　2008 年 9 月　頁 282—295

213. 白先勇　翻譯苦、翻譯樂——《臺北人》中英對照本的來龍去脈　臺北人　桂林　廣西師範大學出版社　2010 年 10 月　頁 377—392

214. 白先勇　少小離家老大回——我的尋根記（上、下）　聯合報　2001 年 5 月 8—9 日　37 版

215. 白先勇　少小離家老大回——我的尋根記　樹猶如此　臺北　聯合文學出版社　2002 年 2 月　頁 74—87

216. 白先勇　少小離家老大回——我的尋根記　青春・想念：白先勇自選集　桂林　廣西師範大學出版社　2004 年 5 月　頁 216—227

217. 白先勇　少小離家老大回——我的尋根記　白先勇作品集・第六隻手指　臺北　天下遠見出版公司　2008 年 9 月　頁 50—67

218. 白先勇　少小離家老大回——我的尋根記　明星咖啡館　南京　江蘇文藝出版社　2009 年 5 月　頁 3—12

219. 白先勇　少小離家老大回——我的尋根記　樹猶如此　桂林　廣西師範大學出版社　2011 年 11 月　頁 56—72

220. 白先勇　四度驚夢——代序　遊園驚夢二十年　香港　迪志文化出版公司　2001 年 7 月　頁 17—19

221. 白先勇　四度驚夢——代序　遊園驚夢二十年（修訂版）　香港　迪志文化出版公司　2007 年 5 月　頁 8—10

222. 白先勇　四度驚夢　白先勇作品集・遊園驚夢　臺北　天下遠見出版公司　2008 年 9 月　頁 314—316

223. 白先勇講；尤靜嫻記　故事新說——我與臺大的文學因緣及創作歷程　中外文學　第 30 卷第 2 期　2001 年 7 月　頁 180—188

224. 白先勇講；尤靜嫻記　故事新說——我與臺大的文學因緣及創作歷程　樹猶如此　臺北　聯合文學出版社　2002 年 2 月　頁 208—220

225. 白先勇講；尤靜嫻記　故事新說——我與臺大的文學因緣及創作歷程　白先勇作品集・第六隻手指　臺北　天下遠見出版公司　2008 年 9 月　頁 426—440

226. 白先勇　遊園驚夢二十年　聯合報　2002 年 12 月 25 日　39 版

227. 白先勇　遊園驚夢二十年——一起「遊園」、一同「驚夢」的朋友　白先勇說崑曲　臺北　聯經出版公司　2006 年 4 月　頁 117—122

228. 白先勇　懷念一起「遊園」、一同「驚夢」的朋友——修訂版代序　遊園驚夢二十年（修訂版）　香港　迪志文化出版公司　2007 年 5 月　頁 3—7

229. 白先勇　遊園驚夢二十年——懷念一起「遊園」、一同「驚夢」的朋友們　白先勇作品集・遊園驚夢　臺北　天下遠見出版公司　2008 年 9 月　頁 322—326

230. 白先勇　《孽子》的行旅　孤臣・孽子・臺北人　臺北　爾雅出版社　2003 年 4 月　頁 1—4

231. 白先勇　《孽子》的行旅　白先勇書話　臺北　爾雅出版社　2008 年 7 月

頁 211—215

232. 白先勇講；莊琬華整理　我的第一篇小說　聯合報　2004 年 4 月 14 日　E7 版

233. 白先勇　《牡丹亭》上三生路　聯合報　2004 年 4 月 18 日　E7 版

234. 白先勇　《牡丹亭》上三生路——製作「青春版」的來龍去脈　姹紫嫣紅《牡丹亭》：四百年青春之夢　臺北　遠流出版公司　2004 年 4 月　頁 95—101

235. 白先勇　《牡丹亭》上三生路——製作「青春版」的來龍去脈　白先勇作品集・青春版牡丹亭　臺北　天下遠見出版公司　2008 年 9 月　頁 251—258

236. 白先勇　《牡丹亭》還魂記　牡丹還魂　臺北　時報文化出版公司　2004 年 9 月　頁 22—29

237. 白先勇　《牡丹亭》還魂記　白先勇作品集・青春版牡丹亭　臺北　天下遠見出版公司　2008 年 9 月　頁 259—268

238. 白先勇　我為什麼做崑曲——白先勇先生 2004 年 10 月 13 日在華東師範大學演講摘要　中文自修　2005 年第 1 期　2005 年 1 月　頁 12—13

239. 白先勇　姹紫嫣紅開遍——青春版《牡丹亭》八大名校巡演盛況紀實　華文文學　2005 年第 5 期　2005 年 10 月　頁 32—35

240. 白先勇　姹紫嫣紅開遍——青春版《牡丹亭》八大名校巡演盛況紀實　姹紫嫣紅開遍：青春版《牡丹亭》巡迴紀實　臺北　天下遠見出版公司　2005 年 11 月　頁 37—52

241. 白先勇　曲終人不散　驚夢・尋夢・圓夢：圖說青春版《牡丹亭》　臺北　天下遠見出版公司　2005 年 11 月　頁 10—13

242. 白先勇　曲終人不散　姹紫嫣紅開遍：青春版《牡丹亭》巡迴紀實　臺北　天下遠見出版公司　2005 年 11 月　頁 5—7

243. 白先勇　曲終人不散　曲高和眾：青春版《牡丹亭》的文化現象　臺北　天下遠見出版公司　2005 年 11 月　頁 5—7

244. 白先勇　曲終人不散　白先勇作品集・青春版牡丹亭　臺北　天下遠見出版公司　2008 年 9 月　頁 280—282
245. 顏艾琳整理　白先勇的崑曲緣由——憶梅蘭芳與俞振飛　白先勇說崑曲　臺北　聯經出版公司　2006 年 4 月　頁 123—130
246. 白先勇口述；紀慧玲整理　讓《牡丹亭》重現崑曲風華　白先勇說崑曲　臺北　聯經出版公司　2006 年 4 月　頁 181—184
247. 白先勇口述；紀慧玲整理　讓《牡丹亭》重現崑曲風華　白先勇說崑曲　桂林　廣西師範大學出版社　2006 年 6 月　頁 171—174
248. 白先勇　牡丹一百——青春版《牡丹亭》百場演出感言　聯合文學　第 272 期　2007 年 6 月　頁 28—31
249. 白先勇　牡丹一百——青春版《牡丹亭》百場演出感言　白先勇作品集・青春版牡丹亭　臺北　天下遠見出版公司　2008 年 9 月　頁 290—295
250. 白先勇　《紐約客》後記　爾雅人　第 152、153 期合刊　2007 年 7 月　4 版
251. 白先勇　後記　紐約客　臺北　爾雅出版社　2007 年 7 月　頁 211—213
252. 白先勇　遙遠的「魔都」——《紐約客》後記　白先勇書話　臺北　爾雅出版社　2008 年 7 月　頁 207—209
253. 白先勇　後記　白先勇作品集・紐約客　臺北　天下遠見出版公司　2008 年 9 月　頁 192—193
254. 白先勇　後記　紐約客　桂林　廣西師範大學出版社　2010 年 10 月　頁 199—201
255. 白先勇　全家福　聯合報　2008 年 9 月 12 日　E3 版
256. 白先勇　代序——全家福　白先勇作品集・寂寞的十七歲　臺北　天下遠見出版公司　2008 年 9 月　頁 8—14
257. 白先勇等[1]　中國文學的前途——港、臺留美與大陸來港的作家座談會　白

[1]與會者：白先勇、吳甿、李歐梵、林也牧、林曼叔、胡菊人、梁秉鈞、虞雪、劉紹銘；紀錄：宗

先勇作品集・第六隻手指　臺北　天下遠見出版公司　2008 年 9 月　頁 543—581

258. 白先勇　臺上臺下　白先勇作品集・遊園驚夢　臺北　天下遠見出版公司　2008 年 9 月　頁 318—321

259. 白先勇　附錄——我寫〈孤戀花〉　白先勇作品集・金大班的最後一夜及其他　臺北　天下遠見出版公司　2008 年 9 月　頁 327—329

260. 白先勇　崑劇中的男歡女愛——白先勇在香港中大演講　白先勇作品集・青春版牡丹亭　臺北　天下遠見出版公司　2008 年 9 月　頁 102—105

261. 白先勇　古典美學與現代意識——白先勇北京演講　白先勇作品集・青春版牡丹亭　臺北　天下遠見出版公司　2008 年 9 月　頁 417—427

262. 白先勇講；溫奉橋，郭靜靜記　姹紫嫣紅，青春再現——白先勇青島海洋大學演講　白先勇作品集・青春版牡丹亭　臺北　天下遠見出版公司　2008 年 9 月　頁 428—455

263. 白先勇　在臺大的歲月　臺大八十，我的青春夢　臺北　臺灣大學出版中心　2008 年 11 月　頁 142—147

264. 白先勇　琴曲書畫——新版《玉簪記》的製作方向　色膽包天《玉簪記》——琴曲書畫崑曲新美學　臺北　天下遠見出版公司　2009 年 5 月　頁 8—11

265. 白先勇　白先勇的文學與藝術國際學術研討會專題演講　跨世紀的流離：白先勇的文學與藝術國際學術研討會論文集　臺北　印刻文學生活雜誌出版公司　2009 年 7 月　頁 7—11

266. 白先勇　牡丹因緣——我與廣西師範大學出版社　臺北人　桂林　廣西師範大學出版社　2010 年 10 月　〔4〕頁

267. 白先勇　牡丹因緣——我與廣西師範大學出版社　寂寞的十七歲　桂林

恬。

廣西師範大學出版社　2010年10月　〔4〕頁

268. 白先勇　牡丹因緣——我與廣西師範大學出版社　紐約客　桂林　廣西師範大學出版社　2010年10月　〔4〕頁

269. 白先勇　牡丹因緣——我與廣西師範大學出版社　孽子　桂林　廣西師範大學出版社　2010年10月　〔4〕頁

270. 白先勇　牡丹因緣——我與廣西師範大學出版社　樹猶如此　桂林　廣西師範大學出版社　2011年11月　〔4〕頁

271. 白先勇口述；符立中記錄　《牡丹亭》找回文化青春　白先勇與符立中對談：從《臺北人》到《紐約客》　臺北　九歌出版社　2010年11月　頁213—216

272. 白先勇講；張俐璇記錄整理　白先勇：從《現代文學》的小說談起　文訊雜誌　第309期　2011年7月　頁66—69

273. 白先勇　《現文》憶往——《現代文學》的資金來源　聯合報　2012年3月12日　D3版

274. 白先勇　姹紫嫣紅兩百場——青春版《牡丹亭》第二百場慶演感言　臺港文學選刊　2012年第2期　2012年4月　頁79—80，96

275. 白先勇講　從《臺北人》到青春版《牡丹亭》　臺灣大學新百家學堂文學講座1：臺灣文學在臺大　臺北　臺灣大學出版中心　2012年5月　頁170—189

276. 白先勇　序言——父親與民國　白崇禧將軍身影集（上）　桂林　廣西師範大學出版社　2012年5月　頁2—9

277. 白先勇　上冊序——父親與民國　父親與民國——白崇禧將軍身影集（上）戎馬生涯　臺北　時報文化出版公司　2012年7月　頁6—13

278. 白先勇　序言——父親與民國　白崇禧將軍身影集（增訂版）　桂林　廣西師範大學出版社　2013年3月　頁3—10

279. 白先勇　父親與民國　九歌101年散文選　臺北　九歌出版社　2013年3

月　頁 125—133

280. 白先勇　序言——臺灣歲月　白崇禧將軍身影集（下）　桂林　廣西師範大學出版社　2012 年 5 月　頁 332—333

281. 白先勇　下冊序——臺灣歲月　父親與民國——白崇禧將軍身影（下）臺灣歲月　臺北　時報文化出版公司　2012 年 7 月　頁 6—7

282. 白先勇　序言——臺灣歲月　白崇禧將軍身影集（增訂版）　桂林　廣西師範大學出版社　2013 年 3 月　頁 347—348

283. 白先勇　後記——父親的身影　白崇禧將軍身影集（下）　桂林　廣西師範大學出版社　2012 年 5 月　頁 626—628

284. 白先勇　後記——父親的身影　白崇禧將軍身影集（增訂版）　桂林　廣西師範大學出版社　2013 年 3 月　頁 668—670

285. 白先勇　後記　父親與民國——白崇禧將軍身影（下）臺灣歲月　臺北　時報文化出版公司　2012 年 7 月　頁 324—325

286. 白先勇　奼紫嫣紅兩百場——青春版《牡丹亭》第二百場慶演感言　香港文學　第 332 期　2012 年 8 月　頁 4—5

287. 白先勇述；張俐璇紀錄　白先勇：從《現代文學》的小說談起　百年小說研討會論文集　臺北　文訊雜誌社　2012 年 10 月　頁 273—278

288. 白先勇講；陸建德主持　從《臺北人》到《父親與民國》　白先勇的文學與文化實踐暨兩岸藝文合作學術研討會　北京　中國社科院主辦；趨勢教育基金會協辦　2012 年 11 月 9—11 日

289. 白先勇　奇花異草——《現代文學》精選集序　現代文學精選集：散文　臺北　臺灣大學出版中心　2009 年 12 月　頁 3—5

290. 白先勇　《崑曲新美學》序　崑曲新美學　臺北　臺灣大學出版社　2013 年 5 月　〔2〕頁

291. 白先勇，張淑香講　青春版《牡丹亭》、新版《玉簪記》的編劇策略　崑曲新美學　臺北　臺灣大學出版社　2013 年 5 月　頁 86—103

292. 白先勇等[2]　崑曲新美學——理論與實踐　崑曲新美學　臺北　臺灣大學出版社　2013年5月　頁368—389

他述

293. 黃　珊　白先勇奮力敲響了晨鐘　中國時報　1959年9月2日　3版
294. 林海音　中國作家在美國（3）〔白先勇部分〕　中華日報　1966年3月4日　6版
295. 王文興　後記　謫仙記　臺北　文星書店　1967年6月　頁210
296. 王文興　後記　謫仙記　臺北　水牛出版社　1986年11月　頁272
297. 思　兼　在白先勇「家」喝酒——聯副群英會之一　聯合報　1968年8月31日　8版
298. 丘彥明　夏日鄉情——白先勇臺北小住　聯合報　1968年9月6日　8版
299. 〔現代文學〕　白先勇簡介　現代文學　第37期　1969年3月　頁118—119
300. 淡　瑩　五千年——給白先勇　現代文學　第42期　1970年12月　頁131—132
301. 梁　立　白先勇回家　從真摯出發　臺中　普天出版社　1971年3月　頁105—115
302. 季　路　介紹三位臺灣作家——白先勇　文教資料簡報　1979年第11期　1979年11月　頁83—84
303. 崔家蓉　白先勇的鄉愁　婦女雜誌　第137期　1980年2月　頁52—55
304. 張葆莘　白先勇的文學生涯　文匯增刊　1980年第5期　1980年5月　頁26
305. 古蒙仁　永遠的臺北人——尋訪白先勇早年的臺北蹤跡　時報週刊　第139期　1980年10月26日　頁84—88
306. 古蒙仁　永遠的臺北人——尋訪白先勇早年的臺北蹤跡　吃冰的另一種滋味　臺北　九歌出版社　2001年12月　頁174—186

[2]主講者：白先勇、柯慶明、曾永義、洪惟助。

307. 丘彥明　遊園——在白先勇先生家　聯合報　1981年3月7日　8版
308. 丘彥明　遊園——在白先勇家　人情之美　臺北　允晨文化公司　1989年1月　頁217—222
309. 吳綺雲　白先勇的有情世界　女性雜誌　第188期　1982年7月　頁42—45
310.〔文訊雜誌〕　文苑短波——白先勇忙於編劇寫作　文訊雜誌　第3期　1983年9月　頁9
311.〔王晉民，鄺白曼編〕　白先勇　臺灣與海外華人作家小傳　福州　福建人民出版社　1983年9月　頁233—237
312. 賴芳伶　白先勇　中國現代短篇小說選析1　臺北　長安出版社　1984年2月　頁301—302
313. 隱　地　作家與書的故事〔白先勇部分〕　新書月刊　第6期　1984年3月　頁60—63
314. 隱　地　白先勇　作家與書的故事　臺北　爾雅出版社　1985年11月　頁45—54
315. 柯振中　提起白先勇　新書月刊　第7期　1984年4月　頁42—43
316. 古蒙仁　白先勇　作家之旅　臺北　爾雅出版社　1984年7月　頁108—138
317. 董小玲　在逃難中長大的白先勇　皇冠　第365期　1984年7月　頁42—47
318. 齊邦媛　江河匯集成海的六十年代小說——白先勇　文訊雜誌　第13期　1984年8月　頁50—51
319. 齊邦媛　江河匯集成海的六〇年代小說——白先勇　霧漸漸散的時候　臺北　九歌出版社　1998年10月　頁60—61
320. 紅　英　白先勇的生活歷程　海外星雲　1984年第4期　1984年12月　頁12
321. 山　風輯　你爲何寫作——黃春明、陳映真、白先勇、陳若曦答案錄　臺

港文學選刊　1985年第4期　1985年4月　頁73

322. 應鳳凰　劉守宜與「明華書局」·《文學雜誌》（下）——對白先勇的影響　文訊雜誌　第21期　1985年12月　頁308—318

323. 應鳳凰　劉守宜與明華書局·《文學雜誌》——對白先勇的影響　五〇年代文學出版顯影　臺北　臺北縣文化局　2006年12月　頁160—162

324. 〔編輯部〕　白先勇　彩鳳的心願（臺灣現代小說選）　臺北　名流出版社　1986年8月　頁153

325. 嵇　山　白先勇的吸引力　語文學習　1987年第3期　1987年3月　頁50

326. 陸士清　白先勇的世界，白先勇的夢　聯合時報　1988年2月19日　2版

327. 陸士清　白先勇的世界，白先勇的夢　臺灣文學新論　上海　復旦大學出版社　1993年6月　頁213—232

328. 曾少祥，楊林山　也談白先勇　文學評論家　1988年第2期　1988年4月　頁72—75

329. 張超，香塵　白先勇與南京　南京日報　1988年9月1日　3版

330. 丘彥明　白先勇的小說世界　人情之美　臺北　允晨文化公司　1989年1月　頁223—225

331. 丘彥明　是聖塔芭芭拉？還是墾丁？——白先勇和小說《骨灰》　人情之美　臺北　允晨文化公司　1989年1月　頁226—228

332. 繆天華　白先勇與我　中央日報　1989年8月31日　16版

333. 繆天華　我與白先勇　桑樹下　臺北　三民書局　1995年6月　頁138—144

334. 三　毛　驚夢三十年　遊園驚夢　臺北　風雲時代出版公司　1989年11月　頁165—169

335. 三　毛　驚夢三十年　遊園驚夢二十年　香港　迪志文化出版公司　2001年7月　頁216—219

336. 三　毛　驚夢三十年　遊園驚夢二十年（修訂版）　香港　迪志文化出版

公司　2007年5月　頁94—97

337. 三　毛　　驚夢三十年　白先勇作品集・遊園驚夢　臺北　天下遠見出版公司　2008年9月　頁179—183

338. 文船山　　白先勇的「回香驚夢」　吃魷魚的社會學　臺北　正中書局　1989年12月　頁158—160

339. 黃重添，莊明萱，闕豐齡　　背負五千年文化鄉愁的白先勇　臺灣新文學概觀（上）　廈門　鷺江出版社　1991年6月　頁151—171

340. 張夢瑞　　白先勇返臺主持《現代文學》重刊酒會　民生報　1992年3月21日　14版

341. 紀慧玲　　白先勇拜訪胡耀恆遞交《牡丹亭》劇本樂譜　民生報　1992年3月26日　14版

342. 封德屏　　先勇先智・現文現身　文訊雜誌[3]　第79期　1992年5月　〔1〕頁

343. 封德屏　　白先勇重刊《現代文學》　美麗的負荷　臺北　三民書局　1994年4月　頁108—109

344. 〔吳福輝編〕　　白先勇小傳　永遠的尹雪艷　武漢　長江文藝出版社　1993年10月　頁16

345. 王晉民　　一座漂浮於水面的冰山[4]　幼獅文藝　第482期　1994年2月　頁96—97

346. 王晉民　　自序　白先勇傳　臺北　幼獅文化公司　1994年3月　頁2—9

347. 白先綬　　在桂林出生的白先勇　八桂僑史　1994年第2期　1994年2月　頁63—70

348. 東方白　　建中二白（1—10）〔白先勇部分〕　聯合報　1994年5月1—10日　37版

349. 東方白　　建中二白〔白先勇部分〕　迷夜——美之群影　臺北　草根出版

[3]本文後改篇名為〈白先勇重刊《現代文學》〉。
[4]本文為《白先勇傳》一書之繁體版自序。

公司　1995 年 11 月　頁 223—265

350. 鄭曉國　寂園呻吟語——白崇禧的兒子白先勇　中央日報　1994 年 6 月 30 日　17 版

351. 孫慰川　華人留學生文學——起源、發展與現狀〔白先勇部分〕　臺港與海外華文文學評論和研究　1994 年第 2 期　1994 年 9 月　頁 48—50

352. 袁良駿　從白先勇晉升談起　文訊雜誌　第 127 期　1996 年 5 月　頁 12—13

353. 王潤華　遊園驚夢——記白先勇隱谷白寓花園　聯合報　1997 年 6 月 13 日　41 版

354. 王潤華　記白先勇的花園　幼獅文藝　第 523 期　1997 年 7 月　頁 40—43

355. 吳琬瑜　筆尖輕撫時代悲歡——白先勇　天下雜誌　第 200 期　1998 年 1 月　頁 216—217

356. 蔣慧仙　臺灣文學經典名家特寫——白先勇　聯合報　1999 年 3 月 14 日　37 版

357. 蔣慧仙　白先勇特寫——關心臺灣現代文學教育現況　臺灣文學經典研討會論文集　臺北　行政院文建會，聯經出版公司　1999 年 6 月　頁 74—75

358. 賴素鈴　白先勇返臺大，杜鵑怒放，學子振奮　民生報　1999 年 4 月 1 日　34 版

359. 淡　瑩　花之谷——遊白先勇隱谷花園有感　爾雅人　第 113 期　1999 年 8 月　3 版

360. 徐淑卿　白先勇修纂「國共戰爭史」　中國時報　1999 年 11 月 18 日　43 版

361. 賴廷恆　白先勇、張繼青文曲星競芳菲　中國時報　1999 年 11 月 22 日　11 版

362. 黃炤宏　白先勇——保持個人尊嚴很重要　自立晚報　2000 年 2 月 21 日

17 版

363. 石永貴　知父莫若子，白先勇寫白崇禧傳（1—4）　中央日報　2000 年 2 月 21—24 日　22 版

364. 古蒙仁　遊園尋夢——訪白先勇的故鄉及小說世界（上、中、下）　聯合報　2000 年 3 月 13—15 日　37 版

365. 古蒙仁　遊園尋夢——尋訪白先勇的故鄉及小說世界　吃冰的另一種滋味　臺北　九歌出版社　2001 年 12 月　頁 153—173

366. 隱　地　白先勇和我　收穫　2000 年第 5 期　2000 年 5 月　頁 108—110

367. 隱　地　回憶二三事——白先勇和我　白先勇書話　臺北　爾雅出版社　2008 年 7 月　頁 235—243

368. 陳世昌　白先勇談六〇年代臺灣文學　聯合報　2000 年 6 月 4 日　14 版

369. 劉　俊　白先勇的意義　文藝報　2000 年 7 月 18 日　4 版

370. 耕　雨　白先勇寫落沒世家　臺灣新聞報　2000 年 8 月 12 日　B8 版

371. 白先經，李延凌　悠悠遊子心，殷殷故鄉情——記著名旅美華人作家白先勇先生故鄉之行　文史春秋　2000 年第 5 期　2000 年 8 月　頁 42—47

372. 張曉風　在小說之外，讓我小小的說一說〔白先勇部分〕　小說教室　臺北　九歌出版社　2000 年 9 月　頁 418—419

373. 陸士清　白先勇與上海　白先勇創作國際研討會　汕頭　汕頭大學主辦　2000 年 11 月 23—24 日

374. 鄭培凱　白先勇的同學　聯合報　2001 年 1 月 2 日　37 版

375. 武成邦　非常人物——白先勇：何須歧視同性戀　明報月刊　第 421 期　2001 年 1 月 24 日　3 版

376. 謝其濬　永遠的臺北人——白先勇導覽心靈臺北　遠見雜誌　第 177 期　2001 年 3 月　頁 220—227

377. 梅家玲　導言　中外文學　第 30 卷第 2 期　2001 年 7 月　頁 17—22

378. 陳盈珊　白先勇、龍應台對談《孽子》懷想老臺北　中國時報　2002 年 1

月21日　12版

379. 趙慧琳　白先勇，龍應台談《孽子》話書中場景　聯合報　2002年1月21日　14版

380. 郭士楨　白先勇、龍應台回味老臺北　中央日報　2002年1月21日　14版

381. 李令儀　白先勇《樹猶如此》悼亡憶愛——坦承和王國祥的友情和愛情　聯合報　2002年1月22日　14版

382. 江寶釵　一生長做看花人——札記白先勇先生的人與書　聯合文學　第211期　2002年5月　頁156—160

383. 江寶釵　一生長做看花人——讀白先勇手札　白先勇與當代臺灣文學史的構成　高雄　駱駝出版社　2004年3月　頁203—207

384. 蔡惠萍　白先勇頒獎，暈眩得獎者　聯合報　2002年12月23日　14版

385. 楊　照　老靈魂的洞見　聯合報　2003年2月24日　39版

386. 林姍姍　永遠的臺北人·白先勇——《白先勇傳》還原作家的心靈面貌　公視之友　第56期　2003年2月　頁10—11

387. 蘇偉貞　白先勇，永遠的臺北人　私閱讀　臺北　三民書局　2003年2月　頁81—85

388. 曹銘宗　白先勇：我是永遠的臺北人　聯合報　2003年3月2日　14版

389. 張麗玲　上海華麗，臺北現代　中國時報　2003年3月8日　39版

390. 符立中　金粉逐艷——白先勇　幼獅文藝　第591期　2003年3月　頁6—7

391. 陳憲仁　白先勇訪明道中學並演講　文訊雜誌　第209期　2003年3月　頁45

392. 李奭學　永遠的《臺北人》——從白先勇在中央研究院文哲所的演講談起　中央日報　2003年4月28日　17版

393. 李奭學　永遠的《臺北人》　經史子集：翻譯、文學與文化劄記　臺北　聯合文學出版社　2005年3月　頁409—412

394. 李奭學　永遠的《臺北人》：記白先勇在中央研究院中國文哲研究所的演講　三看白先勇　臺北　允晨文化公司　2008 年 10 月　頁 140—145

395. 黃宇曉　白先勇赴美前後的困境與突破　華文文學　2003 年第 2 期　2003 年 4 月　頁 30—38

396. 何雅雯　學院之樹：《文學雜誌》、《現代文學》與《中外文學》雜談——白先勇與《現代文學》　文訊雜誌　第 213 期　2003 年 7 月　頁 49

397. 林俐伶　白先勇——見證時代滄桑的作家　人間福報　2003 年 8 月 3 日　4 版

398. 林幸謙　白崇禧將軍的悲劇英雄形象——歷史記憶與白先勇的父親追憶　文學世紀　第 3 卷第 8 期　2003 年 8 月　頁 37—40

399. 應鳳凰　臺灣現代主義文學的興起——白先勇創辦《現代文學》雜誌　臺灣文學百年顯影　臺北　玉山社出版公司　2003 年 10 月　頁 177—178

400. 江寶釵　孽子情，孝子心——我的「白先勇」經驗　白先勇與當代臺灣文學史的構成　高雄　駱駝出版社　2004 年 3 月　頁 195—202

401. 王榮文　出版緣起　奼紫嫣紅《牡丹亭》：四百年青春之夢[5]　臺北　遠流出版公司　2004 年 4 月　頁 4—5

402. 王榮文　從《現代文學》到「崑曲」——寫在奼紫嫣紅《牡丹亭》出版之前　白先勇書話　臺北　爾雅出版社　2008 年 7 月　頁 259—267

403. 郭強生　白先勇與白光　2003／郭強生　臺北　爾雅出版社　2004 年 5 月　頁 15—17

404. 傅月庵　與白先勇一起工作（編輯緣起）　青春・想念：白先勇自選集　桂林　廣西師範大學出版社　2004 年 5 月　頁 1—4

405. 也　斯　白先勇在嶺大　文學世紀　第 4 卷第 6 期　2004 年 6 月　頁 31

[5]本文後改篇名為〈從《現代文學》到「崑曲」——寫在奼紫嫣紅《牡丹亭》出版之前〉。

406. 〔彭瑞金選編〕 〈金大班的最後一夜〉作者 國民文選・小說卷 3 臺北 玉山社出版公司 2004 年 7 月 頁 86—87
407. 〔應鳳凰編〕 作者簡介 現代小說讀本 臺北 揚智文化公司 2004 年 8 月 頁 277—278
408. 李鷹飛 崑曲義工白先勇 中關村 2004 年第 8 期 2004 年 8 月 頁 111—113
409. 沈嘉祿 白先勇重遊「白公館」 檔案與史學 2004 年第 4 期 2004 年 8 月 頁 22—23
410. 陳子善 「崑曲迷」白先勇 美文 2005 年第 1 期 2005 年 1 月 頁 49
411. 陳子善 「崑曲迷」白先勇 素描：中國現當代作家印象 臺北 秀威資訊科技公司 2007 年 12 月 頁 151—154
412. 黎湘萍 謫仙白先勇及其意義 印刻文學生活誌 第 31 期 2006 年 3 月 頁 86—93
413. 紀慧玲 青春版《牡丹亭》行程長，白先勇受困於禁足 民生報 2006 年 7 月 17 日 A6 版
414. 林麗如 前輩作家映象〔白先勇部分〕 聯合報 2006 年 11 月 13 日 E7 版
415. 傅月庵 臺北文化人眼中的白先勇 中國時報 2007 年 1 月 13 日 E2 版
416. 陳 存 也談白先勇 臺灣文學評論 第 7 卷第 1 期 2007 年 1 月 15 日 頁 227—229
417. 路 琰 白先勇最美還是那株牡丹 環球人物 2007 年第 9 期 2007 年 5 月 頁 66—68
418. 余志明 再版後記 遊園驚夢二十年（修訂版） 香港 迪志文化出版公司 2007 年 5 月 頁 327—328
419. 胡鼎宗 聆聽白先勇 不同成就大同 臺北 健行文化出版公司 2007 年 6 月 頁 193—197
420. 莊溎芬 作家瞭望臺 比整個世界還要大：散文選讀 臺北 三民書局

2007 年 9 月　頁 89—90

421. 李　曄　紐約客白先勇　作家　2008 年第 3 期　2008 年 2 月　頁 23—26

422. 張大春　爲白先勇壽　中國時報　2008 年 5 月 4 日　E7 版

423. 李依鴻　悟，一場夢——白先勇與弘一大師　人間福報　2008 年 5 月 12 日　15 版

424. 陳建仲　白先勇　文學心鏡　臺北　聯合文學出版社　2008 年 5 月　頁 18—19

425. 〔鹽分地帶文學〕　前輩作家寫真簿——白先勇：我舉起雙手，卻捧起一掬愛的灰燼　鹽分地帶文學　第 16 期　2008 年 6 月　頁 16

426. 童小南，韓漪　重返現代——白先勇、《現代文學》與現代主義國際研討會　聯合文學　第 284 期　2008 年 6 月　頁 110—115

427. 隱　地　禮物　聯合報　2008 年 7 月 11 日　E3 版

428. 隱　地　禮物——代編後　白先勇書話　臺北　爾雅出版社　2008 年 7 月　頁 263—267

429. 蘇偉貞　白先勇在南都　中國時報　2008 年 7 月 27 日　E7 版

430. 〔封德屏主編〕　白先勇　2007 臺灣作家作品目錄　臺南　國立臺灣文學館　2008 年 7 月　頁 147

431. 南方朔　白大哥就是白大哥！　聯合報　2008 年 9 月 7 日　E3 版

432. 李　昂　白先勇與典範　聯合報　2008 年 9 月 8 日　E3 版

433. 陳怡蓁　全方位的白先勇　聯合報　2008 年 9 月 9 日　E3 版

434. 陳怡蓁　出版者的話——全方位的白先勇　白先勇作品集・寂寞的十七歲　臺北　天下遠見出版公司　2008 年 9 月　頁 2—7

435. 陳怡蓁　全方位的文學家　不一樣的旅程：我的雲端築夢與文創人生　臺北　香海文化事業公司　2012 年 1 月　頁 89—92

436. 李玉玲　九出版社十二本書賀壽禮——白先勇作品全集出版　聯合報　2008 年 9 月 19 日　A9 版

437. 林欣誼　永遠的白先勇，還要再寫下去　中國時報　2008 年 9 月 19 日

A14 版

438. 郭士榛　招回白先勇「全家福」創造文學長流　人間福報　2008 年 9 月 19 日　7 版

439. 謝　晉　我與白先勇的電影緣　白先勇作品集・金大班的最後一夜及其他　臺北　天下遠見出版公司　2008 年 9 月　頁 408—410

440. 邱祖胤　臺北文學 10 書：白先勇《臺北人》居冠　中國時報　2008 年 10 月 2 日　A10 版

441. 郭士榛　《臺北人》獲第一・白先勇：亂世出文學　人間福報　2008 年 10 月 2 日　7 版

442. 郭士榛　文學十書開卷——臺北文學季登場〔白先勇部分〕　人間福報　2008 年 10 月 4 日　13 版

443. 何榮幸　掛心民國史，積極為父寫傳記　中國時報　2008 年 10 月 4 日　A5 版

444. 何榮幸　老靈魂舞青春，快活兩輩子　中國時報　2008 年 10 月 5 日　A8 版

445. 林欣誼　白先勇文學風靡中外，多國學者探討　中國時報　2008 年 10 月 18 日　A14 版

446. 林欣誼　打造崑曲新時尚，白先勇備受尊崇　中國時報　2008 年 10 月 19 日　A10 版

447. 李欣如　臺北的天空・非常白先勇　書香遠傳　第 66 期　2008 年 11 月　頁 39

448. 盧金足　胡志強讚白先勇：水袖都能作愛　中國時報　2008 年 12 月 8 日　A12 版

449. 郭士榛　新《玉簪記》・白先勇再推崑曲大戲　人間福報　2009 年 2 月 21 日　A6 版

450. 王盛弘　朋友看他——聰俊靈秀，和寶玉一樣　聯合報　2009 年 5 月 3 日　A6 版

451. 范銘如　出版序言　跨世紀的流離：白先勇的文學與藝術國際學術研討會論文集　臺北　印刻文學生活雜誌出版公司　2009年7月　頁5—6

452. 林欣誼　談起白先勇．龐格哈齊眼發亮　中國時報　2010年2月2日　A13版

453. 蘇偉貞　一座校園的人文想像：成大故事——從蘇雪林說起——白先勇．成大水利系　香港文學　第309期　2010年9月　頁68—70

454. 符立中　喜晤張心漪——談白先勇、陳若曦與王文興　白先勇與符立中對談：從《臺北人》到《紐約客》　臺北　九歌出版社　2010年11月　頁74—78

455. 陳幸萱　白先勇臺大教崑曲，怕要「坐地板聽課」——青春版《牡丹亭》、新版《玉簪記》，製作團隊也要來聽課　聯合報　2011年1月14日　A23版

456. 林欣誼　白先勇臺大教崑曲．學生也瘋狂　中國時報　2011年2月25日　A14版

457. 林欣誼　崑曲新美學開講．白先勇纏綿忘情　中國時報　2011年2月26日　A16版

458. 汪宜儒　白先勇講座．蘇州崑劇院示範演出　中國時報　2011年4月15日　A14版

459. 修瑞瑩　白先勇：王禎和寫不倫戀，張愛玲喜歡　聯合報　2011年5月24日　A10版

460. 嚴崑杉　白先勇談現代文學．名家當聽眾　青年日報　2011年5月24日　11版

461. 陳智華　白先勇呼籲，大學多教傳統文化　聯合報　2011年6月8日　A14版

462. 侯延卿　3分鐘崑曲入門——崑曲一次就過，聯合國有眼光　聯合報．生活周報　2011年8月13日　3版

463. 侯延卿　崑曲之美在白先勇的家　聯合報・生活周報　2011年8月13日　5版
464. 侯延卿　生活版的白先勇——永遠的大少爺　聯合報・生活周報　2011年8月13日　8—9版
465. 侯延卿　關於白先勇——青春版白先勇，崑曲的守護者　聯合報・生活周報　2011年8月13日　8—9版
466. 林采韻　白先勇《牡丹亭》，同里園林飆戲——青春版12月國家大劇院演出第2百場　旺報　2011年10月12日　A19版
467. 王盛弘　白先勇的托花手勢　中國時報　2011年12月22日　E4版
468. 廖鴻志　白先勇中大談崑曲・學生如癡如醉　中國時報　2011年12月29日　A15版
469. 簡弘毅　交流・分享・探索——2011中國大陸參訪紀行（下）——白先勇：上海、南京　臺灣文學館通訊　第33期　2011年12月　頁108
470. 陳怡蓁　佛茶的庇祐　不一樣的旅程：我的雲端築夢與文創人生　臺北　香海文化事業公司　2012年1月　頁131—134
471. 林欣誼　憶父白崇禧——白先勇出書還原歷史　中國時報　2012年3月28日　A11版
472. 胡明揚　經典重現・《牡丹亭》玩3D　聯合報　2012年4月4日　A13版
473. 李怡芸　白先勇・章詒和——看他們的父親與民國　旺報　2012年5月6日　B6版
474. 李怡芸　爲父立傳——白先勇還原民國史　旺報　2012年5月9日　A19版
475. 李怡芸　白先勇：四平街會戰・父最大遺憾　旺報　2012年5月10日　A19版
476. 李怡芸　白先勇鄉愁・寫作時默念桂林話　旺報　2012年5月28日　A19版

477. 王爲萱　白先勇《父親與民國》新書發表會暨系列活動　文訊雜誌　第 320 期　2012 年 6 月　頁 160—161

478. 周慧珠　文學 plus 電影藝術——白先勇・張毅・楊惠姍　人間福報　2012 年 7 月 15 日　B4 版

479. 李怡芸　白先勇《父親與民國》演講會場爆滿　旺報　2012 年 7 月 20 日　A19 版

480. 劉　俊　文武父子——南京身影——白先勇・《父親與民國》・南京　聯合報　2012 年 8 月 4 日　D3 版

481. 孫燕華　白先勇書城簽售新書　文訊雜誌　第 322 期　2012 年 8 月　頁 147

482. 鄭樹森口述；熊志琴訪問整理　《現代文學》與「晨鐘」及「遠景」　結緣兩地：臺港文壇瑣憶　臺北　洪範書店　2013 年 2 月　頁 62—88

483. 蕭仁豪　傳誦文學之美——「爲臺灣文學朗讀」系列之一——永遠的臺北人——白先勇　新活水　第 46 期　2013 年 2 月　頁 55—56

484. 〔香港作家〕　王蒙、白先勇力倡本港舉辦全球華文文學獎——香港作聯二十五周年系列活動報導之一　香港作家　第 3 期　2013 年 5 月　頁 3—5

485. 柯慶明　《崑曲新美學》序〔白先勇部分〕　崑曲新美學　臺北　臺灣大學出版社　2013 年 5 月　〔2〕頁

486. 陳怡蓁　群師畢至　崑曲新美學　臺北　臺灣大學出版社　2013 年 5 月　〔2〕頁

487. 黃暐勝　白先勇爲父親歷史定位奔波　明報月刊　第 569 期　2013 年 5 月　頁 112

488. 〔香港作家〕　香港作家聯會邀王蒙、白先勇暢談文學　香港作家　第 3 期　2013 年 5 月　頁 35

489. 〔香港作家〕　王蒙與白先勇城大對談華文文學　香港作家　第 3 期

2013年5月　頁35

490. 新周刊主編　你必須知道的一〇一個臺灣人——白先勇　臺灣最美的風景是人　臺北　華品文創出版公司　2013年6月　頁15

491. 丁　歌　白先勇：「民國典範」的傳承與創新　臺灣最美的風景是人　臺北　華品文創出版公司　2013年6月　頁185—188

492. 王爲萱　《崑曲新美學DVD》出版發表會　文訊雜誌　第332期　2013年6月　頁154

493. 李月薇　王蒙、白先勇力倡香港舉辦全球華文文學獎——香港作聯慶祝成立25周年系列活動之一　文綜季刊　第24期　2013年6月　頁17—20

494. 陳　均　Passion、白公子以及《紅樓夢》——白先勇先生印象記　也有空花來幻夢：京都聆曲錄II　臺北　秀威資訊科技公司　2013年6月　頁147—153

495. 古遠清　「臺灣詩壇本無事，遠清先生自擾之」——在香港巧遇白先勇　臺灣文壇的「實況轉播」：一位大陸學者眼中的臺灣文壇　臺北　秀威資訊科技公司　2013年7月　頁328

496. 封德屏　白先勇手書勉《文訊》　文訊雜誌　第333期　2013年7月　頁134

497. 張俐璇　外省作家在臺南——負笈南都〔白先勇部分〕　經眼・辨析・苦行——臺灣文學史料集刊（三）　臺南　國立臺灣文學館　2013年7月　頁151—153

498. 廖玉蕙　最美好的緣會——邂逅文壇前輩——熱情洋溢且憂國憂民的白先勇先生　幼獅文藝　第716期　2013年8月　頁87—88

訪談、對談

499. 桂文亞　王謝堂前——白先勇答客問　聯合報　1965年9月25日　12版

500. 桂文亞　王謝堂前　墨香　臺北　皇冠出版社　1979年11月　頁39—54

501. 迺箴記　白先勇談片　幼獅文藝　第205期　1971年1月　頁111—114

502. 夏祖麗　白先勇訪問記　書評書目　第42期　1976年10月　頁95—106
503. 夏祖麗　歸來的「臺北人」——白先勇訪問記　握筆的人　臺北　純文學出版社　1983年2月　頁37—52
504. 夏祖麗　歸來的「臺北人」——白先勇訪問記　白先勇外集·白先勇研究精選　臺北　天下遠見出版公司　2008年9月　頁354—369
505. 林懷民　白先勇回家　驀然回首　臺北　爾雅出版社　1978年9月　頁165—178
506. 林懷民　白先勇回家　白先勇外集·白先勇研究精選　臺北　天下遠見出版公司　2008年9月　頁342—353
507. 林懷民　白先勇回家　樹猶如此　桂林　廣西師範大學出版社　2011年11月　頁383—395
508. 王法耶，潘秀玲　名小說家白先勇與青年朋友談小說（上、中、下）　臺灣時報　1979年9月25—27日　12版
509. 白先勇；王法耶，潘秀玲記錄　白先勇與青年朋友談小說　明星咖啡館——白先勇論文雜文集　臺北　皇冠雜誌社　1984年6月　頁249—280
510. 陳浩泉　白先勇在香港文學周的演講　開卷　第2卷第3期　1979年10月　頁12—13
511. 凱　妮　白先勇論中國小說藝術——與李歐梵、鄭樹森的對談　中國人月刊　第10期　1979年11月　頁42—47
512. 白先勇，胡菊人講；劉逍記錄　與白先勇論小說藝術　小說技巧　臺北　遠景出版公司　1981年5月　頁169—206
513. 白先勇，胡菊人　論小說藝術——胡菊人、白先勇對話錄　白先勇作品集·第六隻手指　臺北　天下遠見出版公司　2008年9月　頁472—513
514. 白先勇，胡菊人　與白先勇論小說藝術——胡菊人、白先勇談話錄　白先勇自選集　廣州　花城出版社　2009年3月　頁325—345

515. 鄺白曼　在美國訪問臺灣著名小說家白先勇　羊城晚報　1982 年 2 月 6 日 2 版

516. 金惟純　一個天才橫溢的文字魔術師——白先勇談他的文學緣　巡訪手記　臺北　時報文化出版公司　1982 年 5 月　頁 193—200

517. 謝家孝　黑暗王國的神話——訪白先勇探討《孽子》　中國時報　1983 年 9 月 12 日　8 版

518. 白先勇等[6]　座談白先勇的〈遊園驚夢〉——從小說到舞臺劇　現代文學　復刊第 22 期　1984 年 1 月　頁 213—232

519. 白先勇等　座談白先勇的〈遊園驚夢〉——從小說到舞臺劇　明星咖啡館——白先勇論文雜文集　臺北　皇冠出版社　1984 年 6 月　頁 307—329

520. 白先勇等　座談白先勇的〈遊園驚夢〉——從小說到舞臺劇　遊園驚夢　臺北　風雲時代出版公司　1989 年 11 月　頁 307—332

521. 白先勇等　座談白先勇的〈遊園驚夢〉——從小說到舞臺劇　遊園驚夢二十年　香港　迪志文化出版公司　2001 年 7 月　頁 279—303

522. 白先勇等　座談白先勇的〈遊園驚夢〉——從小說到舞臺劇　遊園驚夢二十年（修訂版）　香港　迪志文化出版公司　2007 年 5 月　頁 262—286

523. 白先勇等　白先勇的〈遊園驚夢〉——從小說創作到舞臺劇　白先勇作品集・遊園驚夢　臺北　天下遠見出版公司　2008 年 9 月　頁 206—233

524. 鄭樹森訪問；黎海華記　白先勇與《遊園驚夢》[7]　現代文學　復刊第 22 期　1984 年 1 月　頁 233—246

525. 鄭樹森訪問；黎海華記　白先勇與《遊園驚夢》　明星咖啡館——白先勇論文雜文集　臺北　皇冠出版社　1984 年 6 月　頁 330—345

---

[6]與會者：金恆煒、李歐梵、白之、張洪年、高棣民、賴聲川、白先勇、盧燕、瞿志成；紀錄：金恆煒。

[7]本文後改篇名爲〈《遊園驚夢》的製作與演出——鄭樹森訪白先勇〉。

526. 鄭樹森訪問；黎海華記　白先勇與《遊園驚夢》　遊園驚夢　臺北　風雲時代出版公司　1989年11月　頁333—351
527. 鄭樹森訪問；黎海華記錄　白先勇與《遊園驚夢》　遊園驚夢二十年　香港　迪志文化出版公司　2001年7月　頁304—320
528. 鄭樹森訪問；黎海華記錄　白先勇與《遊園驚夢》　遊園驚夢二十年（修訂版）　香港　迪志文化出版公司　2007年5月　頁287—302
529. 鄭樹森；黎海華記　《遊園驚夢》的製作與演出——鄭樹森訪白先勇　白先勇作品集‧遊園驚夢　臺北　天下遠見出版公司　2008年9月　頁234—253
530. 袁則難　兩訪白先勇　新書月刊　第5期　1984年2月　頁17—21
531. 袁則難　兩訪白先勇　當代作家對話錄　臺北　傳記文學出版社　1986年10月　頁27—39
532. 費　民　專訪白先勇——努力！絕對需要，天才？沒有的事　自由青年　第71卷第4期　1984年4月1日　頁59—62
533. 白先勇等　「金大班」下片後的話題　金大班的最後一夜　臺北　遠景出版公司　1985年5月　頁115—128　與會者：白先勇、白景瑞、曾西霸、蔡國榮、毛瓊英；紀錄：趙曼如。
534. 白先勇等　「金大班」下片後的話題　金大班的最後一夜　臺北　風雲時代出版社　1989年11月　頁115—128
535. 白先勇等　「金大班」下片後的話題　白先勇作品集‧金大班的最後一夜及其他　臺北　天下遠見出版公司　2008年9月　頁109—124
536. 白先勇，李歐梵講；丘彥明記　白先勇、李歐梵對談：臺大外文系的那段日子——兼談我們的老師　聯合報　1985年9月28日　8版
537. 白先勇，李歐梵講；丘彥明記　白先勇、李歐梵對談臺大外文系的那段日子——兼談我們的老師　白先勇外集‧現文因緣　臺北　天下遠見出版公司　2008年9月　頁317—325
538. 白先勇，李歐梵　白先勇、李歐梵對談臺大外文系的那段日子——兼談我

們的老師　樹猶如此　桂林　廣西師範大學出版社　2011 年 11 月　頁 148—156

539. 關艷霞，馬漢瑜　　訪白先勇　香港文學　第 10 期　1985 年 10 月　頁 30—32

540. 黃秋芳　　我的國文老師[8]　國文天地　第 6 期　1985 年 11 月　頁 12—15

541. 黃秋芳　　播種的人——白先勇談國文老師　速寫簿　臺北　希代書版公司　1988 年 1 月　頁 197—206

542. 張新方　　聖塔芭芭拉的耶誕夜：白先勇訪問記　幼獅文藝　第 385 期　1986 年 1 月　頁 49—52

543. 張國立　　向白先勇提出三個問題　中華日報　1986 年 9 月 24 日　11 版

544. 楊錦郁，李瑞騰　　把心靈的痛楚變成文字——在洛杉磯和白先勇對話　幼獅文藝　第 394 期　1986 年 10 月　頁 128—134

545. 楊錦郁，李瑞騰　　把心靈的痛楚變成文字——在洛杉磯和白先勇對話〔摘要〕　文學報　1987 年 3 月 12 日　12 版

546. 楊錦郁，李瑞騰　　把心靈的痛楚變成文字——在洛杉磯和白先勇對話　嚴肅的遊戲：當代文藝訪談錄　臺北　三民書局　1994 年 2 月　頁 23—34

547. 李利國　　臺北人動身，大陸行抒懷　時報新聞周刊　第 67 期　1987 年 9 月 8 日　頁 87—88

548. 白先勇，謝晉　　未來銀幕上的〈謫仙〉　文匯月刊　1988 年第 1 期　1988 年 1 月　頁 36

549. 蔡克健　　白先勇的文學告白[9]　聯合報　1988 年 7 月 28 日　21 版

550. 蔡克健　　訪問白先勇　第六隻手指　臺北　爾雅出版社　1995 年 11 月　頁 441—475

551. 蔡克健　　我想那是天生的　城市怪胎　臺北　太雅出版公司　2001 年 5 月

---

[8]本文後改篇名爲〈播種的人——白先勇談國文老師〉。

[9]本文後改篇名爲〈訪問白先勇〉、〈我想那是天生的〉、〈同性戀，我想那是天生的！——PLAYBOY 雜誌香港專訪白先勇〉。

頁 227—238

552. 蔡克健　同性戀，我想那是天生的！——PLAYBOY 雜誌香港專訪白先勇　白先勇外集・白先勇研究精選　臺北　天下遠見出版公司　2008 年 9 月　頁 370—397

553. 蔡克健　同性戀，我想那是天生的！——PLAYBOY 雜誌香港專訪白先勇　樹猶如此　桂林　廣西師範大學出版社　2011 年 11 月　頁 396—426

554. 張　超　與旅美華人作家白先勇談創作問題　社科信息　1988 年第 7 期　1988 年 7 月　頁 36

555. 張　超　與旅美華人作家白先勇談創作問題　文教資料　1989 年第 6 期　1989 年 6 月　頁 49—53

556. 無　忌　白先勇縱談《孽子》及同性戀人物　文學報　1988 年 8 月 11 日　2 版

557. 巴桐佳　顛倒陰陽大遊行　中國時報　1988 年 8 月 12 日　23 版

558. 王晉民　談《孽子》、三毛、張愛玲及文化交流——白先勇答中山大學學生問　廣州日報　1989 年 2 月 16 日　6 版

559. 李宗慈　夢驚臺北人——訪白先勇談《遊園驚夢》　他們的故事　臺北　富春文化公司　1990 年 4 月　頁 221—228

560. 蔡克健　「時間流逝，人生無常」——著名作家白先勇談文學創作　廣州日報　1990 年 8 月 9 日　6 版

561. 白先勇，華文漪講；姚白芳記　崑曲的魅力，演藝的絕活——與崑曲名旦華文漪對談　聯合報　1990 年 9 月 7 日　29 版

562. 姚白芳記　崑曲的魅力，演藝的絕活——與崑曲名旦華文漪對談　白先勇說崑曲　臺北　聯經出版公司　2006 年 4 月　頁 23—38

563. 白先勇，華文漪講；姚白芳記　崑曲的魅力，演藝的絕活——白先勇與崑曲名旦華文漪對談　白先勇作品集・青春版牡丹亭　臺北　天下遠見出版公司　2008 年 9 月　頁 49—59

564. 蕭　蔓　　《現代文學》再版：訪白先勇　誠品閱讀　第 1 期　1991 年 2 月　頁 38

565. 陳　燁　　筆蕊千花換青春——訪白先勇（上、下）　中國時報　1993 年 6 月 27—28 日　27 版

566. 黃繼樹，杜朝由　　先父一生最痛恨紈褲子弟——白先勇教授訪談錄　文史春秋　1994 年第 1 期　1994 年 1 月　頁 17—19

567. 張素貞　　學習對美的尊重——在巴黎與白先勇一席談（1—3）　中央日報　1996 年 1 月 5—7 日　18 版

568. 張素貞　　學習對美的尊重——在巴黎與白先勇一席談　現代小說啓事　臺北　九歌出版社　2001 年 8 月　頁 258—277

569. 張素貞　　學習對美的尊重——在巴黎與白先勇一席談　樹猶如此　臺北　聯合文學出版社　2002 年 2 月　頁 230—250

570. 張素貞　　學習對美的尊重——在巴黎與白先勇一席談　白先勇外集・白先勇研究精選　臺北　天下遠見出版公司　2008 年 9 月　頁 432—456

571. 丁　果　　中國需要一場新五四運動——小說家白先勇談中國文化的危機與出路　明報月刊　第 396 期　1998 年 12 月　頁 64—67

572. 丁　果　　中國需要一次新的五四運動——與小說家白先勇談中國文化的危機與出路　樹猶如此　臺北　聯合文學出版社　2002 年 2 月　頁 221—229

573. 丁　果　　中國需要一次新的「五四運動」——與小說家白先勇談中國文化的危機與出路　白先勇作品集・第六隻手指　臺北　天下遠見出版公司　2008 年 9 月　頁 415—425

574. 張　殿　　臺北人白先勇——訪小說家白先勇　聯合報　1999 年 3 月 15 日　41 版

575. 艾　虞　　永遠的文學，永遠的鄉愁——專訪作家白先勇　亞洲週刊　第 13 卷第 38 期　1999 年 9 月 20 日　頁 62—63

576. 謝　錦　回首看滄桑落筆寫悲憫——臺灣作家白先勇訪談錄　小說界　2000年1期　2000年2月　頁160—163

577. 何　華　從聖芭芭拉到舊金山——加州訪白先勇　萬象　2000年第2期　2000年2月　頁57—62

578. 何　華　從聖芭芭拉到舊金山——加州訪白先勇　樹猶如此　臺北　聯合文學出版社　2002年2月　頁251—257

579. 何　華　從聖芭芭拉到舊金山——加州訪白先勇　白先勇外集・白先勇研究精選　臺北　天下遠見出版公司　2008年9月　頁461—468

580. 曾秀萍　從同志關懷到人生關照：白先勇談創作與生活　孤臣・孽子・臺北人——白先勇小說中的同志書寫研究　政治大學中國文學系碩士論文　陳芳明教授指導　2000年7月　頁168—177

581. 曾秀萍　白先勇談創作與生活　中外文學　第30卷第2期　2001年7月　頁189—200

582. 曾秀萍　從同志書寫到人生觀照——白先勇談創作與生活　孤臣・孽子・臺北人　臺北　爾雅出版社　2003年4月　頁335—352

583. 曾秀萍　從同志書寫到人生觀照——白先勇談創作與生活　白先勇外集・白先勇研究精選　臺北　天下遠見出版公司　2008年9月　頁469—486

584. 陳玲芳　白先勇與雷威安的世紀會談——從《孽子》到《臺北人》　臺灣日報　2001年2月2日　14版

585. 徐淑卿　從《孽子》到《牡丹亭》，記雷威安與白先勇一席談　中國時報　2001年2月6日　23版

586. 謝其濬　白先勇——一個小說家要懂得人性的孤獨　遠見雜誌　第177期　2001年3月　頁228—231

587. 謝其濬　一個小說家要懂得人性的孤獨——專訪白先勇　樹猶如此　臺北　聯合文學出版社　2002年2月　頁262—270

588. 白先勇，蔡正仁　與崑曲結緣——白先勇 v.s 蔡正仁　藝術世界　第133期

2001 年 6 月　頁 60—63

589. 白先勇，蔡正仁　與崑曲結緣——白先勇 VS.蔡正仁　樹猶如此　臺北　聯合文學出版社　2002 年 2 月　頁 284—300

590. 白先勇，蔡正仁　與崑曲結緣——白先勇 vs.蔡正仁　白先勇說崑曲　臺北　聯經出版公司　2006 年 4 月　頁 63—84

591. 白先勇，蔡正仁　與崑曲結緣——白先勇 v.s 蔡正仁　白先勇作品集·青春版牡丹亭　臺北　天下遠見出版公司　2008 年 9 月　頁 82—101

592. 姚白芳記錄整理　白先勇與余秋雨論《遊園驚夢》·文化·美學　遊園驚夢二十年　香港　迪志文化出版公司　2001 年 7 月　頁 25—47

593. 姚白芳　白先勇與余秋雨論《遊園驚夢》、文化、美學　樹猶如此　臺北　聯合文學出版社　2002 年 2 月　頁 301—324

594. 姚白芳記錄整理　白先勇與余秋雨論《遊園驚夢》所涵蓋的文化美學　白先勇說崑曲　臺北　聯經出版公司　2006 年 4 月　頁 85—116

595. 白先勇，余秋雨　白先勇與余秋雨談文化與美學　遊園驚夢二十年（修訂版）　香港　迪志文化出版公司　2007 年 5 月　頁 303—325

596. 白先勇，余秋雨講；姚白芳記　《牡丹亭》和文化美學——白先勇 v.s 余秋雨　白先勇作品集·青春版牡丹亭　臺北　天下遠見出版公司　2008 年 9 月　頁 315—343

597. 周立民　白先勇聶華苓互評小說　明報月刊　第 427 期　2001 年 7 月　頁 45—46

598. 白先勇，高克毅，許鈞　文字的轉換與文化的播遷——白先勇等談《臺北人》的英譯　中國翻譯　第 22 卷第 6 期　2001 年 11 月　頁 58—60

599. 林麗如　渾身散發對文學的熱情——專訪白先勇先生[10]　文訊雜誌　第 195 期　2002 年 1 月　頁 77—80

600. 林麗如　雍容優雅——散發文學熱情的白先勇　走訪文學僧：資深作家訪

[10]本文後改篇名爲〈雍容優雅——散發文學熱情的白先勇〉。

問錄　臺北　文訊雜誌社　2004 年 10 月　頁 329—336

601. 周伯軍　文學的悲憫與溫情　樹猶如此　臺北　聯合文學出版社　2002 年 2 月　頁 258—261

602. 周伯軍　文學的悲憫與溫情——訪白先勇　白先勇外集・白先勇研究精選　臺北　天下遠見出版公司　2008 年 9 月　頁 457—460

603. 白先勇等[11]　眉眼盈盈處——二十一世紀上海、香港、臺北承擔融合中西文化的重要任務　樹猶如此　臺北　聯合文學出版社　2002 年 2 月　頁 271—283

604. 田新彬　臺北太好玩了——訪白先勇　聯合報　2003 年 2 月 6 日　31 版

605. 廖玉蕙　尋訪白先勇（1—4）　聯合報　2003 年 2 月 24—27 日　39 版

606. 廖玉蕙　尋訪白先勇　打開作家的瓶中稿：再訪捕蝶人　臺北　九歌出版社　2004 年 5 月　頁 137—166

607. 伊　里　青春的行旅——與白先勇談《孽子》現身公視　中國時報　2003 年 2 月 25 日　39 版

608. 鄭美里　二〇年後與《孽子》面對面——專訪白先勇先生　公視之友　第 56 期　2003 年 2 月　頁 4—8

609. 蔣宜芳　聽「永遠的臺北人」說《臺北人》、《孽子》的故事　中國文哲研究通訊　第 13 卷第 2 期　2003 年 6 月　頁 185—190

610. 林幸謙　文化飄泊與文化解體的世紀——白先勇談中華傳統文化的失落與重建　文學世紀　第 3 卷第 8 期　2003 年 8 月　頁 32—36

611. 鄭惠美　從孽子到紅衣少年——白先勇眼中的席德進　聯合文學　第 226 期　2003 年 8 月　頁 82—86

612. 陳嫵文　戲比人生更精彩——白先勇訪黃春明的午後對談　聯合文學　第 230 期　2003 年 12 月　頁 28—33

613. 陳宛茜　道道地地的「臺北人」——白先勇專訪　聯合文學　第 230 期　2003 年 12 月　頁 34—37

---

[11]與會者：白先勇、張隆溪、潘耀明、黃維樑、錢文忠、馬家輝。

614. 白先勇，曹可凡　半世紀的遊園驚夢——白先勇的戲夢人生　小說界　2004年第4期　2004年　頁161—166

615. 楊佳嫻　白先勇監製青春版《牡丹亭》的因緣——傳承的故事　聯合報　2004年3月9日　E7版

616. 符立中　跨世代的青春追尋——《牡丹》與《紅樓》　聯合文學　第234期　2004年4月　頁28—33

617. 符立中　跨世紀的青春追尋——符立中訪談白先勇　白先勇說崑曲　臺北　聯經出版公司　2006年4月　頁169—180

618. 符立中　跨世紀的青春追尋——符立中訪談白先勇　白先勇說崑曲　桂林　廣西師範大學出版社　2006年6月　頁159—170

619. 符立中　《牡丹》與《紅樓》　上海神話：張愛玲與白先勇圖鑑　臺北　印刻文學生活雜誌出版公司　2009年1月　頁42—51

620. 符立中　跨世紀的青春追尋——《牡丹》與《紅樓》　白先勇與符立中對談：從《臺北人》到《紐約客》　臺北　九歌出版社　2010年11月　頁183—193

621. 符立中　跨世代的青春追尋——《牡丹》與《紅樓》‧白先勇對話符立中　張愛玲與白先勇的上海神話：臺港後上海文化學　上海　上海書店出版社　2011年9月　頁33—41

622. 鄭　翔　白先勇：我用寫作表達人類心靈無言的痛楚　新聞周刊　2004年第3期　2004年6月28日　頁58—59

623. 丁麗潔　白先勇：《牡丹亭》上三生路　文學報　第1510期　2004年6月　1—2版

624. 陳思嫻　人物訪談——白先勇獲第七屆國家文藝獎　2003臺灣文學年鑑　臺北　行政院文建會　2004年8月　頁135—137

625. 張立潔　拯救崑曲，從《牡丹亭》開始——訪青春版《牡丹亭》作者、臺灣著名作家白先勇　三月風　2004年第11期　2004年11月　頁39—41

626. 周喆，胡智英　他願澆灌那朵牡丹——臺灣著名作家白先勇專訪　中文自修　2005年第1期　2005年1月　頁12

627. 〔中文自修〕　與《中文自修》面對面　中文自修　2005年第1期　2005年1月　頁14

628. 白先勇，蕭颯講；林皎宏記　青春蝴蝶孤戀花——白先勇、蕭颯對談〈孤戀花〉　聯合報　2005年4月10日　C6版

629. 白先勇等　青春欉誰人害，變成落葉相思栽——電視劇《孤戀花》座談會[12]　印刻文學生活誌　第20期　2005年4月　頁167—179

630. 高翊峰，蔡依珊　白先勇——在導演一聲「Camera」之後　野葡萄文學誌　第21期　2005年5月　頁12—13

631. 邱麗文　悲憫紅塵，青春還魂——白先勇　新觀念　第210期　2005年9月　頁18—23

632. 盧健英，鄭雅蓮　中國傳統文化在臺灣可以開出奇花異草——訪白先勇談再造《牡丹亭》的當代意義　表演藝術　第155期　2005年11月　頁19—22

633. 陳怡蓁　創造新的文化方向：三件大事一種精神——專訪白先勇　奼紫嫣紅開遍：青春版《牡丹亭》巡迴紀實　臺北　天下遠見出版公司　2005年11月　頁11—34

634. 陳怡蓁　專訪白先勇——創造新的文化方向——三件大事一種精神　白先勇作品集·寂寞的十七歲　臺北　天下遠見出版公司　2008年9月　頁16—36

635. 施淑清　我想文學最後還是一個「人」字——南方朔對談白先勇　印刻文學生活誌　第31期　2006年3月　頁28—41

636. 劉　俊　文學創作的個人·家庭·歷史·傳統——訪白先勇　印刻文學生活誌　第31期　2006年3月　頁70—85

637. 劉　俊　文學創作：個人·家庭·歷史·傳統——訪白先勇　情與美：白

[12]與會者：白先勇、張娟芬、陳雪、曾秀萍、傅月庵；紀錄：林皎宏。

先勇傳　臺北　時報文化出版公司　2007年12月　頁407—432

638. 劉　俊　文學創作：個人‧家庭‧歷史‧傳統——訪白先勇　白先勇外集‧白先勇研究精選　臺北　天下遠見出版公司　2008年9月　頁398—431

639. 劉　俊　文學創作：個人‧家庭‧歷史‧傳統——訪白先勇　樹猶如此　桂林　廣西師範大學出版社　2011年11月　頁427—462

640. 鄭如珊整理　文曲星競芳菲——白先勇vs.張繼青對談　白先勇說崑曲　臺北　聯經出版公司　2006年4月　頁131—148

641. 鄭如珊整理　文曲星競芳菲——白先勇vs.張繼青對談　白先勇說崑曲　桂林　廣西師範大學出版社　2006年6月　頁121—138

642. 鄭如珊整理　文曲星競芳菲——白先勇vs.張繼青對談　白先勇作品集‧青春版牡丹亭　臺北　天下遠見出版公司　2008年9月　頁68—81

643. 紫　鵑整理　青春版《牡丹亭》——梅少文訪白先勇談崑曲　白先勇說崑曲　臺北　聯經出版公司　2006年4月　頁149—159

644. 紫　鵑整理　青春版《牡丹亭》——梅少文訪白先勇談崑曲　白先勇說崑曲　桂林　廣西師範大學出版社　2006年6月　頁139—150

645. 鄭如珊整理　絕代相思長生殿‧文學與歷史的對話——白先勇與許倬雲的對話　白先勇說崑曲　臺北　聯經出版公司　2006年4月　頁160—168

646. 鄭如珊整理　絕代相思長生殿‧文學與歷史的對話——白先勇與許倬雲的對話　白先勇說崑曲　桂林　廣西師範大學出版社　2006年6月　頁151—158

647. 古兆申　中國文化承傳與再造的思考：與白先勇談青春版《牡丹亭》　明報月刊　第485期　2006年5月　頁80—84

648. 羅雪揮，劉芳　白先勇：不要被全球化迷惑　中國新聞周刊　2006年第42期　2006年11月13日　頁42—43

649. 白先勇，曾秀萍講；徐筱薇記　青春記憶與文學想像　臺灣文學館通訊

第 13 期　2006 年 11 月　頁 6—11

650. 白先勇，曾秀萍講；徐筱薇記　　青春記憶與文學想像　徬徨的戰鬥／十場臺灣當代小說的心靈饗宴：國立臺灣文學館・第三季週末文學對談　臺南　國立臺灣文學館　2007 年 12 月　頁 252—283

651. 白先勇，吳新雷　　中國和美國：全球化時代崑曲的發展　文藝研究　2007 年第 3 期　2007 年 3 月　頁 86—99

652. 白先勇，吳新雷　　全球化時代崑曲的發展——白先勇 v.s.吳新雷　白先勇作品集・青春版牡丹亭　臺北　天下遠見出版公司　2008 年 9 月　頁 375—416

653. 藍孝威　　青春版《牡丹亭》，明北京演出　聯合報　2007 年 5 月 10 日　A18 版

654. 周慧珠　　情不知所起，一往而深——白先勇談青春版《牡丹亭》　人間福報　2007 年 5 月 13 日　14 版

655. 王蒙，白先勇　　小說創作經驗談　中國海洋大學學報　2007 年第 5 期　2007 年 9 月　頁 30—33

656. 潘星華　　一個是「美」，一個是「情」——白先勇訪談錄　春色如許——青春版崑曲《牡丹亭》人物訪談錄　新加坡　八方文化創作室　2007 年 9 月　頁 1—14

657. 潘星華　　一個是「美」，一個是「情」——白先勇訪談錄　白先勇作品集・青春版牡丹亭　臺北　天下遠見出版公司　2008 年 9 月　頁 344—374

658. 李公權　　訪白先勇教授紀實　《孽子》與改編影劇之研究　銘傳大學應用中國文學系碩士在職專班　碩士論文　游秀雲教授指導　2007 年 12 月　頁 386—397

659. 廖俊逞　　白先勇：劉曉慶是麻辣金大班　PAR 表演藝術雜誌　第 180 期　2007 年 12 月　頁 26—28

660. 王啓享　　白先勇訪問記錄　白先勇小說之酷兒美學　東海大學中國文學系

碩士論文　周芬伶教授指導　2008 年 6 月　頁 1—16

661. 王啓享　白先勇訪問整理稿　白先勇小說之酷兒美學　東海大學中國文學系　碩士論文　周芬伶教授指導　2008 年 6 月　頁 1—11

662. 白先勇等[13]　座談：驀然回首——現代文學　「白先勇的藝文世界」系列講座　臺北　臺灣大學，國家圖書館主辦　2008 年 9 月 20—21 日

663. 白先勇，余光中，胡菊人　文學的主題及其表現——白先勇、余光中、胡菊人的對話　白先勇作品集・第六隻手指　臺北　天下遠見出版公司　2008 年 9 月　頁 514—542

664. 白先勇等[14]　沉醉後的歡聚——白先勇與崑劇界人士談《長生殿》　白先勇作品集・青春版牡丹亭　臺北　天下遠見出版公司　2008 年 9 月　頁 36—48

665. 何榮幸等[15]　叛逆——白崇禧白先勇的基因密碼　中國時報　2008 年 10 月 4 日　A5 版

666. 何榮幸　父母包容轉系，造就文學大師　中國時報　2008 年 10 月 5 日　A8 版

667. 何榮幸等[16]　塑造金大班，刻畫尹雪艷——白先勇用筆穿梭虛實人生　中國時報　2008 年 10 月 5 日　A8 版

668. 何榮幸　忠於自己寫《孽子》，同志運動已有成　中國時報　2008 年 10 月 5 日　A8 版

669. 白先勇等[17]　文學的軌跡，時代的重逢——白先勇、黃春明對談（上、下）　中國時報　2008 年 10 月 6—7 日　E4 版

670. 白先勇等　文學的軌跡，時代的重逢——白先勇 VS.黃春明　印刻文學生活誌　第 62 期　2008 年 10 月　頁 77—84

671. 楊江波　白先勇：我要讓崑曲「曲高和眾」　現代蘇州　2008 年第 21 期

---

[13]與會者：白先勇、王文興、陳若曦、葉維廉、李歐梵、鄭恆雄。
[14]與會者：陸士清、華文漪、方家驥、蔡正仁、唐葆祥、沈斌、林之果、顧兆琳、白先勇。
[15]專訪者：何榮幸、李維菁、謝錦芳、郭石城、高有智。
[16]專訪者：何榮幸、李維菁、謝錦芳、郭石城、高有智。
[17]主持人：張誦聖；與會者：白先勇、黃春明；紀錄：劉思坊。

2008年11月 頁96—97

672. 張歷君，郭詩詠，高俊傑 從臺灣現代主義到中華文藝復興——訪白先勇老師 字花 第17期 2008年12月 頁75—77

673. 苗曉霞，陳芳 「作家應該擁抱人生」——白先勇先生專訪 明報月刊 第516期 2008年12月 頁42—48

674. 陳 芳 親近崑曲的情與美——白先勇岳美緹翁國生談《玉簪記》 明報月刊 第516期 2008年12月 頁49—51

675. 陳怡蓁專訪；楊文瑩整理 從《牡丹亭》到《玉簪記》——白先勇的崑曲新美學 印刻文學生活誌 第68期 2009年4月 頁194—199

676. 陳怡蓁專訪 白先勇的崑曲新美學——從《牡丹亭》到《玉簪記》 色膽包天《玉簪記》——琴曲書畫崑曲新美學 臺北 天下遠見出版公司 2009年5月 頁12—23

677. 王盛弘 白先勇妙筆藏悲憫，顧曲種癡情 聯合報 2009年5月3日 A6版

678. 彭蕙仙 薪傳要先傳心——廖瓊枝與白先勇對談文化傳承 新活水 第24期 2009年6月 頁90—93

679. 符立中 青春版《玉簪記》幕前幕後——白先勇、符立中對談 明道文藝 第401期 2009年8月 頁10—14

680. 符立中 青春版《玉簪記》幕前幕後 白先勇與符立中對談：從《臺北人》到《紐約客》 臺北 九歌出版社 2010年11月 頁241—247

681. 白先勇口述；盧璐，田美玲採訪 文藝修行‧向善人生——與白先勇有約 人間福報 2010年4月9日 15版

682. 李懷宇 白先勇：中國需要文藝復興 世界知識公民——文化名家訪談錄 臺北 允晨文化公司 2010年5月 頁9—56

683. 符立中 百劫紅顏——白先勇、符立中對談田納西威廉斯 白先勇與符立中對談：從《臺北人》到《紐約客》 臺北 九歌出版社 2010

年 11 月　頁 36—51

684. 符立中　織錦綺年，至情不悔——賦比青春版《牡丹亭》與《羅密歐與茱麗葉》　白先勇與符立中對談：從《臺北人》到《紐約客》　臺北　九歌出版社　2010 年 11 月　頁 217—227

685. 符立中　寫給年輕的戀人　白先勇與符立中對談：從《臺北人》到《紐約客》　臺北　九歌出版社　2010 年 11 月　頁 228—236

686. 符立中　斷背山——美國式的孤寂，中國式的纏綿　白先勇與符立中對談：從《臺北人》到《紐約客》　臺北　九歌出版社　2010 年 11 月　頁 259—270

687. 白先勇等[18]　二十一世紀中國文藝復興——香港的角色　明報月刊　第 543 期　2011 年 3 月　頁 28—36

688. 姚嘉爲　從臺北人到紐約客——悲憫情懷白先勇　在寫作中還鄉——北美的天空下　臺北　允晨文化公司　2011 年 10 月　頁 101—126

689. 廖彥博整理　莫將成敗論英雄——齊邦媛 VS.白先勇對談父親與歷史　印刻文學生活誌　第 105 期　2012 年 5 月　頁 130—139

690. 薛莉洋　回首話當年・白先勇的家庭生活　吾愛吾家　第 360 期　2012 年 10 月　頁 76—79

691. 白先勇等[19]　傳播與影響　白先勇的文學與文化實踐暨兩岸藝文合作學術研討會　北京　中國社科院主辦；趨勢教育基金會協辦　2012 年 11 月 9—11 日

692. 孫梓評　白先勇——《孽子》而立　聯合文學　第 345 期　2013 年 7 月　頁 40—46

年表

693. 〔編輯部〕　白先勇寫作年表　驀然回首　臺北　爾雅出版社　1978 年 9 月　頁 179—184

[18]與會者：白先勇、李歐梵、董橋；紀錄整理：張繼、陳芳。
[19]主持人：梨湘萍；與會者：白先勇、白舒榮、劉瑞琳、向勇、陶慶梅。

694. 陳若穎，鄭文暉著；秦賢次增訂　白先勇年表　從大陸到臺灣的「臺北人」——白先勇　臺北　海風出版社　1992年9月　頁333—340
695. 〔編輯部〕　作者年表　臺北人　上海　上海文藝出版社　1999年8月　頁205—213
696. 〔編輯部〕　作者年表　臺北人　臺北　爾雅出版社　2002年2月　頁335—346
697. 梅美玲　白先勇小說發表年表　反叛與皈依——論《孽子》中的同性戀情與家國意識　暨南大學文藝學研究所　碩士論文　劉紹瑾教授指導　2002年4月　頁45—46
698. 梅美玲　白先勇創作年表　反叛與皈依——論《孽子》中的同性戀情與家國意識　暨南大學文藝學研究所　碩士論文　劉紹瑾教授指導　2002年4月　頁46
699. 楊淑禎　白先勇小說創作年表　白先勇短篇小說藝術技巧之研究　高雄師範大學國文學系　碩士論文　王義良教授指導　2005年7月　頁253—255
700. 張　薇　白先勇創作年表　中西文化交匯下的鳳凰涅槃——論白先勇小說創作　上海外國語大學比較文學所　碩士論文　宋炳輝教授指導　2005年　頁35—36
701. 編輯部　作者年表　紐約客　臺北　爾雅出版社　2007年7月　頁245—259
702. 歐崇敬　白先勇小說年表　臺灣小說史導論卷　臺北　洪葉文化公司　2007年9月　頁272—273
703. 劉　俊　白先勇創作年表　情與美：白先勇傳　臺北　時報文化出版公司　2007年12月　頁433—437
704. 王啓享　白先勇年表　白先勇小說之酷兒美學　東海大學中國文學系　碩士論文　周芬伶教授指導　2008年6月　頁1—12
705. 〔編輯部〕　白先勇年表　白先勇外集・白先勇研究精選　臺北　天下遠

見出版公司　2008 年 9 月　頁 488—500

706. 王盛弘　白先勇大事紀　聯合報　2009 年 5 月 3 日　A6 版

707. 翁珮綺　白先勇創作年表　白先勇《臺北人》人物形象研究　高雄師範大學回流中文碩士班　碩士論文　郭芳忠教授指導　2009 年 6 月　頁 253—255

708. 〔廣西師範大學出版社〕　白先勇年表　紐約客　桂林　廣西師範大學出版社　2010 年 10 月　頁 245—266

其他

709. 黃盈雰　臺灣作家身影，白先勇首度入鏡　文訊雜誌　第 162 期　1999 年 4 月　頁 83

710. 趙順宏，劉俊峰　白先勇創作國際研討會綜述　文學評論　2001 年第 2 期　2001 年 3 月　頁 158

711. 邱冬銀　經典永存——白先勇特藏嘉惠研究者　中外文學　第 30 卷第 2 期　2001 年 7 月　頁 176—179

712. 羊　牧　白先勇至雲林演說創作歷程　文訊雜誌　第 210 期　2003 年 4 月　頁 45—46

713. 黃暐勝　文學與戲劇對話——白先勇名著《孽子》研討會實況　明報月刊　第 448 期　2003 年 4 月　頁 56—57

714. 〔人間福報〕　白先勇受頒桂冠文學家　人間福報　2007 年 5 月 3 日　11 版

715. 〔人間福報〕　白先勇獲頒「桂冠文學家」　人間福報　2007 年 5 月 5 日　14 版

716. 李玉玲　白先勇獲頒桂冠文學家　聯合報　2007 年 5 月 5 日　A10 版

717. 袁世忠，申慧媛　白先勇領桂冠，倡讀經典古文　自由時報　2007 年 5 月 5 日　B5 版

718. 陳淑英　白先勇獲頒桂冠文學家獎項，感慨崑曲藝術受冷落　中國時報　2007 年 5 月 5 日　D4 版

719. 〔金門日報〕 白先勇，獲元智大學桂冠文學家獎——嘿水趣，感受雨季舞姿與大自然漫妙 金門日報 2007年5月7日 7版
720. 陳 芳 白先勇：崑曲是我的信仰！——香港大學崑曲研究發展中心籌備計劃啓航 明報月刊 第499期 2007年7月 頁78—79
721. 劉 俊 白先勇兩度獲獎 白先勇書話 臺北 爾雅出版社 2008年7月 頁251—257
722. 姜 妍 「白先勇的文學與文化實踐暨兩岸藝文合作」學術研討會 文訊雜誌 第326期 2012年12月 頁150
723. 朱雙一 白先勇文學文化實踐及兩岸藝文合作研討會 文訊雜誌 第327期 2013年1月 頁180

作品評論篇目

綜論

724. 程榕寧 白先勇和他的小說 大華晚報 1967年7月26日 6版
725. 葉維廉 激流怎能為倒影造像（代序）——論白先勇的小說[20] 遊園驚夢 臺北 仙人掌出版社 1968年9月 頁1—20
726. 葉維廉 激流怎能為倒影造像（代序）——論白先勇的小說 遊園驚夢 臺北 仙人掌出版社 1968年10月 頁1—21
727. 葉維廉 激流怎能為倒影造像（代序）——論白先勇的小說 遊園驚夢 臺北 晨鐘出版社 1970年9月 頁1—20
728. 葉維廉 激流怎能為倒影造像？——論白先勇的小說 中國現代小說的風貌 臺北 晨鐘出版社 1977年7月 頁75—95
729. 葉維廉 激流怎能為倒影造像——論白先勇的小說 中國現代小說的風貌 臺北 四季出版公司 1977年9月 頁81—103
730. 葉維廉 激流怎能為倒影造像——論白先勇的小說 當代臺灣文學評論大系・小說評論卷 臺北 正中書局 1993年6月 頁311—333

[20]本文探討白先勇如何在小說中營造出層次感。

731. 葉維廉　激流怎能為倒影造像？（1968）——論白先勇的小說　從現象到表現：葉維廉早期文集　臺北　東大圖書公司　1994年6月　頁519—538

732. 葉維廉　激流怎能為倒影造像——論白先勇的小說　葉維廉文集（一）　合肥　安徽教育出版社　2002年8月　頁280—296

733. 葉維廉　激流怎能為倒影造像——論白先勇的小說　中國現代小說的風貌　臺北　臺大出版中心出版　2010年3月　頁105—128

734. 〔郭震唐編〕　作者簡介　遊園驚夢　臺北　仙人掌出版社　1968年9月　頁1—2

735. 〔郭震唐編〕　作者簡介　遊園驚夢　臺北　仙人掌出版社　1968年10月　頁23—24

736. 〔郭震唐編〕　作者簡介　遊園驚夢　臺北　晨鐘出版社　1970年9月　頁1—2

737. 張　炎　簡論白先勇的小說　政大文藝　第10期　1969年1月　頁17—19

738. 黃錦滿　淺析白先勇的作品——沒落貴族的殘照　政大文藝　第10期　1969年1月　頁20—21

739. 於梨華　白先勇筆下的女人　現代文學　第37期　1969年3月　頁146

740. 於梨華　白先勇筆下的女人　臺北人　北京　作家出版社　2000年7月　頁196—203

741. 夏志清　白先勇論（上）　現代文學　第39期　1969年12月　頁1—18

742. 夏志清　白先勇論[21]　臺北人　臺北　晨鐘出版社　1973年4月　頁291—312

743. 夏志清　白先勇論　臺北人　臺北　晨鐘出版社　1978年3月　頁291—312

744. 夏志清　白先勇論　臺北人　北京　作家出版社　2000年7月　頁179—

[21]本文論述白先勇小說，及其小說與中國文化的繼承。

195

745. 陳振興　西風殘照、漢家陵闕——論白先勇小說　新潮　第28期　1974年6月　頁28—31

746. 〔書評書目〕　作家畫像——白先勇　書評書目　第18期　1974年10月　頁99—100

747. 夏志清　白先勇早期的短篇小說[22]　文學的前途　臺北　純文學出版社　1974年10月　頁161—179

748. 夏志清　白先勇早期的短篇小說——《寂寞的十七歲》代序　寂寞的十七歲　臺北　遠景出版公司　1976年12月　頁1—21

749. 夏志清　代序——白先勇早期的短篇小說　白先勇作品集・寂寞的十七歲　臺北　天下遠見出版公司　2008年9月　頁54—78

750. 夏志清　白先勇早期的短篇小說　寂寞的十七歲　桂林　廣西師範大學出版社　2010年10月　頁397—421

751. 夏志清著；周兆祥譯　懷國與鄉愁的延續——論三位現代中國作家〔白先勇部分〕　明報月刊　第121期　1976年1月　頁141—143

752. 楊昌年　白先勇　近代小說研究　臺北　蘭臺書局　1976年1月　頁531—533

753. 何　欣　三十年來的小說〔白先勇部分〕　中華文化復興月刊　第10卷第9期　1977年9月　頁28

754. 廖宏文　白先勇的小說世界（上、中、下）　國語日報　1978年8月29日，9月1，5日　6版

755. 黃維樑　文學的具體呈現法——好處和侷限：從白先勇說起　書評書目　第77期　1979年9月　頁93—100

756. 黃維樑　文學的具體呈現法：好處和局限〔白先勇部分〕　清通與多姿——中文語法修辭論集　臺北　時報文化出版公司　1984年10月　頁127—135

---

[22]本文探討白先勇早期小說人物與情小節。

757. 張葆莘　旅居海外的臺灣作家〔白先勇部分〕　新文學論叢　1980 年第 1 期　1980 年 3 月　頁 197—198

758. 王晉民　細膩入微——試評白先勇的短篇小說　疊彩　1980 年第 3 期　1980 年 9 月　頁 110

759. 封祖盛　論白先勇的小說　當代文學研究叢刊　1980 年第 12 期　1980 年 12 月　頁 117—122

760. 王晉民　論白先勇的創作特色　中山大學學報　1981 年第 1 期　1981 年 1 月　頁 42—51

761. 李承清　白先勇短篇小說淺析　江西師範學院井岡山分院院刊　1981 年第 1 期　1981 年 1 月　頁 43—52

762. 曉　立　白先勇短篇小說的認識價值　讀書　1981 年第 7 期　1981 年 7 月　頁 58—68

763. 曉　立　白先勇短篇小說的認識價值　白先勇短篇小說選　福州　福建人民出版社　1982 年 12 月　頁 323—333

764. 高天生　可憐身是眼中人——試論白先勇的小說　中國論壇　第 12 卷第 9 期　1981 年 8 月　頁 38—41

765. 高天生　可憐身是眼中人——試論白先勇的小說　臺灣小說與小說家　臺北　前衛出版社　1985 年 5 月　頁 95—106

766. 文　萍　試析白先勇小說的結構藝術　廣西民族學院學報　1982 年第 1 期　1982 年 1 月　頁 77—83

767. 耘　之　《現代文學》、白先勇和「放逐主題」　福建文學　1982 年第 3 期　1982 年 3 月　頁 57—58，241，168

768. 易明善　略論白先勇小說的語言藝術　首屆臺灣香港文學學術討論會　廣州暨南大學　中國當代文學學會臺港文學研究會，廈門大學臺灣研究所　1982 年 6 月 10—16 日

769. 易明善　略論白先勇短篇小說的語言描寫藝術　當代作家評論　1984 年第 6 期　1984 年 12 月　頁 119—124

770. 陳　青　論白先勇小說心理描寫的藝術特色[23]　首屆臺灣香港文學學術討論會　廣州　中國當代文學學會臺港文學研究會，廈門大學臺灣研究所主辦　1982 年 6 月 10—16 日

771. 陳　青　論白先勇小說心理描寫的藝術特色　臺灣香港文學論文選　福州　福建人民出版社　1983 年 10 月　頁 127—146

772. 曉　立　夕陽殘照，斷壁頹垣——評白先勇的短篇小說　文學評論叢刊　第 12 期　1982 年 6 月　頁 355—369

773. 清　明　白先勇的小說技巧　白先勇短篇小說選　福州　福建人民出版社　1982 年 12 月　頁 334—341

774. 殷張蘭熙　導言〔白先勇部分〕　寒梅　臺北　爾雅出版社　1983 年 1 月　頁 5—6

775. 封祖盛　聶華苓、於梨華、白先勇的創作[24]　臺灣小說主要流派初探　福州　福建人民出版社　1983 年 10 月　頁 252—323

776. 葉公覺　試論白先勇短篇小說的風格　藝譚　1984 年第 1 期　1984 年 2 月　頁 52—56

777. 汪景壽　白先勇[25]　臺灣小說作家論　北京　北京大學出版社　1984 年 3 月　頁 149—184

778. 汪景壽　白先勇　臺灣文學的民族傳統：汪景壽選集　廣州　花城出版社　2012 年 10 月　頁 170—205

779. 張　禹　讀白先勇短篇小說有感　全國第二次臺灣香港文學學術討論會　廈門　廈門大學臺灣研究所，福建人民出版社主辦　1984 年 4 月 22—29 日

780. 朱學群　試論白先勇小說的悲劇意識　臺灣研究集刊　1984 年第 2 期　1984 年 5 月　頁 53—60

781. 朱學群　白先勇小說的悲劇意識　臺灣香港文學論文選　福州　海峽文藝

---

[23]本文分析白先勇小說《臺北人》、《紐約客》的心理描寫的藝術特色，以探討白先勇創作技巧。
[24]本文藉由聶華苓、於梨華、白先勇作品，以了解臺灣現代派小說的面貌。
[25]本文記述白先勇家世背景及其文學創作歷程。

出版社　1985年9月　頁182—195
782. 黃南翔　短篇小說的奇才——白先勇　中國作家素描　臺北　遠景出版公司　1984年6月　頁23—28
783. 耀亭〔古繼堂〕　評白先勇作品中的色彩描寫　電視、電影、文學　1984年第2期　1984年6月　頁140—141
784. 古繼堂　評白先勇作品中的色彩描寫　靜聽那心底的旋律——臺灣文學論　北京　國際文化出版公司　1989年1月　頁126—132
785. 魯　偉　白先勇和他的電影作品　電影之友　1984年第10期　1984年10月　頁26
786. 常　徵　向作品的深處探尋——對臺灣當代作家白先勇小說的再認識　新疆大學學報　1984年第4期　1984年12月　頁68—72
787. 詹益宏　白先勇小說中的同性戀世界　文訊雜誌　第18期　1985年6月　頁197—199
788. 徐　杰　白先勇短篇小說的抒情特色　臺灣研究集刊　1985年第3期　1985年8月　頁70—74，79
789. 葉石濤　臺灣文學史大綱（後篇）——六十年代的臺灣文學：無根與放逐〔白先勇部分〕　文學界　第15期　1985年8月　頁165—166
790. 葉石濤　六〇年代的臺灣文學——無根與放逐〔白先勇部分〕　臺灣文學史綱　高雄　文學界雜誌社　1991年9月　頁126—127
791. 葉石濤　臺灣文學史綱——六〇年代的臺灣文學——無根與放逐〔白先勇部分〕　葉石濤全集・評論卷五　臺南，高雄　國立臺灣文學館，高雄市文化局　2008年3月　頁141—142
792. 葉石濤　走過紛爭歲月・邁向多元年代——臺灣文學的回顧與前瞻（上、中、下）〔白先勇部分〕　自立晚報　1985年10月29—31日　10版
793. 葉石濤　走過紛爭歲月，邁向多元世代——臺灣文學的回顧與前瞻〔白先勇部分〕　葉石濤全集・評論卷三　臺南，高雄　國立臺灣文學

館，高雄市文化局　2008 年 3 月　頁 299

794. 黨鴻樞　略論白先勇的美學觀　廣西大學學報　1986 年第 1 期　1986 年 3 月　頁 10—16

795. 張火慶　白先勇短篇小說的同性戀世界[26]　鵝湖　第 132 期　1986 年 6 月　頁 35—49

796. 鍾惠民　白先勇——當宗教來信仰的文學　心路剪影——人文心靈共鳴實錄　臺北　自由青年社　1986 年 6 月　頁 1—8

797. 鍾惠民　白先勇——當宗教來信仰的文學　關掉失敗之門　臺北　黎明文化公司　1989 年 9 月　頁 15—24

798. 葉石濤　六〇年代作家的流浪與放逐〔白先勇部分〕　民眾日報　1986 年 11 月 2 日　11 版

799. 葉石濤　六〇年代作家的流浪與放逐〔白先勇部分〕　葉石濤全集・評論卷三　臺南，高雄　國立臺灣文學館，高雄市文化局　2008 年 3 月　頁 365—366

800. 齊邦媛　留學「生」文學——由非常心到平常心（2）〔白先勇部分〕　中國時報　1986 年 11 月 2 日　8 版

801. 齊邦媛　留學「生」文學——由非常心到平常心〔白先勇部分〕　七十五年文學批評選　臺北　爾雅出版社　1987 年 3 月　頁 240—243

802. 齊邦媛　留學「生」文學——由非常心到平常心〔白先勇部分〕　千年之淚　臺北　爾雅出版社　1990 年 7 月　頁 158—160

803. 關　飛　王晉民副教授談白先勇和聶華苓　特區工人報　1987 年 1 月 10 日　2 版

804. 蔡源煌　從《臺北人》到《撒哈拉的故事》（上、下）　中國時報　1987 年 1 月 13—14 日　8 版

805. 蔡源煌　從《臺北人》到《撒哈拉的故事》　海峽兩岸小說的風貌　臺北

[26]本文統整歸納白先勇以同性戀為主題的作品。全文共 5 小節：1.男性的潔癖；2.青春的炫耀；3.性別的迷惑；4.肉欲的猥瑣；5.結語。

雅典出版社　1989 年 4 月　頁 65—79
806. 蔡源煌　從《臺北人》到《撒哈拉的故事》　當代臺灣文學評論大系・文學現象卷　臺北　正中書局　1993 年 5 月　頁 479—496
807. 張阿莉　流浪者之歌——論臺灣作家白先勇的短篇小說　張家口師專學報　1987 年第 1 期　1987 年 1 月　頁 67—71
808. 王潤華，劉寶珍　《紅樓夢》對中國現代文學之影響——白先勇繼承了《紅樓夢》以戲點題及其他小說技巧　中國現代文學研究叢刊　1987 年第 3 期　1987 年 8 月　頁 208—209
809. 劉紹銘　Celestials and Commoners: Exilesin Pai Hsien-yung's Stories　Asian Culture Quarterly　第 15 卷第 3 期　1987 年秋　頁 7—17
810. 宋田水　要死不活的臺灣文學——透視臺灣作家的良心——白先勇　臺灣新文化　第 14 期　1987 年 11 月　頁 42—43
811. 寒　青　白先勇　現代臺灣文學史　瀋陽　遼寧大學出版社　1987 年 12 月　頁 412—439
812. 〔黃維樑編〕　對小說的看法和評論——白先勇　中國當代短篇小說選（第一集）　香港　新亞洲出版社　1988 年 4 月　頁 412
813. 朱文華　論白先勇小說的公館題材　臺港文壇　1988 年 2 期　1988 年 9 月　頁 6—8
814. 丁　淙　白先勇的新探索　文匯報　1988 年 12 月 19 日　18 版
815. 鄭清文　《臺灣當代小說精選》序〔白先勇部分〕　臺灣當代小說精選（1945—1988）　臺北　新地文學出版社　1989 年 1 月　頁 13—14
816. 邱亞才　化不開的蠱惑——論白先勇作品中靈與慾的掙扎　自立晚報　1989 年 4 月 2 日　6 版
817. 香　塵　白先勇及其創作簡介　文教資料　1989 年第 6 期　1989 年 6 月　頁 57—59
818. 古繼堂　六十年代臺灣現代派小說的旗手白先勇　臺灣小說發展史　臺北

文史哲出版社　1989 年 7 月　頁 269—297

819. 袁良駿　一個舊時代的輓歌——論白先勇小說的悲劇藝術　雲南師範大學學報　1989 年第 4 期　1989 年 7 月　頁 25—34

820. 袁良駿　一個舊時代的輓歌——白先勇小說的悲劇傾向　白先勇論　臺北　爾雅出版社　1991 年 6 月　頁 1—34

821. 袁良駿　一個舊時代的輓歌——白先勇小說的悲劇傾向　白先勇小說藝術論　長春　吉林大學出版社　1991 年 8 月　頁 1—25

822. 公仲，汪義生　五十年代後期及六十年代臺灣文學——白先勇　臺灣新文學史初編　南昌　江西人民出版社　1989 年 8 月　頁 140—145

823. 公仲，汪義生　六十年代後期和七十年代臺灣文學——白先勇的新近小說　臺灣新文學史初編　南昌　江西人民出版社　1989 年 8 月　頁 255—261

824. 戴　天　迎白先勇　遊園驚夢　臺北　風雲時代出版公司　1989 年 11 月　頁 229—231

825. 戴　天　迎白先勇　遊園驚夢二十年　香港　迪志文化出版公司　2001 年 7 月　頁 259—260

826. 戴　天　迎白先勇　遊園驚夢二十年（修訂版）　香港　迪志文化出版公司　2007 年 5 月　頁 259—260

827. 袁良駿　白先勇與《紅樓夢》三題　臺灣研究集刊　1990 年第 1 期　1990 年 2 月　頁 67—74

828. 袁良駿　白先勇創作道路初探　華文文學　1990 年第 1 期　1990 年 2 月　頁 43—47，49

829. 林承璜　白先勇小說探秘　唐山教育學院學報　1990 年第 2 期　1990 年 2 月　頁 64—68

830. 林承璜　白先勇小說探秘　臺灣香港文學評論集　福州　海峽文藝出版社　1994 年 2 月　頁 148—159

831. 袁良駿　「紅樓」海外放奇葩——論白先勇與《紅樓夢》　紅樓夢學刊

1990 年第 1 期　1990 年 2 月　頁 187—217

832. 袁良駿　「紅樓」海外放奇葩——論白先勇與《紅樓夢》[27]　白先勇論　臺北　爾雅出版社　1991 年 6 月　頁 87—116

833. 袁良駿　「紅樓」海外放奇葩——論白先勇與《紅樓夢》　白先勇小說藝術論　長春　吉林大學出版社　1991 年 8 月　頁 66—93

834. 袁良駿　論白先勇小說的傳統特色　文學評論　1990 年第 3 期　1990 年 6 月　頁 32—38

835. 袁良駿　「道道地地的中國作家」——論白先勇小說的傳統特色　白先勇論　臺北　爾雅出版社　1991 年 6 月　頁 63—86

836. 袁良駿　「道道地地的中國作家」——論白先勇小說的傳統特色　白先勇小說藝術論　長春　吉林大學出版社　1991 年 8 月　頁 43—65

837. 方　忠　白先勇小說藝術散論　徐州師範學院學報　1990 年第 3 期　1990 年 9 月　頁 84—88

838. 王晉民　白先勇作品中的中國文學傳統　臺灣香港暨海外華文文學論文選　福州　海峽文藝出版社　1990 年 9 月　頁 361—365

839. 袁良駿　「融傳統於現代」——論白先勇小說的現代特色　廣東社會科學　1990 年第 4 期　1990 年 12 月　頁 106—111，91

840. 袁良駿　「融傳統於現代」——論白先勇小說的現代特色　白先勇論　臺北　爾雅出版社　1991 年 6 月　頁 117—148

841. 袁良駿　「融傳統於現代」——論白先勇小說的現代特色　白先勇小說藝術論　長春　吉林大學出版社　1991 年 8 月　頁 94—117

842. 袁良駿　論白先勇筆下的知識分子形象　江淮論壇　1990 年第 6 期　1990 年 12 月　頁 98—102

843. 袁良駿　民族精英的淚與魂——論白先勇筆下的知識分子形象　白先勇論　臺北　爾雅出版社　1991 年 6 月　頁 185—208

844. 袁良駿　時代前驅的淚與魂——論白先勇筆下的知識分子形象　白先勇小

[27]本文探討白先勇作品中與中國傳統文化、《紅樓夢》承繼關係。

說藝術論　長春　吉林大學出版社　1991 年 8 月　頁 143—162

845. 吳　俊　生命的悲劇意識：白先勇小說意蘊管窺　上海文論　1991 年第 1 期　1991 年 1 月　頁 68—72

846. 施修蓉　試論白先勇小說的對比藝術　廣西教育學院學報　1991 年第 1 期　1991 年 1 月　頁 66—70

847. 彭瑞金　埋頭深耕的年代（一九六〇—一九六九）——失根的流浪文學〔白先勇部分〕　臺灣新文學運動四十年　臺北　自立晚報社　1991 年 3 月　頁 133—135

848. 嚴翼相（IR-sang Eom）　The Death of Three Men : Characters in Pai Hsien-yung's Love Stories　Chinese Culture Quarterly　第 32 卷第 1 期　1991 年 3 月　頁 83—98

849. 袁良駿　「奇」從何來？——白先勇小說藝術漫筆（上、下）　當代文學研究資料與信息　1991 年第 3—4 期　1991 年 3—4 月　頁 23—28，21—25

850. 袁良駿　「奇」從何來？——白先勇小說藝術　中國社會科學院研究生院學報　1999 年第 5 期　1999 年 9 月　頁 63—70

851. 曹　明　綽約多姿各具風采——漫談白先勇小說中的女性形象　臺港與海外華文文學評論和研究　1991 年第 1 期　1991 年 4 月　頁 32—34

852. 劉　俊　論白先勇小說的語言藝術　南京大學學報　1991 年第 2 期　1991 年 5 月　頁 108—114

853. 劉　俊　論白先勇小說的語言藝術　從臺港到海外：跨區域華文文學的多元審視　廣州　花城出版社　2004 年 2 月　頁 209—222

854. 黃重添，莊明萱，闕豐齡　現代派小說——現代文學的流行〔白先勇部分〕　臺灣新文學概觀（上）　廈門　鷺江出版社　1991 年 6 月　頁 109

855. 王晉民　編後記　孤戀花　北京　中國文聯出版公司　1991 年 6 月　頁 429—440

856. 袁良駿　從〈金大奶奶〉到〈骨灰〉——論白先勇的創作道路　白先勇論　臺北　爾雅出版社　1991年6月　頁35—62

857. 袁良駿　從〈金大奶奶〉到〈骨灰〉——論白先勇的創作道路　白先勇小說藝術論　長春　吉林大學出版社　1991年8月　頁26—42

858. 袁良駿　「挖不完的寶藏」——論白先勇筆下的女性形象　白先勇論　臺北　爾雅出版社　1991年6月　頁149—184

859. 袁良駿　「挖不完的寶藏」——論白先勇筆下的女性形象　白先勇小說藝術論　長春　吉林大學出版社　1991年8月　頁118—142

860. 袁良駿　「獻身精神」的結晶——論白先勇小說的藝術魅力　白先勇論　臺北　爾雅出版社　1991年6月　頁209—237

861. 袁良駿　「獻身精神」的結晶——論白先勇小說的藝術魅力　白先勇小說藝術論　長春　吉林大學出版社　1991年8月　頁163—186

862. 袁良駿　六十年代崛起的「文體家」——論白先勇小說的語言風格美　白先勇論　臺北　爾雅出版社　1991年6月　頁237—274

863. 袁良駿　六十年代崛起的「文體家」——論白先勇小說的語言風格美　白先勇小說藝術論　長春　吉林大學出版社　1991年8月　頁187—215

864. 袁良駿　中國現代文壇的兩位精雕細刻派——論白先勇與魯迅　白先勇論　臺北　爾雅出版社　1991年6月　頁319—350

865. 袁良駿　中國現代文壇的兩位精雕細刻派——論白先勇與魯迅　白先勇小說藝術論　長春　吉林大學出版社　1991年8月　頁251—273

866. 袁良駿　廣收博采，中體西用——論白先勇的文藝思想　白先勇論　臺北　爾雅出版社　1991年6月　頁351—382

867. 袁良駿　廣收博采，中體西用——論白先勇的文藝思想　白先勇小說藝術論　長春　吉林大學出版社　1991年8月　頁274—295

868. 王晉民　白先勇　臺灣文學家辭典　南寧　廣西教育出版社　1991年7月　頁117—120

869. 賴伯疆　美洲華文文學方興未艾——美國華文文學〔白先勇部分〕　海外華文文學概觀　廣州　花城出版社　1991 年 7 月　頁 177—182

870. 簡政珍　放逐詩學——臺灣放逐文學初探〔白先勇部分〕　中外文學　第 20 卷第 6 期　1991 年 11 月　頁 15—24

871. 簡政珍　緒論：放逐詩學——臺灣放逐文學初探〔白先勇部分〕　放逐詩學：臺灣放逐文學初探　臺北　聯合文學出版社　2003 年 11 月　頁 20—32

872. 李　夏　論白先勇小說的「女性文學」傾向　當代文壇　1992 年第 5 期　1992 年 5 月　頁 39—41

873. 劉　俊　白先勇小說中的意象群落　臺港與海外華文文學評論和研究　1992 年第 1 期　1992 年 5 月　頁 25—29

874. 劉　俊　論白先勇小說中的意象群落　學術論壇　1994 年第 2 期　1994 年 2 月　頁 77—82

875. 劉　俊　論白先勇小說中的意象群落　從臺港到海外：跨區域華文文學的多元審視　廣州　花城出版社　2004 年 2 月　頁 223—248

876. 喬福生，謝洪杰　陳映真、白先勇　二十世紀中國文學　杭州　杭州大學出版社　1992 年 12 月　頁 374—381

877. 吳梅芳　論白先勇創作中女性形象的悲劇意義　寧德師專學報　1993 年第 1 期　1993 年 1 月　頁 102—106

878. 金漢，馮雲青，李新宇　白先勇　新編中國當代文學發展史　杭州　杭州大學出版社　1993 年 1 月　頁 699

879. 闕豐齡　白先勇的小說創作　臺灣文學史（下）　福州　海峽文藝出版社　1993 年 1 月　頁 205—217

880. 劉淑慧　荒涼美感的重現——試比較張愛玲與白先勇的小說世界　現代文學研討會　臺北　淡江大學中國文學研究所　1993 年 2 月 27 日

881. 劉淑慧　荒涼美感的重現：試比較張愛玲與白先勇的小說世界　臺灣文學觀察雜誌　第 7 期　1993 年 6 月　頁 101—114

882. 黎湘萍　陳映真與三代臺灣作家——兼論臺灣小說敍事模式之演變（下）〔白先勇部分〕　臺灣研究集刊　1993年第1期　1993年2月　頁95—97

883. 王景山　魯迅和臺灣新文學〔白先勇部分〕　臺灣香港澳門暨海外華文文學論文選　福州　海峽文藝出版社　1993年3月　頁108—109

884. 簡政珍　白先勇作品中的敘述者和放逐者[28]　文史學報　第23期　1993年3月　頁1—23

885. 簡政珍　白先勇作品中的敘述者和放逐者　中外文學　第26卷第2期　1997年7月　頁169—194

886. 簡政珍　白先勇的敘述者與放逐者　放逐詩學：臺灣放逐文學初探　臺北　聯合文學出版社　2003年11月　頁109—145

887. 陸士清　白先勇的小說技巧　臺灣文學新論　上海　復旦大學出版社　1993年6月　頁233—239

888. 陸士清　白先勇的小說技巧　血脈情緣：陸士清選集　廣州　花城出版社　2012年10月　頁139—145

889. 古繼堂　小說家筆下的小說理論批評〔白先勇部分〕　臺灣新文學理論批評史　瀋陽　春風文藝出版社　1993年6月　頁266—268

890. 古繼堂　小說家筆下的小說理論批評〔白先勇部分〕　臺灣新文學理論批評史　臺北　秀威資訊科技公司　2009年3月　頁278—279

891. 吳福輝　背負歷史記憶而流離的中國人——白先勇小說新論　文藝爭鳴　1993年第3期　1993年6月　頁16—21

892. 吳福輝　序：背負歷史記憶而流離的中國人　永遠的尹雪艷　武漢　長江文藝出版社　1993年10月　頁1—15

893. 吳福輝　背負歷史記憶而流離的中國人——白先勇小說新論　深化中的變異　浙江　浙江文藝出版社　1999年12月　頁138—151

894. 林幸謙　流亡的悲愴——白先勇小說中的放逐主題　國文天地　第101期

[28]本文以放逐角度探討白先勇小說，以呈現其敘述的力度與放逐美學。

1993 年 10 月　頁 27—30

895. 施懿琳　白先勇小說中的死亡意識及其分析[29]　近代臺灣小說與社會研討會　嘉義　中正大學歷史系主辦，新港文教基金會與中正大學中文系協辦　1993 年 11 月 5—6 日

896. 施懿琳　白先勇小說中的死亡意識及其分析　臺灣的社會與文學　臺北　東大圖書公司　1995 年 11 月　頁 195—234

897. 施懿琳　白先勇小說中的死亡意識及其分析　跨語、漂泊、釘根：臺灣新文學論集　高雄　春暉出版社　2000 年 6 月　頁 155—197

898. 徐國綸，王春榮　白先勇的「臺北人系列」小說　二十世紀中國兩岸文學史・續編　瀋陽　遼寧大學出版社　1993 年 12 月　頁 209—213

899. 溫　斌　試論白先勇短篇小說的悲劇意識　鄭州大學學報　1993 年第 6 期　1993 年 12 月　頁 93—97

900. 趙順宏　白先勇的小說　海外華文文學史初編　廈門　鷺江出版社　1993 年 12 月　頁 592—602

901. 王晉民　美國華文小說概論〔白先勇部分〕　走向新世紀：第六屆世界文學國際學術研討會論文集　北京　人民文學出版社　1994 年 11 月　頁 116

902. 陳碧月　白先勇小說人物所揭示的社會意義　國文天地　第 115 期　1994 年 12 月　頁 58—63

903. 陳碧月　白先勇小說人物所揭示的社會意義　小說選讀　臺北　五南圖書出版公司　1999 年 4 月　頁 213—222

904. 王　焱　現代主義與傳統文化的璧合——白先勇小說創作概論　天中學刊　1995 年第 1 期　1995 年 1 月　頁 66—69

905. 陳碧月　白先勇小說全知觀點與人物刻劃之關係　文訊雜誌　第 111 期　1995 年 1 月　頁 9—14

---

[29] 本文以心理分析法、傳記分析法，以及透過死亡人物類型，探討白先勇寫作的特色及思想特質。全文共小節：1.前言；2.白先勇小說中的死亡人物及其類型；3.白先勇描寫死亡的特色及其思想內涵；4.從個性心理結構的角度探討白先勇作品死亡意識產生之因；5.結語。

906. 陳碧月　　白先勇小說全知觀點與人物刻劃之關係　小說選讀　臺北　五南圖書出版公司　1999 年 4 月　頁 223—232

907. 陳芳明　　百年來的臺灣文學與臺灣風格——臺灣新文學運動史導論：消極的流亡精神〔白先勇部分〕　中外文學　第 23 卷第 9 期　1995 年 2 月　頁 51

908. 陳碧月　　白先勇小說客觀觀點與人物刻劃之關係　明道文藝　第 228 期　1995 年 3 月　頁 104—110

909. 陳碧月　　白先勇小說客觀觀點與人物刻劃之關係　小說選讀　臺北　五南圖書出版公司　1999 年 4 月　頁 233—241

910. 劉　俊　　以殘缺的愛爲視域，揭示人類情感的困境——白先勇早期短篇小說主題透視　南京大學學報　1995 年第 2 期　1995 年 4 月　頁 81—87

911. 劉再復　　白先勇的輓情文學　放逐諸神：文論提綱和文學史重評　臺北　風雲時代出版公司　1995 年 6 月　頁 50—57

912. 張淑賢　　論白先勇小說創作中的存在主義色彩　作家報　1995 年 9 月 9 日　3 版

913. 胡亭亭，王洪濤　　卻道天涼好個秋——談白先勇小說的意境　學術交流　1995 年第 6 期　1995 年 11 月　頁 93—95

914. 彭燕彬　　雕欄玉砌應猶在，只是朱顏改——試析白先勇作品中的懷舊與鄉愁情感　河南大學學報　1995 年第 6 期　1995 年 11 月　頁 28—31

915. 陳碧月　　白先勇小說中男性的類型及其意義[30]　崇佑學報　第 5 期　1995 年 12 月　頁 336—358

916. 陳碧月　　白先勇小說中男性的類型及其意義　小說選讀　臺北　五南圖書出版公司　1999 年 4 月　頁 243—265

---

[30]本文藉由白先勇小說作品，以探討其筆下男性類型及其代表的意義。全文共 5 小節：1.末路英雄；2.隨從部下；3.平凡小民；4.知識分子；5.畸形人物。

917. 黎湘萍　文學母題及其變奏〔白先勇部分〕　揚子江與阿里山的對話——海峽兩岸文學比較　上海　上海文藝出版社　1995年12月　頁138

918. 楊匡漢　現代主義在兩岸〔白先勇部分〕　揚子江與阿里山的對話——海峽兩岸文學比較　上海　上海文藝出版社　1995年12月　頁197

919. 王保生　兩岸文體風貌〔白先勇部分〕　揚子江與阿里山的對話——海峽兩岸文學比較　上海　上海文藝出版社　1995年12月　頁334—338，352—353

920. 王蔵真　爲傳奇的文學生命作傳——張愛玲與白先勇的悲情中國　聯合報　1996年3月4日　41版

921. 葉石濤　代表六〇年代思潮的《現代文學》〔白先勇部分〕　臺灣新聞報　1996年4月11日　19版

922. 葉石濤　代表六〇年代思潮的《現代文學》〔白先勇部分〕　臺灣文學入門：臺灣文學五十七問　高雄　春暉出版社　1997年6月　頁121—123

923. 葉石濤　代表六〇年代思潮的《現代文學》〔白先勇部分〕　葉石濤全集・評論卷五　臺南，高雄　國立臺灣文學館，高雄市政府文化局　2008年3月　頁287—289

924. 張　健　白先勇和他的小說　古典到現代　臺北　三民書局　1996年4月　頁211—214

925. 江寶釵　論《紅樓夢》對當代臺灣兩位小說家的意義——白先勇與瓊瑤　第二屆臺灣本土文化國際學術研討會論文集——臺灣文學與社會　臺北　臺灣師範大學文學院國文學系，人文教育研究中心主辦　1996年4月20—21日

926. 江寶釵　《紅樓夢》對白先勇與瓊瑤的影響及其啓示　白先勇與當代臺灣文學史的構成　高雄　駱駝出版社　2004年3月　頁86—112

927. 李豐楙　命與罪：六十年代臺灣小說中的宗教意識〔白先勇部分〕　臺灣

文學中的社會：五十年來臺灣文學研討會論文集　臺北　行政院文建會　1996 年 6 月　頁 250—275

928. 李豐楙　命與罪：六十年代臺灣小說中的宗教意識〔白先勇部分〕　認同、情慾與語言　臺北　中研院文哲所　2004 年 12 月　頁 87—121

929. 胡菊人　全面的成功——白先勇小說的文字和敘事[31]　當代作家專論　香港　嶺南學院現代中文文學研究中心　1996 年 8 月　頁 1—12

930. 劉紅林　現代的傳統作家——談聶華苓、於梨華、白先勇的小說創作　世紀之交的世界華文文學　南京　臺港與海外華文文學評論和研究編　1996 年 9 月　頁 250—253

931. 林俊穎　奼紫嫣紅，斷井殘垣——我看白先勇小說世界　中國時報　1996 年 10 月 4 日　19 版

932. 尹雪曼　七十年代來的臺灣文學界——懷鄉憶舊與短暫蜜月〔白先勇部分〕　中國現代文學理論　第 4 期　1996 年 12 月　頁 504—505

933. 陳鵬翔，江寶釵　白先勇、現代主義與《現代文學》　行政院國科會專題研究成果報告　1996 年 12 月

934. 江寶釵　論白先勇小說中的人物性格、社會關係與內在心理　中國學術年刊　第 18 期　1997 年 3 月　頁 367—387

935. 吳芸蘭　張愛玲與白先勇之比較　哈爾濱師專學報　1997 年第 3 期　1997 年 3 月　頁 97—100

936. 錢佩佩　白先勇作品　翰海觀潮　臺北　行政院文建會　1997 年 5 月　頁 278—281

937. 古繼堂　臺灣當代小說創作——白先勇與七等生　中華文學通史・當代文學編（9）　北京　華藝出版社　1997 年 9 月　頁 463—466

938. 江寶釵　放逐與回歸：白先勇小說主題研究　香港大學中文系成立七十週年研討會　香港　香港大學中文系主辦　1997 年 10 月 12 日

---

[31]本文從新文化運動的角度出發，探究白先勇小說文字在文化建設上的貢獻。

939. 皮述民　從反共小說到現代小說〔白先勇部分〕　二十世紀中國新文學史　臺北　駱駝出版社　1997年10月　頁327

940. 蔡雅薰　七〇年代留學生小說述論——以於梨華、白先勇、張系國作品爲主[32]　臺灣現代小說史研討會　臺北　行政院文建會主辦，聯合報副刊承辦　1997年12月24—26日

941. 蔡雅薰　六、七〇年代臺灣留學生小說述論——以於梨華、白先勇、張系國作品爲主　臺灣現代小說史綜論　臺北　行政院文建會，聯經出版公司　1998年12月　頁248—272

942. 陳碧月　白先勇及其小說中的同性戀人物[33]　崇佑學報　第6期　1997年12月　頁45—101

943. 陳碧月　白先勇及其小說中的同性戀人物　小說選讀　臺北　五南圖書出版公司　1999年4月　頁147—196

944. 程　鵬　「王謝子弟」窮途路，旅美華人無根心——論白先勇短篇小說的思想傾向　西南師範大學學報　1998年第1期　1998年1月　頁123—124

945. 范肖丹　白先勇小說的語言風格　社科與經濟信息　1998年第3期　1998年3月　頁25—27

946. 朱偉誠　（白先勇同志的）女人、怪胎、國族：一個家庭羅曼史的連接[34]　「怪胎情慾學」學術研討會　臺北　臺灣大學　1998年5月16日

947. 朱偉誠　（白先勇同志的）女人、怪胎、國族：一個家庭羅曼史的連接　中外文學　第26卷第12期　1998年5月　頁47—66

948. 朱偉誠　白先勇（同志）的女人、怪胎、國族——一個家庭羅曼史的連接

---

[32]本文以於梨華、白先勇以及張系國小說，探討六、七〇年代留學生小說流行的盛況，以及此類型小說的定位。全文共 4 小節：1.前言；2.六、七〇年代留美學生小說的社會背景；3.六、七〇年代留美學生小說的藝術特點；4.結論。

[33]本文藉由白先勇人生、文學歷程探討其筆下同性戀人物。全文共 4 小節：1.作者的外在因素；2.作者的內在因素；3.同性戀者的類型及其意義；4.結語。

[34]本文以女性主體與怪胎情慾兩主題探討白先勇小說作品。全文共 4 小節：1.尋找「同志」作家身影；2.怪胎情慾的女性認同；3.父親：同志與國族的連接？；4.父親中國・母親(怪胎)臺灣？

白先勇外集・白先勇研究精選　臺北　天下遠見出版公司　2008 年 9 月　頁 145—200

949. 范肖丹　論白先勇小說創作中虛實相生的藝術辯證法　桂林市教育學院學報　1998 年第 2 期　1998 年 6 月　頁 24—27

950. 范肖丹　白先勇小說的象徵藝術　社會科學家　1998 年第 4 期　1998 年 7 月　頁 64—74

951. 王德威　從「海派」到「張派」——張愛玲小說的淵源與傳承〔白先勇部分〕　如何現代，怎樣文學？：十九、二十世紀中文小說新論　臺北　麥田出版公司　1998 年 10 月　頁 327

952. 王德威　從「海派」到「張派」——張愛玲小說的淵源與傳承〔白先勇部分〕　中華現代文學大系（貳）・臺灣一九八九—二〇〇三評論卷（二）　臺北　九歌出版社　2003 年 10 月　頁 727

953. 王德威　從「海派」到「張派」——張愛玲小說的淵源與傳承〔白先勇部分〕　如何現代，怎樣文學？：十九、二十世紀中文小說新論　臺北　麥田出版・城邦文化公司　2008 年 2 月　頁 327

954. 邱春暉　男性話語中的掙扎與反抗——略談白先勇短篇小說中的「魔性」女性形象　漳州師院學報　1998 年第 4 期　1998 年 11 月　頁 50—54，86

955. 江寶釵　現代主義的興盛、影響與去化——當代臺灣小說現象研究〔白先勇部分〕　臺灣現代小說史綜論　臺北　行政院文建會，聯經出版公司　1998 年 12 月　頁 130—131

956. 吳瑞元　白先勇早期短篇與同時代有同性戀情節的小說　《孽子》的印記——臺灣近代男性「同性戀」的浮現（1970—1990）　中央大學歷史研究所　碩士論文　戴寶村教授指導　1998 年　頁 65—67

957. 江寶釵　民間文學在臺灣當代小說中的呈現：以白先勇、李昂與黃春明爲例[35]　民間文學及作家文學研討會論文集　新竹　清華大學中國文

[35]本文探討民間文學在白先勇、李昂、黃春明小說中所產生的有機作用，了解其跨文類的意義。全

學系　1998 年 12 月　頁 247—259

958. 江寶釵　民間文學在臺灣當代小說中的呈現——白先勇、李昂與黃春明　白先勇與當代臺灣文學史的構成　高雄　駱駝出版社　2004 年 3 月　頁 127—145

959. 馮錦芳　半江瑟瑟半江巨——白先勇及其小說創作談　山東文學　1999 年第 2 期　1999 年 1 月　頁 55—58

960. 阿信，李昂　白先勇文章的回響　聯合報　1999 年 2 月 5 日　37 版

961. 李　會　淺談白先勇的小說藝術　鹽城教育學院學報　1999 年第 2 期　1999 年 2 月　頁 29—32

962. 楊淑華　懷舊的思緒，感傷的情調——臺灣當代作家白先勇小說世界評析（上、下）　大理師專學報　1999 年第 2—3 期　1999 年 2，4 月　頁 24—28

963. 山田敬三　民族アイデンティティと白先勇の文学　台湾文学研究の現在　東京　緑蔭書房　1999 年 3 月　頁 271—288

964. 朱棟霖　白先勇　中國現代文學史（上）　北京　高等教育出版社　1999 年 8 月　頁 220—223

965. 阮溫凌　白先勇女性小說初探（1—5）[36]　名作欣賞　1999 年第 5 期—2000 年第 3 期　1999 年 9，11 月，2000 年 1，3，5 月　頁 55—60，111—115，68—72，47—51，101—107

966. 方　忠　百年臺灣文學發展論——小說文體的自覺與更新〔白先勇部分〕　百年中華文學史論：1898—1999　上海　華東師範大學出版社　1999 年 9 月　頁 51

967. 劉紅林　現代化轉型：新的文學傾向的追求——彼岸的鑒照〔白先勇部分〕　百年中華文學史論：1898—1999　上海　華東師範大學出

文共 3 小節：1.白先勇、李昂；2.黃春明；3.結論。

[36]本文探討白先勇小說中的女性角色，全文共 5 小節：1.作家：誕生環境與悲悼主題；2.人物：「鮑賽昂夫人」家族；3.人物：「瘋女人」家族；4.結構：寫實構架中的視點交錯與焦點輻射；5.語言：生活化與個性化。期數已確認。

版社　1999 年 9 月　頁 218

968. 呂正惠　論四位外省籍小說家——白先勇、劉大任、張大春與朱天心[37]　戰後五十年臺灣文學國際學術研討會　臺北　行政院文建會主辦　1999 年 11 月 12—14 日

969. 呂正惠　論四位外省籍小說家——白先勇、劉大任、張大春與朱天心　文化、認同、社會變遷：戰後五十年臺灣文學國際學術研討會論文集　臺北　行政院文建會　2000 年 6 月　頁 323—338

970. 郝譽翔　不老的時間花園——閱讀白先勇　幼獅文藝　第 551 期　1999 年 11 月　頁 38—41

971. 朱嘉雯　將傳統融入現代——論白先勇與《紅樓夢》的關係　國文天地　第 175 期　1999 年 12 月　頁 24—31

972. 沐金華　論白先勇小說的感傷主義色彩　鹽城師範學院學報　2000 年第 1 期　2000 年 1 月　頁 45—47

973. 陳思和　鳳凰・鱷魚・吸血鬼——試論臺灣文學創作中的幾個同性戀意象（1—4）〔白先勇部分〕　中央日報　2000 年 2 月 5—8 日　4 版

974. 陳思和　鳳凰・鱷魚・吸血鬼——試論臺灣文學創作中的幾個同性戀意象〔白先勇部份〕　解嚴以來臺灣文學國際學術研討會論文集　臺北　萬卷樓圖書公司　2000 年 9 月　頁 146—170

975. 王彥霞　「中西合璧」的兩個範例——施蟄存、白先勇創作比較論　華北水利水電學院學報　第 16 卷第 1 期　2000 年 3 月　頁 40—42

976. 陳思和　「同志」，你好進步！——試論臺灣文學創作中的同性戀描寫之一〔白先勇部分〕　萬象　2000 年第 3 期　2000 年 3 月　頁 147—154

977. 馬　兵　浮世悲歡——論白先勇小說的傳統意蘊兼與張愛玲比較　美國華文文學論　濟南　山東文藝出版社　2000 年 5 月　頁 125—131

978. 黃發有　疼與愛的辯證法——白先勇散文創作論　美國華文文學論　濟南

[37]本文探討外省作家白先勇、劉大任、張大春以及朱天心在臺灣之處境，及環境對其作品的影響。

山東文藝出版社　2000 年 5 月　頁 132—140

979. 陳芳明講；魏可風記　　從現代主義到後現代主義（上、下）〔白先勇部分〕　聯合報　2000 年 6 月 27—28 日　37 版

980. 胡慈容　　臺灣當代愛情婚姻小說的女性描寫——男作家——白先勇　臺灣八十年代愛情小說中的女性語言　彰化師範大學國文學系　碩士論文　羅肇錦教授指導　2000 年 6 月　頁 15—23

981. 胡慈容　　當代女作家描寫女性時的語言與兩性觀〔白先勇部分〕　臺灣八十年代愛情小說中的女性語言　彰化師範大學國文學系　碩士論文　羅肇錦教授指導　2000 年 6 月　頁 133—134，142，154—158

982. 王宗法　　白先勇論　臺港文學觀察　合肥　安徽教育出版社　2000 年 8 月　頁 396—408

983. 方　忠　　白先勇　二十世紀中國文學史（下）　臺北　文史哲出版社　2000 年 9 月　頁 863—870

984. 朱文華　　白先勇——現代派小說的旗手　臺港澳文學教程　上海　漢語大辭典出版社　2000 年 10 月　頁 87—91

985. 武俊明，孫俊琴　　吸納與創新——白先勇小說觀演變　陰山學刊　第 15 卷第 5 期　2000 年 10 月　頁 33—35

986. 吳敏華　　當孽子遇上逆女：白先勇與杜修蘭同性戀書寫之比較　臺灣歷史文化研討會——性別與文化論文研討會　高雄　臺灣省文獻委員會，高苑技術學院諮商與輔導中心，高雄縣自然史教育館　2000 年 11 月 18—19 日

987. 池上貞子　　失落的時機——白先勇與張愛玲　白先勇創作國際研討會　汕頭　汕頭大學主辦　2000 年 11 月 23—24 日

988. 池上貞子　　失落的時機——白先勇與張愛玲　華文文學　2001 年第 2 期　2001 年 5 月　頁 24—29

989. 錢　虹　　重溫「最後的一抹繁華」舊夢——白先勇筆下的上海背景　白先

勇創作國際研討會　汕頭　汕頭大學主辦　2000 年 11 月 23—24 日

990. 錢　虹　重溫「最後的一抹繁華」舊夢——白先勇筆下的上海背景　華文文學　2001 年第 3 期　2001 年　頁 40—43

991. 徐　學　白先勇小說的長句藝術[38]　白先勇創作國際研討會　汕頭　汕頭大學主辦　2000 年 11 月 23—24 日

992. 徐　學　白先勇小說句法與現代性的漢文學語言　臺灣研究集刊　2001 年第 2 期　2001 年 5 月　頁 10—15

993. 徐　學　白先勇小說句法與現代性的漢文學語言　臺灣研究 25 年精粹・文學篇　北京　九州出版社　2005 年 6 月　頁 234—244

994. 王瑞華　中國文化的悲劇意蘊——評白先勇的悲劇觀　華文文學　2000 年第 4 期　2000 年 11 月　頁 62—64

995. 張　翠　縞仙扶醉跨殘虹——白先勇作品中的色彩運用　遼寧師專學報 2000 年第 6 期　2000 年 12 月　頁 42—44

996. 林宋瑜　重提白先勇的意義　文學自由談　2001 年第 1 期　2001 年 1 月　頁 110—112

997. 山口守　白先勇小說中的鄉愁　華文文學　2001 年第 1 期　2001 年 2 月　頁 50—55

998. 黃宇曉　追尋自我的歷程——白先勇作品中的「普遍性主題」與「歷史主題」的消長和融合的關係　華文文學　2001 年第 1 期　2001 年 2 月　頁 56—62

999. 朱雙一　白先勇與延續於臺灣的「五四」新文學傳統　華文文學　2001 年第 1 期　2001 年 2 月　頁 62—66

1000. 廖四平　臺灣現代派小說與西方影響〔白先勇部分〕　臺灣研究集刊 2001 年第 1 期　2001 年 2 月　頁 93—102

1001. 翟興娥　傳統的回歸——略論白先勇與中國傳統文學　德州學院學報　第

[38]本文後改篇名爲〈白先勇小說句法與現代性的漢文學語言〉。

17 卷第 1 期　2001 年 3 月　頁 52—55

1002. 謝其濬　白先勇——把無言痛苦化作文字　遠見雜誌　第 177 期　2001 年 3 月　頁 232—236

1003. 羅義華　白先勇小說審美意識論　中南民族學院學報　2001 年第 2 期　2001 年 3 月　頁 100—103

1004. 郭　楓　永遠的白先勇　臺灣時報　2001 年 4 月 2 日　20 版

1005. 王玲寧，高萬年　悲涼而絕望的歌——張愛玲、白先勇小說的生命悲劇意識淺論　天中學刊　2001 年第 3 期　2001 年 6 月　頁 49—51

1006. 蔡雅薰　六、七〇年代臺灣重要旅美作家作品論——白先勇　臺灣旅美作家之留學生小說及移民小說研究（1960—1999）　高雄師範大學國文學系　博士論文　何淑貞教授指導　2001 年 6 月　頁 216—222

1007. 蔡雅薰　六、七〇年代臺灣重要旅美作家作品析論——白先勇（1937—）　從留學生到移民：臺灣旅美作家之小說析論　臺北　萬卷樓圖書公司　2001 年 12 月　頁 252—259

1008. 孫希娟　淺析張愛玲與白先勇的生活與創作　浙江師大學報　2001 年第 4 期　2001 年 7 月　頁 23—26

1009. 柯慶明　情慾與流離——論白先勇小說的戲劇張力[39]　中外文學　第 30 卷第 2 期　2001 年 7 月　頁 23—58

1010. 柯慶明　情慾與流離——論白先勇小說的戲劇張力　臺灣現代文學的視野　臺北　麥田出版・城邦文化公司　2006 年 12 月　頁 199—244

1011. 柯慶明　情慾與流離——論白先勇小說的戲劇張力　白先勇外集・白先勇研究精選　臺北　天下遠見出版公司　2008 年 9 月　頁 8—65

1012. 朱偉誠　父親中國・母親（怪胎）臺灣？白先勇同志的家庭羅曼史與國族

[39]本文探討白先勇作品情慾與流離的關係。全文共 6 小節：1.引言；2.「謫仙」的主題；3.「遊園驚夢」的敘事結構；4.居「家」與遊「園」的辨證；5.「流離」中的「情」與「慾」；6.結語：傳統與現代的糾葛。

想像[40] 中外文學 第30卷第2期 2001年7月 頁106—123

1013. 李歐梵 回望文學年少——白先勇與現代文學創作 中外文學 第30卷第2期 2001年7月 頁173—175

1014. 李歐梵 回望文學年少——白先勇與現代文學創作 白先勇外集・現文因緣 臺北 天下遠見出版公司 2008年9月 頁312—316

1015. 黃萬華 海外中國：傳統的創造性轉換〔白先勇部分〕 華文文學 2001年第3期 2001年8月 頁35—39

1016. 黃萬華 海外中國：傳統的創造性轉換〔白先勇部分〕 中國與海外：20世紀漢語文學史論 天津 百花文藝出版社 2006年1月 頁366—374

1017. 張小弟 美國華文文學——白先勇的小說創作 五洲華人文學概況 太原 山西教育出版社 2001年10月 頁219—221

1018. 莊宜文 貌似神異的白先勇 張愛玲的文學投影——臺、港、滬三地張派小說研究 東吳大學中國文學系 博士論文 李瑞騰教授指導 2001年10月 頁151—160

1019. 劉紹銘 白先勇的另類書寫 明報月刊 第430期 2001年10月 頁78

1020. 王甸成，鄭玉銘 論白先勇小說中的女性形象 甘肅教育學院學報 第17卷第S1期（特刊） 2001年 頁1—5

1021. 李建東 滄桑回眸的傷悼——白先勇「感傷」小說管窺 世界華文文學論壇 2001年第4期 2001年12月 頁40—42

1022. 蔡雅薰 臺灣旅美作家小說之人物論〔白先勇部分〕 從留學生到移民：臺灣旅美作家之小說論析 臺北 萬卷樓圖書公司 2001年12月 頁110—111，137

1023. 蔡雅薰 臺灣旅美作家小說之主題論〔白先勇部分〕 從留學生到移民：臺灣旅美作家之小說論析 臺北 萬卷樓圖書公司 2001年12月 頁160—162，173—175，179

---

[40]本文藉由白先勇作品，探討其國族關懷與怪胎情欲以及女性認同之間的關連。

1024. 方　東　沒有明天的故事——論白先勇小說的「時間」　臺灣研究集刊　2002 年第 1 期　2002 年 2 月　頁 82—86，112

1025. 陳芳明　六〇年代現代小說的藝術成就：流亡小說的兩個典型：白先勇與陳映真　聯合文學　第 208 期　2002 年 2 月　頁 152—156

1026. 陳芳明　一九六〇年代臺灣現代小說的藝術成就——流亡小說的兩個典型〔白先勇部分〕　臺灣新文學史　臺北　聯經出版社　2011 年 10 月　頁 386—389

1027. 陳芳明　正面閱讀白先勇[41]　中國時報　2002 年 3 月 17 日　23 版

1028. 陳芳明　樹猶如此，而況乎人？——閱讀白先勇　孤夜獨書　臺北　麥田出版公司　2005 年 9 月　頁 42—44

1029. 王開平　白先勇——唱盡新詞歡不見　誠品好讀　第 19 期　2002 年 3 月　頁 56—58

1030. 崔宏立　《樹猶如此》——讀者心得：文學是一種情感教育　中央日報　2002 年 5 月 14 日　14 版

1031. 夢　梅　《樹猶如此》——讀者心得：遊園與驚夢　中央日報　2002 年 5 月 14 日　14 版

1032. 王　敏　現代派作家白先勇　簡明臺灣文學史　北京　時事出版社　2002 年 6 月　頁 336—345

1033. 韋春鶯　無止境的追尋——白先勇同性戀小說悲劇主題解決　玉林師範學院學報　第 23 卷第 2 期　2002 年 6 月　頁 70—72

1034. 吳志宏　白先勇短篇小說的死亡意識初探　廣東社會科學　2004 年第 4 期　2002 年 7 月　頁 133—137

1035. 朱雙一　白先勇小說的多元地域文化色彩　新視野、新開拓：第 12 屆世界華文文學國際學術研討會論文集　上海　復旦大學出版社　2002 年 11 月　頁 301—311

1036. 朱雙一　白先勇小說的多元地域文化色彩　臺灣文學思潮與淵源　福州

[41]本文後改篇名爲〈樹猶如此，而況乎人？——閱讀白先勇〉。

海峽學術出版社　2005 年 2 月　頁 329—342

1037. 南　翔　千江有水千江月——白先勇小說的美學特徵　新視野、新開拓：第 12 屆世界華文文學國際學術研討會論文集　上海　復旦大學出版社　2002 年 11 月　頁 312—319

1038. 南　翔　千江有水千江月——論白先勇小說的美學特徵　文學世紀　第 4 卷第 6 期　2004 年 6 月　頁 51—58

1039. 朱立立　個體存在焦慮與民族文化憂患——兼論白先勇與存在的關係　江蘇大學學報　第 4 卷第 4 期　2002 年 12 月　頁 60—65

1040. 楊全瑛　死亡因素及主題〔白先勇部分〕　六〇年代臺灣小說死亡主題研究　南華大學文學研究所　碩士論文　陳啓佑教授指導　2002 年 12 月　頁 111—171

1041. 孫俊琴　現實體驗與歷史觀照的融匯——論白先勇多色多元的哲學美學基礎　內蒙古電大學刊　2003 年第 1 期　2003 年 1 月　頁 8—9

1042. 王東慶　白先勇小說中的宗教意蘊　遼寧師範大學學報　第 26 卷第 2 期　2003 年 3 月　頁 76—78

1043. 朱立立　時間之傷與個體的焦慮——試論白先勇的時間哲學　煙臺師範學院學報　第 20 卷第 1 期　2003 年 3 月　頁 77—81，104

1044. 歐孟紅　試論白先勇小說的戲劇化　安康師專學報　第 15 期　2003 年 3 月　頁 26—29

1045. 黎湘萍　時代的遊魂：「放逐」母題〔白先勇部分〕　文學臺灣——臺灣知識者的文化敘事與理論想像　北京　人民文學出版社　2003 年 3 月　頁 69—70

1046. 張新穎　論臺灣《文學雜誌》對西方現代主義的介紹——《文學雜誌》與現代小說創作〔白先勇部分〕　文學的現代記憶　臺北　三民書局　2003 年 6 月　頁 35—36

1047. 王東慶，劉忠文　論白先勇創作的文體特色　遼寧稅務高等專科學校學報　第 15 卷第 3 期　2003 年 6 月　頁 37—38

1048. 戴　惠　裊裊的愁思——白先勇小說的感傷主義色彩　中國礦業大學學報　2003 年第 2 期　2003 年 6 月　頁 141—145

1049. 王景山　白先勇　臺港澳暨海外華文作家辭典　北京　人民文學出版社　2003 年 7 月　頁 16—18

1050. 范銘如　合縱連橫——六○年代臺灣小說〔白先勇部分〕　淡江大學中文學報　第 8 期　2003 年 7 月　頁 42

1051. 齊　鋼　論白先勇短篇小說的悲涼意蘊　浙江教育學院學報　2003 年第 4 期　2003 年 7 月　頁 28—34

1052. 王宗法　白先勇　20 世紀中國文學通史　上海　東方出版中心　2003 年 9 月　頁 605—607

1053. 江寶釵　文學，一切世代裡穩定的長流——白先勇獲獎漫說[42]　臺灣文學館通訊　第 1 期　2003 年 9 月　頁 8—12

1054. 江寶釵　文學，穿越世代長流——白先勇獲獎隨想　白先勇與當代臺灣文學史的構成　高雄　駱駝出版社　2004 年 3 月　頁 208—213

1055. 金仕霞，羅慶春　中西合璧的藝術結晶——白先勇短篇小說藝術論　西南民族學院學報　第 23 卷第 10 期　2003 年 10 月　頁 38—40

1056. 李奭學　臺灣文學的批評家及其問題〔白先勇部分〕　中華現代文學大系（貳）・臺灣一九八九—二○○三評論卷（二）　臺北　九歌出版社　2003 年 10 月　頁 831—833

1057. 羅義華　在傳統與反抗之間游走與抉擇——試論白先勇的審美心靈圖式　西南民族大學學報　第 24 卷第 12 期　2003 年 12 月　頁 47—50

1058. 劉　俊　現代美文的傑出實踐——論白先勇的散文創作　從臺港到海外：跨區域華文文學的多元審視　廣州　花城出版社　2004 年 2 月　頁 234—248

1059. 江寶釵　從白先勇現象探測臺灣文學研究的潮流　白先勇與當代臺灣文學史的構成　高雄　駱駝出版社　2004 年 3 月　頁 1—20

[42]本文後改篇名爲〈文學，穿越世代長流——白先勇獲獎隨想〉。

1060. 江寶釵　　白先勇小說中的人物研究　白先勇與當代臺灣文學史的構成　高雄　駱駝出版社　2004 年 3 月　頁 21—47

1061. 江寶釵　　臺灣現代主義的興盛、影響與去化〔白先勇部分〕　白先勇與當代臺灣文學史的構成　高雄　駱駝出版社　2004 年 3 月　頁 146—162

1062. 薛忠文　　被放逐者的哀歌——白先勇域外題材小說的創作　廣西社會科學　2004 年第 3 期　2004 年 3 月　頁 108—109

1063. 潭光輝，何希凡　　當代臺灣尋根小說的文化觀察〔白先勇部分〕　西南民族大學學報　2004 年第 4 期　2004 年 4 月　頁 70—71

1064. 蘇益芳　　五四文學精神的繼承與突破——戰後臺灣的現代文學發展——《現代文學》作家群：白先勇、於梨華及陳若曦——白先勇的小說：懷國與鄉愁的延續　夏志清與戰後臺灣的現代文學批評　政治大學中國文學系　碩士論文　陳芳明教授指導　2004 年 4 月　頁 116—120

1065. 陳建忠　　戰後臺灣文學（1945—迄今）——六〇年代的現代主義文學〔白先勇部分〕　臺灣的文學　臺北　群策會李登輝學校　2004 年 5 月　頁 75—76

1066. 黃發有　　悲憫的襬渡——散文的白先勇　世界華文文學論壇　2004 年第 2 期　2004 年 6 月　頁 44—47

1067. 章　渡　　白先勇與田納西・威廉斯　世界華文文學論壇　2004 年第 2 期　2004 年 6 月　頁 48—50

1068. 周新蘭　　變焦的距離：伸縮自如——淺論白先勇小說的敘述視角　世界華文文學論壇　2004 年第 2 期　2004 年 6 月　頁 51—53

1069. 王光華　　不可或缺的敘述者——白先勇短篇小說敘述角色探悉　襄樊職業技術學院學報　2004 年第 3 期　2004 年 6 月　頁 101—103

1070. 俞春玲，叢坤赤　　論白先勇、蘇童的女性世界　綿陽師範學院學報　2004 年第 3 期　2004 年 6 月　頁 68—70，78

1071. 曹宇旗　廣收博採，融會中西——淺談白先勇小說的創作特色　鄭州經濟管理幹部學院學報　第19卷第2期　2004年6月　頁52—53

1072. 黎湘萍　經典構成的因素：從白先勇、王文興到張大春　正典的生成：臺灣文學國際研討會論文集　臺北　中央研究院中國文哲研究所，哥倫比亞蔣經國基金會中國文化及制度史研究中心主辦　2004年7月15—16日　頁189—207

1073. 李學武　海峽兩岸：成長的三個關鍵詞——論蘇童、白先勇小說中的成長主題　名作欣賞　2004年第7期　2004年7月　頁101—104，109

1074. 方　忠　白先勇的小說　二十世紀臺灣文學史論　南昌　百花文藝出版社　2004年10月　頁49—65

1075. 楊　蕾　試論白先勇短篇小說中的遷逝之感和鄉愁情結　玉溪師範學院學報　2004年第10期　2004年10月　頁43—46

1076. 林碧霞　「意象」的運用與小說的解讀〔白先勇部分〕　陳映真小說中意象的研究　中國文化大學中國文學系　碩士論文　陳愛麗教授指導　2004年11月　頁12—16

1077. 王小華　陳若曦、白先勇：穿行于現實政治與「烏托邦」原鄉之間　放逐與追尋——論「無根一代」作家群的原鄉敘事　浙江師範大學中國現當代文學所　碩士論文　范家進教授指導　2004年　頁16—22

1078. 楊佳嫻　白先勇小說與「臺北／人」書寫的脈絡　論戰後臺灣外省小說家作品中的「臺北／人」　臺灣大學中國文學系　碩士論文　梅家玲教授指導　2004年12月　頁32—53

1079. 〔鍾怡雯，陳大為主編〕　白先勇和他的小說　天下小說選1：1970—2004世界中文小說（臺灣及海外卷）　臺北　天下遠見出版公司　2005年1月　頁1—3

1080. 江少川　白先勇小說詩學初探　華中師範大學學報　2005年第2期　2005

年 3 月　頁 91—96

1081. 李欣蓮　論童年經驗對白先勇文學創作的影響　銅仁師範高等專科學校學報　2005 年第 2 期　2005 年 3 月　頁 22—24，41

1082. 張雲霞　研悲情爲金粉的丹青妙手——評白先勇的小說代表作　世界華文文學論壇　2005 年第 1 期　2005 年 3 月　頁 56—59

1083. 江少川　白先勇小說詩學初探　臺港澳文學論稿　北京　北京大學出版社　2005 年 4 月　頁 29—41

1084. 吳翠萍　悲劇意識和悲憫情懷——簡評白先勇的短篇小說　名作欣賞　2005 年第 8 期　2005 年 4 月　頁 96—98

1085. 劉曉蓮　在地獄裡尋找天堂——論白先勇小說人物形象的自殺情結　廣西大學梧州分校學報　2005 年第 2 期　2005 年 4 月　頁 49—51，74

1086. 錢果長　論白先勇的死亡意識　池州師專學報　2005 年第 2 期　2005 年 4 月　頁 57—59

1087. 林積萍　文學創作表現出的幾個特色——回歸的慾望〔白先勇部分〕《現代文學》新視界　臺北　讀冊文化公司　2005 年 5 月　頁 124—125

1088. 李　靜　論白先勇宗教化的敘事策略　鞍山師範學院學報　2005 年第 3 期　2005 年 6 月　頁 67—72

1089. 朱偉誠　另類經典——臺灣同志文學（小說）史論〔白先勇部分〕　臺灣同志小說選　臺北　二魚文化事業公司　2005 年 6 月　頁 12，17

1090. 何宗龍　從中晚唐詩看白先勇小說　淮南職業技術學院學報　2005 年第 2 期　2005 年 6 月　頁 101—103

1091. 胡煥龍　十字路口上的悲涼與迷惘——淺談白先勇小說的文化意蘊　皖西學院學報　第 21 卷第 3 期　2005 年 6 月　頁 83—86

1092. 古遠清　自我放逐的旅外作家——白先勇　分裂的臺灣文學　臺北　海峽

學術出版社　2005 年 7 月　頁 69—70

1093. 何宗龍　李煜及南宋末期詞對白先勇小說創作的影響　北京工業職業技術學院學報　第 4 卷第 3 期　2005 年 7 月　頁 55—57

1094. 趙展芳　白先勇小說世界中的悲劇視角　漯河職業技術學院學報　第 4 卷第 3 期　2005 年 7 月　頁 104—105

1095. 許　燕　跨語境傳播與身份差異——美華文學在大陸語境被過濾的作家因素分析〔白先勇部分〕　世界華文文學論壇　2005 年第 3 期　2005 年 8 月　頁 38—41

1096. 趙　智　白先勇作品的宗教色彩　株洲師範高等專科學校學報　2005 年第 4 期　2005 年 8 月　頁 48—51

1097. 王德威　知識分子的抉擇〔白先勇部分〕　臺灣：從文學看歷史　臺北　麥田出版公司　2005 年 9 月　頁 331—334

1098. 陳碧月　敘事觀點的應用〔白先勇部分〕　小說欣賞入門　臺北　五南圖書出版公司　2005 年 9 月　頁 38—42，58—61

1099. 方忠，于小桂　論臺灣當代文學中的佛教文化精神〔白先勇部分〕　第二屆兩岸現代文學發展與思潮學術研討會論文集　臺北　佛光人文社會學院文學系　2005 年 10 月 28—29 日　頁 242，245

1100. 朱立立　臺灣旅美文群的認同問題探析〔白先勇部分〕　第二屆兩岸現代文學發展與思潮學術研討會論文集　臺北　佛光人文社會學院文學系　2005 年 10 月 28—29 日　頁 282—293

1101. 朱立立　臺灣旅美文群的認同問題探析〔白先勇部分〕　華文文學　2006 年第 2 期　2006 年 4 月　頁 33—38

1102. 趙友龍　綿綿無盡的感傷之歌——白先勇小說中感傷色彩透析　遼東學院學報　第 7 卷第 6 期　2005 年 12 月　頁 38—41

1103. 嚴　瀾　論白先勇小說的審美意識　廣東工業大學學報　第 5 卷第 4 期　2005 年 12 月　頁 68—71

1104. 秦　宏　論白先勇的客觀敘述風格與毛姆的聯繫和區別　當代文壇　2006

年第 1 期　2006 年 1 月　頁 120—122

1105. 韋春鶯　略論白先勇的散文創作　玉林師範學院學報　第 27 卷第 1 期　2006 年 2 月　頁 28—31

1106. 田　敏　自我放逐的渴望——略論白先勇早期創作作品　濟寧師範專科學校學報　2006 年第 1 期　2006 年 2 月　頁 75—77

1107. 黃萬華　臺灣文學——小說（中）〔白先勇部分〕　中國現當代文學・第 1 卷（五四—1960 年代）　濟南　山東文藝出版社　2006 年 3 月　頁 463—468

1108. 吳小琴　白先勇作品中的放逐與回歸　現代語文　2006 年第 3 期　2006 年 3 月　頁 62—64

1109. 吳道毅　論白先勇小說的獨特性　貴州社會科學　2006 年第 2 期　2006 年 3 月　頁 108—111

1110. 李亞萍　自殺：解脫之途——美國華文作家筆下的死亡〔白先勇部分〕　當代文壇　2006 年第 2 期　2006 年 3 月　頁 143—144

1111. 汪　涓　用人性的光芒照亮心靈的角落——談白先勇的「同志」小說　世界華文文學論壇　2006 年第 1 期　2006 年 3 月　頁 53—56

1112. 曹芳，周俊偉　試論白先勇小說中的「厭女症」傾向　徐州教育學院學報　2006 年第 1 期　2006 年 3 月　頁 125—127

1113. 陸建華　漂泊者的悲劇意識和悲憫情懷——白先勇小說簡評　江蘇工業學院學報　第 7 卷第 1 期　2006 年 3 月　頁 41—43，53

1114. 楊彥玲　談白先勇小說中的時間意識——兼與普魯斯特比較　河南教育學院學報　2006 年第 2 期　2006 年 3 月　頁 142—144

1115. 叢坤赤　論白先勇作品中的傷感美　溫州大學學報　第 19 卷第 2 期　2006 年 4 月　頁 50—55

1116. 王慧芬　青春身體與族群認同——白先勇同志小說探析　南榮學報　復刊第 9 期　2006 年 5 月　頁 1—20

1117. 吳冰潔　邊緣對中心的挑戰與融合——白先勇短篇小說人物形象之文化解

讀　東方叢刊　2006 年第 2 期　2006 年 5 月　頁 236—244

1118. 李亞萍，饒芃子　　從懷鄉到望鄉——20 世紀美國華文文學中故國情懷的變遷〔白先勇部分〕　湘潭大學學報　第 30 卷第 3 期　2006 年 5 月　頁 28—29

1119. 李欣蓮　用色彩構築的情感世界——對白先勇創作中服飾色彩意象的解讀　銅仁師範高等專科學校學報　2006 年第 3 期　2006 年 5 月　頁 32—35

1120. 陳子欣　白先勇與張愛玲中短篇小說的結尾藝術比較　閱讀與寫作　2006 年第 5 期　2006 年 5 月　頁 1—3

1121. 王永兵　荒原上的《孤戀花》——論白先勇小說中的愛情敘事　華文文學　2006 年第 3 期　2006 年 6 月　頁 82—86

1122. 劉　超　認同危機與白先勇的文學創作　世界華文文學論壇　2006 年第 2 期　2006 年 6 月　頁 50—54

1123. 林鎮山　飄「萍」與「斷蓬」——白先勇和保真的「離散」書寫[43]　離散・家國・敘述：當代臺灣小說論述　臺北　前衛出版社　2006 年 7 月　頁 107—137

1124. 王東興　論傳統詩學對白先勇小說的影響　安順師範高等專科學校學報　第 8 卷第 3 期　2006 年 9 月　頁 5—8

1125. 聶友軍　古今穿行，游刃中西——論白先勇短篇小說特色　蘇州教育學院學報　第 23 卷第 3 期　2006 年 9 月　頁 17—20

1126. 戴　惠　白先勇小說的人性特質　湖北社會科學　2006 年第 10 期　2006 年 10 月　頁 128—131

1127. 顧敏耀　白先勇（1937—）《孤戀花》與《牡丹亭》熱潮　2005 臺灣文學年鑑　臺南　國家臺灣文學館籌備處　2006 年 10 月　頁 363

1128. 顧敏耀　在依舊閃耀的昔日光輝下——萬華區、大同區的族群與文學——

[43]本文以「離散」論述，探討白先勇、保真的小說。全文共 5 小節：1.離散／Dispora 原始定義與晚近的泛化；2.安樂鄉（Pleasantive）：是美利堅夢土，是桃花源？；3.何處是歸鄉？：〈夜曲〉；4.「斷蓬」與中國獅子圖章；5.卿是飄「萍」我「斷蓬」。

白先勇、小野與在地老作家筆下不同的萬華形象　文訊雜誌　第252期　2006年10月　頁69

1129. 曾秀萍　從「臺北人」到「雙城記」：〈孤戀花〉的城市再現、性別政治與家園認同　第五屆國際青年學者漢學會議——表演與視覺藝術領域中的漢學研究　臺北　輔仁大學藝術學院、美國哈佛大學東亞語言與文明系共同承辦　2006年11月18—19日

1130. 朱立立　在美國想像與中國想像之間——冷戰時期臺灣旅美作家群的認同問題初探〔白先勇部分〕　文學評論　2006年第6期　2006年11月　頁186—192

1131. 江　莎　傳奇的上海書寫——論張愛玲與白先勇筆下的上海　語文學刊　2006年第11期　2006年11月　頁13—18

1132. 劉　暢　舊時王謝堂前燕，飛入尋常百姓家——論白先勇小說中的三種時間意象　遼寧教育行政學院學報　2006年第11期　2006年11月　頁105—106

1133. 李　燕等[44]　走進白先勇——暨南大學文藝學博士生關於白先勇作品的討論　華文文學　2006年第6期　2006年12月　頁106—109

1134. 劉　俊　第一代美國華人文學的多重面向——以白先勇、聶華苓、嚴歌苓、哈金爲例　常州工學院學報　第24卷第6期　2006年12月　頁15—17

1135. 李亞萍　自殺與換血——兩代移民作家對生存困境的不同想像〔白先勇部分〕　江蘇社會科學　2006年第1期　2006年　頁186—189

1136. 饒芃子　白先勇心靈深處的「家」　香港文學　第265期　2007年1月　頁100—101

1137. 李松永　淺談白先勇小說的悲傷和悲悼情懷　河北廣播電視大學學報　2007年第1期　2007年2月　頁30—34

1138. 曹惠民　臺灣同志書寫的性別想像及其元素〔白先勇部分〕　華文文學

[44]與會者：李燕、朱桃香、曹亞明、韓虹、顏敏、張志國、張煜、劉衛寧。

2007年第1期　2007年2月　頁49—54

1139. 洪依欣　紐約同志的流離——白先勇紐約客系列作品的象徵主題　臺清臺灣文學研究所研究生交流會　新竹　清華大學臺灣文學研究所，臺灣大學臺灣文學研究所　2007年3月24日

1140. 方　軍　田納西・威廉斯對白先勇創作的影響　世界華文文學論壇　2007年第1期　2007年3月　頁47—51

1141. 吳冰潔　雙重文化視閾中的他者——白先勇創作中的華裔男性人物形象解讀　山東大學學報　2007年第2期　2007年3月　頁149—154

1142. 張曉玥　書寫心靈無言的痛楚——論白先勇小說　文學評論　2007年第2期　2007年3月　頁104—109

1143. 楊廬麗　繁華散盡皆成空——曾樸與白先勇小說中妖女人形象淺析　開封大學學報　2007年第1期　2007年3月　頁39—40

1144. 葉雲飛　試論白先勇的文學批評觀及其實踐　重慶職業技術學院學報　2007年第2期　2007年3月　頁107—109

1145. 任現品　完美英雄與末路英雄的對照呼應——對大陸、臺灣民國史小說的一種比較〔白先勇部分〕　煙臺大學學報　第20卷第2期　2007年4月　頁57—60

1146. 李曉怡　同性戀者的生命悲劇意識——白先勇同性戀作品研究　沙洋師範高等專科學校學報　2007年第2期　2007年4月　頁40—43

1147. 郭玉雯　白先勇小說與紅樓夢[45]　臺灣文學研究集刊　第3期　2007年5月　頁109—140

1148. 常世舉　論白先勇小說中的宗教意識　天中學刊　第22卷第3期　2007年6月　頁69—71

1149. 漆福剛　白先勇短篇小說敘述角色評析　長江大學學報　2007年第3期　2007年6月　頁44—45

---

[45]本文探討白先勇各階段小說的特色與演變，以呈現《紅樓夢》在其創作歷程中扮演的角色。全文共小節：1.前言；2.寂寞的青少年；3.孤獨的異鄉人；4.雙重的想像與聲音；5.認同與回歸；6.結論。

1150. 顏　吶　強勢的和弱勢的——白先勇小說中男女角色易位　廣東工業大學學報　第7卷第2期　2007年6月　頁78—80

1151. 張建航　女性命運的淒婉悲歌——白先勇小說女性形象簡論　鄭州大學學報　第40卷第4期　2007年7月　頁29—32

1152. 劉紹銘　白先勇就是這樣長大的　張愛玲的文字世界　臺北　九歌出版社　2007年8月　頁202—212

1153. 張建剛　試比較田納西・威廉斯與白先勇的文學創作　銅仁學院學報　第1卷第5期　2007年9月　頁23—25

1154. 李志婧　論白先勇小說的戲劇化特徵及小說向戲劇的轉化　語文學刊　2007年第22期　2007年11月　頁106—108

1155. 李　燕　白先勇小說中的命運之思　名作欣賞　2007年第22期　2007年11月　頁61—64

1156. 張立新，紀淑珍　白先勇小說中的痛苦世界　山東理工大學學報　2007年第6期　2007年11月　頁69—72

1157. 周　晶　故土與本土之間——從白先勇小說看雙重影響下的臺港澳文學　三峽大學學報　第29卷專輯　2007年12月　頁124—125

1158. 黃偉雄　白先勇小說同性戀者的悲劇命運探微　中南大學學報　第13卷第6期　2007年12月　頁730—734

1159. 錢　虹　從放逐到融入——美國華人文學的一個主題探究〔白先勇部分〕　華文文學　2007年第4期　2007年　頁45—51

1160. 馬建峰　妍媸互現下的性別焦慮——白先勇筆下女性形象的審美裂變及其心理原因的探尋　華文文學　2007年第4期　2007年　頁52—56

1161. 黃　璐　白先勇的小說創作與廣西地域文化　經濟與社會發展　2008年第1期　2008年1月　頁153—156

1162. 王　雷　散論白先勇的悲憫情懷　現代語文　2008年第2期　2008年2月　頁38—39

1163. 阮溫凌　意識流程的焦點輻射——白先勇小說的一種結構　華文文學　2008年第1期　2008年2月　頁45—49

1164. 秦雨敬　白先勇小說中兩個世界的多質性　閱讀與寫作　2008年第2期　2008年2月　頁40—42

1165. 吳　凡　古典的悲天憫人與現代的人性解剖——白先勇與張愛玲悲劇藝術的審美比較　安徽廣播電視大學學報　2008年第1期　2008年3月　頁82—86

1166. 常世舉　論白先勇小說中的都市意象　語文學刊　2008年第3期　2008年3月　頁50—52

1167. 葉石濤　七〇年代臺灣文學的回顧〔白先勇部分〕　葉石濤全集・隨筆卷二　臺南，高雄　國立臺灣文學館，高雄市文化局　2008年3月　頁41—42

1168. 李　燕　身分建構中的歷史敘事——以白先勇、嚴歌苓兩代移民作家的歷史敘事爲例　汕頭大學學報　第24卷第2期　2008年4月　頁77—80，86

1169. 劉同般　簡論白先勇小說的悲劇意義及象徵意蘊　山東文學　2008年第4期　2008年4月　頁100—101

1170. Chien-hsin Tsai　Writing Sounds and Reading Voice: On the Sonic Construction of　a Mordernist Taiwan Identity　Mordernism Revisited:Pai Hsien-yung and Chinese Literary Mordernism in Taiwan and Beyond（重返現代：白先勇、《現代文學》與現代主義國際研討會）　California　UC Santa Barbara　2008年5月1—3日

1171. Ko Ching-ming　Male Consciousness in Modern Taiwan Fiction　Mordernism Revisited:Pai Hsien-yung and Chinese Literary Mordernism in Taiwan and Beyond（重返現代：白先勇、《現代文學》與現代主義國際研討會）　California　UC Santa Barbara　2008年5月1

—3 日

1172. Lu Zhouju　The "American Factor " in the Fiction of Pai Hsien-Yung　Mordernism Revisited:Pai Hsien-yung and Chinese Literary Mordernism in Taiwan and Beyond（重返現代：白先勇、《現代文學》與現代主義國際研討會）　California　UC Santa Barbara　2008 年 5 月 1—3 日

1173. Wei Quan　Pai Hsien-yung's Classical Heritage in the Context of Modetnist Transformstion—A Preliminary Exploration　Mordernism Revisited:Pai Hsien-yung and Chinese Literary Mordernism in Taiwan and Beyond（重返現代：白先勇、《現代文學》與現代主義國際研討會）　California　UC Santa Barbara　2008 年 5 月 1—3 日

1174. Yvonne Chang　Reconceptualizing Taiwan's Literary Mordernism within the East Asian Context　Mordernism Revisited:Pai Hsien-yung and Chinese Literary Mordernism in Taiwan and Beyond（重返現代：白先勇、《現代文學》與現代主義國際研討會）　California　UC Santa Barbara　2008 年 5 月 1—3 日

1175. 向貴雲　淺議白先勇小說人物執拗的情愛觀　湘潮　2008 年第 6 期　2008 年 6 月　頁 68—69

1176. 楊芳芳　略論白先勇小說的意象敘事　世界華文文學論壇　2008 年第 2 期　2008 年 6 月　頁 43—45

1177. 孫自婷　月之風情——淺析白先勇小說中月的意象　世界華文文學論壇　2008 年第 2 期　2008 年 6 月　頁 46—49

1178. 呂周聚　論白先勇小說創作中的美國因素　山東師範大學學報　2008 年第 4 期　2008 年 7 月　頁 41—48

1179. 梁瓊芳　男性視角中的女性——華麗與滄桑——白先勇筆下的女人　文學・影像・性別——八〇年代臺灣「文學電影」中的女身／女聲

中興大學臺灣文學研究所　碩士論文　林淇瀁教授指導　2008 年 7 月　頁 46—50

1180. 劉　俊　白先勇與臺北人　白先勇書話　臺北　爾雅出版社　2008 年 7 月　頁 16—17

1181. 梅家玲　閱讀白先勇——青春視野與歷史想像　「白先勇的藝文世界」系列講座　臺北　臺灣大學，國家圖書館主辦　2008 年 9 月 20—21 日

1182. 郭玉雯　尹雪艷與秦可卿——白先勇與古典文學　「白先勇的藝文世界」系列講座　臺北　臺灣大學，國家圖書館主辦　2008 年 9 月 20—21 日

1183. 聶光炎　白先勇的舞臺劇　「白先勇的藝文世界」系列講座　臺北　臺灣大學，國家圖書館主辦　2008 年 9 月 20—21 日

1184. 朱雙一　臺灣文學中的中國南方各區域文化色彩——白先勇小說的地域文化因素　臺灣文學與中華地域文化　廈門　鷺江出版社　2008 年 9 月　頁 227—237

1185. 郝譽翔　橫的移植？——六〇年代的現代主義文學——代表作家與作品——聶華苓、白先勇、王文興　文學　臺灣：11 位新銳臺灣文學研究者帶你認識臺灣文學　臺南　國立臺灣文學館　2008 年 9 月　頁 162—165

1186. 陳芳明　白先勇與新批評　白先勇的文學與藝術國際學術研討會　臺北　教育部，國科會主辦；政治大學臺灣文學研究所承辦　2008 年 10 月 17—18 日

1187. 陳曉明　盡頭的美感——白先勇小說論略[46]　白先勇的文學與藝術國際學術研討會　臺北　教育部，國科會主辦；政治大學臺灣文學研究所承辦　2008 年 10 月 17—18 日

[46] 本文將「沒落」視爲白先勇作品的核心概念，無論是歷史的沒落或者個體，繼而擴大詮釋爲一種白先勇的美學觀。

1188. 陳曉明　「沒落」的不朽事業——試論白先勇小說的美學品質　跨世紀的流離：白先勇的文學與藝術國際學術研討會論文集　臺北　印刻文學生活雜誌出版公司　2009 年 7 月　頁 117—144

1189. 范銘如　頹廢與頹圮的城郭——論白先勇的短篇小說[47]　白先勇的文學與藝術國際學術研討會　臺北　教育部，國科會主辦；政治大學臺灣文學研究所承辦　2008 年 10 月 17—18 日

1190. 范銘如　頹廢與頹圮的城郭——論白先勇的短篇小說　跨世紀的流離：白先勇的文學與藝術國際學術研討會論文集　臺北　印刻文學生活雜誌出版公司　2009 年 7 月　頁 219—233

1191. 陳麗芬　從馬肉米粉到蘇飛蛋奶酥[48]　白先勇的文學與藝術國際學術研討會　臺北　教育部，國科會主辦；政治大學臺灣文學研究所承辦　2008 年 10 月 17—18 日

1192. 陳麗芬　從馬肉米粉到蘇飛蛋奶酥——白先勇的飢餓敘事　臺灣文學學報　第 14 期　2009 年 6 月　頁 19—46

1193. 陳麗芬　從馬肉米粉到蘇飛蛋奶酥——白先勇的饑餓敘事　跨世紀的流離：白先勇的文學與藝術國際學術研討會論文集　臺北　印刻文學生活雜誌出版公司　2009 年 7 月　頁 47—76

1194. 路丹妮　暗示——白先勇小說中的語義結構之建構單元[49]　白先勇的文學與藝術國際學術研討會　臺北　教育部，國科會主辦；政治大學臺灣文學研究所承辦　2008 年 10 月 17—18 日

1195. 路丹妮　暗示——白先勇小說中的語義結構之建構單元　臺灣文學學報　第 14 期　2009 年 6 月　頁 107—124

---

[47]本文從空間結構的關係分析白先勇相應於現代性的美學表述。全文共 2 節：1.分裂的空間結構；2.逆轉的空間結構。

[48]本文從白先勇小說中的飲食活動，辯證儀式性的吃與言說，對文化鄉愁、現代主義、同性戀等面向提出新的詮釋。全文共 3 節：1.畫餅；2.能吃就吃吧，孩子；3.Tea for Two and Tea for Two。

[49]本文討論「暗示」在白先勇小說中的分配及用法。全文共 5 小節：1.前言；2.《臺北人》裡暗示之功能；3.以美國爲背景的小說裡的暗示之功能；4.所有小說層面上的暗示與小說的對話性；5.結論。

1196. 路丹妮（Táňa Dlunoşová） 白先勇小說中的語義結構 跨世紀的流離：白先勇的文學與藝術國際學術研討會論文集 臺北 印刻文學生活雜誌出版公司 2009年7月 頁199—217

1197. 黃儀冠 性別符碼，異質發聲——白先勇小說與電影改編之互文研究[50] 白先勇的文學與藝術國際學術研討會 臺北 教育部，國科會主辦；政治大學臺灣文學研究所承辦 2008年10月17—18日

1198. 黃儀冠 性別符碼、異質發聲——白先勇小說與電影改編之互文研究 臺灣文學學報 第14期 2009年6月 頁139—170

1199. 黃儀冠 性別符碼、異質發聲——白先勇小說與電影改編之互文研究 跨世紀的流離：白先勇的文學與藝術國際學術研討會論文集 臺北 印刻文學生活雜誌出版公司 2009年7月 頁291—327

1200. 李奭學 前言：從《寂寞的十七歲》談起 三看白先勇 臺北 允晨文化公司 2008年10月 頁8—17

1201. 符立中 白先勇舞會及《現代文學》五十年 明道文藝 第392期 2008年11月 頁57—61

1202. 符立中 白先勇舞會及《現代文學》五十年 白先勇與符立中對談：從《臺北人》到《紐約客》 臺北 九歌出版社 2010年11月 頁95—101

1203. 符立中 白先勇的小說與戲劇 上海神話：張愛玲與白先勇圖鑑 臺北 印刻文學生活雜誌出版公司 2009年1月 頁261—270

1204. 符立中 白先勇的小說與戲劇 張愛玲與白先勇的上海神話：臺港後上海文化學 上海 上海書店出版社 2011年9月 頁231—239

1205. 王亞麗 論白先勇小說中的少年意象 華文文學 2009年第2期 2009年4月 頁53—58

1206. 劉劍平 出入高下窮煙霏——論白先勇小說的敘事藝術 常州工學院學報

[50]本文討論白先勇小說文本與電影文本的差異性與共同性。全文共5小節：1.前言；2.現代主義技法與通俗劇的敘事模式；3.身體情欲與影像凝視中的他者；4.異質發聲？家庭魅影？；5.結語。

第27卷第1期　2009年2月　頁27—30

1207. 梅家玲　閱讀白先勇：文學創作與批評實踐　當代文學六十年國際學術研討會　香港　香港嶺南大學中國文學系，上海復旦大學中國文學系，美國哈佛大學東亞語言及文明系主辦　2009年3月20—21日

1208. 王晉民　論白先勇的小說——《白先勇自選集》代序　白先勇自選集　廣州　花城出版社　2009年3月　頁1—2

1209. 王晉民　論白先勇的小說——《白先勇自選集》代序　多元化的文學思潮：王晉民選集　廣州　花城出版社　2012年10月　頁128—149

1210. 李國磊　死亡之美——白先勇小說死亡意境的營造　常州工學院學報　第27卷第2期　2009年4月　頁16—20

1211. 彭正翔　回眸文學家的容顏——永不朽的臺北人　全國新書資訊月刊　第125期　2009年5月　頁25—30

1212. 尤作勇　「現代文學」的歧路——白先勇、陳若曦比較論　社會科學研究　2009年第3期　2009年5月　頁185—188

1213. 劉　俊　編後記　明星咖啡館　南京　江蘇文藝出版社　2009年5月　頁224—225

1214. 劉　俊　編後記　一把青　南京　江蘇文藝出版社　2009年5月　頁287—290

1215. 詹閔旭　白先勇の各時間のおける「中国翻訳」の策略　日本台湾協会学術大会(第11屆)　東京　日本臺灣學會主辦　2009年6月6日

1216. 崔　溥　白先勇和陳映真小說之比較　四川理工學院學報　第24卷第3期　2009年6月　頁113—115

1217. 艾　敏　妙筆藏悲憫・顧曲種癡情——淺析白先勇同性戀題材小說　池州學院學報　第23卷第4期　2009年8月　頁58—61

1218. 馬　星　傳統與現代的融合——論王蒙和白先勇意識流小說的相似點　十

堰職業技術學院學報　第22卷第4期　2009年8月　頁78—81

1219. 鄒定嘉　納博科夫與白先勇短篇小說中的「癡」與「狂」　「『沒有主義』？文本與語境脈絡、思想與意識型態的交會」國際學術研討會　臺北　中研院文哲所主辦　2009年9月3—4日

1220. 黃雪玲　隨「意」賦彩——淺析白先勇小說的色彩運用　襄樊職業技術學院學報　第8卷第5期　2009年9月　頁138—140

1221. 楊若冰　白先勇小說中的人道主義女性意識　現代語文　2009年第25期　2009年9月　頁84—85

1222. 孟凡香　白先勇小說中的「懷鄉情節」　現代語文　2009年第28期　2009年10月　頁112—113

1223. 錢果長　白先勇小說創作中的人道主義探源　池州學院學報　第23卷第5期　2009年10月　頁90—94

1224. 蔡曉妮　歌盡桃花扇底風：論白先勇小說中的女性形象　第一屆世界華文文化文學國際學術研討會　檳城　馬來西亞孝恩文化基金會，檳榔嶼南洋大學校友會，星洲日報主辦　2009年12月29—30日

1225. 曾巧雲　《白先勇作品集》出版——四散的書兒書女回家　2008年臺灣文學年鑑　臺南　國立臺灣文學館　2009年12月　頁144

1226. 錢果長　論白先勇的文學批評　全國博士生學術論壇：海外華文文學與詩學　廣州　中國教育部學位管理與研究生教育司，國務院學位委員會辦公室主辦　2010年3月7—11日

1227. 錢果長　論白先勇的文學批評　樂山師範學院學報　第25卷第6期　2010年6月　頁26—29

1228. 李曉鷗　直面現實：「無根的一代」的宏大敘事〔白先勇部分〕　美國華文文學文革題材小說研究　廣西師範大學中國現當代文學研究所碩士論文　雷銳教授指導　2010年4月　頁9—16

1229. 甘炤文　臺灣當代男同志小說中的愛滋書寫與變異想像——以白先勇、林俊穎、紀大偉作品爲例　第十一屆「現代思潮」全國學術研討會

臺中　靜宜大學人文暨社會科學院主辦　2010 年 5 月 28 日

1230. 陳吉榮　從白先勇辯證式自譯看攝入性改寫翻譯理論　阜陽師範學院學報　2010 年第 4 期　2010 年 7 月　頁 39—42

1231. 山口守　白先勇和現代主義——從《紐約客》到《臺北人》　「跨國研究脈絡下的臺灣文學：性別、國族與跨文化流動」研討會　臺中　中興大學臺灣文學與跨國文化研究所主辦　2010 年 8 月 24—25 日

1232. 古遠清　白先勇小說的藝術成就　文學人　第 21 期　2010 年 8 月　頁 30—33

1233. 隱　地　幾個閃爍發光的名字〔白先勇部分〕　朋友都還在嗎？　臺北　爾雅出版社　2010 年 3 月　頁 184—185

1234. 孫涤平　驚夢故園說憂患——評白先勇的短篇小說　常州工學院學報　第 28 卷第 5 期　2010 年 10 月　頁 30—32

1235. 許燕轉　論白先勇小說的「疊置時空」敘事　廣西大學學報　第 32 卷第 5 期　2010 年 10 月　頁 97—100

1236. 劉　華　「融傳統於現代」——白先勇的創作及意義　20 世紀臺灣文學史略　北京　民族出版社　2010 年 10 月　頁 172—181

1237. 符立中　懷想美好年代（Belle Époque）的都會傳奇（Urban Legend）——張愛玲與白先勇的師承脈絡與文學視野　白先勇與符立中對談：從《臺北人》到《紐約客》　臺北　九歌出版社　2010 年 11 月　頁 105—138

1238. 符立中　懷想美好年代（Belle Époque）的都會傳奇（Urban Legend）——張愛玲與白先勇的師承脈絡與文學視野　張愛玲與白先勇的上海神話：臺港後上海文化學　上海　上海書店出版社　2011 年 9 月　頁 1—32

1239. 符立中　白先勇進軍崑曲界的迴響　白先勇與符立中對談：從《臺北人》到《紐約客》　臺北　九歌出版社　2010 年 11 月　頁 248—256

1240. 楊梅，李克競　命定的悲劇——白先勇小說中的女性形象探析　當代小說（下半月）　2011 年第 1B 期　2011 年 1 月　頁 43—44

1241. 錢果長　人文同構：白先勇與田納西・威廉斯比較論　常州工學院學報　第 29 卷第 1 期　2011 年 2 月　頁 15—19，83

1242. 朱立立　白先勇：存在、時間與文化憂患　臺灣現代派小說研究　臺北　人間出版社　2011 年 3 月　頁 94—128

1243. 付春霞　「金陵十二釵」——淺析白先勇筆下的幾個女主人公形象　清遠職業技術學院學報　第 4 卷第 2 期　2011 年 4 月　頁 70—73

1244. 朱雙一　左翼文學的仆倒和「反共文學」的泛起——極端政治化的「反共文藝」——鄉野傳奇：臺灣文學的多元地域文化色澤〔白先勇部分〕　臺灣文學創作思潮簡史　臺北　人間出版社　2011 年 5 月　頁 238—239

1245. 曾秀萍　白先勇：融古典鑄新詞的現代派大將　文訊雜誌　第 307 期　2011 年 5 月　頁 101

1246. 洪珊慧　傳統的・現代的——白先勇的古典　新刻的石像——王文興與同世代現代主義作家及作品研究　中央大學中國文學系　博士論文　康來新教授指導　2011 年 6 月　頁 92—96

1247. 洪珊慧　多元流動的語言腔調——多音交響——王文興與白先勇小說中的南腔北調　新刻的石像——王文興與同世代現代主義作家及作品研究　中央大學中國文學系　博士論文　康來新教授指導　2011 年 6 月　頁 143—148

1248. 洪珊慧　城市離散・在地根著——從「臺北人」到「紐約客」：白先勇筆下的離散與城市　新刻的石像——王文興與同世代現代主義作家及作品研究　中央大學中國文學系　博士論文　康來新教授指導　2011 年 6 月　頁 197—211

1249. 朱　華　韶華與悲情——白先勇作品論　世界華文文學研究（七）　合肥　安徽文藝出版社　2011 年 6 月　頁 111—119

1250. 吳國華　一座「傷城」的兩種感傷——張愛玲和白先勇筆下的上海比較　寧波教育學院學報　第13卷第3期　2011年6月　頁49—52

1251. 黃　芬　淺議白先勇和余光中鄉愁創作的情感共性　瓊州學院學報　第18卷第3期　2011年6月　頁79—80，58

1252. 侯延卿　牡丹的逆襲——東方歌舞劇萬里長征　聯合報・生活周報　2011年8月13日　6—7版

1253. 錢果長　白先勇與西方人道主義　湖州師範學院學報　第33卷第4期　2011年8月　頁11—15

1254. 殷相印　契刻文化鄉愁・直取人生真味——白先勇小說語言藝術談　連雲港師範高等專科學校學報　2011年第3期　2011年9月　頁14—18

1255. 劉　喆　白先勇小說中的死亡書寫　天津市經理學院學報　2011年第5期　2011年10月　頁91—92

1256. 賴志穎　第一次學白先勇就上手　聯合文學　第324期　2011年10月　頁166—169

1257. 錢果長　接受・融合・超越——白先勇與福克納小說中的人道主義比較　池州學院學報　第25卷第5期　2011年10月　頁95—99

1258. 紀大偉　白先勇作品與華語系文學　成大文學家國際學術研討會　臺南　成功大學文學院主辦　2011年11月18—19日

1259. 石曉楓　從水仙投影到走入社會——白先勇小說中的成長書寫[51]　成大文學家國際學術研討會　臺南　成功大學文學院主辦　2011年11月18—19日

1260. 石曉楓　從水仙投影到走入社會——白先勇小說中的成長書寫　淡江中文學報　第26期　2012年6月　頁145—175

1261. 柯恩琪　論白先勇小說中的流亡與歸宿問　飛鳶展翅——2011年第一屆中

[51]本文以白先勇涉及成長書寫的短篇爲主要研究對象，逐步梳理白先勇小說中所展現的成長書寫及其特質。全文共4小節：1.前言：白先勇小說與成長書寫；2.水仙投影：耽溺於童年的成長書寫；3.介入社會：離開童年的成長書寫；4.小節：白先勇小說的書寫特質。

文系研究生學術研討會　臺北　臺北大學中國文學系主辦　2011年11月26日

1262. 張雨童　從愛情模式看作者思想與作品主題——對白先勇短篇小說愛情敘事的一種解讀　甘肅聯合大學學報　第27卷第6期　2011年11月　頁43—46

1263. 周穎斌　文化同質中的異工異曲——王蒙與白先勇小說的意識流特徵比較研究　重慶工商大學學報　第28卷第6期　2011年12月　頁113—115

1264. 林艷艷　淺論白先勇小說中的女性群像　湖北廣播電視大學學報　第31卷第12期　2011年12月　頁71，77

1265. 彭鏡禧編　白先勇　回首塵寰——二十世紀臺灣短篇小說精選（Grand Impressions：A Selection of 20th-centry Taiwan Short Stories）　臺北　國家教育研究院　2011年12月　頁243

1266. 趙玲玲　論張愛玲與白先勇的女性觀　聊城大學學報　2011年第2期　2011年　頁104—105

1267. 于小桂　臺灣當代文學的佛教文化色彩〔白先勇部分〕　多元文化與臺灣當代文學　北京　文化藝術出版社　2011年12月　頁54—57

1268. 于小桂　佛教文化影響下的臺灣當代作家——白先勇與佛教文化　多元文化與臺灣當代文學　北京　文化藝術出版社　2011年12月　頁70—78

1269. 劉曉蓮　臺灣現代派小說——傳統與現代合璧的臺灣現代派〔白先勇部分〕　多元文化與臺灣當代文學　北京　文化藝術出版社　2011年12月　頁174—179

1270. 苗　雨　「我們」的舞臺與象徵資本的力量——白先勇與白氏崑劇效應　福建論壇　2011年第12期　2011年　頁158—163

1271. 朱　倩　論白先勇小說的語言張力　淮北職業技術學院學報　第11卷第2期　2012年4月　頁87—88

1272. 章詒和　將軍空老玉門關——讀書人一聲長歎——白先勇《父親與民國》讀後（1—2）　中國時報　2012 年 5 月 1—2 日　E4 版

1273. 周慧珠　白先勇‧細說父親與民國　人間福報　2012 年 5 月 20 日　B4 版

1274. 施　暢　失控的身體——白先勇小說的身體詩學　華文文學　2012 年第 4 期　2012 年 8 月　頁 60—64

1275. 王晉民　《白先勇文集》序二　多元化的文學思潮：王晉民選集　廣州　花城出版社　2012 年 10 月　頁 150—183

1276. 紀大偉　現代同志文學的萌發：1960 年代——白先勇的短篇小說　正面與背影——臺灣同志文學簡史　臺南　國立臺灣文學館　2012 年 10 月　頁 37—42

1277. 紀大偉　羞恥與救贖：1980 年代〔白先勇部分〕　正面與背影——臺灣同志文學簡史　臺南　國立臺灣文學館　2012 年 10 月　頁 116—122

1278. 朱立立　創傷‧記憶‧存在的勇氣——論白先勇的文革創傷敘事與記憶建構　白先勇的文學與文化實踐暨兩岸藝文合作學術研討會　北京　中國社科院主辦；趨勢教育基金會協辦　2012 年 11 月 9—11 日

1279. 朱雙一　白先勇文學觀念和創作理念的要點與特點　白先勇的文學與文化實踐暨兩岸藝文合作學術研討會　北京　中國社科院主辦；趨勢教育基金會協辦　2012 年 11 月 9—11 日

1280. 江寶釵　從身分位置論當代臺灣知識分子白先勇的人間行走　白先勇的文學與文化實踐暨兩岸藝文合作學術研討會　北京　中國社科院主辦；趨勢教育基金會協辦　2012 年 11 月 9—11 日

1281. 李孟舜　回家的路：白先勇創傷書寫的記憶與歷史　白先勇的文學與文化實踐暨兩岸藝文合作學術研討會　北京　中國社科院主辦；趨勢教育基金會協辦　2012 年 11 月 9—11 日

1282. 李　娜　還俗記——從尹雪艷到金大班，到《牡丹亭》　白先勇的文學與文化實踐暨兩岸藝文合作學術研討會　北京　中國社科院主辦；

趨勢教育基金會協辦　2012 年 11 月 9—11 日

1283. 李時雍　試論白先勇小說中的物感與身體感　白先勇的文學與文化實踐暨兩岸藝文合作學術研討會　北京　中國社科院主辦；趨勢教育基金會協辦　2012 年 11 月 9—11 日

1284. 林幸謙　豈容青史盡成灰：白先勇小說的歷史意義與時代悲情　白先勇的文學與文化實踐暨兩岸藝文合作學術研討會　北京　中國社科院主辦；趨勢教育基金會協辦　2012 年 11 月 9—11 日

1285. 計璧瑞　中國現代短篇小說傳統與白先勇的創作　白先勇的文學與文化實踐暨兩岸藝文合作學術研討會　北京　中國社科院主辦；趨勢教育基金會協辦　2012 年 11 月 9—11 日

1286. 郝譽翔　東城／西城故事：白先勇臺北人城市空間與族群記憶　白先勇的文學與文化實踐暨兩岸藝文合作學術研討會　北京　中國社科院主辦；趨勢教育基金會協辦　2012 年 11 月 9—11 日

1287. 康來新　白先勇的同班同學——以王文興爲例的隨想　白先勇的文學與文化實踐暨兩岸藝文合作學術研討會　北京　中國社科院主辦；趨勢教育基金會協辦　2012 年 11 月 9—11 日

1288. 張重崗　白先勇與臺灣留學的一代　白先勇的文學與文化實踐暨兩岸藝文合作學術研討會　北京　中國社科院主辦；趨勢教育基金會協辦　2012 年 11 月 9—11 日

1289. 曹惠民　白先勇小說與臺灣「同志文學」　白先勇的文學與文化實踐暨兩岸藝文合作學術研討會　北京　中國社科院主辦；趨勢教育基金會協辦　2012 年 11 月 9—11 日

1290. 曹瑞原　文字的想像與影像的魅惑　白先勇的文學與文化實踐暨兩岸藝文合作學術研討會　北京　中國社科院主辦；趨勢教育基金會協辦　2012 年 11 月 9—11 日

1291. 章立凡　文學與歷史血脈相連　白先勇的文學與文化實踐暨兩岸藝文合作學術研討會　北京　中國社科院主辦；趨勢教育基金會協辦

2012年11月9—11日

1292. 華　瑋　　白先勇與香港崑曲的發展　白先勇的文學與文化實踐暨兩岸藝文合作學術研討會　北京　中國社科院主辦；趨勢教育基金會協辦　2012年11月9—11日

1293. 李曉怡　　論白先勇同性戀小說中救贖意識的覺醒與升華　四川民族學院學報　第21卷第6期　2012年12月　頁60—64

1294. 李曉怡　　論白先勇同性戀小說中救贖意識的覺醒與升華　焦作大學學報　2013年第2期　2013年6月　頁30—33

1295. 谷　宇　　張愛玲、白先勇小說藝術之比較　蘭州學刊　2012年第6期　2012年　頁210—212

1296. 周　秦　　崑曲：遺產價值的認識深化與傳承實踐——兼論蘇州大學白先勇崑曲傳承計劃　蘇州大學學報　2012年第1期　2012年　頁141—150

1297. 殷相印　　談白先勇小說語言的審丑　畢節學院學報　第30卷第1期　2012年　頁19—22

1298. 陳美霞　　跨界對話：白先勇研究的新進展　學術評論　2012年第6期　2012年　頁40—43

1299. 鄧金明　　海派文學與上海時間——以張愛玲、白先勇及王安憶爲對象　社會科學論壇　2012年第9期　2012年　頁88—97

1300. 沈　燕　　在艱難的生命歷程中找尋情感與心靈的歸宿——淺談白先勇的同性戀題材小說創作　雞西大學學報　第13卷第3期　2013年3月　頁122—123

1301. 李詠梅　　白先勇的「桂林情結」　中國現代文學研究叢刊　2013年第6期　2013年　頁117—122

分論

◆單行本作品

論述

《白先勇書話》

1302. 〔臺灣時報〕　《白先勇書話》　臺灣時報　2010 年 3 月 20 日

1303. Scissor Sisters　《白先勇書話》　自由時報　2008 年 9 月 7 日　D13 版

散文

《父親與民國：白崇禧將軍身影集》

1304. 郭士榛　白先勇寫父親・塑民國史縮影　人間福報　2012 年 5 月 9 日　7 版

1305. 陳宛茜　新書發表——白先勇《父親與民國》，齊邦媛催生的　聯合報　2012 年 5 月 9 日　A12 版

1306. 〔香港文學〕　白先勇出書憶父白崇禧　香港文學　第 329 期　2012 年 5 月　頁 95

1307. 廣西師範大學出版社　出版說明　白崇禧將軍身影集（下）　桂林　廣西師範大學出版社　2012 年 5 月　〔1〕頁

1308. 廣西師範大學出版社　出版說明　白崇禧將軍身影集（增訂版）　桂林　廣西師範大學出版社　2013 年 3 月　頁 671

1309. 蘇惠昭　到過去裡找現在，五月之書〔《父親與民國：白崇禧將軍身影集》部分〕　書香兩岸　第 44 期　2012 年 6 月　頁 49—50

1310. 〔書香兩岸〕　兩岸三地將先後出版《父親與民國》　書香兩岸　第 44 期　2012 年 6 月　頁 109

1311. 〔香港文學〕　兩岸三地將先後出版《父親與民國》　香港文學　第 330 期　2012 年 6 月　頁 95

1312. 滕淑芬　一個時代的再現——白先勇新作《父親與民國》　臺灣光華雜誌　第 37 卷第 6 期　2012 年 6 月　頁 78—81

1313. 陳立文　「以圖敘史，以人繫史」——談白先勇《父親與民國》　全國新書資訊月刊　第 164 期　2012 年 8 月　頁 55—57

1314. 申曉雲　還歷史一個真實的白崇禧——白先勇筆下的《父親與民國》　白先勇的文學與文化實踐暨兩岸藝文合作學術研討會　北京　中國

社科院主辦；趨勢教育基金會協辦　2012 年 11 月 9—11 日

1315. 汪朝光　《父親與民國》讀後　白先勇的文學與文化實踐暨兩岸藝文合作學術研討會　北京　中國社科院主辦；趨勢教育基金會協辦　2012 年 11 月 9—11 日

1316. 林馨琴　從《父親到民國》談白先勇如何推動民國史研究　白先勇的文學與文化實踐暨兩岸藝文合作學術研討會　北京　中國社科院主辦；趨勢教育基金會協辦　2012 年 11 月 9—11 日

1317. 陳進金　白崇禧與蔣桂戰爭（1929）——從白先勇《父親與民國》談起　白先勇的文學與文化實踐暨兩岸藝文合作學術研討會　北京　中國社科院主辦；趨勢教育基金會協辦　2012 年 11 月 9—11 日

1318. 翟志成　徘徊於家史與國史之間：白先勇的歷史書寫與民國史重構　白先勇的文學與文化實踐暨兩岸藝文合作學術研討會　北京　中國社科院主辦；趨勢教育基金會協辦　2012 年 11 月 9—11 日

1319. 劉　俊　南京：歷史「敘事」和文學「書寫」——文武父子白崇禧與白先勇的南京印記　白先勇的文學與文化實踐暨兩岸藝文合作學術研討會　北京　中國社科院主辦；趨勢教育基金會協辦　2012 年 11 月 9—11 日

小說

《謫仙記》

1320. 歐陽子　《謫仙記》序　謫仙記　臺北　文星書店　1967 年 6 月　頁 1—6

1321. 歐陽子　《謫仙記》序　現代文學　第 32 期　1967 年 8 月　頁 52—56

1322. 歐陽子　《謫仙記》序　謫仙記　臺北　水牛出版社　1986 年 11 月　頁 1—7

1323. 歐陽子　《謫仙記》序　臺北人　北京　作家出版社　2000 年 7 月　頁 174—178

《遊園驚夢》

1324. 林柏燕　論《遊園驚夢》——兼致葉維廉先生　幼獅文藝　第 181 期　1969 年 1 月　頁 162—178

1325. 林柏燕　論《遊園驚夢》　文學探索　臺北　書評書目社　1973 年 9 月　頁 31—52

1326. 林柏燕　論《遊園驚夢》　文學探索　臺北　大林出版社　1980 年 11 月　頁 31—52

1327. 顏元叔　白先勇的語言　現代文學　第 37 期　1969 年 3 月　頁 137—146

1328. 顏元叔　白先勇的語言　文學批評散論　臺北　驚聲文物供應公司　1970 年 5 月　頁 161—162

1329. 顏元叔　白先勇的語言　文學批評散論　臺北　驚聲文物供應公司　1972 年 8 月　頁 161—172

1330. 顏元叔　白先勇的語言　談民族文學　臺北　臺灣學生書局　1973 年 6 月　頁 293—304

1331. 顏元叔　白先勇的語言　顏元叔自選集　臺北　黎明文化公司　1975 年 12 月　頁 89—100

1332. 顏元叔　白先勇的語言　中國現代作家論　臺北　聯經出版公司　1979 年 7 月　頁 367—377

1333. 楊　柳　白先勇談《遊園驚夢》　羊城晚報　1988 年 4 月 2 日　4 版

1334. 劉俐俐　中國現代短篇小說經典文本中歷史文化典籍的運用與現代小說藝術的形成——以茅盾的《石碣》、《豹子頭林沖》、《大澤鄉》三篇歷史題材小說以及沈從文的《菜園》、白先勇的《遊園驚夢》等為中心　歷史與記憶：中國現代文學國際研討會　香港　香港中文大學中國語言及文學系主辦　2007 年 1 月 4—6 日

《臺北人》

1335. 李　薪　讀白先勇《臺北人》之後——一根小刺　青年戰士報　1964 年 12 月 10 日　11 版

1336. 弦外音　也談白先勇《臺北人》的新風貌　臺灣日報　1965 年 8 月 18 日

9版

1337. 牛馬走　《臺北人》給了我們一些什麼——兼答龔鵬程　民眾日報　1969年7月24日　12版

1338. 尉天驄　自囿——白先勇的《臺北人》引起的一些感想　大學雜誌　第47期　1971年11月　頁59—61

1339. 辛　鬱　白先勇《臺北人》　人與社會　第1期　1973年4月　頁62—63

1340. 歐陽子　白先勇的小說世界——《臺北人》之主題探討[52]　臺北人　臺北　晨鐘出版社　1973年4月　頁5—28

1341. 歐陽子　白先勇的小說世界——《臺北人》之主題探討（上、中、下）　中國時報　1974年8月21—23日　12版

1342. 歐陽子　白先勇的小說世界——《臺北人》之主題探討　文藝月刊　第65期　1974年11月　頁174—190

1343. Ou Yang Tzu（歐陽子）著；Cynthia Liu 譯　The Fictional World of Pai Hsien-yung　Renditions　第5期　1975年1月　頁79—88

1344. 歐陽子　白先勇的小說世界——《臺北人》之主題探討　大家談　臺北　天下遠見出版公司　1975年10月　頁309—327

1345. 楊馥菱　歷史記憶的召喚與國族認同的消解——評白先勇的《臺北人》[53]　成大中文學報　第7期　1999年6月　頁131—149

1346. 黎活仁　白先勇《臺北人》的結尾與對話——論白先勇《臺北人》　臺灣文學經典研討會論文集　臺北　聯經出版公司　1999年6月　頁58—71

1347. 王晉民　論白先勇的《臺北人》　第三屆兩岸中山大學中國文學研討會　廣州　高雄中山大學中國文學系，廣州中山大學中國文學系合辦　1999年9月2日

---

[52]本文後由 Cynthia Liu 譯爲〈The Fictional World of Pai Hsien-yung〉。

[53]本文採用精神分析和國族論述等理論評論《臺北人》。全文共 5 小節：1.前言；2.受創的乳房與土地認同；3.歷史的記憶與時間的凝滯；4.身分認同的建構與消解；5.結論。

1348. 王晉民　論白先勇的《臺北人》　中山人文學術論叢　高雄　高雄復文圖書出版社　2000 年 10 月　頁 187—202

1349. 黃萬華　從「臺灣文學經典」看臺灣文學精神〔《臺北人》部分〕　臺灣研究集刊　1999 年第 3 期　1999 年 9 月　頁 91

1350. 王潤華　白先勇《臺北人》中後殖民文學結構　戰後五十年臺灣文學國際學術研討會　臺北　行政院文建會主辦　1999 年 11 月 12—14 日

1351. 王潤華　白先勇《臺北人》中後殖民文學結構　文化、認同、社會變遷：戰後五十年臺灣文學國際學術研討會論文集　臺北　行政院文建會　2000 年 6 月　頁 303—322

1352. 王潤華　白先勇《臺北人》中後殖民文學結構　華文後殖民文學：本土多元文化的思考　臺北　文史哲出版社　2001 年 9 月　頁 77—95

1353. 王潤華　白先勇《臺北人》中後殖民文學結構　越界跨國文學解讀　臺北　萬卷樓圖書公司　2004 年 2 月　頁 179—198

1354. 王潤華　白先勇《臺北人》中後殖民文學結構　臺灣近五十年現代小說論文集　高雄　中山大學文學院，人文社會科學中心　2007 年 8 月　頁 17—31

1355. 歐陽子　白先勇的小說世界——《臺北人》之主題探討　王謝堂前的燕子　臺北　爾雅出版社　1976 年 4 月　頁 5—30

1356. 王德威　溫文爾雅——《爾雅短篇小說選》序論〔《臺北人》部分〕　爾雅短篇小說選：爾雅創社二十五年小說菁華（一）　臺北　爾雅出版社　2000 年 5 月　頁 4

1357. 王　雪　論白先勇《臺北人》中的「歷史見證」式敘述人的敘事功能　世界華文文學論壇　2000 年第 2 期　2000 年 6 月　頁 66—70

1358. 陳祥泰　「大陸情結」的藝術審視與展現——白先勇的短篇小說集《臺北人》賞析　青島教育學院學報　第 13 卷第 3 期　2000 年 9 月　頁 26—30

1359. 吳愛萍　男權社會的「他者」——也談《臺北人》中的女性形象　白先勇

創作國際研討會　汕頭　汕頭大學主辦　2000 年 11 月 23—24 日

1360. 吳愛萍　男權社會的「他者」——也談《臺北人》中的女性形象　華文文學　2001 年第 1 期　2001 年 2 月　頁 50—55

1361. 黃耀華　《臺北人》的歷史敘事及文化身分認同　白先勇創作國際研討會　汕頭　汕頭大學主辦　2000 年 11 月 23—24 日

1362. 黃耀華　《臺北人》的歷史敘事及文化身分認同　華文文學　2001 年第 2 期　2001 年 5 月　頁 30—33

1363. 王曉輝　簡析《臺北人》的思鄉情結　黑龍江農墾師專學報　2001 年第 1 期　2001 年 1 月　頁 53—54

1364. 胡玉偉　徘徊於此岸和彼岸之間——白先勇的宗教情緒對《臺北人》的滲透　遼寧工學院學報　第 3 卷第 1 期　2001 年 3 月　頁 36—38，80

1365. 高恆文　「將傳統入現代」——論《臺北人》與《紅樓夢》　紅樓夢學刊　2002 年第 1 期　2002 年 2 月　頁 163—176

1366. 歐陽子　白先勇的小說世界——《臺北人》之主題探討　臺北人　臺北　晨鐘出版社　1978 年 3 月　頁 5—28

1367. 楊亞月　從白先勇《臺北人》的創作試探其審悲經驗　畢節師範高等專科學校學報　第 20 卷第 3 期　2002 年 9 月　頁 29—31

1368. 戴瑤琴　原來姹紫嫣紅開遍——淺談《臺北人》中的隱喻　世界華文文學論壇　第 41 期　2002 年 12 月　頁 32—37

1369. 許秦蓁　明星咖啡屋——「臺北人」的戀戀上海　戰後臺灣的上海記憶與上海建構　中央大學中國文學系　博士論文　康來新教授指導　2003 年 1 月　頁 107—120

1370. 許秦蓁　明星咖啡屋——「臺北人」的戀戀上海　戰後臺灣的上海記憶與上海建構　臺北　大安出版社　2005 年 9 月　頁 105—116

1371. 應鳳凰　白先勇的《臺北人》　臺灣文學花園　臺北　玉山社出版公司　2003 年 1 月　頁 75—78

1372. 孫俊琴　直取歷史滄桑的人生真味——論白先勇的短篇小說集《臺北人》　語文學刊　2003年第2期　2003年3月　頁24—27

1373. 婁奕娟　論白先勇小說中的「戲劇化」因素——試以《臺北人》爲例　華文文學　2003年第2期　2003年3月　頁39—41

1374. 鮑國華　論《臺北人》中的上海形象　華文文學　2003年第6期　2003年12月　頁23—27，33

1375. 莊文福　白先勇《臺北人》　大陸旅臺作家懷鄉小說研究　中國文化大學中國文學系　博士論文　邱燮友教授指導　2003年　頁183—194

1376. 楊佳嫻　《臺北人》　最愛一百小說　臺北　聯經出版公司　2004年5月　頁42—43

1377. 歐陽子　白先勇的小說世界——《臺北人》之主題探討　當代中國新文學大系・文學評論集　臺北　天視出版公司　1980年2月　頁357—374

1378. 吳本靖　一窺《臺北人》　與書共鳴：九十二學年度臺北市高級中學跨校網路讀書會優勝作品精選輯　臺北　臺北市教育局　2004年10月　頁266—268

1379. 邱熙旋　《臺北人》　與書共鳴：九十二學年度臺北市高級中學跨校網路讀書會優勝作品精選輯　臺北　臺北市教育局　2004年10月　頁439—441

1380. 崔良樂　從《臺北人》中的上海意象看白先勇的心理鬱結　新鄉師範高等專科學校學報　第19卷第1期　2005年1月　頁104—106

1381. 葉奕翔　《臺北人》敘事藝術片論　語文學刊　2005年第1期　2005年1月　頁79—82

1382. 何宗龍　白先勇《臺北人》與杜甫〈秋興八首〉　安徽農業大學學報　第14卷第4期　2005年7月　頁107—110

1383. 路文彬　時代的挽歌——論白先勇《臺北人》的傷感主義情懷及其藝術表

現手法　伊犁師範學院學報　2006 年第 1 期　2006 年 3 月　頁 81—84

1384. 楊　輝　難捨的鄉愁，無奈的人生——試析《臺北人》的文化主題和哲學意蘊　合肥工業大學學報　第 20 卷第 4 期　2006 年 8 月　頁 158—162

1385. 毛三艷　淺談《臺北人》的藝術表演手法　語文教學與研究　2006 年第 29 期　2006 年 10 月　頁 78

1386. 李奭學　中國民族主義與臺灣現代性——從喬艾斯的《都柏林人》看白先勇的《臺北人》　臺灣文學藝術與東亞現代性國際學術研討會　臺北　政治大學臺灣文學所　2006 年 11 月 10—12 日

1387. 李奭學　中國民族主義與臺灣現代性——從喬艾斯的《都柏林人》看白先勇的《臺北人》　臺灣文學的東亞思考：臺灣文學與東亞現代性國際學術研討會論文集　臺北　行政院文建會　2007 年 7 月　頁 430—451

1388. Ou-yang Tzu（歐陽子）　The Fictional World of Pai Hsien-yung　Chinese Fiction From Taiwan: Critical Perspectives　Bloomington　Indiana University Press　1980 年 12 月　頁 166—178

1389. 李奭學　中國民族主義與臺灣現代性：從喬艾斯的《都柏林人》看白先勇的《臺北人》　三看白先勇　臺北　允晨文化公司　2008 年 10 月　頁 19—59

1390. 張春英　歷史興亡中的人事滄桑——析白先勇的《臺北人》　現代語文 2006 年第 11 期　2006 年 11 月　頁 46—47

1391. 胡佩霞　執著地品嘗人生況味——論白先勇短篇小說集《臺北人》的敘事輪李建構　漯河職業技術學院學報　2007 年第 1 期　2007 年 1 月　頁 50—52

1392. 顏　吶　記憶的重構與現實的再造——《臺北人》主題透視　常州工學院學報　第 25 卷第 1 期　2007 年 2 月　頁 37—41

1393. 王啓明　以史學理論評白先勇的《臺北人》[54]　華人前瞻研究　第3卷第1期　2007年5月　頁61—77

1394. 邵　菲　淺析白先勇《臺北人》的詩化品格　內蒙古電大學刊　2007年第5期　2007年5月　頁49—51

1395. 趙　芳　試論《臺北人》對意識流手法與中國傳統文化思想的整合　遼寧教育行政學院學報　2007年第7期　2007年7月　頁102—103

1396. 歐崇敬　存在與虛無：白先勇小說之異鄉命運分析[55]　臺灣小說史導論卷　臺北　洪葉文化公司　2007年8月　頁155—212

1397. 吳孟昌　論白先勇《臺北人》中的「現實主義」內涵　修平人文社會學報　第9期　2007年9月　頁11—29

1398. 山口守　解說　臺北人　東京　國書刊行會　2008年3月　頁257—277

1399. 歐陽子　白先勇的小說世界——《臺北人》之主題探討　歐陽子自選集　臺北　黎明文化公司　1982年7月　頁320—344

1400. 曾秀萍　白先勇《臺北人》　新活水　第17期　2008年3月　頁61—73

1401. Yamaguchi Mamoru　Modernism in "Taipeiren"and the Fiction of Pai Hsien-yung　Mordernism Revisited:Pai Hsien-yung and Chinese Literary Mordernism in Taiwan and Beyond（重返現代：白先勇、《現代文學》與現代主義國際研討會）　California　UC Santa Barbara　2008年5月1—3日

1402. 傅正玲　現代文學的移民書寫—以白先勇的《臺北人》爲例　近現代中國語文國際學術研討會　屏東　屏東教育大學中國語文學系　2008年6月6—7日

---

[54]本文藉由《臺北人》此文本中，了解當時的流行、飲食文化、居住環境的變遷，乃至於「臺北人」的思想。全文共5小節：1.前言；2.臺北人的流行服飾文化；3.臺灣飲食文化的演變；4.臺北城的今非昔彼；5.按實記載的《臺北人》。

[55]本文以存在、虛無、異鄉人角度探討《臺北人》，呈現各篇的臺北人的差異。全文共20小節：1.〈金大奶奶〉；2.〈悶雷〉；3.〈玉卿嫂〉；4.〈黑虹〉；5.〈寂寞的十七歲〉；6.〈芝加哥之死〉；7.〈謫仙季〉；8.〈一把青〉；9.，〈歲除〉；10.〈梁父吟〉；11.〈金大班的最後一夜〉；12.〈那片血一般紅的杜鵑花〉；13.〈思舊賦〉；14.〈滿天裡亮晶晶的星星〉；15.〈孤戀花〉；16.〈冬夜〉；17.〈花橋榮記〉；18.〈秋思〉；19.〈國葬〉；20.結語。

1403. 徐紀陽，鄭琰　　漂泊與還鄉——論《臺北人》的離散主題　雞西大學學報　2008年第3期　2008年6月　頁131—133

1404. 郝譽翔　　青春不死——論白先勇　大虛構時代　臺北　聯合文學出版社　2008年9月　頁177—182

1405. 蘇偉貞　　爲何憎恨女人？——《臺北人》之尹雪艷案例[56]　白先勇的文學與藝術國際學術研討會　臺北　教育部，國科會主辦；政治大學臺灣文學研究所承辦　2008年10月17—18日

1406. 蘇偉貞　　爲何憎恨女人？《臺北人》之尹雪艷案例　臺灣文學學報　第14期　2009年6月　頁77—106

1407. 蘇偉貞　　爲何憎恨女人？——《臺北人》之尹雪艷案例　跨世紀的流離：白先勇的文學與藝術國際學術研討會論文集　臺北　印刻文學生活雜誌出版公司　2009年7月　頁165—197

1408. 山口守　　白先勇小說中的現代主義——《臺北人》的記憶與鄉愁[57]　白先勇的文學與藝術國際學術研討會　臺北　教育部，國科會主辦；政治大學臺灣文學研究所承辦　2008年10月17—18日

1409. 山口守　　白先勇小說中的現代主義——《臺北人》的記憶與鄉愁　和而不同　南寧　廣西人民出版社　2008年10月　頁533—540

1410. 歐陽子　　白先勇的小說世界——《臺北人》之主題探討　臺北人　臺北　爾雅出版社　1983年5月　頁1—30

1411. 山口守　　白先勇小說中的現代主義——《臺北人》的記憶與鄉愁　臺灣文學學報　第14期　2009年6月　頁1—18

1412. 王寧娜，魏家李　　書寫心靈無言的痛楚——論白先勇的短篇小說《臺北人》　現代語文　2008年第31期　2008年11月　頁70—71

1413. 王天兵　　淺析白先勇的《臺北人》　文藝爭鳴　2008年第2期　2008年

---

[56]本文以亞當・朱克思「憎女心理」爲切入點，討論白先勇《臺北人》中的女性角色。全文共6小節：1.復返，紐約街頭——臺北故鄉；2.臺北女人：開啓民國史之鑰？；3.案例：尹雪艷檔案；4.憎女：男性始終懷有敵意；5.既生既死：臺北人永劫難返；6.小結：她們的滄桑不是個案？。

[57]本文從現代主義的觀點，研究白先勇《臺北人》的記憶與鄉愁。全文共2小節：1.白先勇與現代主義；2.《臺北人》所描寫的喪失感。

頁 202—204

1414. 符立中　從金大班到尹雪艷——探尋上海人的風塵身世[58]　上海神話：張愛玲與白先勇圖鑑　臺北　印刻文學生活雜誌出版公司　2009 年 1 月　頁 109—126

1415. 符立中　從金大班到尹雪艷——探尋《臺北人》的風塵身世　張愛玲與白先勇的上海神話：臺港後上海文化學　上海　上海書店出版社　2011 年 9 月　頁 68—82

1416. 符立中　從金大班到尹雪艷——探尋《臺北人》的風塵身世　白先勇與符立中對談：從《臺北人》到《紐約客》　臺北　九歌出版社　2010 年 11 月　頁 139—156

1417. 陳志銳　臺北人的另類溫度——爲白先勇《臺北人》的氛圍量溫[59]　出人意料・入文藝中——文學藝術中的另類現象學　新加坡　八方文化創作室　2009 年 6 月　頁 15—30

1418. 白　楊　流失在歷史洪流中的「臺北人」——從白先勇的《臺北人》到朱天文的《世紀末的華麗》　「共和國文學六十年」學術研討會　北京　中國社會科學院　2009 年 8 月 22—23 日

1419. 白　楊　流失在歷史洪流中的「臺北人」——從白先勇的《臺北人》到朱天文的《世紀末的華麗》　臺港文學：文化生態與寫作範式考察　長春　吉林大學出版社　2009 年 9 月　頁 160—171

1420. 趙小琪　結構主義視野下白先勇《臺北人》新讀　貴州社會科學　2009 年第 11 期　2009 年 11 月　頁 20—24

1421. 歐陽子　白先勇的小說世界——《臺北人》之主題探討　中華現代文學大系（臺灣 1970—1989）評論卷（壹）　臺北　九歌出版社　1989 年 5 月　頁 289—310

---

[58]本文後改篇名爲〈從金大班到尹雪艷——探尋《臺北人》的風塵身世〉。

[59]本文扮演一溫度計之角色，窺探白先勇在《臺北人》中所營造氛圍的文學筆法。全文共 5 小節：1.前言；2.氛圍溫度 0℃——探析《臺北人》中氛圍陰寒的小說；3.氛圍溫度＝100℃——探析《臺北人》中氣氛溫暖的小說；4.氛圍溫度＝±100℃——探析《臺北人》中氣氛冷熱交替的小說；5.結論。

1422. 劉　慧　人生無常——讀白先勇的《臺北人》　現代語文　2009 年第 31 期　2009 年 11 月　頁 94—95

1423. 張傳福　《臺北人》人物悲劇與基督信仰　現代語文　2009 年第 34 期　2009 年 12 月　頁 101—102

1424. 董書存　遷移者的悲歌——評白先勇的短篇小說集《臺北人》　綿陽師範學院學報　第 29 卷第 1 期　2010 年 1 月　頁 65—68

1425. 符立中　《臺北人》的兩元世界　中國時報　2010 年 8 月 16 日　E4 版

1426. 丘祖胤　百年臺灣文學展・看《臺北人》變臉　中國時報　2011 年 2 月 19 日　A16 版

1427. 應鳳凰，傅月庵　白先勇——《臺北人》　冊頁流轉——臺灣文學書入門 108　臺北　印刻文學生活雜誌出版公司　2011 年 3 月　頁 78—79

1428. 張嘆鳳　當代華文文學視野中的鄉愁意識與建樹（下）——頹敗的情緒，骸骨的迷戀——白先勇系列小說《臺北人》今昔主題　中國鄉愁文學研究　成都　巴蜀書社　2011 年 5 月　頁 297—305

1429. 楊　青　裸露的根——白先勇《臺北人》中的「大陸情結」　內蒙古民族大學學報　第 17 卷第 4 期　2011 年 7 月　頁 8—10

1430. 徐天佑　《臺北人》休閒娛樂之探討[60]　旅遊健康學刊　第 10 卷第 1 期　2011 年 12 月　頁 1—24

1431. 胡冬智　試論《臺北人》中的戲文和歌謠　內蒙古電大學刊　2011 年第 2 期　2011 年　頁 58—59

1432. 歐陽子　白先勇的小說世界——《臺北人》之主題探討　臺北人　上海　上海文藝出版社　1999 年 8 月　頁 1—22

1433. 許俊雅　記憶與認同——臺灣小說的二戰經驗書寫〔《臺北人》部分〕

[60]本文針對《臺北人》中的休閒娛樂進行探討，依據小說中的情境，重新建構當時臺北人休閒娛樂的方式及其意涵。全文共 8 小節：1.前言；2.研究方法與目的；3.人物與場景之探討；4.不同人物娛樂方式之探討；5.有關女性娛樂之分析探討；6.休閒娛樂種類的分析探討；7.討論：休閒娛樂的過去、現在與未來；8.結論與建議。

足音集：文學記憶・紀行・電影　臺北　萬卷樓圖書公司　2011年12月　頁201

1434. 劉　芳　白先勇《臺北人》的含蓄美　忻州師範學院學報　第28卷第1期　2012年2月　頁29—31

1435. 沈慶利　溯夢「唯美中國」——白先勇《臺北人》解讀　香港文學　第339期　2013年3月　頁64—70

1436. 歐陽子　白先勇的小說世界——《臺北人》之主題探討　臺北人　臺北　爾雅出版社　2002年2月　頁1—27

1437. 歐陽子　白先勇的小說世界——《臺北人》之主題探討　白先勇外集・王謝堂前的燕子　臺北　天下遠見出版公司　2008年9月　頁8—33

1438. 歐陽子　白先勇的小說世界——《臺北人》之主題探討　臺北人　桂林　廣西師範大學出版社　2010年10月　頁315—342

1439. 劉紹銘　紐約域外另一個孤魂野鬼　中國時報　1974年8月19日　12版

1440. 唐　飈　穿鑿與多事的文評家——《臺北人》之再探討　文藝月刊　第66期　1974年12月　頁110—116

1441. 唐　飈　穿鑿與多事的文評家——《臺北人》之再探討　大家談　臺北　天下遠見出版公司　1975年10月　頁328—335

1442. 葉飛虹　遊《臺北人》之園・驚白先勇之夢　文藝月刊　第66期　1974年12月　頁116—123

1443. 葉飛虹　遊《臺北人》之園，驚白先勇之夢　大家談　臺北　天下遠見出版公司　1975年10月　頁336—343

1444. 連　坤　一群衰朽病態的《臺北人》　文藝月刊　第66期　1974年12月　頁123—126

1445. 連　坤　一群衰朽病態的《臺北人》　大家談　臺北　天下遠見出版公司　1975年10月　頁344—347

1446. 陳克環　《臺北人》何辜　中華日報　1975年10月6日　9版

1447. 何田田　論《臺北人》的人物和主題　文藝月刊　第76期　1975年10月　頁21—28

1448. 歐陽子　從《臺北人》的缺失說起——論文學批評的方法與實踐　王謝堂前的燕子　臺北　爾雅出版社　1976年4月　頁323—332

1449. 歐陽子　從《臺北人》的缺失說起——論文學批評的方法與實踐　書評書目　第39期　1976年7月　頁4—10

1450. 歐陽子　從《臺北人》的缺失說起——論文學批評的方法與實踐　歐陽子自選集　臺北　黎明文化公司　1982年7月　頁365—373

1451. 歐陽子　附錄——從《臺北人》的缺失說起——論文學批評的方法與實踐　白先勇外集・王謝堂前的燕子　臺北　天下遠見出版公司　2008年9月　頁326—336

1452. 劉紹銘　歐陽子與《臺北人》　聯合報　1976年8月23日　12版

1453. 劉紹銘　歐陽子與《臺北人》　傳香火　臺北　大地出版社　1979年5月　頁166—171

1454. 花　村　《臺北人》一書命名的質疑　中華文藝　第69期　1976年11月　頁125—130

1455. 尼　洛　燕語呢喃　文藝月刊　第92期　1977年2月　頁52—66

1456. 劉紹銘著；黃碧端譯　回首話當年——淺論《臺北人》　小說與戲劇　臺北　洪範書店　1977年2月　頁27—60

1457. 劉紹銘著；黃碧端譯　回首話當年——《臺北人》裡的今昔之比　明報月刊　第140期　1977年8月　頁53—57

1458. 陳克環　《臺北人》・臺北人　陳克環自選集　臺北　黎明文化公司　1977年7月　頁337—339

1459. 陳克環　論《臺北人》的人物與主題　陳克環自選集　臺北　黎明文化公司　1977年7月　頁341—350

1460. 詹　悟　論小說的主題——兼評白先勇《臺北人》的主題　青年戰士報　1979年11月28日　11版

1461. 詹　悟　論小說的主題——兼評白先勇《臺北人》的主題　好書解讀　南投　南投縣立文化中心　1997年5月　頁77—86

1462. 周　錦　中國新文學第四期的特出作品〔《臺北人》部分〕　中國新文學簡史　臺北　成文出版社　1980年5月　頁281—282

1463. George kao（喬志高）　Auniversal Vernacular——When "Taipei characters" speak in English　Renditions[61]　第14期　1980年　頁22—26

1464. 喬志高著；黃碧端譯　世界性的口語——《臺北人》英譯　聯合報　1982年10月27日　8版

1465. 喬志高著；黃碧端譯　「世界性的口語」——《臺北人》英譯本編者序　臺北人　臺北　爾雅出版社　1983年5月　頁279—289

1466. 喬志高著；黃碧端譯　世界性的口語——《臺北人》說英文　鼠咀集：世紀末在美國　臺北　聯合文學出版社　1991年8月　頁108—117

1467. 喬志高著；黃碧端譯　「世界性的口語」——《臺北人》英譯本編者序　臺北人　臺北　爾雅出版社　2002年2月　頁313—323

1468. 喬志高著；黃碧端譯　世界性的口語——《臺北人》英譯本編者序　白先勇作品集・臺北人　臺北　天下遠見出版公司　2008年9月　頁296—306

1469. 喬志高著；黃碧端譯　世界性的口語——《臺北人》英譯本編者序　臺北人　桂林　廣西師範大學出版社　2010年10月　頁365—376

1470. 金恆煒　《臺北人》說英語　中國時報　1982年5月3日　8版

1471. 周文彬　試論白先勇《臺北人》的藝術真實　首屆臺灣香港文學學術討論會　廣州暨南大學　中國當代文學學會臺港文學研究會，廈門大學臺灣研究所　1982年6月10—16日

1472. 莫　文　喜見《臺北人》英譯　聯合報　1982年7月20日　8版

[61]本文後由黃碧端譯爲〈世界性的口語——《臺北人》英譯〉、〈世界性的口語——《臺北人》說英文〉。

1473. 劉紹銘　任重道遠的《臺北人》　中國時報　1982年8月1日　8版

1474. 闕豐齡　《臺北人》藝術構思散論　臺灣香港文學論文選　福州　福建人民出版社　1983年10月　頁112—126

1475. 梁若梅　《臺北人》的思想藝術特色　金城　1983年第11、12期合刊　1983年12月　頁83

1476. 苦　苓　洪流中的最後吶喊——畸形社會的產物《臺北人》　改變大學生的書　臺北　前衛出版社　1984年8月　頁205—210

1477. 苦　苓　洪流中的最後吶喊——畸形社會的產物《臺北人》　書中書　臺北　希代書版公司　1986年9月　頁153—156

1478. 思　兼　白先勇《臺北人》的世界　中華文化復興月刊　第7卷第11期　1984年11月　頁49—52

1479. 張　禹　論白先勇和他的《臺北人》　藝譚　1985年第1期　1985年2月　頁22—27，18

1480. 呂正惠　《臺北人》「傳奇」　文星　第104期　1987年2月　頁96—101

1481. 呂正惠　《臺北人》「傳奇」　小說與社會　臺北　聯經出版公司　1988年5月　頁37—52

1482. 應鳳凰　舊時王謝堂前燕《臺北人》——白先勇先生作品　大同雜誌　1987年第7期　1987年7月　頁35—42

1483. 呂正惠　夏日炎炎書解悶——好書推薦——現代小說書單——白先勇《臺北人》　國文天地　第39期　1988年8月　頁26

1484. 秦夢眾　夢裡花落知多少——談《臺北人》　臺灣春秋　第3期　1988年12月　頁259—260

1485. 游淑靜　無可奈何花落去——白先勇筆下的臺北人　出版之友　第47期　1989年6月　頁70—77

1486. 齊邦媛　時代的聲音〔《臺北人》部分〕　千年之淚　臺北　爾雅出版社　1990年7月　頁16—18

1487. 裴元領 從《邊城》到《臺北人》——側看愛情小說裡的愛欲糾結 聯合文學 第69期 1990年7月 頁142—149

1488. 蔡詩萍 小說族與都市浪漫小說——「嚴肅」與「通俗」的相互顛覆〔《臺北人》部分〕 流行天下 臺北 時報文化出版公司 1992年1月 頁166—167

1489. 高大鵬 白先勇筆下的三種人 青年日報 1992年5月1日 14版

1490. 高大鵬 白先勇筆下的三種人 吹不散的人影 臺北 三民書局 1995年3月 頁171—174

1491. 蘇偉貞 白先勇《臺北人》與松江路 聯合報 1992年8月27日 26版

1492. 王幼華 《臺北人》評介[62] 文學星空 臺北 國家文藝基金管理委員會 1992年9月 頁51—53

1493. 王幼華 臺灣當代名著短評十四篇——《臺北人》 當代文學評論集 苗栗 苗栗縣立文化中心 1997年12月 頁114—116

1494. 萬榮華 《臺北人》 中國時報 1993年7月28日 27版

1495. 余秋雨 世紀性的文化鄉愁——《臺北人》出版二十年重新評價 評論十家 臺北 爾雅出版社 1993年12月 頁3—24

1496. 余秋雨 世紀性的文化鄉愁——《臺北人》出版二十年重新評價 臺北人 臺北 爾雅出版社 2002年2月 頁29—48

1497. 余秋雨 世紀性的文化鄉愁——《臺北人》出版二十年重新評價 白先勇作品集・臺北人 臺北 天下遠見出版公司 2008年9月 頁10—28

1498. 余秋雨 世紀性的文化鄉愁——《臺北人》出版二十年重新評價 臺北人 桂林 廣西師範大學出版社 2010年10月 頁343—364

1499. 陳芳明 虛無主義者的原鄉——小說家筆下的臺北人形象 典範的追求 臺北 聯合文學出版社 1994年2月 頁242—251

1500. 陳芳明 虛無主義者的原鄉——小說家筆下的臺北人形象 典範的追求

[62]本文後改篇名爲〈臺灣當代名著短評十四篇——《臺北人》〉。

臺北　聯合文學出版社　2008 年 4 月　頁 242—251

1501. 柯慶明　六〇年代現代主義文學？〔《臺北人》部分〕　聯合文學　第 115 期　1994 年 5 月　頁 94

1502. 朱振宏　評介《臺北人》　書評　第 10 期　1994 年 6 月　頁 19—21

1503. 沈靜嵐　《臺北人》白先勇 VS.《背海的人》王文興　當西風走過——60 年代《現代文學》派的論述與考察　成功大學歷史語言所　碩士論文　林瑞明教授指導　1994 年 6 月　頁 32—40

1504. 江錫銓　衰亡的鑑賞——淺論《臺北人》的文化內容及文化批判意識　臺港與海外華文文學評論和研究　1997 年第 1 期　1997 年 3 月　頁 34—39

1505. 柯鳳凰　臺北人，一闋沒落的輓歌——白先勇《臺北人》初探　甲工學報　第 14 期　1997 年 6 月　頁 7—18

1506. 李瑞騰　文學類——《臺北人》推薦理由　百人百書百緣——百位名家推薦百本好書　臺北　賴國洲書房　1997 年 9 月　頁 41

1507. 齊邦媛　文學類——《臺北人》推薦理由　百人百書百緣——百位名家推薦百本好書　臺北　賴國洲書房　1997 年 9 月　頁 41

1508. 張寶琴　文學類——《臺北人》推薦理由　百人百書百緣——百位名家推薦百本好書　臺北　賴國洲書房　1997 年 9 月　頁 42

1509. 林黛嫚　文學類——《臺北人》推薦理由　百人百書百緣——百位名家推薦百本好書　臺北　賴國洲書房　1997 年 9 月　頁 43

1510. 呂正惠　現代主義在臺灣——從文藝社會學的角度來考察〔《臺北人》部分〕　臺灣文學二十年集 1978—1998：評論二十家　臺北　九歌出版社　1998 年 3 月　頁 141

1511. 賀仲明　現代主義文學中的鄉土作家群——論臺灣六十年代鄉土文學發展與嬗變〔《臺北人》部分〕　世界華文文學論壇　第 24 期　1998 年 9 月　頁 68—71

1512. 齊邦媛　眷村文學——父親取「象」的蛻變〔《臺北人》部分〕　霧漸漸

散的時候　臺北　九歌出版社　1998年10月　頁169—170

1513. 王宗法　同源分流歸大海——中國大陸與臺灣當代文學異同論〔《臺北人》部分〕　世界華文文學論壇　1998年第4期　1998年12月　頁6—7

1514. 江中明　《臺北人》是對歷史文化反思　聯合報　1999年3月15日　14版

1515. 張靜茹　理想與現實的衝突——論白先勇筆下《臺北人》的挫折應對之道　中國現代文學理論季刊　第13期　1999年3月　頁122—145

1516. 吳迎春　再見《臺北人》　中國時報　1999年5月2日　37版

《寂寞的十七歲》

1517. 歐陽子　歐陽子序　寂寞的十七歲　臺北　遠景出版公司　1976年12月　頁23—28

1518. 歐陽子　歐陽子序　寂寞的十七歲　臺北　允晨文化公司　1993年3月　頁1—6

1519. 歐陽子　歐陽子序　寂寞的十七歲　上海　上海文藝出版社　1999年8月　頁1—5

1520. 歐陽子　序　白先勇作品集‧寂寞的十七歲　臺北　天下遠見出版公司　2008年9月　頁46—52

1521. 孫俊琴　叛逆者的宣言——論白先勇早期短篇小說創作　語文學刊　2002年第6期　2002年11月　頁39—40

1522. 毛三紅　白先勇《寂寞的十七歲》裡的性苦悶　文學教育　2010年第7期　2010年7月　頁20—21

《白先勇小說選》

1523. 楊　戈　縷縷鄉愁思統一——讀《白先勇小說選》　廣西日報　1986年10月6日　3版

1524. 謝　錦　滄桑情懷，人性光輝——讀白先勇作品《自選集》　文學報　1999年7月8日　3版

《孽子》

1525. 應鳳凰　好書先讀：白先勇的《孽子》　中央日報　1972年5月2日　10版
1526. 楊宗潤　封神榜裡的哪吒——由《孽子》看同性戀社會　臺灣時報　1972年6月11日　12版
1527. 葉石濤　談現代小說裡的母子關係〔《孽子》部分〕　書評書目　第65期　1978年9月　頁78—79
1528. 葉石濤　談現代小說裡的母子關係〔《孽子》部分〕　葉石濤全集・評論卷二　臺南，高雄　國立臺灣文學館，高雄市文化局　2008年3月　頁86—87
1529. 俞忠長　柔腸寸斷的《孽子》　書評書目　第66期　1978年10月　頁110—111
1530. 迮　茗　野性的呼喚—從小說《孽子》看白先勇的同性戀觀　現代文學復刊第18期　1982年11月　頁45—66
1531. 袁則難　痴兒了卻公家事——淺談白先勇的近作《孽子》　現代文學　復刊第20期　1983年5月　頁7—18
1532. 蔡源煌　《孽子》二重奏　文訊雜誌　第1期　1983年7月　頁78—86
1533. 蔡源煌　《孽子》二重奏　文學的信念　臺北　時報文化出版公司　1983年11月　頁50—60
1534. 袁則難　城春草木深——論《孽子》的政治意識　新書月刊　第5期　1984年2月　頁52—57
1535. 龍應台　淘這盤金沙——細評《孽子》　新書月刊　第6期　1984年3月　頁52—55
1536. 龍應台　淘這盤金沙——細評白先勇《孽子》　龍應台評小說　臺北　爾雅出版社　2000年4月　頁3—19
1537. 妍　二　讀《孽子》　新書月刊　第7期　1984年4月　頁56
1538. 山根伸一　異端者たちの世界——白先勇《孽子》　臺灣文學研究會會報

第7期　1984年7月　頁71—72

1539. 林柏燕　書評書介——《孽子》　文訊雜誌　第16期　1985年2月　頁143—146

1540. 郭明福　失去窩巢的青春鳥　琳瑯書滿目　臺北　爾雅出版社　1985年7月　頁175—179

1541. 張月雲　評析白先勇的《孽子》　臺灣新生報　1985年9月3日　8版

1542. 張秀民　爲伊消得人憔悴——從《孽子》看吳敏　臺灣日報　1986年3月17日　8版

1543. 吳璧雍　樂園的追尋——試論《孽子》　文星　第104期　1987年2月　頁101—106

1544. 王晉民　一部多層面的小說　華人世界　1987年第3期　1987年6月　頁167

1545. 王晉民　一部多層面的小說　多元化的文學思潮：王晉民選集　廣州　花城出版社　2012年10月　頁117—127

1546. 黃　瀅　人性、心態小說、路標　中山大學研究生學刊　1988年第2期　1988年2月　頁46—50

1547. 郭俊奇　成功與失敗的嘗試　臺港文譚　1988年第2期　1988年9月　頁10

1548. 王　謙　青春鳥的傳說——讀白先勇的小說《孽子》　博覽群書　1989年第2期　1989年2月　頁40—41

1549. 石　明　父親呵，父親——評白先勇長篇小說《孽子》　臺港與海外華文文學評論和研究　1989年第2期　1989年7月　頁56—62

1550. 何　華　天堂之門——評白先勇《孽子》的救贖主題　文匯報　1989年8月20日　16版

1551. 何　華　天堂之門——評白先勇《孽子》的救贖主題　聯合報　1989年11月15—16日　29，25版

1552. 蘇偉貞　關於《孽子》　各領風騷　臺中　晨星出版社　1990年10月

頁 160—161

1553. 陳學蘭　「青春鳥」飛向哪裡——小議《孽子》思想得失　固原師專學報　1991 年第 1 期　1991 年 1 月　頁 32—35，42

1554. 袁良駿　一次艱難的開拓——論《孽子》　白先勇論　臺北　爾雅出版社　1991 年 6 月　頁 275—318

1555. 袁良駿　一次艱難的開拓——論《孽子》　白先勇小說藝術論　長春　吉林大學出版社　1991 年 8 月　頁 216—250

1556. 袁良駿　白先勇長篇小說《孽子》論辯　河北學刊　1992 年第 1 期　1992 年 1 月　頁 70—75

1557. 陳幼君　香港版《孽子》臺北看　民生報　1992 年 9 月 23 日　14 版

1558. 陸士清　悲憫的追尋——評白先勇的《孽子》　臺灣文學新論　上海　復旦大學出版社　1993 年 6 月　頁 247—259

1559. 舒　坦　《孽子》——你說什麼？　對比與象徵　臺中　臺中市立文化中心　1993 年 6 月　頁 154—170

1560. 尹　玲　研悲情爲金粉的歌劇——白先勇小說在歐洲　聯合報　1995 年 7 月 18 日　37 版

1561. 尹　玲　附錄——研悲情爲金粉的歌劇——白先勇小說在歐洲　白先勇作品集‧孽子　臺北　天下遠見出版公司　2008 年 9 月　頁 479—487

1562. 尹　玲　研悲情爲金粉的歌劇——白先勇小說在歐洲　孽子　桂林　廣西師範大學出版社　2010 年 10 月　頁 543—552

1563. 周麗瑛　孽海浮沉，企望歸岸——淺談白先勇長篇小說《孽子》　世界華文文學論壇　1996 年第 2 期　1996 年 3 月　頁 45—49

1564. 王志弘　臺北新公園的情慾地理學：空間再現與男同性戀認同〔《孽子》部分〕　臺灣社會研究季刊　第 22 期　1996 年 4 月　頁 195—208

1565. 劉　俊　論白先勇《孽子》中的道德意識及其表現　世紀之交的世界華文

文學　南京　臺港與海外華文文學評論和研究編輯部　1996 年 9 月　頁 237—240

1566. 張小虹　不肖文學妖孽史——以《孽子》爲例[63]　臺灣現代小說史研討會　臺北　行政院文建會主辦，聯合報副刊承辦　1997 年 12 月 24—26 日

1567. 張小虹　不肖文學妖孽史——以《孽子》爲例　臺灣現代小說史綜論　臺北　行政院文建會，聯經出版公司　1998 年 12 月　頁 165—202

1568. 張小虹　不肖文學妖孽史——以《孽子》爲例　怪胎家庭羅曼史　臺北　時報文化出版公司　2000 年 3 月　頁 27—74

1569. 張小虹　不肖文學妖孽史——以《孽子》爲例　性別論述與臺灣小說　臺北　麥田出版公司　2000 年 10 月　頁 209—248

1570. 周美惠　《孽子》挑戰倫常律令　聯合報　1997 年 12 月 25 日　18 版

1571. Fran Martin（馬嘉蘭）著；紀大偉譯　衣櫃、面具、膜——當代臺灣論述中同性戀主體的隱／現邏輯〔《孽子》部分〕　中外文學　第 26 卷第 12 期　1998 年 5 月　頁 130—132

1572. 吳瑞元　《孽子》風暴　《孽子》的印記——臺灣近代男性「同性戀」的浮現（1970—1990）　中央大學歷史研究所　碩士論文　戴寶村教授指導　1998 年　頁 87—94

1573. 楊　照　那群無所依靠的孩子們——白先勇的《孽子》　中國時報　1999 年 1 月 5 日　37 版

1574. 計璧瑞，宋剛　白先勇《孽子》解析　中國文學通典・小說通典　北京　解放軍文藝出版社　1999 年 1 月　頁 1095

1575. 陳耀民　我們都是一家人？——論《孽子》及《逆女》中的家庭機制／身分認同及抗爭之可能性　第四屆性教育、性學、性別研究暨同性戀研究國際學術研討會　桃園　中央大學性別研究室　1999 年 5

---

[63]本文凸顯《孽子》一書的「同性戀」、「父子親情」、「靈欲衝突與救贖」之三主題。全文共 4 小節：1.從陽物父親到肛門父親；2.戀童情結與戀弟情結；3.原生家庭與怪胎家庭；4.史與屎的辯證。

月 1—2 日

1576. 黃雪霞　中法文學交流——法書中譯與中書法譯〔《孽子》部分〕　中外文學交流　臺北　臺灣書店　1999 年 7 月　頁 89—91

1577. 管中琪　"Die Kristallenen Knaben"（孽子） von Xian-Yong Bai（白先勇）: Diaspora　文學中的同性戀——以德中文本爲例　輔仁大學德國語文學系　碩士論文　謝志偉教授指導　1999 年 7 月　頁 80—85

1578. 梅家玲　孤兒？孽子？野孩子？——戰後臺灣小說中的父子家國及其裂變[64]　戰後五十年臺灣文學國際學術研討會　臺北　行政院文建會主辦　1999 年 11 月 12—14 日

1579. 梅家玲　家門內外——家之空間想像與父子承傳在《家變》、《孽子》中的變與不變　文化、認同、社會變遷：戰後五十年臺灣文學國際學術研討會論文集　臺北　行政院文建會　2000 年 6 月　375—387

1580. 梅家玲　孤兒？孽子？野孩子？——戰後臺灣小說中的父子家國及其裂變——家門之外——家之空間想像與父子傳承在《家變》、《孽子》中的變與不變　從少年中國到少年臺灣：二十世紀中文小說的青春想像與國族論述　臺北　麥田・城邦文化公司　2012 年 11 月　頁 248—260

1581. 紀大偉　都市化的文學風景〔《孽子》部分〕　狂飆八〇——記錄一個集體發聲的年代　臺北　時報文化出版公司　1999 年 11 月　頁 160—161

1582. 羅義華　《孽子》批判的指向與力度分析——兼論白先勇創作心理的轉變　民族文學研究　2000 年第 1 期　2000 年 2 月　頁 44—48

1583. 劉亮雅　邊緣發聲：解嚴以來的臺灣同志小說〔《孽子》部分〕　解嚴以來臺灣文學國際學術研討會論文集　臺北　萬卷樓圖書公司

[64]本文後改篇名爲〈家門內外——家之空間想像與父子承傳在《家變》、《孽子》中的變與不變〉。

2000 年 9 月 頁 122—137

1584. 劉亮雅 邊緣發聲：解嚴以來的臺灣同志小說〔《孽子》部分〕 情色世紀末 臺北 九歌出版社 2001 年 9 月 頁 79—112

1585. 劉亮雅 邊緣發聲——解嚴以來的臺灣同志小說〔白先勇部分〕 中華現代文學大系（貳）・臺灣一九八九—二〇〇三評論卷（二） 臺北 九歌出版社 2003 年 10 月 頁 998

1586. 朱偉誠 建立同志「國」？——朝向一個性異議政體的烏托邦想像〔《孽子》部分〕 臺灣社會研究季刊 第 40 期 2000 年 12 月 頁 108—113

1587. 應鳳凰 白先勇長篇小說《孽子》 明道文藝 第 300 期 2001 年 3 月 頁 58—62

1588. 張誦聖 論白先勇《孽子》的主題結構 文學場域的變遷 臺北 聯合文學出版社 2001 年 6 月 頁 168—187

1589. 江寶釵 時間、空間與主體性的建構：閱讀《孽子》的一個向度[65] 中外文學 第 30 卷第 2 期 2001 年 7 月 頁 82—105

1590. 江寶釵 時間、空間與主體性的建構：閱讀《孽子》的一個向度 中華現代文學大系（貳）・臺灣一九八九—二〇〇三評論卷（一） 臺北 九歌出版社 2003 年 10 月 頁 925—954

1591. 江寶釵 時間、空間與主體性的建構：閱讀《孽子》的一個向度 白先勇與當代臺灣文學史的構成 高雄 駱駝出版社 2004 年 3 月 頁 48—70

1592. 江寶釵 時間、空間與主體性的建構——閱讀《孽子》的一個向度 白先勇外集・白先勇研究精選 臺北 天下遠見出版公司 2008 年 9 月 頁 107—144

1593. 葉德宣 從家庭授勳到警局問訊——《孽子》中父系國／家的身體規訓地

---

[65]本文以《孽子》爲主軸，探討白先勇參差了傳統與現代的特質。全文共 4 小節：1.前言；2.這裡與那裡（here and there）：身分地理的建構；3.宿因與宿緣：孽子的命運及其敘述；4.結論。

景[66]　中外文學　第30卷第2期　2001年7月　頁124—154

1594. 葉德宣　從家庭授動到警局問訊——《孽子》中父系國／家的身體規訓地景　白先勇外集‧白先勇研究精選　臺北　天下遠見出版公司　2008年9月　頁201—250

1595. 曾秀萍　在父名之下：《孽子》「肖／孽」問題析辯[67]　陳百年先生學術論文獎論文集（三）　臺北　陳百年先生學術基金會　2002年4月　頁29—50

1596. 曾秀萍　論《孽子》中的同志情慾與家國建構　陳百年先生學術論文獎論文集（三）　臺北　陳百年先生學術基金會　2002年4月　頁195—232

1597. 劉亮雅著；王梅春，廖永超譯　在全球化與在地化的交錯之中——白先勇、李昂、朱天文和紀大偉小說中的男同性戀呈現　同志學術研討會論文集　高雄　高雄師範大學性別教育研究所　2002年4月　頁107—122

1598. 劉亮雅著；王梅春，廖永超譯　在全球化與在地化的交錯之中——白先勇、李昂、朱天文和紀大偉小說中的男同性戀呈現　中外文學　第32卷第3期　2003年8月　頁67—70

1599. 劉亮雅　在全球化與在地化的交錯之中——白先勇、李昂、朱天文和紀大偉小說中的男同性戀呈現　後現代與後殖民：解嚴以來臺灣小說專論　臺北　麥田出版社　2006年　頁271—321

1600. 應鳳凰　白先勇的花園　中華日報　2002年10月8日　19版

1601. 南方朔　蓮花池畔籲天錄　聯合報　2003年2月26日　39版

1602. 南方朔　蓮花池畔籲天錄　白先勇名著《孽子》研討會手冊　臺北　聯合

[66]本文將《孽子》置於國族建構與現代化的社會脈絡中，定義國／家的含義以建構同志社群集體認同。全文共 4 小節：1.軍事化的身體規訓：國族身體（national bodies）的打造；2.父系國／家的時間性（temporality）；3.猥褻的警察與諸性罔兩；4.「在我們的王國裡……」。

[67]本文討論《孽子》人物與情節，探究其情欲與族群認同。全文共 3 小節：1.無根絕後的嘉年華？——孽子的子嗣關與情欲認同；2.以父爲名：孽子的「父輩」認同；3.「弒父」還是「似父」？——孽子與父權文化的糾葛。

報社　2003年3月1日　頁26—28

1603. 南方朔　蓮花池畔籲天錄　白先勇外集‧白先勇研究精選　臺北　天下遠見出版公司　2008年9月　頁66—70

1604. 李奭學　人妖之間　聯合報　2003年2月27日　39版

1605. 李奭學　人妖之間　白先勇名著《孽子》研討會手冊　臺北　聯合報社　2003年3月1日　頁20—22

1606. 李奭學　人妖之間：從張鷟的〈遊仙窟〉看白先勇的《孽子》　中國文哲研究通訊　第15卷第4期　2005年12月　頁135—150

1607. 李奭學　人妖之間：從張鷟的〈遊仙窟〉看白先勇的《孽子》　三看白先勇　臺北　允晨文化公司　2008年10月　頁147—179

1608. 虞戡平　上個世紀的《孽子》　聯合報　2003年2月28日　39版

1609. 虞戡平　上一個世紀的《孽子》　白先勇名著《孽子》研討會手冊　臺北　聯合報社　2003年3月1日　頁14—15

1610. 吳文思　我的《孽子》——用白先勇的眼睛來看臺北　聯合報　2003年2月28日　39版

1611. 吳文思（John B. Weinstein）　我的《孽子》——用白先勇的眼睛來看臺北　白先勇名著《孽子》研討會手冊　臺北　聯合報社　2003年3月1日　頁16—17

1612. 柯慶明　《孽子》的「臺北人」傳奇　聯合報　2003年2月28日　39版

1613. 柯慶明　《孽子》的「臺北人」傳奇　白先勇名著《孽子》研討會手冊　臺北　聯合報社　2003年3月1日　頁23—25

1614. 柯慶明　《孽子》的「臺北人」傳奇　臺灣現代文學的視野　臺北　麥田出版‧城邦文化公司　2006年12月　頁245—248

1615. 李歐梵　憶《孽子》　白先勇名著《孽子》研討會手冊　臺北　聯合報社　2003年3月1日　頁11—13

1616. 曹瑞原　生日快樂，白先勇——《孽子》幕後　白先勇名著《孽子》研討會手冊　臺北　聯合報社　2003年3月1日　頁18—19

1617. 張小虹　《孽子》的恥辱踐履　白先勇名著《孽子》研討會手冊　臺北　聯合報社　2003 年 3 月 1 日　頁 29—30

1618. 張小虹　《孽子》的恥辱踐履　聯合報　2003 年 3 月 1 日　39 版

1619. 張小虹　《孽子》的恥辱踐履　感覺結構　臺北　聯合文學出版社　2005 年 3 月　頁 178—181

1620. 陳文芬　白先勇的《孽子》終見光明的國度　中國時報　2003 年 3 月 2 日　14 版

1621. 張誦聖著；應鳳凰譯　臺灣現代小說及本土抗爭——藝術自主性與自由主義理想〔《孽子》部分〕　臺灣文學評論　第 3 卷第 3 期　2003 年 7 月　頁 65—66

1622. 黃文倩　從出走到走出——論白先勇《孽子》的結構與語言藝術　東方人文學誌　第 3 卷第 1 期　2004 年 3 月　頁 201—213

1623. 李淑君　邊緣地帶的主流情慾——從《孽子》論異性戀霸權與同志情慾書寫[68]　第三屆全國研究生文學社會學研討會論文集　嘉義　南華大學文學研究所　2004 年 5 月　頁 25—41

1624. 楊佳嫻　《孽子》　最愛一百小說　臺北　聯經出版公司　2004 年 5 月　頁 54—55

1625. 黃道明　從玻璃圈到同志國：認同形構與羞恥的性／別政治——一個《孽子》的連結[69]　去國・汶化・華文祭：2005 年華文文化研究會議　新竹　中華民國文化研究學會，交通大學社會與文化研究所主辦　2005 年 1 月 8—9 日

1626. 黃道明　從玻璃圈到同志國：認同型塑與羞恥的性／別政治——一個《孽子》的連結　臺灣社會研究季刊　第 62 期　2006 年 6 月　頁 1

[68]本文以《孽子》爲主題，探討同志在異性戀社會結構下，所遭受的待遇與所形成的社會狀態。全文共 3 小節：1.研究動機；2.邊緣地帶的主流情慾；3.結論。

[69]本文對《孽子》提出歷史與運動脈絡的閱讀，同時檢視其再現的虛構想像社群與當下藉由此一文本所形塑的政治主體想像社群。全文共 6 小節：1.前言；2.《孽子》——1980 年代的男同性戀符號的打造；3.白先勇對娼妓的人到部署；3.《孽子》所再現的同性戀壓迫；4.同志＝良家子弟？；5.曖昧政治及其論述侷限；6.重新宣奪「我們」的歷史。

—36

1627. 黃道明　從玻璃圈到同志國，認同形構與羞恥的性／別政治：一個《孽子》的連結　批判的性政治：臺社性／別與同志讀本　臺北　臺灣社會研究雜誌社　2008 年 9 月　頁 303—307

1628. 黃道明著；陳柏旭譯；黃道明校閱　從玻璃圈到同志圈：《孽子》、認同形構與性羞恥的政治　酷兒政治與臺灣現代「性」　臺北　香港大學出版社，中央大學出版中心，遠流出版公司　2012 年 11 月　頁 143—181

1629. 蕭雅玲　白先勇《孽子》中的情愛　虎尾科技大學學報　第 2 期　2005 年 3 月　頁 295—303

1630. 張期達　失貞與受洗——以原型批評看白先勇《孽子》　中興大學中國文學研究所第八屆校內論文發表會論文集第十輯　臺中　中興大學　2005 年 5 月　頁 47—55

1631. 熊曉霜　奔跑的意義——從《孽子》和邊緣文化的抵抗　社會科學家　2005 年 s1 期　2005 年 5 月　頁 492—494，500

1632. 陳婉霞　成長途中的導引者——白先勇長篇小說《孽子》父親形象小議　伊犁師範學院學報　2005 年第 2 期　2005 年 6 月　頁 71—73

1633. 錢孟悅　《孽子》的邊緣性敘事解讀　長春工業大學學報　2005 年第 4 期　2005 年 12 月　頁 96—98

1634. 陳惠齡　出走與歸返的迢遙路——白先勇《孽子》中追逐的永恆家園[70]　臺灣當代小說的烏托邦書寫　高雄師範大學國文學系　博士論文　何淑貞，李奭學教授指導　2006 年 1 月　頁 35—130

1635. 石曉楓　家庭內的夢魘與悲劇——另類家庭的成形[71]　兩岸小說中的少年

[70]本文藉《孽子》探討臺灣當代小說的烏托邦書寫。全文共 3 小節：1.家的寓言：小說話語的未完成性；2.孽子的「奧德賽」：冒險與返鄉的二重性；3.倫理烏托邦的變調與賦歸：人間秩序的重建。

[71]本文探討《孽子》中的同志情慾、父子衝突，以及無所適從於父系體制只能漂泊的青少年們。全文共 5 小小節：1.關於《孽子》的多方討論；2.另類「父」「子」間的情與欲；3.父者的期望與失望；4.子輩的流離與追尋；5.永無休止的流亡之途。

家變　臺北　里仁書局　2006年7月　頁34—52

1636. 許建崑　孤絕與再生——從白先勇到曹瑞原鏡頭下的《孽子》　苦悶與蛻變：60、70年代臺灣文學與社會國際學術研討會論文集　臺中　東海大學中國文學系，國家臺灣文學館主辦　2006年11月11—12日　頁189—202

1637. 許建崑　孤絕與再生——從白先勇到曹瑞原鏡頭下的《孽子》　東海大學文學院學報　第49期　2008年7月　頁225—243

1638. 許建崑　孤絕與再生——從白先勇到曹瑞原鏡頭下的《孽子》　移情、借景與越位：當代作家作品論集　臺北　萬卷樓圖書公司　2012年4月　頁123—143

1639. 劉劍平　情孽的人性探索——淺析《孽子》的思想文化意蘊　喀什師範學院學報　第28卷第1期　2007年1月　頁76—79

1640. 歐崇敬　倫理異鄉人的書寫：白先勇之《孽子》　臺灣小說史導論卷　臺北　洪葉文化公司　2007年9月　頁213—225

1641. 蔡佳宜　白先勇《孽子》中「孽」的構築　小說與戲劇的逆光飛行：新世代現代文學作品七論　臺北　揚智文化公司　2008年1月　頁102—128

1642. 艾　尤　邊緣人的放逐悲歌——從《孽子》看白先勇創作視點的轉移　常州工學院學報　第26卷第1、2合刊　2008年4月　頁32—36

1643. 林黛嫚　《孽子》作品賞析　閱讀文學地景・小說卷（上）　臺北　行政院文建會　2008年4月　頁93

1644. 黎秀娥　一曲呼喚寬容的悲歌——論白先勇長篇小說《孽子》　名作欣賞　2008年第12期　2008年6月　頁65—67

1645. 姜輝，黎保榮　中國現當代同性戀題材小說略論〔《孽子》部分〕　當代文壇　2008年第4期　2008年7月　頁65—67

1646. 劉小菠　從中國清代以來的小說看同性戀的部分成因〔《孽子》部分〕　洛陽師範學院學報　2008年第4期　2008年8月　頁110—111

1647. 林啓超　解嚴前後同志小說詮釋之差異——以曹瑞原《孽子》電視劇與虞戡平《孽子》電影爲例　第五屆全國臺灣文學研究生學術論文研討會論文集　臺南　國立臺灣文學館　2008年9月　頁81—99

1648. 姜　輝　從慾望到信仰——中國現當代作家對同性戀的處理方式淺探〔《孽子》部分〕　名作欣賞　2008年第18期　2008年9月　頁70—73

1649. 陳儒修　孽子與酷兒：從《孽子》回顧臺灣電影中的酷兒影像——電影《孽子》的意義[72]　白先勇的文學與藝術國際學術研討會　臺北　教育部，國科會主辦；政治大學臺灣文學研究所承辦　2008年10月17—18日

1650. 陳儒修　電影《孽子》的意義　臺灣文學學報　第14期　2009年6月　頁125—138

1651. 陳儒修　電影《孽子》的意義　跨世紀的流離：白先勇的文學與藝術國際學術研討會論文集　臺北　印刻文學生活雜誌出版公司　2009年7月　頁277—290

1652. 王紹容　碧灼灼地燃燒起來——白先勇小說《孽子》讀後　幼獅文藝　第660期　2008年12月　頁83

1653. 賴靜毓，陳岫蘭，段岱玲　反叛vs.傳統：試論王文興的《家變》和白先勇的《孽子》二書中的雙重性[73]　嶺東學報　第24期　2008年12月　頁233—248

1654. 劉向仁　白先勇《孽子》中的情慾空間與神話結構　2009性別文化與通識教育研討會　基隆　經國管理暨健康學院通識教育中心主辦　2009年6月4日

1655. 陳鈺文，顏吶　《孽子》：一本被遺忘的歷史書　世界華文文學論壇

---

[72]本文討論白先勇《孽子》中的電影性。全文共 5 小節：1.前言：一個時代的結束與一個時代的開始；2.電影的光影與同志的黑暗王國；3.電影的指涉；4.性別倒錯與性別扮演；5.從「玻璃」到同性戀，從同志到酷兒。

[73]本文利用現代主義的「對立」特點檢視《家變》與《孽子》，在文化上新貌與傳統共舞的現象。全文共5小節：1.前言；2.語言風格；3.寫實層與象徵層；4.自我追尋；5.結語。

2009 年第 2 期　2009 年 6 月　頁 40—43

1656. 何　慧　　用情照亮人性的角落——評白先勇長篇小说《孽子》　現代語文　2009 年第 25 期　2009 年 9 月　頁 86

1657. 葉德宣　　「完不了」的死亡書寫：鬼上身的《孽子》與借「字」還魂的張愛玲　兩岸三地「性／別政治新局勢」學術研討會　桃園　中央大學性／別研究室主辦　2009 年 12 月 5—6 日

1658. 張春紅　　心中的那片淨土——解讀《孽子》中的蓮花意象　世界華文文學論壇　2010 年第 1 期　2010 年 3 月　頁 47—50

1659. 陳梁，何希凡　　《孽子》中「家」的意象與「父親」形象的異形同源　山東行政學院山東省經濟管理幹部學院學報　2010 年第 2 期　2010 年 4 月　頁 146—148

1660. 楊　照　　啓蒙的驚忧與傷痕——當代臺灣成長小說中的悲劇傾向〔《孽子》部分〕　霧與畫：戰後臺灣文學史散論　臺北　麥田出版・城邦文化公司　2010 年 8 月　頁 511—512

1661. 洪鵬程　　解析《孽子》的小說原型與敘事動機　僑光科技大學通觀洞識學報　第 13 期　2010 年 10 月　頁 87—94

1662. 劉喜廣　　以人性爲本重建精神家園——論白先勇小說《孽子》中同性戀描寫的人本精神　長春工業大學學報　第 22 卷第 6 期　2010 年 11 月　頁 78—80

1663. 李志薔　　同志電影的先河——論電影版《孽子》　愛、理想與淚光：文學電影與土地的故事（下）　臺南　國立臺灣文學館　2010 年 12 月　頁 126—147

1664. 賴靜毓　　從中西現代小說中父親的角色探討東西文化價值觀之差異：以白先勇的《孽子》和亨利・詹姆士的《仕女圖》爲例[74]　嶺東學報　第 28 期　2010 年 12 月　頁 137—152

---

[74]本文以霍夫斯泰德在《文化與組織》一書中所歸納的四種東西文化價值觀的特質，比較白先勇的《孽子》和亨利・詹姆士的《仕女圖》二書中父親的角色。全文共 7 小節：1.前言；2.東西方的價值觀；3.我與我們；4.權利距離；5.陽剛與陰柔的特質；6.不確定性之規避；7.結論。

1665. 王　寧　　戴著鐐銬的舞蹈——淺談《孽子》與《活著》的命運悲劇意識　淮海工學院學報　第 9 卷第 5 期　2011 年 3 月　頁 63—65

1666. 洪珊慧　　《家變》與《孽子》中的父子關係與對「真實」世界的追求[75]　臺灣文學研究學報　第 12 期　2011 年 4 月　頁 187—204

1667. 陳芳明　　1983：性別議題正式登場的一年〔《孽子》部分〕　文訊雜誌　第 308 期　2011 年 6 月　頁 19—20

1668. 陳芳明　　一九八〇年代臺灣邊緣聲音的崛起——一九八三：性別議題正式登場的一年〔《孽子》部分〕　臺灣新文學史　臺北　聯經出版社　2011 年 10 月　頁 612—615

1669. 計紅芳　　中國現代文學史上第一部同性戀小說的沉浮——白先勇小說「《孽子》熱」原因探析　廣東第二師範學院學報　第 32 卷第 2 期　2012 年 4 月　頁 68—72

1670. 張競，梁利娜　　白先勇《孽子》中的孽子形象分析　新鄉學院學報　第 26 卷第 2 期　2012 年 4 月　頁 102—103

1671. 譚　然　　無法排遣的孤獨——讀《孽子》、《斯普特尼克戀人》、《心是孤獨的獵手》　牡丹江大學學報　第 21 卷第 7 期　2012 年 7 月　頁 44—45，50

1672. 曾秀萍　　後庭與宮廷——電影《孽子》、《東宮西宮》中的家國、空間與性政治　白先勇的文學與文化實踐暨兩岸藝文合作學術研討會　北京　中國社科院主辦；趨勢教育基金會協辦　2012 年 11 月 9—11 日

1673. 王靜靜　　論小說《孽子》中的父親形象　中北大學學報　第 28 卷第 1 期　2012 年　頁 93—96

1674. 陳儒修　　《孽子》——同志王國的夜與日　穿越幽暗鏡界：臺灣電影百年

[75]本文比較《家變》與《孽子》中父／子的出走與被逐、父子關係、家與個人自由的追求以及對於內心「真實」世界的追求，以及兩部小說內在人文精神。全文共 7 小節：1.前言；2.父／子的出走；3.倒置的父子關係：《家變》；4.企待修復的父子關係：《孽子》；5.從「似父」到「弒父」、「拭父」；6.「不孝（肖）子」與「孽子」；7.結論。

思考　臺北　書林出版公司　2013 年 4 月　頁 184—191
1675. 葉龍思　從《孽子》看白先勇小說的思想譜系　淮北職業技術學院學報　第 12 卷第 2 期　2013 年 4 月　頁 75—77
1676. 裘　萱　另類人生的詩意彰顯——《孽子》的空間美學與現代性回望　河南科技大學學報　第 31 卷第 3 期　2013 年 6 月　頁 53—61
1677. 杜可瓏　解讀《孽子》中的公園意象　廣東技術師範學院學報　2013 年第 2 期　2013 年　頁 50—53

《骨灰》

1678. 戴　天　代跋：白先勇的《骨灰》　骨灰　香港　華漢文化公司　1988 年 9 月　頁 209—210

《紐約客》

1679. 殷國明　一個世界性主題：種族的困惑——兼從比較的角度評論白先勇的《紐約客》　當代作家評論　1988 年第 6 期　1988 年 12 月　頁 115—122
1680. 余少梅　留美華人根植何處——讀白先勇《紐約客》有感　華夏　1989 年第 1 期　1989 年 1 月　頁 4—6
1681. 鄭偉雄　孤雁的困惑——讀白先勇的《紐約客》　華文文學　1991 年第 2 期　1991 年 5 月　頁 68—69
1682. 王淑秧　鄉土與尋根〔《紐約客》部分〕　揚子江與阿里山的對話——海峽兩岸文學比較　上海　上海文藝出版社　1995 年 12 月　頁 172—173
1683. 王少杰　從白先勇小說《紐約客》看留學生作家的文化憂鬱情懷　上海師範大學學報　第 31 卷第 5 期　2002 年 9 月　頁 51—57
1684. 孫俊琴　生存的困惑與認同的艱難——論白先勇短篇小說集《紐約客》　內蒙古師範大學學報　第 31 卷第 6 期　2002 年 12 月　頁 75—76
1685. 王少杰　留學生小說的悲慨感與跨語際實踐問題——關於《紐約客》敘事

視野的一種解說　韓山師範學院學報　第24卷第1期　2003年3月　頁33—38

1686. 袁新芳　客路歷程與紐約重構——論白先勇《紐約客》中人物的精神世界　世界華文文學論壇　2004年第2期　2004年6月　頁54—58

1687. 曹　謙　從《紐約客》看白先勇思想意識中的現代主義特徵　江淮論壇　2005年第1期　2005年　頁123—127

1688. 陸　春　圍城中的迷失與淪陷——從《紐約客》的三種模式看白先勇對人與文化的命運書寫　湖南第一師範學報　2005年第4期　2005年12月　頁85—87

1689. 周佩瑤　疏離與隔膜——中西文化衝突下的《紐約客》　華文文學　2006年第1期　2006年2月　頁78—82

1690. 周俊偉　西方文化霸權下的零餘者——對《紐約客》的後殖民解讀　世界華文文學論壇　2006年第1期　2006年3月　頁49—52

1691. 劉　俊　從國族立場到世界主義——論白先勇的《紐約客》　爾雅人　第152、153期合刊　2007年7月　1版

1692. 劉　俊　從國族立場到世界主義——代序　紐約客　臺北　爾雅出版社　2007年7月　頁1—12

1693. 劉　俊　從國族立場到世界主義——論白先勇的《紐約客》　揚子江評論　2007年第4期　2007年　頁113—116

1694. 劉　俊　代序——從國族立場到世界主義　白先勇作品集・紐約客　臺北　天下遠見出版公司　2008年9月　頁8—18

1695. 劉　俊　從國族立場到世界主義　紐約客　桂林　廣西師範大學出版社　2010年10月　頁207—218

1696. 紀大偉　從這城，到那鄉　中國時報　2007年8月18日　E2版

1697. 李奭學　國族小史與未來時間錯身——評白先勇《紐約客》　聯合報　2008年2月3日　E5版

1698. 朱立立　在中國想像與美國想像之間：臺灣旅美文群認同問題研究——白

先勇筆下「紐約客」的認同危機與歷史性視野　身分認同與華文文學研究　上海　上海三聯書店　2008年3月　頁51—64

1699. 李奭學　後語：重讀《紐約客》　三看白先勇　臺北　允晨文化公司　2008年10月　頁184—195

1700. 宋　彥　論飛散視野下的白先勇《紐約客》創作　齊魯學刊　2009年第5期　2009年9月　頁143—146

1701. 曾秀萍　從魔都到夢土：《紐約客》的同志情欲、「異國」離散與家國想像　師大學報‧語言與文學類　第54卷第2期　2009年9月　頁135—158

1702. 董淑玲　白先勇《紐約客》中的城市書寫[76]　人文與社會學報　第2卷第9期　2011年11月　頁23—51

1703. 陳學芬　論白先勇《紐約客》裡的中美形象　華中師範大學學報　2013年秋之卷　2013年6月　頁127—130

《一把青》

1704. 蔡曉妮　歌盡桃花扇底風——編白先勇《一把青》有感　香港文學　第303期　2010年3月　頁82—83

1705. 蔡曉妮　愛女歌盡桃花扇底風——編白先勇《一把青》有感　書香兩岸　第16期　2010年2月　頁68—70

戲劇

《遊園驚夢》

1706. 歐陽子　戲中戲夢中夢　中國時報　1971年8月6日　8版

1707. 溥　心　兩岸看白先勇的舞臺劇《遊園驚夢》　中時晚報　1977年3月30日　7版

1708. 宋雅姿　遊園終於驚夢　婦女雜誌　第107期　1982年6月　頁38—40

1709. 樊曼儂　人生的明鏡——有感於《遊園驚夢》的演出　中國時報　1982年

---

[76]本文綜觀《紐約客》三十餘年創作歷程間城市意涵的變化，分析其城市書寫的特色。全文共5小節：1.前言；2.他鄉是異鄉；3.此外即無死所；4.樂園的可能；5.結論。

8月7日 8版

1710. 鄭向恆 《遊園驚夢》觀後 中央日報 1982年8月21日 10版

1711. 公孫嬿 劇本與演員——評《遊園驚夢》的演出 中央日報 1982年8月25日 12版

1712. 徐之卉 談舞臺劇創新——看《遊園驚夢》後的客觀分析 中央日報 1982年8月26日 12版

1713. 袁瓊瓊 《遊園驚夢》奈何天 遊園驚夢 臺北 遠景出版公司 1982年8月 頁225—228

1714. 白 馬 遊「園」驚「夢」 臺灣日報 1982年9月1日 8版

1715. 黃美序 評舞臺劇《遊園驚夢》——不只長錯一根骨頭 中外文學 第11卷第7期 1982年12月 頁84—104

1716. 歐陽子 關於《遊園驚夢》一劇 海峽 1983年第3期 1983年6月 頁243

1717. 歐陽子 關於《遊園驚夢》一劇 遊園驚夢二十年 香港 迪志文化出版公司 2001年7月 頁261—264

1718. 歐陽子 關於《遊園驚夢》一劇 遊園驚夢二十年（修訂版） 香港 迪志文化出版公司 2007年5月 頁98—101

1719. 歐陽子 關於《遊園驚夢》一劇 白先勇作品集・遊園驚夢 臺北 天下遠見出版公司 2008年9月 頁139—143

1720. 叢 甦 「海外驚夢」——《遊》劇錄影帶觀後隨想 現代文學 復刊第22期 1984年1月 頁201—208

1721. 叢 甦 「海外驚夢」——《遊》劇錄影帶觀後隨想 遊園驚夢 臺北 風雲時代出版公司 1989年11月 頁293—302

1722. 叢 甦 海外驚夢——《遊》劇錄影帶觀後隨想 白先勇作品集・遊園驚夢 臺北 天下遠見出版公司 2008年9月 頁190—201

1723. 劉大任 在紐約看《遊園驚夢》 現代文學 復刊第22期 1984年1月 頁209—211

1724. 劉大任 在紐約看《遊園驚夢》 遊園驚夢 臺北 風雲時代出版公司 1989年11月 頁303—305

1725. 劉大任 在紐約看《遊園驚夢》 遊園驚夢二十年 香港 迪志文化出版公司 2001年7月 頁276—278

1726. 劉大任 在紐約看《遊園驚夢》 遊園驚夢二十年（修訂版） 香港 迪志文化出版公司 2007年5月 頁160—162

1727. 劉大任 在紐約看《遊園驚夢》 白先勇作品集・遊園驚夢 臺北 天下遠見出版公司 2008年9月 頁202—205

1728. 姜龍昭 論《遊園驚夢》——兼談意識流戲劇歷程 戲劇評論集 臺北 采風出版社 1986年5月 頁53—86

1729. 陸士清等[77] 上海復旦大學與知名劇坊人士談《遊園驚夢》 當代 第24期 1988年4月 頁110—125

1730. 陸士清等 是中國的，也是現代的——復旦大學臺灣香港文學研究室邀請上海劇壇知名人士座談白先勇的《遊園驚夢》從小說到話劇的創作 香港文學 第44期 1988年8月 頁63—71

1731. 陸士清等 上海復旦大學與知名劇坊人士談《遊園驚夢》 第六隻手指 臺北 爾雅出版社 1995年11月 頁409—437

1732. 陸士清等 談《遊園驚夢》 白先勇作品集・遊園驚夢 臺北 天下遠見出版公司 2008年9月 頁288—312

1733. 余秋雨 風霜行旅 聯合報 1988年6月9日 21版

1734. 余秋雨 風霜行旅 第六隻手指 臺北 爾雅出版社 1995年11月 頁383—406

1735. 余秋雨 風霜行旅 遊園驚夢二十年 香港 迪志文化出版公司 2001年7月 頁50—67

1736. 余秋雨 風霜行旅 遊園驚夢二十年（修訂版） 香港 迪志文化出版公

[77] 主持人：陸士清、孟祥生；與會者：趙策靜、潘志興、程浦林、蔡正仁、康葆祥、沈斌、陸行良、史嘉秀、于成鯤、錢虹、林之果、王錦園、張曉林、沙似鵬、孟祥生、林青。後改篇名為〈談《遊園驚夢》〉。

司　2007 年 5 月　頁 135—152

1737. 余秋雨　　風霜行旅　白先勇作品集・遊園驚夢　臺北　天下遠見出版公司　2008 年 9 月　頁 264—285

1738. 林文月　　人間有美——獻給《遊園驚夢》劇演出的花束　遊園驚夢　臺北　風雲時代出版公司　1989 年 11 月　頁 159—163

1739. 林文月　　人間有美——獻給《遊園驚夢》劇演出的花束　遊園驚夢二十年　香港　迪志文化出版公司　2001 年 7 月　頁 212—215

1740. 林文月　　人間有美——獻給《遊園驚夢》劇演出的花束　遊園驚夢二十年（修訂版）　香港　迪志文化出版公司　2007 年 5 月　頁 90—93

1741. 林文月　　人間有美——獻給《遊園驚夢》劇演出的花束　白先勇作品集・遊園驚夢　臺北　天下遠見出版公司　2008 年 9 月　頁 144—149

1742. 彭海瑩　　拭目以待〈遊園驚夢〉　遊園驚夢　臺北　風雲時代出版公司　1989 年 11 月　頁 223—228

1743. 歸亞蕾　　一生的夢——關於參加《遊園驚夢》演出　遊園驚夢　臺北　風雲時代出版公司　1989 年 11 月　頁 239—242

1744. 歸亞蕾　　一生的夢——關於參加《遊園驚夢》演出　遊園驚夢二十年　香港　迪志文化出版公司　2001 年 7 月　頁 265—268

1745. 歸亞蕾　　一生的夢——關於參加《遊園驚夢》演出　遊園驚夢二十年（修訂版）　香港　迪志文化出版公司　2007 年 5 月　頁 102—105

1746. 陳怡真　　臺北人遊園驚夢——白先勇小說改編成舞臺劇　遊園驚夢　臺北　風雲時代出版公司　1989 年 11 月　頁 243—256

1747. 楊月蓀　　「遊園」中懷舊，「驚夢」裡捕捉青春　遊園驚夢　臺北　風雲時代出版公司　1989 年 11 月　頁 265—270

1748. 胡偉民等[78]　　話劇《遊園驚夢》十人談　香港文學　第 44 期　1988 年 8

[78]與會者：胡偉民、許翼心、盧菁光、饒芃子、吳世楓、張磊、歐偉雄、王晉民、賴伯疆、姚柱

月　頁72—77

1749. 林克歡　《遊園驚夢》作品解析　中國文學通典・戲劇通典　北京　解放軍文藝出版社　1999年1月　頁949

1750. 徐朔方　驚夢廿載憶藍田　遊園驚夢二十年　香港　迪志文化出版公司　2001年7月　頁48—49

1751. 徐朔方　驚夢廿載憶藍田　遊園驚夢二十年（修訂版）　香港　迪志文化出版公司　2007年5月　頁179—180

1752. 李玉玲　《遊園驚夢》二十年——白先勇「八月雨」　聯合報　2002年12月25日　13版

1753. 汪宜儒　新象4經典文學大戲・重現風華〔《遊園驚夢》部分〕　中國時報　2010年8月11日　A16版

1754. 李晏如　遊園驚夢・28年後再窺流逝情慾　聯合報　2010年12月30日　A14版

1755. 廖俊逞　白先勇《遊園驚夢》・熠熠星光依舊　PAR表演藝術雜誌　第216期　2010年12月　頁42—43

1756. 汪宜儒　登陸巡演前・・・重溫《遊園驚夢》　中國時報　2011年7月28日　A16版

合集

《驀然回首》

1757. 黃慶萱　白先勇《驀然回首》[79]　書評書目　第68期　1978年12月　頁75—78

1758. 黃慶萱　說評論標準的檢討——白先勇《驀然回首》讀後　與君細論文　臺北　東大圖書公司　1999年3月　頁235—239

1759. 覃雲生　老盡少年心——《驀然回首》　爾雅　臺北　爾雅出版社　1981

林；紀錄整理：何慧記。

[79]本文後改篇名爲〈說評論標準的檢討——白先勇《驀然回首》讀後〉。

年7月　頁115—117

《白先勇自選集》

1760. 黃維樑　寫實如史，象徵若詩——《白先勇自選集》序　期待文學強人——大陸臺灣香港文學評論集　香港　當代文藝出版社　2004年8月　頁141—145

《第六隻手指》

1761. 劉　菲　《第六隻手指》讀後　聯合報　1983年9月23日　8版

1762. 張　雷　白先勇重熱臺島　爾雅人　第92期　1996年1月　1版

1763. 楊傳珍　傾聽白先勇——讀《第六隻手指》　爾雅人　第95期　1996年7月　3版

《遊園驚夢二十年》

1764. 彭泓基　出版人語　遊園驚夢二十年　香港　迪志文化出版公司　2001年7月　頁20—22

《樹猶如此》

1765. 王淩莉　白先勇新書散文集《樹猶如此》　自由時報　2002年1月22日　40版

1766. 陳洛薇　白先勇新作《樹猶如此》獻友　中央日報　2002年1月22日　14版

1767. 賴素鈴　白先勇看新書《樹猶如此》很滿意，憶亡友，談人物，大作家，說真話　民生報　2002年1月22日　A10版

1768. 丁文玲　白先勇《樹猶如此》　中國時報　2002年1月27日　14版

1769. 王藝學　以兒女之情，寄興亡之感　中央日報　2002年1月28日　19版

1770. 張　望　《樹猶如此》　臺灣日報　2002年2月9日　25版

1771. 駱以軍　獻給時間的詠嘆調，白先勇《樹猶如此》的似水流年　聯合報　2002年3月4日　30版

1772. 洪士惠　白先勇新作問世　文訊雜誌　第197期　2002年3月　頁80

1773. 張素貞　《樹猶如此》——導讀二：心中事·藝文緣　中央日報　2002年

5月14日　14版

1774. 楊佳嫻　《樹猶如此》——讀者心得：人何以堪　中央日報　2002年5月14日　14版

1775. 李奭學　《樹猶如此》——導讀一：文學與生命的告白　中央日報　2002年5月14日　14版

1776. 李奭學　文學與生命的告白（節錄）　中央日報　2002年12月30日　17版

1777. 李奭學　文學與生命的告白——評白先勇著《樹猶如此》　書話臺灣：1991—2003文學印象　臺北　九歌出版社　2004年5月　頁241—243

1778. 李奭學　文學生命的告白：評白先勇著《樹猶如此》　三看白先勇　臺北　允晨文化公司　2008年10月　頁196—200

1779. 阮桃園　不著一字盡得風流　寫作教室：閱讀文學名家　臺北　麥田出版　2004年3月　頁403—408

◆多部作品

《臺北人》、《紐約客》

1780. 王麗華　飄零女子的哀歌——談《臺北人》和《紐約客》之女性形象　吉林師範學院學報　1987年第1期　1987年1月　頁62—64，24

1781. 劉介民　政治互動下的海峽兩岸文學〔《臺北人》、《紐約客》部分〕　當代臺灣政治文學論　臺北　時報文化出版公司　1994年7月　頁465—467

1782. 潘雅琴　漂泊者的哀歌——談白先勇的小說《臺北人》、《紐約客》　名作欣賞　2000年第3期　2000年5月　頁108—110

1783. 王宗法　論白先勇的文化鄉愁——從《臺北人》、《紐約客》談起　臺灣研究集刊　2000年第3期　2000年8月　頁93—99

1784. 王宗法　論白先勇的文化鄉愁——從《臺北人》、《紐約客》談起　白先勇創作國際研討會　汕頭　汕頭大學主辦　2000年11月23—24日

1785. 祿　禕　從《臺北人》、《紐約客》解讀白先勇的創作觀　六盤水師範高等專科學校學報　2007 年第 4 期　2007 年 8 月　頁 5—6，26

1786. 周霽葭　漂泊者的哀歌——論白先勇《臺北人》、《紐約客》的文化鄉愁　四川教育學院學報　2008 年第 9 期　2008 年 9 月　頁 42—44

1787. 洪珊慧　從《臺北人》到《紐約客》——白先勇筆下的離散與城市　第三屆兩岸三地人文社會科學論壇：「城市・社會・文化——傳統之延續、發展與創新」學術會議　香港　南京大學，香港中文大學，中央大學主辦　2008 年 11 月 22—23 日

1788. 符立中　白先勇的秘密花園——《臺北人》與《紐約客》裡的音樂密碼　中國時報　2009 年 3 月 7 日　4 版

1789. 符立中　白先勇的秘密花園——淺談《臺北人》與《紐約客》裡的音樂密碼　白先勇與符立中對談：從《臺北人》到《紐約客》　臺北　九歌出版社　2010 年 11 月　頁 157—172

1790. 符立中　白先勇的秘密花園——淺談《臺北人》與《紐約客》裡的音樂密碼　張愛玲與白先勇的上海神話：臺港後上海文化學　上海　上海書店出版社　2011 年 9 月　頁 239—251

1791. 蔡曉香　懷想家園的鄉愁情結〔《臺北人》、《紐約客》部分〕　多元文化與臺灣當代文學　北京　文化藝術出版社　2011 年 12 月　頁 21—29

《紐約客》、《臺北人》、《遊園驚夢》

1792. 王淑秧　根脈相連血相通——海峽兩岸的「尋根文學」比較〔《紐約客》、《臺北人》、《遊園驚夢》部分〕　臺灣地區文學透視　西安　陝西人民教育出版社　1991 年 7 月　頁 169，176

《臺北人》、〈《現代文學》回顧與前瞻〉、〈驀然回首〉

1793. 柯慶明　六十年代現代主義文學？〔《臺北人》、〈《現代文學》回顧與前瞻〉、〈驀然回首〉部分〕　四十年來中國文學　臺北　聯合文學出版社　1995 年 6 月　頁 106—112，117—118，125—126

《孽子》、〈永遠的尹雪艷〉

1794. 葉德宣　兩種「露營／淫」的方法：〈永遠的尹雪艷〉與《孽子》中的性別越界演出[80]　《怪胎情慾學》學術研討會　臺北　臺灣大學主辦　1998年5月16日

1795. 葉德宣　兩種「露營／淫」的方法：〈永遠的尹雪艷〉與《孽子》中的性別越界演出　中外文學　第26卷第12期　1998年5月　頁67—89

《臺北人》、《孽子》

1796. 梅家玲　白先勇小說的少年論述與臺北想像——從《臺北人》到《孽子》[81]　中外文學　第30卷第2期　2001年7月　頁59—81

1797. 梅家玲　白先勇小說的少年論述與臺北想像——從《臺北人》到《孽子》　白先勇外集・白先勇研究精選　臺北　天下遠見出版公司　2008年9月　頁71—106

1798. 梅家玲　白先勇小說的少年論述與臺北想像——從《臺北人》到《孽子》　從少年中國到少年臺灣：二十世紀中文小說的青春想像與國族論述　臺北　麥田・城邦文化公司　2012年11月　頁203—236

1799. 李奭學　孤臣孽子　自由時報　2002年1月17日　39版

1800. 李奭學　孤臣孽子　經史子集：翻譯、文學與文化劄記　臺北　聯合文學出版社　2005年3月　頁246—248

1801. 李奭學　孤臣孽子：從《臺北人》談到《孽子》　三看白先勇　臺北　允晨文化公司　2008年10月　頁180—183

1802. 陳芳明　認同的放逐與追逐　中央日報　2003年5月9日　17版

1803. 陳芳明　認同的放逐與追逐——序曾秀萍的《孤臣・孽子・臺北人》　孤

---

[80] 本文以「敢曝」的概念探討〈永遠的尹雪艷〉中的尹雪艷與《孽子》中的小玉。全文共2小節：1.艷冠群倫的性別表演——尹雪艷與白先勇；2.妖嬈多姿的怪誕嘉年華——小玉。

[81] 本文從「臺北想像」與「少年論述」的觀點切入，探討《臺北人》、《孽子》。全文共5小節：1.於在場處缺席：「臺北・人」的在與不在；2.情慾場景的再現與挪移：從大陸到臺北；3.臺北新少年：孽子們的身家譜系與情慾敘事模式；4.少年新臺北：流離動線中的臺北圖景、家國想像與父子關係；5.臺北少年・少年臺北：朝向新興個人／家國主體的想像。

臣・孽子・臺北人　臺北　爾雅出版社　2003年4月　頁4—8

1804. 范銘如　本土都市——重讀八〇年代的臺北書寫〔《臺北人》、《孽子》部分〕　文學地理：臺灣小說的空間閱讀　臺北　麥田・城邦文化公司　2008年9月　頁184—187

1805. 曾秀萍　跨世紀與跨世代的流離：白先勇同志小說的「異國」離散與認同轉向[82]　白先勇的文學與藝術國際學術研討會　臺北　教育部，國科會主辦；政治大學臺灣文學研究所承辦　2008年10月17—18日

1806. 曾秀萍　流離愛欲與家國想像：白先勇同志小說的「異國」離散與認同轉變（1969—1981）　臺灣文學學報　第14期　2009年6月　頁171—204

1807. 曾秀萍　流離愛欲與家國想像——白先勇同志小說的「異國」離散與認同轉變（一九六九——一九八一）　跨世紀的流離：白先勇的文學與藝術國際學術研討會論文集　臺北　印刻文學生活雜誌出版公司　2009年7月　頁77—115

《孽子》、〈月夢〉、〈青春〉

1808. 羅顯勇　臺灣同性戀小說敘事策略的變遷〔《孽子》、〈月夢〉、〈青春〉部分〕　華文文學　2003年第4期　2003年　頁48

《孽子》、〈孤戀花〉

1809. 曹瑞原，蔡依珊　曹瑞原——讓《孽子》不再狂奔，《孤戀花》永恆青春　野葡萄文學誌　第21期　2005年5月　頁14—15

1810. 曹瑞原　影像與文學的對話：《孽子》、《孤戀花》電視劇之創製　「白先勇的藝文世界」系列講座　臺北　臺灣大學，國家圖書館主辦　2008年9月20—21日

---

[82]本文旨在分析《臺北人》、《孽子》中的性／別、性傾向與離散經驗、身分認同、記憶、敘事、家國想像之間的關連。全文共3小節：1.〈孤戀花〉：由「異域」到「家園」的認同轉變；2.〈滿天裡亮晶晶的星星〉：「新臺北人」的空間認同與世代轉移；3.《孽子》：中老年同志和青春鳥的飄旅與東西方想像。

《臺北人》、〈寂寞的十七歲〉

1811. 柯慶明　臺灣「現代主義」小說序論〔《臺北人》、〈寂寞的十七歲〉部分〕　臺灣現代文學的視野　臺北　麥田出版・城邦文化公司　2006年12月　頁143—194

《紐約客》、〈驀然回首〉、〈安樂鄉的一日〉

1812. 周俊偉　臺灣當代小說後殖民敘事的基本特徵〔《紐約客》、〈驀然回首〉、〈安樂鄉的一日〉部分〕　多元文化與臺灣當代文學　北京　文化藝術出版社　2011年12月　頁275—276，279—283

《臺北人》到《父親與民國》

1813. 林桶法　文學家的歷史與親情情懷：從《臺北人》到《父親與民國》　白先勇的文學與文化實踐暨兩岸藝文合作學術研討會　北京　中國社科院主辦；趨勢教育基金會協辦　2012年11月9—11日

1814. 楊維真　從《臺北人》到《父親與民國》：淺論白先勇的歷史書寫與民國史重構　白先勇的文學與文化實踐暨兩岸藝文合作學術研討會　北京　中國社科院主辦；趨勢教育基金會協辦　2012年11月9—11日

《驀然回首》、《第六隻手指》、《樹猶如此》

1815. 蘇偉貞　悼亡作爲寫作——白先勇與《驀然回首》、《第六隻手指》、《樹猶如此》　白先勇的文學與文化實踐暨兩岸藝文合作學術研討會　北京　中國社科院主辦；趨勢教育基金會協辦　2012年11月9—11日

單篇作品

1816. 魏子雲　〈寂寞的十七歲〉——評介一篇觸及少年問題的小說　聯合報　1962年11月14日　8版

1817. 魏子雲　論〈寂寞的十七歲〉——評介一篇觸及少年問題的小說　偏愛與偏見　臺北　皇冠出版社　1965年8月　頁11—15

1818. 廖咸浩等[83] 邊緣人物的心靈歷險——白先勇談〈寂寞的十七歲〉 幼獅文藝 第495期 1995年3月 頁48—52

1819. 保 真 寂寞的楊雲峰——白先勇〈寂寞的十七歲〉說苦澀的青春 中華日報 1997年4月15日 16版

1820. 保 真 寂寞的楊雲峰——白先勇〈寂寞的十七歲〉說苦澀的青春 保真領航看小說 臺北 九歌出版社 1999年5月10日 頁174—179

1821. 黃千珊 異端——試論白先勇〈寂寞的十七歲〉家庭機制及其影響 歷史、性別與族群——中興大學、中正大學兩校臺灣文學研究所研究生學術交流研討會 臺中 中興大學臺灣文學研究所，中正大學臺灣文學研究所主辦 2008年4月19—20日

1822. 隱 地 讀白先勇的〈畢業〉 自由青年 第34卷第4期 1965年8月16日 頁12—15

1823. 隱 地 白先勇〈畢業〉 隱地看小說 臺北 爾雅出版社 1981年6月 頁93—101

1824. 林永昌 讀《這一代小說》〔〈畢業〉部分〕 年度小說選資料篇 臺北 爾雅出版社 1983年2月 頁242

1825. 弦外音 重溫〈謫仙記〉 臺灣日報 1965年10月13日 9版

1826. 尉天驄 最後的貴族：〈謫仙記〉 文學季刊 第6期 1968年2月 頁125

1827. 尉天驄 最後的貴族——讀白先勇的〈謫仙記〉 眾神 臺北 遠行出版社 1976年3月 頁95—97

1828. 唐瓊仙 〈謫仙記〉裡的明喻和象徵 文風 第33期 1978年6月 頁109—110

1829. 賴芳伶 簡析〈謫仙記〉 中國現代短篇小說選析1 臺北 長安出版社

[83]主持人：廖咸浩；與會者：楊孜怡、林欣儀、丁允中、朱政騏、黃寶儀、徐慶敏、羅彥祺、林諭林、陳佳穎、李有成；紀錄：焦慧蘭。

1984年2月　頁325—326

1830. 黃秀玲　美華作家小說中的婚姻主題〔〈謫仙記〉〕　臺灣香港暨海外華文文學論文選（三）　福州　海峽文藝出版社　1988年9月　頁310—326

1831. 曉　劍　白先勇和〈謫仙記〉　大眾電視　1988年第9期　1988年9月　頁28

1832. 陸士清　世界上的水都是相通的——《最後的貴族》從小說到電影的改編和拍攝〔〈謫仙記〉〕　四海——臺港與海外華文文學　1990年第2期　1990年3月　頁70—78

1833. 孫康宜　《最後的貴族》〔〈謫仙記〉〕　聯合報　1994年1月20日　37版

1834. 劉登翰　政治的失落和心靈的失落——從小說〈謫仙記〉看電影《最後的貴族》　臺灣文學隔海觀：文學香火的傳承與變異　臺北　風雲時代出版公司　1995年3月　頁125—134

1835. 邱秀文　在時間與命運的滄桑裡——〈謫仙記〉與文學　中華日報　1996年8月3日　14版

1836. 保　真　天仙下凡是李彤——白先勇的〈謫仙記〉　中華日報　1997年12月23日　16版

1837. 保　真　天仙下凡是李彤——白先勇的〈謫仙記〉　保真領航看小說　臺北　九歌出版社　1999年5月10日　頁171—173

1838. 陳楓艷　生存還是毀滅——試從女性主義角度比較白先勇〈謫仙記〉與福克納〈紀念愛米麗的一朵玫瑰花〉　江蘇技術師範學院學報　2005年第5期　2005年10月　頁73—75

1839. 林鎮山　臺灣文學的歷史定位——一個加拿大比較／文學／史觀的反思——自由主義與人道主義：離散書寫〔〈謫仙記〉部分〕　離散・家國・敘述：臺灣當代小說論述　臺北　前衛出版社　2006年7月　頁61—62，64—65

1840. 周　薇　老盡少年心——讀白先勇小說〈謫仙記〉　阜陽師範學院學報　2007年第5期　2007年9月　頁48—50

1841. 劉彼德　觀點和記憶——試比較白先勇〈謫仙記〉和張系國〈香蕉船〉　世界華文文學論壇　2009年第3期　2009年9月　頁60—64

1842. 林家鵬　淺論當代海外小說中的國族想像：以郭松棻〈雪盲〉與白先勇〈謫仙記〉爲例　真理大學人文學報　第9期　2010年4月　頁1—12

1843. 劉登翰　從小說〈謫仙記〉看電影《最後的貴族》　白先勇的文學與文化實踐暨兩岸藝文合作學術研討會　北京　中國社科院主辦；趨勢教育基金會協辦　2012年11月9—11日

1844. 姚一葦　論白先勇的〈遊園驚夢〉　文學季刊　第8、9期合刊　1968年11月　頁84—90

1845. 姚一葦　論白先勇的〈遊園驚夢〉　從流動出發　臺中　普天出版社　1972年1月　頁145—164

1846. 姚一葦　論白先勇的〈遊園驚夢〉　文學論集　臺北　書評書目社　1974年11月　頁159—173

1847. 姚一葦講；施叔青記　論白先勇的〈遊園驚夢〉　欣賞與批評　臺北　聯經出版公司　1989年7月　頁211—231

1848. 姚一葦講；施叔青記　附錄——論白先勇的〈遊園驚夢〉　白先勇作品集・遊園驚夢　臺北　天下遠見出版公司　2008年9月　頁156—178

1849. 蘇鄉蘭　讀〈遊園驚夢〉——僅以此文爲母親祝壽　大華晚報　1969年5月12日　8版

1850. 吳作政　談白先勇〈遊園驚夢〉　文藝月刊　第19期　1971年1月　頁142—150

1851. 秀　媚　從湯顯祖的《遊園驚夢》到白先勇的〈遊園驚夢〉　海內知己　臺北　晨鐘出版社　1971年9月　頁17—19

1852. 歐陽子　〈遊園驚夢〉的寫作技巧和引申含義　書評書目　第 34 期　1975 年 2 月　頁 21—47

1853. 歐陽子　〈遊園驚夢〉的寫作技巧和引申含義　王謝堂前的燕子　臺北　爾雅出版社　1976 年 4 月　頁 231—274

1854. 歐陽子　〈遊園驚夢〉的寫作技巧和引申含義　遊園驚夢二十年　香港　迪志文化出版公司　2001 年 7 月　頁 220—254

1855. 歐陽子　〈遊園驚夢〉的寫作技巧和引申含義　遊園驚夢二十年（修訂版）　香港　迪志文化出版公司　2007 年 5 月　頁 209—244

1856. 歐陽子　〈遊園驚夢〉的寫作技巧和引申含義　白先勇外集・王謝堂前的燕子　臺北　天下遠見出版公司　2008 年 9 月　頁 232—276

1857. 歐陽子　白先勇〈遊園驚夢〉　現代文學小說選集（一）　臺北　爾雅出版社　1977 年 6 月　頁 263

1858. 鄭樹森　白先勇〈遊園驚夢〉的結構和語碼——一個批評方法的介紹[84]　中國人月刊　第 7 期　1979 年 8 月　頁 37—42

1859. 鄭樹森　白先勇〈遊園驚夢〉的結構和語碼——一個批評方法的介紹　中外文學　第 8 卷第 4 期　1979 年 9 月　頁 50—61

1860. 鄭樹森　白先勇〈遊園驚夢〉的結構和語碼——一個批評方法的介紹　結構主義的理論與實踐　臺北　黎明文化公司　1980 年 3 月　頁 163—176

1861. 鄭樹森　法國敘述學的方法——以白先勇〈遊園驚夢〉爲例　文學因緣　臺北　東大圖書公司　1987 年 1 月　頁 93—107

1862. 鄭樹森　白先勇〈遊園驚夢〉的結構和語碼——一個批評方法的介紹　遊園驚夢二十年　香港　迪志文化出版公司　2001 年 7 月　頁 321—334

1863. 鄭樹森　白先勇〈遊園驚夢〉的結構和語碼——一個批評方法的介紹　遊園驚夢二十年（修訂版）　香港　迪志文化出版公司　2007 年 5

[84]本文後改篇名爲〈法國敘述學的方法——以白先勇〈遊園驚夢〉爲例〉。

月 頁254—258

1864. 馬各，丁樹南 〈遊園驚夢〉編者的話 五十五年短篇小說選 臺北 爾雅出版社 1984年12月 頁157—160

1865. 林承璜 談〈遊園驚夢〉的思想內涵[85] 文學知識 1985年第1期 1985年1月 頁12—15

1866. 林承璜 面面觀的透視——剖析〈遊園驚夢〉的思想內涵 臺灣香港文學論文選 福州 海峽文藝出版社 1985年9月 頁196—206

1867. 林承璜 面面觀透視——剖析〈遊園驚夢〉的思想內涵 臺灣香港文學評論集 福州 海峽文藝出版社 1994年2月 頁160—170

1868. 林承璜 刀鋒犀利，游刃有餘——談〈遊園驚夢〉中錢夫人性格的刻畫 唐山教育學院學報 1986年第1期 1986年1月 頁36—38

1869. 林承璜 刀鋒犀利，游刃有餘——談〈遊園驚夢〉中錢夫人性格的刻畫 臺灣香港文學評論集 福州 海峽文藝出版社 1994年2月 頁171—175

1870. 陸士清 融傳統於現代——白先勇〈遊園驚夢〉的藝術追求 文學報 1988年5月5日 3版

1871. 陸士清 融傳統於現代創作——白先勇〈遊園驚夢〉的藝術追求 臺港文譚 1988年第1期 1988年7月 頁3

1872. 陸士清 融傳統於現代——白先勇〈遊園驚夢〉的藝術追求 臺灣文學新論 上海 復旦大學出版社 1993年6月 頁240—246

1873. 紅 眉 白先勇與〈遊園驚夢〉 人民政協報 1988年5月20日 4版

1874. 林 青 小說〈遊園驚夢〉與同名話劇比較分析——兼談崑曲對白先勇創作的影響 臺灣研究集刊 1988年第2期 1988年5月 頁55—60

1875. 胡 濱 現實與夢境的交融——白先勇的〈遊園驚夢〉漫評 特區文學 1989年第6期 1989年11月 頁111—112

---

[85]本文後改篇名爲〈面面觀的透視——剖析〈遊園驚夢〉的思想內涵〉。

1876. 仲 正　談一篇被過分推崇的作品——白先勇的〈遊園驚夢〉　文學史上最大疑案：莎士比亞作品真相　臺北　臺揚出版社　1992 年 2 月　頁 26—32

1877. 孫康宜　永遠的「桂枝香」——重看白先勇的〈遊園驚夢〉　聯合報　1993 年 3 月 31 日　39 版

1878. 姚一葦　挑戰——談〈遊園驚夢〉的改編與演出　戲劇與人生——姚一葦評論集　臺北　書林出版公司　1995 年 10 月　頁 122—126

1879. 姚一葦　挑戰——談〈遊園驚夢〉的改編與演出　白先勇作品集・遊園驚夢　臺北　天下遠見出版公司　2008 年 9 月　頁 150—155

1880. 戴華萱　《牡丹亭・驚夢》的現代互文——談白先勇的〈遊園驚夢〉　思辨集　第 3 期　1999 年 12 月　頁 131—145

1881. 何慧芳　文學作品中男性作家觀照下的女性形象——以白先勇〈遊園驚夢〉爲討論範例　文學前瞻　第 1 期　2000 年 1 月　頁 1—13

1882. 王宗法　歡樂中的悲涼——讀〈遊園驚夢〉　臺港文學觀察　合肥　安徽教育出版社　2000 年 8 月　頁 214—223

1883. 姚白芳　〈遊園驚夢〉與崑曲〈驚夢〉及《牡丹亭》的關係　遊園驚夢二十年　香港　迪志文化出版公司　2001 年 7 月　頁 68—83

1884. 姚白芳　〈遊園驚夢〉與崑曲〈驚夢〉及《牡丹亭》的關係　白先勇說崑曲　臺北　聯經出版公司　2006 年 4 月　頁 185—208

1885. 姚白芳　〈遊園驚夢〉與崑曲〈驚夢〉及《牡丹亭》的關係　白先勇說崑曲　桂林　廣西師範大學出版社　2006 年 6 月　頁 175—198

1886. 姚白芳　〈遊園驚夢〉與崑曲〈驚夢〉及《牡丹亭》的關係　遊園驚夢二十年（修訂版）　香港　迪志文化出版公司　2007 年 5 月　頁 163—178

1887. 彭燿春　傷逝——論白先勇的〈遊園驚夢〉　華文文學　2001 年第 3 期　2001 年 8 月　頁 44—49

1888. 江寶釵，郝譽翔　白先勇〈遊園驚夢〉　小說讀本　臺北　二魚文化公司

2002 年 8 月　頁 265—266

1889. 賈亦棣　白先勇的〈遊園驚夢〉　藝文漫談　新竹　明新科技大學　2003 年 12 月　頁 11—12

1890. 劉　俊　「失落」與「輪迴」——白先勇小說〈遊園驚夢〉的細讀式研究　從臺港到海外：跨區域華文文學的多元審視　廣州　花城出版社　2004 年 2 月　頁 249—264

1891. 李奭學　錢夫人與戴洛維夫人——淺談白先勇和中西文學傳統的關係〔〈遊園驚夢〉〕　聯合報　2004 年 4 月 2 日　E7 版

1892. 王德威　〈遊園驚夢〉，古典愛情——現代中國文學的兩度「還魂」（1—7）　聯合報　2004 年 4 月 23—29 日　E7 版

1893. 王德威　〈遊園驚夢〉，古典愛情——現代中國小說的兩度「還魂」　後遺民寫作　臺北　麥田出版公司　2007 年 11 月　頁 109—136

1894. 王德威　〈遊園驚夢〉，古典愛情——現代中國文學的兩度「還魂」　評論 30 家：臺灣文學三十年菁英選‧1978—2008（上）　臺北　九歌出版社　2008 年 6 月　頁 288—313

1895. 王汝合　爲過去的美塑像與爲未來的美塑像——白先勇的〈遊園驚夢〉與契訶夫的〈三姐妹〉的時間主題比較分析　華文文學　2004 年第 3 期　2004 年 6 月　頁 17—20

1896. 陳美美　現代主義文學作品——現代主義小說：白先勇〈遊園驚夢〉　臺灣現代主義文學的萌芽與再起　佛光人文社會學院文學研究所碩士論文　馬森　2004 年 6 月　頁 95—97

1897. 李奭學　括號的詩學——從吳爾芙的《戴洛維夫人》看白先勇的〈遊園驚夢〉[86]　正典的生成：臺灣文學國際研討會論文集　臺北　中央研究院中國文哲研究所，哥倫比亞蔣經國基金會中國文化及制度史研究中心主辦　2004 年 7 月 15—17 日　頁 209—225

[86]本文旨在比較白先勇的〈遊園驚夢〉與吳爾芙的《戴洛維夫人》。全文共 3 小節：1.自東徂西；2.互通有無；3.現實與幻象。

1898. 李奭學　括號詩學：從吳爾芙的《戴洛維夫人》看白先勇的〈遊園驚夢〉　臺灣文學研究新途徑國際研討會　臺北　中央研究院中國文哲研究所，德國波鴻魯爾大學中國語文學系主辦　2004年11月8—9日

1899. 李奭學　括號的詩學：從吳爾芙的《戴洛維夫人》看白先勇的〈遊園驚夢〉　中國文哲研究集刊　第28期　2006年3月　頁149—170

1900. 李奭學　括號的詩學：從吳爾芙的《戴洛維夫人》看白先勇的〈遊園驚夢〉　三看白先勇　臺北　允晨文化公司　2008年10月　頁97—139

1901. 朱美黛　流動的空間，憂傷的記憶——試探〈遊園驚夢〉主人翁的憂傷意識　國文天地　第237期　2005年2月　頁90—94

1902. 劉俐俐　夢醒時分的闡釋空間——論白先勇〈遊園驚夢〉藝術價值構成機制　鄭州大學學報　第38卷第6期　2005年11月　頁20—24

1903. 陳國偉　導讀〈遊園驚夢〉　二十世紀臺灣文學金典：小說卷（戰後時期・第一部）　臺北　聯合文學出版社　2006年1月　頁253—254

1904. 洪　山　從〈遊園驚夢〉看白先勇短篇小說的藝術特色　合肥學院學報　2006年第1期　2006年2月　頁69—72

1905. 譚惠文　白先勇〈遊園驚夢〉的修辭藝術　黎明學報　第18卷第2期　2006年6月　頁135—145

1906. 黎湘萍　文本傳統與文學經驗（下）〔〈遊園驚夢〉部分〕　香港文學　第259期　2006年7月　頁78—79

1907. 張　琳　〈遊園驚夢〉中色彩運用的解讀　湖北教育學院學報　2007年第1期　2007年1月　頁4—6

1908. 林宏偉，金紅　蒼涼人生，遊園一夢——淺談〈遊園驚夢〉中的意識流　長江工程職業技術學院學報　第24卷第1期　2007年3月　頁48—50

1909. 張素貞導讀　白先勇——〈遊園驚夢〉　小說教室（導讀新版）　臺北　九歌出版社　2007 年 5 月　頁 462
1910. 李歐梵　〈遊園驚夢〉與《玫瑰騎士》　印刻文學生活誌　第 46 期　2007 年 6 月　頁 66—69
1911. 周瓊瑞　〈遊園驚夢〉的色彩意象　安徽教育學院學報　第 25 卷第 5 期　2007 年 9 月　頁 85—88
1912. 歐崇敬　〈遊園驚夢〉的異鄉品味與本省觀看者所面對的異鄉　臺灣小說史導論卷　臺北　洪葉文化公司　2007 年 9 月　頁 227—241
1913. 凌　麗　曲終的寂寞，夢醒的失聲——論〈遊園驚夢〉的若干敘事策略　隴東學院學報　2008 年第 1 期　2008 年 1 月　頁 74—78
1914. 張　敏　人生如戲亦如夢——評析白先勇及其〈遊園驚夢〉　現代語文　2008 年第 13 期　2008 年 5 月　頁 59—60
1915. 陳芳英　牡丹亭上三生路——從小說〈遊園驚夢〉到「青春版《牡丹亭》」[87]　白先勇的文學與藝術國際學術研討會　臺北　教育部，國科會主辦；政治大學臺灣文學研究所承辦　2008 年 10 月 17—18 日
1916. 陳芳英　牡丹亭上三生路——從小說〈遊園驚夢〉到「青春版《牡丹亭》」　跨世紀的流離：白先勇的文學與藝術國際學術研討會論文集　臺北　印刻文學生活雜誌出版公司　2009 年 7 月　頁 235—275
1917. 李詮林　試論華人文學中的「回歸」寫作——故國想像〔〈遊園驚夢〉部分〕　和而不同　南寧　廣西人民出版社　2008 年 10 月　頁 565
1918. 王盛弘　崑曲界白將軍——絕美牡丹亭，寫就〈遊園驚夢〉　聯合報　2009 年 5 月 3 日　A6 版

[87]本文探討白先勇從小說、舞臺劇對《牡丹亭》的挪用，到幾近全本的崑曲演出之其間淵源。全文共 4 節：1.前言；2.〈遊園驚夢〉小說與舞劇中的崑曲呈現；3.崑曲《牡丹亭》；4.餘韻。

1919. 劉蘋，廖馨　〈遊園驚夢〉的身體美學　中國現代文學　第15期　2009年6月　頁199—208

1920. 劉　蘋　〈遊園驚夢〉的身體美學　全國博士生學術論壇：海外華文文學與詩學　廣州　中國教育部學位管理與研究生教育司，國務院學位委員會辦公室主辦　2010年3月7—11日

1921. 劉蘋，廖馨　白先勇〈遊園驚夢〉的身體美學解析　西安石油大學學報　第22卷第2期　2013年　頁89—92

1922. 郭玉雯　《現代文學小說選集》的現代主義特色〔〈遊園驚夢〉部分〕　臺灣文學研究集刊　第6期　2009年8月　頁102—103

1923. 馮白羽　從佛洛伊德的精神分析理論研究白先勇的〈遊園驚夢〉　南方學院學報　2009年第5期　2009年11月　頁53—58

1924. 李儀婷，榮光啓　重疊的藝術——淺析白先勇〈遊園驚夢〉中的鏡像作用　襄樊學院學報　第31卷第1期　2010年1月　頁76—78

1925. 吳海琴　雙峰對峙・各得風流——從意識流手法比較〈遊園驚夢〉與〈九十九度中〉　常州工學院學報　第28卷第1期　2010年2月　頁22—27

1926. 沈　燕　遊人生之園・驚現實之夢——〈遊園驚夢〉小說與劇本比較閱讀　牡丹江教育學院學報　2010年第4期　2010年7月　頁8—9

1927. 符立中　姐姐啊，姐姐！——〈遊園驚夢〉與南方神話的陰性書寫　白先勇與符立中對談：從《臺北人》到《紐約客》　臺北　九歌出版社　2010年11月　頁29—35

1928. 郝譽翔　那汩汩流逝的聲音——白先勇・〈遊園驚夢〉　聯合報　2010年12月28日　D3版

1929. 羅玉亞　往日繁盛還記否——試探白先勇〈遊園驚夢〉之女體幽微　第四屆中央大學中國文學系學生論文發表會　桃園　中央大學中國文學系主辦　2011年3月29日

1930. 洪珊慧　傳統的・現代的——向傳統戲曲藝術汲取營養〔〈遊園驚夢〉部

分〕 新刻的石像——王文興與同世代現代主義作家及作品研究 中央大學中國文學系 博士論文 康來新教授指導 2011 年 6 月 頁 97—105

1931. 孫登高 再論白先勇〈遊園驚夢〉中平行寫作技巧與終極主題表達之關系 集寧師範學院學報 第 34 卷第 1 期 2012 年 3 月 頁 62—64

1932. 陸敬思著；梁文華譯 白先勇〈遊園驚夢〉的國族形成與性別定位[88] 異地繁花：海外臺灣文論選譯（上） 臺北 臺大出版中心 2012 年 5 月 頁 259—288

1933. 俞巧珍 家園、身份：兩重想象——現代派小說〈上海狐步舞〉與〈遊園驚夢〉的深層對話 廣西職業技術學院學報 第 5 卷第 6 期 2012 年 12 月 頁 70—74

1934. 姚 瑤 論白先勇〈遊園驚夢〉的敘述藝術 新疆教育學院學報 第 28 卷第 4 期 2012 年 12 月 頁 101—104

1935. 林淑慧 臺灣現代公民人文素養的必修課——以「臺灣小說選讀」爲例〔〈遊園驚夢〉部分〕 國文天地 第 339 期 2013 年 8 月 頁 37

1936. 隱 地 〈金大班的最後一夜〉附註 五十七年短篇小說選 臺北 爾雅出版社 1969 年 3 月 頁 73—77

1937. 歐陽子 〈金大班的最後一夜〉之喜劇成分 書評書目 第 27 期 1975 年 7 月 頁 12—22

1938. 歐陽子 〈金大班的最後一夜〉之喜劇成分 王謝堂前的燕子 臺北 爾雅出版社 1976 年 4 月 頁 81—99

1939. 歐陽子 〈金大班的最後一夜〉之喜劇成分 白先勇外集・王謝堂前的燕子 臺北 天下遠見出版公司 2008 年 9 月 頁 82—99

1940. 林清介 金大班的臺前與幕後〔〈金大班的最後一夜〉〕 中國時報

---

[88]本文以〈遊園驚夢〉爲中心，歸納其國族與性別思想。全文共 3 小節：1.離散作家的國族想像；2.女性特質的細節描寫；3.西方論述與中國情境。

1983年9月15日　8版

1941. 韓　欣　眾裡尋她千百度！白先勇苦尋「金大班」〔〈金大班的最後一夜〉〕　臺灣新聞報　1983年12月22日　5版

1942. 常　徵　深邃，在複雜豐富的底層——論〈金大班的最後一夜〉中金兆麗的性格　新疆大學學報　1987年第2期　1987年6月　頁88—91

1943. 張　曦　〈金大班的最後一夜〉作品鑒賞　臺港小說鑒賞辭典　北京　中央民族學院出版社　1994年1月　頁370—374

1944. 洪素香　「金大班」人物形象的藝術創作技巧探析〔〈金大班的最後一夜〉〕[89]　高雄應用科技大學學報　第30期　2000年12月　頁441—454

1945. 紀慧玲　金大班走上舞臺過最後一夜〔〈金大班的最後一夜〉〕　民生報　2002年8月31日　A12版

1946. 洪素香　論〈金大班的最後一夜〉之小說文本、劇本改編與電影詮釋[90]　高雄應用科技大學學報　第32期　2002年12月　頁477—504

1947. 劉依潔　白先勇〈金大班的最後一夜〉　離心的辯證：世華小說評析　臺北　唐山出版社　2004年5月　頁60—65

1948. 黃儀冠　男性凝視，影像戲仿——臺灣「文學電影」的神女敘事與性別符碼（1980s）——〈金大班的最後一夜〉　臺灣文學學報　第5期　2004年6月　頁174—178

1949. 〔彭瑞金選編〕　〈金大班的最後一夜〉賞析　國民文選・小說卷3　臺北　玉山社出版公司　2004年7月　頁104—105

1950. 〔林黛嫚編〕　〈金大班的最後一夜〉作品賞析　臺灣現代文選小說卷　臺北　三民書局　2005年5月　頁120—121

[89]本文分析白先勇在塑造金大班此人時所運用的藝術創作技巧。全文共 4 小節：1.前言；2.白先勇筆下的幾個舞女形象；3.觀察金大班的三個場景；4.結語。

[90]本文分析〈金大班的一夜〉從小說文本到劇本，從劇本到電影之間，其藝術形式的特色與變化。全文共 5 小節：1.前言；2.小說文本分析；3.劇本改編與小說文本之比較分析；4.電影對小說與劇本的詮釋效果討論；5.結語。

1951. 陳薇合 〈金大班的最後一夜〉的意識流分析 2010 明道大學中國學系碩士班研究生論文發表會 彰化 明道大學中國文學系主辦 2010年6月2日

1952. 張恆豪 愛情改變命運，或命運擺佈愛情——從《金大班的最後一夜》看四十歲的女人要什麼？〔〈金大班的最後一夜〉〕 愛、理想與淚光：文學電影與土地的故事（上） 臺南 國立臺灣文學館 2010年12月 頁292—315

1953. 水 晶 神話、初型和象徵——兼分析兩則短篇小說〔〈芝加哥之死〉部分〕 拋磚記 臺北 三民書局 1970年12月 頁79—91

1954. 尉天驄 「無根的一代」的輓歌——談白先勇的〈芝加哥之死〉 美育 1988年第2期 1988年4月 頁22—23

1955. 李仲華 無根浪子的悲歌——評短篇小說〈芝加哥之死〉 閱讀與寫作 1990年第8期 1990年8月 頁6—7

1956. 劉秀美 試論留外華人題材小說中之「悲情意識」〔〈芝加哥之死〉部分〕 中國現代文學理論季刊 第10期 1998年6月 頁302

1957. 王 力 人文精神：群體生存意識籠罩下的個體思索——流浪靈魂的精神家園〔〈芝加哥之死〉部分〕 百年中華文學史論：1898—1999 上海 華東師範大學出版社 1999年9月 頁161

1958. 王 力 身份與迷失〔〈芝加哥之死〉部分〕 世界華文文學論壇 2002年第2期 2002年6月 頁66—71

1959. 宋桂花 異鄉的沉淪——對比郁達夫〈沉淪〉和白先勇〈芝加哥之死〉中的死亡敘事 世界華文文學論壇 2004年第3期 2004年9月 頁45—48

1960. 李 杰 邊緣人和零餘者的悲歌〔〈芝加哥之死〉部分〕 殷都學刊 2005年第3期 2005年9月 頁94—96

1961. 黃秀玲 黃與黑：美國華文作家筆下的華人與黑人——白先勇的〈芝加哥之死〉 中外文學 第34卷第4期 2005年9月 頁30—32

1962. 尤作勇　性與死的聯結方式——郁達夫〈沉淪〉與白先勇〈芝加哥之死〉中自殺現象的比較性讀解　新亞論叢　第13期　2012年12月　頁178—179

1963. 隱　地　〈冬夜〉附註　五十九年短篇小說選　臺北　大江出版社　1971年3月　頁179—182

1964. 隱　地　〈冬夜〉附註　五十九年短篇小說選　臺北　爾雅出版社　1981年7月　頁179—182

1965. 劉紹銘　白先勇的〈冬夜〉　靈臺書簡　香港　小草出版社　1972年　頁71—74

1966. 歐陽子　〈冬夜〉之對比反諷運用與小說氣氛釀造　中外文學　第4卷第9期　1976年2月　頁20—39

1967. 歐陽子　〈冬夜〉之對比反諷運用與小說氣氛釀造　王謝堂前的燕子　臺北　爾雅出版社　1976年4月　頁275—306

1968. 歐陽子　〈冬夜〉之對比反諷運用與小說氣氛釀造　白先勇外集・王謝堂前的燕子　臺北　天下遠見出版公司　2008年9月　頁277—308

1969. 吳湘文〔林學禮〕　評白先勇的〈冬夜〉　中外文學　第4卷第11期　1976年4月　頁180—188

1970. 微　知〔林學禮〕　評白先勇《臺北人》的〈冬夜〉　隨風而去　臺北　秀威資訊科技公司　2006年9月　頁323—336

1971. 林學禮　評白先勇《臺北人》的〈冬夜〉　微知自選集　臺北　秀威資訊公司　2012年10月　頁357—369

1972. 林明德　風雨故人來——論白先勇的〈冬夜〉　愛書人　第143期　1980年5月　3版

1973. 〔洪醒夫，黃德燕編選〕　〈冬夜〉賞析　大家文學選・小說卷　臺中　明光出版社　1981年10月　頁237—239

1974. 洪醒夫　白先勇〈冬夜〉賞析　洪醒夫全集・評論卷　彰化　彰化縣文化

局 2001年6月 頁157—159

1975. 旻 黎 《五十九年短篇小說選》評介〔〈冬夜〉部分〕 年度小說選資料篇 臺北 爾雅出版社 1983年2月 頁137—140

1976. 杜 蘅 冰山一角——讀白先勇的〈冬夜〉 臺灣新聞報 1988年3月14日 12版

1977. 彭小妍 本土、鄉土與大鄉土：何謂鄉土文學？〔〈冬夜〉部分〕 「歷史很多漏洞」：從張我軍到李昂 臺北 中研院文哲所籌備處 2000年12月 頁89—90

1978. 崔良樂 白先勇〈冬夜〉的多重主題分析 肇慶學院學報 2004年第6期 2004年12月 頁56—60，68

1979. 黃資婷 瘖啞拜倫——A Little Cloud 與〈冬夜〉的憂鬱 第四十屆鳳凰樹文學獎得獎作品集 臺南 成功大學中文系 2012年6月 頁284—287

1980. 楊月蓀 盧燕、陳耀圻、白先勇〈玉卿嫂〉——一股年青人對藝術狂熱的匯流 中國時報 1971年8月27日 12版

1981. 張靜二 論啓蒙的故事〔〈玉卿嫂〉部分〕 文學史學哲學——施友忠先生八十壽辰紀念論文集 臺北 時報文化出版公司 1982年2月 頁238

1982. 亞 菁 敢愛敢恨，亦離亦鏤的〈玉卿嫂〉 現代文學評論 臺北 東大圖書公司 1983年2月 頁135—141

1983. 馬 森 〈玉卿嫂〉的時代意義與電影感 中國時報 1984年2月28日 8版

1984. 馬 森 從文學的〈玉卿嫂〉到電影的〈玉卿嫂〉[91] 電影・中國・夢 臺北 時報文化出版公司 1987年6月 頁237—244

1985. 馬 森 白先勇的女性形象——從文學的〈玉卿嫂〉到電影的〈玉卿嫂〉 燦爛的星空 臺北 聯合文學出版社 1997年11月 頁156—

[91]本文後改篇名爲〈從文學的〈玉卿嫂〉到電影的〈玉卿嫂〉〉。

159

1986. 黃建業　期待文學電影開花結果——以〈玉卿嫂〉爲例　文訊雜誌　第 15 期　1984 年 12 月　頁 76—81

1987. 廖宏文　痴男怨女——〈玉卿嫂〉的愛與死　幼獅文藝　第 376 期　1984 年 12 月　頁 152—154

1988. 應萼定　〈玉卿嫂〉從小說到舞劇　上海戲劇　1985 年第 6 期　1985 年 12 月　頁 18

1989. Pimpaneau 著；孔昭宇譯　白先勇的獨特敏感性〔〈玉卿嫂〉〕　聯合報　1987 年 7 月 19 日　8 版

1990. 宋志明　戀母和自戀：〈玉卿嫂〉與白先勇的精神世界　東方叢刊　1998 年第 2 期　1998 年　頁 61—72

1991. 張子樟　未知死，焉知生—淺析少年小說中的死亡敘述〔〈玉卿嫂〉部分〕　少年小說大家讀：啓蒙與成長的探索　臺北　天衛文化圖書公司　1999 年 8 月　頁 131—132

1992. 張子樟　未知死，焉知生—淺析少年小說中的死亡敘述〔〈玉卿嫂〉部分〕　少年小說大家讀：啓蒙與成長的探索　臺北　天衛文化圖書公司　2007 年 5 月　頁 131—132

1993. 孟靜雅　眼睛與角度：論〈玉卿嫂〉的敘述技巧　南都學壇　1999 年第 5 期　1999 年　頁 48—49

1994. 程　晉　流水落花春去也——〈玉卿嫂〉悲劇的深層心理內涵　重慶職業技術學院學報　2004 年第 1 期　2004 年 1 月　頁 120—121，136

1995. 張永東　情死與情殺——談〈將軍族〉與〈玉卿嫂〉的殉情悲劇　華文文學　2004 年第 3 期　2004 年 6 月　頁 21—23

1996. 李瀟雨　存在的焦慮與人性的糾纏——論白先勇作品〈玉卿嫂〉的悲劇意識　學海　2006 年第 1 期　2006 年 2 月　頁 182—185

1997. 陸士清　春雨潤得花更紅——談〈玉卿嫂〉從小說到越劇　世界華文文學論壇　2007 年第 1 期　2007 年 3 月　頁 43—46

1998. 張金城　生命之美的毀滅——淺析〈玉卿嫂〉悲劇的原因和性質　華文文學　2007 年第 2 期　2007 年 4 月　頁 86—93

1999. 孫國因　一闋女性悲歌的二重奏——談〈玉卿嫂〉從小說到電視劇的改編　電視研究　2007 年第 4 期　2007 年 4 月　頁 68—69

2000. 車　瑞　愛情中不可承受之輕——談〈玉卿嫂〉愛情悲劇的根源　名作欣賞　2007 年第 24 期　2007 年 12 月　頁 56—59

2001. 林于弘　敢託身兮長自私——〈杜十娘〉與〈玉卿嫂〉的情慾沉淪與掙扎　中國語文　第 102 卷第 6 期　2008 年 6 月　頁 92—94

2002. 張　毅　《玉卿嫂》的電影創作與對原作小說的特殊詮釋〔〈玉卿嫂〉〕「白先勇的藝文世界」系列講座　臺北　臺灣大學，國家圖書館主辦　2008 年 9 月 20—21 日

2003. 蕭　畫　論中國當代文學中的「怨女」與「小丈夫」〔〈玉卿嫂〉部分〕世界華文文學論壇　2010 年第 2 期　2010 年 6 月　頁 65—69

2004. 李宜靜　〈玉卿嫂〉中「容哥兒」的角色設置[92]　清雲學報　第 30 卷第 2 期　2010 年 10 月　頁 159—169

2005. 郭成義　詩與小說裡的性愛情慾〔〈玉卿嫂〉部分〕　鹽分地帶文學　第 36 期　2011 年 10 月　頁 170

2006. 張　毅　電影《玉卿嫂》裡的敘事觀點〔〈玉卿嫂〉〕　白先勇的文學與文化實踐暨兩岸藝文合作學術研討會　北京　中國社科院主辦；趨勢教育基金會協辦　2012 年 11 月 9—11 日

2007. 許珮馨　論《玉卿嫂》電影劇本的藝術構思〔〈玉卿嫂〉〕　白先勇的文學與文化實踐暨兩岸藝文合作學術研討會　北京　中國社科院主辦；趨勢教育基金會協辦　2012 年 11 月 9—11 日

2008. 歐陽子　〈永遠的尹雪艷〉之語言與語調　書評書目　第 22 期　1975 年 2 月　頁 13—21

---

[92]本文從文本中的孩童敘事作用，與容哥兒對玉卿嫂的影映分身形象探討這個角色對文本產生的功能與作用。全文共：1.前言；2.容哥兒的形象；3.容哥兒的孩童敘事；4.容哥兒的影映分身作用；5.結語。

2009. 歐陽子　〈永遠的尹雪艷〉之語言與語調　王謝堂前的燕子　臺北　爾雅出版社　1976 年 4 月　頁 31—46

2010. 歐陽子　〈永遠的尹雪艷〉之語言與語調　中國文學批評年選　臺北　巨人出版社　1976 年 8 月　頁 510—519

2011. 歐陽子　〈永遠的尹雪艷〉之語言與語調　白先勇外集・王謝堂前的燕子　臺北　天下遠見出版公司　2008 年 9 月　頁 34—48

2012. 賴芳伶　簡析〈永遠的尹雪艷〉　中國現代短篇小說選析 1　臺北　長安出版社　1984 年 2 月　頁 344

2013. 王德威　潘金蓮、賽金花、尹雪艷——中國小說世界中「禍水」造型的演變〔〈永遠的尹雪艷〉〕　中國現代寫實小說散論　臺北　時報文化出版公司　1986 年 6 月　頁 77—94

2014. 李　平　尹雪艷的魅力與傳統文化——重讀白先勇小說〈永遠的尹雪艷〉　名作欣賞　1990 年第 3 期　1990 年 5 月　頁 71—72

2015. 范肖丹　「妖孽」與「觀世音」——尹雪艷形象內涵論〔〈永遠的尹雪艷〉〕　河池師專學報　1998 年第 1 期　1998 年 1 月　頁 31—35

2016. 劉俊　論〈永遠的尹雪艷〉　鎮江師專學報　1998 年第 1 期　1998 年 1 月　頁 30—33

2017. 〔游喚，徐華中，張鴻聲編著〕　〈永遠的尹雪艷〉評析　現代小說精讀　臺北　五南圖書出版公司　1998 年 11 月　頁 213—217

2018. 古繼堂　永不滅光芒的藝術形象——尹雪艷——評白先勇小說〈永遠的尹雪艷〉　世界華文文學　第 46 期　1999 年 2 月　頁 28—29

2019. 孫希娟　揭開神秘的面紗——白先勇小說〈永遠的尹雪艷〉賞析　名作欣賞　1999 年第 2 期　1999 年 3 月　頁 111—114

2020. 宋邦珍　試論〈永遠的尹雪艷〉的人物形象塑造　中國語文　第 86 卷第 3 期　2000 年 3 月　頁 82—85

2021. 宋邦珍　試論〈永遠的尹雪艷〉的人物形象塑造　國學教學論文集　臺北

萬卷樓圖書公司　2001 年 9 月　頁 377—381

2022. 王　欣　精雕細琢，獨具匠心——淺析〈永遠的尹雪艷〉一文的藝術特色　焦作工學院學報　第 2 卷第 1 期　2001 年 3 月　頁 44—45，58

2023. 陳大爲　〈永遠的尹雪艷〉評析　臺灣現代文學教程：當代文學讀本　臺北　二魚文化公司　2002 年 8 月　頁 224—227

2024. 郭亞明　永遠有多遠——白先勇〈永遠的尹雪艷〉解析　語文學刊　2003 年第 5 期　2003 年 9 月　頁 26—27

2025. 嚴紀華　城市慾望傳奇：以〈第一爐香〉與〈永遠的尹雪艷〉爲例[93]　回顧兩岸五十年文學學術研討會　臺北　中國文化大學中國文學系，財團法人善同文教基金會主辦　2003 年 11 月 28—29 日

2026. 嚴紀華　城市慾望傳奇：以〈第一爐香〉與〈永遠的尹雪艷〉爲例　回顧兩岸五十年文學學術研討會論文集（上）　臺北　中國文化大學中國文學系所　2004 年 3 月　頁 285—332

2027. 楊利娟　海峽兩岸並蒂花——〈永遠的尹雪艷〉和〈長恨歌〉中兩個女性形象比較　中州大學學報　2004 年第 1 期　2004 年 1 月　頁 47—49

2028. 莫珊珊　含笑的罌粟——尹雪艷和王熙鳳形象之比較〔〈永遠的尹雪艷〉〕　中華女子學院學報　第 16 卷第 1 期　2004 年 2 月　頁 53—57

2029. 莫珊珊　含笑的罌粟——尹雪艷和王熙鳳形象之比較〔〈永遠的尹雪艷〉〕　零陵學院學報　2004 年第 2 期　2004 年 3 月　頁 53—56

2030. 莫珊珊　含笑的罌粟——尹雪艷和王熙鳳形象之比較〔〈永遠的尹雪艷〉〕　畢節師範高等專科學校學報　2004 年第 2 期　2004 年 6 月　頁 21—25

---

[93]本文透過張愛玲〈第一爐香〉與白先勇〈永遠的尹雪艷〉，探討因時代環境變動而造成的流離癥候。全文共 6 小節：1.前言；2.城市故事；3.慾望傳奇；4.故事的迴旋與衍生；5.作家的重疊與覆蓋；6.結論。

2031. 林黛嫚　〈永遠的尹雪艷〉評析　臺灣現代文選　臺北　三民書局　2004年5月　頁249—251

2032. 嚴英秀　淺論白先勇〈永遠的尹雪艷〉女性形象塑造的缺失　華文文學　2004年第5期　2004年10月　頁75—78

2033. 賈麗萍　〈永遠的尹雪艷〉故事賞析　眾聲喧譁的文學花園：現代文學知識精華：小說、戲劇　臺北　雅書堂文化公司　2005年3月　頁363—366

2034. 時　琳　試析〈李娃傳〉與〈永遠的尹雪艷〉中女主人公的象徵意味　阜陽師範學院學報　2005年第3期　2005年5月　頁24—26

2035. 楊夢媛　逝去時代的一曲挽歌——評白先勇〈永遠的尹雪艷〉的象徵寓意　昭通師範高等專科學校學報　2005年第3期　2005年6月　頁53—55

2036. 田亮，王亞麗　永遠的白先勇和〈永遠的尹雪艷〉　小說評論　2005年第3期　2005年　頁46—49

2037. 王桂妹　從陳白露到尹雪艷——對交際花的不同審美書寫〔〈永遠的尹雪艷〉〕　名作欣賞　2007年第1期　2007年1月　頁23—28

2038. 葉依儂　紅與白的魅惑——析論白先勇〈永遠的尹雪艷〉中的色彩意象　國文天地　第262期　2007年3月　頁66—69

2039. 劉燕，倪麗　解讀尹雪艷身上的謎團——試析白先勇的短篇小說〈永遠的尹雪艷〉　語文學刊　2007年第10期　2007年5月　頁92—94

2040. 花艷紅　美麗的蒼白——細析尹雪艷形象的塑造〔〈永遠的尹雪艷〉〕　中南民族大學學報　2007年第s1期　2007年6月　頁129—131

2041. 朱美祿　斑斕的色彩，豐富的意蘊——白先勇小說〈永遠的尹雪艷〉色彩意象分析　名作欣賞　2007年第7期　2007年7月　頁56—58

2042. 歐崇敬　從解構哲學看〈永遠的尹雪艷〉的臺北異鄉人　臺灣小說史導論卷　臺北　洪葉文化公司　2007年9月　頁243—260

2043. 胡玉潔　慾望的追逐，生命的悲歌——小說〈永遠的尹雪艷〉主旨解讀

潔河職業技術學院學報　第 7 卷第 6 期　2008 年 11 月　頁 53—54

2044. 孔祥靜　似花，還似非花——「尹雪艷」形象象徵意味新探〔〈永遠的尹雪艷〉〕　現代語文　2008 年第 34 期　2008 年 12 月　頁 88—90

2045. 郭　利　白先勇小说的命運之思——以〈永遠的尹雪艷〉　安陽師範學院學報　2009 年第 4 期　2009 年 8 月　頁 65—67

2046. 張圓圓　永遠的象徵——白先勇筆下的奇女子尹雪艷形象分析　中華女子學院學報　第 21 卷第 5 期　2009 年 10 月　頁 82—85

2047. 姚　雨　試論白先勇的〈永遠的尹雪艷〉　文學教育　2010 年 2B 期　2010 年 2 月　頁 30

2048. 韓紅，王黎　脆弱的寫作和困難的美感——〈永遠的尹雪艷〉和〈永遠的謝秋娘〉比較　聊城大學學報　2011 年第 2 期　2011 年　頁 156—158

2049. 李　麗　交際花盛衰記——從巴爾扎克到白先勇〔〈永遠的尹雪艷〉〕　山西大同大學學報　第 26 卷第 4 期　2012 年 8 月　頁 61—65

2050. 李　佳　末世之花，淡然之美——尹雪艷與米亞精神層面上的承繼關系〔〈永遠的尹雪艷〉〕　渤海大學學報　2012 年第 6 期　2012 年　頁 70—73

2051. 周　聲　論〈永遠的尹雪艷〉中的食色隱喻與身份追憶　信陽師範學院學報　第 33 卷第 2 期　2013 年 3 月　頁 114—117

2052. 歐陽子　〈一把青〉裡對比技巧的運用　書評書目　第 24 期　1975 年 4 月　頁 21

2053. 歐陽子　〈一把青〉裡對比技巧的運用　王謝堂前的燕子　臺北　爾雅出版社　1981 年 7 月　頁 47—60

2054. 歐陽子　〈一把青〉裡對比技巧的運用　白先勇外集・王謝堂前的燕子　臺北　天下遠見出版公司　2008 年 9 月　頁 49—62

2055. 張訓濤　〈一把青〉的精神分析學解讀　廣西社會科學　2003年第3期　2003年3月　頁131—133

2056. 陳　勇　此恨綿綿無絕期——從〈一把青〉到〈長恨歌〉　樂山師範學院學報　2006年第6期　2006年6月　頁40—42

2057. 何峻傑　悲劇循環與心理紓解——論白先勇〈一把青〉的敘事結構與成長主題　香港作家　2010年第3期　2010年5月　頁31—34

2058. 歐陽子　〈歲除〉之賴鳴升與其「巨人自我意象」　書評書目　第26期　1975年6月　頁57—68

2059. 歐陽子　〈歲除〉之賴鳴升與其「巨人自我意象」　王謝堂前的燕子　臺北　爾雅出版社　1976年4月　頁61—80

2060. 歐陽子　〈歲除〉之賴鳴升與其「巨人自我意象」　白先勇外集・王謝堂前的燕子　臺北　天下遠見出版公司　2008年9月　頁63—81

2061. 馬各，丁樹南　〈歲除〉編者的話　五十六年短篇小說選　臺北　爾雅出版社　1983年2月　頁124—127

2062. 梁若梅　愁腸已斷無由醉——評〈歲除〉　飛天　1985年第4期　1985年4月　頁117

2063. 應鳳凰　白先勇《臺北人》之一：〈歲除〉　明道文藝　第299期　2001年2月　頁38—43

2064. 歐陽子　〈那片血一般紅的杜鵑花〉裡的隱喻與象徵（上、下）　中國時報　1975年7月6—7日　12版

2065. 歐陽子　〈那片血一般紅的杜鵑花〉裡的隱喻與象徵　王謝堂前的燕子　臺北　爾雅出版社　1976年4月　頁99—118

2066. 歐陽子　〈那片血一般紅的杜鵑花〉裡的隱喻與象徵　白先勇外集・王謝堂前的燕子　臺北　天下遠見出版公司　2008年9月　頁100—119

2067. 王淑秧　斑斑點點似血紅，杜鵑聲聲勸人歸——讀白先勇的〈那片血一般紅的杜鵑花〉　海峽兩岸小說論評　北京　中國人民大學出版社

1992 年 4 月　頁 223—226

2068. 劉　俊　「固著」失敗後「死的本能」的顯現——白先勇〈那片血一般紅的杜鵑花〉解讀[94]　中國文學新思維　嘉義　南華大學　2000 年 7 月　頁 80—88

2069. 劉　俊　「固著」引發的死亡悲劇——論白先勇〈那片血一般紅的杜鵑花〉　跨界整合：世界華文文學綜論　北京　新星出版社　2005 年 8 月　頁 203—214

2070. 江少川　杜鵑啼血・魂繫故土——評白先勇〈那片血一般紅的杜鵑花〉　臺港澳文學論稿　北京　北京大學出版社　2005 年 4 月　頁 42—46

2071. 葛飛，王華　試析〈那一片血一般紅的杜鵑花〉與〈木木〉的人物悲劇　忻州師範學院學報　2007 年第 4 期　2007 年 8 月　頁 17—19

2072. 歐陽子　〈思舊賦〉裡的氣氛釀造　書評書目　第 28 期　1975 年 8 月　頁 43—53

2073. 歐陽子　〈思舊賦〉裡的氣氛釀造　王謝堂前的燕子　臺北　爾雅出版社　1976 年 4 月　頁 119—135

2074. 歐陽子　〈思舊賦〉裡的氣氛釀造　白先勇外集・王謝堂前的燕子　臺北　天下遠見出版公司　2008 年 9 月　頁 120—136

2075. 〔作品〕　答讀者問——關於白先勇的小說〈思舊賦〉　作品　1979 年第 12 期　1979 年 12 月　頁 22—23

2076. 黃樹紅　一篇有藝術個性的佳作——談白先勇的〈思舊賦〉　唐山教育學院學報　1985 年第 1 期　1985 年 3 月　頁 31—34

2077. 黃樹紅　一篇有藝術個性的佳作——談白先勇的〈思舊賦〉　教學與管理　1985 年第 4 期　1985 年 12 月　頁 96

2078. 黃樹紅　一篇有藝術個性的佳作——談白先勇的〈思舊賦〉　教與學　1986 年第 1 期　1986 年 1 月　頁 12—16

---

[94]本文後改篇名爲〈「固著」引發的死亡悲劇——論白先勇〈那片血一般紅的杜鵑花〉〉。

2079. 黃樹紅　一篇有藝術個性的佳作——談白先勇的〈思舊賦〉　廣東教育學院學報　1986 年第 2 期　1986 年 4 月　頁 85—89

2080. 歐陽子　〈梁父吟〉影射含義的兩種解釋　書評書目　第 29 期　1975 年 9 月　頁 61—70

2081. 歐陽子　〈梁父吟〉影射含義的兩種解釋　王謝堂前的燕子　臺北　爾雅出版社　1976 年 4 月　頁 135—152

2082. 歐陽子　〈梁父吟〉影射含義的兩種解釋　白先勇外集・王謝堂前的燕子　臺北　天下遠見出版公司　2008 年 9 月　頁 137—153

2083. 黃慶萱　細品〈梁父吟〉（上、下）　中央日報　1976 年 10 月 10—11 日　10 版

2084. 阮溫凌　〈梁父吟〉的文化悲悼情懷[95]　新視野、新開拓：第 12 屆世界華文文學國際學術研討會論文集　上海　復旦大學出版社　2002 年 11 月　頁 320—324

2085. 阮溫凌　〈梁父吟〉意識的現場流動——白先勇「民國史」小說人物論　世界華文文學論壇　2003 年第 1 期　2003 年 3 月　頁 43—48

2086. 阮溫凌　〈梁父吟〉悲歌中的末路英雄——白先勇「民國史」小說人物論　華文文學　2003 年第 2 期　2003 年 4 月　頁 42—44，21

2087. 阮溫凌　〈梁父吟〉的文化悲悼情懷——白先勇「民國史」小說初探　皖西學院學報　第 19 卷第 6 期　2003 年 12 月　頁 80—83

2088. 歐陽子　〈孤戀花〉的幽深曖昧含義與作者的表現技巧　書評書目　第 30 期　1975 年 10 月　頁 59—73

2089. 歐陽子　〈孤戀花〉的幽深曖昧含義與作者的表現技巧　王謝堂前的燕子　臺北　爾雅出版社　1976 年 4 月　頁 153—176

2090. 歐陽子　〈孤戀花〉的幽深曖昧含義與作者的表現技巧　白先勇外集・王謝堂前的燕子　臺北　天下遠見出版公司　2008 年 9 月　頁 154

---

[95]本文後改篇名爲〈〈梁父吟〉意識的現場流動——白先勇「民國史」小說人物論〉、〈〈梁父吟〉的文化悲悼情懷——白先勇「民國史」小說初探〉。

—177

2091. 浦彥光　白先勇《臺北人・孤戀花》主題試析　華文文學　2005 年第 2 期　2005 年 4 月　頁 11—21

2092. 劉郁青　文學〈孤戀花〉，影視花開並蒂——白先勇的文字，讓楊三郎的曲調永流傳，改編電影電視劇後，更再出版影視書　聯合報　2005 年 3 月 29 日　C6 版

2093. 蒲彥光　白先勇《臺北人・孤戀花》主題試析　中國文學研究　第 20 期　2005 年 6 月　頁 319—352

2094. 歐陽子　〈花橋榮記〉的寫實架構與主題意識　書評書目　第 31 期　1975 年 11 月　頁 6—18

2095. 歐陽子　〈花橋榮記〉的寫實架構與主題意識　王謝堂前的燕子　臺北　爾雅出版社　1976 年 4 月　頁 177—196

2096. 歐陽子　〈花橋榮記〉的寫實架構與主題意識　白先勇外集・王謝堂前的燕子　臺北　天下遠見出版公司　2008 年 9 月　頁 178—198

2097. 楊惠南　重讀白先勇的〈花橋榮記〉（上、下）　首都早報　1989 年 7 月 18—19 日　7 版

2098. 范肖丹　〈花橋榮記〉鄉思主題的層次表現　柳州師專學報　1998 年第 2 期　1998 年 6 月　頁 21—23，31

2099. 聞天祥，李幼新講；趙錫彥記　文學與電影的對話——從白先勇〈花橋榮記〉談起　中央日報　1999 年 6 月 3 日　18 版

2100. 趙錫彥　小吃店老闆和他的男人〈花橋榮記〉裡・重現白先勇式的時代滄桑　中國時報　1999 年 6 月 12 日　42 版

2101. 應鳳凰　〈花橋榮記〉　現代小說讀本　臺北　揚智文化公司　2004 年 8 月　頁 291—293

2102. 張百蓉　白先勇〈花橋榮記〉評析　文學與人生：文學心靈的生命地圖　臺北　三民書局　2005 年 8 月　頁 144—145

2103. 林淑貞　飲食・記憶與身份變換——論白先勇〈花橋榮記〉所豁顯的悲劇

意識[96] 嘉大中文學報 第2期 2009年9月 頁151—168

2104. 劉益州 空間場域的時間性：論白先勇〈花橋榮記〉的時間表述[97] 大葉大學通識教育學報 第6期 2010年11月 頁37—57

2105. 龔自強 被壓抑的女性呼喊——〈花橋榮記〉中「春夢婆」情愛的諸種可能性 焦作師範高等專科學校學報 第26卷第4期 2010年12月 頁15—18

2106. 龔自強 〈花橋榮記〉中「春夢婆」情愛的諸種可能性 世界華文文學研究（七） 合肥 安徽文藝出版社 2011年6月 頁120—126

2107. 歐陽子 〈秋思〉的社會諷刺和象徵含義 書評書目 第32期 1975年12月 頁66—75

2108. 歐陽子 〈秋思〉的社會諷刺和象徵含義 王謝堂前的燕子 臺北 爾雅出版社 1976年4月 頁197—212

2109. 歐陽子 〈秋思〉的社會諷刺和象徵含義 白先勇外集‧王謝堂前的燕子 臺北 天下遠見出版公司 2008年9月 頁199—214

2110. 胡玉潔 明媚鮮妍能幾時，一朝漂泊難尋覓——〈秋思〉文本解讀 漯河職業技術學院學報 2007年第3期 2007年7月 頁309—310

2111. 歐陽子 白先勇〈滿天裡亮晶晶的星星〉之語言、語調及其他（上、下） 中國時報 1976年2月24—25日 12版

2112. 歐陽子 〈滿天裡亮晶晶的星星〉之語言、語調及其他 王謝堂前的燕子 臺北 爾雅出版社 1976年4月 頁213—230

2113. 歐陽子 〈滿天裡亮晶晶的星星〉之語言、語調與其他 白先勇外集‧王謝堂前的燕子 臺北 天下遠見出版公司 2008年9月 頁215

---

[96]本文旨在論述白先勇〈花橋榮記〉示現小人物在大時代變動中昔盛今衰的悲情感。全文共 6 小節：1.前言；2.飲食：生存欲求與鄉愁召喚的基因；3.記憶：今昔對照與家鄉圖景的形構；4.身分變換：域外人生的遭逢與開展；5.〈花橋榮記〉豁顯的悲劇意識；6.結語。

[97]本文以〈花橋榮記〉這篇小說爲研究中心，用老闆娘對人事變遷的意向表述作爲奠基，從「花橋榮記」空間場域中人事變遷的表述領會到空間的時間性。全文共 5 小節：1.前言：人是空間場域的時間徵象；2.意向主體所意向的空間場域；3.意向主體與意向對象在空間場域中的位置與時間性；4.時間流中的際遇性——以盧先生的際遇爲討論中心；5.結語：人與空間的時間性。

—231

2114. 歐陽子　〈國葬〉的象徵性、悲悼性與神祕性　王謝堂前的燕子　臺北　爾雅出版社　1976 年 4 月　頁 307—322

2115. 歐陽子　〈國葬〉的象徵性、悲悼性與神祕性　白先勇外集・王謝堂前的燕子　臺北　天下遠見出版公司　2008 年 9 月　頁 309—325

2116. 保　真　南京東路的秦副官——白先勇的〈國葬〉　中華日報　1996 年 5 月 21 日　14 版

2117. 保　真　南京東路的秦副官——白先勇的〈國葬〉　保真領航看小說　臺北　九歌出版社　1999 年 5 月 10 日　頁 168—170

2118. 齊邦媛　老芋仔，我爲你寫下〔〈國葬〉部分〕　聯合報　2004 年 2 月 25 日　E7 版

2119. 張　錯　凡人的異類・離散的盡頭——臺灣「眷村文學」兩代人的敘述〔〈國葬〉部分〕　詩歌天保：余光中教授八十壽慶專集　臺北　九歌出版社　2008 年 10 月　頁 314—316

2120. 曾若涵　將軍之死——白先勇〈國葬〉中的國族符碼[98]　臺北大學中文學報　第 12 期　2012 年 9 月　頁 135—154

2121. 黎玲珠　從小說之鍊看白先勇〈金大奶奶〉　文風　第 33 期　1978 年 6 月　頁 111—112

2122. 李家欣　各創作類型之表現：小說的表現——現代主義小說重要推手〔〈金大奶奶〉部分〕　夏濟安與《文學雜誌》研究　中央大學中國文學系　碩士論文　李瑞騰教授指導　2007 年 7 月　頁 69—72

2123. 季　季　站在相同的轉捩點——《六十八年短篇小說選》編選序言〔〈夜曲〉部分〕　六十八年短篇小說選　臺北　爾雅出版社　1980 年 7 月　頁 4

[98]本文從〈國葬〉的內容出發，以小說所提及的人事物討論故事中的國族符碼及其所反映的文化。全文共 5 小節：1.前言；2.〈國葬〉中的國葬；3.國民政府軍的輓歌；4.〈國葬〉與外省族群的移民情節；5.結語。

2124. 季　季　站在相同的轉捩點——《六十八年短篇小說選》編選序言〔〈夜曲〉部分〕　年度小說選資料篇　臺北　爾雅出版社　1983年2月　頁79

2125. 季　季　〈夜曲〉評介　六十八年短篇小說選　臺北　爾雅出版社　1980年7月　頁29—32

2126. 張素貞　白先勇的〈夜曲〉——此情可待成追憶（上、下）　大華晚報　1985年9月28—29日　10版

2127. 張素貞　白先勇的〈夜曲〉——此情可待成追憶　七十四年文學批評選　臺北　爾雅出版社　1986年4月　頁313—330

2128. 張素貞　白先勇的〈夜曲〉——此情可待成追憶　細讀現代小說　臺北　東大圖書公司　1986年10月　頁331—344

2129. 李　燕　歸夢不知山水長——白先勇的短篇小說〈夜曲〉中的感傷情懷　世界華文文學論壇　2007年第1期　2007年3月　頁52—54

2130. 曉　頌　淺談白先勇的〈那晚的月光〉　文藝月刊　第137期　1980年11月　頁11—15

2131. 鮑　芷　文學的臺北〔〈明星咖啡館〉部分〕　洪範雜誌　第1期　1981年3月　4版

2132. 譚雅倫　了解與誤解：移民與華僑在創作文學中的互描〔〈安樂鄉的一日〉部分〕　文學史學哲學——施友忠先生八十壽辰紀念論文集　臺北　時報文化出版公司　1982年2月　頁210—214

2133. 盛周麗，許錟　異質文化身份的追尋〔〈安樂鄉的一日〉〕　平原大學學報　第25卷第1期　2008年2月　頁69—71

2134. 盛周麗，張宜民，高飛　守望、妥協還是遺忘？——從白先勇的〈安樂鄉的一日〉探悉身分認同　西南農業大學學報　2008年第2期　2008年4月　頁46—49

2135. 黃　凡　評〈骨灰〉　海峽小說1986　臺北　希代書版公司　1987年2月　頁33—34

2136. 胡菊人　對時代及文化的控訴——論白先勇新作〈骨灰〉　香港文學　第34期　1987年10月　頁43—45

2137. 胡菊人　對時代及文化的控訴——論白先勇新作〈骨灰〉　骨灰　香港　華漢文化公司　1988年9月　頁1—2

2138. 胡菊人　對時代及文化的控訴——論白先勇新作〈骨灰〉　紐約客　臺北　爾雅出版社　2007年7月　頁215—226

2139. 胡菊人　對時代及文化的控訴——論白先勇新作〈骨灰〉　白先勇作品集・紐約客　臺北　天下遠見出版公司　2008年9月　頁196—205

2140. 胡菊人　對時代及文化的控訴——論白先勇新作〈骨灰〉　紐約客　桂林　廣西師範大學出版社　2010年10月　頁219—228

2141. 梅家玲　欲將心事付劫灰，小說〈骨灰〉遺事　自由時報　1988年5月18日　41版

2142. 文船山　白先勇新作〈骨灰〉軼事　吃魷魚的社會學　臺北　正中書局　1989年12月　頁155—157

2143. 黃維樑　「重新發現中國古代文化的作用」——用《文心雕龍》「六觀」法析評白先勇的〈骨灰〉　中外文學　第21卷第6期　1992年11月　頁29—41

2144. 黃維樑　用「六觀法」評析白先勇的〈骨灰〉——「重新發現中國古代文化的作用」　中國現當代文學探研　臺北　書林出版社　1994年5月　頁26—41

2145. 林燿德　小說迷宮中的政治迴路——「八〇年代臺灣政治小說」的內涵與相關課題〔〈骨灰〉部分〕　當代臺灣政治文學論　臺北　時報文化出版公司　1994年7月　頁170—171

2146. 陳碧月　從現代主義看白先勇的小說〈悶雷〉　明道文藝　第214期　1994年1月　頁157—169

2147. 陳碧月　從現代主義看白先勇的小說〈悶雷〉　小說選讀　臺北　五南圖

書出版公司　1999 年 4 月　頁 197—212

2148. 賀淑瑋　〈吶喊〉與〈青春〉：論培根與白先勇的感官邏輯　臺灣現代小說史研討會　臺北　行政院文建會主辦，聯合報副刊承辦　1997 年 12 月 24—26 日

2149. 賀淑瑋　〈吶喊〉與〈青春〉——論培根與白先勇的感官邏輯　臺灣現代小說史綜論　臺北　聯經出版公司　1998 年 12 月　頁 443—481

2150. 黃冠翔　讓臺灣當代小說在高中課本「出席」：以白先勇〈青春〉爲例　國民教育　第 49 卷第 5 期　2009 年 6 月　頁 66—73

2151. 焦　桐　博觀約取的敘述藝術——序《八十八年散文選》〔〈樹猶如此〉部分〕　八十八年散文選　臺北　九歌出版社　2000 年 4 月　頁 14

2152. 義　華　〈樹猶如此〉中的殘缺　中華日報　2004 年 12 月 22 日　23 版

2153. 尉天驄　白先勇〈樹猶如此〉故事的背後　總是無法忘卻　臺北　圓神出版社　2005 年 3 月　頁 220

2154. 潘秋楓　塵緣如夢——讀白先勇散文〈樹猶如此〉　世界華文文學論壇　2005 年第 1 期　2005 年 3 月　頁 53—55

2155. 莊淮芬　〈樹猶如此——紀念亡友王國祥君〉密門之鑰　比整個世界還要大：散文選讀　臺北　三民書局　2007 年 9 月　頁 90—92

2156. 費　勇　敘述香港——張愛玲《第一爐香》、白先勇〈香港——1960〉、施叔青〈愫細怨〉　華文文學　2001 年第 2 期　2001 年 5 月　頁 5—10

2157. 張新穎　從夏濟安的〈香港——1950〉到白先勇的〈香港——1960〉[99]　白先勇的文學與藝術國際學術研討會　臺北　教育部，國科會主辦；政治大學臺灣文學研究所承辦　2008 年 10 月 17—18 日

[99]本文以不考證兩文實際關聯而直接比較夏濟安與白先勇的作品的方式，找到去脈絡而潛在的關聯。全文共 5 節：1.〈香港——1950〉；2.「預備坐下去」：過客與他者；3.「宮詞」、「閨怨」：非傳統與新傳統；4.「余麗卿就是香港，香港就是余麗卿」：欲望書寫；5.餘論：跨語際實踐的文本。

2158. 張新穎　借來的空間與身分傳奇：從夏濟安的〈香港——1950〉到白先勇的〈香港——1960〉　當代文學六十年國際學術研討會　香港　香港嶺南大學中國文學系，上海復旦大學中國文學系，美國哈佛大學東亞語言及文明系主辦　2009年3月20—21日

2159. 張新穎，史佳林　「借來的空間」，「身分」的「傳奇」——從夏濟安的〈香港——一九五〇〉到白先勇的〈香港——一九六〇〉　跨世紀的流離：白先勇的文學與藝術國際學術研討會論文集　臺北　印刻文學生活雜誌出版公司　2009年7月　頁29—46

2160. 李奭學　港臺文學關係：許地山・書緣・白先勇及其〈香港——一九六〇〉　三看白先勇　臺北　允晨文化公司　2008年10月　頁80—96

2161. 袁良駿　《白先勇論》新華版前言〔〈等〉部分〕　准：五講三噓集　福州　福建人民出版社　2001年9月　頁155—156

2162. 蔡雅薰　臺灣旅美作家之書信體小說〔〈謫仙怨〉部分〕　從留學生到移民：臺灣旅美作家之小說論析　臺北　萬卷樓圖書公司　2001年12月　頁211—212

2163. 林佳蓉　殘缺人性的雕塑——論白先勇的小說〈藏在褲袋裡的手〉　華夏學報　第36期　2001年12月　頁15709—15716

2164. 劉　俊　跨越與救贖——論白先勇的〈Danny Boy〉　文訊雜誌　第208期　2003年2月　頁14—17

2165. 劉　俊　跨越與救贖——論白先勇的〈Danny Boy〉　從臺港到海外：跨區域華文文學的多元審視　廣州　花城出版社　2004年2月　頁265—274

2166. 劉　俊　跨越與救贖——論白先勇的〈Danny Boy〉　紐約客　臺北　爾雅出版社　2007年7月　頁227—243

2167. 劉　俊　跨越與救贖——論白先勇的〈Danny Boy〉　白先勇作品集・紐約客　臺北　天下遠見出版公司　2008年9月　頁206—220

2168. 劉　俊　　跨越與救贖——論白先勇的〈Danny Boy〉　紐約客　桂林　廣西師範大學出版社　2010 年 10 月　頁 229—244

2169. 施英美　　現代派小說家的人性實驗〔〈小黃兒〉部分〕　《聯合報》副刊時期（1953—1963）的林海音研究　靜宜大學中國文學系　碩士論文　陳芳明，胡森永教授指導　2003 年 6 月　頁 131—132

2170. 林穎穎　　第三性世界的悲喜——析白先勇近作〈Tea for Two〉　中文自學指導　2004 年第 5 期　2004 年 9 月　頁 58—60

2171. 蕭　蕭　　白先勇〈上海童年〉賞析　攀登生命顛峰　臺北　聯合文學出版社　2005 年 3 月　頁 198—199

2172. 蔡孟樺　　〈驀然回首〉編者的話　那去過的過去　臺北　香海文化公司　2006 年 9 月　頁 72—73

2173. 鄭樹森　　白先勇的〈我們看菊花去〉　從諾貝爾到張愛玲　臺北　印刻出版公司　2007 年 11 月　頁 148—151

2174. 苗曉霞　　桂系的悲劇落幕——讀白先勇的〈廣西精神——白崇禧的「新斯巴達」〉　明報月刊　第 536 期　2010 年 8 月　頁 111—113

2175. 阮溫凌　　〈黑虹〉：娜拉式的出走之後——白先勇小說的意識流漫談　世界華文文學論壇　2010 年第 3 期　2010 年 9 月　頁 27—30

2176. 楊學民　　論臺灣《現代文學》雜誌小說的反諷修辭〔〈小陽春〉部分〕　華文文學　2012 年第 1 期　2012 年 2 月　頁 86

多篇作品

2177. 邱　靈　　綿綿不絕的懷鄉之情——讀兩篇臺灣小說〔〈那片血一般紅的杜鵑花〉、〈花橋榮記〉〕　江蘇青年　1982 年第 1 期　1982 年 1 月　頁 18

2178. 齊邦媛　　前言——寫在爾雅版之前〔〈冬夜〉、〈花橋榮記〉部分〕　中國現代文學選集（詩）　臺北　爾雅出版社　1983 年 7 月　頁 7

2179. 齊邦媛　　前言——寫在爾雅版之前〔〈冬夜〉、〈花橋榮記〉部分〕　中國現代文學選集（小說）　臺北　爾雅出版社　1983 年 7 月　頁

7

2180. 齊邦媛　前言——寫在爾雅版之前〔〈冬夜〉、〈花橋榮記〉部分〕　中國現代文學選集（散文）　臺北　爾雅出版社　1983年7月　頁7

2181. 李元貞　女性主義文學批評下的臺灣文壇——立基於一九八六年的省察——白先勇的「三個女人」〔〈玉卿嫂〉、〈永遠的尹雪艷〉、〈謫仙記〉〕　1986臺灣年度評論　臺北　圓神出版社　1987年3月　頁220—223

2182. 李元貞　女性主義文學批評下的臺灣文壇〔〈玉卿嫂〉、〈永遠的尹雪艷〉、〈謫仙記〉部分〕　解放愛與美　臺北　婦女新知基金會出版部　1990年1月　頁191—210

2183. 何　華　歷史之門——由〈思舊賦〉、〈梁父吟〉、〈遊園驚夢〉、〈國葬〉談白先勇小說的歷史滄桑感（上、中、下）　聯合報　1987年8月9—11日　8版

2184. 胡萬川　你方唱罷我登場：從《臺北人》中幾篇小說談起〔〈孤戀花〉、〈遊園驚夢〉、〈永遠的尹雪艷〉、〈金大班的最後一夜〉〕　中國時報　1987年8月13日　8版

2185. 胡萬川　你方唱罷我登場——從《臺北人》中幾篇小說談起〔〈孤戀花〉、〈遊園驚夢〉、〈永遠的尹雪艷〉、〈金大班的最後一夜〉〕　中外文學　第16卷第7期　1987年12月　頁56—69

2186. 胡萬川　你方唱罷我登場——從《臺北人》中幾篇小說談起〔〈孤戀花〉、〈遊園驚夢〉、〈永遠的尹雪艷〉、〈金大班的最後一夜〉〕　真假虛實——小說的藝術與現實　臺北　大安出版社　2005年5月　頁379—394

2187. 王震亞　感時傷懷的追憶——白先勇與〈永遠的尹雪艷〉、〈那片血一般紅的杜鵑花〉　臺灣小說二十家　北京　北京出版社　1993年12月　頁122—145

2188. 王晉民　論世界華文文學的主要特徵〔〈芝加哥之死〉、〈火島之行〉、〈安樂鄉的一日〉、〈謫仙記〉部分〕　中華文學的現在和未來——兩岸暨港澳文學交流研討會論文集　香港　鑪峰學會　1994年6月　頁35—40

2189. 江寶釵　白先勇小說中的投水事件與憂國傳統〔〈芝加哥之死〉、〈謫仙記〉〕　中國現代文學理論季刊　第5期　1997年3月　頁128—143

2190. 江寶釵　投水事件與憂國傳統——以〈芝加哥之死〉與〈謫仙記〉爲觀察核心　白先勇與當代臺灣文學史的構成　高雄　駱駝出版社　2004年3月　頁71—85

2191. 謝　晉　從〈謫仙記〉到〈花橋榮記〉　中國時報　1999年6月1日　37版

2192. 王亞麗　夢與醉的詮釋——運用尼采悲劇觀解讀白先勇兩篇小說〔〈永遠的尹雪艷〉、〈孤戀花〉〕　集寧師專學報　第24卷第1期　2002年3月　頁49—53

2193. 呂永佳　苦的兩面鏡子——〈Danny Boy〉、〈Tea for Two〉　文學世紀　第5卷第4期　2005年4月　頁55—63

2194. 朱偉誠　〈月夢〉、〈孤戀花〉文本解析　臺灣同志小說選　臺北　二魚文化事業公司　2005年6月　頁46—47，62—63

2195. 陳碧月　小說的基本元素〔〈永遠的尹雪艷〉、〈一把青〉部分〕　小說欣賞入門　臺北　五南圖書出版公司　2005年9月　頁70—73，94—95

2196. 歐崇敬　三種「存在與虛無」的「臺北異鄉人」命運分析——論〈謫仙記〉、〈金大班的最後一夜〉、〈那一片血一般紅的杜鵑花〉　通識研究集刊　第11期　2007年6月　頁25—38

2197. 陳碧月　臺灣「青春成長小說」所呈現的生命經驗與關懷意識〔〈那晚的月光〉、〈寂寞的十七歲〉、〈芝加哥之死〉部分〕　兩岸當代

女性小說選讀　臺北　五南圖書出版公司　2007 年 9 月　頁 122—123，126

2198. 白睿文　白先勇小說中的美國想像——《紐約客》的離散夢想與跨國悲劇[100]　白先勇的文學與藝術國際學術研討會　臺北　教育部，國科會主辦；政治大學臺灣文學研究所承辦　2008 年 10 月 17—18 日

2199. 白睿文　移民、愛國、自殺：白先勇和白景瑞作品中的感時憂國與美國夢想　臺灣文學學報　第 14 期　2009 年 6 月　頁 47—76

2200. 白睿文（Michael Berry）　移民、愛國、自殺——白先勇和白景瑞作品中的感時憂國與美國夢想　跨世紀的流離：白先勇的文學與藝術國際學術研討會論文集　臺北　印刻文學生活雜誌出版公司　2009 年 7 月　頁 145—163

2201. Michael Berr（白睿文）撰；楊倩譯　移民、愛國、自殺——白先勇和白景瑞作品中的感時憂國與美國夢想　中國現代小說的史與學：向夏志清先生致敬　臺北　聯經出版公司　2010 年 10 月　頁 443—460

2202. 柴高潔　朱雀橋邊的野花——金大班形象的分析比較〔〈金大班的最後一夜〉、〈永遠的尹雪艷〉、〈孤戀花〉〕　世界華文文學論壇　2009 年第 2 期　2009 年 6 月　頁 44—47

2203. 尤作勇　世情景觀的現代重述——論白先勇早期小說創作的「世情三部曲」〔〈金大奶奶〉、〈閃雷〉、〈玉卿嫂〉〕　全國博士生學術論壇：海外華文文學與詩學　廣州　中國教育部學位管理與研究生教育司，國務院學位委員會辦公室主辦　2010 年 3 月 7—11 日

2204. 尤作勇　世情景觀的現代重述——論白先勇早期小說創作的「世情三部曲」〔〈金大奶奶〉、〈閃雷〉、〈玉卿嫂〉〕　宜賓學院學報

[100]本文比較白先勇的〈謫仙記〉、〈芝加哥之死〉與白景瑞的電影《家在臺北》，將離散、愛國主義、歷史創傷等情節的不同呈現，當作理解臺灣對美國想像不同年代的一個轉折點。後改篇名爲〈移民、愛國、自殺：白先勇和白景瑞作品中的感時憂國與美國夢想〉。

第10卷第10期　2010年10月　頁40—43

2205. 潘不寒，侯立，張燕　　淺析白先勇和田納西筆下的女性人物形象〔〈謫仙記〉、〈金大班的最後一夜〉、〈慾望號街車〉〕　湖北第二師範學院學報　第27卷第3期　2010年3月　頁19—21

2206. 李曉鷗　　五四傳統的奇妙上演——當臺灣「無根的一代」作家表述文章〔〈夜曲〉、〈骨灰〉部分〕　華文文學　2011年第4期　2011年8月　頁37—38

2207. 楊學民　　臺灣《現代文學》雜誌小說的象徵型態〔〈草原底盛夏〉、〈青春〉、〈秋思〉部分〕　世界華文文學論壇　2012年第2期　2012年6月　頁4—7

2208. 莊宜文　　白先勇小說改編電影中的1949年和離散經驗——以《最後的貴族》、《花橋榮記》、《青春蝴蝶孤挺花》爲例〔〈謫仙記〉、〈花橋榮記〉、〈孤挺花〉〕　白先勇的文學與文化實踐暨兩岸藝文合作學術研討會　北京　中國社科院主辦；趨勢教育基金會協辦　2012年11月9—11日

2209. 莊宜文　　白先勇小說改編電影中的1949年和離散經驗——以《最後的貴族》、《花橋榮記》、《青春蝴蝶孤挺花》爲例〔〈謫仙記〉、〈花橋榮記〉、〈孤挺花〉〕　中央大學人文學報　第54期　2013年4月　頁61—93

2210. 鍾文榛　　臺灣現代小說前階段所透顯得孤獨與疏離〔〈遊園驚夢〉、〈寂寞的十七歲〉、〈芝加哥之死〉部分〕　孤獨與疏離：從臺灣現代小說透視時代心靈的變遷　臺北　秀威資訊科技　2012年12月　頁133—137，151—155

作品評論目錄、索引

2211. 賴芳伶　　重要評論　中國現代短篇小說選析1　臺北　長安出版社　1984年2月　頁326—327

2212. 袁良駿　　有關白先勇批評目錄索引　白先勇論　臺北　爾雅出版社　1991

年 6 月　頁 403—419

2213. 葉德宣　陰魂不散的家庭主義魑魅——對詮釋《孽子》諸文的論述分析　中外文學　第 24 卷第 7 期　1995 年 12 月　頁 66—88

2214. 劉　俊　白先勇研究在大陸：1979—2000[101]　華文文學　2001 年第 1 期　2001 年 2 月　頁 72—77

2215. 劉　俊　白先勇研究在大陸：1979—2000　中外文學　第 30 卷第 2 期　2001 年 7 月　頁 155—172

2216. 劉　俊　大陸學術視野中的白先勇：1979—2000　從臺港到海外：跨區域華文文學的多元審視　廣州　花城出版社　2004 年 2 月　頁 275—294

2217. 曾秀萍整理　白先勇創作評論資料　中外文學　第 30 卷第 2 期　2001 年 7 月　頁 201—208

2218. 〔編輯部〕　《臺北人》研究著作、論文目錄　臺北人　臺北　爾雅出版社　2002 年 2 月　頁 326—334

2219. 曾秀萍　白先勇與臺灣作家同志文學作品、評論年表　孤臣・孽子・臺北人　臺北　爾雅出版社　2003 年 4 月　頁 353—373

2220. 許劍橋　白先勇研究文獻引得　白先勇與當代臺灣文學史的構成　高雄　駱駝出版社　2004 年 3 月　頁 163—193

2221. 劉　俊　近三十年大陸白先勇研究述評——一九七九—二〇〇八　白先勇外集・白先勇研究精選　臺北　天下遠見出版公司　2008 年 9 月　頁 252—285

2222. 曾秀萍　流離與生根——白先勇研究在臺灣（一九六二—二〇〇八）　白先勇外集・白先勇研究精選　臺北　天下遠見出版公司　2008 年 9 月　頁 286—340

2223. 〔封德屏主編〕　白先勇　臺灣現當代作家評論資料目錄（一）　臺南　國立臺灣文學館　2010 年 11 月　頁 387—489

---

[101]本文後改篇名為〈大陸學術視野中的白先勇：1979—2000〉。

2224. 王爲萱，陳姵穎，陳恬逸　「《文訊》300 期資料庫」作家學者群像——白先勇　文訊雜誌　第 334 期　2013 年 8 月　頁 96

其他

2225. 柯慶明　短暫的青春！永遠的文學〔《現代文學》〕　現文因緣　臺北　現文出版社　1991 年 12 月　頁 33—44

2226. 柯慶明　短暫的青春！永遠的文學〔《現代文學》〕　第六隻手指　臺北　爾雅出版社　1995 年 11 月　頁 358—372

2227. 柯慶明　短暫的青春！永遠的文學——關於《現代文學》的起落　昔往的輝光　臺北　爾雅出版社　1999 年 2 月　頁 135—149

2228. 陳慧樺　校園文學、小刊物、文壇——以《星座》和《大地》爲例〔《現代文學》部分〕　從影響研究到中國文學　臺北　書林出版公司　1992 年 1 月　頁 69—70

2229. 應鳳凰　人與雜誌的故事——文藝雜誌與臺灣文學主潮〔《現代文學》部分〕　聯合文學　第 200 期　2001 年 6 月　頁 23—24

2230. 陳芳明　現代主義文學的擴張與深化：《現代文學》的崛起　聯合文學　第 207 期　2002 年 1 月　頁 149—151

2231. 陳芳明　現代主義文學的擴張與深化——《現代文學》的崛起　臺灣新文學史　臺北　聯經出版社　2011 年 10 月　頁 360—364

2232. 林明德　文學奇蹟——《現代文學》的歷史意義　國文學誌　第 7 期　2003 年 12 月　頁 251—260

2233. 董淑玲　《現代文學》特質探析[102]　臺中師院學報　第 19 卷第 1 期　2005 年 6 月　頁 145—159

2234. 劉紹銘　白先勇的 Baby〔《現代文學》〕　香港文學　第 269 期　2007 年 5 月 1 日　頁 15

---

[102]本文以白先勇在《現代文學》的發言爲主，探究其六〇年代所展現的風潮。全文共 4 小節：1.探索心靈的文學特質；2.創新的文學特質；3.西化的文學特質；4.結論。

2235. 白依璇　從世代差異論文化焦慮到認同危機的衍變：以《文學雜誌》與《現代文學》爲例　第二屆臺大、清大臺灣文學研究所研究生學術交流會　新竹　清華大學臺灣文學研究所主辦　2008年4月25—26日

2236. 陸敬思　從閱讀策略到寫作實踐：新批評對《現代文學》的影響　白先勇的文學與藝術國際學術研討會　臺北　教育部，國科會主辦；政治大學臺灣文學研究所承辦　2008年10月17—18日

2237. 王盛弘　《現代文學》獨領風騷　聯合報　2009年5月3日　A6版

2238. 葉玲君　南北社與《現代文學》　多重觀照下的人生旅次——陳若曦研究　成功大學中國文學系在職專班　碩士論文　蘇偉貞教授指導　2010年7月　頁18—24

2239. 符立中　《現代文學》群英會　白先勇與符立中對談：從《臺北人》到《紐約客》　臺北　九歌出版社　2010年11月　頁79—94

2240. 陳若曦　誰要辦《現代文學》？——白先勇沉吟一下說：錢，我也許有辦法……　聯合報　2011年11月12日　D3版

2241. 歐陽子　關於《現代文學》創辦時期的財務及總務（上、下）　聯合報　2012年3月12—13日　D3版

2242. 陸士清　略論《現代文學》雜誌　血脈情緣：陸士清選集　廣州　花城出版社　2012年10月　頁69—86

2243. 李瑞騰　從媒體、社群、世代、流派看《現代文學》　白先勇的文學與文化實踐暨兩岸藝文合作學術研討會　北京　中國社科院主辦；趨勢教育基金會協辦　2012年11月9—11日

2244. 柯慶明　《現代文學》精選集序　現代文學精選集：散文　臺北　臺灣大學出版中心　2009年12月　頁7—9

2245. 符立中　〈遊園驚夢〉的前世今生——兼《牡丹亭》由來考[103]　聯合文學　第234期　2004年4月　頁34—39

---

[103]本文後改篇名爲〈《牡丹亭》的前世今生〉。

2246. 符立中　《牡丹亭》的前世今生　白先勇與符立中對談：從《臺北人》到《紐約客》　臺北　九歌出版社　2010 年 11 月　頁 194—202

2247. 張淑華　捕捉愛情神話的春影——青春版《牡丹亭》的詮釋與整編　姹紫嫣紅《牡丹亭》：四百年青春之夢　臺北　遠流出版公司　2004 年 4 月　頁 103—111

2248. 盧　煒　青春靚麗，至情無敵——記白先勇傾情打造的青春版《牡丹亭》　觀察與思考　2004 年第 8 期　2004 年 4 月　頁 54—55

2249. 王藝學　姹紫嫣紅牡丹亭　中央日報　2004 年 5 月 10 日　17 版

2250. 林馨琴　出版緣起——牡丹還魂，再現風華〔《牡丹亭》〕　牡丹還魂　臺北　時報文化出版公司　2004 年 9 月　頁 8—9

2251. 余秋雨　序文——守護〔《牡丹亭》〕　牡丹還魂　臺北　時報文化出版公司　2004 年 9 月　頁 10—19

2252. 樊曼儂　在春天裡觀看春天〔《牡丹亭》〕　牡丹還魂　臺北　時報文化出版公司　2004 年 9 月　頁 30—33

2253. 許倬雲　以純美表現純情〔《牡丹亭》〕　牡丹還魂　臺北　時報文化出版公司　2004 年 9 月　頁 182—186

2254. 奚　淞　花開見情在〔《牡丹亭》〕　牡丹還魂　臺北　時報文化出版公司　2004 年 9 月　頁 187—190

2255. 曾永義　別開生面的《牡丹亭》　牡丹還魂　臺北　時報文化出版公司　2004 年 9 月　頁 191—193

2256. 劉述先　唯美浪漫的崑曲夢〔《牡丹亭》〕　牡丹還魂　臺北　時報文化出版公司　2004 年 9 月　頁 194—197

2257. 南方朔　「古典再創造」需要「現代製作人」〔《牡丹亭》〕　牡丹還魂　臺北　時報文化出版公司　2004 年 9 月　頁 198—201

2258. 林鶴宜　創意行銷「新古典」〔《牡丹亭》〕　牡丹還魂　臺北　時報文化出版公司　2004 年 9 月　頁 202—203

2259. 施叔青　一片美絕藝術的淨土〔《牡丹亭》〕　牡丹還魂　臺北　時報文

化出版公司　2004 年 9 月　頁 221—224

2260. 隱　地　盛開的青春花朵〔《牡丹亭》〕　牡丹還魂　臺北　時報文化出版公司　2004 年 9 月　頁 225—227

2261. 李　昂　精緻完整的「改良崑曲」〔《牡丹亭》〕　牡丹還魂　臺北　時報文化出版公司　2004 年 9 月　頁 228—233

2262. 亮　軒　餘音三日〔《牡丹亭》〕　牡丹還魂　臺北　時報文化出版公司　2004 年 9 月　頁 234—241

2263. 符立中　慶牡丹群伶赴夜宴，賽蘭芳獨白續傳奇〔《牡丹亭》〕　牡丹還魂　臺北　時報文化出版公司　2004 年 9 月　頁 242—247

2264. 周　秦　青春與至情〔《牡丹亭》〕　牡丹還魂　臺北　時報文化出版公司　2004 年 9 月　頁 248—256

2265. 葉長海　古典崑曲的青春之歌〔《牡丹亭》〕　牡丹還魂　臺北　時報文化出版公司　2004 年 9 月　頁 257—259

2266. 趙山林　「深情」「妙賞」《牡丹亭》　牡丹還魂　臺北　時報文化出版公司　2004 年 9 月　頁 260—263

2267. 江巨榮　新亮點，新超越〔《牡丹亭》〕　牡丹還魂　臺北　時報文化出版公司　2004 年 9 月　頁 264—267

2268. 吳書蔭　情深、情真、情致〔《牡丹亭》〕　牡丹還魂　臺北　時報文化出版公司　2004 年 9 月　頁 268—275

2269. 鄭培凱　《牡丹亭》青春永在　牡丹還魂　臺北　時報文化出版公司　2004 年 9 月　頁 276—285

2270. 張麗真　白先勇的畫筆——淺談青春版《牡丹亭》的美學構思　牡丹還魂　臺北　時報文化出版公司　2004 年 9 月　頁 286—290

2271. 商　偉　崑曲藝術青春活力的見證〔《牡丹亭》〕　牡丹還魂　臺北　時報文化出版公司　2004 年 9 月　頁 291—294

2272. 周子清　月落重生燈再紅——青春版崑劇《牡丹亭》觀後感　中國戲劇　2005 年第 1 期　2005 年 1 月　頁 33—35

2273. 李耿巍　尋夢・追夢・圓夢——白先勇青春版《牡丹亭》的製作歷程　世界華文文學論壇　2005年第1期　2005年3月　頁50—52

2274. 蘇　涵　《牡丹亭》與當代戲劇的舞臺生命——評白先勇「青春版」《牡丹亭》及其他　藝術評論　2005年第3期　2005年3月　頁38—41

2275. 華　瑋　情的堅持——談青春版《牡丹亭》的整編[104]　「戲話粉墨」：2005戲曲藝術國際研討會　臺北　白鷺鷥文教基金會；臺灣戲曲專科學校合辦　2005年5月5—6日

2276. 華　瑋　情的堅持——談青春版《牡丹亭》的整編　臺灣戲劇學刊　第11期　2005年7月　頁181—207

2277. 華　瑋　情的堅持——談青春版《牡丹亭》的整編　曲高和眾：青春版《牡丹亭》的文化現象　臺北　天下遠見出版公司　2005年11月　頁88—115

2278. 盧　煒　古典名劇的現代詮釋——論青春版崑曲《牡丹亭》　江西教育學院學報　第26卷第3期　2005年6月　頁73—75

2279. 李　娜　牡丹還魂——從青春版《牡丹亭》開始的「文藝復興」　華文文學　2005年第5期　2005年10月　頁31

2280. 汪世瑜　情真意濃護牡丹〔《牡丹亭》〕　華文文學　2005年第5期　2005年10月　頁36—41

2281. 劉　俊　崑劇青春版《牡丹亭》蘇州製作過程「場記」　華文文學　2005年第5期　2005年10月　頁42—44

2282. 劉　俊　崑劇青春版《牡丹亭》蘇州製作過程「場記」　曲高和眾：青春版《牡丹亭》的文化現象　臺北　天下遠見出版公司　2005年11月　頁38—45

2283. 李玉玲　白先勇重修《牡丹亭》　聯合報　2005年11月15日　C6版

[104]本文紀錄由白先勇催生的〈牡丹亭〉整編原則，以及概念形成之過程。全文共4小節：1.《牡丹亭》在臺演出：從折子戲到青春版；2.世間只有「情」難訴：《牡丹亭》原著之精神；3.青春版《牡丹亭》的整編原則；4.整編經驗的啓示。

2284. 汪世瑜　青春版《牡丹亭》舞臺總體構想　奼紫嫣紅開遍：青春版《牡丹亭》巡迴紀實　臺北　天下遠見出版公司　2005年11月　頁53—88

2285. 奚　淞　裊晴絲，吹來閒庭院〔《牡丹亭》〕　奼紫嫣紅開遍：青春版《牡丹亭》巡迴紀實　臺北　天下遠見出版公司　2005年11月　頁89—102

2286. 楊文瑩　《牡丹亭》青春行　奼紫嫣紅開遍：青春版《牡丹亭》巡迴紀實　臺北　天下遠見出版公司　2005年11月　頁129—140

2287. 劉玉霞　從戲劇演出的現場性談戲劇觀眾的培養〔《牡丹亭》〕　奼紫嫣紅開遍：青春版《牡丹亭》巡迴紀實　臺北　天下遠見出版公司　2005年11月　頁143—158

2288. 路海洋　在現代視野中展示古典神韻〔《牡丹亭》〕　奼紫嫣紅開遍：青春版《牡丹亭》巡迴紀實　臺北　天下遠見出版公司　2005年11月　頁159—166

2289. 楊　帆　把牡丹亭夢影雙描畫——說青春版《牡丹亭》之〈如杭〉　奼紫嫣紅開遍：青春版《牡丹亭》巡迴紀實　臺北　天下遠見出版公司　2005年11月　頁167—172

2290. 趙小石　巧妙的情節，傳神的表演——青春版《牡丹亭》〈遇母〉一齣淺析　奼紫嫣紅開遍：青春版《牡丹亭》巡迴紀實　臺北　天下遠見出版公司　2005年11月　頁173—176

2291. 徐　賀　我愛杜麗娘〔《牡丹亭》〕　奼紫嫣紅開遍：青春版《牡丹亭》巡迴紀實　臺北　天下遠見出版公司　2005年11月　頁177—182

2292. 婁大鵬　別把崑曲當作大眾藝術〔《牡丹亭》〕　奼紫嫣紅開遍：青春版《牡丹亭》巡迴紀實　臺北　天下遠見出版公司　2005年11月　頁183—188

2293. 呂　帆　感謝青春版《牡丹亭》　奼紫嫣紅開遍：青春版《牡丹亭》巡迴

紀實　臺北　天下遠見出版公司　2005年11月　頁189—196

2294. 王蘇萌　入戲，因爲這如許的春色〔《牡丹亭》〕　奼紫嫣紅開遍：青春版《牡丹亭》巡迴紀實　臺北　天下遠見出版公司　2005年11月　頁197—202

2295. 溫敬雅　但願那月落重生燈再紅〔《牡丹亭》〕　奼紫嫣紅開遍：青春版《牡丹亭》巡迴紀實　臺北　天下遠見出版公司　2005年11月　頁203—204

2296. 李錦雲　初識於崑曲，始於《牡丹亭》　奼紫嫣紅開遍：青春版《牡丹亭》巡迴紀實　臺北　天下遠見出版公司　2005年11月　頁205—208

2297. 非　衣　青春的交響與共鳴——來自北師大學子的熱評〔《牡丹亭》〕　奼紫嫣紅開遍：青春版《牡丹亭》巡迴紀實　臺北　天下遠見出版公司　2005年11月　頁209—226

2298. 謝爾蓋・庫茲米喬夫　跨越文化的美〔《牡丹亭》〕　奼紫嫣紅開遍：青春版《牡丹亭》巡迴紀實　臺北　天下遠見出版公司　2005年11月　頁227—232

2299. 朱梓銘　牡丹依舊〔《牡丹亭》〕　奼紫嫣紅開遍：青春版《牡丹亭》巡迴紀實　臺北　天下遠見出版公司　2005年11月　頁233—236

2300. 王悅陽　牡丹亭上三生路——三種《牡丹亭》的舞臺新想像　奼紫嫣紅開遍：青春版《牡丹亭》巡迴紀實　臺北　天下遠見出版公司　2005年11月　頁237—248

2301. 厲　暉　青春的古典，現代的詩意〔《牡丹亭》〕　奼紫嫣紅開遍：青春版《牡丹亭》巡迴紀實　臺北　天下遠見出版公司　2005年11月　頁249—256

2302. 夏太娣　古典在青春的指引下復生〔《牡丹亭》〕　奼紫嫣紅開遍：青春版《牡丹亭》巡迴紀實　臺北　天下遠見出版公司　2005年11月　頁257—268

2303. 楊凱鋒　只爲那一聲幽嘆〔《牡丹亭》〕　奼紫嫣紅開遍：青春版《牡丹亭》巡迴紀實　臺北　天下遠見出版公司　2005 年 11 月　頁 269—276

2304. 李申華　嫣紅《牡丹亭》，前世續今生　奼紫嫣紅開遍：青春版《牡丹亭》巡迴紀實　臺北　天下遠見出版公司　2005 年 11 月　頁 277—282

2305. 軒　蕾　追憶似水流年，弘揚傳統文化〔《牡丹亭》〕　奼紫嫣紅開遍：青春版《牡丹亭》巡迴紀實　臺北　天下遠見出版公司　2005 年 11 月　頁 287—294

2306. 朱錦華　美麗的青春詮釋〔《牡丹亭》〕　奼紫嫣紅開遍：青春版《牡丹亭》巡迴紀實　臺北　天下遠見出版公司　2005 年 11 月　頁 283—286

2307. 陸劍鋒　創新《牡丹亭》　奼紫嫣紅開遍：青春版《牡丹亭》巡迴紀實　臺北　天下遠見出版公司　2005 年 11 月　頁 295—298

2308. 陳　雯　亭內亭外，春意盎然〔《牡丹亭》〕　奼紫嫣紅開遍：青春版《牡丹亭》巡迴紀實　臺北　天下遠見出版公司　2005 年 11 月　頁 299—302

2309. 劉建春　存菊堂的掌聲〔《牡丹亭》〕　奼紫嫣紅開遍：青春版《牡丹亭》巡迴紀實　臺北　天下遠見出版公司　2005 年 11 月　頁 303—309

2310. 葉長海　美的選擇〔《牡丹亭》〕　曲高和眾：青春版《牡丹亭》的文化現象　臺北　天下遠見出版公司　2005 年 11 月　頁 13—15

2311. 趙山林　肯綮在死生之際——對青春版《牡丹亭》改編構思的理解　曲高和眾：青春版《牡丹亭》的文化現象　臺北　天下遠見出版公司　2005 年 11 月　頁 16—19

2312. 吳新雷　青春版《牡丹亭》的獨特創意和傑出成就　曲高和眾：青春版《牡丹亭》的文化現象　臺北　天下遠見出版公司　2005 年 11

月　頁 20—27

2313. 吳新雷　青春版《牡丹亭》的獨特創意和傑出成就　華文文學　2005 年第 6 期　2005 年 12 月　頁 28—30

2314. 江巨榮　漫說花神〔《牡丹亭》〕　曲高和眾：青春版《牡丹亭》的文化現象　臺北　天下遠見出版公司　2005 年 11 月　頁 28—37

2315. 桂　迎　校園舞臺認識舞蹈化語彙的意義和思考——淺析青春版《牡丹亭》的舞蹈呈現　曲高和眾：青春版《牡丹亭》的文化現象　臺北　天下遠見出版公司　2005 年 11 月　頁 46—53

2316. 張福海　九天珠玉盈懷袖，萬里仙音響佩環——關於崑曲青春版《牡丹亭》的評價標準及所關涉的問題　曲高和眾：青春版《牡丹亭》的文化現象　臺北　天下遠見出版公司　2005 年 11 月　頁 54—62

2317. 皇甫菊含　論崑曲青春版《牡丹亭》表演中的舞蹈美　曲高和眾：青春版《牡丹亭》的文化現象　臺北　天下遠見出版公司　2005 年 11 月　頁 63—69

2318. 李　娜　從劇本改編看青春版《牡丹亭》的藝術個性　曲高和眾：青春版《牡丹亭》的文化現象　臺北　天下遠見出版公司　2005 年 11 月　頁 70—83

2319. 李　娜　從劇本改編看「青春版《牡丹亭》」的藝術個性　華文文學　2005 年第 6 期　2005 年 12 月　頁 37—42

2320. 李　曉　古典藝術進入現代舞臺藝術的成功嘗試——談青春版《牡丹亭》兩點可貴經驗　曲高和眾：青春版《牡丹亭》的文化現象　臺北　天下遠見出版公司　2005 年 11 月　頁 84—87

2321. 倪　韻　詩意的衍化——賞析青春版《牡丹亭》的舞臺視覺之美　曲高和眾：青春版《牡丹亭》的文化現象　臺北　天下遠見出版公司　2005 年 11 月　頁 116—121

2322. 費　泳　《牡丹亭》二度創作賞鑑——談滬、臺、美《牡丹亭》演出之比

較　曲高和眾：青春版《牡丹亭》的文化現象　臺北　天下遠見出版公司　2005 年 11 月　頁 122—138

2323. 王國彬　一枝柳絲證生死——《牡丹亭》中「柳」意象分析　曲高和眾：青春版《牡丹亭》的文化現象　臺北　天下遠見出版公司　2005 年 11 月　頁 139—147

2324. 張曉玥　古典怎樣走向現代——青春版崑曲《牡丹亭》與當代青年　曲高和眾：青春版《牡丹亭》的文化現象　臺北　天下遠見出版公司　2005 年 11 月　頁 148—157

2325. 周傳家　青春版《牡丹亭》的數字化技巧　曲高和眾：青春版《牡丹亭》的文化現象　臺北　天下遠見出版公司　2005 年 11 月　頁 158—165

2326. 王燕飛　淺談青春版《牡丹亭》的人情美　曲高和眾：青春版《牡丹亭》的文化現象　臺北　天下遠見出版公司　2005 年 11 月　頁 166—192

2327. 朱雪峰　夢回鶯囀，寸草春暉——父親、我與青春版《牡丹亭》　曲高和眾：青春版《牡丹亭》的文化現象　臺北　天下遠見出版公司　2005 年 11 月　頁 193—201

2328. 裴　亮　漫談白先勇的觀眾意識〔《牡丹亭》〕　曲高和眾：青春版《牡丹亭》的文化現象　臺北　天下遠見出版公司　2005 年 11 月　頁 202—212

2329. 卞清波　青春版《牡丹亭》觀後感　曲高和眾：青春版《牡丹亭》的文化現象　臺北　天下遠見出版公司　2005 年 11 月　頁 213—215

2330. 潘超青　古典情致的現代演繹——評白先勇青春版《牡丹亭》　曲高和眾：青春版《牡丹亭》的文化現象　臺北　天下遠見出版公司　2005 年 11 月　頁 216—226

2331. 何西來　傳統與現代的審美對接——論白先勇青春版《牡丹亭》的成功演出及其意義　曲高和眾：青春版《牡丹亭》的文化現象　臺北

天下遠見出版公司　2005 年 11 月　頁 227—240

2332. 何西來　論白先勇青春版《牡丹亭》的成功及其意義　華文文學　2005 年第 6 期　2005 年 12 月　頁 14—19

2333. 黎湘萍　聞弦歌而知雅意——從崑曲青春版《牡丹亭》開始的文藝復興　曲高和眾：青春版《牡丹亭》的文化現象　臺北　天下遠見出版公司　2005 年 11 月　頁 241—253

2334. 黎湘萍　聞弦歌而知雅意——從崑曲青春版《牡丹亭》開始的文藝復興　華文文學　2005 年第 6 期　2005 年 12 月　頁 31—36

2335. 董　健　人文教育與名劇進校——在南京大學演出新聞發布會的發言　曲高和眾：青春版《牡丹亭》的文化現象　臺北　天下遠見出版公司　2005 年 11 月　頁 254—261

2336. 寧宗一　愛情社會學與愛情哲學——《西廂記》、《牡丹亭》之異同與青春版《牡丹亭》之貢獻　曲高和眾：青春版《牡丹亭》的文化現象　臺北　天下遠見出版公司　2005 年 11 月　頁 262—276

2337. 朱棟霖　論青春版《牡丹亭》現象　曲高和眾：青春版《牡丹亭》的文化現象　臺北　天下遠見出版公司　2005 年 11 月　頁 277—296

2338. 朱棟霖　論青春版《牡丹亭》現象　文學評論　2006 年第 6 期　2006 年　頁 96—101

2339. 俞　虹　傳播學視角的青春版《牡丹亭》　曲高和眾：青春版《牡丹亭》的文化現象　臺北　天下遠見出版公司　2005 年 11 月　頁 297—306

2340. 向　勇　牡丹姹紫嫣紅，燕園春色如許——組織青春版《牡丹亭》北大公演系列活動有感　曲高和眾：青春版《牡丹亭》的文化現象　臺北　天下遠見出版公司　2005 年 11 月　頁 307—311

2341. 朱恆夫　青春版《牡丹亭》美在何處　曲高和眾：青春版《牡丹亭》的文化現象　臺北　天下遠見出版公司　2005 年 11 月　頁 312—316

2342. 曹樹鈞　讓古老藝術煥發青春的嶄新創意〔《牡丹亭》〕　曲高和眾：青

春版《牡丹亭》的文化現象 臺北 天下遠見出版公司 2005年11月 頁317—334

2343. 陸士清 不信青春喚不回——白先勇與青春版《牡丹亭》現象 曲高和眾：青春版《牡丹亭》的文化現象 臺北 天下遠見出版公司 2005年11月 頁335—349

2344. 陸士清 白先勇與青春版《牡丹亭》現象 復旦學報 2006年第6期 2006年11月 頁94—99

2345. 胡志毅 雙重的再生——青春版《牡丹亭》演出的意義 曲高和眾：青春版《牡丹亭》的文化現象 臺北 天下遠見出版公司 2005年11月 頁350—360

2346. 翁敏華 白先勇與青春版《牡丹亭》兼及崑曲傳承 曲高和眾：青春版《牡丹亭》的文化現象 臺北 天下遠見出版公司 2005年11月 頁361—366

2347. 鄒 紅 在古典與現代之間——白版崑曲《牡丹亭》之青春意蘊的詮釋 曲高和眾：青春版《牡丹亭》的文化現象 臺北 天下遠見出版公司 2005年11月 頁367—382

2348. 鄒 紅 在古典與現代之間——青春版崑曲《牡丹亭》的詮釋 文藝研究 2005年第11期 2005年11月 頁102—107

2349. 陶慕寧 青春版《牡丹亭》三題 曲高和眾：青春版《牡丹亭》的文化現象 臺北 天下遠見出版公司 2005年11月 頁383—394

2350. 陶慕寧 青春版《牡丹亭》三題 華文文學 2005年第6期 2005年12月 頁43—47

2351. 張 平 《牡丹亭》與「士文化」——「青春版《牡丹亭》研討會」感言 曲高和眾：青春版《牡丹亭》的文化現象 臺北 天下遠見出版公司 2005年11月 頁395—404

2352. 凌建娥 青春與傳統的兩元消解與昇華——青春版《牡丹亭》成功的文化解讀 曲高和眾：青春版《牡丹亭》的文化現象 臺北 天下遠

見出版公司　2005 年 11 月　頁 405—414

2353. 朱　冬　青春版《牡丹亭》——傳統與現代之間　曲高和眾：青春版《牡丹亭》的文化現象　臺北　天下遠見出版公司　2005 年 11 月　頁 415—417

2354. 曹樹鈞　青春版《牡丹亭》的藝術成就與改進建議　廈門教育學院學報　第 7 卷第 4 期　2005 年 12 月　頁 27—30

2355. 季國平　不到園林，怎知春色如許——諸版《牡丹亭》雜記——青春版《牡丹亭》三本　中國戲劇　2006 年第 4 期　2006 年 4 月　頁 38—39

2356. 李蕊，卜玉偉　青春版《牡丹亭》與《羅密歐與茱麗葉》之比較　德州學院學報　2006 年第 2 期　2006 年 4 月　頁 1—3

2357. 符立中　爲逝去的美造像——白先勇要做唯美版《牡丹亭》　白先勇說崑曲　臺北　聯經出版公司　2006 年 4 月　頁 219—226

2358. 符立中　爲逝去的美造像——白先勇要做唯美版《牡丹亭》　白先勇說崑曲　桂林　廣西師範大學出版社　2006 年 6 月　頁 209—216

2359. 符立中　爲逝去的美造像——白先勇要做唯美版《牡丹亭》　白先勇與符立中對談：從《臺北人》到《紐約客》　臺北　九歌出版社　2010 年 11 月　頁 175—179

2360. 王怡棻　白先勇的《牡丹亭》青春夢　白先勇說崑曲　臺北　聯經出版公司　2006 年 4 月　頁 235—248

2361. 王怡棻　白先勇的《牡丹亭》青春夢　白先勇說崑曲　桂林　廣西師範大學出版社　2006 年 6 月　頁 225—231

2362. 翟　波　我看青春版《牡丹亭》　中國戲劇　2006 年第 7 期　2006 年 7 月　頁 35

2363. 許宏泉　《牡丹亭》·尋夢　書屋　2006 年第 8 期　2006 年 8 月　〔1〕頁

2364. 侯世駿　青春版《牡丹亭》赴美首演掀風潮　民生報　2006 年 9 月 19 日

A12 版

2365. 王 馗 不到園林，怎知春色如許——青春版《牡丹亭》：在現代與傳統中 藝術評論 2006 年第 7 期 2006 年 頁 19—21

2366. 張洪海 青春版崑曲《牡丹亭》劇本改編芻議 蘭州學刊 2006 年第 12 期 2006 年 頁 175—177

2367. 劉淑麗 青春版《牡丹亭》印象——兼與陸士爭版比較 藝術百家 2006 年第 3 期 2006 年 頁 46—49

2368. 張 莉 析青春版《牡丹亭》中的傳統與現代 西安電子科技大學學報 2007 年第 3 期 2007 年 5 月 頁 126—131

2369. 徐燕琳 天然與意趣——也談青春版《牡丹亭》的改編 大舞臺 2007 年第 5 期 2007 年 10 月 頁 14—15

2370. 汪 蕙 經典現代化——談青春版《牡丹亭》的創作 《牡丹亭》舞臺傳播相關問題研究 武漢大學戲劇戲曲學 碩士論文 鄒元江教授指導 2008 年 5 月 頁 57—70

2371. 湯 玲 論青春版《牡丹亭》對戲曲進校園的啓示 中國青年研究 2008 年第 5 期 2008 年 5 月 頁 85—87

2372. 杭 慧 美麗的古典與青春的現代——談白先勇青春版《牡丹亭》及其現代性 世界華文文學論壇 2008 年第 2 期 2008 年 6 月 頁 50—52

2373. 王 童 青春版《牡丹亭》的演出與《牡丹一百》的攝製 「白先勇的藝文世界」系列講座 臺北 臺灣大學，國家圖書館主辦 2008 年 9 月 20—21 日

2374. 宋俊華 《牡丹亭》：從「至情版」到「青春版」——一部崑曲經典的建構、重構與解讀 文化遺產 2009 卷第 3 期 2009 年 7 月 頁 34—41，132

2375. 侍靜睿 腳色制的基本意義及其現代轉換——以崑劇青春版《牡丹亭》爲例 長治學院學報 第 27 卷第 1 期 2010 年 2 月 頁 35—37

2376. 張　放　崑曲《牡丹亭》　人間福報　2010 年 3 月 4 日　15 版

2377. 梁雅馨　不到園林，怎知春色幾許？〔《牡丹亭》〕　香港作家　2010 年第 5 期　2010 年 9 月　頁 18，20

2378. 亮　軒　京華一見牡丹開——北大看青春版《牡丹亭》演出　臺港文學選刊　2011 年第 1 期　2011 年 2 月　頁 65—67

2379. 黃慧玲　論析崑劇青春版《牡丹亭》音樂之傳統與創新　2011 戲曲國際學術研討會：戲曲理論與實踐　臺北　臺灣戲曲學院主辦　2011 年 10 月 28—29 日

2380. 何隨賢　淺析跨文化交際中符號系統調適的度的把握——以三個版本《牡丹亭》在海外上演的得失爲例　福建廣播電視大學學報　2011 年第 6 期　2011 年　頁 16—19

2381. 廖妙薇　白先勇說崑曲怎樣牽動千萬人的春心〔《牡丹亭》〕　戲曲品味　第 137 期　2012 年 4 月　頁 70

2382. 奚　淞　一往情深〔《牡丹亭》〕　臺港文學選刊　2012 年第 2 期　2012 年 4 月　頁 97—98

2383. 吳新雷　聞道二百場，願隨「牡丹」飛——崑劇青春版《牡丹亭》二百場慶演親歷記　臺港文學選刊　2012 年第 2 期　2012 年 4 月　頁 98—101

2384. 汪世瑜　青春版《牡丹亭》演出成功後的思考　臺港文學選刊　2012 年第 2 期　2012 年 4 月　頁 102—109

2385. 古大勇　「媚俗」、「媚雅」時代中的「堅守」——梨園戲《陳三五娘》和青春版《牡丹亭》的改編合論　大慶師範學院學報　第 32 卷第 4 期　2012 年 7 月　頁 82—86

2386. 葉　朗　屬於我們的《牡丹亭》——在青春版《牡丹亭》二百場慶演新聞發佈會上的講話　香港文學　第 332 期　2012 年 8 月　頁 6—7

2387. 葉　朗　屬於我們的《牡丹亭》　白先勇的文學與文化實踐暨兩岸藝文合作學術研討會　北京　中國社科院主辦；趨勢教育基金會協辦

2012年11月9—11日

2388. 黎湘萍　還魂記——青春版《牡丹亭》第二百場上演有感　香港文學　第332期　2012年8月　頁8—9

2389. 劉　俊　奼紫嫣紅八年，兩百場世界開遍——青春版崑曲《牡丹亭》兩百場演出盛況綜述　香港文學　第332期　2012年8月　頁10—14

2390. 潘郁琦　爲情作使——白先勇緣繫《牡丹亭》有感　猶有葵花　臺北　遠景出版公司　2012年11月　頁52—57

2391. 王孟超　白先勇的青春夢〔《牡丹亭》〕　白先勇的文學與文化實踐暨兩岸藝文合作學術研討會　北京　中國社科院主辦；趨勢教育基金會協辦　2012年11月9—11日

2392. 汪世瑜　青春版《牡丹亭》的經驗談　白先勇的文學與文化實踐暨兩岸藝文合作學術研討會　北京　中國社科院主辦；趨勢教育基金會協辦　2012年11月9—11日

2393. 辛意雲　中國傳統戲曲、劇場的哲思——以青春版《牡丹亭》爲例　白先勇的文學與文化實踐暨兩岸藝文合作學術研討會　北京　中國社科院主辦；趨勢教育基金會協辦　2012年11月9—11日

2394. 周　秦　青春創意與傳統典範——關於青春版《牡丹亭》　白先勇的文學與文化實踐暨兩岸藝文合作學術研討會　北京　中國社科院主辦；趨勢教育基金會協辦　2012年11月9—11日

2395. 許培鴻　青春版《牡丹亭》影像創作三部曲　白先勇的文學與文化實踐暨兩岸藝文合作學術研討會　北京　中國社科院主辦；趨勢教育基金會協辦　2012年11月9—11日

2396. 陳　均　非遺十一年以來的崑曲觀念與崑曲製作——以青春版《牡丹亭》爲中心的探討　白先勇的文學與文化實踐暨兩岸藝文合作學術研討會　北京　中國社科院主辦；趨勢教育基金會協辦　2012年11月9—11日

2397. 陳怡蓁　青春版《牡丹亭》的文化與藝術之旅　白先勇的文學與文化實踐暨兩岸藝文合作學術研討會　北京　中國社科院主辦；趨勢教育基金會協辦　2012 年 11 月 9—11 日

2398. 傅　謹　青春版《牡丹亭》對當代戲曲傳承的貢獻　白先勇的文學與文化實踐暨兩岸藝文合作學術研討會　北京　中國社科院主辦；趨勢教育基金會協辦　2012 年 11 月 9—11 日

2399. 古大勇　大眾文化時代下《陳三五娘》的改編和發展之路——以青春版《牡丹亭》成功改編爲「參照」視角　福建論壇　2012 年第 3 期　2012 年　頁 114—117

2400. 李玉玲　白先勇——讓崑曲重綻姹紫嫣紅〔《玉簪記》〕　PAR 表演藝術雜誌　第 196 期　2009 年 4 月　頁 46—53

2401. 張淑香　色膽包天《玉簪記》——書生與尼姑的禁忌之愛　色膽包天《玉簪記》——琴曲書畫崑曲新美學　臺北　天下遠見出版公司　2009 年 5 月　頁 102—105

2402. 張淑香　新版《玉簪記》的創意——聖俗色空的辯證　色膽包天《玉簪記》——琴曲書畫崑曲新美學　臺北　天下遠見出版公司　2009 年 5 月　頁 114—122

2403. 岳美緹講；王悅陽採訪　閑步芳塵數落紅——岳美緹談《玉簪記》　色膽包天《玉簪記》——琴曲書畫崑曲新美學　臺北　天下遠見出版公司　2009 年 5 月　頁 124—139

2404. 華文漪講；王悅陽採訪　秋江一曲故園情——華文漪談《玉簪記》　色膽包天《玉簪記》——琴曲書畫崑曲新美學　臺北　天下遠見出版公司　2009 年 5 月　頁 140—147

2405. 奚　淞　護花使者〔《玉簪記》〕　色膽包天《玉簪記》——琴曲書畫崑曲新美學　臺北　天下遠見出版公司　2009 年 5 月　頁 174—183

2406. 翁國生　玲瓏雅致，情真意切——打造充滿佛韻和人文意境的崑曲新經典

〔《玉簪記》〕 色膽包天《玉簪記》——琴曲書畫崑曲新美學 臺北 天下遠見出版公司 2009年5月 頁202—213

2407. 辛意雲 精彩的傳承〔《玉簪記》〕 色膽包天《玉簪記》——琴曲書畫崑曲新美學 臺北 天下遠見出版公司 2009年5月 頁214—228

2408. 翁國生 新版《玉簪記》的創作經驗 白先勇的文學與文化實踐暨兩岸藝文合作學術研討會 北京 中國社科院主辦；趨勢教育基金會協辦 2012年11月9—11日

2409. 吳 迪 白先勇的崑曲——從《牡丹亭》及《玉簪記》說起 書屋 2009年第10期 2009年10月 頁67—69

2410. 劉 奔 情到深處劇亦真——從青春版《牡丹亭》和新版《玉簪記》解讀白先勇的「崑曲新美學」 蘇州教育學院學報 第27卷第3期 2010年9月 頁33—37

2411. 鄒 紅 青春版《牡丹亭》和《玉簪記》對崑曲藝術的傳承與發展 白先勇的文學與文化實踐暨兩岸藝文合作學術研討會 北京 中國社科院主辦；趨勢教育基金會協辦 2012年11月9—11日

國家圖書館出版品預行編目資料

白先勇 / 柯慶明編選. -- 初版. -- 臺南市 : 臺灣文學館, 2013.12
面 ; 公分. -- (臺灣現當代作家研究資料彙編 ; 43)
ISBN 978-986-03-9153-4 (平裝)

1.白先勇 2.作家 3.文學評論

783.3886 102024137

【臺灣現當代作家研究資料彙編】43

白先勇

發 行 人／ 李瑞騰
指導單位／ 文化部
出版單位／ 國立台灣文學館
地址／70041 台南市中西區中正路 1 號
電話／06-2217201 傳真／06-2218952
網址／www.nmtl.gov.tw 電子信箱／pba@nmtl.gov.tw

總 策 畫／ 封德屏
顧 問／ 林淇瀁 張恆豪 許俊雅 陳信元 陳義芝 須文蔚 應鳳凰
工作小組／ 王雅嫺 杜秀卿 汪黛妏 張純昌 張傳欣 莊雅晴 陳欣怡 黃寁婷 練麗敏 蘇琬鈞
編 選／ 柯慶明
責任編輯／ 張純昌
校 對／ 王雅嫺 林英勳 陳欣怡 黃敏琪 黃寁婷 趙慶華 潘佳君
計畫團隊／ 財團法人台灣文學發展基金會
美術設計／ 翁國鈞・不倒翁視覺創意
印 刷／ 松霖彩色印刷事業有限公司

經銷展售／ 國家書店松江門市（02-25180207）
國立台灣文學館—雪芙瑞文學咖啡坊（06-2214632）
南天書局（02-23620190） 唐山出版社（02-23633072）
府城舊冊店（06-2763093） 台灣的店（02-23625799）
啓發文化（02-29586713） 三民書局（02-23617511）
草祭二手書店（06-2216872） 五南文化廣場（04-22260330）
網路書店／ 國家書店網路書店 www.govbooks.com.tw
五南文化廣場網路書店 www.wunanbooks.com.tw
三民書局網路書店 www.sanmin.com.tw

初版一刷／2013 年 12 月
定 價／新臺幣 490 元整
第一階段 15 冊新臺幣 5500 元整 第二階段 12 冊新臺幣 4500 元整
第三階段 23 冊新臺幣 8500 元整 全套 50 冊新臺幣 18500 元整
全套 50 冊合購特惠新臺幣 16500 元整

GPN／1010202817（單本） ISBN／978-986-03-9153-4（單本）
1010000407（套） 978-986-02-7266-6（套）

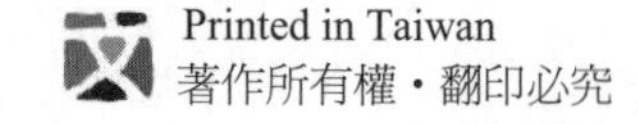